Fritz A. Rothschild (Hg.)
Christentum aus jüdischer Sicht

Veröffentlichungen aus dem Institut Kirche und Judentum (VIKJ)

Herausgegeben von
Peter von der Osten-Sacken

Band 25

Institut Kirche und Judentum

Fritz A. Rothschild (Hg.)

Christentum aus jüdischer Sicht

Fünf jüdische Denker des 20. Jahrhunderts
über das Christentum
und sein Verhältnis zum Judentum

Berlin/Düsseldorf 1998

Die Deutsche Bibliothek – CIP-Einheitsaufnahme

Christentum aus jüdischer Sicht : fünf jüdische Denker des 20.
Jahrhunderts über das Christentum und sein Verhältnis zum
Judentum / [Institut Kirche und Judentum]. Fritz A. Rothschild
(Hg.). - Berlin : Inst. Kirche und Judentum ; Düsseldorf : Presseverb.
der Evang. Kirche im Rheinland, 1998
  (Veröffentlichungen aus dem Institut Kirche und Judentum ; Bd. 25)
  Einheitssacht.: Jewish perspectives on Christianity <dt.>
  ISBN 3-923095-27-9
  ISBN 3-87645-085-3

Die Originalausgabe erschien unter dem Titel
»Jewish Perspectives on Christianity. Leo Baeck,
Martin Buber, Franz Rosenzweig, Will Herberg, and
Abraham J. Heschel, edited by Fritz A. Rothschild«,
1990 The Crossroad Publishing Company, New York
(hardcover edition),
1996 The Continuum Publishing Company, New York
(paperback edition).

© 1990 Fritz A. Rothschild

© 1998 Institut Kirche und Judentum, Berlin
und Presseverband der Evangelischen Kirche im Rheinland e.V.,
Düsseldorf
Alle Rechte vorbehalten
Übersetzung: Dr. Ursula Rudnick und Ruth Olmesdahl
Gestaltung: Presseverband der Evangelischen Kirche im Rheinland e.V.,
Düsseldorf
Gesamtherstellung: Breklumer Druckerei Manfred Siegel KG, Breklum
Printed in Germany

ISBN 3-923095-27-9 Institut Kirche und Judentum,
Dom zu Berlin, Lustgarten, 10178 Berlin
ISBN 3-87645-085-3 Presseverband der Evangelischen Kirche
im Rheinland e.V., PF 320805, 40423 Düsseldorf

Meiner Frau Lotte
und
dem Gedenken meiner Mutter
Bella Rothschild
geboren in Bad Homburg v.d.H.
10. Mai 1884
deportiert von Frankfurt am Main
nach Lodz
19. Oktober 1941
und
ermordet in Auschwitz

Inhalt

Vorwort

Als ich damit begann, die Auswahl aus den Schriften über das Christentum von Leo Baeck, Martin Buber, Franz Rosenzweig, Will Herberg und Abraham J. Heschel zusammenzustellen, hatte ich zunächst die Absicht, die Einleitungen zu den Genannten selbst zu schreiben. Aber dann schien mir dem jüdisch-christlichen Dialog am besten dadurch gedient, daß die jeweiligen Einführungen von christlichen Theologen verfaßt würden, die sich damit vom Standpunkt des überzeugten Christen zur jüdischen Kritik am Christentum äußerten.

Dafür war es wesentlich, fünf wissenschaftlich anerkannte christliche Theologen zu finden, die darüber hinaus über gründliche Kenntnisse desjenigen jüdischen Denkers verfügten, den sie vorstellen sollten. Ich wählte vier Gelehrte, die ich persönlich kannte, außerdem Bernhard Casper aus Freiburg, der mir durch seine Schriften bekannt war. Ich lud sie zur Teilnahme ein und bat sie, nicht nur die übliche einleitende Darstellung zu schreiben, sondern auch auf zweifache Weise zu ihrem Thema kritisch Stellung zu nehmen: Wo immer sie mit der Kritik des jüdischen Autors am Christentum nicht übereinstimmten, sollten sie ihren Widerspruch ohne Zögern darlegen. Wo aber diese Kritik gültig erschien, sollten sie angeben, wie sich diese veränderte Sichtweise auf das Selbstverständnis der Kirche auswirken und das künftige Verhältnis zum Judentum und zum jüdischen Volk beeinflussen könnte.

Ich war dankbar, daß alle fünf Theologen meiner ungewöhnlichen Bitte entsprachen. Ich möchte den Professoren J. Louis Martyn, Ekkehard Stegemann, Bernhard Casper, Bernhard W. Anderson und John C. Merkle auch an dieser Stelle für ihre Pionierarbeit im Bereich der jüdisch-christlichen »Gegenseitigkeit« danken. Ich hoffe, daß dieser bescheidene, aber neue Ansatz zu anderen Versuchen in dieser Richtung anregen wird.[1]

Außerdem möchte ich Professor Dr. Peter von der Osten-Sacken, dem Leiter des Instituts Kirche und Judentum an der Humboldt-Universität Berlin, dafür danken, daß er die deutsche Übersetzung von *Jewish Perspectives on Christianity* in die Reihe der »Veröffentlichungen aus dem Institut Kirche und Judentum« aufgenommen hat. Darüber hinaus ist es mir eine angeneh-

---

1 Annmerkungsweise sei darauf hingewiesen, daß die Originaltexte der fünf großen jüdischen Denker selbstverständlich nicht immer die gleiche Umschrift für hebräische oder griechische Wörter enthalten. Mir war es jedoch im allgemeinen wichtiger, das jeweilige Original zu bringen, als Einheitlichkeit herzustellen. – Wie bei Editionen üblich, bezeichnen in eckigen Klammern gesetzte Texte bzw. Angaben Hinzufügungen des Herausgebers, stammen also von mir, während Texte und Hinweise in runden Klammern bereits im Original stehen. Wo ich Fußnoten hinzugefügt oder ergänzt habe, sind sie mit meinem Kürzel F.A.R. gekennzeichnet.

me Pflicht, denjenigen zu danken, die die deutsche Ausgabe überhaupt erst möglich gemacht haben: Dr. Ursula Rudnick, eine frühere Studentin von mir, übersetzte meine allgemeine Einführung und die Einleitungen zu den Texten von Leo Baeck, Will Herberg und Abraham J. Heschel ins Deutsche, ebenso auch die ausgewählten Texte von Will Herberg. Ruth Olmesdahl, die ja bereits mehrere Bücher von Heschel ins Deutsche übersetzt hat (erschienen im Neukirchener Verlag), übertrug jetzt auch zwei bisher nicht in Deutsch publizierte Texte von Heschel. Ein ganz besonderer herzlicher Dank gilt Dr. Christian Bartsch, dem Direktor des Presseverbands der Evangelischen Kirche im Rheinland. Ohne seinen Einsatz, seine Sachkenntnis und seine editorische Sorgfalt wäre die deutsche Ausgabe wohl nicht zustande gekommen. Sollten trotzdem Fehler zu beanstanden sein, gehen sie selbstverständlich zu meinen Lasten.

Abschließend möchte ich Werner Mark Linz, dem Präsidenten, und Frank Oveis, dem Cheflektor des Verlagshauses Continuum Publishing Co. in New York, für die Erlaubnis danken, die ursprüngliche amerikanische Ausgabe auch in Deutsch zu publizieren. Ein besonderer Dank gebührt auch Professor Dr. Ismar Schorsch, dem Rektor des Jewish Theological Seminary, und Professor Dr. Raymond P. Scheindlin, dem früheren Provost des Seminars, dafür, daß sie mich bei meinen Forschungen unterstützt und Forschungsmittel des Maxwell-Abbell-Fonds in den Jahren 1986-1988 zur Verfügung gestellt haben.

Vor allem aber danke ich meiner Frau Lotte, die mir nicht nur bei der Korrektur des Manuskripts half, sondern mir auch durch ihre Geduld, ihre Liebe und ihre sanfte, aber beständige Ermunterung die Planung und Vollendung dieses Buches ermöglichte.

Fritz A. Rothschild

Fritz A. Rothschild

Einführung

I

Für die Christenheit stellten sowohl das Judentum wie auch die fortdauernde Existenz von Juden ein theologisches Problem dar. Für das Judentum hingegen bedeutete das Christentum trotz seines Anspruchs, das »wahre Israel« zu sein, bestenfalls ein Randproblem, das »erklärt« oder ignoriert werden konnte. Als politisch etablierte Religion der Mehrheit bedeutete das Christentum jedoch eine ständige Herausforderung und häufig sogar eine Bedrohung für das schlichte Überleben des jüdischen Volkes.

Auf die Frage, was Juden über Jesus dächten – von Christen gestellt –, antwortete ein in Jerusalem lebender und im Judentum bewanderter katholischer Theologe lakonisch: »Gar nichts!«[1] Für Juden war und ist es nicht ungewöhnlich, ihr Leben zu leben, die eigene Religion zu studieren und zu praktizieren, ohne je Interesse am Christentum zu zeigen oder etwas von ihm zu wissen. Mehr als ein Jahrtausend lang konnte jedoch kein europäischer Jude folgender Frage ausweichen: Wie kann ich als Mitglied einer schutzlosen und häufig verachteten Minderheit in einer christlichen Gesellschaft überleben, die von Gesetzen und Prinzipien bestimmt ist, die aus der christlichen Lehre abgeleitet wurden?

Unter dem Eindruck der in Basnages »Geschichte der jüdischen Religion seit Jesus Christus bis zur Gegenwart« (1707) beschriebenen Aufzählung der Leiden von Juden verfaßte der junge Heinrich Heine 1824 sein kleines Gedicht »An Edom« (Edom bedeutet den »christlichen Bruder« Jakobs, des Juden):

Ein Jahrtausend schon und länger
dulden wir uns brüderlich;
du, du duldest, daß ich atme,
daß du rasest, dulde ich.[2]

In dieser Einführung möchte ich mich auf die Beziehung der beiden Religionen zueinander beschränken und dabei vom Verhältnis der jeweiligen politischen Gebilde, von denen die Religionen aktuell repräsentiert wurden, absehen. Es liegt auf der Hand, daß das Verhältnis von Judentum und Christentum nicht symmetrisch ist. Das Christentum wurzelt im Judentum und kann ohne es nicht verstanden werden. Nicht nur, daß Jesus und seine An-

---

1   Vgl. *R.J. Zwi Werblowsky*, Reflections on Martin Buber's Two Types of Faith, Journal of Jewish Studies 39, 1988, S. 94.
2   *Heinrich Heine*, An Edom, in: *ders.*, Sämtliche Werke, Bd. 1, München 1969, S. 731

hänger gläubige Juden waren – auch das Wesen des Christentums ist tief in der jüdischen Tradition verwurzelt. Nur dann, wenn der Glaube Israels und seine Heiligen Schriften (die »Hebräische Bibel«) als wahr und gültig anerkannt werden, kann der Anspruch erhoben werden, daß im Leben, Sterben und Auferstehen Jesu von Nazareth Gottes Verheißungen erfüllt wurden. Sogar die Veränderungen jüdischer Lehre – angefangen von der paulinischen Zurückweisung des »Gesetzes« bis hin zu Luthers *sola fide, sola gratia* (allein aus Glauben, allein aus Gnade) – werden nur als *Reaktion* auf Teile des jüdischen Erbes verständlich. Mit dem Judentum steht das Christentum in einer Beziehung, die durch andauernde Gegnerschaft geprägt ist, ohne die es sich aber nicht definieren könnte. Zu allen Zeiten wurde immer wieder der Vorwurf erhoben, daß die Kirche zu jüdisch sei und daß sie ihren wahren Charakter wiederfinden müsse: so von Paulus gegen Petrus, von Augustinus gegen Pelagius und von Luther gegen die katholische Kirche. Diese Asymmetrie zwischen Judentum und Christentum wird von den meisten kompetenten Religionswissenschaftlern beschrieben.[3]

Um es zusammenzufassen: Bewußte Christen können der Frage »Was denkst du vom Judentum?« nicht ausweichen. Juden dagegen können zu ihren christlichen Nachbarn eine Beziehung haben, ohne die Frage »Was denkst du vom Christentum?« beantworten zu müssen; genauso wie sie sich Hindus, Navajos und Buddhisten gegenüber verhalten, können sie auch Christen gegenübertreten.

Trotz dieser Feststellung können es sich Juden m.E. heute nicht länger leisten, das Christentum mit der wohlwollenden Gleichgültigkeit vergangener Generationen zu behandeln. Denn abgesehen von historischen Tatsachen wie dem Holocaust und der Krise des religiösen Glaubens in der postmodernen Welt befinden wir uns heute in einer Situation, in der Christen, vielleicht zum ersten Mal überhaupt, bereit sind, dem zuzuhören, was Juden zu sagen haben, und sich auf einen wirklichen Dialog einzulassen, anstatt solche Begegnungen für missionarische Propaganda oder Apologetik auszunutzen. Der erste und der letzte Abschnitt dieses Buches zeigen den Wandel, der sich seit Beginn dieses Jahrhunderts und dem Jahrzehnt nach dem Zweiten Vatikanischen Konzil vollzogen hat.

1. Im Wintersemester 1899/1900 hielt der bekannte protestantische Theologe Adolf Harnack Vorlesungen über das »Wesen des Christentums«. Diese Vorlesungen wurden das meistgelesene theologische Buch des Jahrhunderts. Nach seinem Erscheinen im Jahr 1900 rief es sowohl enthusiastischen Zuspruch als auch scharfe Kritik hervor. In der erhitzten Debatte jener Zeit nahm kaum jemand die kritische Rezension eines jungen und unbe-

---

3 *R.J. Zwi Werblowsky* führt dies aus in: Tora als Gnade, Kairos 15, 1973, S. 157.

kannten Rabbiners namens Leo Baeck wahr, die er 1901 in einer jüdischen wissenschaftlichen Zeitschrift veröffentlicht hatte.[4]

2. Als jedoch Abraham Joshua Heschel im August 1967 über »Das jüdische Verständnis Gottes und die Erneuerung der Kirche« sprach, geschah dies auf Einladung der Kirche, und zwar auf dem katholischen Kongreß zur Erneuerung der Kirche in Toronto. Er wandte sich an eine Hörerschaft aus Vertretern der kirchlichen Hierarchie, Theologen, Ordensleuten, Priestern und Laien aus vielen Ländern. In seiner Ansprache, zwei Monate nach dem Sechs-Tage-Krieg, rief er leidenschaftlich dazu auf, die »Entheiligung der Hebräischen Bibel« und die »Entjudaisierung« des Katholizismus zu verhindern. Er forderte seine Hörer eindringlich auf, die Eingliederung des vereinten Jerusalem in den Staat Israel »als ein Ereignis von großer Bedeutung in der Heilsgeschichte« anzuerkennen, und verwies in diesem Zusammenhang auf die Frage der Jünger und Jesu Antwort in der Apostelgeschichte (1,6-7).

Die Tatsache, daß jüdische Stimmen, sogar kritische, gehört und in einer Weise ernst genommen werden, wie es zu Beginn des Jahrhunderts nicht der Fall war, ist gewiß ermutigend. Der gegenwärtige Stand der Diskussion kann jedoch nur richtig verstanden werden, wenn wir uns daran erinnern, wie christlich-jüdische Auseinandersetzungen und Gespräche in der Vergangenheit geführt wurden. Jedem jüdischen Autor ist in der einen oder anderen Weise bewußt, was es in der Vergangenheit bedeutet hat, Kritik am Christentum zu üben oder auch nur den vorsichtigen Versuch zu unternehmen, das Judentum gegen Angriffe der herrschenden Religion zu verteidigen, die in der Widerlegung des Judentums und in der Mission von Juden einen wesentlichen Teil ihres gottgegebenen Auftrags sah. Ich führe nur zwei Beispiele an – eines aus Spanien zur Zeit des Mittelalters und ein anderes aus Deutschland im Zeitalter der Aufklärung.

1. Mit dem 20. Juli 1263 begann eine Folge von Disputationen im königlichen Palast, in der Kathedrale und in der Hauptsynagoge von Barcelona, die von König Jakob von Aragon angeordnet waren. Der jüdische Apostat Fra Pablo (Paulus) Christiani, der von dem ehrwürdigen 87jährigen Raymond Peñaforte, General des Dominikanerordens, unterstützt wurde, hatte die Wahrheit des Christentums gegenüber Moses ben Nachman (Nachmanides), Rabbiner in Gerona und hervorragender Talmudist, Ausleger der Bibel, Theologe und Kabbalist, zu beweisen. Pablo erbot sich, aus dem Talmud der Juden selbst zu beweisen, daß der Messias gekommen, daß er Gottes Inkarnation und ein Teil der Trinität sei, und schließlich, daß das jüdische Ritualgesetz aufgehoben worden sei.

---

[4] In der englischen Originalausgabe dieses Buches erschien ein Auszug dieses Aufsatzes zum ersten Mal auf Englisch.

Nachmanides war in seiner Widerlegung der Argumente durch die Regel eingeschränkt, daß »der Glaube an den Herrn Jesus Christus wegen seiner Gewißheit nicht Gegenstand einer Auseinandersetzung sein kann«. Als er darum bat, einen Tag einzuplanen, an dem *er* seinerseits Fragen stellen könne, wurde diese Bitte vom König verweigert. Nach der Disputation ergingen königliche Dekrete und Gesetze gegen die Juden, die sie zwangen, in ihren Synagogen missionarische Predigten anzuhören. Der letzte Teil der Rechtssammlung des Maimonides, das Buch über »Richter« (Schofétim), sollte wegen angeblicher Blasphemien verbrannt werden.[5]

1265 ordnete der König eine zweijährige Verbannung des Nachmanides aus Aragon an und untersagte die Verbreitung seines Berichts über die Disputation. 1266 oder 1267 bedrängte Papst Clemens IV. den König, den jüdischen Gelehrten härter zu bestrafen. Nachmanides entschloß sich, Spanien zu verlassen, und wanderte nach Palästina aus, wo er einige Jahre später verstarb.[6]

2. Im Jahr 1763, 500 Jahre nach der Disputation von Barcelona, besuchte ein junger protestantischer Prediger aus der Schweiz, Johann Caspar Lavater, Moses Mendelssohn in Berlin. Mendelssohn hatte den Übergang vom mittelalterlichen Ghetto in die moderne Welt der Aufklärung vollzogen, nachdem er von seiner Geburtsstadt Dessau nach Berlin umgesiedelt war; dort wurde er zum Symbol eines neuen Zeitalters der universalen Kultur, die von Toleranz und Brüderlichkeit (fraternité) geprägt war. Obwohl ohne systematische Ausbildung, hatte er sich weite Wissensgebiete erschlossen und Bücher sowie Essays über Metaphysik, Moralphilosophie, Ästhetik und Literaturkritik in vorzüglichem Stil geschrieben, die ihm breite Anerkennung verschafften. Er wurde als der Sokrates seiner Zeit gefeiert, der alle durch seine Integrität, seine Güte und sein literarisches Talent beindruckte, der jedoch auch der Religion seiner Vorfahren Loyalität erwies und die Gebote hielt.

1769 übersetzte Lavater Teile des Buches »Palingénésie« des Schweizer Professors Charles Bonnet ins Deutsche. Dieses Buch war der Versuch, die Wahrheit des Christentums zu beweisen; Lavater widmete es »Herrn Moses Mendelssohn in Berlin«. Er forderte ihn auf, entweder die Beweise Bonnets für die Wahrheit des Christentums öffentlich zu widerlegen oder sich taufen zu lassen.

Es ist bemerkenswert, daß sich nach vielen Jahrzehnten antiklerikaler Schriften, auf dem Höhepunkt der europäischen Aufklärung, als Voltaire Mentor Friedrichs des Großen war und die französischen *philosophes* eben-

---

5 Ein Ausschnitt findet sich in diesem Buch S. 196.
6 *Salo W. Baron*, A Social and Religious History of the Jews, Bd. 2, New York 1965, S. 83-87

so wie die englischen Deisten die Lehren der Kirche angegriffen hatten, Mendelssohn fürchtete, seine Kritik des Christentums und seine Verteidigung des Judentums als der rationaleren Religion zu veröffentlichen, da er gewiß war, einen Sturm von antijüdischen Ausbrüchen in ganz Deutschland zu provozieren. Für ein Mitglied eines unterdrückten Volkes sei es gefährlich, erklärte Mendelssohn, über die Religion der Mehrheit zu streiten. Der Versuch, mit Würde und Anstand für das Judentum zu wirken, ohne Christen zu verletzen, glich einem Balanceakt. So zog sich die Angelegenheit trotz mehrerer Anstrengungen, den Streit beizulegen, hin und führte zu zahlreichen Angriffen von Pamphletisten und Demagogen. Obwohl seine literarischen nichtjüdischen Freunde und Bewunderer schmerzhaft berührt und beschämt waren, fand Mendelssohn kaum jemanden, der ihn in seiner Verteidigung öffentlich unterstützte.

Sein Freund, der Buchhändler und Autor Nicolai, stellte Jahre später fest, daß die Anspannung des Lavater-Konflikts und ihre Nachwirkungen seine Gesundheit beeinträchtigt und zu der schweren chronischen Krankheit beigetragen hätten, die zu seinem frühen Ende führte.[7]

200 Jahre später, 1972, nach dem Massaker in München an elf israelischen Sportlern und Trainern durch ein palästinensisches Terrorkommando, bat Abraham Joshua Heschel seine christlichen Freunde aus der Vietnam-Friedensbewegung, eine Erklärung zu unterzeichnen, die die Morde verurteilte. Da viele ihre Unterschrift verweigerten, wurde das Dokument nie veröffentlicht; diese Erfahrung verdunkelte die letzten drei Monate seines Lebens.

II

Es sollte uns bewußt sein, daß die christlichen Kirchen erst dann echtes Interesse am zeitgenössischen Judentum und den Juden zeigten, als die Greuel des Holocaust allgemein bekannt geworden waren. In der Vergangenheit wurde das Judentum lediglich eingehend als historischer Hintergrund und theologische Folie des Urchristentums studiert. Observante Juden wurden wie die Amish People in den USA[8] von liberalen Christen als Anachronismus betrachtet. Für viele orthodoxe und neo-orthodoxe Christen waren sie ein Zeichen der gespensterhaften Gemeinschaft der »Synagoge«; sie illustrier-

---

7 *Alexander Altmann,* Moses Mendelssohn. A Biographical Study, University, Alabama 1973, S. 194-234
8 Die Amish People sind eine kleine mennonitische christliche Gruppe deutschen Ursprungs in den USA, die moderne Technik, Kleidung und Erziehung ablehnt und Landwirtschaft betreibt.

ten für die Gläubigen das traurige Schicksal derer, die willentlich den Heiland, der zu ihrer Erlösung gesandt worden war, abgewiesen hatten.

Sagen wir es offen: Es war die Scham, die von vielen wohlmeinenden
Christen nach der Ermordung von sechs Millionen Juden im »christlichen«
Europa empfunden wurde, die ein starkes Motiv für den christlich-jüdischen Dialog seit Ende des Zweiten Weltkriegs bildete. Ebenso stand die
Furcht vor einer weiteren ähnlichen Katastrophe hinter der weltweiten Ent-
schlossenheit von Juden, den Staat Israel zu errichten und ihn tatkräftig zu
unterstützen, und auch hinter ihrer Bereitschaft, mit christlichen Mitbür-
gern in einen interreligiösen Dialog einzutreten. Schuldgefühle und das Bedürfnis nach Vergebung auf seiten anständiger Christen und vorbeugendes
Handeln gegen einen erneuten Holocaust auf seiten vieler Juden waren
zweifellos wichtige Motive für den Dialog der Religionsgemeinschaften in
den letzten vier Jahrzehnten.

Aber dies ist nur ein Teil des Hintergrunds für den Dialog. Die religiöse
Dimension wird hierbei ignoriert. Überzeugte Juden sollten sich mit dem
Grundproblem ihrer Beziehung zum Christentum und zu Christen ausein-
andersetzen.

Es ist meine Überzeugung, daß sich trotz der Asymmetrie zwischen den
beiden Religionen eine neue Beziehung zu entwickeln beginnt, die ich – in
Ermangelung eines besseren Begriffs – »Aufeinander-angewiesen-Sein« nennen möchte. Die fünf jüdischen Denker, die in diesem Buch vertreten sind,
und die fünf christlichen Theologen, die Einführungen in deren Beiträge
schrieben, haben das Ihre dazu getan, um diese Wechselseitigkeit zu fördern.

Ich möchte wenigstens drei Gründe nennen – die im wesentlichen aus
diesen Beiträgen stammen –, die engagierte Juden veranlassen könnten, sich
mit dem Christentum auf kritische und zugleich verständnisvolle Weise auseinanderzusetzen. Engagierte Christen mögen aus vielleicht gleichen Gründen das Judentum neu sehen.

1. Das Christentum ist wie der Islam – und anders als Hinduismus und
Buddhismus – eine Tochterreligion Israels. Heschel drückt es so aus: »Das
Judentum ist die Mutter des christlichen Glaubens. Es ist am Schicksal des
Christentums interessiert. Sollte eine Mutter ihr Kind verleugnen, selbst ein
eigensinniges, aufsässiges?«[9]

2. Wie groß die Unterschiede den Gläubigen beider Religionen auch immer erscheinen mögen, »die grundsätzliche Ähnlichkeit wird dann deutlich,

---

9   *Abraham J. Heschel,* No Religion is an Island (s.u. S. 324ff, hier S. 332). Es handelt sich bei
diesem Artikel ursprünglich um Heschels Antrittsvorlesung am protestantischen Union Theological Seminary in New York. Der Titel ist einer Predigt von John Donne nachgebildet: »No
man is an *Ilande,* intire of it selfe; every man is a peece of the *continent,* a part of the *maine*«
(Devotion No. 17, 1624).

wenn die beiden Religionen mit anderen nichtbiblischen ›Weltreligionen‹ verglichen werden. Unter einer solchen Perspektive scheinen sie in ihrer Glaubensstruktur nahezu identisch zu sein.«[10] Auch wenn er etwas überspitzt formuliert, hat Paul Tillich gewiß recht, wenn er feststellt, daß trotz der Unterschiede von Traditionen, Riten, Symbolen, Strukturen, Glaubensaussagen und psychologischen Haltungen die »gemeinsamen Elemente beider Religionen im Vergleich zu anderen deutlich machen, daß Judentum und Christentum zueinander gehören«.[11]

3. Das Judentum ist eine Religion, die Gottes Offenbarung und Manifestation in der Geschichte sieht, die sich von der Schöpfung zur messianischen Erfüllung bewegt. Durch die Entstehung des Christentums (eine »jüdische Häresie«, wie Tillich es nannte) wurde die Hebräische Bibel und ihre Glaubensbotschaft von dem einen Gott und seinen Lehren über den Erdball verbreitet. Dieser Prozeß war eines der revolutionärsten und schicksalhaftesten Ereignisse der Weltgeschichte.

Juden, die Geschichte als den Ort ansehen, an dem Gott und Mensch nach endgültiger Erlösung streben, fällt es schwer anzunehmen, daß die Verwandlung der griechisch-römischen Welt in die christliche (und islamische) reiner Zufall und nicht Teil von Gottes heilsgeschichtlichem Plan war.[12] Es ist kein Zufall, daß sowohl Rosenzweig als auch Heschel die Ansichten Jehuda Halevis (ca. 1075-1141) und Maimonides' (1135-1204) über den providentiellen Charakter der Ausbreitung von Christentum und Islam zitieren.[13] Trotz manchmal scharfer Kritik am Christentum als einer »romantischen Religion« beschreibt Leo Baeck die Rolle der Kirche als Vermittlerin und Bewahrerin jüdischer Lehren in der Geschichte, die manchmal unterdrückt wurden, aber immer wieder emporstiegen (»et inclinata resurget«).[14] Heschel gab der Auseinandersetzung über das Alte und das Neue Israel eine neue Wendung, als er feststellte, daß führende jüdische Autoritäten wie Jehuda Halevi und Maimonides das Christentum als eine *praeparatio messianica* anerkennen, während für die Kirche das alte Israel die *praeparatio evangelica* war.[15]

---

10 *Will Herberg,* Judaism and Christianity, in diesem Buch S. 250ff
11 *Paul Tillich,* Is there a Judeo-Christian Tradition?, Judaism 1, 1952, S. 106
12 S. *Franz Rosenzweig,* Weltgeschichtliche Bedeutung der Bibel (1929), in diesem Buch S. 239ff.
13 Vgl. *ders.,* Der Stern der Erlösung: Die Strahlen oder Der ewige Weg (1921), in diesem Buch S. 196ff.
14 Judentum in der Kirche (1925), in diesem Buch S. 104ff
15 Keine Religion ist ein Eiland (1965), in diesem Buch S. 324ff

III

Die Autoren, die in diesem Buch vertreten sind, haben ihre Ansichten deutlich formuliert; sie sollten deshalb von den Leserinnen und Lesern ernst genommen werden. Dennoch möchte ich in dieser Einführung auf einen delikaten Punkt hinweisen, der in der Literatur zu diesem Thema in der Regel nicht erwähnt wird. Es mag stimmen, daß es in Ländern, in denen Meinungsfreiheit ein garantiertes Recht ist, scheinbar keinen Grund gibt, Kritik zurückzuhalten. Doch die Nachwirkungen der einseitigen Debatten und Diskussionen, die wir oben beschrieben haben, begleiten uns in gewissem Maß noch immer.

Wenn wir die starken antijüdischen Vorurteile christlicher Wissenschaftler und Theologen, zumal der deutschsprachigen, bedenken, die bis vor kurzem für die akademische Behandlung der sogenannten »Zeit zwischen den Testamenten« im besonderen und des Judentums im allgemeinen charakteristisch waren, dann ist es zweifellos hilfreich, den Stimmungen und Meinungen unter der Oberfläche der veröffentlichten Texte nachzuspüren, die einige der Autoren nur in privaten Briefen oder Gesprächen zum Ausdruck brachten. In diesem Abschnitt werde ich versuchen, einige der persönlichen Bemerkungen, soweit ich sie aufspüren konnte, aufzudecken.[16] Wie J. Louis Martyn zeigt (s.u. S. 36), enthält die von Leo Baeck im Jahr 1901 veröffentlichte Rezension von Harnacks Vorlesungen über das Wesen des Christentums einen erheblichen *Ärger* über die arrogante und tendenziöse Behandlung des pharisäischen Judentums.[17] Noch 1986, auf einem internationalen Symposion über den jüdisch-christlichen Dialog, das von der Universität Duisburg veranstaltet wurde, versicherte Julius Schoeps, daß eine gleichberechtigte Diskussion nur unter gleich starken Partnern möglich sei. Diese Ansicht eines Soziologen muß nicht wörtlich genommen werden, aber sie läßt verstehen, daß Juden als eine Minorität in der christlichen Welt ihre negativen Ansichten über bestimmte Aspekte des Christentums nicht immer äußern, ohne die möglichen Konsequenzen zu bedenken.

Darüber hinaus behandeln Theologen – anders als Physiker und Mathematiker – Themen, die häufig tief verwurzelte Werte und existentielle Überzeugungen ihrer Leserschaft berühren. Es ist natürlich und verständlich, daß man zögert, Ansichten mit kühler Sachlichkeit zu sezieren und zu kritisie-

---

16   Für Leo Baeck s. die Bemerkungen *Samuel Sandmels* in seiner Leo-Baeck-Memorial-Lecture Nr. 19: Leo Baeck on Christianity, New York 1975, S. 15-20. Für Martin Buber s. *ders.*, Der Jude und sein Judentum, Gerlingen ²1993, S. 619f.621-627.216-220, außerdem *Friedrich-Wilhelm Marquardt*, Die Entdeckung des Judentums für die christliche Theologie, München 1975, bes. S. 335, Anm. 54.
17   Vgl. den wichtigen Aufsatz von *George F. Moore*, Christian Writers on Judaism, Harvard Theological Review 14, 1921, S. 197-254.

ren, wenn dadurch die seelisch tief empfundenen geistigen Überzeugungen anderer verletzt werden könnten. Diese Haltung wird sicher nicht nur von Juden, sondern auch von christlichen Teilnehmern am interreligiösen Gespräch geteilt. Juden spüren zuweilen, daß sich Christen nach den Greueln des Holocaust und der ungerechten Behandlung des rabbinischen Judentums in der Neuzeit nicht trauen, ihre Kritik an einzelnen Aspekten des traditionellen Judentums zu äußern, weil sie jüdische Empfindlichkeiten berühren oder verletzen könnten.

Die ausgewählten Texte in diesem Band sind durchweg freimütige Stellungnahmen von freimütigen Männern. Aber die Leserinnen und Leser sollten gewarnt sein: Nicht immer ist alles ausgesprochen.

Vielleicht kann man auch nicht derartig brutal offene Gefühlsausbrüche erwarten, wie sie sich im Briefwechsel zwischen Franz Rosenzweig und Eugen Rosenstock-Huessy finden, den sie in den Schützengräben des Ersten Weltkriegs führten und der nicht zur Veröffentlichung bestimmt war. Rosenzweig, der Jude, schreibt seinem Freund Eugen von der Ostfront, der wahre Grund für Judenhaß bestehe darin, »daß wir die weltüberwindende Fiktion des christlichen Dogmas nicht mitmachen, weil sie (obzwar Wirklichkeit) eine Fiktion ist (und fiat veritas, pereat realitas, denn ›Du, Gott, bist Wahrheit‹) [...] – und ungebildet formuliert: daß wir Christus gekreuzigt haben und es, glauben Sie *mir*, jederzeit wieder tun würden, wir allein auf der weiten Welt (und fiat nomen Dei Unius, pereat homo, denn ›wem dürft ihr mich vergleichen, daß ich gleiche?‹ [JESCHAJAHU 40,25])«.[18]

Gewiß, ungefähr zur gleichen Zeit, im Oktober 1916, hatte sein christlicher Briefpartner von der Westfront einen Brief abgeschickt, in dem er mit vergleichbarer Rücksichtslosigkeit seine Ansicht über das Judentum formulierte: »Die Synagoge redet seit über zweitausend Jahren über das, was sie hat, weil sie schon gar nichts hat; aber sie erlebt nicht und wird deshalb nie erfahren, was sie ist. Sie bildet ab den Fluch der Selbstgewißheit, des Adelsstolzes und der gedankenlosen Gleichgültigkeit gegen das Werdegesetz des einheitlichen Kosmos, des ›Frieden auf Erden allen Menschen seines Wohlgefallens‹.«[19]

Obwohl sich ein solch fundamentaler Gegensatz auf den Seiten dieses Buches sonst kaum findet, sollten Leserinnen und Leser doch wissen, daß es ihn gibt, und sie sollten ihn als Teil einer aufrichtigen jüdisch-christlichen theologischen Grundsatzdiskussion sehen, die, wie ich glaube, heute nicht nur möglich, sondern wünschenswert ist.

---

18 Brief an Eugen Rosenstock (Oktober 1916), s. *Franz Rosenzweig,* Gesammelte Schriften, I. Abt., Bd. 1, Den Haag, Dordrecht 1979, S. 252 (s.u. S. 186)
19 Ebd., S. 279

Leo Baeck schrieb 1925 in einem privaten Brief an einen Kollegen, daß man eine eindeutige Wahl zwischen den beiden Reichen – dem weltlichen und dem göttlichen – zu treffen habe und daß diese Wahl um des Himmel willen zum Martyrium führen könne. Er fügte eine Bemerkung hinzu, die sich acht Jahre später als prophetisch herausstellen sollte: »Es ist ein geistiges und moralisches Unglück Deutschlands, daß viele Führende, seit langem, von den beiden Reichen nichts wissen, daß man aus dem Deutschtum eine Religion gemacht hat. Anstatt an Gott zu glauben, glauben sie – lutherische Pfarrer voran – an Deutschtum.«[20]

Der bekannteste jüdische Denker, dessen Veröffentlichungen, Gedanken und persönliche Freundschaften mit christlichen Theologen und Autoren – von der Zeit vor dem Ersten Weltkrieg bis zu seinem Tod 1965 – einen weltweiten Einfluß hatten, war Martin Buber. In seiner Ansprache »Die Brennpunkte der jüdischen Seele«, 1930 auf einer Konferenz gehalten, die von Organisationen veranstaltet wurde, deren Ziel es war, Juden zum Christentum zu bekehren, machte Buber gleich zu Beginn deutlich, daß er von diesem Ziel nichts hielt. Zwei Jahrzehnte später stellte er in seinem Buch »Zwei Glaubensweisen«, das er 1948 während der arabischen Belagerung Jerusalems verfaßte, zwei gegensätzliche Typen des religiösen Glaubens einander gegenüber. Der eine Typus ist im Judentum verkörpert, der andere wurde durch Paulus eingeführt und war für die kirchliche Lehre von der Erlösung bedeutsam.[21] Die These dieses Buches wurde nicht nur von vielen christlichen Theologen heftig kritisiert, sondern auch von Freunden und Kollegen des Autors in Jerusalem wie Gershom Scholem und Hugo Bergmann.

Eine kurze autobiographische Bemerkung im Vorwort jenes Buches verursachte ziemlichen Aufruhr: »Jesus habe ich von Jugend auf als meinen großen Bruder empfunden.«[22] Dieses Bekenntnis verwirrte nicht nur viele Juden – traditionelle wie säkulare –, auch Buber selbst soll diese Äußerung sehr bedauert haben.[23] Zwar waren viele Christen von dieser persönlichen Aussage berührt, es gab jedoch auch Ausnahmen. Eugen Rosenstock-Huessy, der zu jener Zeit nach Amerika emigriert war und am Dartmouth-College unterrichtete, reagierte heftig. In seiner »Soziologie« schrieb er: »... Der Offenbarer ist weder Ehemann noch Erdensohn noch Familienvater noch Onkel noch Bruder, trotzdem Martin Buber ihn herabsetzend seinen älteren [sic!] Bruder nennt.«[24]

---

20   Brief an Rabbiner Dr. Cäsar Seligmann, 2. September 1925, in: *Eva G. Reichmann* (Hg.), Worte des Gedenkens für Leo Baeck, Heidelberg 1959, S. 245
21   Vgl. *Ekkehard Stegemanns* »Einleitung«, s.u. S. 123ff.
22   *Martin Buber*, Werke I, Gerlingen 1962, S. 657
23   Vgl. *Werblowsky*, Reflections (s.o. Anm. 1), S. 95.
24   *Eugen Rosenstock-Huessy*, Soziologie, Bd. 2, Stuttgart 1958, S. 265

Bubers Ansichten über Jesus, Paulus, das Christentum (das »ursprüngliche« und das »orthodoxe«) wie auch über das Judentum (das »ursprüngliche« und das »rabbinische«) sind zu komplex, um sie in dieser knappen Einführung zu behandeln.[25] Für jene, die die Komplexität und die Schwierigkeiten sehen, sowohl Buber selbst als auch die Wirkung seiner Schriften zu verstehen, mag es nicht unwichtig sein, zwei Ereignisse, die seine Sicht des
Christentums betreffen, gegenüberzustellen:

1. In den frühen fünfziger Jahren besuchte ich eine Vorlesung des verstorbenen David E. Roberts am Union Theological Seminary. In ihr äußerte Roberts Erstaunen darüber, daß ein Mann wie Buber, der Verständnis und
Sympathie für Jesus besitze, nicht zum Christentum übergetreten sei.

2. Am 4. November 1963 zeichnete Bubers langjähriger Freund, der
Dichter und Kritiker Werner Kraft, ein Gepräch auf, in dem Buber erwähnte, auch Jesus habe nicht geglaubt, daß die Erlösung gekommen sei. »Daran
habe sich Paulus ›verhoben‹. Jesus habe geglaubt, daß das Himmelreich sich
mit der Erde berühren würde, und Paulus habe gelehrt, daß es schon da sei.
Darauf sagte ich, dann sei doch eigentlich das Christentum gescheitert. Er
bejaht es, unter Hinweis auf das Buch, das er darüber geschrieben habe:
›Zwei Glaubensweisen‹. Ich wende ein, daß er es so schroff in dem Buch
nicht ausgedrückt habe. Er bejaht es, aber das hätte er den Christen nicht zu-
muten können.«[26]

Ich erwähne Bubers persönliche Bemerkung nicht deshalb, um ihn der
Unaufrichtigkeit zu verdächtigen und seinen veröffentlichten positiven Aussagen über bestimmte Dinge zu mißtrauen. Meine Absicht ist vielmehr, die
Leserinnen und Leser auf die Komplexität, die gelegentliche Ambivalenz
und den sozialen Kontext aufmerksam zu machen, in dem ein Mann wie Buber versuchte, seinen Gedanken Ausdruck zu geben, ohne die Gefühle anderer zu verletzen und ohne die eigenen Ansichten zu verzerren. Er war häufig
dem traditionellen Judentum gegenüber genauso kritisch wie gegenüber
dem paulinischen Christentum. Als er Werner Kraft gegenüber bemerkte
(die Eintragung datiert vom 11.4.1963), daß »wir« doch nicht an Jesus glauben und daß Jesus als Jude doch nicht an Christus geglaubt habe, fand Kraft
dies sehr befremdlich.[27]

Diese Bemerkung würde einen christlichen Theologen nicht überrascht
haben, denn sie wiederholt lediglich die von Reimarus und Lessing im 18.
Jahrhundert getroffene Unterscheidung zwischen der »Religion von Chri-

25 Ich hoffe, einen weiteren Aufsatz über »Buber, Jesus, Judaism and the Kingdom of God«
zu veröffentlichen; vorerst darf ich auf eine Reihe von Aufsätzen und auf Kapitel in Büchern
verweisen, von denen einige in der Bibliographie am Ende dieses Buches zu finden sind.
26 *Werner Kraft*, Gespräche mit Martin Buber, München 1966, S. 115f
27 Ebd., S. 91

stus« und der »christlichen Religion«. Tatsächlich hatte Rosenzweig Buber im Brief vom 22. Februar 1923 mitgeteilt: »Den Unterschied zwischen der ›Religion Jesu‹ und der ›Religion an Jesus‹ [sic!] macht ja schon Lessing.«[28] Da viele – jedoch nicht alle – der von den fünf jüdischen Autoren am Christentum kritisierten Aspekte in gewisser Weise auch in den verschiedenen Formen des Judentums zu finden sind, ist es möglich, die Kritik am Christentum in Beziehung zu ihrer gleichlautenden Kritik am Judentum zu setzen.

Buber hatte ein tiefes Verständnis des jüdischen Glaubens, wie er durch die Begegnung mit dem Gott der Geschichte, der Israel als seinen Bundespartner für die Verwirklichung seiner geplanten Erlösung wählte, erfahren wird. Ein Judentum jedoch, das eine Lebensweise darstellt und im Gehorsam gegenüber einer Ordnung von Geboten *(mizwot)* gelebt wird, die alle Bereiche des menschlichen Lebens durchdringt, entzog sich seinem Verständnis. Schon 1911 teilte er seinen jüdischen Studenten in Prag mit, daß das, was fälschlicherweise als Ur-Christentum bezeichnet werde, richtiger als Ur-Judentum zu beschreiben sei. Er widersetzte sich der Fixierung von Kult und Gesetz im rabbinischen Judentum, genauso wie er sich gegen die Fixierung von Gottesdienst, ethischer Handlung und Dogma im Christentum wandte.[29]

Bei Will Herberg (1901-1977) wissen wir wenig von seinen persönlichen Vorbehalten und Einschätzungen, die er nicht zu veröffentlichen wünschte.[30] Herberg hat als Pionier des theologischen Gesprächs zwischen überzeugten Juden und Christen in Amerika zu gelten. Schon 1943 veröffentlichte er einen wichtigen Essay über »Die christliche Mythologie des Sozialismus«; 1955, lange bevor Jüdische Studien Bestandteil des amerikanischen College-Programms waren, wurde er zum Professor für Jüdische Studien und Sozialphilosophie an der Drew University ernannt. Er hielt Vorlesungen vor protestantischen, katholischen und sogar russisch-orthodoxen Hörern, und manche seiner liberalen jüdischen Kritiker warfen ihm vor, daß er mehr mit den Grundsätzen des traditionellen christlichen Glaubens übereinstimme als mit »fortschrittlich«-jüdischen. Die in dieses Buch aufgenommenen Erinnerungen Bernhard W. Andersons, ehemals Dekan des Drew Theological Seminary (und damit Kollege Herbergs), sind daher besonders wertvoll. Nachdem er 1968 nach Princeton an das Theological Seminary gegangen

---

28 *Franz Rosenzweig,* Gesammelte Schriften, I. Abt., Bd. 2, Den Haag, Dordrecht 1979, S. 895
29 *Martin Buber,* Die Erneuerung des Judentums, in: *ders.,* Der Jude und sein Judentum (s.o. Anm. 16), S. 36-40
30 Die Herberg-Sammlung seiner Schriften an der Drew University ist von Autoren, die über Will Herberg geschrieben haben, benutzt worden, aber es mag noch weitere Dokumente geben, die unser Verständnis seiner Gedanken erweitern könnten.

war, setzte er seine regelmäßigen Mittagessen mit Herberg fort. Herberg äußerte sich skeptisch darüber, ob zu dieser Zeit ein kreativer und offener jüdisch-christlicher Dialog möglich sei. »Die Zeit hierfür sei noch nicht gekommen. Dies habe mit der traurigen Vergangenheit zu tun, und es bestehe die Notwendigkeit für alle drei Dialogpartner – Protestanten, Katholiken und Juden –, mehr biblische Studien zu treiben.«[31] Die Tatsache, daß dieser jüdische Theologe, der manchmal der »Reinhold Niebuhr des Judentums« genannt wurde und Redakteur für Religiöse Angelegenheiten des National Review war, solche Vorbehalte gegenüber seinem guten Freund Barney Anderson äußerte, sollte Leserinnen und Leser auf den langen Weg aufmerksam machen, den wir noch vor uns haben, bevor Juden einige ihrer tiefsitzenden Ängste im Gespräch mit Christen überwinden können.

Abraham Joshua Heschel (1907-1972), der Denker, der am Ende dieses Buches steht, war gegenüber bestimmten Aspekten des Christentums, wie etwa der Betonung des Sündenfalls oder der menschlichen Verderbtheit aufgrund der Erbsünde, kritisch, aber er drückte dies in einer Weise aus, die darauf bedacht war, bei seinen christlichen Freunden keinen Anstoß zu erregen. Wer Heschels Essay »Eine hebräische Würdigung Reinhold Niebuhrs«[32] liest, wird sehr von dessen Übereinstimmung mit Niebuhrs realistischer und unerschrockener Lehre von der menschlichen Sünde und seiner Einsicht beeindruckt sein, daß selbst unsere besten Taten unauflöslich mit selbstsüchtigen und unlauteren Elementen verbunden sind. Was ihm jedoch entgehen mag, ist der zurückhaltend formulierte Widerspruch gegenüber zwei weitverbreiteten traditionellen Grundsätzen und Haltungen. Als Niebuhr das Kant'sche Axiom »Ich soll, denn ich kann« ablehnt, stimmt ihm Heschel zu. Aber gegenüber der Unmöglichkeit, Gottes Willen durch »Werke« zu erfüllen, bietet er als jüdische Erwiderung sein eigenes Motto an, das auf halachischem Denken beruht: »Dir ist aufgetragen, deshalb kannst du.« Und im Unterschied zum christlichen Streben nach individueller Erlösung betont er das jüdische Anliegen universaler Erlösung.

In einer Vorlesung, die er in den fünfziger Jahren hielt, drückte Heschel seine Kritik an orthodoxer christlicher Lehre deutlicher aus, aber er nahm diesen Text nicht in eines seiner veröffentlichten Werke auf. Der Beitrag ist hier abgedruckt, um seine sonst eher vorsichtigen Bemerkungen zu diesem Thema zu vervollständigen: »Das Christentum beginnt mit der grundsätzlichen Annahme, daß der Mensch im wesentlichen verdorben und sündig ist – sich selbst überlassen, kann er nichts erreichen. Er muß gerettet werden. Die erste Frage eines Christen ist: ›Was tust du für die Erlösung deiner Seele?‹

---

31 Vgl. *Bernard W. Anderson*, Einleitung, s.u. S. 247.
32 S.u. S. 296ff.

Ich habe nie an [mein] Seelenheil gedacht... Mein Problem ist, welche Mizwa ich als nächste tun kann. Werde ich einen Segensspruch sagen? Werde ich freundlich zu einem anderen Menschen sein? Werde ich Tora studieren? Wie werde ich den Sabbat ehren? Dies sind meine Probleme... Trotz all meiner Unvollkommenheit, meiner Mängel, Fehler und Sünden bleibe ich Teil des Bundes, den Gott mit Abraham schloß... Dies ist das Kostbare am Jude-Sein.«[33]

Wie Baeck betont Heschel die Notwendigkeit, sich ständig der Spannung eines jüdischen Lebens, das im Gehorsam gegen die Mizwot (Gebote) der Tradition gelebt wird, bewußt zu sein, die zwischen Geheimnis und Gebot, zwischen Spontaneität und der Routine des Lebens besteht. Anders als Baeck betont er die Bedeutung von Ritual, Gottesdienst und Feier: Sie haben eine Gültigkeit sui generis, die nicht von dem Wert abgeleitet ist, den sie als Mittel und Wege zu ethischem Verhalten haben. Seine Kritik an der christlichen Betonung des Prinzips der passiven Gnade einerseits und der Notwendigkeit der korrekten Lehre (ὀρθὴ δόξα) andererseits basiert auf der biblischen Botschaft des *Bundes*, die vom Glauben beider geteilt wird. Es ist eine Botschaft, in der Gott sich an Menschen wendet und Forderungen stellt, die die menschliche Antwort der Liebe und des Gehorsams fordern. In der Gegenseitigkeit des Bundes benötigt der Mensch nicht nur Gott und seine Gnade, sondern Gott braucht den Menschen und erwartet von seinen menschlichen Partnern, daß sie ihren Beitrag zu dem höchsten Ziel, der Errichtung des Gottesreichs auf Erden, leisten.

IV

Bevor man sich den Schriften von Baeck, Buber, Rosenzweig, Herberg und Heschel zuwendet, sollte man sich daran erinnern, daß es nicht *den* Standpunkt des Judentums gibt, von dem aus *die* Lehre als eine festumrissene Größe, die als *das* Christentum bezeichnet wird, beurteilt werden kann. Jeder dieser fünf Denker repräsentiert eine bestimmte jüdische Position, und jeder beschäftigt sich mit dem, wovon er glaubt, daß es der wesentliche Kern des Christentums sei, so wie es ihm von seinem eigenen historisch und existentiell bestimmten Standpunkt aus zu sein scheint. Das verringert nicht unbedingt die objektive Gültigkeit des Urteils der Autoren, aber vom kritischen Leser sollte dieser Umstand in Betracht gezogen werden. Die Bedeutung und Ernsthaftigkeit der jüdischen Kritik und der Wertungen in den einzelnen Abhandlungen werden nach der Lektüre der einführenden Essays –

---

33 Zit. in: *Samuel H. Dresner*, The Jew in American Life, New York 1963, S. 243

sie stammen von fünf christlichen Theologen, die sich jeder auf seine Weise mit der Frage beschäftigen: Welches Judentum steht hier welcher Art Christentum gegenüber? – klarer und fairer erscheinen.[34] Auf diese Weise wird deutlich, daß Buber, der die Halacha nicht als Zentrum des Judentums betrachtet, keinen Grund hat, sich gegen die Abschaffung des »Gesetzes« im Christentum zu wenden. Aber er vertritt die klassische jüdische Tradition, wenn er den christlichen Anspruch bestreitet, daß Rettung und Erlösung entscheidend in Jesus von Nazaret geschehen sind. Baeck vertritt den liberalen Typus des modernen Judentums, das die »ethische Botschaft« der Bibel als das »Wesen des Judentums« ansieht und die Ritualgesetze als schützenden »Zaun« und konstitutiven Rahmen jüdischer Existenz versteht. Sein Widerstand gegen jene Aspekte des Christentums, die er ihrem »romantischen« Charakter zuschreibt, sind durch seine Wahrnehmung der Gefahren hervorgerufen, die durch das Vertrauen auf die göttliche Gnade und die erlösende Kraft der Sakramente und durch den passiven Glauben wie auch die entscheidende Bedeutung des korrekten Glaubens (»Orthodoxie«) entstehen. In manchen dieser Einzelkritiken am traditionellen Christentum sind seine Ansichten denen Harnacks näher als dessen eigene Ansichten über das »Wesen des Christentums« denen der protestantischen und katholischen Traditionalisten seiner Zeit. In seiner Rezension über »Das Wesen des Christentums« schreibt Baeck über seinen Gegner: »Zumal was über allgemeine religiöse Fragen, über das Verhältnis von Religion und Arbeit, von Religion und Wissenschaft gesagt wird, ist so wahr und so schön, daß man immer wieder wünscht, Herr Harnack möge seine Verehrer mit einer Schrift über das ›Wesen der Religion‹ beschenken.«[35]

Heschel, dessen theologische Schriften die Bedeutung der Mizwot als eines allumfassenden Musters einer ethischen *und* rituellen Antwort auf Gottes Forderungen bejahen, versuchte, Christen zu der gemeinsamen Quelle des Glaubens beider, nämlich der Hebräischen Bibel, zurückzurufen. Er tat dies, weil er davon überzeugt war, daß die Entheiligung und die daraus folgende Entjudaisierung der Kirchen für die spirituelle Leere und den Verlust von Sinn verantwortlich seien, die den Zustand der gegenwärtigen Menschen charakterisieren und es möglich machten, Religion auf etwas Innerliches zu reduzieren. »Gott fordert das Herz, weil Er das Leben des Menschen braucht... In dieser Welt wird Musik mit konkreten Instrumenten gemacht, und für den Juden sind Mizwot die Instrumente, mit denen das Heilige verwirklicht wird.«[36]

---

34 Vgl. den Titel des interreligiösen Symposions »Welches Judentum steht welchem Christentum gegenüber?«, das in Aachen im Juni 1983 stattfand (Arnoldshainer Texte 36, hg. von H.-H. Henrix und W. Licharz, Frankfurt/M. 1985).
35 S.u. S. 57f.

V

Die wesentlichen Themen, die die Autoren dieses Buches behandeln, können vier verschiedenen – aber nicht voneinander zu trennenden – Überschriften zugeordnet werden:

1. *Die Person und Bedeutung Jesu.* Einige der Autoren beschäftigen sich mit der Gestalt des »historischen Jesus« in der jüdischen Lebenswelt des 1. Jahrhunderts, andere mit dem »Christus des Glaubens«, dessen Anerkennung als Inkarnation Gottes und als Erlöser zur zentralen Glaubensaussage des Christentums wurde.

2. *Die Polarität von Gesetz und Evangelium, Werken und Glauben, menschlicher Gerechtigkeit und göttlicher Gnade, die zuerst von Paulus verkündet und später in der Theologie der Kirche entfaltet wurde.* Die ursprüngliche Trennung zwischen der entstehenden christlichen Bewegung und der Mehrheit der Juden beruhte hauptsächlich darauf, daß der Anspruch, Jesus von Nazaret sei der Messias, zurückgewiesen wurde. Aber als das Christentum sich von einer jüdischen Sekte zu einer eigenen Religion mit eigenen Glaubensgrundsätzen wandelte, wurde die Glaubensaussage, daß durch das Christusereignis die Gültigkeit der Gebote aufgehoben und der Mensch nur durch den Glauben, nicht aber durch »Werke« gerettet würde, zum grundsätzlich Trennenden der beiden Gemeinschaften.

Da göttliche Gnade und Vergebung der Sünden immer ein integraler Bestandteil des klassischen Judentums waren, wurde die Abschaffung der Mizwot als Weg zum wahren Leben (vgl. Joh 14,6) zum wesentlichen Unterschied zwischen rabbinischem Judentum und orthodoxem Christentum.

3. *Der Ort der Hebräischen Bibel im Christentum.* Von Jesus und seinen Anhängern wurde die Hebräische Bibel zweifellos als Gottes Wort akzeptiert. Der in der Folgezeit entstehende neutestamentliche Kanon verminderte ihre Bedeutung; sie hatte jetzt – auf das »Alte« Testament reduziert – die Aufgabe der *praeparatio evangelica.* Versuche, sie aus dem biblischen Kanon auszuschließen, wurden bereits im 2. Jahrhundert unternommen, so von Marcion. Ihre »Entheiligung« wurde von Schleiermacher, dem Kirchenvater des 19. Jahrhunderts, befürwortet, ihr Ausschluß aus dem biblischen Kanon von Adolf von Harnack 1921 empfohlen; die »Deutschen Christen« setzten sie herab und vermieden ihre Benutzung, die »Gott-ist-tot«-Theologinnen und -Theologen der fünfziger und sechziger Jahre verurteilten sie auf ihre Weise zur Bedeutungslosigkeit.

---

36 *Abraham J. Heschel,* Gott sucht den Menschen. Eine Philosophie des Judentums, Neukirchen-Vluyn ³1992, S. 230

4. *Die Rolle der Kirche als des Neuen Israel (verus Israel) im Gegenüber zu den Juden als dem Alten Israel, dem Israel »nach dem Fleisch«.* Hier wird der Anspruch der Kirche, das Judentum abgelöst zu haben, untersucht. Alle fünf Autoren betonen, daß sich Christen entscheiden müssen, ob sie den jüdischen Weg abschaffen oder ob sie ihn fortsetzen und den Gott Abrahams und seinen Willen zu den Völkern bringen wollen. Ist letzteres der Fall, wird die Beziehung von Israel und Kirche, die eher den Charakter einer Ergänzung als den einer Ablösung hat, zum Gegenstand der Diskussion.

Jeder Versuch einer genauen Beschreibung dessen, wie die fünf Autoren diese Themen behandeln, würde über den Rahmen einer Einführung hinausgehen. Es würde auch Leserinnen und Leser daran hindern, ihre eigenen Eindrücke zu gewinnen, sich ihre Meinung zu bilden und daraus ihre eigenen Schlüsse zu ziehen. Es mag hilfreich sein, darauf hinzuweisen, daß die jeweiligen Biographien der Autoren ab und zu Hinweise zum Verständnis ihrer unterschiedlichen Herangehensweisen geben. Rosenzweig und Herberg wandten sich intensiv dem jüdischen Glauben zu, nachdem sie beinahe zum Christentum übergetreten wären, beide aus ihrer Enttäuschung über den Säkularismus bzw. den Marxismus heraus. Beide beschäftigen sich daher mit dem Christus des Glaubens als dem »zentralen Subjekt« des »klassischen« Christentums.

Obwohl Leo Baeck als einziger der Autoren von Beruf Rabbiner war, erhielt er nicht nur einen Doktorgrad in Philosophie von der Berliner Universität, sondern fand auch noch Zeit und Energie, neutestamentliche Studien zu betreiben. Die Entdeckung eines starken antijüdischen Vorurteils unter deutschen protestantischen Theologen, verbunden mit einem Mangel an Kenntnis der rabbinischen Quellen, drängte ihn, den »jüdischen Jesus« in einer Vielzahl von wissenschaftlichen Aufsätzen darzustellen, die er während einer Spanne von gut einem halben Jahrhundert veröffentlichte.

Auf der anderen Seite hielt Martin Buber, der »Bilderstürmer« gegenüber jedem Versuch, die Unmittelbarkeit der erfahrenen Begegnung mit einem menschlichen oder ewigen DU einzugrenzen, rabbinischen Legalismus und christlichen Dogmatismus fast gleichermaßen für unakzeptabel. Er betrachtete Jesus als seinen »großen Bruder« (wie schon oben erwähnt) – als einen Mann, der die Spontaneität und Authentizität verkörperte, die Buber schätzte und denen er in seinem eigenen dialogischen Denken Ausdruck gab.

Abraham Joshua Heschel, der in einer traditionellen Atmosphäre chassidischer Frömmigkeit und mit dem intensiven Studium rabbinischer und mystischer Literatur aufwuchs, erwarb seine akademische Ausbildung in den zwanziger und dreißiger Jahren in Berlin. Vor allem in den letzten zwölf Jahren seines Lebens setzte er sich intensiv mit christlichen Theologen ausein-

ander, besonders mit Reinhold Niebuhr und Kardinal Augustin Bea, mit
dem zusammen er die Erklärung über die Juden für das Zweite Vatikanische
Konzil (Nostra Aetate IV) vorbereitete. Niebuhrs Theologie war stärker in
biblischen Gedankenmustern als in denen der griechischen Philosophie verwurzelt, und beide Männer spürten eine Wahlverwandtschaft in ihrer gemeinsamen Herangehensweise an die Hebräische Bibel. Kardinal Bea, zuvor
Professor für Bibelwissenschaft, hatte sich mit dem Alten Testament beschäftigt und sah in Heschel einen Vertreter des prophetischen Glaubens,
wie er Gegenstand von dessen bahnbrechender Berliner Dissertation gewesen war. Dieser Hintergrund mag ein Schlüssel zu Heschels Zurückhaltung
sein, einige der Glaubensgrundsätze zu erörtern, die beide Religionen trennen. Nichtsdestoweniger erklärte er 1967 vor einer katholischen Hörerschaft, daß »es für einen Juden schwer zu verstehen ist, wenn Christen Jesus
als den Herrn verehren und dieses Herrsein an die Stelle der Herrschaft
Gottes, des Schöpfers, tritt ..., wenn Theologie auf Christologie reduziert
wird«.[37]

Wir leben heute in einer Welt, die die Erosion des Glaubens und eine zuneh-
mende Säkularisierung der Gesellschaft erfahren hat. Mehr als ein Jahrhun-
dert, nachdem Nietzsche den Tod Gottes verkündet hat, erleben wir den
Tod der Götter, die scheiterten: Marxismus, Hedonismus, Erfolg (William
James' »Hexengöttin«) und die Vergötzung des Menschen. Swinburne
drückte diese Apotheose 1871 mit folgenden Worten aus:
»Glory to man in the highest,
the maker and master of things!«
»Ehre sei dem Menschen in der Höhe,
dem Schöpfer und Meister der Dinge!«
Nach zwei Weltkriegen, dem Holocaust, dem Gulag, den Mordfeldern
Kambodschas und so vielen anderen Greueln, die niemand von einer »mündig gewordenen Welt« (Bonhoeffer) erwartet hatte, klingen diese Worte
hohl. Heute sollten wir den Worten des katholischen Theologen Bernhard
Casper Aufmerksamkeit schenken, der zu Franz Rosenzweig feststellt: »Er
hat damit, so scheint mir, eine Gesprächssituation zwischen Juden und
Christen hergestellt, wie sie so vielleicht seit den Anfängen des Christentums nicht mehr gegeben war. Diese Gesprächssituation ist aber heute in
dem Augenblick der globalen Menschheitskrise eine Herausforderung und
eine Chance zugleich.«[38] Judentum und Christentum teilen, so drückt Rosenzweig es aus, eine gemeinsame Hoffnung: Weil »die Wurzeln dieser

---

37   S.u. S. 348.
38   S.u. S. 177.

Hoffnung, der Gott aller *Zeit* hier und dort, zusammenentspringen, die Offenbarung des Alten Bundes uns gemeinsam ist: so sind Kirche und Synagoge aufeinander angewiesen.«[39] Die gemeinsame Wurzel wird auch in der Antwort des protestantischen Theologen J. Louis Martyn auf Leo Baecks Betonung von »Geheimnis« und »Gebot« sichtbar: Martyn fordert eine Theologie, die Christen aufruft, »sich von allen – letztlich entwürdigenden – Formen romantischer Passivität und oberflächlicher Aktivität abzuwenden«.[40]

In einem Zeitalter, in dem die Errungenschaften der Wissenschaft die Illusion genährt haben, daß wir autonom seien und Erlösung durch Technologie geschehe, können die Stimmen von Baeck, Buber, Rosenzweig, Herberg und Heschel Christen und Juden daran erinnern, daß das Leben kein Problem darstellt, das zu lösen ist, sondern eine Aufgabe, die auferlegt ist, und eine Gnade, die geschenkt wurde.

---

39 Brief an Rudolf Ehrenberg, 31. Oktober 1913 (s.u. S. 180)
40 S.u. S. 54.

Leo Baeck (1873-1956)

J. Louis Martyn

Einleitung

I

Kurz vor Anbruch des letzten Viertels des 19. Jahrhunderts wurde Leo Baeck in Lissa, einer Stadt von preußischem Charakter, geboren. Mit den Grundlagen des Judentums war er durch seinen gebildeten Vater, Rabbiner Samuel Bäck, wohlvertraut, mit klassischen Studien in Latein und Griechisch durch seine Lehrer am Comenius-Gymnasium.[1] So verließ er mit Beginn des achtzehnten Lebensjahrs das Elternhaus, um am berühmten Jüdisch-Theologischen Seminar in Breslau zu studieren. Hier begegnete er in dem reichen Erbe, wie es von Zacharias Frankel, Jacob Bernays, einem Schüler Albrecht Ritschls, und nicht zuletzt von Heinrich Graetz überliefert wurde, einer moderaten Ausprägung der »Wissenschaft des Judentums«. Wie es der Zufall wollte, war Baecks erstes Semester Graetz' letztes, aber der kurze persönliche Kontakt war von großer Bedeutung. Seit seinen Jugendjahren war Baeck Menschen begegnet, die sowohl große jüdische Wissenschaftler als auch hingebungsvolle und engagierte Lehrer waren. Für unser gegenwärtiges Interesse ist es wichtig festzustellen, daß mehrere dieser großen Wissenschaftler Baecks Weg bereiteten, indem sie nicht nur auf das Studium der Bibel, des Talmuds, jüdischer Geschichte, Philosophie und Ethik Wert legten, sondern auch auf die Interpretation christlicher Quellen. In dieser Hinsicht sind vor allem Abraham Geiger (1810-1874), Heinrich Graetz (1817-1891) und Hermann Cohen (1842-1918) zu nennen, die Baecks Ansichten über das Christentum nicht zuletzt dadurch entscheidend beeinflußten, daß sie es mit der Kategorie des Romantischen verbanden.

Im Sommer 1894, nachdem Baeck die Hälfte seiner sechsjährigen Ausbildung beendet hatte, wechselte er nach Berlin an die Lehranstalt für die Wissenschaft des Judentums über. Diese Hochschule verkörperte – in einem gewissen Maße – den Traum Abraham Geigers und Ludwig Phillipsons von einer jüdischen theologischen Fakultät als integralem Bestandteil einer deutschen Universität. Der Wechsel war im Grunde kein Aufbruch in eine fremde Welt, da mehrere Mitglieder dieser Fakultät in Breslau studiert hatten.

Baeck besuchte auch die Universität; er promovierte bei Wilhelm Dilthey.[2] Hier stellt sich eine wichtige Frage: Findet sich in Baecks Schriften

---

1 In seinen Bemerkungen über die Reformation unterscheidet Baeck immer zwischen der calvinistischen und der lutherischen Tradition. Vgl. »Judentum in der Kirche« in diesem Band und *ders.*, Wege im Judentum. Aufsätze und Reden, Berlin 1933, S. 387-388.

über das Christentum nicht nur der Einfluß von Geiger, Graetz und Cohen, sondern auch der von Dilthey – und wenn ja, wie zeigt er sich? Um diese Frage beantworten zu können, müssen wir uns zuerst mit Diltheys Denken vertraut machen.

Diltheys Studien richteten sich auf die Totalität dessen, was durch den menschlichen Geist entstanden, geprägt und beeinflußt war. Für dieses umfassende Ganze verwendete er den Begriff der »geistigen Welt«. Nichts Menschliches lag für ihn außerhalb dieses Begriffs.

Seine Methode, dieses umfassende Ganze des menschlichen Kosmos zu untersuchen, bemühte sich, nicht hinter den Gegenstand ihrer Untersuchung zurückzufallen, und schloß so auch jene Disziplinen mit ein, die gemeinhin als voneinander getrennte Disziplinen betrachtet wurden: Geschichte, Ökonomie, Sozialanthropologie, Psychologie, vergleichende Religionswissenschaft usw. Für alle diese Disziplinen gibt es nach Dilthey nur eine Interpretationsmethode, eine einzige, allgemeine Hermeneutik, die für alle Geisteswissenschaften gültig ist, wenn sie sich auf ihren wahren Gegenstand richten. Grundlegend für alle Studien der »geistigen Welt« ist: Der Geist versteht, was der Geist geschaffen hat. Während man in den Naturwissenschaften nach Wissen strebt, geht es den Geisteswissenschaften um das Verstehen. Diesen Unterschied betonte Dilthey nachdrücklich. »Verstehen« meint ausschließlich das interpretierende Geschehen, das stattfindet, wenn durch Einfühlungsvermögen der Interpretierende das »Ich im Du« wiederentdeckt. In diesem Moment versteht Geist Geist.

Es ist offenkundig, daß sowohl Diltheys umfassendes Denken als auch seine allgemeine Hermeneutik auf Baeck faszinierend wirkten. Es ist ebenso offenkundig, daß der gelehrte junge Rabbiner seine eigenen Schlüsse daraus zog. In Diltheys Begriff der geistigen Welt, der großen Kontinuität menschlichen Lebens, sah Baeck nichts anderes als die Kontinuität des Judentums. Und das einfühlsame Verstehen der menschlichen Vergangenheit ist nach Baeck für die geistige Welt nur dann von Bedeutung, wenn es zu einer zukunftsbildenden Kraft wird. In bezug auf unser gegenwärtiges Interesse sind beide Punkte von Wichtigkeit.

Auf den ersten Blick mag Baecks ausdrücklich jüdische Perspektive auf die geistige Welt als sektiererisch und somit als in sich widersprüchlich erscheinen. Dem ist nicht so. Und Baeck sah es auch keineswegs so. Selbst in der jüdischen Tradition des Universalismus stehend, war für ihn der Leitstern, der die Totalität des menschlichen Kosmos erleuchtet, in der »univer-

2   Dilthey, der Sohn eines Pastors, Biograph von Friedrich Schleiermacher und Philosoph, war selbst ein sehr beliebter Lehrer, der – nach den Worten Hugo von Hofmannsthals – eine Atmosphäre von »leidenschaftlichem Gespräch und leidenschaftlichem Zuhören« schuf. S. insbesondere *H.P. Rickmans* vorzügliche Einführung zu Diltheys »Pattern and Meaning in History«.

salen Geschichte des Judentums«[3] sichtbar: »Man kann ein Jude nur sein,
wenn man das Ganze sieht, wenn man universell denkt. Wessen Blick innerhalb der Schranken der Gruppen, der Parteien, der Sonderinteressen bleibt,
der ist vielleicht auf dem Wege zum Jüdischen, aber er ist noch nicht im Jüdischen, er ist noch nicht ganz ein Jude.«[4]

Was im einzelnen bedeutet dies für das Christentum? Für Baeck bedeutete es hauptsächlich zwei Dinge. Erstens: Das Christentum wird erst dann
richtig verstanden, wenn die Tatsache anerkannt wird, daß – obwohl es eine
eigenartige Mischung ist, deren Elemente z.B. aus hellenistischen Mysterienkulten stammen – es auch der vorrangige Ort für jüdisches Denken außerhalb des Judentums ist. Folglich wird das Christentum studiert, indem man
jüdische Lebensformen und Gedankenmuster oder auch deren Rückgang im
Leben der Kirche verfolgt. Zweitens: Es ist ein charakteristischer Mangel
des Christentums, daß es wegen seiner nicht-jüdischen Elemente das, was
allgemeinmenschlich ist, nicht vollständig zu würdigen weiß. Das Studium
des Christentums hilft uns, die geistige Welt zu verstehen, a) weil das Christentum einen Aspekt dessen enthält, was wirklich universal ist, nämlich das
Judentum, und b) weil so die Elemente des Allgemeinmenschlichen, die das
Christentum unterdrückt hat und die daher besondere Aufmerksamkeit ver-
dienen, deutlich werden.

Die Frage nach der Methode, nach einer allgemeinen Hermeneutik, ist
dabei nicht weniger wichtig. Es wurde bereits erwähnt, daß in Baecks Schriften eine Faszination gegenüber Diltheys Konzept des einfühlsamen Verstehens der Werke des Geistes zum Ausdruck kommt. Für einen wirklichen
Schüler Geigers, Graetz' und Cohens war dieses Verstehen gleichbedeutend
mit dem Verstehen des Judentums, der unbedingten Gebote Gottes, durch
die Gott die Empfänger der Gebote für die Zukunft verantwortlich macht,
und nicht etwa mit dem Verstehen von Gefühlen. »Kein Erlebnis ohne die
Aufgabe, und keine Aufgabe ohne das Erlebnis.«[5] Hier wird Diltheys ein-
fühlsames Verstehen zu einer handelnden Kraft. Adolf Kober drückte es in
einem erinnerungswürdigen Satz so aus: »Für Baeck wird das mitfühlende
Verstehen alles Vergangenen zu einer Kraft, *das Künftige zu gestalten.*«[6]

Folglich ist Baecks Interesse am Christentum und insbesondere an der
Geschichte des Judentums innerhalb der Kirche (das Wiederentdecken des
»Ich im Du«) weder eine rein akademische Angelegenheit noch der Absicht
nach eine Art religiöser Imperialismus. Was zur Debatte steht, ist die Zukunft. Baeck versuchte Jesus und das Christentum zu verstehen, damit er

3 S. »Judentum in der Kirche« (unten S. 104ff) und »Romantische Religion« (unten S. 69ff).
4 Nachruf auf Felix Warburg, Der Morgen 13 (1937/38), S. 370
5 Geheimnis und Gebot, s.u. S. 61
6 Festschrift, 1953, S. 25 (Hervorhebung von mir)

seinen Teil zur wahrhaft menschlichen Zukunft beitragen könne, die er als
gottgewollt für die ganze Menschheit ansah. Er tat dies, indem er, der unbe-
kannte siebenundzwanzigjährige Rabbiner einer kleinen Gemeinde in Oppeln, einen Essay als Antwort auf Adolf Harnacks berühmtes Buch über das
»Wesen des Christentums« verfaßte und mit Renans Verweis auf die Bedeutung des Judentums für die Zukunft schloß. Noch als Einundachtzigjähri-
ger, inzwischen weit verehrt, versuchte er, der das Konzentrationslager
Theresienstadt überlebt hatte, das Bewußtsein für eine gemeinsame Verantwortung für die Zukunft zu wecken, indem er eine Reihe wichtiger Fragen
an die christliche Kirche richtete. Von Anfang an war Baecks Faszination gegenüber dem Christentum dadurch bestimmt, daß er sein beständiges Interesse auf den Nachbarn richtete, den Gott jedem an die Seite gestellt hat, und
auf die gemeinsame Gestaltung der Zukunft mit diesem Nachbarn, in Übereinstimmung mit den Geboten, die begleitet sind von der Verkündigung
»Ich bin der Herr, dein Gott«.[7]

II

Der Essay über Harnacks »Wesen des Christentums« ist ein sachlicher Aufsatz, von einem jungen, aber kompetenten Wissenschaftler verfaßt, der sich
in den betreffenden Quellen, vor allem den jüdischen, weitgehend aus-
kennt. Es handelt sich in gewissem Sinne um einen historischen Aufsatz. Unter der Oberfläche jedoch ist der Ärger des Autors deutlich zu spüren, und
der aufmerksame Leser wird die Gründe dafür leicht erkennen.

a) Nach Baecks Ansicht ist der christliche Professor ein Apologet, obwohl
er behauptet, ein objektiver Historiker zu sein.

b) Er ist nicht nur ein Apologet, sondern auch erstaunlich unwissend im
Hinblick auf die jüdischen Quellen, die seinen Untersuchungsgegenstand
betreffen.

c) Seine historische Unwissenheit (zum Teil willentlich?) sowie seine apologetische Haltung führen ihn dazu, das Bild des außerordentlichen Juden,
Jesus, stark zu verzerren.

Indem Baeck diesen Aufsatz schreibt, tut er es als Jude mit dem wichtigen
Anliegen, Jesus für das Judentum und das Judentum für die Zukunft zu retten.

Schon auf den ersten Seiten des »Wesens des Christentums« spricht Har-

---

7   Wichtig und aufschlußreich sind die Bemerkungen B. Klapperts über die Schriften, die Baeck in seinem Todesjahr 1956 verfaßte: *B. Klappert*, Brücken zwischen Judentum und Christentum. Leo Baecks kritische Fragen an das Christentum. Nachwort zur 3. Auflage des
Leo-Baeck-Buches von A.H. Friedlander, S. 285-328 (bes. S. 303-309), in: *A.H. Friedlander*,
Leo Baeck. Leben und Lehre, 1990.

nack – mit dem Ziel, Jesu Einzigartigkeit herauszustellen – von der großen Distanz, die Jesus vom rabbinischen Judentum trennt.

»Erstlich ist es sehr unwahrscheinlich, daß er [Jesus] durch die Schulen der Rabbinen gegangen ist; nirgendwo spricht er wie einer, der sich technisch theologische Bildung und die Kunst gelehrter Exegese angeeignet hat. Wie deutlich erkennt man dagegen aus den Briefen des Apostels Paulus, daß er zu den Füßen theologischer Lehrer gesessen! Bei Jesus finden wir nichts hiervon, es machte daher Aufsehen, daß er in den Schulen auftrat und lehrte. In der Heiligen Schrift lebte und webte er, aber nicht wie ein berufsmäßiger Lehrer.«[8]

In seiner Rezension verschwendet Baeck keine Zeit mit Höflichkeitsbekundungen:

»Jeder Satz enthält hier einen Irrthum. Was die erste Behauptung anlangt, so hätte Herr H. Recht, wenn es unter den Rabbinen nur Dialektiker und gar keine Haggadisten, keine Prediger, keine religiösen Denker und Dichter gegeben hätte. Wer von diesen etwas weiß, der erkennt sofort, daß Jesu Rede Geist von ihrem Geiste ist. Jeder seiner Aussprüche, jede seiner Parabeln, jedes seiner Trostworte zeigt den Jünger der Rabbinen... Wer wie Herr H. urteilt, der weiß von einem großen Gebiete des damaligen jüdischen Geisteslebens nichts, oder er zwingt sich, nichts davon zu sehen.«[9]

Der erste Punkt in Baecks Kritik ist eindeutig. Jesus, der haggadische Lehrer, ist in die Hände eines Historikers gefallen, der keine Kenntnis der Haggadah besitzt. Würde diese Unkenntnis beseitigt, dann stünde Jesus als ein Rabbiner vor uns.

Der zweite Punkt wird deutlich, wenn wir nach der Bedeutung des Jüdischseins Jesu fragen, und hier tun wir gut daran, wenn wir dem letzten Satz im obigen Zitat nähere Aufmerksamkeit schenken. Auf den ersten Blick mag er als unbegründete, unhöfliche, sogar als eine Bemerkung *ad hominem* erscheinen. Die Hauptsache jedoch, die es zu beachten gilt und die wir schon zuvor erwähnten, ist Baecks darin zum Ausdruck kommender Ärger und dessen Ursache. Man rufe sich den beleidigenden Zug solcher christlicher Wissenschaftler in Erinnerung, die das Judentum nur studieren, um sowohl dessen Unterlegenheit als auch Jesu nicht-jüdische Überlegenheit zu demonstrieren.[10] Niemand mußte Baeck auf diese offensichtliche Tendenz in Harnacks Buch hinweisen. Harnack bediente sich ausgiebig des traditionsreichen Bildes von Hülle und Kern, um in Jesu Lehre die typisch jüdischen Elemente als minderwertige Hülle eines höherwertigen Kerns darzustellen, der eben jene Elemente enthielt, die seiner Ansicht nach einzigartig waren und für die es keine Parallelen im Judentum gab.

8 A. *von Harnack*, Das Wesen des Christentums, (Nachdruck) 1964, S. 31f
9 Monatsschrift für Geschichte und Wissenschaft des Judentums 45 (1901), S. 110
10 S. die bewundernswerte Bloßstellung dieser Tendenz in *G.F. Moore*, Christian Writers on Judaism, Harvard Theological Review 14 (1921), S. 197-254.

Angesichts des Harnackschen Bildes von Hülle und Kern könnte man erwarten, daß Baeck seinen Ärger dadurch zum Ausdruck bringt, daß er sich
ganz von einer solchen Unterscheidung zwischen Wesentlichem und Neben-
sächlichem distanziert. Dies ist jedoch nicht der Fall. Denn sowohl die Re-
formbewegung im Judentum als auch liberale Strömungen innerhalb des
Protestantismus beruhen auf dieser Unterscheidung. Folglich stimmt Baeck
mit Harnack in zwei wesentlichen Punkten überein: 1. Es gibt das, was wesentlich ist, und das, was nicht wesentlich ist. 2. Die Unterscheidung zwischen dem einen und dem anderen kann durch religionswissenschaftliche
Studien gewonnen werden. Im Licht dieser Übereinstimmung wird die
wichtigste Abweichung deutlich: Was Harnack als die überflüssige jüdische
Hülle betrachtete, ist für Baeck der Kern der Lehren Jesu, und was Harnack
als den Kern ansah, ist nach Baecks Urteil nur Harnacks moderner Glaube
und daher nicht etwas, das historisch bis zu Jesus zurückverfolgt werden
kann. Aus diesem Grunde muß – wenigstens für den Historiker – Harnacks
Kern als Hülle bezeichnet werden. Für Baeck geht es aber in dieser Auseinandersetzung um mehr als nur historische Genauigkeit. Er will die Einzigartigkeit des jüdischen Volkes und dessen Fähigkeit, eine menschliche Zukunft
zu gestalten, hervorheben.

   Hatte Harnack behauptet, daß Gottes gute Nachricht im nicht-jüdischen
Kern der Lehre Jesu liege – und nur dort –, so versucht Baeck Jesus fürs Judentum zu retten, indem er zeigt, daß der Kern der Lehre Jesu in seiner eigentlichen Treue zum Judentum – und nur darin – besteht.

»Jesus ist eine echt jüdische Persönlichkeit, all sein Streben und Tun, sein Tragen und Fühlen,
sein Sprechen und Schweigen, es trägt den Stempel jüdischer Art, das Gepräge ... des Besten,
was es im Judentum gab und gibt, aber nur im Judentum damals gab... In keinem anderen Volke
hätte ein Mann wie er wirken können; in keinem anderen Volke hätte er die Apostel, die an ihn
glaubten, gefunden.«[11]

Indem Harnack die Hülle mit dem Kern und den Kern mit der Hülle verwechselt, vermag er nach Baeck nicht wahrzunehmen, was einzigartig ist.
Denn einzigartig ist in erster Linie nicht Jesus, sondern das Judentum, das
gesamte jüdische Volk. Kurz gesagt: Jesus gehört zum Besten dieses Volkes.

   Macht dieser Anspruch jüdischer Einzigartigkeit die jüdische Universalität Baecks, auf die oben hingewiesen wurde, zunichte? Keineswegs. Denn
indem Baeck, wie schon zuvor erwähnt, seinen Aufsatz mit Renans Aussage
über die Bedeutung des Judentums für die Zukunft schließt, beabsichtigte
er, wie seine nachfolgenden Schriften zeigen, seine Gedanken über die Zukunft der Welt zum Ausdruck zu bringen. Angefangen von Jesaja bis hin zu

11 A.a.O. (s.o. Anm. 9), S. 118 (s.u. S. 57)

Ben Assai und darüber hinaus ist die Erwählung Israels mit verschiedenen Formen des Universalismus verbunden. Baeck für seinen Teil hielt Jesu Volk um des Wohls aller Völker willen für einzigartig.[12]

III

Noch in Oppeln veröffentlichte Baeck sein erstes Buch: Das Wesen des Judentums. Es ist teilweise als ausführliche Antwort auf Harnack zu verstehen, stellt zugleich aber auch eine wichtige und eigenständige Abhandlung an sich dar, die in mehrere Sprachen übersetzt und in mehrfach überarbeiteten Auflagen eine weite Verbreitung gefunden hat. Dem Dienst in Oppeln folgten fünf Jahre in Düsseldorf, bis 1912 der Ruf nach Berlin erfolgte; dort arbeitete Baeck als Rabbiner und wurde innerhalb eines Jahres zum Mitglied der Fakultät der Lehranstalt berufen.[13] Nach dem Krieg, in dem er als Militärgeistlicher gedient hatte, kehrte er nach Berlin zurück, wo er erneut einen Teil seiner Aufmerksamkeit dem Studium des Christentums widmete. In dieser Zeit verfaßte er drei Aufsätze, in denen sein Verständnis und seine Beurteilung des Christentums sehr deutlich zum Ausdruck kommen: Geheimnis und Gebot (1921), Romantische Religion (1922) und Judentum in der Kirche (1925).[14] Wie in seinen Schriften über das Judentum äußerte sich Baeck in diesen wegweisenden Aufsätzen über das Christentum sowohl über dessen Wesen als auch dessen Geschichte.

Das Wesen des Christentums
Der Schlüssel zum Wesen des Christentums liegt nach Baeck im Erkennen seiner grundsätzlichen Gestalt: Es gehört zur Gattung der romantischen Religion. Was das bedeutet, wird deutlich, wenn wir nicht mit der Religion, sondern mit dem allgemeinen Verständnis von Romantik in der Moderne

12 S. insbesondere *L. Baeck*, Das Wesen des Judentums, (Nachdruck) 1960, S. 77-81.
13 In Heimgegangene des Krieges (1919) zeichnete Baeck eindrucksvolle Portraits von einigen der großen Persönlichkeiten der Lehranstalt (wiederveröffentlicht in Wege im Judentum, 1933).
14 Der Aufsatz »Romantische Religion«, der 1922 veröffentlicht wurde, war Bestandteil eines umfangreicheren Werkes, das erst vollständig in seinem Buch »Aus drei Jahrtausenden« (1938) erschien; aber schon die ursprüngliche Fassung spielte in der Entscheidung der Nationalsozialisten, das Buch zu vernichten, eine entscheidende Rolle. Drei weitere Essays von Baeck sollten erwähnt werden: Das Evangelium als Urkunde der jüdischen Glaubensgeschichte (1938), in: *ders.*, Aus drei Jahrtausenden, 1938, S. 236-312, The Faith of Paul (dieser Vortrag wurde vom Überlebenden aus Theresienstadt vor der Society of Jewish Studies 1952 gehalten) und Some Questions to the Christian Church from the Jewish Point of View (1954). Baecks Studien des Christentums, die sich über mehr als ein halbes Jahrhundert erstrecken, weisen sowohl eine Entwicklung wie auch eine bestimmte Konsistenz auf; s. *R. Meyer*, Christentum und Judentum in der Schau Leo Baecks, 1961 und die Kritik an Meyers Buch in *W. Jacob*, Christianity Through Jewish Eyes, 1974.

beginnen. Nach Friedrich Schlegel und Novalis ist Romantik gleichbedeutend mit dem Verlangen, das reine Gefühl zu feiern: wie es in den Spiegel
der Selbstwahrnehmung schaut und sich danach sehnt, in seinem schönen
Bild zu ertrinken. Hier ist das Gefühl alles.[15]

Für Baecks Verständnis des Christentums ist die Unterscheidung zwischen klassischer und romantischer Religion von grundlegender Bedeutung.
Denn diese Unterscheidung enthält zugleich einen wichtigen Hinweis auf
den Ursprung der christlichen Religion. Die beiden ursprünglichen Komponenten des Christentums, nämlich das Judentum und die Mysterienkulte
von Adonis, Attis usw., sind diametral entgegengesetzt. Ersteres verkörpert
für Baeck den Typus der klassischen, letzeres den der romantischen Religion. Der Begründer des Christentums, Paulus, vermischte zwar die beiden
gegensätzlichen Typen, indem er das Erbe des klassischen Judentums mitein-
brachte. Das Wesen dieser Vermischung ist durch den romantischen Teil bestimmt, nämlich durch die Gefühlsbetonung der Mysterienkulte und ihren
auf ein Jenseits gerichteten Mythos eines Erlösers, der es seinen Anhängern
ermöglicht, vor den Ansprüchen des wirklichen Lebens in eine jenseitige
Phantasie zu entfliehen. Das Christentum wurde als eine romantische Religion geboren, und die Geschichte seiner Entwicklung ist nach Baeck durch
folgende romantische Elemente gekennzeichnet:

1. Im Christentum wird der Glaube eher als passive Gnade denn als aktiver Gehorsam verstanden. Für das Bild des Menschen hat dieses Glaubensverständnis beträchtliche Folgen.

2. Der menschliche Wille wird ausgelöscht. Wie Paulus es ausdrückte,
gibt es keinen Ort für »Wollen und Laufen« (Röm 9,16). In der Tat, Religion
wird zur Erlösung vom Willen, zur Befreiung von Taten, die bewußt in Übereinstimmung mit Gottes Geboten vollbracht werden.

3. Die Zukunft wird praktisch geleugnet. In diesem romantischen Glauben wird angenommen, daß alles schon gegeben ist; da ist kein Werden und
kein Wachsen. Der Gläubige ist der schon vollendete Mensch. In der Sicherheit, daß er die wahre Aufgabe im Gefühl der absoluten Abhängigkeit erfüllt
hat, hört er kein »du sollst«, sondern nur ein »du hast«.[16] Weil die Anhänger

---

15   Baecks Definition der breiten Bewegung der Romantik des 19. Jahrhunderts bedarf der
Korrektur, wie aus der Analyse von *M.H. Abrams* in The Mirror and the Lamp. Romantic
Theory and the Critical Tradition, 1953 ersichtlich wird; sie ist jedoch heuristisch bedeutsam
für seine überzeugende Kritik eines charakteristischen Zuges der Kirchengeschichte.

16   Baeck verwendet nicht das klassische τέλειος ἀνήρ, aber sein Bezug auf den »vollendeten
Menschen« und auf eine Gnade, die »durch den dunklen Abyss des Blutes« wirkt, zeigt sein Interesse an den Auswirkungen eines (falsch verstandenen) Nietzsche auf die unheilvolle Entwicklung im Deutschland der zwanziger Jahre. Hier ist anzumerken, daß sich dieser prophetische Bezug auf den »vollendeten Menschen« schon in der Fassung des Jahres 1922 von »Romantische Religion« befindet; wie oben gesagt (s.o. Anm. 14), waren die Abschnitte, die der
Veröffentlichung von 1938 hinzugefügt wurden, wahrscheinlich nicht allein der Grund, warum das Werk den Nationalsozialisten höchst anstößig erschien.

der klassischen Religion einen ansprechbaren Willen haben, weil sie fähig sind, den Geboten zu folgen, streben sie fortwährend einer freien Zukunft entgegen. Die Anhänger der romantischen Religion wähnen sich dagegen bereits im Besitz der Freiheit durch Gnade, die sie von ihrem Willen getrennt hat. Sie haben kein Interesse an der Zukunft.

4. Nachbarschaft und Kultur treten in den Hintergrund, da sie für die schon vollkommene Person keine wirkliche Bedeutung mehr haben. Die romantische Religion ist eine grundsätzliche Form des Solipsismus. »Alle Passivität ist eine Selbstsucht ..., in ihr kennt der einzelne nur sich und nur das, was ihm Gott oder das Leben bringen soll, aber nicht das Gesetz, nicht die wechselseitige Forderung der Menschen.«[17]

5. Politische Verantwortung wird vermieden, da es keinen Antrieb gibt, das soziale und ökonomische Leben zu verbessern. Die romantische Passivität führt zu der Einsicht: »Jedermann sei der Obrigkeit untertan« (Röm 13,1). Anderen Sphären lauschend, nimmt sie es schweigend hin, daß der Nachbar durch Sklaverei und Folter entwürdigt wird. Wenn man darauf hinweist, daß die Mysterienkulte sich mit Tyranneien arrangierten, so muß man hinzufügen, daß das Christentum in der Regel das gleiche getan hat und häufig die Zustände noch verschlimmerte, indem es die Herrschaft des Tyrannen segnete.

6. Die Ablehnung politischer Verantwortung und die Leugnung der Zukunft veranlaßt die Anhänger der romantischen Religion, sich von der Vorstellung einer wirklichen, lebendigen Geschichte zurückzuziehen. Für sie ist das Wesen der Geschichte zu einem theatralischen Drama geworden, das zwischen Unten und Oben stattfindet, einem Drama, das von übermenschlichen Mächten veranstaltet und jenseits der menschlichen Sphäre ausgetragen wird. Menschen hören auf, aktive, fähige Subjekte der Geschichte zu sein; sie werden zu passiven Objekten eines überirdischen Kampfes; daher denken sie, daß Realität nur im »übernatürlichen Bereich« erfahren werden kann.

7. Da sich der Erhalt dieser romantischen Passivität über längere Zeit hin als schwierig erweist, werden Lösungen angeboten, die sie erhalten sollen. Ein Sakrament, das im wesentlichen magischer Natur ist, wird regelmäßig ausgeteilt, und man schafft Dogmen, in denen der romantische Geist Gewißheit finden kann. Wahrheit wird zum richtigen dogmatischen Bekenntnis und nicht zu einer unendlichen ethischen Pflicht. Der Gerechtigkeit widerfährt ein ähnliches Schicksal, indem sie zu rechtem Glauben wird; und in einer wahrhaft orphischen Weise wird Sünde zu einem Erbe, für das man nicht verantwortlich und angesichts dessen man machtlos ist.

8. Die Aufwertung des romantischen Gefühls und seines Zwillings, der korrekten Lehre, bewirkt den Tod der Ethik, die dem Glauben innnewohnt.

17 *L. Baeck,* Romantische Religion, in: *ders.,* Aus drei Jahrtausenden, S. 59

Wenn es überhaupt ein moralisches Gesetz gibt, dann ist es dem Glauben
äußerlich. Es kann seinen Ausdruck daher nur in der Kasuistik finden, die
das absolute Gebot Gottes domestiziert.

9. Alle vorhergehenden Beobachtungen, auch die, die das Christentum
und die Kultur betreffen, laufen darauf hinaus, daß das Christentum – eine
in sich reduktionistische, romantische Religion – als unfähig erachtet wird,
das wunderbare Ganze dessen, was menschlich ist (man erinnere sich an
Dilthey), angemessen zu würdigen. Die Einheit der Menschheit wird eigentlich geopfert, denn im romantischen Christentum muß menschliche Tugend
immer da geleugnet werden, wo es keine korrekte Lehre gibt. Es ist diese aktive Intoleranz, die »zuletzt immer zum Ich zurückkehrt und in der Stimmung bleibt«.[18] Es ist daher ein eindeutiges Zeichen der Schwäche der romantischen Religion, daß ihr – anders als der klassischen Religion – die wahre Kraft, eine universale menschliche Zukunft zu schaffen, fehlt.

Die Geschichte des Christentums

Obgleich es das romantische Element ist, das nach Baeck das Wesen des
Christentums ausmacht, findet er den Schlüssel zur Geschichte des Chri-
stentums im wechselhaften Schicksal der klassischen Elemente, die es vom
Judentum erbte.

Da Jesus und seine ersten Apostel im vollen Sinn des Wortes Juden waren,
war das Evangelium ursprünglich jüdisch. In diesem Evangelium findet
Baeck das jüdische Bewußtsein der unauflöslichen Einheit von Geheimnis
und Gebot, innigem Glauben und aktiver Tat, Versenken in die Tiefe und in
den Willen Gottes. Jesus und seine ersten Apostel wußten, daß das Gesetz
gleichermaßen gegen den Verlust des Geheimnisses und gegen den Verlust
der Gebote gerichtet ist und daher auch dagegen, daß das eine vom andern
getrennt wird. Darüber hinaus bewahrte dieses ursprüngliche Evangelium
das jüdische Verständnis von wirklicher Geschichte und daher von Zukunft.
Man wußte, daß Gottes Gebot, das aus Gottes Geheimnis hervorging, eine
immerwährende Zukunft erschafft und fortsetzt; das Gebot enthält eine
Verheißung, einen messianischen Aspekt und daher ein sich beständig er-
neuerndes Leben.

Diese jüdische Integrität wurde weder von Jesus noch von seinen eigenen
Aposteln in Frage gestellt, wohl aber von Paulus, der laut Baeck die Grenze
des Judentums überschritt, als er das Christentum begründete.[19] Das Christentum entstand, als Paulus das Gebot aufgab und trennte, was nicht wirklich zu trennen ist, indem er sich nur auf das Geheimnis konzentrierte, das
sich ihm in einer Vision offenbarte. Damit wurde die klassische Religion,

---

18   Romantische Religion, S. 120 (vgl. unten S. 103)
19   Judentum in der Kirche, in: *ders.*, Aus drei Jahrtausenden (s.u. S. 104ff)

das Judentum, zugunsten einer Form der romantischen Religion, des Christentums, größtenteils preisgegeben. Von den heidnischen Mysterienkulten brachte es die Huldigung träumerischer Ekstase mit und zog sich somit von der Aufgabe zurück, eine bessere Zukunft für die reale Welt zu schaffen. War dem Judentum bewußt, daß der Glaube sein Gebot hat und das Gebot seinen Glauben, so trennte Paulus beide, indem er den Glauben allein *(sola fide)* predigte; er wandte sich magischen Sakramenten zu und wählte das Dogma als Ersatz für die Einheit von Geheimnis und Gebot. Dies sollte höchst bedauerliche Konsequenzen haben.

Für Baeck können jüdische Wurzeln jedoch nie ganz abgeschnitten werden; sie bilden ein unzerstörbares Fundament, und wie eingeschränkt ihr Einfluß auch immer sein mag, sie kommen immer wieder hervor. Deshalb ist die wahre Geschichte der Kirche für Baeck die Geschichte des Judentums innerhalb der Kirche, d.h. die Geschichte der Treue und Untreue der Kirche zum Judentum.

In dieser Geschichte hebt Baeck fünf Punkte besonders hervor:

1. Im paulinischen System gibt es keinen Platz für Ethik. In den Sakramenten ist auf wundersame Weise schon alles vollbracht; was von Menschen getan wird (oder getan werden sollte), hat keine weitere Bedeutung. All dies zeigt, daß Paulus ein romantischer Schwärmer war, ein passiver Visionär, der sowohl der gesetzlichen Frömmigkeit (Ethik) wie auch der messianischen Frömmigkeit (Glaube an die Zukunft des Reiches Gottes und aktive Teilnahme an seiner Realisierung) untreu war. In der Tiefe seines Wesens jedoch war er ein Jude, und der Jude in ihm – der in seinen jüdischen Empfindungen lebte[20] – war stärker als seine irreführende Lehre des *sola fide.*

2. Ein bedeutsamer Wandel ist beim Autor des Barnabasbriefs und noch stärker bei den Gnostikern des zweiten Jahrhunderts bis hin zu Marcion festzustellen. Denn hier begegnen wir »logischen und konsistenten« Paulus-Schülern, die sich nicht mehr auf ein Judentum verlassen können, in das sie hineingeboren wurden, um sie vor einseitiger Romantik zu retten. In der Kirchengeschichte beginnt nun vermutlich die dunkelste Zeit (abgesehen vom Aufkommen der Deutschen Christen): die kompromißlose Verwerfung des Alten Testaments, ja alles Jüdischen, die Übernahme eines strikten Dualismus und die völlige Auslöschung von Ethik.

3. Es war die katholische Kirche, die aus diesem Kampf erfolgreich gegen Marcion und die anti-jüdischen Gnostiker hervortrat. Anders als diese war sie in der Lage, die Einheit des Alten und des Neuen Testaments herzustellen. Das Banner, unter dem dieser Sieg errungen wurde, trug die Worte – sie erinnern an den Jakobusbrief – »Glaube und Taten«. Die katholische Lehre

20 Ebd., s.u. S. 111.

wurde auf der Grundlage dieses geschichtlichen Kompromisses mit dem Jüdischen entwickelt, eines Kompromisses, in dem das jüdische Element kaum
die Rolle spielte, die es hätte spielen sollen, in dem jedoch, glücklicherweise,
die paulinische Lehre einer erheblichen Einschränkung unterworfen wurde.[21] Das Resultat war die lange Zeitspanne des mittelalterlichen Katholizismus, der durch eine Mischung von paulinischer Lehre und jüdischem Element charakterisiert ist.

4. Abgesehen von der jüdischen Idee vom Priestertum aller brachte die lutherische Reformation einen deutlichen und verhängnisvollen Rückschlag.
In seiner Lehre kehrte Luther zum reinen Paulinismus und so zu einer völligen Antithese zum Judentum zurück (Baeck zitiert Troeltsch, Dilthey und
Wundt). Und wieder verneinte der Glaube die Werke, doktrinäre Religion
triumphierte über aktive Ethik, und Gnade machte den menschlichen Willen unwirksam. Darüber hinaus gab es eine wahrhaft gefährliche Allianz mit
dem Staat, eine Allianz, in der die Verantwortung für Moral, die bestenfalls
einen Anhang zur Religion darstellt, der zivilen Staatsmacht anvertraut
wird. Indem die lutherische Religion auf die Aufgabe verzichtete, ein eigenes ethisches System zu schaffen, überließ sie dem Staat uneingeschränkte
Macht.

5. Im Calvinismus und in der baptistischen Bewegung entwickelten sich
die Dinge bemerkenswerterweise anders. Beide wandten sich von den
Schwächen der paulinischen Lehre den Stärken des Judentums zu; man
kann hier in der Tat von einer wirklichen Revolution sprechen, die durch
das jüdische Element in der Kirche hervorgebracht wurde: Glaube ist nicht
länger Selbstzweck; die Passivität eines Paulus, Augustins und Luthers wird
überwunden, denn man begreift, daß Glaube sittliche Wirksamkeit zum Ziel
hat. Eine Anbindung an den Staat wird abgelehnt; die gesetzliche Frömmigkeit erhält wieder einen zentralen Platz innerhalb der Religion; die positive
Rolle, die dem jüdischen Erbe zugesprochen wird, hinterfragt die Sakramente, die Lehre von der Erbsünde und von Christi Göttlichkeit. Die Möglichkeit einer Rückkehr zum jüdischen Monotheismus scheint eröffnet.

Durch diesen Überblick über zwanzig Jahrhunderte christlicher Geschichte gelangt Baeck zu einer Einsicht von grundsätzlicher Bedeutung:
Das Judentum setzt sich unaufhaltsam innerhalb wie außerhalb der Kirche
fort. Zwar kann das Judentum auf Widerstand treffen und sogar unterdrückt werden, aber es dringt immer wieder durch, um neue Lebensformen
anzunehmen, nicht allein in dem ihm eigenen Strom der Geschichte, sondern auch in dem der Kirche.

---

21 »Begreiflicherweise verurteilte und verwarf die Kirche den Pelagius, aber sie kam doch immer wieder zu einem duldenden Einvernehmen mit einer Art von Semi-Pelagianismus« (ebd.,
s.u. S. 114).

Schlußfolgerung über Wesen und Geschichte des Christentums
Das Bild, das Baeck vom Christentum entwarf, indem er sowohl dessen Wesen als auch dessen Geschichte untersuchte, besitzt sowohl ein eindeutig positives als auch ein sehr negatives Moment. In bezug auf den negativen Aspekt beschreibt Baeck drei grundsätzliche Mängel des Christentums. Erstens entstand es, indem Paulus Elemente – das jüdische und die oben erwähnten nicht-jüdischen – miteinander vermischte, die nicht miteinander vermischt werden dürfen. Zweitens wandte sich das Christentum immer wieder vom Judentum ab, und seine erste Loyalität galt dem nicht-jüdischen, dem romantischen Element. Somit gab es vor, daß es Gottes Geheimnis ohne Gottes Gebote haben könne. Und drittens lehnte es wiederholt ab, die Quelle seiner einzig wahren Kraft anzuerkennen: das Judentum, das trotz aller Widerstände die Geschichte des Christentums maßgeblich beeinflußt hat.

Wie fasziniert Baeck auch immer von der Frage nach dem Wesen des Christentums gewesen sein mag, letztendlich mußte sie gegenüber der Frage nach der Geschichte des Christentums zurückweichen.[22] Hier kommt der positive Aspekt des Christentums in den Blick. Letztendlich konnte Baeck nicht in zeitlosen Kategorien denken. Er sah im Judentum und in der paulinischen Lehre zwei Gegner, die sich im Geist und in den Herzen des Christentums durch die Jahrhunderte hindurch bekämpften. Darüber hinaus war es Baeck unmöglich, sich einen Ausgang dieses Kampfes vorzustellen, in dem das romantische Element siegen oder gar dem jüdischen Element an Gewicht gleichkommen würde.

Zwar führt der Realismus von »Judentum in der Kirche« Baeck dazu, die zahlreichen Momente innerhalb der Kirchengeschichte zu beklagen, in denen die paulinische Theologie (so wie er sie verstand) einen zeitweiligen Sieg davontrug. Der Schluß des Aufsatzes zeigt jedoch, daß dieser Text eine der zuversichtlichsten Würdigungen der unbesiegbaren Kraft des Judentums enthält, die Baeck je ausgesprochen hat. Baeck ist eindeutig nicht nur vom Sieg des Judentums außerhalb der Kirche überzeugt (so Baeck gegen Ende von »Geheimnis und Gebot« und »Romantische Religion«), sondern auch von jenem Strom des Judentums, der in der Kirche fließt und immer in ihr fließen wird. Seine abschließenden Worte, die den Sieg des Judentums verkünden, handeln demnach nicht von einem Sieg über die Kirche, sondern eher von einem Sieg in ihr: *et inclinata resurget.* Es ist vermutlich diese Zuversicht auf den Sieg, die es ihm, der das Grauen des Holocaust erlebt hatte, Jahre später möglich machte, die Verkündigung der Engel »Friede sei

---

22 S. jedoch die letzten Seiten von *H. Liebeschütz'* Aufsatz in dem Band Essays Presented to Leo Baeck, 1954.

den Menschen guten Willens« in »Friede sei den Menschen, die bösen Willens sind« zu ändern.[23]

IV

Baecks Darstellung der Lehre Jesu, seine Analyse des Wesens des Christentums und die Schilderung seiner Geschichte sind eine beeindruckende Leistung, die dazu beiträgt, einen genuinen Dialog zwischen Juden und Christen zu fördern. Zugleich stellen Baecks Arbeiten eine Herausforderung dar, auf die wir noch eingehen werden. Zuvor soll jedoch Baecks Position einer kurzen, hoffentlich ebenso offenherzigen Kritik unterworfen werden, wie Baeck sie damals an Harnack übte. Ich konzentriere mich dabei auf zwei wesentliche Punkte, die, weil Baeck sich offenkundig von Paulus fasziniert zeigt, beide in erster Linie mit dem Apostel der Heiden zu tun haben.

Baeck hat die Tendenz, Gedanken, die erst viel später in der Kirche aufkamen, den Verfassern des ersten Jahrhunderts zuzuschreiben. So beginnt er z.B. in »Romantische Religion« mit einer ausführlichen Definition der Romantik, die auf der Grundlage von Autoren des 19. Jahrhunderts gewonnen wurde. Man ist deshalb auch nicht überrascht, wenn Baeck den Leser nicht zuerst mit den Briefen des Paulus, sondern zuvor mit Schleiermachers »Gefühl der schlechthinnigen Abhängigkeit« vertraut macht, um diese Formulierung kurz danach zu verwenden, um das paulinische Glaubensverständnis zu charakterisieren. Das Resultat ist, daß Paulus als Urheber der romantischen Passivität im Christentum angesehen wird.[24] Zwar stimmt es, daß Paulus manchmal eindeutig schwärmerische Formulierungen verwendet (z.B. »Aber nun ...«; »Siehe jetzt!«, vgl. Röm 3,21; 2Kor 6,2). Er spricht jedoch auch von einem Glauben, der aktiv in Liebe handelt und in Übereinstimmung mit Lev 19,18 (Gal 5,6 und 5,14) auf den Nächsten gerichtet ist. Paulus weiß, daß der Geist weit davon entfernt ist, das Individuum in einen passiven und ichbezogenen Zustand romantischer Träumerei zu versetzen. Vielmehr befähigt er die Gemeinschaft zu einem aktiven und gemeinschaftlichen Leben, das durch Liebe, Freude, Frieden, Mitgefühl und selbstlosen Dienst untereinander gekennzeichnet ist (Gal 5,22; Phil 2,2-4).

Dieser Anachronismus wird dadurch verstärkt, daß Baeck es nicht vermag, die Stimme des Paulus im Kontext der Kämpfe des Apostels mit verschiedenen Lehrern in seinen Gemeinden zu situieren.[25] Hierin ähnelt er

---

23   Zit. in: *Th. Bovet*, Angst – Sicherung – Geborgenheit, 1975, S. 68. Baecks Worte sind offenkundig eine bewußte Umkehrung der traditionellen Übersetzung von Lk 2,14, einem Text, der heute meist als »Friede auf Erden bei den Menschen seines Wohlgefallens« übersetzt wird.
24   Romantische Religion, a.a.O., S. 47ff
25   Baeck zitiert gelegentlich F.C. Baur, aber die wesentlichen Einsichten dieses großen Tübinger Gelehrten scheinen ihm genauso wie vielen Neutestamentlern der ersten Hälfte des 20.

den meisten seiner Zeitgenossen, die sich wissenschaftlich mit dem Neuen Testament beschäftigten. Baeck nimmt daher nicht wahr, daß die wirkliche Analogie zur Romantik des 19. Jahrhunderts nicht bei Paulus, sondern bei Mitgliedern seiner korinthischen Gemeinde zu suchen ist, die sehr zu seinem Verdruß behaupteten, daß sie, satt und reich geworden, nun schon als Könige herrschen würden (1 Kor 4,8). Es stimmt, wie wir oben bereits erwähnten, daß es ein gewisses Maß an Schwärmerei in der paulinischen Theologie gibt. Aber diese wird – häufig sehr scharf und polemisch – dadurch im Zaum gehalten, daß Paulus darauf beharrt, die Kirche lebe unter dem irdischen und weltlichen Kreuz und in der Hoffnung auf Christi Wiederkehr. Er erwidert darum den Schwärmern in Korinth, die das Abendmahl als eine Medizin ansahen, die Unsterblichkeit garantiere und nach Belieben zum eigenen Wohl eingenommen werden könne, folgendes: »Wer meint, er stehe [indem er das Abendmahl nimmt, als sei es magische Speise und Trank], mag zusehen, daß er nicht falle« (1 Kor 10,12).

Für Paulus ist das Abendmahl keineswegs im Besitz des »vollendeten Menschen«. Im Gegenteil, es ist ein Zeichen dafür, daß die Kirche in einer unvollendeten Übergangszeit lebt, denn im Feiern des Herrenmahls »verkündigt ihr den Tod des Herrn, bis er kommt« (1 Kor 11,26). Niemand in der frühen christlichen Kirche verstand besser als Paulus den Unterschied zwischen einem Glauben, der sich aktiv in Liebe betätigt, und dem mystischen, sich selbst genügenden Aberglauben. Und niemand kämpfte härter als Paulus für diese Unterscheidung.

Eine weitere große Schwäche in Baecks Paulusinterpretation ist eng mit der ersten verwandt und ebenfalls für die paulinischen Studien zu Baecks Zeit nicht untypisch. Indem Baeck nicht wahrnimmt, daß Paulus gegen die aufkommende Schwärmerei in seinen Gemeinden kämpft, versteht er nicht, daß dessen Position keine romantische, sondern eine apokalyptische ist. In der Tat, die Beschäftigung mit der Romantik führte bei Baeck zu unglücklichen Fehleinschätzungen im Hinblick auf diese apokalyptische Perspektive; die erste betrifft das paulinische Verständnis der Gegenwart, die zweite sein Verständnis der Zukunft, die dritte bezieht sich auf die paulinische Anthropologie.[26]

a) *Die Gegenwart*   Unter der Voraussetzung eines mit der apokalyptischen Theologie des Paulus gegebenen relativen Dualismus schreibt Baeck völlig zutreffend, daß jener die Geschichte als Schauspiel zwischen niederen

Jahrhunderts entgangen zu sein.

26 Weder Baecks Jesusportrait noch seine Abhandlung über Paulus zeigen, daß er die Werke von Johannes Weiß und Albert Schweitzer genau kannte, obwohl er mit letzterem einen herzlichen und wechselseitig respektvollen Umgang pflegte. S. das ansprechende Bild der zwei Männer in: Worte des Gedenkens für Leo Baeck, S. 31; vgl. auch The Faith of Paul, S. 149, Anm. 14.

und höheren Kräften, die miteinander im Kampf liegen, begreift.[27] Es ist jedoch nicht richtig, im Namen des Paulus zu behaupten, daß dieser Kampf »sich *jenseits* der Sphäre alles Menschlichen vollzieht«.[28] Im Gegenteil, das apokalyptische Drama, das mit dem Kommen Christi seinen Anfang nahm, vollzieht sich eben in dieser Welt, in die Christus gekommen ist. Da es sich um ein wirkliches apokalyptisches Drama handelt, spielen in ihm zwar auch übermenschliche Wesen als Akteure mit – z.B die ἄρχοντες, die Herrscher des gegenwärtigen bösen Äons, die »den Herrn der Herrlichkeit« kreuzigten (1Kor 2,8) –, aber diese vertreiben die menschlichen Akteure nicht von der Bühne (1Thess 2,14-15).[29] Für Daniel, man erinnere sich, gestalteten sich die Geschehnisse auf der weltlichen Bühne – vor allem die Machenschaften des Antiochus IV. – hoffnungslos rätselhaft und rätselhaft hoffnungslos, wenn man zu deren Verständnis nicht die apokalyptische »doppelte« Sichtweise heranzog, die mit Blick auf die irdischen Ereignisse zugleich die korrespondierenden (und enthüllenden) Ereignisse auf der himmlischen Bühne beobachtete. Bei Paulus finden wir etwas Ähnliches, wenn auch die ἄρχοντες nicht als gehörnte tierische Wesen dargestellt sind.

Es ist zu betonen, daß die paulinische Sicht genuin *zwei* Brennpunkte hat und nicht einseitig auf ein Jenseits gerichtet ist. Sie ist damit eher das genaue Gegenteil einer romantischen Betrachtungsweise.[30] Eine Untersuchung seines Verständnisses der Geschichte als »Kampf« zeigt, daß Paulus in der Tat vom Eingreifen transzendenter Kräfte spricht. Man wird allerdings vergeblich nach einem Passus suchen, in dem Paulus die Gemeinde, die einen aktiven Glauben hat, auffordert, passiv zuzusehen, während die Kräfte des Bösen tätig sind.[31]

Genau das Gegenteil ist der Fall! Die wahre Gemeinde ist immer aktiv im apokalyptischen Kampf. So will es der Apostel, der selbst ganz und gar mit dem Überlebenskampf der Schwachen und Gestrauchelten identifiziert ist (2Kor 6,4-5) und deshalb selbst die Spuren des Kampfes trägt »in großer Geduld, in Trübsal, in Nöten, in Ängsten, in Schlägen, in Gefängnissen, ... im Hunger« (2Kor 6,4-5). Die Gegenwart ist kein zeitloser Raum, in dem Menschen ermutigt werden, vom wirklichen Leben in eine Welt träumerischer

---

27 Vgl. Romantische Religion, S. 65.

28 Ebd.; die Hervorhebung stammt vom Autor.

29 S. T. *Holtz*, Der erste Brief an die Thessalonicher (EKK), 1986, S. 103.

30 Es führt in die Irre, wenn Baeck einseitig und deshalb fälschlich behauptet, daß die paulinische Vision »das ›Oben‹, das Himmlische erschlossen hat« (The Faith of Paul, S. 151). Vgl. *J.L. Martyn*, Theological Issues in the Letters of Paul, 1997, S. 279-292.

31 Baeck weist in der Tat zu Recht auf die katastrophalen Auswirkungen der gängigen Interpretation von Röm 13,1 (»Jederman sei untertan der Obrigkeit ...«) hin. Es war vermutlich die Absicht des Paulus, die Neigung der Schwärmer, sich in eine Art privaten Individualismus zurückzuziehen, zu bekämpfen. Vgl. *E. Käsemann*, Grundsätzliches zur Interpretation von Römer 13, in: *ders.*, Exegetische Versuche und Besinnungen, Bd. 2, 1964, S. 204-222.

Romantik zu entfliehen. Im Gegenteil, es ist die Zeit des heftigsten Kampfes (ἀγών) um die Verbreitung von Gottes zurechtbringender Gerechtigkeit in der ganzen Welt.

Die paulinische Auffassung der Gegenwart als Zeit eines apokalyptischen Krieges rührt von der Kreuzigung Christi her, die für Paulus das Aufeinanderprallen der Kräfte des Bösen und der Macht Gottes darstellt (1Kor 2,8). Sie schließt daher eine äußerst präzise Wahrnehmung des Bösen mit ein. Im Unterschied hierzu war Baecks Ansicht vom Bösen stark vom Optimismus der Jahrhundertwende geprägt und nicht etwa von den apokalyptischen Chassidim, deren Verständnis des Bösen im Buch Daniel versinnbildlicht ist. Folglich vermochte Baeck nicht, die paulinische apokalyptisch-realistische Auffassung des Bösen und der Sünde zu verstehen.[32]

Im Zentrum seiner Theologie steht nicht Paulus' eigene Sicht des auferstandenen Christus – d.h. in dem Sinne, den Baeck diesem Gedanken gibt –, sondern vielmehr das, was Paulus das »Wort vom Kreuz« nennt.[33] Paulus sieht gleichzeitig den gekreuzigten und den auferstandenen Christus; und diese Gleichzeitigkeit führt zu seiner apokalyptischen Vision eines Lebens mit zwei Brennpunkten und steht damit in genauem Gegensatz zur romantischen Religion. Die *wahre* Welt erscheint in Kreuz und Auferstehung; sie ist der Schauplatz von Gottes letztem Kampf um die Gerechtmachung der ganzen Schöpfung, in den alle Menschen gerufen sind, indem sie »*mit* Christus gekreuzigt« werden (Gal 2,20).

b) *Die Zukunft*   Für Paulus ist dieser gegenwärtige Kampf nicht nur durch die Ereignisse der Vergangenheit, den Tod und die Auferstehung Christi, bestimmt, sondern auch durch das zukünftige Ereignis seiner Wiederkunft. Das apokalyptische Drama schließt daher nicht nur den realen, gegenwärtigen Kampf, sondern auch die zuversichtlich erhoffte Vollendung dieses Kampfes in der Zukunft mit ein. In diesem Zusammenhang muß man feststellen, daß Baecks Auswahl der paulinischen Texte maßgeblich von seinem Paulusbild bestimmt wird. Von Anfang an überzeugt, daß Paulus ein konsequenter Romantiker gewesen sei, meinte Baeck auch zu wissen, daß das paulinische Glaubensverständnis kaum von wirklicher Hoffnung ge-

---

32   Baecks eigene Sicht des Bösen und sein Verständnis des menschlichen Willens sind selbstverständlich untrennbar miteinander verbunden. Es ist in gewisser Weise erstaunlich, daß der zu Recht verehrte Überlebende von Theresienstadt, der selbst einem der heftigsten Angriffe des Bösen im Holocaust ausgesetzt war, seine früheren Ansichten im wesentlichen unverändert beibehielt. Menschliche Wesen sind fähig, sich für den Gehorsam zu entscheiden. Wer über den nationalsozialistischen Irrsinn nachdenkt, wird eher an Hoseas Bild des versklavten Willens denken, für den der bloße Ruf zur Umkehr (*teschuwah*) machtlos ist: »Ihre bösen Taten lassen es nicht zu, daß sie umkehren (*laschuw*) zu ihrem Gott« (Hos 5,4). S. dazu *D.W. Martyn*, A Child and Adam: A Parable of the Two Ages, in: *J. Marcus, M.L. Soards* (Ed.), Apocalyptic and the New Testament, 1989, S. 317-333.

33   Baeck spricht nicht mit Paulus, wenn er sagt, daß »die Auferstehung das Evangelium ausmacht und sonst nichts. Dies ist das einzige Thema« (The Faith of Paul, S. 151).

prägt sein konnte. In diesem Zusammenhang ist zu bemerken, daß Baeck die
apokalyptische Rede des Paulus an die Gemeinde in Thessalonich über die
zuversichtliche Hoffnung auf eine siegreiche Parusie (1Thess 4,13-5,11)
nicht erwähnt. Beunruhigung über diese enggeführte Deutung verwandelt
sich in ungläubiges Erstaunen, wenn Baeck in »The Faith of Paul« das apokalyptische Stück 1Kor 15,23-28 ausläßt und es in voller Überzeugung zu einer nachpaulinischen Interpolation erklärt, obwohl keine Handschrift existiert, in der dieser Absatz fehlt.[34] Das Resultat ist, daß Baeck weder dem einen noch dem anderen Brennpunkt paulinischer apokalyptischer Christologie gebührende Aufmerksamkeit schenkt – weder Christi Sterben noch
Christi zukünftiger Parusie!

Ein besseres Verständnis paulinischer Theologie ergibt sich, wenn man
erkennt, daß Paulus der noch nicht realisierten Hoffnung auf die Parusie
große Wichtigkeit beimaß, daß für Paulus deshalb christliches Leben seinem
Wesen nach auf die Zukunft hin orientiert und somit nicht weniger durch
Christi Zukunft als durch seine Vergangenheit bestimmt ist.[35]

c) *Das Menschenbild*   Wie nun ist diese hoffnungsvolle Sicht der Zukunft auf das paulinische Verständnis des Menschen bezogen? Wir erinnern
uns an Baecks Auffassung, Paulus glaube, die christliche Sicht trenne Menschen von ihrem Willen, mache sie zum Objekt einer vorherbestimmten
(und somit nicht wirklichen) Geschichte und nicht zu Subjekten der Geschichte, die, mit einem Willen begabt, für die Zukunft verantwortlich sind.
Auch hier irrt Baeck, weil er die typisch paulinische Ausprägung der Apokalyptik nicht erkennt. Es stimmt zwar, daß es für Paulus keine allgemeine Wil-
lensfreiheit gibt, doch ist das apokalyptische Drama Jesu Christi dafür kei-
nesfalls verantwortlich. Im Gegenteil – in diesem Drama befreit Gott gerade
den aktiven Willen und schafft so eine befreite Gemeinschaft, die von den
Geboten Gottes angesprochen werden kann (1Kor 7,19). Und es ist diese
neu ansprechbare Gemeinde, die von Gott in den apokalyptischen Kampf
um die herrliche Zukunft der ganzen Menschheit gerufen wird. Die Mitglieder dieser Gemeinde sind keine willenlosen Romantiker oder hoffnungslo-
sen Subjekte der Geschichte ohne Aufgabe und wirkliche Zukunft; sie sind
neue Rekruten, die zum Gehorsam des Glaubens gerufen und in den Kampf
geschickt werden, in dem Gott sich die Welt wieder aneignet.[36]

34 The Faith of Paul, S. 152, Anm. 26
35 S. E. *Käsemann*, Zum Thema der urchristlichen Apokalyptik, in: *ders.*, Exegetische Versuche und Besinnungen, Bd. 2, 1964, S. 105-131; *J. Moltmann*, Theologie der Hoffnung, 1967;
Chr. Morse, The Logic of Promise in Moltmann's Theology, 1979; *J.C. Beker*, Paul the Apostle,
1984. Weiter unten werden wir Baecks Aufforderung zustimmen, daß heutige Christen lernen
müssen, von der Zukunft zu sprechen. In diesem Punkt war Baeck Paulus sehr viel näher, als er
selbst annahm.
36 Dieses Bild eines apokalyptischen Paulus haben wir, wie der aufmerksame Leser seiner
Aufsätze erkannt haben wird, vor allem Ernst Käsemann zu verdanken.

V

Folgt nun aus dieser Kritik, daß die enge Verbindung, die Baeck zwischen Christentum und Romantik als gegeben ansieht, gar nicht existiert? Kaum! Denn Baecks Auffassung und Analyse dieser Verbindung stellt eine der großen Herausforderungen dar, vor die sich das Christentum des 20. Jahrhunderts gestellt sieht: Die volle Würdigung dieser Herausforderung ist für einen wirklichen Dialog zwischen Juden und Christen und daher für das Wohl und die Integrität des Christentums unabdingbar.

Wenden wir uns zunächst Baecks bemerkenswerter Frage an die Kirchenhistoriker zu. Gibt es einen Hauptschlüssel zur höchst komplexen Kirchengeschichte, und wenn ja, welchen? Insbesondere seit der Reformation läßt sich eine Vielzahl von Werken finden, in denen dieser Schlüssel (wenn auch implizit) als das Verhältnis des Christentums zum Judentum bestimmt wird. So wird die Geschichte des Christentums in einem großen Bogen als ein Wechsel zwischen (a) mutigen und kräftigen Vorstößen in das Fundament, das neu und unverkennbar christlich ist, und (b) ängstlichen und schwächlichen Rückfällen in modifizierte Formen des Judentums dargestellt.[37] Baeck stimmt dem Ansatz, daß der Schlüssel der Kirchengeschichte im Verhältnis des Christentums zum Judentum zu suchen sei, zu, stellt die historische Idee aber auf den Kopf. Er sieht die Stärke in den Perioden, die eine Rückkehr zur jüdischen Tradition markieren, während er die Schwächen als Rückfälle in eine nicht-jüdische Romantik charakterisiert.

Die obengenannte Skizze der Kirchengeschichte muß und kann der Kirche eine ständige Warnung vor der immer gegenwärtigen Gefahr des marcionitischen Geistes sein. Eine gegenwärtige Form der marcionitischen Gefahr spiegelt sich in dem Ruf einiger Theologen aus der Dritten Welt wider, das Christentum eher auf der Basis verschiedener einheimischer Religionen als auf der Basis des Alten Testaments aufzubauen. In einer solch entscheidenden Situation ist es besonders wichtig, daß Christen auf die Stimme Baecks hören und in ihm einen Menschen erkennen, der um die Zukunft der gesamten Menscheit besorgt war. Denn die Loslösung vom Alten Testament hat die Kirche immer in ein ethisches Chaos gestürzt, in dem sie sich selbst und anderen gefährlich wurde.[38]

---

37 Dieses Muster kann – man braucht es kaum zu erwähnen – in gewissem Sinn bei Baecks frühem Gegenspieler Harnack gefunden werden.

38 Der Aufruf B. Klapperts läuft eine in eine gleich gefährliche Richtung, wenn er den Beschluß der rheinischen Landessynode von 1980 (Zur Erneuerung des Verhältnisses von Christen und Juden) folgendermaßen verbessert: »Wir bekennen uns dankbar zu den Schriften [gemeint ist die Hebräische Bibel] ..., unserem Alten Testament, als einer [sachgemäßer wäre *der*] gemeinsamen Grundlage [!] für Glaube und Handeln von Juden und Christen.« Vgl. *Klappert*, Brücken (s.o. Anm. 7), S. 301. Vgl. *A. Lindemann*, Die biblischen Toragebote und die paulini-

Baecks ethische Herausforderung ist außerordentlich hellsichtig. Er begreift, daß die Ethik immer große Mühe hatte, einen anerkannten und festen Platz innerhalb des Christentums zu erhalten. Hier kann man Baeck nur zustimmen: Jahrhundertelang war Ethik von dem, was als christliches Proprium betrachtet wurde, weitgehend ausgeschlossen. Entweder nahm sie einen untergeordneten Platz ein und hatte keinen organischen Bezug zum eigentlichen Glauben, oder sie wurde ganz dem Staat überlassen. Im schlimmsten Fall (und nicht gerade selten) wurde Ethik zur Legitimierung einer tyrannischen Regierung mißbraucht, oder sie war, im besten Fall, »eine von ferne vernommene Kunde, die alles bedeuten kann und nichts zu fordern braucht...«[39] Mit einer solchen Ethik läßt sich gut leben, ein *modus vivendi* finden, und am Ende fällt man jener Kasuistik anheim, die es sich im Angesicht des Leidens des Nachbarn bequem sein läßt.[40] Über diesen Aspekt von Baecks Kritik kann es keine Diskussion geben. Die christliche Geschichte liefert hierzu mehr Beispiele, als man aufzählen möchte.

Die Stärke der Baeckschen Analyse der christlichen Ethik folgt aus seiner Erkenntnis, daß die organische Beziehung zwischen Glaube und Ethik ebenso kompromittiert wird, wenn die Ethik ihren untergeordneten Platz aufgibt und das gesamte Christentum für sich reklamiert. Die Ethik läßt in diesem Fall das Geheimnis der Transzendenz Gottes als überflüssig, ja nutzlos erscheinen. Hier erkennen wir den Sachverhalt, den Baeck als »Gebot ohne Geheimnis« beschreibt – eine Formulierung, die Baeck zwar in erster Linie in bezug auf das Judentum gebraucht, deren Implikationen für das Christentum jedoch deutlich sind, für uns vielleicht deutlicher, als sie es für Baeck waren. Zunächst wiederholt Baeck seine Warnung vor der Auslöschung ethischer Aktivität durch die Passivität des Glaubens:

»Die gebotlose Religion der bloßen Passivität ist nicht das Judentum« (Baecks Meinung nach ist es natürlich das Christentum).[41]

Dann fügt er hinzu:

»Und ebensowenig ist es dort noch, wo sich das Gebot mit sich zufrieden gibt und es nur Gesetz ist, wo aller Bezirk des Lebens nur von ihm umfaßt sein und nur das, was in den Strahlen seiner

---

sche Ethik, in: *W. Schrage* (Hg.), Studien zum Text und zur Ethik des Neuen Testaments. FS H. Greeven, 1986, S. 242-265; *Martyn*, Issues (s.o. Anm. 30), S. 209-234.

39   Romantische Religion, s.u. S. 94.

40   Die große Distanz, die die Kasuistik von einer Ethik trennt, die aufrichtig jeden Winkel des alltäglichen Lebens durchdringt, hat Baeck auf beeindruckende Weise in »Geheimnis und Gebot« dargestellt. An einer Stelle fügt er eine wichtige Korrektur der christlichen Karikatur des »jüdischen Legalismus« an. Es ist aufschlußreich, diese Stelle mit ähnlichen Anmerkungen E. Käsemanns zu Röm 12 zu vergleichen: Gottesdienst im Alltag der Welt, in: *ders.*, Exegetische Versuche und Besinnungen, Bd. 2, 1964, S. 198-204.

41   *L. Baeck*, Geheimnis und Gebot, in: *ders.*, Wege im Judentum, a.a.O., S. 38-40 (s.u. S. 62)

kalten Helle liegt, der Sinn des Lebens sein soll... Dort, wo es bloß Ethik oder Begründung der Ethik sein soll, dort auch, wo es zu einem Gefüge von Ideen, zu einer Doktrin geworden ist, und dort auch, wo das, was das Geheimnis spricht, dem Menschen nicht der Grund seines Lebens, sondern nur ein Postulat seines Denkens ist, ... dort ist der Boden, der es [das Judentum] trägt, verlassen worden. Es gibt kein Judentum ..., das nur eine Gottesidee als schmückenden Zierat oder auch als krönende Spitze hat.«[42]

Auch hier bedeutet eine ehrliche Antwort von christlicher Seite grundsätzliche Zustimmung. Wie wir bereits erwähnten, ist es genau die Einheit von Ergebenheit und Tat, Gabe und Aufgabe, Theologie und Ethik, die in der Geschichte der Kirche so oft fehlte. Wer meint, im Besitz des einen ohne das andere zu sein – im Bild des Paulus (Röm 11,17-24): Wer glaubt, er könne die Wurzeln ohne die Zweige haben, oder wer meint, er könne die Zweige ohne die Wurzeln haben –, verliert diese Einheit. Zu beiden kommt Baecks Stimme als die eines Arztes, der sich aufrichtig um die Genesung des Patienten bemüht:

»Nur wo der Glaube sein Gebot und das Gebot seinen Glauben hat, ist die Welt des Judentums«[43] – und daher der Gesundheit.

Zusammen mit den Aufsätzen über »Romantische Religion« und »Judentum in der Kirche« gehört »Geheimnis und Gebot« zu den wichtigsten Botschaften, die an die Kirche im 20. Jahrhundert gerichtet wurden. Die Zukunft der Menschheit verlangt, daß Christen dem Zeugnis des Judentums, insbesondere in seiner Formulierung durch Leo Baeck, ihre ungeteilte Aufmerksamkeit schenken.

Für Christen kann diese Botschaft jedoch nicht in der Weise auf ungeteilte Zustimmung stoßen, als wäre eine bloße Rückkehr zum Judentum die Antwort auf die durch Baeck gegebene Herausforderung.[44] Vielmehr müs-

---

42 Ebd. (s.u. S. 62f)
43 Vgl. ebd., S. 39 (s.u. S. 62).
44 Die Frage, ob die Kirche als Sekte innerhalb des Judentums zu verstehen sei, wurde im 1. Jahrhundert sehr deutlich gestellt. Die vorherrschende Antwort – die sich schließlich auch durchsetzte – war negativ. Diese Tatsache wird in letzter Zeit durch christliche Versuche, Erklärungen zum Verhältnis von Juden und Christen nach dem Holocaust abzugeben, verdunkelt. So sollen christliche Theologen ausnahmslos damit einverstanden sein, daß die Kirche kein »Neues *gegen* das Judentum« sei (so – unter Aufnahme einer Formulierung Baecks – *Klappert*, Brücken, s.o. Anm. 7, S. 296). Doch man kann diesen Irrtum nicht dadurch korrigieren, daß man die Kirche »ein Neues *im* Judentum« nennt (so *Klappert*, ebd.). Einerseits gibt es zwar kein dringenderes Problem für die Kirche als die Frage nach einem theologisch fundierten Verhältnis zum Judentum. Andererseits erinnert Zwi Werblowsky mit Recht daran: »Es handelt sich nicht darum – wovor uns Gott bewahre –, daß Christen je sich bei Juden ihre christliche Theologie holen sollten. Ihre christliche Theologie müssen sie in eigenem schweren Ringen – exegetisch, systematisch, historisch – sich selbst erarbeiten.« S. seinen Vortrag »Trennendes und Gemeinsames« vor der Synode der Evangelischen Kirche im Rheinland 1980, in: Zur Erneuerung des Verhältnisses von Christen und Juden, 1980, S. 35. S. auch *Martyn*, Issues (s.o. Anm. 30), S. 191-208.

sen wir die Integrität Leo Baecks respektieren, indem wir uns sowohl an seiner Herausforderung als auch an der christlichen Kritik an ihr orientieren. Auf diesem Weg kann zumindest der Anfang einer glaubwürdigen Antwort gefunden werden. Diejenigen Perioden der Kirchengeschichte, in denen die Romantik (so wie sie Baeck definierte) dominierte, sind in der Tat durch völligen Bankrott charakterisiert; und genau das gleiche muß von den Zeiten gesagt werden, in denen die »Ethik der Oberfläche« – so nannte sie Baeck – die Oberhand hatte.

Keine dieser Perioden kann jedoch als Wiederauferstehung des Paulinismus bezeichnet werden. Im Gegenteil, jede dieser Perioden ist durch die einseitige Reduktion der apokalyptischen Theologie des frühen Christentums, insbesondere bei Paulus, gekennzeichnet.[45] Die Vertreter der romantischen Religion haben diese apokalyptische Theologie wiederholt in eine eindimensionale Form der Jenseitigkeit verwandelt; unbesorgt um die Welt schauten sie erwartungsvoll hinauf zum Himmel (Apg 1,11). Auch die Ethiker der Oberfläche reduzierten diese Theologie, indem sie vor dem Geheimnis der Aktivität Gottes die Augen verschlossen und ihre Aufmerksamkeit nur den irdischen Dingen zuwandten (Kol 2,20). Die Antwort auf die Einseitigkeit dieser Reduktionsversuche ist die apokalyptische Theologie mit ihrer zweifach ausgerichteten Perspektive auf Christi Kreuz und Christi Wiederkunft. Sie ist von der jüdischen Apokalyptik abgeleitet und zugleich dadurch erneuert, daß sie auf die Vergangenheit, die Gegenwart und die Zukunft Jesu Christi, auf den, der den menschlichen Willen zum Gehorsam befreit, gerichtet ist.

So verstanden ist Baecks Herausforderung ein Aufruf an Christen, sich von allen – letztlich entwürdigenden – Formen romantischer Passivität und oberflächlicher Aktivität abzuwenden. Zugleich ist sie ein Aufruf, durch das christliche *Sch'ma* zum Gott Abrahams, Isaaks und Jakobs zurückzukehren, d.h. aktiv dem ursprünglichen Evangelium, das durch Jesus von Nazareth verkündet wurde (so Baeck), als Teil des durch und durch apokalyptischen Evangeliums von Jesus Christus zuzuhören.

---

45 Wesentlich für Paulus ist – wie oben angeführt – die »doppelte« Sichtweise der Apokalyptik (Daniel usw.), die zugleich die irdische und die himmlische Bühne in den Blick nimmt. Vgl. z.B. die Gegenüberstellung eines versklavten irdischen und eines freien himmlischen Jerusalem in Gal 4,25-26, die Paulus als Bild für den Gegensatz zwischen zwei Mutterkirchen verwendet. Ohne wörtlich von einer Vision zu sprechen, behauptet Paulus, daß die Kirchen in Galatien Kinder des himmlischen Jerusalem, d.h. der himmlischen Kirche Gottes, sind und nicht der irdischen Kirche der Stadt Jerusalem angehören.

Leo Baeck

Harnacks Vorlesungen über das Wesen des Christentums (1901)

Ein Buch von Adolf Harnack[1] wird ein jeder, der so viel Wissenschaft besitzt, um Achtung vor der Wissenschaft hegen zu können, mit Respekt in die
Hand nehmen. [...]
 Leider drängt sich bei der Lektüre, bei der wiederholten in immer höherem Maße, das Bedauern auf, einer Atopie, einem Widerspruch zwischen
Benennung und Inhalt, gegenüberzustehen. Der absichtsvolle Plan und die
methodische Ausführung stehen in scharfem Gegensatz zueinander: Ein
Werk von rein apologetischem Gepräge tritt mit dem Anspruch, reine Geschichte zu bieten, vor uns hin. Ausdrücklich wird zwar die apologetische
Tendenz abgelehnt und der historische Charakter hervorgehoben. Das Vorwort wie die erste Vorlesung betont es entschieden: »Was ist Christentum? –
lediglich im *historischen* Sinn wollen wir diese Frage zu beantworten versuchen, d.h. mit den Mitteln der geschichtlichen Wissenschaft und mit der Le-
benserfahrung, die aus erlebter Geschichte erworben ist. Damit ist die apologetische und die religionsphilosophische Betrachtung ausgeschlossen.« (S.
4) Aber das bleibt ein bloßes Ideal, dessen Glanzes sich der Leser freuen
mag.
 Auch für den Historiker Harnack ist das Christentum nichts anderes als
drei Kreise, die ineinander fallen: das Reich Gottes, der unendliche Wert der
Menschenseele und die in der Liebe sich darstellende »bessere« Gerechtigkeit. Das, was sonst noch im Evangelium gefunden wird, ist in Wahrheit
nicht darin enthalten. Die Askese hat überhaupt keine Stelle im Evangelium;
das Evangelium predigt nicht die Besitzlosigkeit, und es ist sozialistisch nur
insofern, als »Solidarität« und »Hilfeleistung« sein wesentlicher Inhalt ist; es
verbietet nicht den Kampf für das Recht, und es steht auch nicht der Kul-
turarbeit feindlich gegenüber; der Satz »Jesus, der Sohn Gottes« ist etwas
dem Evangelium Fremdes, aber wer das Evangelium annimmt, muß es bezeugen, daß in dem Verkünder desselben »das Göttliche so rein erschienen
ist, wie es auf Erden nur erscheinen kann«; nur ein Bekenntnis gibt es, und

---

1 Das Wesen des Christentums. Sechzehn Vorlesungen vor Studierenden aller Fakultäten im
Winter-Semester 1899/1900 an der Universität Berlin gehalten von Adolf Harnack, Leipzig,
J.C. Hinrichs'sche Buchhandlung, 1900
Orthographie und Interpunktion wurden vorsichtig der heutigen Schreibweise angeglichen.
(F.A.R.)

das ist »der Taterweis des Glaubens«. Das Verdienst des Paulus ist es sodann, daß er das Evangelium als die Erfüllung des Heils, als die stattgehabte Erlösung, sowie als etwas Neues, durch welches das Alte aufgehoben wird, aufgefaßt und es erkannt hat, daß dieses Neue allen gehört und daß er es endlich mit dem geistigen »in der Geschichte erarbeiteten Kapital« in Verbindung gebracht hat. »Die Erkenntnis und Anerkennung Gottes als des Vaters, die Gewißheit der Erlösung, die Demut und Freude in Gott, die Tatkraft und Bruderliebe«, dies alles in Verbindung gebracht hat mit dem, der diese Botschaft verkündet – das ist das Schlußergebnis, in welchem *Harnack* das Wesen des Christentums ausgedrückt findet.

Diesen apologetischen Zug, den weiterhin mehrere Beispiele aufweisen sollen, scheint Harnack selbst empfunden zu haben; denn es scheint, als solle dieser gerechtfertigt werden, wenn wiederholt erklärt wird, daß es die Pflicht des Historikers ist, das Wesentliche zu ermitteln. In der Tat: Auf das Wesentliche soll der Geschichtsschreiber sein Augenmerk richten, wenn er die geistige Bewegung einer Zeit schildern will. Allein zweierlei muß dabei sehr vorsichtig auseinandergehalten werden, ganz besonders vom Religionshistoriker: das, was *jener Zeit* das Bedeutungsvolle war, und das, was *er selber heute*, von der Höhe des erreichten Zieles herab, dafür ansieht. Dieses beides hat Harnack nicht immer streng voneinander gesondert. [...]

Ein Mangel an historischer Klarlegung ist es auch, wenn H. es wenig berücksichtigt, welchen Einfluß der Lauf der politischen Ereignisse, die in die Zerstörung des Tempels und in den Fall Bethars ausmündeten, auf die Geschichte des apostolischen Zeitalters – auf die Zeit, wo der Unterschied zwischen Juden und Christen darin bestand, daß die einen sagten, der Messias werde kommen, und die anderen sagten, er werde wiederkommen – ausgeübt hat. Ebensowenig ist die ganze Temperatur des Jahrhunderts, in dem Jesus lebte, genügend in Betracht gezogen, was schon deshalb nötig gewesen wäre, um die Innigkeit der messianischen Hoffnungen zu begreifen, um es einzusehen, daß Jesus an sich glaubte, weil seine Jünger an ihn glaubten. Um Jesus und seine Jünger und jene ganze Zeit zu verstehen, muß man es mitfühlen, in welcher Lebensluft damals die Juden, zumal die Palästinas, lebten; man muß es wissen, welche Menschen durch die geschichtlichen Ereignisse gebildet worden waren. Das babylonische Exil, dieses Sieb, in dem aus Israel die Spreu geschüttelt wurde, die gewaltsame Aussonderung aller Schwankenden durch Esra und Nehemia, die große Scheidung der Geister in den Makkabäerkämpfen – das alles war eine fortgesetzte natürliche Auslese mit dem Ergebnis des survival of the fittest gewesen. Übrig blieb eine Gemeinde von Helden der Religion; mag es auch »Virtuosen der Religion« damals gegeben haben, die meisten waren doch Helden. Die Juden jener Zeit waren, um einen Ausdruck Spurgeons zu gebrauchen, die »großen Nonkonformisten der Welt«, Menschen, unter denen fast jeder im Stande und bereit war, für die Idee sich zu opfern – nicht nur, wie es anderwärts geschah, für Zwek-ke: aus Lebenssattheit oder um des guten Abgangs willen, im Zwange der Not oder weil das Gesetz es befahl. Die Fähigkeit, zum Märtyrer zu werden, um des Himmels willen vor den Klugen auf Erden ein Tor und Narr sein zu können, sie war in der alten Welt nur von den Juden geschaffen worden, und der Juden Erbteil ist sie, wo immer sie sich später findet. Man braucht nur die römischen Schriftsteller zu lesen, um zu sehen, wie die Juden für die ganze heidnische Welt fremd und unbegreiflich waren, wie sie bald lächer-lich, bald unheimlich, fast gespenstisch erschienen. Man muß die Juden ken-nen, wenn man das Evangelium verstehen will.

Und das führt uns auf ein anderes noch. Die meisten Darsteller des Le-bens Jesu unterlassen es, darauf hinzuweisen, daß *Jesus* in jedem seiner Züge durchaus ein *echt jüdischer Charakter* ist, daß ein Mann wie er nur auf dem Boden des Judentums, nur dort und nirgend anders, erwachsen konnte. Je-sus ist eine echt jüdische Persönlichkeit, all sein Streben und Tun, sein Tra-gen und Fühlen, sein Sprechen und Schweigen, es trägt den Stempel jüdi-scher Art, das Gepräge des jüdischen Idealismus, des Besten, was es im Ju-dentum gab und gibt, aber nur im Judentum damals gab. Er war ein Jude un-ter Juden; aus keinem anderen Volke hätte ein Mann wie er hervorgehen können, und in keinem anderen Volke hätte ein Mann wie er wirken kön-nen; in keinem anderen Volke hätte er die Apostel, die an ihn glaubten, ge-funden. – Diesen Mutterboden der Persönlichkeit Jesu hat Harnack nicht in den Blick genommen.

Dies sind die Grundfehler der Harnack'schen Schrift[2]: die apologetische Absichtlichkeit und dann die mangelnde Berücksichtigung jüdischer Litera-tur und jüdischer Wissenschaft. Die Worte, die Abraham Geiger vor Jahr-zehnten anklagend schrieb: »Absprechend über Gegenstände zu urteilen, zu deren selbständiger Erforschung es an den nötigen Voraussetzungen und Fä-higkeiten gebricht, würde man sich wahrlich auf jedem anderen Gebiete doppelt und dreifach bedenken; nur dem Judentum gegenüber glaubt man mit souveräner Willkür zu Werke gehen zu dürfen« – diese Worte haben lei-der auch heute von ihrer Aktualität nichts verloren, und sie sind auch Har-nack gegenüber zu wiederholen. Daß sein Buch viel Vortreffliches enthält, daß jede Seite den Leser anregt, daß die Kunst der Darstellung immer wieder Bewunderung wachruft, ist bei einer Harnack'schen Schrift so selbstver-ständlich, daß man fast Bedenken trägt, es noch hervorzuheben. Zumal was

---

2   Die Kapitel, welche über den Katholizismus und den Protestantismus handeln, sind in diese Besprechung nicht einbezogen. In der Dogmengeschichte (I, S. 58 Anm.) ist das Urteil über die Pharisäer nicht so schroff, freilich befinden sie sich dort »in der These«, nicht, wie hier, »in der Antithese«.

über allgemeine religiöse Fragen, über das Verhältnis von Religion und Arbeit, von Religion und Wissenschaft gesagt wird, ist so wahr und so schön, daß man immer wieder wünscht, Herr Harnack möchte seine Verehrer mit einer Schrift über das »Wesen der Religion« beschenken.

Zum Schluß noch eines: Wenn Herr H. fragen sollte, was nach alledem, was gegen seine Darstellung eingewandt wurde, denn noch Bedeutungsvolles übrig bleibe, das durch Jesus gebracht und geschaffen wurde, so daß eine Weltreligion mit Stolz den Namen nach ihm führt, so sei darauf kurz folgendes geantwortet: Es läge vielleicht nahe, mit einem banalen Aperçu in Wellhausen'scher Manier zu sagen: Amerika ist bekanntlich auch nicht nach Kolumbus benannt worden. Solche Entgegnung wäre jedoch nur ein frevles Witzwort, aber keine Antwort. Die Antwort ist die allein, daß damals die Zeit erfüllt war, und die erfüllte Zeit brauchte die gottgesandte Persönlichkeit. Für das Heidentum war der Tag gekommen, da es Israels Lehre in sich aufzunehmen beginnen konnte, und Gott hat die Seinen dazu erstehen lassen. Gegen den Stifter des Christentums hegt das Judentum schon deshalb nur Liebe und Ehrerbietung. Man fabelt oft von dem Hasse des Judentums gegen das Christentum; einen solchen hat es nie gegeben; eine Mutter haßt nie ihr Kind, aber das Kind hat seine Mutter oft vergessen und verleugnet. Das Christentum hat sehr oft bitterlich wenig von dem Geiste seines Stifters gezeigt. Es liegt ein tiefer Sinn in der Parabel des Neuen Testaments: »Es hat ein Mann zwei Söhne und ging zu dem einen und sprach: Mein Sohn, gehe hin und arbeite heute in meinem Weinberg. Er antwortete: Herr, ja, und ging nicht hin…« In der Geschichte des Christentums ist das oft wahr geworden. Aber fern liegt es zumal dem jüdischen Theologen, eine Religion, die eine gewaltige weltgeschichtliche Sendung erfüllt hat und noch erfüllt, einen Glauben, der die Gemüter von Millionen beseligt, getröstet und aufgerichtet hat, etwa nicht anzuerkennen oder gar zu verletzen und herabzusetzen. Auch der jüdische Theologe wird es für ein gutes, edles Werk halten, daß ein Christ eine Apologie, eine Verherrlichungsschrift für seine Religion schreibt. Wogegen er Einspruch erhebt, ist nur das, daß die Apologie sich als Geschichte ausgibt und daß sie sich der geschichtlichen Ungerechtigkeit als Waffe bedienen zu dürfen glaubt. Auch Wehr und Schild des Apologeten müssen rein und tadellos sein. Vielleicht wird in einem solchen wahren Apologeten auch etwas von der geistigen Unabhängigkeit und Freiheit eines _Renan_ leben, der es offen aussprach: »Das Judentum, welches in der Vergangenheit so große Dienste geleistet hat, wird deren auch noch in der Zukunft leisten.«

Leo Baeck

Geheimnis und Gebot (1921/22)

In zwiefacher seelischer Erfahrung wird dem Menschen der Sinn seines Lebens lebendig, in der Erfahrung vom Geheimnis und in der vom Gebot. Man kann sie auch nennen das Wissen um das, was wirklich ist, und um das, was verwirklicht werden soll. Wenn der Mensch zu seinem Leben hingelangen will, wenn er nach der Bedeutung seines und alles Lebens hinhorcht, wenn unter der Oberfläche das Wirkliche ihm nahetritt, so erlebt er immer das Geheimnis; er erfährt, daß er geworden ist, er erfährt um das Verborgene und Bergende seines Daseins, um das, was ihn und alles umfaßt und umfängt, er erfährt, mit dem alten Gleichnis im »Segen des Moses« zu sprechen, um »die Arme der Ewigkeit«. Und wenn der Mensch über den Tag hinausblickt, wenn er seinem Leben eine Richtung geben, es zu einem Ziele hinführen will, wenn er so das Bestimmende, das Deutliche seines Lebens erfaßt, so wird es immer zum Gebote, zur Aufgabe, zu dem, was er verwirklichen soll. Der Grund des Lebens ist das Lebensgeheimnis, der Weg des Lebens ist das Lebensoffenbare. Das eine ist von Gott, das andere ist für den Menschen. Wie wieder ein Wort der Bibel sagt: »Das Verborgene ist dem Ewigen, unserem Gotte, und das Offenbare ist uns und unseren Kindern, zu tun alle Worte dieser Lehre.« Und beides, Geheimnis wie Gebot, ist Gewißheit, die Gewißheit des Lebens, die Gewißheit des Ich.

Diese doppelte Erfahrung kann auch als die der Demut und die der Ehrfurcht bezeichnet werden. Die Demut des Menschen ist sein Wissen darum, daß sein Leben in dem, was über alles menschliche Erkennen und Ahnen, über alles Natürliche und Daseiende hinausgeht, in der Unendlichkeit und Ewigkeit steht, daß es schlechthin abhängig ist, daß das Unwißbare und Unnennbare, das Unergründliche und Unausdenkliche in sein Dasein eintritt. Demut ist die Empfindung für das Tiefe, das Geheime, in dem der Mensch seinen Platz hat, das Gefühl also für das Seiende, für das Wirkliche – das große Quietiv, die große Andacht aller Lebenserfassung, aller Weisheit. Und Ehrfurcht wiederum ist die Empfindung des Menschen dafür, daß vor ihm ein Höheres aufgerichtet ist, und alles Höhere ist ein sittlich Höheres und darum ein Forderndes, ein Weisendes, etwas, was zum Menschen spricht, von ihm die Antwort, die Entscheidung verlangt, etwas, was sich im Kleinen und Schwachen ebenso wie im Erhabenen offenbaren kann, ihm sich im Andern ganz so wie in ihm selber kundtut. Ehrfurcht ist so das Wissen um das Heilige, das unendlich und ewig Gebietende, um das also, was vom Menschen in sein Leben aufgenommen, durch sein Leben verwirklicht werden soll – das große Motorische, Aktive aller Weisheit.

Auch so kann dieses Zwiefache genannt werde: das Bewußtsein, geschaffen zu sein, und das Bewußtsein, schaffen zu sollen. Das erstere ist die Gewißheit von dem, wodurch alles Leben lebt, die Gewißheit davon, im Innersten und Eigentlichsten mit dem Einen alles Lebens verbunden zu sein, diese Gewißheit des Allgegenwärtigen, Bleibenden, diese seelische Gabe, im Sichtbaren das Unsichtbare, im Daseienden das Seiende, im Vergänglichen das Ewige, im Irdischen und Begrenzten das Unendliche zu erfassen, dieser Glaube, der immer wieder erlebt, was Wirklichkeit, was Grund und Quell des Lebens ist. Und das andere wiederum ist das Vermögen, die fordernde, bestimmende Kraft in der Stunde zu erleben, diese Gewißheit des Aufgegebenen, des Mahnenden und Hinauszeigenden, des Leitenden im Leben, diese Gewißheit dessen, daß jedes Menschen Leben das Seine geben und vollbringen kann, daß dem Menschen etwas eignet, wodurch er aus dem All, das geschaffen ist wie er, herausgehoben ist, und worin er sein Persönliches, seinen besonderen Platz und seine besondere Richtung, seine Freiheit besitzt, diese Fähigkeit der Entscheidung, in der der Mensch immer wieder erfaßt, was er erfüllen soll.

So sind es die beiden Erlebnisse vom Sinne des Lebens, und das Eigene des Judentums ist, daß sich hier diese beiden Erfahrungen in eine Einheit zusammenschließen, in einer völligen Einheit erlebt werden, daß darin die Seele ihrer Einheit, ihrer Ganzheit bewußt wird, ihr darin ihre Frömmigkeit gegeben ist. Aus dem einen Gott kommt das Geheimnis wie das Gebot, als eines aus dem Einen, und als eines erfährt es die Seele. Alles Geheimnis bedeutet und besagt hier zugleich das Gebot, und alles Gebot bedeutet und besagt hier zugleich das Geheimnis, alle Demut zugleich die Ehrfurcht und alle Ehrfurcht zugleich die Demut, aller Glaube zugleich das Gesetz und alles Gesetz zugleich den Glauben, alles Bewußtsein, geschaffen zu sein, zugleich die Forderung, zu schaffen, und alle Forderung, zu schaffen, zugleich das Bewußtsein, geschaffen zu sein. Das Deutliche wurzelt im Verborgenen, und das Verborgene trägt für den Menschen immer sein Deutliches. Die Tiefe des Lebens ist nicht zu erfassen, ohne daß sie auch von unserer Lebenspflicht zu uns spricht, und keine Lebenspflicht wird wahrhaft vernehmbar, ohne daß sich uns die Tiefe des Lebens auch kündet. Wir können um den Grund unseres Lebens nicht wissen, ohne auch den Weg, der uns gewiesen ist, vor uns zu sehen, und wir können diesen unseren Weg nicht begreifen, ohne auch zu dem Grunde unseres Lebens hinzugelangen. Daß wir das Geschöpf Gottes sind, können wir nicht ganz in unserer Seele haben, wenn wir nicht dessen auch inne werden, daß wir Schöpfer unseres Lebens sein sollen, und dieses unser Schöpfergebot können wir nicht ganz besitzen, wenn wir nicht dessen auch inne bleiben, daß wir geschaffen sind – von Gott geschaffen, um selber zu schaffen, schaffend, weil wir von Gott geschaffen sind. Diese seelische Einheit von beidem ist die jüdische Frömmigkeit, die jüdische Weisheit, in ihr hat sich der Lebenssinn hier erschlossen.

Daher hat das Judentum seine Freiheit von dem Zwiespalte, den die verschiedenen Begriffe von Gott bringen. Dem Widerstreit zwischen Transzendenz und Immanenz fehlt hier der Boden. Die Frömmigkeit lebt hier in der Paradoxie, in der Polarität, mit all ihrer Spannung und Geschlossenheit. Was in der Abstraktion, in der Welt der bloßen Gedanken ein Widerspruch ist, wird in der Religiosität zur Einheit, zur Ganzheit. Für sie gibt es kein Diesseits ohne das Jenseits und kein Jenseits, das nicht sein Diesseits hätte, keine kommende Welt ohne diese Welt, und keine Menschenwelt ohne das, was über sie hinausreicht. Alles Diesseits ist im Jenseits verwurzelt, und alles Jenseits verlangt im Menschen sein Diesseits. Das Unendliche tritt im Endlichen hervor, und alles Endliche soll sein Unendliches erweisen. Des Menschen Leben führt von Gott zum Menschen und vom Menschen zu Gott. Gott ist der Seiende, und er ist der Andersseiende. Gott gibt dem Menschen das Leben, und Gott fordert vom Menschen das Leben. Unsere Seele ist unser Göttliches, unser Geheimnis, sie hat, was in aller Seele lebt, und sie ist doch unser Menschliches, unser Eigenes, unser Ich, sie hat, was nur ihr gehört. Das Menschliche wohnt im Göttlichen, und das Göttliche verlangt von jedem sein Menschentum. Die Einheit von diesem beiden, dieser Sinn, der sich aus dem Gegensatz erhebt, ist erst die Wahrheit und trägt die ganze Gewißheit.

Auch das Gegeneinander von Mystik und Ethik hat demgemäß hier keinen Platz. Alle Religiosität hat hier ihr Unmittelbares, ihr Erlebtes und doch zugleich ihr Gebotenes, ihr zu Lebendes. Kein Erlebnis ohne die Aufgabe, und keine Aufgabe ohne das Erlebnis; in beidem zusammen ist erst das Leben. Alle Ethik im Judentum hat ihre Mystik und alle seine Mystik ihre Ethik. In der weiten Geschichte seiner Gedanken steht es so. Für die jüdische Mystik sind die Kräfte, die aus Gott hervorquellen, Willenskräfte; Ströme des Geheimnisses, voll des Gebotes, Ströme des Gebotes, voll des Geheimnisses, kommen aus Gott hervor. Die Tat, die die Erfüllung des Gottesgebotes ist, öffnet ein Tor, daß sie in den Tag des Menschen hineinfluten. Alle Versenkung in die Gottestiefe ist immer zugleich eine Versenkung in den Willen Gottes, in sein Gebot. Und alle jüdische Ethik wiederum hat ihr Besonderes darin, daß sie Offenbarungsethik, fast möchte man sagen: Erlebnisethik, ist; sie ist die Kunde des Göttlichen. Vor jedem »Du sollst« steht beginnend und zugleich antwortend das Wort, welches das Wort auch des Geheimnisses ist: »So spricht der Ewige«, und nach ihm steht beschließend und doch zugleich anhebend dieses selbe Wort: »Ich bin der Ewige, dein Gott!«

In die Tiefen des Erlebnisses treibt die Ethik ihre Wurzel; bezeichnend ist, daß in der mittelalterlichen hebräischen Sprache dasselbe Wort die ethische Gesinnung und die mystische Versenkung benennt.[1] Man kann eine Geschichte des Judentums schreiben, die eine Geschichte der Mystik ist, von den alten Zeiten bis zur Gegenwart, und man kann eine Geschichte des Judentums geben von Anbeginn an bis jetzt, die eine Geschichte des »Gesetzes« ist, und es ist die gleiche Geschichte. Und es ist zum großen Teil die Geschichte der gleichen Männer. Viele der bestimmenden jüdischen Gesetzeslehrer, wie z.B. der Verfasser des vielgenannten Schulchan aruch, sind die Männer der Mystik gewesen.

Es ist selbstverständlich, daß sich im Judentum bald das eine bald das andere, bald das Geheimnis und bald das Gebot, hat stärker betonen können, und einzelne seiner Gebiete und seiner Zeiten haben darin ihr Besonderes. Erst dort, wo nur das eine, nur das andere die ganze Religion, der ganze Bereich der Frömmigkeit hat sein sollen, hat die Religion aufgehört, Judentum zu sein. Das Judentum hört auf, wo das Andachtsvolle, das Ruhende und Beruhigende alles bedeuten will, wo der Glaube sich mit sich selber, mit dem Geheimnis begnügt, und dieser bloße Glaube schließlich seinen dunkelnden Schein dehnt, in dem das Wache versinkt und der Traum zum Leben wird. Die gebotlose Religion der bloßen Passivität ist nicht das Judentum. Und ebensowenig ist es dort noch, wo sich das Gebot mit sich zufrieden gibt und es nur Gesetz ist, wo aller Bezirk des Lebens nur von ihm umfaßt sein und nur das, was in den Strahlen seiner kalten Helle liegt, der Sinn des Lebens sein soll, wo der Mensch alles gesehen zu haben meint, wenn er seinen Weg sieht, den er weitergehen soll. Die andachtlose Religion der bloßen Aktivität, diese Religion, die zur Ethik der Oberfläche oder zur bloßen Sitte des Tages wird, ist kein Judentum. Nur wo der Glaube sein Gebot und das Gebot seinen Glauben hat, ist die Welt des Judentums.

Darum ist Paulus aus ihr hinausgetreten, als er das sola fide predigte und damit zum Sakrament und zum Dogma gelangte. Da ihm das Geheimnis alles sein sollte, nicht das Verborgene nur, sondern das Offenbare auch, so ist es schließlich zu dem, was erfaßt werden kann, zum Sakrament, und zu dem, was gestaltet werden kann, zum Dogma, geworden. Denn so ist es doch immer: Sakrament ist ein Mysterium, in das man hineingeht, ein Geheimnis,

---

1   Baeck bezieht sich hier auf den Terminus *Kawwana*, wörtlich »Intention, Absicht, gezielte Aufmerksamkeit«. Die beste Erklärung gibt er in der Abhandlung »Ursprung der jüdischen Mystik« (1927), wieder abgedruckt in: Aus drei Jahrtausenden, 1958, S. 248f: »Wenn in einer späteren Epoche der jüdischen Mystik dasselbe Wort *Kawwana* sowohl die Gesinnung bezeichnet, das heißt die seelische Haltung des Menschen, der das Gebot mit ganzem Herzen erfüllt, als auch die Versenkung, durch die der Mensch den Zugang zu Gott gewinne, so spricht dieses Eigentümliche der jüdischen Mystik sich darin aus. Darum ist die jüdische Mystik auch nicht pantheistisch.« (F.A.R.)

das man zu ergreifen vermag, Dogma, ebenso wie der Mythos, ein Geheimnis, das man aufzubauen, zu bilden versucht. Das Evangelium, jenes alte Evangelium, das noch nicht zum Kirchlichen und zum Gegensatz gegen das Judentum überarbeitet war, gehört noch ganz in das Judentum hinein und zum Alten Testamente hin, so wie es ja auch, was freilich dem gegenüber ein Geringeres ist, in der Sprache des jüdischen Landes geschrieben war und in das jüdische Schrifttum hineingehört. Jesus und sein Evangelium können ganz nur aus dem jüdischen Denken und Fühlen heraus, vielleicht ganz darum nur von einem Juden verstanden werden, ähnlich wie seine Worte in ihrem ganzen Inhalt und Klang gehört werden, nur wenn man sie in die Sprache, in der er sprach, zurückführt. Die Grenze, die das Judentum scheidet, beginnt bei der paulinischen Predigt, dort, wo das Geheimnis nur ohne das Gebot, der Glaube nur ohne das Gesetz sein will.

Aber ebenso kann auf der anderen Seite das Judentum aufgegeben werden. Dort, wo es bloß Ethik oder bloß Begründung der Ethik sein soll, dort auch, wo es zu einem Gefüge von Ideen, zu einer Doktrin geworden ist, und dort auch, wo das, was das Geheimnis spricht, dem Menschen nicht der Grund seines Lebens, sondern nur ein Postulat seines Denkens ist, wo das Judentum ein Judentum ohne Paradoxie sein soll, dort ist der Boden, der es trägt, verlassen worden. Es gibt kein Judentum, das nur Kantische Philosophie oder ethische Kultur ist, kein Judentum, das nur eine Gottesidee als schmückenden Zierat oder auch als krönende Spitze hat. Und auch dort ist sein Eigenes verloren, wo vielleicht die Fülle seines Gesetzes ist, aber dieses bloß geübt wird, und es, aus dem Geheimnis entwurzelt, in der Andachtlosigkeit steht.

Jüdische Frömmigkeit, jüdische Weisheit ist da allein, wo die Seele die Einheit des Verborgenen und des Deutlichen, der Tiefe und der Aufgabe, die Einheit von Andacht und Tat besitzt. Um die seelische Einheit, um die Einheit aus einer Wirklichkeit hervor und zu einer Wahrheit hin, handelt es sich hier, nicht um eine bloße Synthese, geschweige einen Synkretismus. Die Synthese stellt nur nebeneinander hin oder auch ineinander hinein, es sei so eng wie nur immer, in ihr verbindet sich bloß das eine mit dem andern. In der Einheit dagegen ist nicht bloß eine Verbindung, sondern eine Offenbarung gegeben, das eine wird durch das andere erfaßt und erlebt, das eine gewinnt erst durch das andere seinen Sinn. Geheimnis und Gebot verbinden und verweben sich hier nicht nur miteinander, sondern sie tun einander kund, gewähren einander ihr Wesentliches und Eigentliches. Das Gebot ist hier wahres Gebot, nur weil es aus dem Geheimnis aufsteigt, und das Geheimnis ist wahres Geheimnis, weil aus ihm immer das Gebot spricht. Weil das Gebot aus dem Geheimnis kommt, darum hat es hier sein Unbedingtes, Absolutes, sein von allem Tage und allem Nutzen Unabhängiges, darum hat es sein Drängendes und Besiegendes; es hat die Kraft der unbedingten Einheit, der Einheit der Moral, oder was dasselbe ist, die Fähigkeit, sich unbedingt ernst zu nehmen, sich zu Ende zu denken, das also, was ihm seinen ganzen Sinn gibt. Und weil dem Geheimnis das Gebot eignet, darum hat das Geheimnis hier sein Segnendes, seine Zeugungskraft und seine Fruchtbarkeit; es hat sein Vermögen, Leben zu fordern und Leben zu bewirken, den Quell der Tiefe zum Tage empordringen zu lassen, das Ewige in die Stunde hineinzuführen, diese Gabe, in allem zu sein und alles zu einen, oder was dasselbe ist, diese Gabe, wirklich zu sein und nicht nur dazusein, das also, worin es seinen ganzen Sinn erst gewinnt. Diese Ganzheit und Einheit, diese Art, wie das eine durch das andere ergriffen wird, ist das Judentum.

In ihr erhält wie das Einzelleben, so die Geschichte ihre Bedeutung. Es gibt eine Geschichte, weil Schöpfung und Zukunft ihre Einheit haben. Die Schöpfung ist nicht ohne die Zukunft zu denken, und die Idee der Zukunft kann nicht ohne die Gewißheit der Gottesschöpfung sein. Alles Gebot, das von Gott kommt, in dem Gott zum Menschen spricht, den er geschaffen hat, besitzt sein Unendliches, seine stete Zukunft. Es hat selber sein Schaffendes und Zeugendes, sein immer weiter Gebietendes, es trägt über sich selber hinaus; jede Pflicht gebiert neue Pflicht. Diese Unbeendetheit des Gesetzes hat Paulus besonders stark empfunden, und aus seinem Widerspruch gegen sie, gegen diese Unerfüllbarkeit, aus seiner seelischen Not, mit der er vor ihr stand, ist sein Glaube an die erfüllte Erlösung, an das gekommene Heil ihm erwachsen. Für das Judentum ist diese Unbeendetheit etwas Positives, ein Gebendes. Ein Gebot, das ganz erfüllt wäre, wäre eine Menschensatzung nur. Gottesgebot ist ein Gebot, das zur Zukunft hinausführt, das seine Sendung, wie die Bibel sagt, »von Geschlecht zu Geschlecht« hat. Es hat seine Verheißung, sein Leben, welches Leben wird, es hat sein Messianisches. Alle Schöpfung hat ihre Zukunft, wie ein altes jüdisches Gleichnis sagt: »In der Schöpfung der Welt schon lag die Idee vom Messias.« Zukunft ist so nichts Historisches bloß oder ein Ergebnis, nicht nur eine Synthese bisheriger Thesen und Antithesen, sondern sie bedeutet die Gewißheit dessen, daß Gott geschaffen hat. Alle Zukunft kommt aus der Schöpfung; sie ist die Antwort auf die Frage des Menschenweges, sie ist das, was der Mensch erwarten soll – nicht Wunder, nicht Mythos, nicht Fatum, sondern Zukunft des Weges, Leben, das vom Leben kommt. Schöpfung und Zukunft, Sendung und Zuversicht bedingen und offenbaren einander. Auch alle Zeiten haben ihre Einheit. Ein Bund Gottes ist mit den Menschen.

Religion ist daher hier nicht Glaube an eine Erlösung von der Welt und ihren Tagen, sondern eher – das, was man oft den Realismus des Judentums genannt hat – ein Glaube an die Welt oder, um es genauer zu benennen, Gewißheit der Versöhnung. Alle Versöhnung ist Versöhnung des Tages mit der

Ewigkeit, der Begrenztheit mit der Unendlichkeit, der Nähe mit der Ferne, des Daseins mit dem Sein, mit dem, was wirklich ist und darum verwirklicht werden soll. Sie ist die befreiende Gewißheit, im Erdenleben, in seinem Gegebenen und seinem Aufgegebenen, mit Gott verbunden zu sein. Lebenssinn bedeutet Lebensversöhnung. Was sein Geheimnis und sein Gebot hat, kann immer seine Versöhnung haben; denn es kann immer seines Ursprungs und seines Weges gewiß werden, sich immer zur Andacht und zur Aufgabe seines Lebens zurückwenden; es kann immer wieder zu sich selber zurückkehren. Es gibt hier keine Erlösung, die nicht diese Versöhnung ist; sie ist hier Erlösung nicht von der Welt, sondern in der Welt, Heiligung der Welt, Verwirklichung des Gottesreiches. Bloße Erlösung bedeutet, daß der Bezirk des Geheimnisses und der des Gebotes, Jenseits und Diesseits getrennt sind, zwei Reiche, die einander gegenüberstehen; Versöhnung bedeutet, daß sie ineinander gegeben sind, daß alles in dem einen Gotte geeint ist. Alles Jenseits tritt in das Diesseits, und alles Diesseits zeugt vom Jenseits. So sagt es ein Wort aus dem Talmud, das von dieser und der kommenden Welt spricht, ein Wort voll der Paradoxie, die dem Judentum eigen ist: »Mehr ist eine Stunde in Einkehr und guter Tat in dieser Welt als alles Leben der kommenden Welt; mehr ist eine Stunde des Friedens in der kommenden Welt als alles Leben in dieser Welt.« Das Reich Gottes schließt alles zusammen, Geheimnis und Gebot, Jenseits und Diesseits; es ist das Reich der Versöhnung. »Voll ist die ganze Welt der Herrlichkeit Gottes.«

So ist die Religion hier alles. Das ganze Leben ist von ihr durchdrungen, der Sinn aller Tage von ihr getragen, der Sinn aller Wege von ihr umfaßt. Es gibt nichts, was bloße »Welt« wäre, und es gibt daher im Grunde keinen bloßen Alltag, keine bloße Prosa des Daseins. Aller Alltag hat sein Sprechendes, seine Stimme aus der Tiefe, alle Prosa ihr Gleichnis, ihr Wort aus dem Verborgenen. Die Religion ist nichts Isoliertes, nichts Eingeschlossenes, nichts, was nur neben dem Leben oder unter oder über dem Leben wäre. Es gibt kein Geheimnis neben dem Leben und kein Leben neben dem Gebot. Selbst alle Einsamkeit ist Lebenseinsamkeit, ist in das Soziale hineingestellt. Im Gegensatz ist wieder die Einheit. Alle Lebenstiefe läßt einsam sein, da sie von dem nur Menschlichen fort zu Gott hinführt, und alle Lebensaufgabe läßt sozial sein, da sie vom Menschen am Menschen erfüllt sein soll; aber alles Gebot soll hier aus der Tiefe des Ich, aus der Einsamkeit empordringen, in der das Menschliche vom Göttlichen umfangen ist, der Mensch die Stimme Gottes vernimmt, und alle Tiefe, alle Einsamkeit soll hier der Beginn für den Weg sein, den das Gebot führt, und auf dem der Mensch die Stimme des Mitmenschen hört. Auch alles Denken und Suchen Gottes stellt in das Leben hinein. Gotteserkenntnis ist nicht der Schluß einer Spekulation oder das Ende einer Verzückung; sie ist ein Ethisches, ein Gebot, ein Gefordertes und

Forderndes, Sache der Persönlichkeit. Neben die Treue und die Liebe setzt sie der Prophetenspruch. Sie ist Besitztum der Frömmigkeit, der demütigen Ehrfurcht vor dem Ewigen, der Gottesfurcht. »Siehe, Gottesfurcht, das ist Weisheit.«

In diesem Umfassenden der Religion wird das in seiner Bedeutung begreiflich, was für viele den einzigen Aspekt des Judentums bildet, die Weite der Satzungen und Bräuche, mit denen sich seine Gemeinde umgibt, ihr sogenanntes »Gesetz«. Im Judentum ist der Versuch gemacht worden, dem Leben seinen Stil dadurch zu schaffen, daß die Religion in jeden Alltag und in den ganzen Alltag hineingestellt wird. Alles erhält sein Gottesdienstliches, seine Stimmung und seine Würde; dem Leben soll seine Geistigkeit gegenüber dem Irdischen, seine Freiheit gegenüber dem Verlangenden gewahrt sein, dieser Zug der Askese, den es nicht entbehren kann, wenn anders es sein Innerliches, Religiöses haben will. Der Mensch wird nicht aus dem Alltag fortgeführt, sondern in ihm mit Gott verbunden. Jede Teilung des Lebens in ein Profanes und ein Andachtvolles soll verhütet sein, das Heiligtum nicht nur einen Tag neben den Tagen besitzen. Das Wort »Gedenken« steht über diesem Gesetze: »Damit ihr gedenket und tut alle meine Gebote und heilig seid eurem Gotte!« Gedankenlosigkeit ist die eigentliche Gottlosigkeit, die Heimatlosigkeit der Seele. Vor ihr, vor dieser Geheimnislosigkeit und Gebotlosigkeit, will das Gesetz bewahren; es will aller Oberfläche immer wieder ihr Symbolisches, aller Prosa ihr Gleichnis geben. Jeder Mensch soll zum Priester seines Lebens gemacht werden. Daher die Fülle dieser Bräuche, dieser Einrichtungen und Ordnungen, von denen alles umzogen wird, »wenn du in deinem Hause sitzest und wenn du auf deinem Wege gehest, wenn du dich niederlegst und wenn du aufstehst«, bis hin zu der weiten Prosa des Essens und Trinkens. Sie alle haben dem Tage, und besonders auch dem Abend, seine Weihe gebracht, und in seinen Abenden, wohl mehr noch als in seinen Tagen, lebt der Mensch, und er stirbt an seinen Abenden. Eine Lebensform ist hier bereitet worden, wenn auch die Gefahr ihr nicht fernblieb, die in jedem Lebensstile liegt, daß er aufhört, ein Persönliches, Lebendiges des Menschen zu sein, und zur bloßen Äußerlichkeit, zur bloßen Tradition wird. Auch das »Gesetz« hat diese Niederungen gehabt; was Heiligung sein sollte, ist bisweilen bloßes Handwerk, Übung eines Überlieferten geworden. Aber selbst dann ist es besser gewesen als die reine Stillosigkeit. Und es liegt in ihm die Kraft, immer wieder zu erwachen, seine Seele wieder zu haben.

Die ganze Liebe des »Gesetzes« hat hegend und pflegend einem gegolten, dem Sabbat. Er gibt, als der Tag der Ruhe, dem Leben sein Gleichgewicht, seinen Rhythmus; er trägt die Woche. Ruhe ist ein ganz anderes als Rast, als Arbeitsunterbrechung, ein ganz anderes als Nichtarbeiten. Die bloße Rast gehört wesentlich in das Physische, in das Irdische und Alltägliche. Die Ruhe ist ein wesentlich Religiöses, sie ist in der Atmosphäre des Göttlichen, sie führt zum Geheimnis hin, zu dem Grunde, von dem auch alles Gebot kommt. Sie ist das Wiederschaffende und Versöhnende, die Erholung, in der die Seele sich zurückholt, das Atemholen der Seele – das Sabbatliche des Lebens. Der Sabbat ist das Bild des Messianischen, er spricht von der Schöpfung und der Zukunft, er ist das große Symbol, wie die Bibel sagt: »ein Zeichen zwischen Gott und Israel«, oder wie ein Wort des Talmud sagt: »das Gleichnis der Ewigkeit«. In ihm hat das Leben den großen Widerspruch gegen das Ende, die stete Renaissance. Ein Leben ohne den Sabbat entriete seines Erneuernden, dessen, was immer wieder den Born der Tiefe öffnet. Ein Wesentliches, Fruchtbares des Judentums würde in einem solchen Leben versanden; es könnte ein ethisches Leben sein, aber es hat noch nicht das, worin das jüdische Leben sich findet. Darum hält die Gemeinde des Judentums unter allen bürgerlichen Mühen und Beschwerden an ihrem Sabbate als an ihrem Besitze fest; eine ihrer großen Sorgen ist die Sorge um ihn.

Das Gesetz und vor allem das Sabbatliche in ihm hat auch die Fähigkeit erzogen, die aus Lebenstiefe geboren wird, die Fähigkeit, sich zu unterscheiden, anders zu sein. Ohne sie kann das Leben kein Eigenes haben. Wer um das Geheimnis und das Gebot erfährt, wird ein Eigener unter den Menschen, ein anderer inmitten der Welt. Wer nur um das Geheimnis weiß, der wird nur ein Eigener, er hat nur seinen Tag der Stille. Wer um das Gebot allein weiß, ist nur unter den Menschen, er hat nur seine Tage des Wirkens und Rastens. Wer beides erlebt, beides in einem, ist in der Welt und doch ein anderer, ein anderer und doch in der Welt, für die Menschen und mit den Menschen und doch für sich, für sich und doch für die Menschen und darum mit ihnen. Das zu sein, darin findet das Judentum seine Gabe, seine Habe. Und vielleicht ist es seine geschichtliche Aufgabe, dieses Bild des Dissenters zu geben, des Dissenters um der Menschheit willen.

Es ist ein Vermögen der Religion, zu erhalten, zu konservieren; der Geist Chinas hat so, nur so, die Religion geschaffen. Das Vermögen der Religion war es anderwärts, zu befrieden und zu stillen, zu scheiden und zu umhegen; die Seele Indiens hat es so, so allein, vermocht. Das Eigentümliche des Judentums – und seine Geschichte lebt auch in den Religionen, die unmittelbar oder mittelbar von ihm herkamen – ist das Hinausziehende, das Führende, das Messianische. Wo jüdische Frömmigkeit ist, dort ist dieser starke Zug, zu schaffen, für Gott zu gestalten, das Gottesreich zu erbauen, dieser Drang, die Kraft zu beweisen, die aus dem Grunde von allem, aus dem ist, was über die Kraft ist, diese Entscheidung, die ganz nur der Mensch des Geheimnisses hat, sich nicht zu beugen und nicht zu fügen, zu sprechen und zu widersprechen. Dieser fordernde Glaube, diese gläubige Forderung lebt dort, wo die Seele ihre Tiefe und ihre Aufgabe, ihr Verborgenes und ihr Deutliches erfährt, das eine in dem anderen, das eine durch das andere, wo die Religion der Paradoxie, der Versöhnung ist, die Religion der seelischen Einheit von Geheimnis und Gebot.

Leo Baeck

Romantische Religion (1922, 1938)

Die Romantik

Wenn wir die Typen der Frömmigkeit, wie sie geschichtlich zu Typen der Religion geworden sind, scheiden, so sind es vor allem zwei Formen, die sich sondern: die klassische und die romantische Religiosität, die klassische und die romantische Religion. In dem Unterschied und Gegensatz zwischen diesen beiden treten vornehmlich zwei weltgeschichtliche Erscheinungen auseinander, deren eine durch ihren Ursprung zwar zu der anderen hingeführt wird und in gewissen Grenzen durch sie bestimmt bleibt, zwischen denen aber doch die bedeutsame, trennende Linie hindurchgeht: das Judentum und das Christentum. Als die klassische und die romantische Religion stehen sie in Wesentlichem einander gegenüber.

Was ist romantisch? Friedrich Schlegel hat das romantische Buch dahin erläutert: »Es ist ein solches, das einen sentimentalen Stoff in phantastischer Form behandelt.« Fast ebenso könnte man die romantische Religion umschreiben. Die gespannten Gefühle geben ihr den Inhalt, und ihre Ziele sucht sie in den bald mythischen, bald mystischen Geschichten der Einbildungskraft; ihre Welt ist das Regellose, das Außergewöhnliche und Wunderbare, das über alle Wirklichkeit Hinausliegende, das ferne Jenseits der Dinge.

Wir können diese seelische Art in geschichtlicher Nähe sehen, wenn wir den deutschen Romantiker des vorigen Jahrhunderts betrachten. Alles löst sich für ihn in Empfindung auf, alles wird zur Stimmung, alles wird subjektiv; »Denken ist nur ein Traum des Fühlens«. Das Gefühl gilt an sich, es ist der Lebenswert, den das schwärmerische Gemüt sich zu bereiten wünscht. Der Romantiker entzückt und begeistert sich um der Begeisterung, der Entzückung willen; sie ist Selbstzweck, sie hat in sich ihren Sinn. Sein ganzes Dasein wird zur Sehnsucht, nicht zu der Sehnsucht nach Gott, in der der Mensch, sich über die Erde erhebend, die Erdeneinsamkeit überwindet, auch nicht zu der kraftvollen Sehnsucht des Willens, die nach Taten drängt, sondern zu jenem süßen, wallenden Sehnen, das sich in Gefühlen ergießt, an sich selber sich berauscht. Auch Schmerz und Leid werden ihm ein Gut, wenn nur die Seele sich in sie hineinsenkt. Er schwelgt in seinen Wehen so wie in seinen Wonnen.

In die Empfindung kommt damit leicht etwas Angestacheltes und Erregtes, etwas Überhitztes und Trunkenes, und wie in die Empfindung, so in die Sprache. Jeder Ausdruck sucht dahin sich zu steigern; Wollust wird ein begehrtes Wort. Das Gefühl redet mit seinen Superlativen, alles soll zur Verzückung werden. Inbrünstig genießt der Romantiker die Höhe der Freude und die Tiefe des Leides fast Tag um Tag, er genießt das Beseligendste und das Erhabenste, er genießt seine Wunde und das fließende Blut seines Herzens. Alles wird ihm zum wonnigen Schauer, auch sein Glaube, seine Andacht wird ihm dazu. Von seinem Christentum rühmt Novalis, daß es »die eigentliche Religion der Wollust ist«.

Diese Seelen können immer so gefühlvoll sein, weil der Schmerzen Fülle doch meist nur gesonnen und geträumt, alles fast nur sentimentaler Schmerz ist. Sie träumen so gern; die dämmernden Fernen, Zwielicht und Mondnacht, die stillen verglimmenden Stunden, in denen die Zauberblume das Blütenhaupt senkt, sind ihre Zeit, deren sie müde harren. Sie lieben das Weiche, die süße Täuschung, den schönen Schein, und wenn Lessing zu Gott gesprochen hatte: Gib mir das Ringen um die Wahrheit, so flehen die Romantiker: Schenke mir den holden Wahn. Sie wollen träumen, nicht sehen; sie scheuen die Deutlichkeit der hellen Gesichte bis zum Widerwillen gegen das Tatsächliche. Sie stehen verstimmt vor der Wirklichkeit, und sie suchen dafür den unklaren Reiz der verschwimmenden Empfindung bis zur Freude an der Verworrenheit. Was drinnen und draußen ist, wird ihnen zu einem Scheinen und Flimmern, zu einem Tönen und Klingen, zu einem bloßen mythischen Spiel, die Welt zu einem traurig schönen Roman, zu einem Erlebnis des Gefühls. Wie Hegel es einmal ausdrückt: »Der Sinn für Gehalt und Inhalt zieht sich zusammen in ein gestaltloses Weben des Geistes in sich.« Der Wunsch, sich der Täuschung hinzugeben, den wohl die Kunst rechtfertigt, erfüllt hier das gesamte Verhältnis zur Welt. In dem gesuchten Halbdunkel von Sehnsucht und Traum verwischen sich die Grenzen von Poesie und Leben. Die Wirklichkeit wird bloße Stimmung und die Stimmung schließlich zur einzigen Wirklichkeit. Alles, das Denken und das Dichten, das Wissen und das Wähnen, alles hienieden und droben, fließt zusammen zu einer rauschenden Dichtung, zu einer heiligen Musik, zu einer großen Verklärung, einer Apotheose. Die Fluten sollen zuletzt über der Seele zusammenschlagen, so daß Alles und Nichts zu einem werden, wie der Enkel der Romantiker es besingt: »In des Wonnemeeres wogendem Schwall, in der Duftwellen tönendem Schall, in des Welt-Atems wehendem All – ertrinken – versinken – unbewußt – höchste Lust« [das Zitat stammt aus Richard Wagner, Libretto zu »Tristan und Isolde«, Ende des 3. Aktes (Liebestod), (F.A.R.)].

In dieser verzückten Hingabe, die so gern umfaßt und umschlungen sein mag, die in dem klingenden Weltenozean vergehen möchte, offenbart sich das Besondere der romantischen Religion, der weibliche Zug, der ihr eignet.

Ihre Frömmigkeit hat etwas Passives, sie fühlt sich so rührend hilflos und müde, sie will von oben her ergriffen, eingehaucht und eingeatmet werden, von einem Gnadenstrom umfaßt sein, der mit seinen Weihen auf sie herniederkomme und von ihr Besitz nehme – ein willenloses Werkzeug göttlichen Wunderwaltens. Das Wort Schleiermachers, daß die Religion »das Gefühl schlechthiniger Abhängigkeit« sei, hat dann nur den Begriff hierfür geprägt.

Darum fehlt der Romantik der starke ethische Drang, der Wille, das Leben sittlich zu bezwingen. Sie hat eine Abneigung gegen jede das Dasein beherrschende, praktische Idee, die für ihre Gebote den freien, schaffenden Gehorsam fordert und den bestimmten Weg zu den Zielen des Handelns zeigt; sie möchte »vom Zweck genesen«. Alle Satzung, alles Gesetzgebende, alle Moral mit ihrem Gebot widerstrebt ihr; sie will abseits von gut und böse bleiben; das höchste Ideal soll was immer sein, nur nicht die deutliche Forderung sittlichen Handelns. Von allem Treibenden und Mahnenden wendet sich der Romantiker ab. Er will träumen, genießen und sich versenken, aber nicht strebend und ringend sich den Weg bahnen. Das, was gewesen ist und aus Vergangenem aufsteigt, beschäftigt ihn mehr als das, was werden soll, und mehr auch als das, was kommen will; denn das Zukunftswort will stets gebieten. Die Erlebnisse mit ihren Klängen und ihren Wogen stehen ihm höher als das Leben mit seinen Aufgaben; denn die Aufgaben verketten immer wieder mit der harten Wirklichkeit. Und vor dieser flieht er. Er will nicht mit dem Schicksal kämpfen, sondern es in inbrünstigem Gemüte empfangen, um das Heil nicht ringen, sondern es erfahren, dem Erlösenden, Beglückenden willenlos hingeben. Er möchte des eigenen Weges ledig sein. Vor die Lebenstat tritt für ihn die Gnade, deren Gefäß er sein will, vor das Gesetz des Daseins der bloße Glaube, vor die Wirklichkeit das Wunder des Heils. Er will dasein, aber nicht durch sich sein; er will weniger leben als vielmehr erleben.

Daher ist ja die romantische »Persönlichkeit« auch etwas so ganz anderes als etwa die Kantische Persönlichkeit, die als Träger des Sittengesetzes dasteht und in der Treue gegen das Gebot sich selbst und damit die Freiheit findet. Auch der Romantiker liebt den Eigenbesitz seines Wesens; aber er sucht diese seine Individualität in der zerfließenden Gefühlswelt, die, des Wunderbaren fähig, in alles eingehen, alles bedeuten könne. Nur aus dieser Empfindungserfahrung, als dem Maße aller Dinge, entnimmt er, was für ihn gut und böse ist. Nicht durch sittliches Tun und nicht durch klare Erkenntnis meint er zu sich zu gelangen. Er glaubt seines Ichs gewiß zu werden erst in der Empfindung, die in sich webt, in der gefühlsreichen Selbstbetrachtung, die dem Gefühl nicht Ausdruck gibt, sondern es ausmalt und die nur zu leicht zum Virtuosentum der Empfindung, zur Selbstbespiegelung wird, welche mit der eigenen schönen Seele schön tut. Es gibt darum kein unromantischeres Wort als das Goethesche von dem Menschen, der sich selbst erkennt, indem er seine Pflicht tut und der Forderung des Tages gerecht wird. Der Romantiker sagt dafür: Erlebe dich und schwelge in dir.

So kommt es auch, daß die Romantik meist rückwärts gewandt ist; sie hat ihr Ideal in den entschwundenen Zeiten, im Paradies der Vergangenheit. Sie will nicht schaffen, sondern wiederfinden, restaurieren. Wer fühlen und träumen mag, sieht sich ja von den alten Bildern alsbald umgeben; nur wer auf feste Aufgaben den Willen richtet, weiß sich mit dem Zukünftigen verbunden. Darum ist es der Romantik auch gegeben, den Stimmen aus früheren Tagen zu lauschen. Sie vermag es um so mehr, da sie mit ihrer Empfindungsfülle allem Menschengemüt in seinen Falten und Geheimnissen nachzusinnen, sich in die Individualitäten hineinzufühlen vermag. Sie hat die Poesie der Übergänge, die Poesie auch der seelischen Zwiespalte und Klüfte entdeckt, sie hat die Strahlen, die von der Einzelerscheinung ausgehen, zu erfassen verstanden, die Andacht für das Kleine gehegt. Der Mensch mit seinem Widerspruch ist ihr Vorwurf. Daher hat sie die Künstler der Biographie hervorgebracht, diejenige Geschichte gepflegt, die die Anempfindung verlangt. Allerdings nur diese; den Blick für die großen Zusammenhänge, für die Ideen der Jahrhunderte hat sie wenig besessen. Sie bleibt lyrisch, auch wenn sie den Ernst der Begebnisse betrachtet, und die Geschichte wird zu einem Spiel, in das sie sich versenkt. Die große Predigt der Vergangenheit wird man vergebens bei ihr suchen. Das Empfinden in seiner Kraft und in seiner Schwäche ist auch hier ihre Macht und ihre Ohnmacht.

Hier und ebenso in allem. Immer ist es das Gefühl, das alles bedeuten soll. In dem Platze, der ihm gegeben ist, liegen daher Raum und Grenze der Romantik. Wir sehen es, nahe vor uns in ihren Männern aus dem letzten Jahrhundert mit ihren Vorzügen und ihren Schwächen. Gegenüber einer Alleinherrschaft des nüchternen Verstandes hatte die Romantik ein anderes Recht und einen anderen Wert fordern dürfen. Aber dem Grundfehler, gegen den sie sich erhoben hatte, verfiel sie selbst; denn auch sie hatte nur zu bald gefordert, allein zu gelten. Sie hat das reine Gefühl vor alles gestellt, vor alle begriffliche und alle verpflichtende Wahrheit, und zuletzt nicht nur vor alles, sondern an den Platz von allem. Sie hat die Wirklichkeit mit ihrem Gebot mehr und mehr in den schönen Schein versenken wollen, den tiefen Ernst der Lebensaufgabe verklingen lassen in die bloße Stimmungsmusik, in die schwebenden Kreise des Daseins.

Einem ganzen Geschlecht hat sie damals den Namen gegeben, aber deshalb ist sie doch keine einzelne Epoche nur, kein bloßer Abschnitt der Geschichte. Die Romantik bedeutet viel mehr, sie bezeichnet eine der charakteristischen Formen, die in der geistigen Entwicklung der Menschheit immer wieder herausgetreten sind, einen bestimmten Typus, in dem sich, seit altem, zumal das Leben der Religion ausgestaltet hat. Allerdings, geschichtliche wie menschliche Typen kommen nie rein vor. Alles, was existiert, ist eine Mischung; das Leben hat nirgends seine scharfen Abgrenzungen und Scheidungen, es ist nie eine Gleichung ohne Rest. In jeder Religion gibt es gewisse romantische Elemente, wie sie sich in jedem Menschengemüte regen. Eine jede hat ihren Glaubenstraum, in dem Schein und Sein sich verweben wollen, eine jede ihr Tal der Dämmerung; eine jede weiß um Weltmüdigkeit und Verachtung des Wirklichen. Aber in der einen Religion ist es ein stiller Pfad neben dem Wege, ist es ein begleitender Klang, ein Ton, welcher mitschwingt, in der anderen Religion ist es die Richtung, ist es der beherrschende Grundakkord, der die religiöse Melodie leitet und ihr den Charakter gibt. So scheidet sich, indem dieses oder ein ganz anderes Motiv das bestimmende ist, die romantische Religion deutlich von der klassischen. Und in diesem Sinne darf es gesagt werden: Das Judentum ist die klassische Religion und das Christentum ihm gegenüber die romantische.

Paulus

Das Christentum hatte das Erbe der alten Romantik, der griechischen und orientalischen, übernommen. In den hellenischen Landen war schon früh, wahrscheinlich von Norden her siegreich eindringend, neben der überlieferten nationalen Religion eine andere, dunklere einhergegangen, phantastisch und sentimental: die dionysische oder orphische, von der vieles gilt, nur nicht das Wort: »Griechheit, was war sie? Verstand und Maß und Klarheit!« Sie hatte alle romantischen Züge an sich, den Gefühlsüberschwang, die schwärmerische Abkehr von der Wirklichkeit, die Sehnsucht nach dem Erlebnis. Heilige Weihen und Sühnungen wurden hier gelehrt und in verzücktem, taumelndem Sinne durchkostet. Sie sollten den Menschen mit dem Jenseits verbinden, mit dem Gotte ihn eins werden lassen und ihm damit aus Ursünde und Erbschuld die Erlösung schenken. Denn sie könnte nicht in eigener Kraft der Sterbliche finden, sondern nur durch die Gnade, die aus dem Verborgenen käme und zu der einst ein Mittler und Heiland, ein Gott, der über die Erde dahingegangen sei, den Weg gewiesen hätte. Wundersame Kunde erzählte hiervon und überlieferte die Heilsereignisse und ihre Mysterien, damit sie sich in den Gläubigen immer wieder erneuten. Mystische Musikdramen, pomphafte, phantastische Aufführungen, die ein Halbdunkel wie in geheimnisvolle Fernen entrückte, schickten der müden, der eingeschläferten Seele den schönen Traum, der sentimentalen Sehnsucht ihre Erfüllung, den Glauben, zu den Auserkorenen zu gehören. In der staatlichen Religion hatte dieser Wunsch des einzelnen, erwählt zu sein und vor dem

Gotte zu stehen, dieses sein individuelles Verlangen nach Bedeutung, nach ewigem Leben und Seligkeit kein Genüge gefunden; jetzt bot es sich ihm in dieser schwärmerischen Stimmungsreligion. So fand sie, je länger, desto mehr, den Weg in die Gemüter; sie wurde die neue Religion, die den alten naiven Glauben und den klassischen Geist des Griechentums nach und nach zersetzt und schließlich vernichtet hat.

Weitere Kraft war ihr zudem noch herzugekommen von allerwärts her, wo es religiöse Romantik gab, von den orientalischen und ägyptischen Mysterien, von den Kulten des Mithra und des Adonis, des Attis und des Serapis. Sie alle waren gleich im Wesentlichen, in der sentimentalen Art, die aus dem Leben zum Erlebnis flüchten ließ, den Blick nach dem Jenseits des Phantastischen und Wunderbaren hinwandte. Auch was sie verkündeten, war im Grunde immer dasselbe. Es war der Glaube an ein himmlisches Wesen, das Mensch geworden, gestorben und auferstanden sei und in dessen göttliches Leben der Sterbliche durch geheimnisvolle Riten hineingewoben werde, der Glaube an eine Gnadenkraft von oben, die in den Gläubigen durch ein Sakrament eintrete, um ihn aus den Banden der Erdenschuld und des Erdentodes zu lösen und ihn zum ewigen Dasein und zur Seligkeit aufleben zu lassen. Sich in diese Vorstellungen von der Auferstehung und Apotheose, von den Gnadenmitteln und Weihen zu versenken, dazu war die schweifende Sehnsucht einer müden Zeit nur allzu bereit, und sie suchte allenthalben nach ihnen. Von überall her konnten die Mysterien in starken Wogen zusammenfließen.

Der Strom hatte seine freie weite Bahn. Das Gebiet vom Euphrat bis zum atlantischen Ozean war unter der römischen Herrschaft in einer Völkermischung ohnegleichen zu einer kulturellen Einheit geworden. Wie die alten Staaten hatten auch die alten heidnischen Religionen mehr und mehr ihre Grenzen, ihre einstige Bestimmtheit verloren. Ein kosmopolitisches Sehnen und Hoffen erfaßte und verband alle. Der Weg war offen für den neuen grenz- und schrankenlosen Glauben. Er konnte im Weltreich die Weltreligion und die Weltphilosophie sein. Was immer die Menschen suchen mochten, er verhieß jedem, jedes zu geben, das Geheimnis und das Wissen, die Verzückung und das Schauen, das Erlebnis und die Ewigkeit. Er war alles und ersetzte alles und hat darum alles schließlich überwunden. Die große romantische Flut ging so über das Römerreich hin, und in ihr ist die antike Welt versunken. Wie die alte naive Götterpoesie unterging in dem sentimentalen Mythos vom erlösenden Heiland, so verschwand die Klassik mit ihrem sicheren Sinn für Gesetz und Bestimmtheit unter dem bloßen Empfinden des Glaubens, welcher sich selbst genug war.

Das, was der Sieg des Christentums genannt wird, ist im Grunde dieser Sieg der Romantik gewesen. Ehe jenes seinen Weg begann, war das, wodurch es schließlich Christentum geworden ist, oder, noch anders ausgedruckt, das, was an ihm nichtjüdisch ist, bereits zu einem Weltglauben, zu einer neuen völkerverbindenden Frömmigkeit erstarkt. Der Mann, an dessen Namen jener Sieg anknüpft, Paulus, war, wie alle Romantiker, nicht sowohl ein Gedankenschöpfer als vielmehr ein Gedankenverknüpfer; das Genie dieser Verknüpfung war sein eigen. Er hat das eine – und dieses eine ist ein Weltgeschichtliches, ein wahrhaft Großes – vollbracht, daß er in das Mysterium, dem eine Welt bereits diente, lebendige jüdische Gedanken hineintrug. Er hat mit dem Zauber des universellen Mysteriums die Offenbarungskunde der geheimnisumklungenen jüdischen Weisheit zu einen verstanden. Er hat so der alten Romantik neue, überlegene Kraft, Kraft aus dem Judentum gegeben. Diese Verbindung, die er fügte, hat die Welt des untergehenden römischen Reiches, Orient und Occident, die eine Welt geworden waren, in sich aufgenommen.

In Paulus selbst hatte sich dieser Bund, in dem das Romantische sich mit dem Jüdischen einen wollte, nach so manchem Tage durchgesetzt; er bedeutet die Geschichte seines Kämpfens, die die Geschichte seines Lebens wurde. Die Bilder seiner Heimat Kleinasien hatten ihm schon früh das eine, das Romantische, gezeigt; das Elternhaus und die Jahre des Lernens hatten ihm das andere, das Jüdische, gegeben. Er war dann im Lande seines Volkes zu denen gekommen, die dort sehnsuchtsvoll des Helfers und Befreiers, den die Propheten verkündet hatten, harrten, die einen hoffend, daß er komme, die anderen wartend, daß er wiederkomme. Unter diesen Wartenden, vor denen das Bild ihres Messias, ihres Christus stand, der jung gestorben war und an seinem Tage wiederkehren würde, ein Bild, in so manchen Zügen dem ähnlich, welches die heidnische Heimat in ihren Mysterien zeigte, hatte er sich zuletzt gefunden. Heiden blickten damals auf das Judentum und auch Juden auf das Denken und Suchen des Heidentums. Verheißung und Weisheit traten so von dort und von hier, vom Heidentum und vom Judentum, zu ihm hin in all die Unrast und den Zweifel hinein, die den Hinausschauenden und Hinaushorchenden hierhin und dorthin zogen in seinem Begehren nach der Wahrheitsgewißheit, in seinem Verlangen, nicht nur warten und hoffen zu wollen, sondern haben und glauben zu dürfen.

Und in diesem Hier und Dort hatte er schließlich seine Antwort vernommen. Sie wurde ihm die siegreiche, befreiende, weil sie nicht nur einen kommenden verheißenden Tag, ein Einst, sondern die erfüllte Erlösung, das Jetzt gewährte. Sie wurde ihm der Schluß, der alles besagte, weil sie alles enthielt, das sowohl, wovon ihm die Mysterien der Völker erzählt, wie das, was die Verkündigung seines jüdischen Volkes zu ihm gesprochen hatte; sie stellte zu dem einen Gott, vor dem die Götter der Heiden schwinden sollten, nun den einen Erlösenden, den einen Heiland, vor dem die Heilande der Völker versinken durften, die Einheit des Heilands zu der Einheit Gottes. So erlebte er es: das Heidentum war in seinem tiefsten Trachten und Sinnen zum Judentum geführt und das Judentum in seiner Offenbarung, seiner Wahrheit den Heiden auch geschenkt.

Alles trat ihm jetzt entgegen. Was ihn sein Judentum im Kreise der Harrenden, in der Verkündigung des messianischen Glaubens als Fülle und Ziel aller Prophezeiung hatte finden lassen, diesen Glauben an die letzte Antwort, an die letzte Gewißheit, an den, der gekommen war und kommen würde, dieses selbe entdeckte er in dem Suchen der Heiden, vernahm er aus dem Mythos, der von überall her in wundersamen Mysterien sich der Welt darbot. Und was ihm aus der Heidenwelt verworren entgegengeklungen war als Geheimnis der Gnadenkunde, in der eine Welt sich die Sättigung für ihre Sehnsucht bereitet hatte, für all das, für all dieses Dunkle, ließ ihn nun der Messiasglaube seines Volkes die Klarheit erfassen. Nun begriff er es: nicht Attis oder Adonis, nicht Mithra oder Serapis heißt der Auferstandene, der Heiland, der Mensch geworden und Gott gewesen ist, sondern er heißt Jesus Christus. Und Jesu, der der Christus seines Volkes geworden war, Bedeutung kann nicht sein, daß er der König der Juden, ihr König von Gottes Gnaden, ihr Mahner und Tröster und Helfer gewesen, sondern sein Leben und seine Kraft besagen das eine und größte, daß er der auferstandene, wunderwirkende, erlösende Gott ist, der, der von Ewigkeit ist. Wer ihn hat, in Sakrament und Mysterium ihn gläubig besitzt, dem ist der Tag, der verheißen worden, zum Heute, zur Erfüllung geworden; in ihm sind Jude und Heide der neue Mensch, das wahre Israel, die wahre Gegenwart.

Der letzte Schleier schien Paulus jetzt von den Augen genommen, und die getrennte Welt sah er nun geeint. In des Judentums messianischer Gewißheit erkannte er nun das Ziel, dem in den Tiefen der Wahrheit das Suchen und Irren der Heiden immer zugestrebt, und in dem, was die Heiden gewollt, aber nicht gewußt, erfaßte er nun den Inhalt und die Antwort dessen, was zum Judentum gesprochen, was ihm zugesagt war. Judentum und Heidentum waren ihm jetzt eines geworden; die eine Welt war da, die alles umschloß, der eine Leib und der eine Geist alles Lebens. Daß jüdische und griechische Weisheit im Grunde dasselbe meinten, war einer der Gedanken der Zeit. Er schien jetzt zur Wahrheit geworden. Nun brauchten die Juden nicht mehr als die Gemeinde der Harrenden bloß auf das Kommen oder Wiederkommen des Messias zum jüngsten Tage, der dann der erste Tag wieder sein würde, zu warten; im geheimnisvollen Sakrament war ihnen auch jetzt schon, war ihnen in jeder Stunde die erfüllte Zeit, in der alles geschehen ist, das Ziel der ersehnten Erlösung geschenkt. Und die Heiden, sie lernten den nun wahrhaft kennen, den sie schon immer gesucht hatten, den Genannten und Ungekannten, und sie konnten nun das Geheimnis begreifen, das seit altem als ihr Reichtum unter ihnen gewesen war. Judentum und Heidentum waren jetzt versöhnt, zusammengeführt im Romantischen, in der Welt des Mysteriums, des Mythos und des Sakraments.

Wie sich im Geiste des Paulus das Gedankengewebe zusammengefügt hat, wie sich die Fäden fanden und kreuzten, welcher Gedanke zuerst gekommen ist und den anderen herangezogen hat, danach fragen zu wollen wäre vergebliches und auch unnützes Grübeln. Paulus hatte von Jugend auf beides, den Besitz des Judentums seines Elternhauses und den Blick auf den Mysterienkult seiner Heimatslandschaft. In seinem Bewußtsein hatte beides seinen Platz, und es hat sich zusammengeflochten, in eins gewirkt. Diese Verbindung, die sich in ihm schuf, ist von ihm in die Welt hinausgetreten. Und sie hat den Sieg in einer Welt, die müde und sentimental geworden war, gewonnen; sie hat die Religion allen denen gegeben, deren matter, bangender Sinn hier und dort umhergeirrt war, um zu genesen. In ihr hat sich eine lange Entwicklung vollendet.

Denn das Wesentlichste des alten Mysteriums ist in dieser paulinischen Religion geblieben. Auch sie glaubt an ein romantisches Gottesschicksal, das zum unabänderlichen Lose des Menschen wird und das der Inhalt alles Lebens ist. Nicht eine Schöpfung Gottes und nicht eine ewige sittliche Ordnung, sondern ein Heilsvorgang bedeutet alles; in einem himmlisch-irdischen Drama, einem Mysterienwunder zwischen hienieden und droben, offenbart sich der Sinn der Weltgeschichte wie des einzelnen Menschenlebens. Es ist kein anderes Wort als das bestimmte Wort Mythos, romantischer Mythos, das diese Form des Glaubens bezeichnen kann. Paulus ist damit aus dem Judentum hinausgetreten – denn für den Mythos, der mehr als ein Gleichnis sein will, war in diesem kein Platz, für den neuen sentimentalen so wenig wie einst für den alten naiven –; auf dem Wege dieses Mythos ist er zur Romantik übergegangen. Wohl war dieser Mann tief innerlich im Judentum gewesen, und er ist seelisch von ihm nie ganz losgekommen. Auch nach seiner Bekehrung zu Mysterium und Sakrament hat er sich nur zu oft, wie unbewußt und unwillkürlich, auf den alten jüdischen Gedankenwegen wiedergefunden; die mannigfachen Widersprüche zwischen seinen Sätzen kommen hiervon vornehmlich her. Der Jude, der er trotz allem im Grunde seines Gemütes blieb, hat mit dem Romantiker in ihm, dessen Stimmungen und Gedanken ihn umwoben, immer wieder gekämpft. Aber trotzdem, wenn er so, wie er als der Apostel der neuen Überzeugung vor uns steht, seinen Namen erhalten soll, er kann nur der Romantiker heißen. Zug für Zug tritt in seiner seelischen Art das hervor, was den Romantiker kennzeichnet.

Das Glaubenserlebnis

Auch Paulus sieht alles, um Schlegels Ausdruck zu gebrauchen, in der »phantastischen Form«, wo die Grenzen von Schein und Wirklichkeit, von Dämmerung und Geschehnis sich verlieren, wo er die Bilder schaut, die das Auge nicht erblickte, und die Worte vernimmt, die das Ohr nicht hörte, wo er sich von dieser Welt und ihrer Härte, von seinem Irdischen, das auf dem Boden dieser Erde festhalten will, erlöst fühlen kann. Er lebt dann im Jenseits der Dinge, jenseits vom Streite des Auftriebs und des Schwergewichts, jenseits von Werden und Vergehen, dort, wo nur der Glaube hindringt und nur das Wunder wirkt. Darum ist ihm der Glaube alles. Glaube ist Gnade, Glaube ist Heil, Glaube ist Leben, Glaube ist Wahrheit; Glaube ist das Sein, der Grund und das Ziel, der Anfang und das Ende; Beginn und Bestimmung finden sich in ihm. Glaube gilt um des Glaubens willen. Man möchte an das Wort neuerer Tage denken: »l'art pour l'art«; die paulinische Romantik könnte entsprechend »la foi pour la foi« heißen.

Dieser Glaube ist so völlig alles, daß hienieden nichts dazu getan werden kann und nichts dazu getan werden darf; jedes »Wollen oder Laufen« ist unsinnig und unnütz. Das Heil, das in ihm liegt, wird in nichts erworben, sondern ganz empfangen, und nur dem wird es zu eigen, dem es von Anbeginn an bestimmt war. Gott wirkt es, wie später Luther das Wort des Paulus erklärte, »in uns und ohne uns«.[1] Der Mensch ist nichts als das bloße Objekt des göttlichen Wirkens, der Gnade oder der Verdammung; er erkennt nicht Gott, sondern es ist nur so, daß Gott ihn erkennt; er *wird* ein Kind der Erlösung oder des Verderbens, »hineingezwungen in den Ungehorsam« oder hinaufgehoben zum Heile. Er ist das Objekt der Tugend und der Sünde, nicht ihr Erzeuger, ihr Subjekt. Man möchte sagen: Der Mensch lebt nicht, sondern er wird gelebt, und was ihm bleibt, ist bloß, um mit Schleiermacher zu sprechen, »der Geschmack der Unendlichkeit«, das ist: das Erlebnis, das Stimmungs- und Empfindungsverhältnis dessen, der sich ganz Objekt weiß, das Gefühl des Glaubens, in dem die Gnade waltet, oder das des Unglaubens, in dem die Sünde herrscht. Die Theorie von der Erbsünde und Erwählung, die Paulus nach der Art der alten Mysterienlehre ausgestaltet und dann in das biblisch-talmudische Gewand gehüllt hat, ist nur dazu da, um die Völligkeit der Macht zu erweisen, kraft deren die Passivität, oder um es wieder mit einem Worte der deutschen Romantik zu sagen, die reine »Hilflosigkeit«, die »schlechthinige Abhängigkeit« das Menschengeschick ist. Eine überirdische Bestimmung, die, mag sie nun Gnade oder Verdammnis heißen, doch immer das Fatum ist, bewirkt nach unwandelbarem Gesetz, daß

1 in nobis et sine nobis, Ausg. Weimar VI, 530 (de capt. Babyl.)

der Mensch nur so oder nur so ist. Er ist das reine Objekt, Subjekt ist immer das Fatum. Die Religion wird damit zur Erlösung vom Willen, zur Befreiung von der Tat.

Später hat dann der Katholizismus des Mittelalters die Anschauung gemildert und ein gewisses Mitwirken des Menschen zugegeben. Aber Luther ist darauf zur reineren paulinischen Romantik wieder zurückgekehrt, zu ihrem Losungsworte »sola fide«, »allein durch den Glauben«; »es muß vom Himmel und allein aus Gnaden kommen«.[2] Das Bild, das er dazu zeichnet, ist echt lutherisch hart im Ton, aber ganz paulinisch im Sinne: »Velut paralyticum«, »wie ein Gelähmter«[3] müsse der Mensch des Heiles und des Glaubens harren. Die Heteronomie des Lebens ist damit statuiert; das Leben des Menschen hat sein Gesetz und seinen Gehalt nur außer sich.

Dieser Glaube ist darum nichts weniger als etwa der Ausdruck einer errungenen Überzeugung, einer Gewißheit, die aus dem Suchen und Forschen herauswächst. Suchen und Forschen ist nur »fleischliche Weisheit«, die Art von »Philosophen und Rabbinern«. Die wahre Erkenntnis bewirkt nicht der Mensch, sie wird in ihm gewirkt; er kann keinen Weg zu ihr bahnen, nur der Strom der Gnade führt sie ihm zu und gibt ihm den Inbegriff des Wissens, das Ganze der Einsicht. Erkenntnis ist hier nicht das, was belehrt, sondern das, was erlöst, sie kommt nicht im Denken, sondern im Glauben; sie ist im Bewußtsein der schlechthinigen Abhängigkeit. »Nicht suchen, denn dem Gläubigen wird alles geschenkt!« ist der neue Grundsatz, das Axiom der romantischen Wahrheit, und jedes Ringen und Drängen nach der Erkenntnis hin hat damit den Wert verloren und, was noch mehr bedeutet, auch den Sinn eingebüßt. Dem Schritt um Schritt zur Wahrheit ist kein Raum mehr gelassen; unmittelbar stehen sie einander gegenüber, die alles Schauenden und die nichts Sehenden. Die Gnade gibt jetzt das volle Licht, nachdem vorher nur Dunkel den Geist umfangen hatte; sie stellt den Menschen ans Ziel, und er ist der vollendete, der fertige Mensch.

Der Begriff des fertigen Menschen, wie er hier hervortritt – ein rechtes Kind der Romantik, der die Wahrheit nur ein Erlebnis ist –, ist einer der wirksamsten aus der paulinischen Lehre geworden. Er hat die Gemüter, die an ihren Besitz so gern glauben möchten und nach der Ruhe des Habens sich sehnen, immer wieder gelockt und dauernd festgehalten, und seit dem Untergange der alten Welt wird das Geistesleben des Abendlandes durch ihn vielfach bestimmt. Er hat jene Richtung gewiesen, in der die Antwort jeder Frage vorangeht und jedes Ergebnis vor der Aufgabe steht und die Habenden auftreten, die nie Werdende sein möchten. Seine Philosophie ist die

2 Ausgabe Weimar XXIV, 244
3 Ebendort II, 420: oportet ergo hominem de suis operibus diffidere et velut paralyticum remissis manibus et pedibus gratiam operum artificem implorare.

Lehre vom schon vorher Gegebenen, jene Scholastik des Besitzes, die die ganze Wahrheit bis in ihre letzten Enden von vornherein ihr eigen weiß und sie darum nur noch zu verkünden oder nachträglich zu beweisen hat. Das meiste von dem, was das katholische Mittelalter an Denkarbeit gezeitigt hat, ist unter seinem Einfluß. Unter seiner Herrschaft bleibt dann ganz die Lutherische Gedankenwelt; sie hält am starren Besitzesglauben und damit am Mittelalterlichen fest. Erst die Zeit der Aufklärung hat dann begonnen, diesen Begriff zurückzudrängen, aber eben nur begonnen. Denn als im letzten Jahrhundert die Romantik wieder erwachte, ist auch er wieder erstanden. Mit ihr lebt er in späteren Tagen fort. Er hat auch die Rasse-Scholastik geschaffen, mit ihrer Heilslehre, mit ihrem System von der Gnade, die in den dunklen Gründen des Blutes, des modernisierten Pneuma, wirkt und die dem Erwählten alles schenkt, so daß er der fertige Mensch, das Ziel der Schöpfung ist. Wo immer Romantik wohnt, stellt sich dieser Begriff ein.

Das vielberufene credo, quia absurdum, »ich glaube, weil es widersinnig ist«, ist nichts anderes als der letzte Ausdruck, der sich daraus fast selbstverständlich ergibt. Was vor dem forschenden Geiste und seinem Denken widervernünftig und unvollziehbar dasteht, das darf dem vollendeten Menschen, ob er nun durch die Gnade oder von anderem her es geworden ist, in seinem fertigen Inneren die Wahrheit sein. Diesem Glauben muß sich das Wissen unterwerfen. Früher oder später fordert jede Romantik das sacrificium intellectus. Auch hier ist Paulus' bester Kommentar das Wort Luthers: »In allen Christgläubigen«, so heißt es bei ihm, »soll die Vernunft getötet werden, sonst hat der Glaube keine Statt bei ihnen; denn die Vernunft ficht wider den Glauben.«[4]

Unstreitig geht diese romantische Gewißheit, wie Paulus sie verkündet, von einer ursprünglichen seelischen Erfahrung aus. Wenn ein starker Gedanke aus dem verborgenen Dunkel des Unbewußten, wo er sich langsam und still vorbereitet hatte, dann mit einem in das Bewußtsein emportritt, so wirkt er immer zuerst mit der Plötzlichkeit des Ungeahnten, mit der Kraft der Offenbarung. Wie im Wunder geworden, ohne daß der Weg des Denkens Schritt um Schritt zurückgelegt wurde, fertig und vollendet, scheint dann die Wahrheit vor dem Geiste zu stehen und ihm zuzurufen, so daß er sie nur zu vernehmen brauche, und der Mensch, der das erfährt, wird es fühlen, daß die Gnade über ihn gekommen sei und ihn auserwählt habe. Das ist ja eine der Formen auch, in denen das suchende Genie findet, die romantische Art der Erfindung, wie ein moderner Denker sie genannt hat. Es ist dasselbe, was in Goethes Wort uns entgegentritt: »In ganz geringen Dingen hängt viel von Wahl und Wollen ab; das Höchste, was uns begeg-

4 Ausgabe Erlangen 44, 156f

net, kommt, wer weiß woher.« Ein allgemein Menschliches spricht sich
darin aus. [...]

Man kann in scharfer Gegenüberstellung die paulinische Religion als die
der schlechthinigen Abhängigkeit bezeichnen gegenüber der der gebotenen,
aufgegebenen Freiheit, als die der Hingelehntheit gegenüber der der Selbst-
behauptung und Selbstentfaltung, als die der Quietive gegenüber der der
Motive; dort ist Mensch Subjekt, hier, in der romantischen Religion, ist er
Objekt. Die Freiheit, von der sie so gern spricht, ist nur die geschenkte Freiheit, die verliehene Heilstatsache, aber nicht ein zu erringendes Ziel; sie ist
der Glaube, der bei sich selber stehen bleibt, aber nicht die Aufgabe des Lebens, nur ein »Du hast«, aber nicht auch ein »Du sollst«. In der klassischen
Religion soll der Mensch durch das Gebot frei werden, in der romantischen
ist er durch die Gnade frei geworden. [...]

Im religiösen Schaffen, wie die klassische Religion es verlangt, findet sich
der Mensch zu dem anderen hingewiesen; im bloßen religiösen Erlebnis, in
der des Gebotes ledigen Hingebung sucht er alles an sich und in sich selber.
Er ist nur mit sich befaßt, in sich befriedigt, auf sich bezogen bis zur religiösen Gefallsucht, zur Glaubenskoketterie. Wie Nietzsche in seinem superlati-
vischen Wort diesen Gläubigen einmal geschildert hat: »Er ist ungeheuer mit
sich beschäftigt, er hat keine Zeit, an andere zu denken.« Dem sozialen Streben kann nichts mehr entgegen sein als diese romantische Frömmigkeit, die
immer nur sich und ihr Heil sucht.

Sie steht überhaupt dem ganzen Daseinskreis entgegen, in dem der soziale
Zug wirken will. Jede Romantik entwertet das Arbeits- und Kulturleben,
diesen Lebenszusammenhang, wie ihn sich der tätige Mensch schafft und in
dem er sich mit anderen verbunden weiß. Wo das Leben, wie in ihr, in die
Stimmungsmomente auseinanderfällt, wo also nur das Erlebnis, das heißt
der Augenblick, als das Wesentliche dasteht und alles Sonstige nur als »die
Leere zwischen den Augenblicken« erscheint, dort wird die Arbeit immer
nur als ein Niedrigeres oder wenigstens als ein Nebensächliches bloß gelten
können. Das bloße Erlebnis, der Moment, ist der Widerspruch zur Arbeit.
Die Romantik kann darum ein deutliches positives Verhältnis zu ihr nicht
gewinnen. Es ist keine bloße dichterische Laune, sondern Wesen vom Wesen
der Romantik, wenn Friedrich Schlegel das Lob des Müßigganges, der romantischen Faulheit anstimmt, wenn ihm »Schlafen die höchste Genialität
ist«; es ist nichts anderes als jene Passivität der Romantik, die lieber träumen
als wirken mag.

Am verhängnisvollsten ist dieser Mangel für die romantische *Religion* geworden. Sowie sie in ein Gebiet kulturellen Wirkens eintrat und in ihm,
nicht bloß neben ihm sein sollte, mußte sie alsbald in einem Zwiespalt stehen, in dem Zwiespalt, daß die Arbeit degradiert wurde und doch zugleich

gefordert werden mußte. Die Geschichte der mittelalterlichen katholischen Sittenlehre mit all ihrem Dualismus, mit ihrer Scheidung von irdischem und himmlischem Beruf, mit den »Geboten« und »Räten«, die sie gab, zeigt diesen Widerspruch. Auch Luther hat ihn nicht zu überwinden vermocht. Er hat die Bedeutung weltlicher Arbeit wohl gehoben. Aber er ist zunächst nur auf dem Wege der Verneinung, durch seine Bestreitung eines müßigen Mönchtums, hierzu gelangt. Und wo er dann das positive Verständnis hierfür sucht, kommt er, auch hier wiederum, über die paulinische schlechthinige Abhängigkeit schließlich nicht hinaus. Für ihn ist der irdische Daseins- und Arbeitskreis, in den einer einmal hineingesetzt ist, die Schickung von oben, der sich der Mensch demütig und gehorsam zu ergeben hat; Kaste und Zunft sind die feste Schranke, an der nicht gerüttelt werden darf, weil Gott sie aufgerichtet hat. Für den sozialen Auftrieb fehlt ihm schlechthin jeder Sinn wie jede Teilnahme; der Begriff der gottgewollten Abhängigkeit, der von Gott bestimmten über- und untergeordneten Stände, ist ein echt Lutherischer. Erst der Calvinismus, der auch darin dem Judentum wieder näher tritt, hat die freie, sittliche Kraft der weltlichen Arbeit, das aufwärtsweisende Recht und Ziel des bürgerlichen Berufes klarer zu erkennen begonnen. [...]

Soviel man kirchlich den Staat beanspruchte, sowenig hat man moralisch ihm abverlangt. Man brauchte es nicht zu tun. Das romantische Prinzip des Fertigen stand ohnehin gegen jeden Aufstieg, und die romantische Stimmung vertrug sich mit allem Niedrigen. Man kann einen starken Glauben und fromme Erlebnisse haben, ohne durch Sklaverei, Tortur und öffentliche Greuel gestört zu werden. Das Gefühl schlechthiniger Abhängigkeit, das die heilige Musik vernimmt, wird durch das alles nicht beeinträchtigt. Schon die antike Mysterienreligion hat sich mit den Tyrannen sehr wohl verstanden, und diese haben sich zu ihr sehr wohl zu stellen gewußt in dem feinen Gefühl dafür, daß der Jünger des überweltlichen Geschehens auf dieser Erde ein gehorsamer Untertan ist. So ist es immer gewesen – auch Stätten jüdischer Romantik erzählen davon. Der Bund zwischen den Gebietern und den Gläubigen wurde leicht geschlossen, wo die romantische Religion waltete, und jeder Rückgang war geheiligt, und jedes Vorwärtsdrängen wurde verdammt. [...]

Ganz besonders tritt dieses bloß historische, nicht-geschichtliche Wesen in dem modernen Protestantismus hervor, in ihm ganz besonders, weil er fast nur noch historisch ist. Nachdem er vom Dogma das allermeiste aufgegeben hat, bleibt die Historie fast sein einziger Glaubenssatz. Die Frage der »einzigartigen« Persönlichkeit Jesu wird für ihn die Existenzfrage der Religion. All sein Mühen und Streben muß darauf gehen, für dieses eine bestimmte Leben gegen die andrängenden Einwände immer wieder einen historischen Nachweis zu erbringen. All sein Dichten und Trachten ist so ein stetes Restaurieren, ein immer erneuter Versuch, das eine Ereignis der Vergangenheit wieder stilgerecht darzustellen; Restaurieren ist ja romantische Art. Die Beziehung zur Religion wird eine Beziehung zur Historie. [...]

Das Sakrament

Aber nicht nur in der Stellung, die das Erlebnis hier einnimmt, schon in diesem selber droht der Romantik eine gefährliche Klippe. Das Erlebnis, wie es »aus dem Glauben kommt und zu Glauben wird«, soll alles bedeuten, es trägt die Religion. Aber es steht doch nur in seltenen Feierstunden in der Seele. Der Mensch lebt nicht von der Stimmung allein. Und hier ist der kritische Punkt für die paulinische wie für jede romantische Religion: sie kann des Erlebnisses nie entraten, und dieses mag und kann doch nicht immer eintreten, noch kann es zu jedem hingeführt werden; es »weht, wo es will«. Es soll Ein und Alles in der Religion sein, die Kraft, ohne die sie nicht zu sein vermag; aber die Tore zu ihm tun sich nicht jedes Tages und nicht für jeden auf. Eines nur kann die Lösung bringen: ein Weg muß gefunden werden, auf dem das Außergewöhnliche zum Stetigen wird, das Geschenk der Feierstunde auch zur Gabe des Alltags. Das Erlebnis muß auf den Boden dieser Erde geführt werden.

[...] Die Romantik, aus der Paulus geschöpft hat, war höhere Wege gegangen. Sie hat die Sakramente gelehrt, das heißt die Gnaden- und Seligkeitsmittel, die heiligen Dinge und Handlungen, die Taufen, Salbungen, Mahlzeiten, die die Gottheit mit dem Menschen stets verbinden, vermittels deren also das Wunder des Erlebnisses Tag um Tag objektiv wirksam gemacht zu werden vermag. In ihnen wird die phantastische Form der Religion greifbar und faßlich, sie geben das stets bereite Wunder, das miraculum ex machina, sie tun die Tür auf, durch die das Wunder immer wieder eintritt, der Geist immer wieder weht; das Erlebnis soll zum garantierten Besitze werden. Fast unverändert hat Paulus diese Gnadenmittel aus der antiken Romantik übernommen, und durch nichts hängt seine Religion so sichtbar mit dem alten Mysterienkult zusammen wie durch diese seine Lehre von den Sakramenten. Auch für ihn sind sie ein Unentbehrliches, der feste Boden des Glaubensdaseins, die notwendige Verdichtung des Erlebnisses; ohne sie schwebte seine Religion in der Luft.

Das Bild aus dem Körperlichen und Naturhaften ist hier kein bloßes Gleichnis. Denn ganz ebenso wie in den Mysterienkulten sind bei Paulus die Sakramente etwas durchaus Materielles und Sachliches; bloße Symbole in ihnen zu erblicken, das würde er als eine Entwürdigung und Verflachung weit abgewiesen haben. Sie sind etwas vollauf Reales, ein Dingliches, dem die göttliche Wunderenergie innewohnt und das darum durch sich selbst gilt und schafft als eine magische, heilige Sache, durch welche die Lebenskraft Gottes dem Menschen zugeeignet wird. Der Mensch selbst ist auch hier wie im Gesamten der paulinischen Lehre nur Objekt; er heiligt nicht die Handlung und wirkt sie nicht, sondern sie flößt sich ihm ein und wirkt in ihm als ein Wunder, wie eine alte christliche Schrift es benennt: als »die Arznei des ewigen Lebens, als das Gegengift gegen den Tod«.[5] Das menschliche Gewissen gibt dieser Handlung nichts und nimmt ihr nichts, wenigstens nichts Wesentliches; sie hat an sich ihre volle und unzerstörbare Kraft. Ihre Bedeutung ist die eines objektiven Geschehnisses, eines sachlichen Vorganges am Menschen. Daher ist es nur folgerichtig, daß das Sakrament auch ganz abseits von dem Willen und dem persönlichen Zutun durch das bloße Geschehen, ex opere operato, wirkt; es kann in ungemindertem Wunder, unbeeinträchtigt, von anderen am Menschen und für den Menschen – selbst für einen Verstorbenen ganz wie an dem in das denkende Leben noch nicht Eingetretenen, an dem eben geborenen Kind – erworben und vollzogen werden, er braucht weder im Handeln noch im Wissen daran teilzunehmen. Jene völlige Passivität, jene schlechthinige Abhängigkeit, durch die Paulus die menschliche Natur bestimmt sein läßt, die Heteronomie des Daseins, die er lehrt, findet hier ihren entschiedenen Ausdruck.

Aber nicht nur sie, sondern auch ein anderes Wesentliches: die Religion, die so spirituell angehoben hatte, verdichtet und materialisiert sich. Die Sakramente vollziehen das Wunder und schaffen den Heilsstand, sie verbinden mit Gott, ganz ebenso wie das Glaubenserlebnis es tat. Aber das Heil, das in ihnen gebracht wird, ist nicht ein rein Seelisches mehr, nichts mehr, was im Psychischen wirkt und psychologisch zu verstehen ist, sondern es ist ein übernatürlich Materielles, etwas, was in magischer Weise schafft. Das Heil ist hier eine Substanz, die in den Menschen eingeht, eine Substanz allerdings übersinnlicher Art, aber doch eine Substanz. Es ist himmlisches Wasser der Taufe und himmlisches Brot des Abendmahls, die aus dem Tode zum Leben retten.

In dieser realen dinglichen Bedeutung ist das Sakrament herrschend geblieben; die katholische Kirche, die römische wie die griechische, hält an ihr fest, und auch Luther steht grundsätzlich bei ihr. Mehr und mehr hat es dann den ursprünglichen Glaubensstand zurückgedrängt. Begreiflicherweise, denn es bot dasselbe wie er, es brachte alles und leistete alles, es rettete und erlöste, und es war dabei die bereite Gabe jedes Tages. So mußte es nach und nach ein weites Gebiet in der Religion besetzen.

Wohl hat die katholische Kirche, um dem romantischen Grundbegriff

5 Ignatius, Ephes. 20,2

und Ursprung treu zu bleiben, das Erlebnis auch in seiner außerordentlichen, unvermittelten, seelischen Kraft zu bewahren gesucht. Sie hat den hohen Platz dem Stande derer gegeben, die aus dem Leben fortgehen, um das ganze und unmittelbare Erlebnis zu haben, und sie hat dafür die anderen hiervon freigelassen; in den Mönchen und Einsiedlern hat sie diese stellvertretenden Männer der ganzen Romantik geschaffen. Denn das ist doch der Sinn und Gedanke des Mönchtums gewesen, daß Menschen da seien, denen nicht nur ein Bestimmtes den Gang des Daseins religiös unterbricht, nicht nur das Sakrament den Augenblick, in dem das Göttliche eintritt, bringt, sondern mit einem Flusse von Stunden das ganze Erlebnis immer wieder zukommt, um das Dasein in gespannter Stimmung zu beherrschen; ihnen ist die Religion in der romantischen Fülle, die vita religiosa, geschenkt. Und auch manche späteren Bewegungen in der Kirche sind am ehesten daraus zu verstehen, daß die Gottesimpression ihre alles bedeutende Stelle wieder einnehmen solle; auch Luthers erstes Drängen und Streben, die Zeit seiner »methodistischen« Frömmigkeit zielt dahin, nicht minder das enthusiastische Täufertum und der Pietismus. In gleicher Weise ist ja auch das ursprüngliche außerordentliche *Wunder* grundsätzlich von der katholischen Kirche weiter festgehalten worden, sie hat die eigentlichste »Heiligkeit« nur in denen erblickt, die dieses Wunder tun oder an denen es geschieht, und sie hat diese Heiligen auch immer wieder zu finden gewußt. [...]

Die romantische Wahrheit

In der Kirche sind die Autoritäten schon früh geschaffen worden, die persönlichen in der Rangordnung des wunderwirkenden Priestertums und sodann die objektiven in den Sätzen des *Dogmas*, des Wunderbekenntnisses. Sie gehören zusammen und ergänzen einander. Das Dogma befaßt und gewährt das Glaubenswissen, ganz wie das Sakramentspriestertum die Glaubenserlebnisse innehat und spendet. Beide verkörperlichen sie ein ursprünglich Geistiges des Glaubens. Hatte die Romantik damit begonnen, daß sie das Erkennen in der Ergriffenheit und der Entrücktheit fand, die in der Versenkung und Verzückung über den Menschen kommen, deren Wellen über ihm zusammenschlagen, so verdichtet sich jetzt dieses Webende und Wallende. Dogma ist gefrorenes Gefühl, erstarrte, geronnene Stimmung. Das wogende Erkennen wird zu dem festen, greifbaren Bekennen. Ganz wie im Sakrament offenbart sich auch im Dogma der Prozeß der Materialisierung, der sich in aller Romantik früher oder später vollzieht.

Ein Bedürfnis nach dem Dogma ist schon frühzeitig erwacht. Das Mysterienwunder, in dem der Glaube die Erkenntnis sucht, ist seiner Natur nach

etwas Fließendes und Schwankendes, und es verlangt darum seine maßge-
bende Bestimmung, die immer aufgewiesen und überliefert werden kann,
sein Symbolum, sein »Erkennungszeichen«, das die echte Bedeutung und
Wirkung erschließt. Schon das griechische Mysterium hatte seine Sätze, die
die errettende Wahrheit zureichen sollten, seine Losungsworte, die das Tor
der Erlösung öffnen. Sie geben es dem Glauben, daß er nicht mehr verzückt
zu sein noch Verklärung zu suchen braucht. Er, der im Unendlichen, Wesenlosen ertrinken, versinken wollte, hat jetzt seinen ein für allemal bestimmten, festen Gedankenkomplex, der ohne weiteres empfangen werden kann.
Der Gläubige hat es nun noch leichter, vor sich als der fertige Mensch dazustehen und der Erfüllung seines Wissens sicher zu bleiben. Dieses beruhigte
Gefühl wird in ihm um so stärker sein, da es ein Gemeingefühl ist. Es kann
als ein katholisches, ein allumfassendes gehegt werden mit dem machtvollen
Bewußtsein, das zu besitzen, was in gleicher Weise »immer, überall und bei
allen«, in Kraft ist. Wie die dogmatische Gewißheit durch die Kirche geschaffen wird, so befestigt sie wiederum den Kirchengedanken.

Aber diese Kraft der Gewißheit ist am letzten Ende doch teuer erworben,
denn in diesem allgemeinen Glauben, den der einzelne nur teilt, geht leicht,
wie schon gezeigt, der individuelle, persönliche unter. Der Glaube ist nicht
mehr der offenbarte und erlebte, sondern der abgefaßte und veröffentlichte.
Er wird zur Gläubigkeit, das Erlebte wird zum Gelernten und Gesproche-
nen, zur Glaubenslehre, deren Sätze hinzunehmen sind. Da nicht mehr der
einzelne als solcher glaubt, sondern die Kirche glaubt, so steht der einzelne
bloß in diesem Glauben der Kirche. Und sie tritt darum mit Mißtrauen allem
Persönlichen gegenüber, sie muß es ablehnen, es als Schwärmerei und Neue-
rungssucht abtun. [...]

Mit dem Dogma kam dann sein Wechselbegriff, die Orthodoxie, die Gei-
stesart, die den Respekt vor der Antwort hegen will und darüber den Respekt vor dem Problem oft verliert. Auch die Geschichte der klassischen Religion weiß von ihr zu erzählen, aber hier erscheint sie nur im Anspruch der
Partei, nicht aber aus Ursprünglichem, Bodenständigem hervor. Im romantischen Glauben ist sie dagegen Wesenseigenschaft, das, was in ihm von vornherein begründet ist. Es gibt darum kein Christentum ohne sie. Mag in ihm
eine Bewegung noch so protestierend beginnen, sie kommt schließlich, wo-
fern sie christlich bleiben will, doch zur Form der Rechtgläubigkeit. Gerade
im Luthertum, der Religion des zu verkündenden Wortes, steht die Orthodoxie als ein beherrschender Begriff da, als die Bedingung aller Frömmigkeit; das Bekenntnis nimmt hier den Platz auch ein, den im Katholizismus
der Kultus hat. Die Orthodoxie gewinnt hier, was das Sakrament zwar nicht
an Wunderbedeutung, aber an Breite verloren hat, sie gewinnt vor allem an
Stimme und Pathos. Sie mußte hier um so betonter sein, da sie sich nicht auf

das populäre Unfehlbarkeitsgefühl, auf jenes katholische Bewußtsein von dem, »was immer, überall und bei allen« gilt, gründen konnte; sie ist hier die bekennende Rechtgläubigkeit, die fides explicita. Aber ob es nun diese Orthodoxie ist oder die stillere des Katholizismus, die fides implicita, sie ist doch fast wie eine Entmündigung des einzelnen Gläubigen; er erscheint nur noch als der empfangende Untertan, dessen erste Tugend der Gehorsam ist und der sich genug getan hat, wenn er der Autorität glaubt und sich in die fertigen Sätze des Dogmas schickt. Er ist schlechthin abhängig. Die Heteronomie der Religion tut sich auch darin kund. [...]

Hier hat das Dogma seine ganze, alles umfassende Bedeutung erhalten, weil hier die Erkenntnis, »die Gnosis« nicht nur das ist, was belehrt, sondern das, was erlöst; das Heil des Menschen, seine Seligkeit, liegt in ihr. Das Dogma wird damit zu dem einen und allen, woran »festgehalten werden soll«, zu dem, worin man das Wesen der Religion hat. In der dogmatischen Bestimmtheit ist die Bürgschaft für den Besitz des ewigen Gutes gegeben. Abweichung vom Bekenntnis ist der Weg zur Verdammnis, der Irrtum wird zum Abgrund. [...]

Das Gesetz und die Tat

[...] Für den Gläubigen gibt es kein Gebot des Tuns. »Christus ist des Gesetzes Ende«, die neue Gerechtigkeit ist die Aufhebung der alten, so hat Paulus es ausgedrückt. Aber der Gedanke ist nicht paulinisch erst; er ist der romantische, der den Menschen nur als Objekt anerkennt und nur das gelten läßt, was der Mensch erfährt, was über ihn kommt. Paulus hat dem nur die letzte Zuspitzung gegeben, indem er die Gerechtigkeit durchaus im Nichtwollen, in der Passivität gefunden hat; er hat die Bewertung des Tuns nicht nur unter die romantische Zwecklosigkeit gestellt, sondern unter den Unglauben, unter die Gottlosigkeit. Gerechtigkeit ist für ihn ausschließlich etwas, was mit dem Menschen geschieht, was dieser also nicht zu üben, sondern woran er nur zu glauben hat; sie setzt also als bedingend voraus, daß der Wille zu ihr, jeder eigene strebende Wille verneint wird. Die ganze Theologie des Paulus bewegt sich um diese Negation.

Wenn seine Romantik hier den Angelpunkt gewann, so hängt dies mit der Gedankenwelt, in der er lebte, zusammen. Es war ein altes jüdisches Wort, daß in den idealen Tagen der Zukunft, in denen Gottes Geist in den Herzen der Menschen wohnen wird, jedes Gebot, jedes Sollen aufhören werde. Man empfand es: jeder Pflichterfüllung liegt eine Spannung zu Grunde, die Spannung zwischen dem Wollen und dem Sollen, zwischen der Neigung und der Pflicht. Das Ideal ist, daß dieser Widerstreit sich in einer höheren Einheit aufhebe, indem die Pflicht zu unserer innersten Natur werde, das, was wir sollen, zu dem, was wir sind, oder wie ein Satz jener Tage es besagte, Gottes Willen zu dem unseren werde und damit unser Willen zu dem göttlichen. Das gleiche ist hier gesagt wie in Schillers Wort: »Nehmt die Gottheit auf in euren Willen, und sie steigt von ihrem Weltenthron.« Die Sprache der Zeit hatte dem Gedanken die Fassung auch gegeben, daß in den messianischen Tagen nicht Schuld noch Verdienst, kein Gebot oder Gesetz sein werde. Schon in der Gemeinde, die Johannes gegründet hatte, die in Jesus den Messias gesehen und seiner Wiederkunft harrte, konnte es daher gesprochen worden sein, daß, wenn er wiedererscheine und mit ihm die erwartete Zeit, in der »alles geschehen ist«, dann das Ende des Gesetzes da sei. Für Paulus war die Zeit bereits erfüllt. Im Sakrament war »alles geschehen«, war das Heil, das Leben der Ewigkeit schon gegeben. So mußte denn das Gesetz beschlossen und behoben sein. Galt es weiter, so konnte das erlösende Mysterium nicht das sein, was es sein sollte. Daß das Gesetz für den Getauften aufgehört habe, war darum für Paulus, auch von seinem jüdisch-messianischen Standorte aus, die Existenzfrage seiner Religion. Jede Anerkennung des Gesetzes bedeutete die Leugnung dessen, daß das Heil erschienen, daß die Erlösung geschehen sei. Sakrament oder Gesetz – die Entscheidung zwischen diesen beiden mußte getroffen werden. Hiervon durfte Paulus nicht abgehen. Das alte Ideal wurde so romantisiert, aus dem Wunsche, den die Sehnsucht gefaßt hatte, wurde der sichere Besitz, den die Gnade gab. Für den fertigen Menschen ist das Gesetz aufgehoben. [...]

Die Strenge dieser Romantik war allerdings sehr bald gemildert worden; das menschliche Tatverlangen erhob seine Forderung. Schon im neutestamentlichen Schrifttum steht das Wort des Jakobus von »dem Glauben *und* den Werken«, und die katholische Kirche ist ihm gern gefolgt; sie gewährte wie sonst, so auch hier dem menschlichen Wollen ein[en] Bereich des Rechts. Sie hat ihm durch das Bußsakrament einen Platz bereitet, und sie nahm um seinetwillen eine gewisse Zwiespältigkeit und die Gefahr einer Zweideutigkeit, die ihr dann oft zum Vorwurf gemacht worden ist, in sich auf. Aber Luther ist danach zur entschiedenen Romantik, die nicht paktierte, zurückgekehrt, und das »allein aus Glauben« wird für ihn, was es für Paulus gewesen ist, der alleinige Sinn der Gerechtigkeit. Sie wird wieder ausschließlich Bewußtsein der schlechthinigen Abhängigkeit von der Gnade Gottes in Christo; jedes Wollen aus sich heraus wird wieder für die Sünde erklärt. Luther spricht es klar aus: »Das Evangelium ist eine Lehre, welche kein Gesetz zuläßt.«[6] »Das Gesetz ist erfüllt worden, durch Christus näm-

---

6   Ep. ad. Gal., ed. Irmischer I, 113: Est ergo Evangelium doctrina talis, quae nullam legem admittit.

lich; man braucht es nicht zu erfüllen, sondern nur dem, der es erfüllt hat, durch den Glauben anzuhangen und gleichgeformt zu werden.«[7] »Nicht, wenn wir Gerechtes üben, werden wir gerecht genannt, sondern wenn wir an Gott glauben und auf ihn hoffen.«[8] »Christliche Gerechtigkeit ist Glaube an den Sohn Gottes.«[9] »Alles, was du anfängst, ist Sünde und bleibt Sünde, es gleiße, wie hübsch es wolle. Du kannst nichts als sündigen... Alles ist Sünde, was du allein wirkst aus freiem Willen.«[10] [...]

Die Ethik

Dem Rechte des menschlichen Subjekts, der sittlichen Individualität ist mit dem paulinischen Dogma der Boden fortgezogen. Das, was sich zur Persönlichkeit entfalten kann und soll, das Eigene und Individuelle muß dem Gattungsbegriffe den Platz lassen. Der Mensch tritt nur als eine Erscheinungsform der Sünde oder der Gnade auf; man könnte es spinozistisch ausdrükken: er ist nur ein modus der einen oder der anderen. Man begreift, weshalb Schleiermacher sich mit Spinoza verwandt meinen konnte. Die sittliche Freiheit, diese Freiheit, die sich darin aufzeigt, daß das Gute dem Menschen möglich ist und durch ihn wirklich werden soll, ist abgewiesen; es gibt nur die geschenkte, die prädestinierte Freiheit, die »erlost« worden ist, die Freiheit, die ein Freisein von dem Teufel und den Dämonen ist.

Aber es muß noch umfassender ausgedrückt werden. Der Ethik wird durch den paulinischen Glauben der eigene Grund genommen. Sie war durch das Sakrament schon beinahe überflüssig gemacht worden; nur das Mysterium bedeutete etwas, und das Sittliche blieb dahinter. Zudem ist mit der Taufe das Entscheidende geworden, das große Werk der Gnade ist beendet – was soll ein menschliches Leisten danach noch bedeuten? Für die Kirche, zumal für die alte, ist es immer eine Schwierigkeit gewesen, was nach dem Sakrament am Menschen und durch ihn dann noch geschehen könnte. So wurde von hier aus die Ethik schon etwas Nebensächliches, fast Überflüssiges. Durch die neue Gerechtigkeit scheint sie nun überhaupt aufgehoben. Wenn der bestimmende Wille als der Weg des Verderbens gilt, so ist ihr jeder Raum genommen, ja sie ist ausdrücklich verworfen. Die Religion bildet jetzt den kontradiktorischen Gegensatz zur Ethik; die eine schließt im Prinzip die

---

7   Ausg. Weimar I, 105: quod lex est impleta, scil. per Christum, quod non sit necesse eam implere, sed tantummodo implenti per fidem adhaerere et conformari.
8   Ebendort I, 84: Non enim qui justa operatur, justus est, ut Aristoteles ait, neque operando justi et dicimur justi, sed credendo et sperando in Deum.
9   Ep. ad Gal., ed. Irmischer I, 334: Justitia christiana est fiducia in Filium Dei.
10   Ausgabe Erlangen, 10², 11

andere aus. Entweder Glaube oder Ethik! So ist es der eigentlichste Sinn des Kampfes, den Paulus und den Luther gegen das »Gesetz« geführt hat. Sie haben nicht etwa gegen ein Zeremonielles bloß gestritten, sondern »Gesetz« ist für sie jegliche Bewertung des Tuns, auch des sittlichsten. Gut werde der Mensch nur durch das Wunder, das geschehen ist; wer von der Erfüllung der Gebote und Pflichten das Gute erwarte, der lebe unter dem Joch des Gesetzes. Gesetz und Wunder könnten miteinander nicht vereint werden. Entweder das eine oder das andere, entweder Wille oder Gnade, Tat oder Mysterium, Ethik oder Religion! Wie immer man es ausdrücken mag, es ist immer derselbe Gegensatz, aus dem für den Apostel und ebenso dann für den Reformator die Eigenart der Religion erst hervortritt.

Es ist hier eine Eigenart, die ihre geschichtliche Bedeutung und auch ihr psychologisches Recht hat: ein Recht des Eigentümlichen, das nicht verwischt werden sollte. Das romantische Erlebnis, in welchem der Mensch rein empfangend bleibt, ist durchaus der Widerspruch zur Tat, sie steht ihm als ein Fremdes gegenüber, fast als ein Störendes und Hemmendes, das hinwegzuräumen ist. Soll das Religiöse, wie für Paulus, ganz in diesem wundersamen Erlebnis bestehen, dann kann jenem Fremden kein Platz gewährt werden. Jenes Handeln und dieses Empfangen schließen sich aus. Wenn die paulinische Lehre, wie es heute bisweilen einer Modernität zuliebe geschieht, ethisiert wird, so wird ihr gerade ihr Besonderes genommen, sie verliert ihren Charakter und hört auf, ihren eigenen Weg zu haben. Was die Ethik fordert, kann nur außerhalb dieses Glaubenskreises stehen, bestenfalls neben ihm; ihre Gebote sind hier höchstens eine Anfügung an die Heilslehre, ein Anhang zum eigentlichen Lebensgehalt. Ethische Religion ist hier ein Widerspruch in sich, eine contradictio in adjecto. Es kann hier nur heißen: Nicht mehr die Ethik, sondern die Religion.

Der gnostische anarchische Grundsatz »alles ist erlaubt« ist darum nur die Konsequenz dieser neuen Gerechtigkeit. Es ist für die paulinische Lehre – selbstverständlich nur prinzipiell und theoretisch genommen – gleichgültig, wie sich der Mensch handelnd verhält, ob er Gutes tut oder Böses. Denn Tun bleibt Tun und hat mit dem Religiösen nichts zu schaffen, es ist immer eine Bewertung des Subjekts, eine Leugnung dessen, daß nur der Glaube an die Gnade bleibt. Schon der Barnabasbrief hat es verkündet: die Tafeln Mosis sind zerbrochen.

Paulus selbst hatte seine Wurzel noch zu sehr im Judentum, er selbst hat immer wieder seine moralischen Forderungen erhoben. Sie sind echt, da sie aus seinem ehrlichen, tief sittlichen Wesen und aus seiner lebendigen Vergangenheit, aus der er nicht ganz hinausgelangen konnte, hervorkamen. Aber sie sind nicht echt, insofern sie nicht aus seiner romantischen Religion, die er als sein Eigenstes verkündete, gewachsen, sondern ihr nur als ein Äußerliches und Anderes aufgepflanzt sind. Sie stammen aus seiner Persönlichkeit, aber nicht aus seinem Glauben, und sie machen den Widerspruch seines Wesens aus; der Mensch war stärker als die Glaubensform. Die Gnostiker, die im jüdischen Boden nicht mehr wurzelten, die kein »unnützes Erinnern«, kein »vergeblicher Streit« mehr störte, haben dann mit der romantischen Anarchie ernst gemacht. Wenn es Paulus oder manchem unter den Seinen sehr bald vor ihnen graute, so war es nur das Grauen vor der Konsequenz der eigenen Gedanken. Gnostik ist Christentum ohne Judentum und insofern das reine Christentum. Immer wenn das Christentum in dieser Weise rein werden wollte, ist es gnostisch geworden. [...]

Paulus' Werk war es gewesen, daß er für den Glauben Jesu den Glauben an Jesus hinstellte. In die Person des jüdischen Messias hatte er den erlösenden Gnadenheiland des Mysteriums hineingetragen; jener hatte Namen und Gestalt, dieser den Inhalt gegeben. Das Evangelium, die Botschaft vom Messias, von seinem Leben, seiner Predigt und seinem Tod wurde nun romantisiert und zur Botschaft vom Gottmenschen umgebildet. In dieser Form konnte es sich an das paulinische Schrifttum, dieses Buch vom Siege des Erlösers über die Urschuld fügen; es war eine gewisse, trotz allem freilich künstliche, Einheit hergestellt.

Eines erleichterte diesen Zusammenschluß, die sentimentale Stimmung, die im Evangelium wohnt. Sie ist ihm nicht sondertümlich; ein großer Teil der jüdischen Literatur der Zeit hat diesen Ton der Weltmüdigkeit und des Weltschmerzes. Aber am innigsten dringt er doch aus dem Evangelium hervor. Wir vernehmen ihn hier vornehmlich auch in den Worten, die von der Natur reden. Darin ist nichts mehr von der alten biblischen Naivität, die einfach auf das Singen und Klingen draußen gehorcht und in das Grünen und Blühen, froh oder sorgenvoll, hinausgeschaut hatte. Aus dieser Schlichtheit, welche unbefangen sah und hörte, ist hier eine Empfindsamkeit geworden, die in allem draußen sich selbst sucht und sich begehrt, jene wehmutsreiche Poesie des Städters, der die Natur nur mit der hinausziehenden Sehnsucht zum Fernen und Anderen erfassen kann. Nur ein sentimentales Sinnen und Meinen spricht das gefühlvolle Wort wie das von den Vögeln unter dem Himmel, die nicht säen und nicht ernten und nicht einsammeln in die Scheuern, von den Lilien auf dem Felde, wie sie wachsen und nicht arbeiten und nicht spinnen. Dem harmlos empfindenden Landmann wäre das nicht sein Lied.

Aber trotz diesem Sentimentalen, trotz aller Berührung mit dem Romantischen, die darin gegeben ist, bleiben die Evangelien in ihrem ursprünglichen Gehalt doch ein durchaus unromantisches oder, wie hier ebensogut gesagt werden kann, ein durchaus alttestamentliches, ein jüdisches Buch. Sie sind es durch die Bestimmtheit des Gebotes, die in ihnen den Platz hat, durch die prophetische Entschiedenheit ihrer Forderung, durch das unbedingte Gesetz, das sie aufstellen. Das ist ihr Wesentliches und Echtestes, und mit ihm stehen sie, genau genommen, außerhalb des Christlichen, sofern dieses Wort in dem Sinne allein genommen wird, welchen seine ganze Geschichte geprägt hat. Christentum ist, seit Paulus ein solches geschaffen hat, Heilslehre, Lehre von der erlösenden Gnade durch Christus, und von ihr, von diesem eigentlich Christlichen, hat das alte, wirkliche Evangelium nichts. Was davon in ihm dann in der Gestalt, die es schließlich gewonnen hat, zu finden ist, ist ihm bloß als sein Neutestamentliches beigefügt, ihm selbst bleibt es ein nur Dazugekommenes, ein Fremdes und Widersprechendes.

Die Geschichte bietet den Erfahrungsbeweis. Das eigentliche Evangelium ist innerhalb der Kirche, sobald es nicht bloß der Schwärmerei das Bild geben sollte, wie ein Vorwurf voller Peinlichkeit gewesen. Man besaß es, im literarischen Sinne, und pries es laut, aber man nahm es im übrigen, das heißt in der Anwendung, gar nicht ernst. Das Verhältnis zu ihm war nichts als ein stetes Bemühen, es mit seinem Wesentlichen, mit seiner gebietenden Kraft bei Seite zu stellen oder fortzuinterpretieren. Man sprach und schrieb oft von der Nachfolge Christi, aber man hütete sich, sie in ihrem alten Werte als die Forderung hinzustellen, die an jeden Menschen ergeht.

Die katholische Kirche hat sich allerdings wie sonst, so auch hier einen Ausweg bereitet. Sie hat das Evangelium, ähnlich wie sie es mit der reinen Romantik tat, der Gemeinde der Gläubigen abgenommen und es einigen Auserwählten übertragen. Es wurde aus dem Kreise der Pflicht herausgestellt und die Treue zu ihm als überverdienstliches Werk, als opus supererogationis erklärt. So war es umgangen und stand doch da. An den Männern und den Frauen dieser evangelischen Frömmigkeit hat es dem Katholizismus nie gefehlt. Er hat seinen Franz von Assisi gehabt, diese rührendste Erscheinung des Mittelalters, rührend in ihrer heiteren Reinheit und ihrer unendlichen Sehnsucht, und wenn auch nicht seinesgleichen, so doch seiner Art hat es manch anderen gegeben. Aber auch Franciscus hat in der Welt seiner Kirche bestimmend fortgewirkt eigentlich weniger in seiner Erfüllung des Ideals als vielmehr in seinem bereiten Gehorsam gegen ihre Autorität. Er selbst gehört mit seinem Wesen zu der Gemeinde, die dem Täufer Johannes nachgezogen war und in Jesus ihren Messias gefunden hatte; aber die ihm folgten und nach ihm sich nannten, sind Männer der Kirche gewesen, zu der Paulus den Grund gelegt hat. Aber trotz allem war hier, im katholischen Gebiet, dem Evangelium ein Platz gelassen, wenn auch um den Preis der Scheidung in ordentliche und außerordentliche Religion.

Der Protestantismus hat dann aber in der vollen Ratlosigkeit gestanden; in ihm fehlte, von gelegentlichen Möglichkeiten im Pietismus abgesehen, je-

der Raum für das wirkliche Evangelium. Es ist hier reine Literatur immer gewesen. Es bot den schönen Predigttext; aber die Predigt, die dann kam, besagte meist ganz anderes. In ihr vernahm man nichts davon, daß einer, um
Jesu Jünger und ein Christ zu sein, die Gebote Jesu üben mußte; nur das hörte man in der Regel deutlich und laut, daß der Christ sie nicht oder nicht immer oder nicht ganz zu befolgen brauchte und wäre doch ein guter Christ.
Dem galt die Fülle der Beredsamkeit. Die bestimmte Forderung wird hin-
wegkommentiert, die gebietende Kraft fortbewiesen, und als die letzte Antwort, als die dauernde Bedeutung des Evangeliums hat man immer wieder
verkündet: sein Wert bleibt erhaben und groß, aber so genau und so ernst,
daß es auch erfüllt werden sollte, ist es nicht gemeint. Man nannte dies die
Erklärung des Evangeliums.

Durch den modernen liberalen Protestantismus ist diese romantische Ironie dann schließlich zum romantischen Spiel, fast möchte man sagen, zur romantischen Komödie geworden. Er hat den evangelischen Idealen wieder
den Raum schaffen wollen. Aber diesen Platz, den ihnen die alte Kirche in
dem Opfer des reinen Mönchtums zu bereiten gesucht hat, gewährt er ihnen
– es ist so bequemer und eloquenter – in den weiten und breiten Ausführungen des neutestamentlichen Handbuches. Hier allein hat diese evangelische
Frömmigkeit ihr Feld; hier säet und erntet sie. Sie bringt die vollen Garben
des Wortes ein und hat sich damit genug getan. Wenn derart in den Kommentaren zum Neuen Testament etwa die Armut, die Entsagung, die Abwendung von irdischem Streben und Sorgen in ihrer Erhabenheit hoch hingestellt und sehr bald danach in der Theorie und der Praxis des christlichen
Lebens das bestimmte Gegenteil von dem allen gelehrt und gefordert wird,
wenn dort jedes Anrufen Gottes zum Schwure als eine niedere Art verworfen und hier der Eid verteidigt und verlangt wird, wenn es dort als fromm
und edel gilt, dem Bösen nicht Widerstand zu leisten, und hier die Pflicht
feststeht, gegen alles Unrecht zu kämpfen, wenn dort im spöttischen Ton des
darüber Emporgetragenen von Moralismus gesprochen und hier der Segen
dieser nüchternen bürgerlichen Moral gepriesen und eingeschärft wird –
diesen Kommentaridealismus, diese Lehrbuchheiligkeit kann man kaum anders nennen als die romantische Komödie. Daß sie als das, was sie ist, von
denen, die sie aufführen, so gar nicht empfunden wird, ist vielleicht nur daraus zu erklären, daß im Protestantismus das wirkliche Evangelium niemals
ernst genommen werden konnte.

Aber im Grunde gilt das doch von der Kirche überhaupt, und sie ist um
diese Not kaum herumgekommen. Es war kein Widerspruch zwischen Ideal
und Wirklichkeit – dieser liegt im Menschlichen –, sondern der romantische
Zwiespalt zwischen Text und Predigt, zwischen Wort und Wille, die romantische Ironisierung des Ideals. Gegen sie haben sich, von Joachim da Fiore

und Savonarola bis zu Kierkegaard und Tolstoi, der Schmerz und der Spott
oft, aber immer vergeblich, erhoben, vergeblich, weil das alles im Wesen der
Romantik, die das Wesen der christlichen Kirche ist, liegt und darum auch
von dieser, trotz allem, so leicht ertragen werden konnte. Die Romantik
kennt nicht die Nachfolge, sondern nur die Bewunderung. Das Leben der
Heroen ist für sie ein *Schauspiel* vor Gott und den Menschen. [...]

Die Kasuistik

An jener satzreichen Frömmigkeit, die von der Interpretation lebt, zeigt es
sich, wie eng mit der Schwärmerei die Kasuistik zusammenhängt. Der Zwiespalt zwischen Reden und Tun, jenes Alleslehren und Nichterfüllen, bringt
es leicht mit sich, daß das Sittliche zweideutig und vieldeutig dasteht und die
Ethik so eine bloße Wortsache, Sache der Auslegung wird. Schon in dem em-
porgesteigerten Gefühl selbst, da ihm der feste Grund fehlt, kann etwas aus
dem Leeren Herangeholtes, etwas spitzfindig Gesuchtes, liegen, ein gewisses Spielen mit sich selbst. Wir sehen es schon bei einem, Augustin, der in all
seiner Inbrunst das Wortspiel nicht vergißt; wir sehen die gleiche geistreiche
Verzückung bei Novalis und denen, die um ihn stehen. Wo die Religion vor
die Seele tritt wie ein Traum, der gekommen ist, wie ein Gesicht, das genossen wird, dort ist darin auch die Wirklichkeit mit ihren Geboten nur ein er-
schautes Bild, eine von ferne vernommene Kunde, die alles bedeuten kann
und nichts zu fordern braucht, mit der man spielen und klügeln kann.
    Noch ein Weiteres gehört hierher. Jenes schwärmende Empfinden, das in
sich selber webt, äußert sich oft in einer sentimentalen Weichheit, einer
Rührung, die alles Menschliche in eines zusammenfließen läßt. Diese milde
Wehmut kann ihr Reines und Vornehmes haben; sie ist in so mancher Seele
die alles begreifende, alles verzeihende Güte. Aber sie hat noch häufiger den
anderen Charakter. Sie dient nicht selten, vergebend und verklärend, der
Nachsicht gegen jeden eigenen Fehler, der Stille gegen die eigene Schuld; sie
wird zum beruhigten und fast frohen Sündenbewußtsein, zur lieblichen Me-
lancholie der Religion. Auch darin wieder steht bei ihr die Gefahr der Ironie, die kasuistische Gefahr. Wohin sie führt, zeigt der Weg der deutschen
Romantik, die so sentimental anhob und so oft ausging in den gezierten
Spott, der über dem Gebote sein will, in jene Frivolität, welche die ganze
Ethik als Wortspiel, als kunstvolle Fertigkeit der Begriffe nimmt. Es gilt als
das Recht der romantischen Individualität, für jeden besonderen Fall das eigene Gefühl und den eigenen Ausdruck und schließlich die eigene Moral zu
haben. Die moralische Frage wird ein Casus des Witzes. Das Sentimentale
und das Frivole stammen oft aus dem gleichen Grunde her. [...]

Das Menschentum

Es ist wie die Probe darauf, daß das allgemein Menschliche, das Humane, hier ebensowenig frei gewürdigt werden kann. Von allen Seiten her wird es hier beeinträchtigt. Der Wert der rechten Tat, die der menschliche Wille schafft und die darum jedem zugänglich ist, verschwindet oder verkümmert hinter der Bedeutung der überirdischen Ausersehung, die den einen erwählt und den anderen verwirft. Das Sakramentsideal vom Getauften und Gläubigen beengt dem sittlichen Ideal vom guten Menschen das Wachstum. Dazu tritt die Befriedigung und Selbstgerechtigkeit. Mit dieser Stimmung dessen, der sich ohne sein Zutun erlöst weiß, verträgt sich selten das Verständnis für die, die nur Menschen sind, die ohne das Heil und darum nicht in der gleichen Welt leben; sie sind hier die Geschiedenen, kein Verbindendes bildet die Brücke zu ihnen.

Was der Humanität entzogen ist, verliert zugleich der Universalismus. Ihm hatte schon der Kirchenbegriff, in dem die eine Menschenwelt aufgehoben, der Gott aller fast zum Kirchengott geworden war, viel von seinem Bereich genommen. Allerdings, innerhalb der Kirche war dafür, im Grundsatz wenigstens, eine Gleichheit aller Gläubigen behauptet. Aber sie ist eben damit erworben, daß alle, die außerhalb des erkorenen Kreises stehen, von vornherein und schlechthin in das Gebiet des Verworfenen gestellt bleiben, zur massa perditionis werden, zu der Menge derer, die bestimmt sind, zu Grunde zu gehen. Wenn der Brief an die Galater, und ähnlich der an die Römer, es rühmt: »hier ist kein Jude noch Grieche, hier ist kein Knecht noch Freier«, so liegt – Luthers Übersetzung läßt es auch richtig hervortreten – der ganze Nachdruck auf dem Worte »hier«. Und zwischen hier und dort geht die tiefe Kluft, so daß die Menschheit nicht mehr die eine ist.

Was die romantische Religion dem freien Menschenwert nimmt, ist ihm dadurch nicht wieder eingebracht, daß er mit seinem Ideal und seinem Gebot in der alten Evangeliumspredigt den Platz hat. Für die Entwicklung der kirchlichen Lehre ist auch hier wieder das Evangelium mit seinem Wesentlichen ohne dauernde Bedeutung gewesen. Begreiflicherweise, denn es ist auch hierin durchaus alttestamentlich; wovon ja schon die Tatsache zeugen kann, daß in ihm der Satz von der Nächstenliebe als das Citat aus dem alten Bunde erscheint. Das humane Wort hat denn auch in der Kirche meist interpretiert werden müssen; theoretische und praktische Unduldsamkeit konnten ihre Kunst daran üben.

Aber wie stark sich dieser Partikularismus in der Kirche auswirken mochte, so stammt er doch nicht erst aus ihr; er wurzelt in jeder Romantik. Schon Diogenes, der Cyniker, hatte darüber spotten dürfen, daß »ein Agesilaos und ein Epaminondas, weil sie nicht in die Mysterien aufgenommen waren, in der Unterwelt unter den Verworfenen sein sollen und der geringste Wicht seine Wohnung auf der Insel der Seligen bekommt, nur weil er ein Myste war«. Es ist nur die Fortsetzung dieser Enge, wenn für einen Augustin alles, was einem Heiden oder Ungläubigen als ein Vorzug zugehören soll, sich nur den Schein des Guten erborgt hat, in Wirklichkeit aber »eher ein Fehler ist«[11], wenn im kirchlichen Schrifttum durch Jahrhunderte auf die Frage nach der menschlichen Tugend geantwortet wird, daß es sie nicht gibt, wo der rechte Glaube nicht ist. Es ist so durchaus logisch; da die Kraft zum sittlichen Handeln nur aus dem Gnadenwunder kommt und da der Nichtchrist völlig außerhalb dieses Geschenkes steht, so bleibt er auch ohne die wahre moralische Fähigkeit. Eine Eignung zum Guten am Heiden oder Ketzer ist hier fast ein Widerspruch in sich.

Die katholische Kirche hat in dem selbstsicheren Bewußtsein ihrer Stärke gern die Tugend der Inkonsequenz geübt und die Brücken gebaut. Wie sie stets geneigt war, dem Menschlichen, seinem Tun und seinem Werte, gewisse Zugeständnisse zu machen, so hat sie auch bisweilen sich nicht bedacht, so besonders in der Zeit der Renaissance, jenen beengenden Grundsatz zu umgehen. Sie hat ihn später sogar ausdrücklich verworfen, als ein Tag es verlangen wollte, als sie ihren Kampf führen mußte gegen den Jansenismus, der sich im Zeichen Augustins gegen sie zu erheben schien und in seinem Namen auch jenen Partikularismus des sittlichen Gutes verkündete. Sie wollte sich damit zugleich gegen die protestantische Lehre abgrenzen. Auch in dieser war jener ausschließende Begriff wieder entschiedener hervorgetreten, und er ist hier nicht ein zufälliger und gelegentlicher bloß, sondern er ist die klare Folgerung aus dem alles bestimmenden Worte vom »Glauben allein«. Es gehört zur neuen Romantik, daß auch die Sittlichkeit nur aus dem geschenkten Glauben kommen kann. Melanchthon hat dieser Lehre dann den Stempel seiner trockenen, kalten Weise aufgedrückt. In den Loci communes steht es im Kapitel von »der Macht und Frucht der Sünde« als ein nüchterner, starrer Satz: Die Vorzüge eines Sokrates, eines Zeno sind als Eigenschaften heidnischer, also »unreiner« Seelen nur »Tugendschemen«; sie »dürfen nicht für wahre Tugenden, sondern müssen für Fehler erachtet werden«.[12] Das harte Wort geht vor allem gegen den Humanismus, der die Frömmigkeit auch außerhalb der Kirche gesucht hatte. Er ist nicht nur hierin von dem Luthertum, dem er einen Weg geebnet hatte, verstoßen und verdrängt worden.

11　De civit. Dei XIX, 25: Proinde virtutes, quas sibi habere videtur – sc. mens veri Dei nescia –, nisi ad Deum retulerit, etiam ipsae vitia sunt potius quam virtutes.
12　Loci communes, ed. Plitt-Kolde 86: Esto, fuerit quaedam in Socrate constantia, in Xenocrate castitas, in Zenone temperantia, tamen quia in animis impuris fuerunt, immo quod amore sui ex philautia oriebantur istae virtutum umbrae, non debent pro veris virtutibus, sed pro vitiis haberi.

Von den Voraussetzungen des Paulinismus aus war die Verwerfung des bloß Menschlichen, wie gesagt, durchaus folgerichtig. Augustin und Luther sind nur die treuen Schüler des Apostels, sie haben mit dem Worte seines Römerbriefes ernst gemacht: »was nicht aus dem Glauben gehet, das ist Sünde«. Oder wie wieder Melanchthon es ausgedrückt hat: »Alle Menschen sind durch die Kräfte der Natur wahrhaft und immer Sünder.«[13] Der Mission hat dieser Grundsatz manches geben dürfen. Ihr brachte es einen Erfolg, daß dem Ungläubigen alles abgesprochen wurde und damit dem Bekehrten alles verheißen werden konnte. Es war eine Stärke ihrer Verkündigung, daß alle die, an welche sie sich wandte, als die dastehen mußten, welche bisher nichts hatten. Die Bejahung der Würde des Menschen führt wohl zusammen, sie lehrt verstehen und achten, aber ebendarum hat ihre Mission nicht die gleiche zwingende Wirkung, die jenes drohende, verdammende Urteil haben kann. Ihrem Himmel fehlt der schreckende Vordergrund der Hölle. Wo das Wort vom »Alleinseligmachenden«, das alles Fremde völlig ausschließt, gesprochen wird, scheint dem, der eintreten soll, mehr gewährt zu sein.

Der Weg zur angewandten Unduldsamkeit ist dann oft nur kurz. Es liegt nahe, daß die Kirche, außerhalb derer alles verweigert und in der alles gegeben ist, in ihren Augen sehr bald das Recht gewinnt, das Andere, da es wertlos ist, fortzuweisen. Sie wird vor sich befugt und schließlich verpflichtet, das, was sie nicht anerkennen darf, nun auch aus der Welt zu schaffen. Was ohne sie ist, ist nichts und soll darum zunichte werden. Ihr ist in ihrem Heilbesitz ein völliges Gerechtsein verliehen, und zu ihm, damit es vollständig sei, will oft dies verurteilende Amt gehören, kraft dessen sie alles beseitigt, was ihr widerspricht. In diesem Verlangen nach dieser ganzen Gerechtigkeit haben Papsttum und Luthertum sich kaum unterschieden.

Aber nicht minder verhängnisvoll und nicht seltener ist ein Weiteres gewesen. Diese fertige Gerechtigkeit, diese Sicherheit der Habenden hat sich oft auch in einer beruhigten, bequemen und fast satten Gleichgültigkeit bekundet. Wie sie in sich selbst befriedigt war, so vermochte sie auch, sehr vieles, ohne beunruhigt zu sein, mit anzusehen. Sie wußte sich als eine ganz andere Welt, und sie konnte dafür in dieser Welt so manches sich überlassen. Aus der göttlichen Gnade war der fromme Glaube gekommen; er war über allem Gewordenen und Menschlichen und durfte daher die irdische Tat, welche immer sie war, als ein Geringeres und Gleichgültigeres unter sich meinen. So war jedes Übersehen und Überhören, ja jede Nachsicht bereit, das rechte Bekenntnis begnügte sich leicht mit sich selbst; denn »wer an diesen glaubet, der ist gerecht«.

---

13 Ebendort 87: Et ut rem omnem velut in compendium cogam, omnes homines per vires naturae vere semperque peccatores sunt et peccant.

Ein großer Teil der Kirchengeschichte ist eine Geschichte davon, durch was alles diese Frömmigkeit nicht verletzt und nicht beeinträchtigt worden ist, was sie an menschlichem Frevel, an menschlicher Niedrigkeit mit vergewisserter, ungestörter Seele und unvermindertem Glauben hat ertragen können. Und über eine geistige Art entscheidet nicht nur, was sie tut, sondern ebenso was sie verstattet, was sie verzeiht und wozu sie schweigt. Die christliche Religion, und in ihr ganz besonders auch der Protestantismus, hat zu so vielem stille zu sein vermocht, und es ist schwer zu sagen, was im Gange der Zeiten immer verderblicher gewesen ist, die Intoleranz, die das Unrecht tat, oder die Indifferenz, die es ungestört mit anblickte. Vielleicht ist diese Gleichgültigkeit noch mehr romantisch als jene Unduldsamkeit; denn sie ist die passivere Art. Sie ist diesem Glauben ganz gemäß, der nicht ringen und handeln will, sondern genug hat, zu warten und zu erfahren; sie ganz eigentlich entspricht der Ablehnung des Gesetzes. Die sittliche Pflicht des Rechts und der Kampf um dasselbe liegen hinter ihr, sie gelten als überwunden. [...]

Die Erlösung

Die Auferstehung, die im Mittelpunkte jener alten Geheimkulte stand, ist im eigentlichen nichts anderes als die Selbsterlösung des Gottes. Paulus hatte den alten jüdischen Opfer- und Sühnegedanken, diese Idee von der Hingebung, dazu gefügt, aber jene andere Vorstellung bleibt darunter immer noch deutlich sichtbar. Aus der egoistischen Erlösungslehre, wie die Romantik sie predigte, geht der Gedanke, daß das göttliche Ich um sich kreist, ganz folgerichtig hervor.

In der Kirche war dieser Zug nicht der allein bestimmende. Im paulinischen Glauben sind, von seinem Beginne her, es ist darauf schon mehrfach hingewiesen worden, unüberwunden, so manche alttestamentlichen, gesetzlichen Elemente enthalten. Sie sind im Gange der Geschichte, zu der er wurde, immer wieder hervorgetreten, und sie haben den anderen Weg geleitet, den, der gegen jenes Egoistische ist. Am deutlichsten zeigt es die Entwicklung des Mönchtums, die von den einsamen und eigensüchtigen Anachoreten der Wüste, die nur erlöst sein wollen, zu den Brüdern und Schwestern der dienenden barmherzigen Liebe hinführt, die für den Mitmenschen sich aufzuopfern wußten. Sie sind ein Stolz und ein Ruhm vor allem der katholischen Kirche geworden, aber auch manch anderer neben ihr. Die Kirche besaß nicht umsonst das Alte Testament und das zu ihm gehörige alte Evangelium. Aber so oft sich der romantische Glaube auf sich selber besann und seines Eigenen und Besonderen wieder bewußt zu werden suchte, hat er sich als reine Ichreligion wieder zu fühlen und kundzutun begonnen. Je höher er hinaufsteigen mochte, je zarter und entzückender er sein konnte, desto egoistischer ist er dann immer geworden. Sein eigentümliches Wesen hat sich nur so immer entfaltet. [...]

Das Messianische

Der alte messianische Gedanke, in dem auch Jesus gelebt hatte, der Gedanke von den kommenden Tagen, von dem verheißenen Reiche, findet denn auch im romantischen Erlösungsglauben seinen deutlichen Gegensatz. Zuversicht auf den Sinn der Mühen ist der eine, Verlangen nach der geschenkten Habe ist der andere. In Paulus hatten die beiden Ideen, die alttestamentliche und die romantische, miteinander gekämpft; er lebte in dem Neuen seines Glaubens und war doch von seinem jüdischen Erbe noch innig erfüllt, und dieser innere Streit hatte wiederum den Zwiespalt in seine Gedankenwelt gebracht. Es ist der gleiche Widerspruch, wie ihn die Frage des Gesetzes in ihn hineingetragen hatte. Die, welche von ihm aus weitergingen, die Gnostiker, hatten auch hier nichts von dem mehr erfahren, was ihn gehemmt und ihn bestimmt hatte; sie haben die reine romantische Antwort geben können, welche von der Spannung der »kommenden Zeit« nichts mehr enthielt.

Ganz stille ist es aber auch danach nicht um diesen drängenden Zukunftsgedanken geworden. Nachdem einmal das, was vor Paulus lag und sein jüdischer Besitz gewesen war, die alte Bibel, in das heilige Schrifttum des neuen Glaubens mitaufgenommen war, konnte die messianische Erbschaft nicht völlig verschwinden. Immer wieder, oft plötzlich ist sie, besonders als die Lehre vom »ewigen Evangelium«, von dem der Apokalyptiker Johannes gesprochen hatte, hervorgetreten. Allein sie blieb zuletzt doch immer bloße heroische Episode. Der kirchliche Geist in seinem ganzen Wesen widersprach ihr viel zu tief; er hat sie immer sehr bald zurückweisen müssen, er hat sie als die Stimme der Schwarmgeisterei abgetan. Zumal Luther, als der entschiedene Romantiker, hat sie schweigen heißen; in der »Augsburgischen Konfession« ist sie als »jüdische Lehre« mitverurteilt.[14] Eine gewisse wirksame Geltung hat sie nur auf kalvinistisch-täuferischem Boden, in diesem Abseits von der strengen Romantik zu gewinnen vermocht. Überall sonst in den Kirchen blieb jener reine Erlösungsgedanke herrschend. Unter den gei-

---

14 XVII, 5 ed. Tschackert 14: »Damnant et alios, qui nunc spargunt judaicas opiniones, quod ante resurrectionem mortuorum pii regnum mundi occupaturi sint, ubique oppressis impiis«. Der deutsche Text ist: »Item, hie werden verworfen auch etliche jüdische Lehren, die sich jetzt auch eräugen, daß vor der Auferstehung der Toten eitel Heilige, Fromme ein weltlich Reich haben und alle Gottlosen vertilgen werden.«

stigen Folgen des kirchlichen Sieges der Romantik ist es eine der bedeu-
tungsvollsten oder, wenn man will, der verhängnisvollsten, daß die messianische Idee, von der das Christentum hergekommen war und die ihm die
Benennung gegeben hatte, nunmehr in ihm zurückgedrängt und geschichtlich aufgehoben worden ist. An die Stelle des Reiches Gottes auf Erden, dieses alten, biblischen Ideals, ist hier das Reich der Kirche getreten, diese romantische civitas Dei.

Dem scheint die Tatsache der gewaltigen Missionskraft, die die Kirche
entfaltet hat, zu widersprechen. Denn die Mission besagt doch, daß man um
des Menschenbruders willen auszieht, um ihn zu bekehren und zu retten
und ihm den Weg des Heiles zu weisen, damit einst alle eins in einem Reiche
des Heiles seien – ut omnes unum. Aber dieser Bekehrungswille kommt zunächst, ähnlich wie alles messianische Hoffen, aus den starken alttestamentlichen Wurzeln hervor, die in der neuen, der christlichen Gemeinde blieben.
Er hat hier, in der vom Judentum überkommenen, fast selbstverständlichen
Art weitergewirkt, verstärkt durch das Bewußtsein, eine neue Wahrheit zu
verkünden. Auch die Form seiner Predigt, besonders der an die Gebildeten,
ist hier vorerst keine wesentlich andere gewesen als die der Rede der alten
jüdischen Sendboten, welche den einen Gott, sein Gebot und sein Gericht
verkündet hatten. Erst als in der Schicksalszeit der Kirche, vom zweiten zum
dritten Jahrhundert, das Dogma und die Autorität sich durchgesetzt hatten,
gewann das Besondere und Eigentümliche der Kirche, das, was sie vom Judentum schied, in der Propaganda das hervortretende Recht. Es ist ja überhaupt so gewesen, worauf nur hingedeutet sein mag, daß die werdende Kirche ihre wechselvolle Glaubensgeschichte vielfach darin gehabt hat, daß, bewußt oder unbewußt, um den Raum gestritten und gerungen wurde, den
alttestamentliche Gedanken auch jetzt noch haben sollten. Nicht wenige der
Gegensätze, die hin- und herwogten und schließlich ihre äußere Entscheidung im nicäanischen Concil fanden, waren in ihrem Tiefsten und Eigentlichen Kämpfe nicht, wie man einst einmal gemeint hatte, für oder wider das
Judenchristentum – denn dieses hatte nur seine kurze Geschichte, kaum
über die Zerstörung des Tempels hinaus –, wohl aber für und gegen [das] Jüdische, das im Paulinismus von seinem alten Heimaterbe her lebte und fort-
wirken wollte. In den späteren Jahrhunderten hat sich diese Auseinandersetzung nicht selten wiederholt.

Von der erbauten Kirche aus hat die Mission dann ihre weiteren Wege gesucht. Aber nicht nur ihre Predigt, sondern vor allem sie selbst, in ihrem ganzen Charakter, in ihrem Antrieb und in der Weise ihrer Erfolge wird jetzt
eine ganz andere. Die Kirche stand nun da als ein machtvolles Reich dieser
Welt, und sie begann, dem Drange und den Gesetzen ihrer Macht zu folgen.
Wohl hat es in ihr zu keiner Zeit an den Männern gefehlt, welche aus einer

Tiefe der Liebe hervor bekehren wollten, aber hinter dem gebietenden Streben nach der Ausdehnung des Herrschaftsbereiches trat viel von diesem innigen Wunsche zurück, Seelen zu retten. Die Gewalt des Schwertes und die Kunst der Politik haben öfter und eindringlicher geredet als das Herz und sein Wort. Eroberungskämpfe wurden geführt, und sie haben die großen Triumphe feiern lassen. Es war die entscheidende Zeit der egoistischen, der nachdrücklichen Mission; erst sie hat die Weltkirche geschaffen.

Mitwirkend und mitgestaltend war allerdings das »katholische« Motiv, das bald deutliche, bald unbewußte Verlangen, den eigenen Glauben durch die Zustimmung oder die Unterwerfung anderer bestätigt zu wissen, weithin den Grundsatz des »überall und von allen« dargetan zu sehen. Dieser starke katholische Zug und das gottesfürchtige Begehren, Menschen zum Lichte zu führen, gehen hier im Gemüte des Gläubigen leicht ineinander über. Ihnen schwebt beiden das Bild von der einen Herde unter dem einen Hirten vor, und daraus wird nur zu bald die bezwingende Vorstellung des von Gott gewollten Weltreiches, des »Gottesstaates«, dem jeder zugehören müsse, der auf Erden Existenzrecht haben wolle. Coge intrare! So mündet alles denn doch wieder in das Streben nach der kirchlichen Machterfüllung ein. Die Romantik kommt, wenn sie sich zur Welt hinwendet, am Ende immer bei dem Gedanken der Herrschaft und der Autorität an, welche überall ihre Untertanen begehren. Auch die Mission wird so zur Forderung des allgemeinen Gehorsams; auch hier kann der Begriff des Menschen durch den Begriff des Untertans verdrängt werden.

Daß das fromme Verlangen, Menschen zu bekehren, durchaus von dem alttestamentlichen Gebiete her stammt, das tut die Geschichte vielfach dar; sie läßt in dem Fortgange, in den Linien der weiteren Entwicklung die Herkunft klar erkennen. Sie zeigt es, wie die rein religiöse Mission sich dort fortgesetzt hat, wo das jüdische Erbe, wenn auch begrenzt, fortleben durfte. Sein Schicksal ist immer das ihre gewesen. Daher schwindet sie in der griechischen Kirche, die meist sehr wenig von jenem alttestamentlichen Besitze und am meisten von dem Selbstsinn des Erlösungs- und Vergottungswunsches hat. Ganz anders wiederum im römischen Katholizismus. Er neigte immer dazu, der alten jüdischen Forderung vom Werte der menschlichen Aufgabe und des menschlichen Werkes zuzustimmen. Hier hat, trotz allem rein kirchlichen Streben, der innerliche, selbstlose Bekehrungswunsch nie ganz seinen Daseinsraum und auch seinen Martyriumsweg verloren. Und vielleicht noch freier ist er dann in den täuferischen Sekten hervorgetreten, in diesen Kirchen, die dem Gesetzlichen, dem Alttestamentlichen den weiten Zutritt boten. In ihnen ist oft der Ruf gehört worden, um Gottes willen Seelen zu suchen und zu retten. Hingegen weiß wiederum das Luthertum aus Eigenem von der religiösen Mission wenig oder nichts; sie ist ihm nur nachträglich aufgepflanzt worden. Sein eigentümlicher und ursprünglicher Eifer erschöpft sich im Innerkirchlichen, in der Sorge für die Autorität des Wortes, für die reine Lehre in Predigt und Unterricht. Das wird auch nicht durch den Pietismus widerlegt, der doch, aus innerem Drange heraus, seine Glaubensboten ausgesandt hat. Denn er gehört wohl zum protestantischen Gebiete, aber das Motiv der Mission mit ihrem Willen und ihrem Empfinden hat er nicht aus dem Luthertum erhalten, sondern ganz von den kalvinistisch-täuferischen Kirchen her. So mannigfalt alle diese Formen sind, in denen sich ein Bekehrungsdrang bewiesen hat, sie deuten überall auf einen inneren Zusammenhang hin, der zwischen ihm und dem Fortleben des jüdischen Elementes besteht. Aus der romantischen Erlösungsidee hat nur die Forderung der unbegrenzten kirchlichen Macht, der Mission des Zwanges hervorgehen können. Äußere Autorität, eingesetzte Macht und Untertanenschaft stehen wieder am Ende mit ihrer schillernden Poesie und ihrer trüben Prosa.

So schließt sich der Kreis. Daß das Empfinden alles bedeuten soll, darin liegt das Eigentümliche, das Wesentliche der Romantik. Es kann ihre Kraft sein, daß sie sich versenkt, daß sie aus starken Gefühlen schöpft, und es ist ihre Zartheit, daß sie das Schwebende, Webende erfährt. Dem Menschen in ihr kann es zuteil werden, wie Schleiermacher dem heimgegangenen Novalis das Wort sprach, daß ihm »alles Kunst wird, was sein Geist berührte, seine ganze Weltbetrachtung unmittelbar zu einem großen Gedicht«. Sie ist der, oft so notwendige, Widerspruch und Gegensatz gegen eine alles abfertigende platte Verständigkeit, gegen eine alles erkennende, alles beantwortende Aufklärung, gegen einen alles abtuenden, alles erledigenden Aktivismus.

Ihre Gefahr, der sie nicht entgeht, ist, daß dieses alles besagende Gefühl sich schließlich entweder im Wesenlosen oder im Surrogat oder in der Erstarrung befindet. Und vorher ist sie auf die Bahn immer geführt worden, daß sie ins Sentimentalisieren bald und bald in die Phantastik gelangte, daß sie aller Wirklichkeit, zumal der des Gebotes auswich, zur Passivität wurde gegenüber der sittlichen Aufgabe des Tages; die Einfühlung sollte vieles ersetzen und hat die Freiheit gegeben, welche frei war von der Entscheidung unabhängig war von jeder inneren Verpflichtung. All das Ästhetische und all die Ironie, die ihr den verlockenden Schein schenkten, haben einigen Gehobenen die Überheblichkeit gesichert, in der die Religion zur Religion der Schöngeister oder zu der der Skeptiker wurde. Und für die vielen, die das nicht waren oder nicht sein sollten, war die starke und strenge Autorität, die Zwangssatzung aufgerichtet worden, die Grenzmauer zugleich für das Anarchische, in dem jene anderen sich ergingen. Alles wird von dieser Entwicklung hier erfaßt, beieinander und nacheinander, der Glaube und das Symbol, die Geschichte und die Kultur, die Wahrheit und die Gerechtigkeit, das Gebot und das Ideal.

Es ist nicht so, daß ein ahnendes Wissen um das Irrationale für die Romantik kennzeichnend wäre. Das ist, im Gegenteil, auch der Klassik, vor allem der klassischen Religion eigentümlich, in der ja etwas ganz anderes ist als etwa Rationalismus oder »Aufklärung«. Aber für die klassische Religion ist das Irrationale nicht ein Ozean, in welchem das des Gefühles volle Ich ertrinkt. Für sie offenbart sich aus dem Irrationalen hervor, dem Ich zurufend, das Seiende, dieses Wirkliche und Gebietende, das, worin alles, was ist und sein soll, verwurzelt ist, das, worin Geschöpf und Schöpfer sich treffen. In ihr ist das Irrationale die tiefe Wahrheit des Lebens, der tiefe Grund darum auch des Gesetzes, die tiefe Bürgschaft der Gewißheit, der »Arm der Ewigkeit«, der alles umfaßt. In ihr bedeutet es das Heilige, diesen Bund zwischen dem Ewigen und dem Menschen.

Auch die Sehnsucht, die über alle bloße Vernunft ist, lebt wohl in der Romantik und ihrer Religion; einer der Ihren, Augustin, hat das ergreifende Wort gesprochen von dem Herzen, das unruhig ist, bis daß es in Gott ruht. Aber der bestimmende Unterschied ist, daß hier die Sehnsucht zuletzt immer zum Ich zurückkehrt und in der Stimmung bleibt. In der klassischen Religion drängt sie immer wieder zu dem Ziele hin, das alle einen soll, zieht sie dem Gebote von Gott nach, und dies beides meint ja das gleiche; denn alle Zukunft ist hier Zukunft des Gebotes, Zukunft seiner Verwirklichung und Erfüllung. Hier scheiden sich vielleicht am deutlichsten romantische und klassische Religion. [...]

Leo Baeck

Judentum in der Kirche (1925)

In einem doppelten Sinne kann von einer Geschichte der jüdischen Gedanken gesprochen werden. Diese Gedanken haben im Judentum selbst ihr Leben und ihre Entwicklung und darin ihre Zeiten der Fruchtbarkeit wie ihre Tage der Trockenheit und Dürre. Und in einer ganz ähnlichen Weise haben sie auch außerhalb des Bereichs des Judentums, in der großen Welt der Ideen ihr Dasein. Hier auch, und in einem nicht geringeren Maße, wirken sie als eine lebendige Kraft, wie ein Sauerteig, hier auch schaffen und bestimmen sie wechselnde Epochen. Insofern gibt es sowohl eine jüdische als auch eine allgemeine Geschichte des Judentums.

Wir können diese Tatsache, um ein Beispiel zu geben, das durch die Gegenwart nahegebracht wird, in der Geschichte der sozialen Bewegung erkennen.

Diese Bewegung hat einen zwiefachen Ursprung. Auf der einen Seite kommt sie von Plato her, von seiner Idee des mathematischen Staates. Der Staat mit seinem vollkommenen Gesetz, an dessen unfehlbare Macht und Wirkung Plato fest glaubt, ist dazu berufen, den rechten Menschen zu gestalten und ihn zu seiner Tugend und seinem Glücke zu führen. Der Staat allein vermag dies, und daher muß er der absolute Staat sein, der Staat, welcher alles bestimmt und alles entscheidet, der Staat der Diktatur. Dieses Recht der unumschränkten Gewalt muß ihm gegeben werden; ihm gegenüber darf dem Individuellen keinerlei Recht aus Eigenem gegeben sein, keinerlei Recht eigener Entscheidung und eigenen Begehrens. Plato ist der Stifter für jegliches System staatlicher Allmacht, für jegliche Hierarchie geworden. Alle weltliche, alle geistliche wie auch alle begriffliche Diktatur, bis zu dem Bolschewismus unserer Tage hin, leitet sich von Platos Staatsphilosophie und Gesellschaftslehre her, an ihnen hat sie sich immer genährt.[1]

Eine andere, hiervon völlig verschiedene Richtung, welche mit dieser ersteren bloß den Namen eines Sozialismus gemein hat, besitzt ihren Ursprung in der Bibel, im Judentum. Sie geht nicht vom Staate aus, sondern vom Menschen, von der Idee des Menschenbruders, des Nächsten. Das Judentum, im Gegensatz zu Plato, der in seiner Haltung dem Menschen gegenüber pessimistisch ist, glaubt zwar nicht an den Staat, aber es glaubt, optimistisch, an den Menschen. Für das Judentum ist der Mensch die stärkste Realität auf

---

1 Ed. Zeller, Vorträge und Abhandlungen I, 62ff. Vgl. Hatch, The influence of Greek ideas and usages upon the Christian Church.

Erden, und der Staat und sein Gesetz werden gut erst durch das Tun des guten Menschen. Wenn Menschen dazu erzogen werden, Gerechtigkeit und Liebe gegeneinander zu üben, wenn jeder von ihnen den Menschen, der zu ihm hingestellt ist, als seinen Bruder begreift, als einen, der zu ihm gehört und mit ihm verbunden ist, wenn ein jeder das Recht anerkennt, das sein Mitmensch besitzt, dann wird durch Menschen das wahre, das soziale Gesetz verwirklicht, dann wird durch sie der wahre, der soziale Staat geschaffen. »Dein Bruder soll mit dir leben«, in diesem Grundsatz ist hier die soziale Idee befaßt.[2]

In den sozialen Bewegungen des letzten Jahrhunderts können diese beiden Richtungen, die platonische und die jüdische, verfolgt werden, und es ist interessant, daß z.B. der von Juden stammende Karl Marx in seinem Sozialismus auf Plato zurückgeht, während Christen wie Saint-Simon oder Kingsley hier von dem Boden des jüdischen Denkens herkommen. So lebt jüdisches Dasein im allgemeinen Sozialismus.

Aber ihre eigentliche Geschichte außerhalb des Judentums haben die jüdischen Ideen in der Kirche. Der Mann, der die christliche Kirche schuf, Paulus, hat auf das Judentum und seine Bibel mit widerstreitenden Empfindungen geblickt. Auf der einen Seite sah er die Zeit des Judentums und infolgedessen und gleicherweise die Zeit der Bibel als beendet an. Es war damals im jüdischen Volke die Ansicht verbreitet, daß es drei Epochen der Weltgeschichte gäbe: die des Chaos, des Tohu wabohu einst, sodann die der Tora, die mit der Offenbarung am Sinai angehoben habe, und schließlich die erwartete des Messias.[3] Wenn einmal diese letzte Epoche anfing, so ergab sich damit, daß nun notwendig die des Judentums und seiner Bibel zum Abschluß gekommen wäre. Im Evangelium steht dementsprechend das Wort, daß, »*bis alles erfüllt sei*«, nicht ein Jota oder Tüpfelchen vom Gesetze vergehen solle.[4] Aber eben nur bis dahin; war alles erfüllt, war der Messias gekommen, dann war damit die Zeit des Gesetzes zu ihrem Ende gelangt.[5] Das Gesetz ist so für Paulus – und für ihn bezeichnet das Wort »Gesetz«, ganz wie häufig im talmudischen Schrifttum das Wort »Tora«, die ganze Bibel – bloß der Lehrer der Unmündigen, »der Schulmeister zu Christus hin«.[6] Mit dem Christus mußte die Zeit derer begonnen haben, die mündig geworden sind. War der Erlöser erschienen, dann hatten also Bibel und Judentum keine weitere Bedeutung oder wenigstens keinen anderen Sinn als den eines beendeten Abschnittes, einer vergangenen Zeit. Sollten sie aber

2 L. Baeck, Wesen des Judentums, 231ff; Wege im Judentum, 236ff
3 Matth 5,18. Vgl. L. Baeck, Das Evangelium, 92f.
4 Nidda 61b; Pes. 50a; Sabb. 151b; Jalkut zu Jes 26,2
5 L. Baeck, Wesen des Judentums, 231ff; Wege im Judentum, 236ff
6 Gal 3,24

noch in Geltung stehen, dann konnte eben der Messias noch nicht in die Welt getreten sein.

Hierdurch wird es begreiflich, weshalb Paulus gegen das Gesetz mit aller Entschiedenheit seines Glaubens kämpft, so als müßte er um Sein und Nichtsein seiner religiösen Existenz ringen. Und, um es zu wiederholen, für ihn meint das Gesetz die ganze Bibel, also alle Gebote in der Bibel und nicht etwa nur das sogenannte Zeremonialgesetz. Für ihn mußte die Frage des Gesetzes zu der werden, um die sich alles bewegte, zu dem Problem, von dem sein religiöser Bestand, die Gewißheit seines Glaubens abhing. Wenn die Erlösung geschehen war, wenn sie gegenwärtig war durch Glaube und Taufe, dann mußte das Gesetz aufgehört haben; wenn das Gesetz noch in Kraft blieb, dann war bewiesen, daß die erhoffte Zeit, die Zeit der Erfüllung, noch nicht da war. Entweder Gesetz oder Erlösung! Entweder war jenes zum Ende seiner Zeit gelangt, oder diese war noch nicht vollbracht. Behauptete einer, daß das Gesetz noch bindend wäre, so stand er deshalb im Unglauben, denn er leugnete die Erlösung. Daher mußte für Paulus das Judentum aufgehört haben, Religion zu sein, gegenwärtige oder gar zukünftige, und die Bibel mußte aufhören, Bibel, das heißt das Buch der Gegenwart und der Zukunft zu sein.[7]

Anderseits beruhte doch aber alles, was Paulus lehrte und verkündete, alles, was der Beweis für seinen Glauben war, auf eben dieser Bibel. Sie war für ihn göttliche Offenbarung aus alter Zeit, in ihr war die Verheißung des Christus, sie ward daher auch in seinen Augen »heilig« und »gerecht und gut«.[8] Sie gewährte alle seine Argumente. Diesem selben Buche, dessen weitere verpflichtende Kraft er aufs ernsteste bestritt, entnahm er alles, was seine Predigt unterbaute, alles, was er als die Bedeutung des Todes des Messias hinstellte. Nur mit der Hilfe dieses Buches konnte er den Grundsatz seiner Lehre dartun. Für ihn blieb es der Schlußsatz, welcher alles entschied: »es steht geschrieben« – geschrieben in diesem Buche.[9] Seine ganze Denkweise lebte von der Bibel. Es war hier der selbige Widerspruch, der in seinem ganzen Wesen, in seiner eigentümlichen Persönlichkeit wohnte. Auch seine Persönlichkeit weist diesen Widerspruch auf, diese Gegensätzlichkeit, daß auf der einen Seite seine Freiheit und Unabhängigkeit vom Judentum verkündet und auf der andern Seite festhält am Forschen in diesem Judentum und an der jüdischen Denkweise und der jüdischen Lehrart. Er hat so tief im Judentum gelebt, daß er seelisch und geistig niemals von ihm freigekommen ist. Ob er es wollte oder nicht, er hat sich immer wieder auf den jüdischen

---

7　Kol 2,14f; Eph 2,15
8　Kol 2,14f; Eph 2,15
9　Eine nämliche Dialektik lebt in der dialektischen Theologie unserer Tage, die ja auch psychologisch von Paulus herkommt.

Pfaden des Suchens zurückgefunden. Der Jude, der er in der Tiefe seines Wesens durch sein ganzes Leben blieb, hat in seiner Seele stets mit dem Menschen des neuen Glaubens, der er geworden ist, gekämpft. Der Zwiespalt, der sich in seiner Predigt wie in seiner Persönlichkeit findet, erklärt sich hieraus.

Unter denen, welche nach Paulus kamen und die Jünger seiner Lehre wurden, gab es viele, die, darin von ihm unterschieden, die Möglichkeit reiner Konsequenz, einer nicht durch Früheres begrenzten Gegnerschaft gegen das Judentum besaßen. Sie hatten keinerlei Verbindung mit dem Judentum, weder im Blute noch in der Seele, und sie konnten es als ihre Aufgabe empfinden, die neue Religion von allem Jüdischen zu befreien und so den reinen Paulinismus hinzustellen.

Es gab verschiedene Wege, auf denen das geschehen konnte. Eine erste Methode ist durch den Verfasser der Barnabasepistel angewandt worden, der ungefähr 100 n.Chr. lebte und vermutlich aus Ägypten stammte.[10] Er wollte das Alte Testament, als die Grundlage der Theologie des Paulus, für das Christentum retten, indem er es völlig dem Judentum absprach und es ganz und gar für das Christentum in Anspruch nahm. Das Mittel, um dies durchzuführen, bot ihm die allegorische Erklärung. Er wendet sie stetig auf das ganze Alte Testament an. Mit ihrer Hilfe wird alles, was ihm am Alten Testament anstößig war, das heißt alles, was durchaus jüdisch ist, entfernt und damit alle gegenwärtige, tatsächliche Beziehung zum Judentum beseitigt. Jedes Wort im Alten Testament wird zu einer christlichen Bedeutung hingeführt, mit dem Ergebnis, daß das Buch in seinem wahren Sinn nur noch dem Christentum zugehören kann, ganz so, wie ja überhaupt die Kirche das wahre Israel, der wahre Same Abrahams sein sollte.[11] Ein buchstäbliches und wörtliches Verständnis des Alten Testaments ist in seinen Augen ein verdammenswerter jüdischer Irrtum, das Werk des Satans. So wurde das ganze Alte Testament ein ausschließlich Paulinisches Buch; das allein, was rein christlich ist, ist biblisch. Im Ergebnis hatte diese Methode noch den weiteren Vorteil, daß das Christentum seine eigene frühe Geschichte erhielt und seine Anfänge bis zu den Tagen der Schöpfung der Welt zurückgeführt waren. Das jüdische Volk samt seiner Historie war demgegenüber als ein Menschengebilde hingestellt, das durch den Teufel irregeführt war, das in Wahrheit niemals einen Bund mit Gott, niemals irgendeine Erkenntnis, eine göttliche Offenbarung besessen hatte.

Allein diese Methode hatte ebenso sehr wie ihre Vorteile doch auch ihre Gefahren. War das Recht solcher Deutung einmal zugestanden, dann war

---

10   G. Hoennicke, Das Judenchristentum, 284ff; M. Güdemann, Religionsgeschichtliche Studien, 99ff; Geffcken, Christliche Apokryphen, 52f
11   Harnack, Mission und Ausbreitung des Christentums, 41ff u. 289f

damit zugleich jedwede Möglichkeit der Deutung gewährt. Sollte das Buch richtig erst in dieser einen allegorischen Form verstanden sein, dann konnte ebensogut der Anspruch erhoben werden, daß es in irgendeiner anderen allegorischen Form, auch nach dem jüdischen Sinne hin, aufzufassen wäre. Freiheit von diesem Buche konnte wahrhaft gesichert sein, nur wenn es völlig, ohne jede Beschränkung verworfen wurde. Diese Folgerung ist durch den Gnostizismus und vornehmlich durch Marcion gezogen worden.[12] Sie waren wirklich und durchaus die Eindeutigen und Konsequenten unter den Jüngern des Paulus. Sie haben das Judentum und seine Bibel nunmehr ganz fortgewiesen. Marcion geht soweit, daß er um der unbedingten Entschiedenheit dieser Verdammung willen auch alles in den Paulinischen Briefen, was ihm dort jüdisch zu sein scheint, alles, woraus sich dort eine Verbindung von Jesus oder Paulus mit dem Judentum ergibt, als eine Fälschung, als ein jüdisches Einschiebsel erklärt und beseitigt. Für ihn ist nur das wahr und echt, was uneingeschränkt gegen das Judentum feindlich ist. Um den reinen Paulinismus festzusetzen, revidiert und verbessert er den Text der Evangelien und der Epistel. Und um gegen die Möglichkeit zu schützen, daß irgendein Jüdisches etwa durch allegorische Auffassung den Weg in seine Religion fände, verlangt er die wörtlichste Erklärung des Alten Testaments – ganz so, wie dies ein Mann getan hat, der sein Zeitgenosse war und nach einem alten Bericht aus derselben Stadt wie er, aus Sinope, stammte, der sein schärfster Widerpart war, der Proselyt Akylas, der Schüler des R. Akiwa, der griechische Übersetzer der Bibel.[13]

In der Verwerfung des Judentums besteht die wesentliche Grundlage der Theologie dieser Richtung. Um das Judentum schon ursprünglich und jenseitig von ihrem Christentum geschieden zu wissen, um ein unzweideutiges Christentum und einen Gott, der ausschließlich ihm zugehört, zu haben, verkündet sie einen äußersten Dualismus. Es sollte hier zwischen dem einen und dem anderen keinerlei Verknüpfungen und Verwebungen geben, sondern nur die völlige Trennung. Man lehrte den zweifachen Gott, den bösen, dunklen, grausamen, der mit der Welt verbunden ist, den Gott des Judentums, und den guten, reinen, geistigen, liebevollen, der über alles erhaben und oberhalb aller Welt ist, den Gott des Christentums, der sich zum ersten Mal in Christus offenbart und vorher niemals einem andern kundgetan hat. Wenn das Evangelium von den beiden Bäumen spricht, dem schlechten Baume, der nur schlechte Früchte trägt, und dem guten, der nur gute Früchte trägt[14], so soll das nichts anderes meinen als diese zwei entgegengesetzten

12 Bousset, Hauptprobleme der Gnosis, 109ff; Harnack, Lehrbuch der Dogmengeschichte I, 4, 243ff; De Faye, Introduction à l'étude du gnosticisme; Harnack, Marcion
13 Schürer, Geschichte des jüdischen Volkes im Zeitalter Jesu Christi III, 3, 313f
14 Matth 12,33

Gottheiten, den niederen Gott des Alten Testaments, der ausschließlich das Böse schafft, der keinen besseren Wert hat als die Welt selber, deren Schöpfer und Lenker er ist, der zugleich mit seinem Himmel und seiner Erde schwinden wird, und den hehren christlichen Gott, von dem nur Gutes kommt, der ohne jedwede Beziehung zu der Welt bleibt. Es könne keinen tieferen Widerspruch geben als den, der zwischen diesen beiden da ist. Für Paulus war der Gott des Alten Testaments auch der Gott des Christus und sein eigener Gott gewesen. Hier, in dieser Lehre der Gnostiker, stehen der eine und der andere in unüberbrückbarem Gegensatz zueinander. Der Gott der Juden und mit ihm sein Buch stellten den eigentlichen Widersacher dar; sie seien das böse Prinzip, und alle Erlösung bezeichne Erlösung von dieser Welt des Judentums. Und aus diesem Grunde seien die Juden als solche die eigentlichen Feinde des Christus und des wahren Gottes. Sie sind hier die einzigen, die allesamt, samt ihren Stammvätern, ihren Propheten und ihren Lehrern, nie errettet werden sollen.

Aber aus solchem Glauben mußte eine unabwendbare Schwierigkeit hervorkommen. Wenn das Alte Testament aufgegeben und alles, was alttestamentlichen Charakter hatte, aus den Evangelien und den Episteln entfernt war, dann blieb nichts als die Lehre von der Erlösung und den Sakramenten übrig; alles, was ethisch war, alles, was ein Gebot und eine Verpflichtung darstellte, war damit zugleich fortgeräumt. Es gab jetzt nur die eine Wahl: entweder ein völliger Libertinismus oder eine vollendete Askese.[15] Es hat so sich in der Tat sehr bald dargetan.

Zuerst war es eine praktische Verleugnung aller Gebote, die nun hervortrat. Der Grundsatz wurde hier und dort laut, daß dem Erlösten, dem Manne des reinen Paulinismus »alles erlaubt ist«[16]; man war überzeugt, pneumatisch, der freie Mensch des Geistes, zu sein, und als solcher glaubte mancher, jenseits von Gut und Böse zu bleiben, erhaben über Sittlichkeit und Keuschheit, frei, an kein Gesetz, an kein Gebot gebunden. Wer so über das Gesetz erhoben wäre, dem wäre anheimgegeben, nicht nur Gott zu erkennen, sondern in gleicher Weise die »Tiefen des Satans«.[17] Für den Menschen des Geistes wäre ja alles, was sein Körper täte, unwirklich.[18]

War dies die erste Methode, vom Gesetze frei zu werden, so zeigte dann Marcion die zweite auf. Für ihn war die gesamte irdische Existenz etwas, was zugleich mit dem Gesetze zu beseitigen ist. Das körperliche Dasein war für ihn »caro stercoribus infersa«.[19] Es gab so nur eine Art von Frömmigkeit

15 Vgl. Baur, Das Christentum u. die christl. Kirche der ersten drei Jahrh. I, 2, 487ff
16 I Kor 6,12
17 Apokal 2,24
18 Koehler, Gnosis, 28
19 Tertullian, Adv. Marcionem I,29

auf Erden, die Askese und schließlich die Selbstvernichtung. Er untersagte jede fleischliche Freude und verlangte strengstes Fasten; er verbot jeden geschlechtlichen Verkehr auch in der Ehe. Zu der Feierlichkeit der Taufe und des Abendmahls ließ er nur die zu, die bereit waren, das Gelübde des Cölibats abzulegen oder, falls sie verheiratet waren, die völlige geschlechtliche Trennung zu geloben. Nach seinem Urteil war Ehe gleichbedeutend mit Tod; wahres Leben ist die Vernichtung von allem Körperlichen. Der Kampf gegen das Körperliche war ihm der Kampf gegen den jüdischen Schöpfergott, der Kampf »ad destruenda et contemnenda et abominanda opera creatoris«.[20] Wer sein Körperliches besiegt hat, der hat über den Gott der Juden einen Sieg davongetragen. Das letzte Ziel, für das die Religion besteht, ist darum, das Geschlecht der Menschen auf Erden zum Aussterben zu bringen; wird das einmal vollendet sein, dann ist der Triumph über den jüdischen Gott, den bösen Schöpfergott errungen. Das war die letzte Konsequenz dessen, daß das Christentum vom Judentum gereinigt sein sollte.

Es ist selbstverständlich, daß für ein Christentum, das derart sich vom Judentum frei machen wollte, alles Leben in dieser Welt und alle Verbindung mit der Kultur unmöglich war. Wenn die Kirche hier ihren Bereich zu haben wünschte, dann mußte sie daher für dieses Feld den Angriff gegen den Gnostizismus führen. Und dieser Kampf um ihr Dasein wurde für die Kirche, ob sie es wollte oder nicht, ein Kampf um den Platz des Alten Testaments im Christentum. Zu den ursprünglichen geschichtlichen Gründen, derentwegen die Kirche am Alten Testament festhielt, trat nun dieser andere bestimmende hinzu. In ihrem Streite gegen den Gnostizismus und für das Alte Testament hat die katholische Kirche sich gestaltet und gefestigt. Sie hat sich schließlich durchgesetzt, indem sie ihre Bibel, die Einheit des Alten und des Neuen Testaments und damit die Einheit des jüdischen und des christlichen Gottes feststellte.[21]

Es war auch die Zeit, in der die Kirche zu dem Staat in Beziehung zu treten begann, vorerst, um neben und in ihm zu leben, und alsdann, um über ihm, als ein Gebieter, zu stehen. Durch ein Zwiefaches war die Kirche imstande, dahin zu gelangen: zunächst durch ihre Kanonisierung des Alten Testaments und sodann, in Verbindung hiermit, durch ihre Annahme des stoischen Begriffs des Naturrechts. Diese beiden, Naturrecht und alttestamentliches Gesetz, hat die katholische Kirche in eins gesetzt, ein Vorgang, der an sich wichtig ist und zugleich für die Geschichte der Kirche bestimmend wurde. Das ganze Mittelalter ist durch diese Gleichstellung der Zehngebote und des Naturrechts, durch diese Einheit von natürlichem und göttlichem Ge-

---

20 Tertullian, Adv. Marcionem I,14
21 Harnack, Lehrbuch der Dogmengeschichte I, 4, 550f

setz sehr wesentlich gekennzeichnet.[22] Das Ergebnis dessen ist es gewesen, daß die Kirche nun bald in der Lage war, zu dem reinen Individualismus ihrer Lehre von dem Heil und der Erlösung die sozialen Züge hinzuzufügen, eine Staats- und Gesellschaftslehre zu entwickeln. Dadurch erst ist ein Zusammensein von Kirche und Staat, eine kirchliche Anerkennung und Nutzbarmachung des Staates möglich geworden.[23]

Ein weiteres Ergebnis dieser Vereinigung vom Alten und Neuem Testament, dieses Zugeständnisses an das Judentum, war es, daß der Katholizismus jetzt auch imstande war, sein System der Ethik zu gewinnen. Der Gnostizismus, und in ihm besonders der Glaube des Marcion, war, wie bereits gezeigt, eine Religion ganz ohne Ethik gewesen, und es war so in der Tat der logische christliche Standpunkt. Denn im Prinzip war für die Ethik im System des Paulus kein Platz: die Ethik hatte hier hingegeben werden müssen, weil sie zu dem Gesetz gehörte, das durch die neue Glaubensgerechtigkeit aufgehoben war; alles geschah hier durch das Wunder der Taufe, durch das Mysterium, alles wurde durch den Glauben allein erfüllt, und verglichen damit konnte, was immer der Mensch im Guten leistete, keine wesentliche Bedeutung haben. Der Glaube bildet hier einen Gegensatz zur Ethik; jede Schätzung des Handelns, selbst des moralischsten, jede Schätzung der zehn Gebote so auch, führte wieder zum Gesetz zurück, das durch den Christus überholt worden ist. Man hatte nur die Wahl: entweder Glaube oder Ethik, entweder der Heiland oder das Gesetz.

Dies ist die grundlegende Alternative, vor die Paulus den, der glauben will, stellte. Was ihn selbst angeht, so war auch hier sein Jüdisches dafür zu stark; er hatte seine Ethik, und sie war, so wie überhaupt seine Haltung gegenüber dem Alten Testament, das Ergebnis seiner tief innerlichen Inkonsequenz, daß er mit seinen Glaubensgedanken zwar aus dem Judentum hinausgegangen war, daß er mit seinem Menschlichen aber, mit seinen sittlichen Empfindungen, mit seinem Sinn für das Gebot nach wie vor der Jude blieb, im Judentum lebte. Auch in dieser Hinsicht stand er, in dem der Jude stärker war als die Lehre, anders da als das Geschlecht seiner Jünger, die vom Heidentum herkamen. Sie hatten keinerlei Bindung an das Judentum. Der Brief des Barnabas konnte daher den Satz verkündigen, die alten Tafeln des Moses seien in Stücke gebrochen.[24] Unter den Nikolaiten in Ephesus und Pergamon und unter den Bileamiten scheint der Glaube, daß sie schon erlöst seien, vielfach eine Zügellosigkeit, jene schon erwähnte Freiheitssucht, bewirkt zu haben[25]; unter den Kainiten galten die biblischen Übeltä-

22 Troeltsch, Die Soziallehren der christlichen Kirchen und Gruppen, 52f, 156ff, 171ff
23 Vgl. Harnack, Kirche und Staat bis zur Gründung der Staatskirche, in: Kultur der Gegenwart I, Abt. IV, 132
24 Barnabasbrief 4,8

ter als Beispiele des Menschen, der erlöst worden ist.[26] Das Zeremonielle
und das Ethische waren durch Paulus auf denselben Platz gestellt worden.
Beide waren das Gesetz; wer so über das erstere sich hinausgeführt meinte,
konnte sich über das andere auch erhaben glauben.

Um dieser Richtung entgegentreten zu können, bedurfte die Kirche des
Alten Testaments und seines Sittengesetzes. Sie hat dementsprechend das
Prinzip vom Glauben und den Werken aufgestellt und damit sowohl dem Alten wie dem Neuen Testament sein Recht zuerkannt. Wie dringend die Notwendigkeit des Kompromisses gewesen sein mußte, wird z.B. darin ersichtlich, daß der Brief des Jakobus in das Neue Testament aufgenommen und an
die Spitze der katholischen Briefe gestellt worden ist, diese Epistel, die
nichts anderes ist als eine unnachgiebige Streitschrift gegen Paulus, die in
dem Widerspruch zu dessen Satz, daß der Mensch durch den Glauben ohne
die Werke des Gesetzes gerechtfertigt werde, ausdrücklich erklärt, daß der
Mensch gerechtfertigt wird aus den Werken und nicht aus dem Glauben allein.[27]

Die große katholische Lehre wurde auf dem Fundament dieses geschichtlichen Kompromisses mit dem Jüdischen entwickelt. Es war ein Kompromiß, und der jüdische Bestandteil hat darin begreiflicherweise viel von seinem Eigentum verloren. Der eine Gott, den die Propheten gepredigt hatten,
wurde zu der trinitarischen Auffassung hin gedeutet, die die Kirchenlehrer
durchgebildet hatten. Der Sinn des Alten Testaments wurde christologisch
dargestellt. Das biblische Gesetz wurde teils mit dem Naturrecht in eins gesetzt und demgemäß auf den Platz von dem gewiesen, was rein natürlich ist,
und so von dem unterschieden, was innerlich religiös ist; teils wurde seine
Ausübung neben den kultischen Dienst geführt, in eine Linie also mit den
zeremoniellen Handlungen der Kirche, so daß das eine wie das andere als
gutes Werk betrachtet wurde, beide den gleichen Namen und den gleichen
Wert erhielten. Aber ganz ebenso hat der Paulinismus mit seinem Besonderen zu diesem Kompromiß beitragen müssen, sein Prinzip vom Glauben allein hat hier manches eingebüßt, hat Einschränkung und Begrenzung erfahren.

Aber begreiflicherweise trug dieser Ausgleich auf die Dauer den Widerstreit in sich. Zwiespältigkeiten mußten sich immer wieder in der Kirche regen, indem sich bald der reine Paulinismus die größere Geltung zu sichern,
bald der jüdische Bestandteil einen weiteren Raum zu verschaffen suchte.
Hierdurch ist von nun an die innere Entwicklung der Kirche, das geistige
Ringen in ihr bestimmt.

---

26 Apokal 2,6 u. 14f; vgl. I Kor 6,12f u. 8,7ff; I Petr 2,16; Clemens, Stromat. II,20 u. III,5
27 Jak 2,14-26

Eines allerdings blieb feststehend: die kirchliche Lehre von der Dreieinigkeit; in Bezug auf sie gab es kaum einen Widerstreit. Sie war der ruhende Pol, auch wenn der sogenannte Tritheismus, der die drei Personen der Gottheit voneinander trennen wollte[27], sich noch längere Zeit neben dem offiziellen kirchlichen Begriffe behauptete. Aber anders war es in dem Satze von dem Glauben und den Werken; hier setzten sehr bald die Erläuterungen und Gegenerläuterungen ein, an diesem Problem schieden sich die Lehrer und die Bestrebungen in der Kirche, so sehr, daß man sagen könnte, daß die Geschichte des Dogmas hier jetzt in Wirklichkeit eine Geschichte dieses jüdischen Gedankens wird. Die Kirche erlebt ihre geistigen Zeiten, ihre inneren Wandlungen in dem Wechsel davon, wie bald das aktive, ethisch-psychologische Element des Judentums mit seiner Betonung des Persönlichen, bald das passive, magisch-sakramentale Glaubenselement des Paulinismus mit seiner Auflösung des Individuellen in ein Metaphysisches sich mehr oder stärker in den Vordergrund rückt. Es ist die geschichtliche Leistung, die das Papsttum vollbracht hat, die Aufgabe, die es wieder und wieder mit großer diplomatischer Kunst und vor allem mit großer geistiger Kraft, durch alle Gegensätzlichkeiten und Kämpfe hindurch, vollbracht hat, daß es jene[n] Kompromiß aufrechtzuerhalten vermochte.

Daß es sich um ein[en] Kompromiß handelte, war sehr bald vor den Blick getreten, da sowohl der Grundsatz von den Werken wie der von dem Glauben schon früh seinen Vorkämpfer in einer geprägten, starken Persönlichkeit gefunden hatte, der eine in Pelagius, der andere in Augustinus.

Nach der Auffassung des Pelagius hat der Begriff der Gnade durchaus einen ethischen Charakter, und aus diesem Grunde stellt er auch das Gesetz in ihr Gebiet hinein, wie er überhaupt keinen wesentlichen Unterschied zwischen dem Alten und dem Neuen Testament annimmt. Er lehrt so auch den freien Willen des Menschen, vor den Gott das Gute und das Böse gestellt hat; er lehrt, daß jeder Mensch, auch der Nicht-Christ, das Gute tun kann und daß es daher für den auch eine Erlösung gibt, der nicht getauft ist – in dem allen dem Wege des Judentums folgend.[28] Mit derselben Bestimmtheit, mit der Pelagius diesen Satz vom *liberum arbitrium* und von der *possibilitas boni et mali* vertritt, verwirft ihn Augustin. Er betont mit aller Entschiedenheit, daß seit Adams Fall der freie Wille aufgehört habe, daß der Mensch seitdem von Natur böse sei, unter dem Banne der Ursünde stehe. Für Augustin hat die Gnade eine durchaus übernatürliche Bedeutung, und sie gewährt von sich aus alles, der Mensch trägt nichts bei. Sie wählt einige wenige ohne jeden eigentlichen Grund aus, und ohne Grund läßt sie die große Zahl der

---

27 Harnack, Lehrbuch der Dogmengeschichte II, 4, 300ff
28 Baur, Geschichte d. christl. Kirche II, 2, 132ff u. 143ff; Bruckner, Quellen zur Gesch. des pelagian. Streites

andern zu der *massa perditionis* werden, zu der Menge derer, die der Verdammnis hingegeben sind. Und diese übernatürliche Gnade hat ihren Bereich ausschließlich in der Kirche. Nur die kirchliche Taufe bringt die Erlösung herbei; selbst ein Kind, das ungetauft stirbt, ist verurteilt. Während Pelagius, seinem Prinzip entsprechend und in Übereinstimmung mit alten jüdischen Lehrern, an Andersgläubigen oder Ungläubigen wahrhaft Gutes anerkennt, weil menschliche Tugend selbst eine entscheidende Kraft ist und
Glauben auch einen Glauben an das Gute in sich schließt, besteht für Augustin keine Tugend der Heiden, alle diese Tugend ist ohne Geltung gegenüber dem Sakrament. Alle Erlösung hängt von ihm, von dem Glauben, der
es begründet, ab.[29]

Zwischen diesen beiden Polen strömte während des katholischen Mittelalters das Denken und Forschen hin und her. Sie bezeichnen z.B. auch den
Gegensatz zwischen Thomas und Duns – wobei es interessant ist anzumerken, daß sowohl Pelagius wie Duns Brite war. Kompromisse sind ständig in
der Mitte zwischen diesen beiden Endpunkten hergestellt worden. Begreiflicherweise verurteilte und verwarf die Kirche den Pelagius, aber sie kam
doch immer wieder zu einem duldenden Einvernehmen mit einer Art von
Semi-Pelagianismus. Andrerseits hat sie Augustin als Heiligen erklärt, aber
sie hat nichtsdestoweniger stets und bestimmt den reinen Augustinismus abgelehnt, selbst damals, als er durch so bedeutende katholische Persönlichkeiten wie Jansen und den Kreis von Port-Royal wiedererweckt wurde. Es blieb
bei dem alten kirchlichen Kompromiß, bei dieser Verbindung von Paulinismus und jüdischem Element, wenn auch das erstere immer überwiegen
mußte.

Luthers Reformation ist dann aber von dem Kompromiß zur Kampfansa-
ge geschritten; dem, was nicht paulinisch und augustinisch war, wurde der
Streit gekündet. Mit einem freilich war er zum Judentum zurückgekehrt,
mit dem Gedanken von dem Priestertum aller. Auch hier hatte die katholische Kirche ihre eigene vermittelnde Lehre geschaffen; sie hatte einen Unterschied gemacht zwischen dem inneren Priestertum, das sich auf alle
erstrecken sollte, die getauft waren, und dem äußeren Priestertum, welches
bloß dem Kreise der Geweihten zukam.[30] Hier hat sich Luther nun der jüdischen Idee zugewandt – sie war auch schon im mittelalterlichen Katholizismus bisweilen wirksam gewesen –, er hat es wenigstens während seiner früheren, revolutionären Jahre so getan, und auch hier beginnt so fortwirkend
ein Abschnitt in der Geschichte jüdischen Glaubens im Christentum. Aber
um so entschiedener hat sich der Reformator dafür in seinem Dogma zu

---

29   Harnack, Lehrbuch der Dogmengeschichte III, 4, 68ff, 90ff u. 166ff; Troeltsch, Augustin,
98ff; Sell, Christentum und Weltgeschichte I, 70ff
30   Catechismus Romanus VII,23

dem Gegensatz gegen das Judentum, zu dem reinen Paulinismus hin begeben.[31]

Er lehrt die uneingeschränkte Erbsünde, die völlige Wirksamkeit der Gnade, vor der dem Gläubigen nur eine bewegungslose, eine rein passive Haltung zustehen könne. Er ist hierzu durch sein Verlangen nach der ganzen Gewißheit der Erlösung geführt worden. Da der Katholizismus vom Menschen auch die Werke verlangt hatte und der Mensch niemals imstande war, sie alle zu erfüllen, so konnte der Gläubige, zumal er ja nie wußte, in welchem Maße ihm Gnade gewährt war, immer bloß eine Hoffnung auf Erlösung, aber niemals die Sicherheit derselben besitzen. Um sie zu gewinnen, hat Luther, ganz so wie einst Paulus und Augustin, den Wert der Werke, der menschlichen Handlung verneint und alles ausschließlich von der Gnade, vom alleinigen Glauben an sie abhängig gemacht – *sola gratia, sola fide.* Um unerschüttert in seinem Glauben zu stehen, mußte er das Gebot in die Bedeutungslosigkeit hinstellen, mußte er die Annahme von einem entscheidenden Werte des Tuns als Unglauben, als Sünde gegen den Heiligen Geist erklären. An Stelle des katholischen Grundsatzes von dem Glauben und den Werken erscheint hier wieder der alte Gegensatz: entweder Glaube oder Werke oder, wie dafür auch gesagt werden könnte, entweder Glaube oder Ethik, entweder Gnade oder Gesinnung. Dementsprechend erscheint alles Wollen, mag es das beste und edelste sein, alles Streben, von sich aus gut und gerecht zu werden, als nichts anderes denn ein Weg des Verderbens. Erlösung kann allein von dem Glauben kommen, und er meint für Luther Glaube ohne das Tun. Dadurch ist aus seiner Glaubenslehre alles eigentlich Jüdische entfernt.

Aber es ist Luther ebenso ergangen wie einst der Generation des Paulus. Gleiche Ergebnisse stellten sich ein. Ganz wie sich damals Asketismus und Libertinismus aus dem Prinzip hervor ergaben, daß alles vom Glauben allein abhänge, so trat auch jetzt unter Luthers Anhängern beides hervor: sowohl die Neigung zu einer Askese[32] wie auch eine »antinomistische« Richtung, die unternahm, alles Gesetz zu beseitigen.[33] Und ganz wie damals die Kirche genötigt gewesen war, den Werken ihren Platz zu bereiten, um im Staate leben und bestehen zu können, ganz so sah sich Luther hierzu sehr bald hingeführt, als er seine Kirche unter dem Beistand des Staates zu gründen begann. Er hat sich den Ausweg durch ein sehr einfaches, aber sehr bedenkliches Hilfsmittel verschafft, dadurch nämlich, daß er die moralischen Gebote, die

---

31 Troeltsch, in: Kultur der Gegenwart I, 4, 276ff; Dilthey, in: Archiv f. Gesch. der Philosophie V, 330ff; W. Wundt, Ethik I, 3, 363ff
32 Troeltsch, ebendort 407ff
33 Hunzinger, Lutherstudien. Vgl. das Wort von Amsdorf, Luthers Genossen und Helfer, bei Hase, Hutterus redivivus, 308: bona opera ad salutem esse perniciosa.

er aus dem Gebiete der eigentlichen Religion herausgenommen hatte, in das Gebiet des rein Bürgerlichen verwies, sie der Ordnungs- und Zuchtgewalt der staatlichen Behörden übereignete und unterordnete. Moralität ist hier wesentlich das, was die verordneten Behörden verlangen. Es hat nichts mit der eigentlichen Religion zu tun, bestenfalls ist es ein Anhang zur Religion. Derart ist der Mensch innerlich gewissermaßen in zwei unterschiedene, gesonderte Bereiche zerlegt, in den des geistlichen Menschen, der den Glauben hat, und in den des bürgerlichen Menschen, der die Gebote hält. Dies ist die unjüdische Art der Religion Luthers, und hieran besteht auch ihre innere, ihre religiöse wie ethische, Schwäche. Das Luthertum war niemals imstande, ein wirkliches System der Ethik auf dem Boden der Religion und von der Religion aus zu schaffen. Dafür hat es den Staat hingestellt, der mehr und mehr als der oberste Herr der Kirche und ebenso als der Gebieter und Meister über die Sittlichkeit angesehen worden ist. Es hat dem Staate damit die unumschränkte Vollmacht zuerkannt.

Die große geschichtliche Leistung des Calvinismus[34] im Gegensatz zur Religion Luthers besteht darin, daß er dem Tun des Menschen wieder den weiten Raum gegeben hat, so wie er im Judentum gefordert ist. Der Calvinismus hat sich – von der Trinität abgesehen – vom Judentum fortgewandt durch sein hartes Dogma von der Vorherbestimmung, aber er ist in bestimmter Weise zu ihm zurückgekommen durch seine Lehre von der Bedeutung des menschlichen Handelns, durch seine Betonung des Sittengebots und des göttlichen Willens. Und selbst die Lehre von der Vorherbestimmung ist im Calvinismus schließlich mehr und mehr versittlicht worden. Denn das Verhalten des Menschen ist hier das Zeugnis davon, daß Gott ihn erwählt hat. Der Mensch ist als erwählt dargetan, wenn er es als seine Aufgabe erfaßt, den Willen Gottes in seinen Willen aufzunehmen, die Welt zu vervollkommnen, sein Leben und seine Arbeit und die seiner Nächsten dem Dienste des Sittlichen zu weihen, für das Gute, für Gottes Lob und Ehre auf Erden zu arbeiten. Im Calvinismus hat, ganz anders als in Luthers Religion, der Glaube seinen Sinn und Zweck nicht in sich, sondern sein Ziel ist die Entscheidung zu sittlichem Wirken und Schaffen. Die alte jüdische Idee vom Bunde, den Gott mit den Menschen schließt, und in Verbindung hiermit die vom Judentum gelehrte Idee des Gebotes und seiner sozialen Satzung, alles das also, was der gesetzliche Zug des Judentums genannt zu werden pflegt, dringt innerhalb des Calvinismus mehr und mehr durch. Religion soll hier jedes Tages im Leben bewiesen werden, der ernste, der wichtige Platz soll ihr in der Erfüllung des Daseins gegeben sein. Im Unterschiede von der Lutherschen Religion der Passivität steht der Calvinismus als eine Religion der Aktivität,

---

34 Vgl. Max Weber, Die protestantische Ethik und der Geist des Kapitalismus

der geforderten Bewährung da. Das Alte Testament gewinnt demgemäß an Gewicht und Bedeutung in seiner Bibel.

Mit diesem gesetzlichen Zuge ist hier dann auch, ganz wie im Judentum, die messianische Idee verknüpft. Wo immer das Gebot hervortritt, wo immer gefordert ist, daß der Platz für das Gute auf Erden bereitet sei, das Königtum Gottes durch das Leben des Menschen gegründet werde, dort ist die messianische Idee aufgerufen, dieser Glaube an die schließliche Erfüllung des Guten, an die zukünftige wahre Herrschaft Gottes auf Erden. Von diesem jüdischen Gedanken waren die englischen Puritaner erfaßt, als sie gegen Gottlosigkeit und Despotentum kämpften; von ihm waren die Presbyterianer geleitet, als sie westwärts zogen und die Staaten des neuen England schufen. Hier, ganz wie im Judentum, hat es sich erwiesen, wie sehr die gesetzliche Frömmigkeit immer messianisch wird und wie sehr messianische Frömmigkeit in der gesetzlichen wurzelt.

Bei Paulus hatte die messianische Sehnsucht ihre wesentlichen Züge eingebüßt. Da für ihn das Kommen des Messias und die Erlösung schon zuteil geworden, schon ein wirklicher Besitz der Gegenwart waren, so hatte damit die Idee der großen Zukunftshoffnung viel von ihrem Sinn verloren. Hin und wieder ist dann aber der alte messianische Gedanke wieder wach geworden nicht nur in der alten Kirche, sondern ebenso im Mittelalter. In Tagen der großen Bedrücktheit zumal ist diese jüdische Erwartung einer nahenden Zeit der Gottesherrschaft und des ewigen Friedens lebendig geworden, besonders durch die Verkündigung vom »*evangelium aeternum*« und vom tausendjährigen Reich. Die Kirche hat darin immer etwas Revolutionäres gesehen und ist dagegen mit allen Mitteln, über die sie verfügte, vorgegangen. Ein geschichtliches religiöses Vermögen innerhalb der Kirche ist diese Idee erst durch das sogenannte Täufertum[35] geworden, durch diese religiöse Strömung, aus der, zusammen mit dem Calvinismus, jene starke treibende Kraft herkam, durch die damals Religion und religiöses Denken in England und in den Vereinigten Staaten gestaltet und neu geformt worden sind.

Diese Bewegung hatte sich frei entwickeln dürfen, weil sie wesentlich und grundsätzlich jedwede Verbindung mit dem Staate und jedweden Einbau in ihn, wie Katholizismus und Protestantismus sie eingegangen waren, abwies. Sie hat dafür die freie Gemeinde, in der das religiöse Ideal verwirklicht werden soll, errichtet. Und diese neue Freiheit hat nicht zu Libertinismus und Antinomismus hingeleitet, weil sie eben nicht von dem Widerspruch und Widerstreit gegen das Gesetz ausging. Sie führte, im Gegenteil, zu der Wiedererweckung eines biblischen Sozialismus, eines biblischen Ideals der

---

35 Troeltsch, Die Soziallehren, 797ff

Heiligkeit, da sie ganz zu dem jüdischen Gedanken des Gebotes hin gerichtet war. Die Täufer konnten Independente und Kongregationalisten sein, weil sie die Ethik, vor die Vergebung der Sünden, das Gebot vor die Rechtfertigung stellten. Mit diesem Nachdruck, der auf das Ethische gelegt war, einte sich hier eine Abneigung gegen das Sakramentale, ein Bestreben, ihm von seiner Bedeutung manches zu nehmen; auch darin ist eine Abkehr vom Paulinismus zum Judentum klar zu erkennen. Die täuferische Bewegung stellt eine weittragende Revolution dessen dar, was innerhalb der Kirche jüdisch ist. Sie ist auf ihre weltgeschichtlichen Bahnen in dem England Cromwells und in den Staaten der Pilgrimväter gelangt. Obwohl oder vielleicht weil sie nicht in eine Kirche mündete, ist sie eine der lebendigsten und ergebnisreichsten religiösen Bewegungen der neuen Zeit geworden.

Alle diese reformatorischen Bestrebungen haben einen Zug gemeinsam. Für sie ist die Frage von Gnade und Gesetz, von Glaube und Werk die bestimmende; die andern Fragen treten dahinter zurück. Doch schon im Täufertum zeigte sich gelegentlich eine Einrede auch gegen das Dogma von der Trinität; Ludwig Hatzer[36] widersprach der Gottheit Christi. Im Vordergrund steht das Problem dieser Lehre, durch die Judentum und Christentum so tief geschieden sind, hier zum ersten Mal im Socinianismus.[37] Er ist im Christentum die erste unitarische Richtung und so, was die Gottesidee angeht, die erste Hinwendung zum Judentum. Auch er hat sich von den pelagianischen Ideen her gebildet. Sie waren im Zeitalter des Humanismus wieder erweckt worden. Auf das Recht des Menschen, auf den Weg menschlicher Freiheit und Tat, auf dieses Ethische und das Messianische war hier ein Nachdruck gelegt worden. Um jedem Einzelnen dieses sein Gebiet zuzuerkennen, hatte man sich dem Satze von der Ursünde und der Rechtfertigung durch Christus widersetzt. Im Verfolge solchen Suchens und Strebens hatte man notwendig alles rein Dogmatische mehr und mehr beiseite gestellt, war man zu einer schlichten Erklärung des Bibelwortes, zu einer Ablehnung der Christologie und der Dreieinigkeit, zu einem strengen Begriffe der Einheit Gottes gekommen; es war eine Umkehr zum Judentum. Socinianismus ist der Versuch, eine humanistische Renaissance des Christentums an Stelle der dogmatischen Reformation zu schaffen.

Was seine äußere Geschichte anlangt, so hat er nur eine kurze Frist des Lebens gehabt. Er hat zwar seine eigene Kirche in Polen gegründet, aber sie ist dort nur zu bald dem Gegendruck erlegen, so durchaus, daß sie keinerlei Spur dort zurückgelassen hat. Nur in Transsylvanien vermochte eine Gruppe von Gemeinden, Jahrhunderte durch alle die Verfolgungen hindurch,

---

36 Vgl. Hege, Die Täufer in der Kurpfalz
37 Harnack, Lehrbuch der Dogmengeschichte III, 765ff

welche sie zu bestehen hatte, sich zu erhalten, auch nachdem einige ihrer Gläubigen sich als Sabbatarier zum Judentum bekehrt hatten. Wenn so auch hier und fast überall in Europa sich der Widerstand des alten Dogmas und seiner Mächte durchsetzte, so sind nichtsdestoweniger die Gedanken des Socinianismus weithin ausgesät worden. Sie sind, zusammen mit den Lehren des Täufertums, Samenkörner gewesen, aus denen in späterer Zeit eine Ernte erstand. So war es in den Niederlanden und vor allem in England, wo ein Mann wie Milton sich dem eröffnete, und sodann in Amerika. Hier sind diese Gedanken ein starker und wichtiger Antrieb theologischen Ringens und menschlicher, undogmatischer Frömmigkeit geworden. Es waren fruchtbare jüdische Kräfte, die so in das Leben der Kirche hineingeführt wurden. Der Unitarismus eines Priestley, eines Channing, eines Parker, eines Longfellow, eines Martineau geht auf diese socinianischen Keime zurück, die weiter gesproßt waren und aus denen jüngere Tage hervorwuchsen.

Überall im Protestantismus wird im Gange der Generationen ein solcher Zug zum Judentum hin irgendwie erkennbar. Was ist im neuen Protestantismus von dem alten kirchlichen Dogma geblieben? Die Dreieinigkeit ist vielfach mehr und mehr ein bloßes Wort geworden. Der Heilige Geist ist kaum noch die wirkliche göttliche Person, der Paraklet, sondern stellt etwas wie einen Begriff seelischen Vorgangs dar; er hat ein jüdisches Gepräge angenommen. Die kirchliche Lehre von der Gottheit Jesu allerdings wird weithin auch im modernen Protestantismus als Glaubensartikel festgehalten. Aber gerade, weil dem so ist, bezeichnet sie zumeist hier nur einen theologischen Begriff, den man dialektisch hin- und herschiebt, um dabei ihn mehr oder weniger seines Inhaltes ledig werden zu lassen und schließlich bei dem jüdischen Monotheismus anzugelangen. In ähnlicher Weise ist hier der alte kirchliche Dualismus verschwunden, der die Welt in die zwei großen Gebiete schied, das des Gottessohnes und der Gnade und das des Teufels und der Urschuld. Wann spricht man noch von diesem Dogma? Um wieviel mehr redet man dafür von der Religion des ganzen Volkes, von dem Erleben der Nationen, oft fast in Worten der jüdischen prophetischen Predigt. Und endlich die Lehre vom Glauben, von diesem Glauben, der alles bedeuten und alles gelten soll. Auch sie gewinnt nach und nach ihren Platz in der Nähe der jüdischen Verkündigung von der Tat und dem Willen des Menschen, die ihn zu Gott hinführen. Glaube soll nun ein sittlicher Glaube sein, und das meint doch schließlich jüdischen Glauben. Die meisten Gestaltungen im modernen Protestantismus weisen einen Weg auf, der von dem alten kirchlichen Gebiete fort und zu dem geistigen, religiösen Bereiche des Judentums hin geht. Allerdings sind im deutschen Protestantismus, meist auch von einem judenfeindlichen Empfinden her, Gedanken rege geworden, ähnlich denen des Marcion, die alles Jüdische aus dem Christentum entfernt haben wollen.

Die Geschichte der Kirche hat gezeigt, was vom Christentum übrig bleibt, wenn es von allem Jüdischen gesäubert und gereinigt werden soll.

Auch in der Kirche sehen wir so, wenn auf die Jahrhunderte zurückgeblickt wird, eine Geschichte der jüdischen Ideen. Jede Wandlung, die sich im geistigen und religiösen Leben der Kirche vollzog, war im Grunde eine Auseinandersetzung mit diesen Gedanken, entweder eine Abwendung von ihnen oder eine erneute Hinneigung zu der Richtung, zu der sie führen. Es gibt eine Geschichte des Judentums auch in der Kirche. Das Judentum hat sein bleibendes Leben drinnen und draußen. Es kann bekämpft werden, und es kann zurückgedrängt werden, aber es wird doch hier wie dort immer wieder zu neuem Leben. »Et inclinata resurget« – »und mag es niedergedrückt sein, es steigt doch wieder empor«.

Martin Buber (1878-1965)

Ekkehard Stegemann

Einleitung

I

Martin Buber wird mit Recht zu den »großen Gründergestalten unserer Zeit« (H.U. von Balthasar) gerechnet. Wie bei vielen dieser bedeutenden Menschen ist es auch bei Martin Buber nicht so einfach, das, was er war, mit einer der üblichen Kategorien zu charakterisieren. Gewöhnlich zählt man ihn zwar zu den Religionsphilosophen. Denn er war in der Tat sowohl Theologe als auch Philosoph. Aber er war mehr und anderes als das, nämlich Dichter und Gelehrter, Erzieher und Publizist.

Geboren wurde Martin Buber am 8.2.1878 in Wien. Da seine Eltern sich trennten, wuchs er seit 1881 bei seinen Großeltern in Lemberg im österreichischen Teil Galiziens auf. Der Großvater Salomon Buber (1827-1906) war ein bekannter Midraschist. Er vermittelte dem Enkel eine solide jüdische Bildung und nicht zuletzt den philologischen Ehrgeiz, d.h. die Liebe zu den Wörtern. Dazu kam der durch die Vielsprachigkeit in Lemberg ganz selbstverständliche Umgang mit Traditionen verschiedenster Herkunft und Prägung. Buber sprach Deutsch im Haus, Polnisch in der Schule, Jiddisch und Hebräisch in der Synagoge. Die Ferien, die er beim Vater in der Bukowina verbrachte, vermittelten dem Knaben auch erste Begegnungen mit der lebendigen Wirklichkeit des ostjüdischen Chassidismus, und zwar insbesondere dem von Sadagora. Es wird aus all dem klar, warum sich Buber immer als polnischer – und nicht als deutscher – Jude verstand.

Das Studium führte Buber 1896 wieder nach Wien, dann nach Leipzig, Zürich und Berlin. Hier waren die Philosophen Wilhelm Dilthey und Georg Simmel seine Lehrer. 1904 promovierte er in Wien zum Doktor der Philosophie. Die Studienjahre entfremdeten Buber vorübergehend dem Judentum, dem er sich freilich in der Begegnung mit dem Zionismus erneut »einwurzelte«.

Im Unterschied zu Theodor Herzl legte Buber jedoch das Schwergewicht auf die kulturelle Selbstbesinnung und Wiedergeburt des Judentums. Bereits auf dem 3. Zionistenkongreß von 1899 hat er zu Protokoll gegeben, daß der Zionismus eine »Weltanschauung« sei, deren Ausbreitung unter den Juden »durch Pflege der jüdischen Kultur, durch Volkserziehung bewirkt werden« sollte. Und 1918 schrieb Buber: »Daß mich der Zionismus erfaßte und dem Judentum neu angelobte, war nur der erste Schritt. Das nationale Bekenntnis allein verwandelt den jüdischen Menschen nicht« (*M. Buber*, Mein Weg zum Chassidismus, in: *ders.*, Hinweise. Gesammelte Essays, 1953, S. 187). Vielmehr hegte er die Hoffnung, »daß auch an der jüdischen Religiosität in Zion Erneuerung sich vollziehen wird« (*M. Buber*, Der Jude und sein Judentum. Gesammelte Aufsätze und Reden, ²1993, S. 707).

Zionismus als *Erneuerung* der jüdischen Gemeinschaft in religiöser und kultureller Hinsicht machte Buber sich mit ein paar Freunden auch publizistisch zur Aufgabe. Sie gründeten 1902 den »Jüdischen Verlag« und gaben schließlich von 1916-1924 die Monatsschrift »Der Jude« heraus. Viel Anklang fand Bubers Kulturzionismus bei einer jüdischen Studentengruppe Prags, zu der auch Hugo Bergmann und Max Brod gehörten. Vor ihr hielt Buber zwischen 1909 und 1911 seine berühmten drei »Reden über das Judentum«.

Seine eigene religiöse Erneuerung fand Buber in jenen Jahren in der intensiven Beschäftigung mit den Legenden und Erzählungen der Schüler des Rabbi Jisrael Baal Schem Tow und anderen chassidischen Schriften. Er dichtete einen Teil dieser Überlieferung in schöpferischer Weise um und vermittelte sie so einem Publikum, dem diese der Welt zugewandte *Mystik* völlig unbekannt war. Gewiß, es ist zumal von Gershom Scholem an Bubers eigentümlicher Interpretation des Chassidismus strenge Kritik geübt worden (vgl. *G. Scholem*, Martin Bubers Deutung des Chassidismus, in: *ders.*, Judaica, Bd. 1, 1968, S. 165-202). Allein es war Bubers Absicht nie die der historischen Rekonstruktion und Interpretation. Es ging ihm vielmehr darum, die urjüdische Tradition, aus der sich für ihn der Chassidismus speiste, auch für die Gegenwart fruchtbar zu machen.

Dabei deutet sich schon in der Zuwendung zum Chassidismus an, was Buber damals auch philosophisch entdeckte, nämlich das »*dialogische Prinzip*«, die »Verwirklichung«. So schreibt er noch 1952: »Die große Tat Israels ist es nicht, daß es den wirklichen Gott lehrte, ... sondern daß es die Anredbarkeit dieses Gottes als Wirklichkeit zeigte, das Du-Sagen zu ihm« (Die chassidische Botschaft, in: *ders.*, Werke III, 1963, S. 742). Von der Grundeinsicht her, daß es »kein Ich an sich« gibt, sondern nur ein In-der-Welt-Sein und damit In-Beziehung-Sein des Menschen, charakterisiert er die menschliche Existenz als Teilhabe oder Teilnahme. Dabei unterscheidet er zwei Arten der Teilhabe, nämlich den Modus des »Ich – Du«, die *Begegnung*, und den Modus des »Ich – Es«, die *Erfahrung*. In einer Reihe von Schriften, deren berühmteste »Ich und Du« von 1923 ist, entfaltet Buber diesen Ansatz in verschiedenen Richtungen. Von ihm her lag sowohl seine weitere pädagogische Arbeit wie speziell die Kooperation mit Franz Rosenzweig nahe, und zwar insbesondere bei der großen Aufgabe der Bibelübersetzung. In beiden Fällen ist es aber das Wort, die Sprache und das Gespräch, durch die sich Erfahrung und Begegnung vollziehen und mitteilbar machen. Selbst von seinem eigenen Tun konnte Buber darum sagen: »Ich habe keine Lehre, aber ich führe ein Gespräch« (vgl. Antwort, in *P.A. Schilpp / M. Friedman* [Hg.], Martin Buber, 1963, S. 592).

Als Lehrer und *Erzieher* wurde Buber in verschiedener Weise tätig. So gründete er zusammen mit Franz Rosenzweig und anderen 1920 das Freie Jüdische Lehrhaus in Frankfurt am Main. Anstelle des erkrankten Rosenzweig übernahm er 1924 einen Lehrauftrag an der Universität Frankfurt, den er seit 1930 als Honorarprofessor für jüdische Religionsgeschichte und Ethik wahrnahm. Als die Nationalsozialisten ihn aus diesem Amt 1933 vertrieben, intensivierte Buber die Erwachsenenbildung. Bis zu seiner Emigration nach Palästina im Jahre 1938 war er auf diesem Gebiet sowohl in Deutschland wie in Holland und in der Schweiz höchst erfolgreich tätig. Und in Palästina hat er sich gleich ähnlichen Aufgaben gewidmet, etwa indem er das Seminar für Erwachsenenbildung mitgründete, das Lehrer für Neueinwanderer ausbildete. Zudem übernahm Buber 1938 auch eine Professur für Sozialphilosophie an der Hebräischen Universität in Jerusalem.

Wenn etwas den »*hebräischen Humanismus*« Bubers kennzeichnet, dann ist es seine Übersetzung der Hebräischen Bibel ins Deutsche. 1925 konnte er Rosenzweig zur Mitarbeit bewegen. Doch nach dessen frühem Tod mußte Buber das Werk von 1929 an allein fortführen. Der NS-Staat erzwang 1938 eine Unterbrechung. 1950 nahm Buber die Arbeit wieder auf und vollendete sie 1961. Wie in einem Brennglas bündeln sich in diesem Werk die Intentionen seines Autors. Hinzu kam eine Reihe von interpretatorischen Arbeiten zur Bibel, in denen der intensive Umgang mit deren »Wörtern« und deren »Wort« thematisch fruchtbar gemacht wurde. Schließlich und nicht zuletzt von der Bibel her suchte Buber auch den Dialog mit dem Christentum, dem er eine Erneuerung aus seinen jüdischen Wurzeln wünschte.

Als Buber am 13. Juni 1965 in Jerusalem starb, hatte er, dem es immer wieder darum ging, die Wiedergeburt und Erneuerung der »Gemeinschaft« Israels zu fördern, »den Weg mit der bestehenden Gemeinschaft im Gebet nicht finden« können (*E.L. Ehrlich*, Martin Buber – ein unexemplarischer Jude, in: »Wer Tora vermehrt, mehrt Leben«. Festgabe für Heinz Kremers, hg. von Edna Brocke und Hans-Joachim Barkenings, Neukirchen-Vluyn 1987, S. 211).

II

Seit der Aufklärung haben Juden überall dort, wo es ihnen erlaubt wurde, das geistige und kulturelle Leben mitgestaltet; in den Wissenschaften wären ohne sie wesentliche Fortschritte nicht gemacht worden. Der Beitrag von Juden zur politischen Kultur und ökonomischen Entwicklung in vielen Ländern steht außer Zweifel. Ihr Judentum jedoch spielte bei all dem fast nie eine Rolle. Wenn es öffentlich herausgestellt wurde, dann zumeist von ihren Neidern und Gegnern, also in gehässiger Weise und diffamierender Absicht.

Man muß sich an diese Tatsachen erinnern, um ermessen zu können, wie sehr sich davon die Beurteilung Martin Bubers durch seine Umwelt abhebt. Denn er ist wohl »seit und nach Moses Mendelssohn ... der erste Jude, der als Jude in das Geistesleben seiner nichtjüdischen Umgebung hineinwirkte, in ihm nicht nur als Mensch, sondern als Jude akzeptiert wurde und Judentum aufschloß, zugänglich und beachtenswert machte bei den Gebildeten unter seinen Verächtern«.[1] Freilich gab es auch weiterhin viele, zu viele Verächter – auch unter den Gebildeten übrigens.

Trotzdem ist es bemerkenswert, was für eine positive, echte Rezeption Buber fand, und zwar schon sehr früh und nicht nur bei evangelischen und katholischen Theologen, sondern ebenso z.B. in der philosophischen Diskussion.[2] Natürlich hat Buber als Denker des Glaubens und als Interpret und Übersetzer der Bibel vor allem bei Christen und Theologen Beachtung gefunden. James Muilenburg hat dies geradezu hymnisch, aber gewiß nicht übertrieben so beschrieben: »Buber ist nicht nur der größte jüdische Denker unserer Generation, nicht nur ein zutiefst echter Exponent und Repräsentant der hebräischen Art des Denkens, Sprechens und Handelns, nicht nur ein gefeierter Lehrer ›sowohl von Juden wie von Griechen‹, sondern auch der vornehmste jüdische Sprecher zur christlichen Gemeinde.«[3]

Gewiß, das wurde vor mehr als zwei Jahrzehnten, noch zu Lebzeiten Bubers und auf dem bisherigen Höhepunkt seiner geistigen Wirkungsgeschichte, gesagt. Inzwischen hat zwar keineswegs der Respekt nachgelassen, auch die geistige Auseinandersetzung mit ihm hat nicht aufgehört. Doch haben manche Christen und Theologen unterdessen auch noch andere bedeutende jüdische Philosophen und Denker des Glaubens kennengelernt. Sie haben außerdem angefangen, die lebendig-bunte Vielfalt der religiösen und kulturellen Welt der jüdischen Geschichte und Überlieferung zu entdecken. Es war allerdings fast immer Buber, der sie erst darauf aufmerksam machte. Über ihn tat sich vielen Christen ein Weg zum Reichtum jüdischer Weisheit und Lehre auf. Durch ihn lernten sie, daß er selbst nur ein Teil dieses geistigen und religiösen Kosmos ist.

---

1 *H. Gollwitzer*, Martin Bubers Bedeutung für die protestantische Theologie, in: Leben als Begegnung. Ein Jahrhundert Martin Buber, hg. von P. von der Osten-Sacken, Berlin 1978, S. 63-79, hier S. 63
2 Vgl. *P.A. Schilpp, M. Friedman* (Hg.), Martin Buber, Stuttgart 1963.
3 *J. Muilenburg*, in: ebd., S. 365

Fragt man, warum gerade Buber zu diesem anerkannten jüdischen Lehrer der Christenheit werden konnte, so wird man sicher viele verschiedene und auch ganz persönlich gefärbte Antworten hören. Nicht zuletzt liegt das aber daran, daß Buber gerade keine Lehre im doktrinären Sinne hatte. Und hinzufügen muß man sofort, daß er das, was er zu sagen hatte, gut und eindringlich formulieren konnte. Vielleicht schlägt seine Sprache heute, weil ihre Expressivität zuweilen altmodisch wirken kann, nicht mehr jeden gleich in Bann. Ihre Elementarität und manchmal auch ganz unverhüllte Subjektivität machen jedoch begreiflich, warum Bubers Texte bis heute eine höchst persönliche Beziehung zu ihrem Leser, eine *Begegnung*, wie er sagen würde, zu stiften vermögen.

Freilich gründet Bubers Anziehungskraft auf Christen auch in einer bestimmten Affinität seines Glaubensdenkens zu dem ihren. Ich würde es jedoch für falsch oder jedenfalls für ein Mißverständnis halten, wenn man Buber deswegen eine unbewußte christliche Tendenz unterstellte. Richtig ist aber, daß er bestimmte Aspekte der jüdischen Tradition betont und andere vernachlässigt hat. So stellt er die vitale Religiosität des Chassidismus heraus und blendet die halachische Tradition des rabbinischen Judentums aus. Entsprechend ist sein Blick bei der Bibel vor allem auf die Geschichtsbücher, die Propheten und die Psalmen gerichtet, während er die religionsgesetzliche Überlieferung kaum wahrnimmt, abgesehen von dem moralisch-sittlichen Teil, der ohnehin in die christlich-abendländische Ethik Eingang gefunden hat. Mit all dem steht Buber ohne Zweifel dem Christentum nahe, insbesondere der liberalen protestantischen Theologie zu Beginn unseres Jahrhunderts. Doch heißt das nicht, daß seine Denkweise in der Tiefe etwa doch (noch) die christliche war. Vielmehr rührt die Übereinstimmung daher, daß sich Buber wie Teile des Christentums beim Versuch, die biblische Religion dem modernen europäischen Denken zu erschließen, nach dessen Normen richtet. Deswegen teilt Buber manche der Überzeugungen der protestantischen Theologie, aber auch manche ihrer Idiosynkrasien.

Dies kann sehr deutlich an »Der Jude und sein Judentum« abgelesen werden, worin sich auch Bubers eigener Weg zum jüdischen Selbstverständnis und Selbstbewußtsein reflektiert.[4] Ganz ähnlich wie die protestantische Theologie beschreibt er hier das nachbiblische Judentum als eine Größe, die sich immer mehr durch das »Zeremonialgesetz« habe bestimmen lassen. Als dieses »immer starrer und lebensfremder« geworden sei und schließlich zu »Formelkram« und »spitzfindiger Kasuistik« verdarb, da sei das wahre Judentum in seiner vitalen inneren Religiosität verschüttet worden. Diese

---

4 *Martin Buber*, Der Jude und sein Judentum. Gesammelte Aufsätze und Reden, Gerlingen ²1993, bes. S. 1-183; zur Entstehung vgl. die Einleitung von R. Weltsch S. XXI/XXII.

Sicht entspricht ganz und gar dem in der Aufklärung aufgekommenen und von der theologischen Aufklärung ausgeführten Vorurteil, freilich mit einem entscheidenden Unterschied: Was nämlich von christlicher Seite als Wesen des Judentums begriffen wurde, das hielt Buber für dessen Verzerrung. Dementsprechend erklärt er denn auch den Stifter des Christentums, Jesus von Nazareth, gerade zum Zeugen des Ur-Judentums. Er beschreibt Jesus als den Reformer, der die Umkehr zu dem lehrte, »was die Propheten lehrten: die Unbedingtheit der Tat«. Wie die protestantische Theologie sieht Buber darum zwar auch mit Paulus die entscheidende Zäsur im Urchristentum markiert. Doch wenn diese den Völkerapostel als den Befreier des Christentums aus den Fesseln des Judentums feierte, so sah Buber in ihm den, der Jesu Lehre in »Ideologie« umwandelte: »Dieser Mensch zieht die Summe all der ungeheuren Enttäuschung, die der Tendenz der Verwirklichung im Judentum bis auf seine Tage angetan wurde, er zieht mit der nationalen die menschheitliche Summe und erklärt, daß wir nichts vollbringen können, aus uns selber nichts, sondern einzig durch die Gnade Gottes...« In dieser verwandelten Gestalt übermittelt Paulus »die Lehre Jesu den Völkern und reicht ihnen das süße Gift des Glaubens, der die Werke verschmähen, den Gläubigen der Verwirklichung entheben und die Zweiheit in der Welt stabilisieren soll«.[5]

Es ist diese Konstellation zwischen Jesus und Paulus, an der sich für Buber bis hin zu seinen letzten Äußerungen zur Sache der Unterschied von Judentum und Christentum darstellt. Er dreht damit gewissermaßen den Spieß um. Wenn die Christen den Juden das Christentum als Erfüllung und damit zugleich als Überwindung und Aufhebung des Judentums empfohlen haben, dann hat Buber dem entgegengehalten: »Was am Christentum schöpferisch ist, ist nicht Christentum, sondern Judentum, und damit brauchen wir nicht Fühlung zu nehmen, brauchen es nur in uns zu erkennen und in Besitz zu nehmen, denn wir tragen es unverlierbar in uns; was aber am Christentum nicht Judentum ist, das ist unschöpferisch, aus tausend Riten und Dogmen gemischt, und damit – das sagen wir als Juden und als Menschen – wollen wir nicht Fühlung nehmen.«[6] Ebendies bestimmt nun einerseits das Selbstbewußtsein, das Buber als Jude gegenüber den Christen aufbringen kann. Andererseits bestimmt es aber auch seinen Respekt vor dem Christentum, das ja mit seinem Stifter, Jesus von Nazareth, das Urjudentum im Herzen trägt. Schließlich erklärt sich aber auch von hier her, wo Bubers Kritik am Christentum ansetzt.

Doch bevor wir zum näheren Inhalt und zum Recht dieser Kritik vordrin-

---

5   Ebd., S. 105
6   Ebd., S. 38f

gen, müssen wir noch etwas betonen, was jenseits davon Bestand hat und worin Buber meines Erachtens immer vorbildlich und wegweisend sein wird. Ich meine seine unübertroffene Fähigkeit zum Dialog, seine Kompetenz in Sachen einer herrschaftsfreien Unterredung, in der jeder Partner mit dem Eigenen hervortreten darf. Das schließt durchaus ein, daß sich im Diskurs auch kritische Selbsterkenntnis ereignet. Aber es schließt in jedem Fall aus, daß der eine den anderen zu seiner Überzeugung bekehren muß, ja auch nur dürfte. Denn die Wahrheit des einen ist nicht die Unwahrheit des anderen. Im Haus Gottes, der Welt, gibt es nur Partnerschaft in Angelegenheiten der Wahrheit und Zeitgenossenschaft, bei der es keinen Vorsprung gegenüber der Ewigkeit geben kann. Diese gänzlich »unmissionarische« Voraussetzung, diese fundamentale Gleichberechtigung im Glauben, von der Buber auch dann noch ausgeht, wenn seine Partner unter den Christen es ausgesprochen nicht tun, dieses Charisma an Brüderlichkeit ist vielleicht das Kostbarste an dem, was er zu lehren hatte und hat.

III

Der erste der unten abgedruckten Texte gibt einen Vortrag wieder, den Buber im März 1930 in Stuttgart vor der Konferenzgemeinschaft der Judenmissionsgesellschaften deutscher Zunge gehalten hat. Er ist ein schönes Exempel sowohl für Bubers sprachliche Kraft als auch für die soeben genannte dialogische Kompetenz, d.h. für deren Unerschütterbarkeit. Der Auftakt ist rhetorisch brillant. Doch wenn er hier die Judenmission als eine dem Gottesreich, dem »Reich der Einung«, geradezu im Wege stehende Tätigkeit kennzeichnet, dann ist das mehr als nur ein gekonnter rhetorischer Einstieg. Vielmehr steckt darin schon die ganze Kritik an dem Christentum, das ihn hier zur Rechenschaft über die jüdische Seele aufgefordert hat. Denn hinter der in der Judenmission institutionalisierten christlichen Unfähigkeit zur Partnerschaft mit dem Judentum wird Buber einer gewissen christlichen Exzentrizität gewahr. Die Judenmission ist nämlich die Manifestation einer Verschiebung jener zwei Brennpunkte, um die sich die Seele des Judentums elliptisch schwingt. Der erste ist die spannungsvolle Einheit von Distanz und Nähe von Gott und Mensch, Schöpfer und Geschöpf. Diese Spannung hat das Christentum für Buber aufgelöst, indem es die Inkarnation lehrte, also anstelle der Einheit Gottes dessen Einung mit der Menschheit gesetzt hat. Der zweite Brennpunkt ist die Spannung zwischen der überall wirkenden erlösenden Gotteskraft und der Unerlöstheit der Welt. Diese hat das Christentum nach Buber insofern aufgelöst, als es mit Jesus Christus eine Zäsur in der Geschichte, nämlich das Umschlagen von der Unerlöstheit zur Erlöstheit behauptet, wenn auch nur proleptisch und partiell. In beiden Punkten, man spürt es deutlich, überschreiten die Christen für Buber eine geheiligte Grenze. Und doch sucht er das Gemeinsame, das die Geschiedenheit übergreift.

Ganz ähnlich in der Sache redet Buber auch in dem zweiten Text, der seinen Beitrag in einem vom Stuttgarter Jüdischen Lehrhaus veranstalteten Gespräch wiedergibt, das am 14.1.1933, also wenige Tage vor der sogenannten »Machtergreifung«, stattgefunden hat.

Der dunkle Schatten des nationalsozialistischen Terrors liegt auch schon über diesem Dialog. Sein Partner war der Bonner Ordinarius für Neues Testament, Karl Ludwig Schmidt (1891-1956). Schmidt war damals einer der brillantesten Köpfe des deutschen Protestantismus und als Sozialdemokrat ein entschiedener und beachteter Gegner der Nazis. In einer von ihm herausgegebenen theologischen Zeitschrift, den »Theologischen Blättern«, hat er der Opposition gegen Hitler und dessen theologische und kirchliche Helfershelfer ein Forum gegeben. Er selbst mußte denn auch für seine politische Überzeugung und seine menschliche Anständigkeit recht bald den Preis bezahlen. Im September 1933 wurde er von der Universität verbannt und aus dem Staatsdienst entlassen. Wenig später flüchtete er in die Schweiz und entkam so einer drohenden Verhaftung. 1935 wurde er auf eine neutestamentliche Professur an die Theologische Universität Basel berufen, wo er bis zu seinem frühen Tod im Jahr 1956, in den letzten Jahren freilich von einer Krankheit schwer gezeichnet, gelebt hat.

Schmidts Gesprächsbeitrag ist bei aller Hochachtung vor der Person Bubers und bei allem Respekt vor der biblischen Würde Israels doch von der klassischen christlichen Position bestimmt, d.h. vom Absolutheitsanspruch und der Judenmission.[7] Entsprechend wiederholt Buber in seiner Replik im Grunde das, was er schon in dem ersten Text gesagt hat. Allerdings kommt hier als Konkretion noch die »Messiasfrage« hinzu, die ja aber nur eine Variante des Streits um die Erlöstheit bzw. Unerlöstheit darstellt. Bemerkenswert weit geht Buber in der Toleranz gegenüber dem christlichen Theologumenon von der Verwerfung Israels, das er als unantastbare Glaubensgewißheit respektiert. Doch man spürt aus jedem Satz, wie gewiß sich Buber demgegenüber des »Selbstwissens« Israels ist, des Wissens um die unaufgekündigte Erwählung trotz aller Erniedrigung. Schlechthin gültig werden hier seine Aussagen, die in der Konfrontation der ecclesia triumphans in Gestalt des herrlich-gewaltigen Doms zu Worms und dessen Judenfriedhof rhetorisch kulminieren. Eine sehr wichtige Kritik fügt Buber jedoch noch an, wenn er die christlichen Völker am biblischen Maßstab mißt und dabei den

---

7 Dazu vgl. *P. von der Osten-Sacken*, Begegnung im Widerspruch. Text und Deutung des Zwiegesprächs zwischen Karl Ludwig Schmidt und Martin Buber im Jüdischen Lehrhaus in Stuttgart am 14. Januar 1933, in: Leben als Begegnung (s.o. Anm. 1), S. 116-144.

Widerspruch zwischen dem Anspruch, das wahre Gottesvolk zu sein, und dem faktischen Tun aufdeckt. Denn er wirft nun die Frage auf, wie ein Handeln der christlichen Völker von der Bibel her möglich ist, die ja in der Tora ganz konkrete Forderungen z.b. bezüglich des Verhaltens gegenüber den Fremden, den »Gastsassen«, erhebt.

Die ethische Paralyse, die Buber hier exemplarisch kennzeichnet, macht das Gewicht seiner kritischen theologischen Anfragen an die Christen allererst deutlich. Denn damit legt er nahe, daß der Widerspruch, der zwischen der christlichen Rede vom Gekommensein der Erlösung und der faktischen Unerlöstheit der Welt besteht, auf die Juden projiziert und an ihnen heimgesucht worden ist. Die Juden erinnern die Christen an die Ohnmacht ihres messianischen Glaubens und fordern sie auf, sich der Wahrheit der unerlösten Wirklichkeit der Welt zu stellen. Dies ist nach dem Holocaust eine ganz und gar unabweisbare Anfrage an die Christen geworden. Nur wenn es ihnen gelingt, ihre Blindheit, ihre Verstocktheit zu überwinden und die unübersehbar totale Abwesenheit der Erlösung sich nicht mehr zu verbergen, dann braucht ihr messianischer Glaube den Vorwurf, falsches Bewußtsein zu sein, nicht zu fürchten. Nur dann auch wäre der Verdacht auszuräumen, daß der Antijudaismus die linke Hand der Christologie sei.

Der dritte hier abgedruckte Text ist ein Ausschnitt aus Bubers Monographie »Zwei Glaubensweisen«. Dieses Buch ist 1950 »in Jerusalem in den Tagen seiner sogenannten Belagerung« (Vorwort) verfaßt worden, ein klassischer »Sitz im Leben« für das Stichwort »Glaube«, wie Jes 7,9 zeigt. Der Theologe Emil Brunner, mit dem Buber befreundet war und der auch in dem Buch kritisch rezipiert wird, hat es einen »Großangriff auf das Christentum« genannt. Das ist vielleicht übertrieben. Sicher richtig ist aber, daß Buber in diesem Werk seine Auseinandersetzung mit dem paulinischen Christentum höchst kritisch auf den Begriff gebracht hat. Er hat dafür bei Christen wenig Zustimmung gefunden, in einer Hinsicht sicher auch mit Recht. Denn die Gegenüberstellung von hebräischem und griechischem Glaubensverständnis, bezogen auf die Differenz von Judentum und Christentum, mag ja noch für den jeweiligen geschichtlichen Phänotyp etwas Richtiges kennzeichnen. Und im Blick auf manche christliche Epoche sowie abgesehen von der differenzierten theologischen Reflexion dürfte Buber durchaus recht haben, daß sich das vulgäre christliche Glaubensprinzip als die Anerkennung und das Hinnehmen und damit auch das Fürwahrhalten bestimmter, bisher nicht für wahr, sondern für absurd gehaltener Aussagen darstellt. Doch es ist sicher nicht zutreffend, wenn das davon unterschiedene Glaubensprinzip, nämlich das Beharren im Vertrauen auf Gottes Führung auch gegen den Augenschein, gerade Paulus abgesprochen und allein Jesus zugeschrieben wird. Damit verkennt Buber nicht nur den paulinischen Glaubensbegriff, wie allein die Tatsache zeigen kann, daß in den Paulustexten Abrahams Glaube an Gottes Verheißung einer Nachkommenschaft, also Abrahams Hoffnung wider Hoffnung, das Paradigma des Glaubens schlechthin ist (vgl. Röm 4). Ferner verkennt Buber auch, daß das griechische Wort *pistis* (bzw. dessen verbale Derivate) für Paulus wie für das griechisch sprechende Judentum überhaupt immer den Bedeutungsgehalt des hebräischen Äquivalents *emuna* (bzw. dessen verbale Derivate) evozierte. Denn *pistis* fungierte in der Septuaginta als Übersetzung für *emuna* und bekam so die Bedeutung eines semantischen Lehnworts.[8] Und diesen »hebraisierten« Sinn behielt das Wort auch im Urchristentum, solange dieses seinen Zusammenhang mit dem griechisch sprechenden Diasporajudentum und seinen sozialen und religiösen Minoritätsstatus im römischen Reich behielt. Erst bei der Transformation der christlichen Überlieferung in die lateinische Sprache und Kultur, vor allem aber bei der damit im 4. Jahrhundert verbundenen Transformation seines sozialen Status, d.h. beim Aufstieg zur Mehrheits- und Staatsreligion, veränderte sich auch der christliche Glaubensbegriff.

Freilich muß man Bubers Deutung des paulinischen Glaubensbegriffs auch auf dem Hintergrund der ihm zeitgenössischen neutestamentlichen Forschung betrachten. Dabei aber wird man finden, daß etwa auch der 1965 erschienene Artikel im anerkannten Theologischen Wörterbuch zum Neuen Testament, den Rudolf Bultmann verfaßt hat, etwas Ähnliches für Paulus herausstellt wie Buber. Denn zwar sieht auch er, daß das Moment des Vertrauens und der Hoffnung im paulinischen Glaubensverständnis enthalten ist. Allein er spricht daneben aber zugleich von einem »spezifisch christlichen Gebrauch«, der eben in der Formel πιστεύειν εἰς, also »glauben an«, vorliege. Ebendiese beziehe sich aber auf »die Annahme des Kerygma von Christus«. Bultmann sieht darum »das Moment des vertrauenden Hoffens im spezifisch christlichen« Glaubensverständnis zurücktreten zugunsten der Anerkennung, daß Gott in Jesus eschatologisch gehandelt hat (vgl. *R. Bultmann*, Artikel πιστεύω, in: Theologisches Wörterbuch zum Neuen Testament, Bd. 6, Stuttgart 1965, S. 209).

Vieles von dem, was Buber schon an Paulus wahrzunehmen meint, dürfte sich bei näherem Hinsehen als Retrojektion einer späteren Rezeptionsgeschichte des Paulus im Christentum erweisen lassen. Manches von dem, was Buber an Jesus erkennt, gehört auch Paulus zu. Nicht von der Hand zu weisen ist aber, daß das Christentum seine »jüdische« Kontur nicht zuerst innerlich, sondern äußerlich eingebüßt hat, nämlich indem es sozial und politisch zur Herrschaft gelangte. Die Konstantinische Wende hat für die Entwick-

8 Vgl. *D. Lührmann*, Glaube im frühen Christentum, Gütersloh 1976.

lung des Christentums mehr Bedeutung als der Übergang von Jesus zu Paulus. Doch darin hat Buber sicher etwas Richtiges gesehen, daß sich das Christentum ganz neu auf seinen Ursprung zu besinnen hat.

Der letzte Text ist eine Schlußbemerkung zur Bibelübersetzung. Sie spricht ganz für sich. In den Blick kommt damit jedoch eine tragische Seite des Lebenswerks von Martin Buber, wie Shemarjahu Talmon mit Recht gesagt hat. Denn »als Übersetzer wandte er sich vorzüglich an den deutschen Juden, dem die Bibel in der hebräischen Urschrift ein versiegeltes Buch war«. Doch der deutsche Massenmord hat auch bewirkt, daß diese Übersetzung ihren Adressaten nicht mehr finden kann. In gewisser Weise erfuhr Bubers Übersetzung deshalb »das Schicksal der Septuaginta«, die, für das griechisch sprechende Judentum bestimmt, »schließlich autoritative Version der Kirche« wurde.[9] Möge Bubers Version dazu beitragen, daß die, deren Sprache sie spricht, der »Urwahrheit« ihres Wortes und der Menschenfreundlichkeit ihrer Forderung inne werden.

Was Bubers Lebenswerk für ein Christentum bedeutet, das sich auf sich selbst besinnt, wird heute nicht abschließend und erschöpfend gesagt werden können. Ich sehe Bubers Beitrag vor allem darin, daß er die Christen eingeladen hat, sich auf die jüdischen Wurzeln ihres Glaubens und die biblische Signatur ihrer Hoffnung zu besinnen. Dies muß zuallererst zu einer Anerkennung des Judentums als des gleichberechtigten Partners im Hause Gottes, der Welt, führen, ja zur Anerkennung dessen, daß Israel unersetzbar und unvertretbar Gottes Volk ist. Dies muß aber auch heute fortgesetzt werden mit einer Besinnung auf die Grundlagen verantwortlichen Lebens in der Welt. Was vor uns Christen steht, ist die Entdeckung der Tora, der biblischen Signatur des Handelns.

---

9 *Sh. Talmon*, Buber als Bibel-Interpret, in: Leben als Begegnung (s.o. Anm. 1), S. 42-54, hier S. 53

Martin Buber

Die Brennpunkte der jüdischen Seele (1930)

(Rede auf einer von den vier Judenmissionsgesellschaften deutscher Zunge
einberufenen Studientagung in Stuttgart im März 1930)[1]

Sie haben mich aufgefordert, zu Ihnen über die Seele des Judentums zu sprechen. Ich bin dieser Aufforderung gefolgt, obwohl ich der Sache, die diese
Ihre Tagung trägt, entgegen bin, und zwar entgegen nicht bloß »eben als
Jude«, sondern auch in Wahrheit als Jude, das heißt als einer, der des Gottesreiches, des Reichs der *Einung*, harrt und alle solche »Mission« als eine Ver-
kennung seines Wesens und Hinderung seines Kommens sieht. Wenn ich
trotzdem Ihrem Ruf gefolgt bin, so war es deshalb, weil ich meine, wenn
man angerufen wird, eine Auskunft zu erteilen, habe man nicht zu fragen:
»Warum habt ihr mich angerufen?«, sondern man habe die Auskunft zu geben, so gut man kann – und das ist meine Absicht.

Es gibt aber einen wesentlichen Gegenstand innerhalb des Gebiets »Judentum«, über den zu Ihnen zu reden ich mich nicht befugt fühlen würde,
das ist das »Gesetz«. Meine Anschauung dieses Gegenstands weicht von der
überlieferten ab, sie ist gewiß kein Anomismus, aber auch kein Nomismus.
Ich darf hier daher weder die Tradition vertreten noch statt der gewünsch-
ten Auskunft eine persönliche Stellungnahme aussprechen. Doch scheint
mir das Problem des Gesetzes gar nicht in das Thema zu gehören, das ich zu
behandeln habe. Anders verhielte es sich, wenn mir obläge, die Lehre des Judentums darzulegen. Denn die Lehre des Judentums ist eine sinaitische, sie
ist eine Moseslehre. Aber die *Seele* des Judentums ist vorsinaitisch, es ist die
Seele, die an den Sinai *herantritt* und da empfängt, was sie empfängt, sie ist
älter als Mose, sie ist urväterhaft, eine Abrahamsseele, besser noch (da es um
das *Produkt* eines urtümlichen Zeitalters geht): eine Jakobsseele. Das Gesetz
tut sich ihr an, und sie ist hinfort nie mehr jenseits seiner zu verstehen, aber
sie selber ist nicht gesetzhaft. Wenn man von ihr reden will, muß man alle
ihre Zeiten und Wandlungen bis auf diesen Tag betrachten, aber nie vergessen, daß immer noch sie es ist, sie auf ihrem Weg.

---

1 Obgleich diese Rede sich in manchem Punkt mit der vorigen berührt, habe ich sie in das
Buch aufgenommen, um unzutreffenden Darstellungen den Wortlaut, soweit er noch – nach
den Niederschriften einiger Hörer – rekonstruiert werden konnte, entgegenzusetzen. Man
wird sehen, daß ich nicht, wie Prof. Adolf Köberle, der nach mir über die Seele des Christentums sprach, meint (Die Seele des Christentums, Berlin 1932, S. 12), »wie ein feurig werbender
Anwalt des modernen Lebensbewußtseins« geredet habe.

Mit dieser Einschränkung jedoch ist die Aufgabe eher schwerer geworden. »Ich müßte Ihnen jetzt«, so schrieb Franz Rosenzweig 1917 an einen
christlichen Freund jüdischer Herkunft, »das Judentum von innen zeigen,
ähnlich hymnisch wie Sie mir, dem Draußenstehenden, das Christentum zeigen können: und aus demselben Grund, aus dem Sie es können, kann ich es
nicht. Das Christentum hat seine Seele in seinen Äußerungen, das Judentum
hat außen seine harte schützende Schale, und von seiner Seele kann man nur
drinnen reden.« Wenn ich es hier, also draußen, dennoch zu tun wage, kann
ich nicht eine Darstellung dieser Seele im Sinn haben, sondern nur einige
Hinweise auf ihr Grundverhalten.

Daß dieses Grundverhalten nichts anderes ist als das Glaubensverhältnis,
seiner menschlichen Seite nach erfaßt, brauche ich nicht zu erörtern. »Glaube« darf dabei freilich nicht so verstanden werden, wie ihn etwa der Hebrä-
erbrief (11,6) versteht: glauben, daß Gott ist. Das ist der Jakobsseele nie
zweifelhaft gewesen: Wenn sie ihren Glauben, ihre Emuna bekannte, bekannte sie damit nur, sie vertraue dem seienden Gott, daß er, wie es der
Stammvater erfuhr (Genesis 28,20; 35,3), *bei ihr da sei,* und sie vertraue sich
ihm, dem bei ihr Daseienden, an. Dieser Tiefe israelitischen Glaubensver-
hältnisses wird Franz Baader aus der Tiefe der deutschen Sprache gerecht,
wenn er »Glauben als Geloben, das heißt als ein sich Verbinden, Vermählen
oder Eingehen« erklärt.

Das Angelobtsein des Juden ist die Substanz seiner Seele. Da aber der,
dem die Angelobung gilt, der lebendige Gott ist, der an der Unendlichkeit
der Dinge und Begebnisse die Unendlichkeit seiner Erscheinungsträger hat,
ist dies dem Angelobten Stachelung und Stetigkeit zugleich: in der Fülle der
Manifestationen immer wieder den Einen wiederzuerkennen, dem man sich
anvertraut, angelobt hat. Das Urwort, das von Gott aus auf dieses Wiederer-
kanntwerden hin gesagt ist, ist sein Spruch an Mose im brennenden Dorn:
»Ich werde dasein als der ich dasein werde.« Er ist je und je da, je und je seiner Kreatur gegenwärtig, aber jeweils als der, als der er eben jetzt und hier
da ist, so daß der Geist des Menschen nicht vorzuwissen vermag, im Gewan-
de welcher Existenz und welcher Situation sich Gott je und je bezeigen wird.
Es gilt, ihn in jedem seiner Gewänder wiederzuerkennen. Ich kann keinen
Menschen schlechthin einen Heiden nennen, ich kenne nur Heidnisches im
Menschen, aber insofern es Heidentum gibt, besteht es nicht darin, Gott
nicht zu erkennen, vielmehr darin, ihn nicht als Denselben wiederzuerkennen, wogegen es mir gleichsam das Jüdische im Menschen zu sein scheint,
Gott je und je wiederzuerkennen. Von der jüdischen Seele also will ich, in einigen Hinweisen auf ihr Grundverhalten, zu Ihnen sprechen als von der Verdichtung dieses menschlichen Elements in volkhafter Art, als von dem
volksgestaltigen Instrument solches Angelobtseins und Wiedererkennens.

Ich sehe die Seele des Judentums elliptisch um zwei Punkte schwingen.

Der eine ist die Urerfahrung, daß Gott vom Menschen durchaus abgehoben, seiner Fassung durchaus entrückt und daß er doch in unmittelbarer Beziehung eben diesem ihm in unbedingter Weise inkommensurabeln Menschen gegenwärtig und zugewandt ist. Beides zugleich zu wissen, so daß das eine vom andern nicht getrennt werden kann, das macht das Leben im Kern jeder gläubigen Judenseele aus. Beides: »Gott im Himmel«, das ist im absoluten Geheimnis, und der Mensch »auf Erden«, das ist in der Gebrochenheit seiner Sinnen- und Verstandeswelt, Gott in der Vollkommenheit und Unbegreiflichkeit seines Wesens und der Mensch im abgründigen Widerspruch dieses wunderlichen Hierseins von Geburt zu Tod – und zwischen beiden das Unmittelbare! Wenn der naiv-fromme Jude auch noch des heutigen Ostens, dem jüdischen Frommen der vorchristlichen Zeit ähnlich (vergleiche zum Beispiel Weisheit Salomos 2,16), diesen Gott »Väterlein« ruft, sagt er nicht etwas, was er gelernt hat, sondern eine Erkenntnis, die aus ihm selbst gewachsen ist, die der Vaterschaft und der Sohnschaft. Nicht als ob dieser Mensch nicht wüßte, daß Gott auch urfern ist, aber er weiß zugleich, daß die Gottferne niemals Gott unverbunden macht mit ihm, daß der gottfernste Mensch sich aus der Gegenseitigkeit nicht losschneiden kann. Er weiß, daß trotz der unbedingten Distanz zwischen Gott und Mensch das Ebenbildszeichen, das Gott dem Menschen schaffend an- und eingetan hat, zwar verblassen, aber nicht verwischt werden kann. Es ist das Zeichen, das nach der chassidischen Legende der Baalschem dem Dämon Samael, den er beschwor, auf den Stirnen der Jüngerschaft zeigte, und der Überwundne bat, als der Meister ihn nun gehen hieß: »Söhne des lebendigen Gottes, erlaubt mir, noch eine Weile stehen zu bleiben und das Ebenbildszeichen der Gottheit auf euren Gesichtern anzuschauen!« Verwirklichung des Ebenbilds ist das eigentliche Gebot Gottes an den Menschen.

»Furcht Gottes« bedeutet demgemäß dem Juden nicht sich vor Gott fürchten, sondern: erschauernd seiner Unbegreiflichkeit inne werden. Furcht Gottes ist das kreatürliche Wissen um das von keiner unsrer Geistesmächte zu berührende Dunkel, von dem aus Gott sich offenbart. Darum wird sie zu Recht (Prov 1,7) »der *Anfang* der Erkenntnis« genannt. Sie ist das dunkle Tor, durch das der Mensch gehen muß, um in die Liebe Gottes zu kommen. Wer den Gang durch dieses Tor meiden will, wer also damit beginnt, sich einen erfaßlichen Gott zu besorgen, der so und nicht anders beschaffen sei, läuft Gefahr, in der Tatsächlichkeit des Geschichts- und Lebenslaufs an ihm verzweifeln zu müssen oder der inneren Lüge zu verfallen. Nur durch die Furcht Gottes tritt der Mensch so in die Liebe Gottes, daß er aus ihr nicht mehr geworfen werden kann. Aber Furcht Gottes ist eben ein Tor, sie ist nicht ein Haus, in dem man sich wohnlich einrichten kann; wer darin verweilen wollte, würde in der Anbetung die Erfüllung jenes eigentlichen Gebots versäumen. Gott ist unbegreiflich, aber er ist erkennbar in der Verbundenheit mit ihm. Gott ist nicht wißbar, aber er ist nachahmbar. Das Leben des gottungleichen Menschen kann doch in der imitatio Dei gelebt werden. Ihm, dem Ungleichen, ist doch das »Gleichnis« nicht verschlossen. Es ist letzter Ernst, wenn die Schrift den Menschen anweist, auf Gottes Weg, in seine Fußstapfen zu treten. Der Mensch kann aus eigner Kraft keinen Weg, kein Wegstück, vollbringen, aber er kann den Weg betreten, er kann diesen ersten, immer wieder diesen ersten Schritt tun. Der Mensch kann nicht »wie Gott sein«, aber in aller Unzulänglichkeit einer jeden seiner Stunden kann er in jeder, mit dem Vermögen dieser Stunde, Gott nachfolgen – und wenn er dem Vermögen dieser seiner Stunde genug tut, hat er genug getan. Das ist nicht ein bloßer Glaubensakt, es ist ein Eingehen in das in dieser Stunde zu Lebende mit der ganzen Tätigkeitsfülle der geschöpflichen Person. Dieses Eingehen *vermag* der Mensch: Unverkümmert, unverkümmerbar ist das Vermögen von Geschlecht zu Geschlecht immer wieder da. Auch keinem urzeitlichen »Sündenfall«, so folgenreich er ist, billigt Gott die Macht zu, dieses zentrale Bestimmungsgut zu verkürzen: Göttliche Schöpfungsintention ist mächtiger als die Sünde des Menschen. Das Wissen um Schöpfung und Geschöpflichkeit sagt dem Juden, daß es wohl Belastung durch Urzeit und Zeit, aber keine übermächtige Erbsünde gibt, die ihn, den Spätgeborenen, hinderte, im Entscheidenden frei wie Adam zu sein und, wie Adam frei Gottes Hand fahren ließ, so frei sie zu ergreifen. Wir sind auf die Gnade gewiesen; aber wir tun Gottes Willen nicht, wenn wir uns unterfangen, bei ihr statt bei uns zu beginnen. Unser Beginnen, unser Begonnenhaben, eben es in seiner Not und nur es, führt uns der Gnade zu. Gott hat sich keine Werkzeuge gemacht, er bedarf keiner; er hat sich Partner des Weltzeit-Gesprächs erschaffen, gesprächsfähige Partner.

In diesem Gespräch redet Gott jeden Menschen mit dem Leben an, das er ihm gibt und immer wieder gibt. So kann der Mensch ihm nur mit dem ganzen Leben – damit, wie er dieses ihm gegebene Leben lebt – entgegnen. Der jüdischen Einheitslehre von Gott entspricht die jüdische Ganzheitslehre vom Leben. Da Gott dem Menschen nicht bloß den Geist, sondern das Dasein, von dessen »Unterstem« bis zu dessen »Oberstem«, verleiht, kann das Partnertum des Menschen sich in keiner Geisteshaltung, in keiner Andacht erfüllen, in keinem heiligen Obergeschoß, es bedarf des ganzen Lebens dazu, all seiner Bezirke und Verhältnisse. Es gibt keinen echten menschlichen Anteil am Heiligen ohne die Heiligung des Alltags. Indem das Judentum sich in seiner Glaubensgeschichte entfaltet, solange es sich in ihr entfaltet, steht es immer entschiedener gegen die »Religion« als gegen den Versuch, Gott, der das Ganze anspricht und beansprucht, mit einem festgesetzten Teil abzufinden. Aber diese Entfaltung des Judentums ist wirklich dies und nicht eine Veränderung. Am Beispiel des Opferkults sei erläutert, was damit gemeint ist. Von den beiden Grundelementen des biblischen Tieropfers ist das eine die Sakralisierung des natürlichen Lebens: Wer ein Tier schlachtet, weiht der Gottheit davon zu und heiligt so sein Essen. Das andere Grundelement ist die Sakramentalisierung der vollständigen Lebenshingabe; das sind die Opferarten, bei denen der Opfernde die Hände auf den Kopf des Tieres stemmt, um sich mit ihm zu identifizieren, und so leiblich äußert, daß er in der Kreatur sich selber darzubringen im Sinn hat. Wer jenes ohne dieses, ohne die Ausrichtung der Seele vollzieht, verkehrt den Kult ins Sinnlose, ja Sinnwidrige; ihm gilt der Kampf der Propheten gegen den entseelten Opferdienst. Im Judentum der Diaspora tritt an die Stelle des Opfers das Gebet, aber es wird auch um die Wiederherstellung des Kults, als um die Wiederkehr der heiligen Einheit von Geist und Leib, gebetet. Und in der Vollendung des Diaspora-Judentums, in der chassidischen Frömmigkeit, verbinden sich jene beiden Grundelemente zu einer neuen und doch den Sinn des Ursprünglichen erfüllenden Konzeption: Wenn der gereinigte und geheiligte Mensch in Reinheit und Heiligkeit Speise aufnimmt, dann ist das Essen ein Opfern, der Tisch ein Altar, und der Mensch weiht sich selber der Gottheit zu. Hier ist kein Abstand mehr zwischen dem Natürlichen und dem Sakralen; und hier tut keine Stellvertretung mehr not; hier ist der natürliche Vorgang selber Sakrament geworden.

Das Heilige strebt danach, das ganze Leben zu erfassen. Das Gesetz scheidet zwischen dem Heiligen und dem Profanen, aber es will zur messianischen Aufhebung der Scheidung, zur Allheiligung hinleiten; und die chassidische Frömmigkeit erkennt nichts schlechthin und unüberwindlich Profanes mehr an: »Das Profane« ist ihr nur eine Bezeichnung für das noch nicht Geheiligte, aber zu Heiligende. Alles Körperliche, alles Triebhafte, alles Kreatürliche ist Materie der Heiligung. Aus derselben Leidenschaftsgewalt, die, richtungslos verbleibend, das Böse erzeugt, ersteht, wenn sie die Richtung auf Gott empfängt, das Gute. Man dient eben Gott nicht mit dem Geist, sondern mit der ganzen Wesenswirklichkeit ohne Abstrich. Es gibt nicht ein Reich des Geistes und ein Reich der Natur, es gibt nur ein werdendes Reich Gottes, und Gott ist nicht Geist, sondern was wir Geist nennen und was wir Natur nennen, stammt gleicherweise von dem beiden in gleicher Unbedingtheit überlegenen Gott, dessen Reich in der vollkommenen Einheit von Geist und Natur seine Fülle gewinnt.

Der andere Brennpunkt der jüdischen Seele ist das Grundgefühl, daß die erlösende Kraft Gottes überall und immer wirkt und daß doch nirgends und niemals ein Erlöstsein besteht. Der Jude erfährt als Person, was jeder aufgeschlossene Mensch als Person erfährt: in der Stunde der tiefsten Verlassenheit das Angewehtwerden von drüben her, die Nähe, die Berührung, die Heimlichkeit des Lichtes aus der Finsternis, und der Jude erfährt als Teil der Welt, so heftig wie vielleicht kein Teil der Welt sonst, ihre Unerlöstheit. Er spürt diese Unerlöstheit an seiner Haut, er schmeckt sie mit seiner Zunge, die Last der unerlösten Welt liegt auf ihm. Von diesem seinem leiblichen Wissen aus *kann* er nicht zugeben, daß die Erlösung geschehen sei: Er weiß, daß sie nicht geschehen ist. Wohl vermag er in der geschehenen Geschichte Vorbildungen der Erlösung zu erblicken, aber eben nur jene immer und überall wirkende Heimlichkeit des Lichtes aus der Finsternis, nicht eine art-andere, wesenhaft einmalige, zukunftentscheidende, die nur noch zu ihrem Ende zu führen wäre. Und vollends könnte es ihm nur durch Verleugnung seines Sinns und seiner Sendung möglich werden, eine Vorwegnahme als erfolgt anzuerkennen, durch die in einer unerlöst verbliebenen Welt die menschliche Seele oder gar nur die Seele des in einer bestimmten Bedeutung gläubigen Menschen erlöst worden wäre. Mit einer Kraft, die Urgnade in ihn getan und keins der Gerichte ihm entzogen hat, wehrt sich der Jude gegen die radikale Scheidung von Seele und Welt, die dieser Vorstellung zugrunde liegt; er wehrt sich gegen das Bild einer göttlichen Zerspaltung des Daseins; er wehrt sich am leidenschaftlichsten gegen den furchtbaren Begriff einer massa perditionis. Der Gott, an den er glaubt, hat das All nicht dazu erschaffen, um es in eine selige und eine verdammte Hälfte auseinanderbrechen zu lassen; wohl ist seine Ewigkeit vom Menschen nicht zu fassen, aber es kann – so wissen wir Juden bis in unsre Sterbestunde – keine Ewigkeit sein, in der nicht *alles* in seine Versöhnung aufgenommen wäre, wenn er die Zeit in die Ewigkeit zurückgenommen hat. Gibt es aber ein Stadium der Welterlösung, in dem sie sich erst an einem *Teil* der Welt erfüllt, so leiten wir aus unserem Glauben keinen Anspruch auf Erlöstwerden ab, geschweige denn aus sonst einem Bestand. »Und willst du Israel noch nicht erlösen, so erlöse doch die Gojim allein!« pflegte der Kosnitzer Rabbi zu beten.

Man könnte mir entgegenhalten, daß es doch auch im Judentum eine andere Eschatologie gegeben habe als die von mir gekennzeichnete, neben der prophetischen die apokalyptische. Es ist in der Tat wichtig, sich den Unterschied beider zu vergegenwärtigen. Der prophetische Endzeitglaube ist in allem Wesentlichen autochthon, der apokalyptische ist in allem Wesentlichen aus Elementen des iranischen Dualismus aufgebaut. Demgemäß verheißt jener eine Vollendung der Schöpfung, dieser ihre Aufhebung, ihre Ablösung durch eine andere, durchaus andersartige Welt; jener läßt die jetzt richtungslosen Mächte, das »Böse«, die Richtung auf Gott finden und sich ins Gute einwandeln, dieser sieht am Ende der Tage Gut und Böse endgültig getrennt, das eine erlöst, das andre auf ewig unerlösbar; jener glaubt an die

Heiligung der Erde, dieser verzweifelt an der hoffnungslos verderbten; jener läßt den schöpferischen Urwillen Gottes sich ohne Rest erfüllen, dieser das ungetreue Geschöpf über den Schöpfer mächtig sein, indem es ihn zwingt, die Natur preiszugeben. Es hat eine Zeit gegeben, in der es unsicher erscheinen mußte, ob die aktuelle Apokalyptik nicht dem überlieferten prophetischen Messianismus obsiegen würde; zu vermuten ist, daß, wäre dies geschehen, das Judentum seinen zentralen Glauben nicht überlebt hätte – ausgesprochenerweise oder unmerklich wäre es in dem von jenem Dualismus so stark beeinflußten Christentum aufgegangen. Indem die Tannaiten in einer Epoche ohne Prophetie dem prophetischen Messianismus zum Triumph über die Apokalyptik verhalfen, retteten sie das Judentum.

Noch ein wichtiges Merkmal aber scheidet die beiden Gestaltungen jüdischen Endzeitglaubens. Die Apokalyptiker wollen ein unabänderlich feststehendes künftiges Ereignis voraussagen, auch damit wurzeln sie in iranischen Vorstellungen, die die Geschichte in gleichmäßige Jahrtausendzyklen einteilten und das Weltende, den Endsieg des Guten über das Böse, zahlengenau vorbestimmten. Anders die Propheten Israels: Sie weissagen »auf die Umkehrenden hin«, das heißt sie sagen nicht etwas an, was auf jeden Fall geschehen werde, sondern etwas, was geschehen werde, wenn die zur Umkehr Aufgerufenen nicht umkehren. Geradezu paradigmatisch berichtet das Buch Jona, was Prophetie ist. Nachdem er umsonst versucht hat, dem Auftrag Gottes zu entfliehen, wird Jona von ihm mit der Prophezeiung des Untergangs nach Ninive geschickt. Aber Ninive kehrt um – und Gott wendet das Verhängnis. Jona verdrießt es, daß das Wort, um dessen willen der Herr seinen Widerstand gebrochen hatte, nun zunichte gemacht worden ist: Wird man gezwungen zu prophezeien, so müßte es dabei bleiben, aber Gott meint es anders, er will keine Wahrsager beschäftigen, sondern Boten an Menschenseelen – an Menschenseelen, die zu entscheiden vermögen, welchen Weg sie beschreiten, und durch deren Entscheidung mitentschieden werden darf, was mit der Welt geschehen soll. Der Umkehrende wirkt mit an der Erlösung der Welt.

Das Partnertum des Menschen in dem großen Zwiegespräch hat hier seine höchste Realität. Es ist nicht so, als ob eine bestimmte Tat des Menschen die Gnade herniederziehen könnte; und doch erwidert die Gnade der Tat, in unvorhersehbarem Walten, unerreichlich und doch sich nicht versagend. Es ist nicht so, als ob der Mensch dies oder jenes zu tun hätte, um die Erlösung der Welt zu »beschleunigen« – »wer vertraut, wird nichts beschleunigen wollen« (Jesaja 28,16); und doch wirkt der Umkehrende an der Erlösung der Welt mit. Diese der Kreatur zugewiesene Teilnahme steht im Geheimnis.

Wer hier von Aktivismus spricht, mißkennt das Geheimnis. Die Tat ist keine äußere Gebärde. »Die Posaune«, sagt ein haggadisches Wort, »auf der

Gott an jenem Tag blasen wird, wird aus dem rechten Horn des Widders sein, der einst Isaak beim Opfern vertrat.« Der »Knecht«, den Gott »zu einem blanken Pfeil« macht, um ihn dann scheinbar ungenutzt in seinem Köcher zu bergen (Jesaja 49,2), der in die Verborgenheit gebannte Mensch, nicht einer, sondern diese Menschenart wiederkehrend Geschlecht um Geschlecht, der im Schatten der Gotteshand Versteckte, der »auf der Gasse seine Stimme nicht hören läßt« (42,2), er, der im Dunkel um Gottes willen leidet (53), er eben ist es, der den Weltstämmen zum Licht gegeben ist, daß Gottes »Freiheit werde bis an den Rand des Erdreichs« (49,6). Als ein Geheimnis der Verborgenheit, auch im Verhältnis der Person zu sich selber, geht das Geheimnis der Tat, des menschlichen Anteils an der Bereitung der Erlösung, durch das Dunkel der Zeiten, bis es einst ins Offenbare emportritt. Auf die Frage, warum der Messias nach der Überlieferung am Jahrestag der Zerstörung Jerusalems geboren werden solle, antwortet ein chassidischer Rabbi: »Die Kraft kann nicht auferstehn, wenn sie nicht in die große Verborgenheit eingeht... In der Schale des Vergessens wächst die Macht des Gedenkens. Das ist die Macht der Erlösung. Am Tag der Zerstörung, da liegt die Macht auf dem Grunde und wächst. Darum sitzen wir an diesem Tag am Boden, darum gehen wir an diesem Tag auf die Gräber, darum wird an diesem Tag der Messias geboren.«

Diese zwei Brennpunkte der jüdischen Seele, die auch noch für den »säkularisierten« Juden, soweit er nicht entseelt ist, fortbestehn, wiewohl ihrer eigentlichen Namen beraubt, die Unmittelbarkeit zum Seienden und das Wirken der versöhnenden Kraft in einer unversöhnten Welt, mit anderen Worten: die Inkarnationslosigkeit des dem »Fleisch« sich offenbarenden und ihm in der gegenseitigen Beziehung gegenwärtigen Gottes und die Zäsurlosigkeit der auf Erfüllung ausgerichteten und immerdar Entscheidung erfahrenden Menschengeschichte sind das letztlich Sondernde zwischen Judentum und Christentum.

Wir »einen« Gott, indem wir lebend und sterbend seine Einheit bekennen; wir einen uns ihm nicht. Der Gott, den wir glauben, dem wir angelobt sind, vereint sich nicht mit menschlicher Substanz auf Erden. Eben das aber, daß wir nicht vermeinen, uns ihm einen zu können, befähigt uns, so inbrünstig danach zu verlangen, »daß die Welt in der Königschaft des Gewaltigen zurechtgebracht werde«.

Wir spüren das Heil geschehen; und wir verspüren die ungeheilte Welt. Uns ist nicht an einem Punkt der Geschichte ein Heiland erschienen, daß eine neue, erlöste mit ihm begänne. Da nichts Gekommenes uns beruhigt hat, sind wir ganz ausgerichtet auf das Kommen des Kommenden.

So von euch gesondert, sind wir euch beigegeben. »Denn ihr«, schreibt Franz Rosenzweig in dem angeführten Brief, »die ihr in einer ecclesia triumphans lebt, habt einen stummen Diener nötig, der euch allemal, wenn ihr in Brot und Wein Gott *genossen* zu *haben* glaubt, zuschreit: Herr, gedenke der letzten Dinge!«

Was ist uns und euch gemeinsam? Wenn wir es völlig konkret fassen: ein Buch und eine Erwartung.

Für euch ist das Buch ein Vorhof, für uns ist es das Heiligtum. Aber in diesem Raum dürfen wir gemeinsam weilen, gemeinsam die Stimme vernehmen, die in ihm spricht. Das bedeutet, daß wir gemeinsam arbeiten können an der Hervorholung der verschütteten Gesprochenheit dieses Sprechens, an der Auslösung des eingebannten lebendigen Wortes.

Eure Erwartung geht auf eine Wiederkehr, unsre auf das unvorweggenommene Kommen. Für euch ist die Phrasierung des Weltgeschehens von einer unbedingten Mitte, jenem Jahr Null, aus bestimmt, für uns ist es eine einheitlich gestreckte Tonfolge, ohne Einhalt von einem Ursprung zu einer Vollendung strömend. Aber wir können des Einen Kommenden gemeinsam harren, und es gibt Augenblicke, da wir ihm gemeinsam die Straße bahnen dürfen.

Vormessianisch sind wir schicksalsmäßig getrennt. Da ist der Jude für den Christen unverständlich als der Verstockte, der nicht sehen will, was sich begeben hat, unverständlich der Christ dem Juden als der Verwegene, der in der unerlösten Welt ihre vollzogne Erlösung behauptet. Das ist eine von keiner Menschenmacht überbrückbare Spaltung. Aber sie verwehrt nicht das gemeinsame Ausschauen in eine von Gott her kommende Einheit, die, all eure und unsre Vorstellbarkeit überfliegend, das Eure und das Unsre bestätigt und verwirft, verwirft und bestätigt und alle Glaubenswahrheiten der Erde durch die Seinswahrheit des Himmels ersetzt, die Eine ist.

Euch und uns, jedem geziemt es, den eignen Wahrheitsglauben, das heißt: das eigne Realverhältnis zur Wahrheit, unverbrüchlich festzuhalten; und euch und uns, jedem geziemt die gläubige Ehrfurcht vor dem Wahrheitsglauben des andern. Das ist nicht, was man »Toleranz« nennt: Es ist nicht an dem, das Irren des andern zu dulden, sondern dessen Realverhältnis zur Wahrheit anzuerkennen. Sobald es uns, Christen und Juden, wirklich um Gott selber und nicht bloß um unsre Gottesbilder zu tun ist, sind wir, Juden und Christen, in der Ahnung verbunden, daß das Haus unsres Vaters anders beschaffen ist, als unsre menschlichen Grundrisse meinen.

Martin Buber

Kirche, Staat, Volk, Judentum (1933)

Aus einem Zwiegespräch mit Karl Ludwig Schmidt im Jüdischen Lehrhaus in Stuttgart[1] (14. Januar 1933)

Erste Antwort

Als Karl Ludwig Schmidt und ich miteinander Briefe zur Vorbereitung dieser Aussprache wechselten, verständigten wir uns zunächst über die Formulierung des Themas. Er schlug vor: »*Kirche, Staat, Volkstum, Synagoge*«. Dies lehnte ich ab, deshalb zunächst, weil ich mich nicht berufen fühle, für eine »Synagoge«, zu sprechen, und auch, weil ich Synagoge für eine uneigentliche Bezeichnung halte, nicht für eine, mit der der Jude so angesprochen wird, daß er antworten kann. Ich habe statt dessen die Bezeichnung *Judentum* angenommen, obwohl ich auch diese nicht ganz für die richtige halte. Für die rechte Bezeichnung an dieser Stelle halte ich die, die Schmidt selbst gebraucht hat im nachdrücklichen Sinn, so daß wir schon durch dieses Wort, durch diesen Namen, eine gemeinsame Ebene gewonnen haben, durch den Namen »*Israel*«.

»Israel«, das ist nicht etwas, worüber wir bloß einen biblischen Bericht besitzen, womit wir Juden uns kraft dieses Berichts geschichtsbewußtseinsmäßig verknüpft fühlen, sondern Israel ist ein Seiendes: ein Einmaliges, Einziges, in keine Gattung Einzureichendes, nicht begrifflich Unterzubringendes, jede Schublade der Weltgeschichte widersteht diesem Unterbringenwollen. Israel ist das, was sich auch heute noch inmitten mannigfacher Verzerrung, Entartung, Verwischung als ein Eigenes in diesem Judentum birgt, als verborgene Wirklichkeit in ihm lebt. Von da aus allein können wir Juden zu den Christen sprechen, von da aus allein haben wir die existenzielle Möglichkeit der Antwort. Und je wahrhafter wir als Israel angerufen werden, um so rechtmäßiger ist das Gespräch.

Daß Israel etwas Einziges, nicht Einreihbares ist, ist ja von Karl Ludwig Schmidt hier anerkannt worden. Für die Kirche in ihrem rechtmäßigen

---

1   Dieses öffentliche Gespräch mit dem damaligen Bonner Ordinarius für neutestamentliche Theologie knüpfte an einen früheren Zyklus ähnlicher Veranstaltungen an. Der vollständige Wortlaut ist nach dem Stenogramm in den »Theologischen Blättern« vom September 1933 veröffentlicht worden. Ich habe hier ein paar kleinere Zusätze nach meinen Notizen eingeschaltet. Zur Ergänzung meiner Darstellungen sei auf die Rede »Die Brennpunkte der jüdischen Seele« [...] hingewiesen.

Dasein ist Israel da; und für uns in unserem rechtmäßigen Dasein ist Israel da. Wir beide, Kirche und Israel selbst, wissen um Israel, aber in grundverschiedener Weise. Grundverschiedenheit ist etwas ganz anderes als zweierlei Ansicht, die man erörtern kann, um dann zu versuchen, sie miteinander in Einklang zu bringen. Das ist hier nicht möglich. Es ist ein grundverschiedenes Sehen oder Wissen. Denn auch die Kirche sagt, wie Israel, sie wisse. Dieses Wissen der Kirche um Israel und das Selbstwissen Israels stehen einander gegenüber in einer Weise, die strenger ist in ihrer Gegensätzlichkeit als ein nur logischer Widerspruch. Die Kirche sieht Israel als ein von Gott *verworfenes* Wesen. Dieses Verworfensein ergibt sich notwendig aus dem Anspruch der Kirche, das wahre Israel zu sein: Die von Israel haben danach ihren Anspruch eingebüßt, weil sie Jesus nicht als den Messias erkannten.

Die Christen glauben, dieses Israel-Sein, das Amt, die Würde Israels, seine Erwähltheit, von Gott her empfangen zu haben; hier ist eine Glaubensgewißheit, die unantastbar ist. Wir haben keine Möglichkeit, gegen dieses Wissen der Kirche um Israel etwas zu setzen, was ja doch nur als Argument wirksam werden könnte. Aber wir Israel wissen um Israel von innen her, im Dunkel des von innen her Wissens, im Licht des von innen her Wissens. Wir wissen um Israel anders. Wir wissen (hier kann ich nicht einmal mehr »sehen« sagen, denn wir wissen es ja von innen her, und auch nicht mit dem Wissen des Gedankens, sondern lebensmäßig), daß wir, die wir gegen Gott tausendfach gesündigt haben, tausendfach von Gott abgefallen sind, die wir diese Jahrtausende hindurch diese Schickung Gottes über uns erfahren haben – die Strafe zu nennen zu leicht ist, es ist etwas Größeres als Strafe –, wir wissen, daß wir doch nicht verworfen sind. Wir wissen, daß das ein Geschehen nicht in der Bedingtheit der Welt, sondern in der Wirklichkeit des Raumes zwischen Gott und uns ist. Und wir wissen, daß wir eben darin, in dieser Wirklichkeit von Gott nicht verworfen sind, daß uns in dieser Zucht und Züchtigung die Hand Gottes hält und nicht losläßt, in dieses Feuer hinein hält und nicht fallen läßt.

Das ist grundverschiedenes, unverträglich grundverschiedenes Wissen. Ich würde nicht einmal wagen, das unsre einen »Anspruch« zu nennen. Das ist ein zu menschlich stolzes Wort für diese Situation. Einen »Anspruch« haben wir gar nicht. Wir haben nur unser armes, aber uneinschränkbar faktisches Wissen um unser Dasein in der Hand Gottes. Und vom Menschen aus, vom menschlichen Unternehmen, von der menschlichen Sprache aus, vom menschlichen noch so kameradschaftlichen Verständigungswillen her kann diese Grundverschiedenheit nicht aufgehoben werden. Aber wenn wir »harren«, harren wir dessen, was nicht vom Menschen herkommen kann, sondern nur von Gott, harren einer Einung, die nicht vom Menschen hergestellt werden kann, ja die der gegenwärtige Mensch schlechthin nicht konkret zu denken vermag.

Es ist das Wort des Paulus angeführt worden über die Aufhebung der Unterschiede in der Welt des christlichen Ereignisses. Diese Aufhebung der Unterschiede vermögen wir nicht zu verspüren. Wir fühlen, finden uns in einer Welt, in der die Unterschiede unaufgehoben sind und ihrem Wesen nach unaufhebbar erscheinen. Aber wir fühlen freilich noch etwas anderes. Wir fühlen, daß der *Geist* (dies ist ein Glaubenswort, das wir mit den Christen gemeinsam haben, wiewohl sie ihn pneuma hagion, heiliger Geist, und wir ihn ruach ha-kodesch, Geist der Heiligung oder des Heiltums, nennen), daß der Geist selber nicht in diese Schiedlichkeit eingebunden ist; daß über unseren unaufhebbaren Unterschieden er einig weht, daß er zwar keine Brücke schlägt, aber uns Bürgschaft der Einheit, im gelebten Augenblick Bürgschaft der Einheit für das Zusammenleben auch von Christen und Juden gibt.

So möchte ich jenes jüdische Wort verstehen, das ich Paulus[2] gegenüberstelle als ein wohl zurückhaltenderes, das aber eine – wie mir scheint – von jedem Menschen erfahrbare Tatsächlichkeit ausströmt. Es ist das Wort jenes alten Buches von den Dingen, die in der »Schule des Elia« von dem nach seiner Entrückung über die Welt wandelnden Gottesboten gelehrt werden: »Ich nehme zu Zeugen den Himmel und die Erde: ob einer aus der Völkerwelt oder einer aus Israel, ob Mann oder Weib, Knecht oder Magd, allein nach dem Tun, das er tut, läßt sich der Geist der Heiligung auf ihn nieder.« Das ist keine Aufhebung der Unterschiede, sondern die Zuteilung des Geistes an die Menschheit, so wie sie ist, in die Zerklüftung, in der sie steht; so aber, daß sie gemeinsam – von hüben und drüben – hinschauen kann zu dem, der so sich niederläßt auf die Menschen, wie verschieden auch deren Standort, ja deren Glaubensgewißheit ist.

Wir Israel stehen der Ablehnung unseres Wissens um uns selbst durch die Kirche gegenüber. Die Kirche kann etwa zu uns sagen: »Das, was ihr da Selbstwissen nennt, wovon ihr sagt, daß ihr es erfahrt, die ihr euch als von Gott getragen, als nicht losgelassen, als nicht weggeworfen, als noch im Angesicht daseiend fühlt, das ist eine Illusion, die euch euer Selbsterhaltungstrieb eingibt.« Was dann, wenn so die Gewißheit der einen Seite durch die andere Seite, von einem Letzten her, als Letztes abgelehnt wird? Ich glaube, das ist einer der Punkte, an denen wir Menschen die eigentliche Lehre des Als-Menschen-Daseins, die harte und heilsame Lehre empfangen. Wir haben miteinander zu schaffen in der Verschiedenheit des Menschlichen, und wie tief diese Verschiedenheit gehen kann, bis in die letzten Glaubenswurzeln hinein, sehen wir hier. Was können wir da tun?

---

2 Dem von Schmidt angeführten Wort »Hier ist kein Jude noch Grieche, hier ist kein Knecht noch Freier, hier ist kein Mann noch Weib« (Galaterbrief 3,28).

Wir können etwas sehr Schweres zu tun versuchen, etwas, das für den religiös gebundenen Menschen sehr schwer ist, das seiner Gebundenheit und Verbundenheit widerstrebt, vielmehr, zu widerstreben scheint, etwas, das seiner Verbundenheit mit Gott zu widerstreben scheint – wir können das, was der andere gegen unsere Existenz, gegen unser Seinswissen als seine Glaubenswirklichkeit bekennt, als ein Geheimnis anerkennen. Dessen Sinn zu beurteilen sind wir nicht imstande, weil wir es von innen her nicht kennen, so wie wir *uns* von innen her kennen.

Karl Ludwig Schmidt hat mit Recht in die Mitte seiner Betrachtung die Frage nach dem Messias, die christologische Frage gestellt.

Wenn wir die Scheidung zwischen Juden und Christen, zwischen Israel und der Kirche, auf eine Formel bringen wollen, können wir sagen: »Die Kirche steht auf dem Glauben an das Gekommensein Christi, als an die der Menschheit durch Gott zuteil gewordene Erlösung. Wir Israel *vermögen* das nicht zu glauben.«

Die Kirche sieht diese unsere Aussage entweder als ein Nichtglaubenwollen an, als eine Verstocktheit in einem sehr bedenklichen Sinn, oder als einen Bann, als eine fundamentale Eingeschränktheit des Erkennen-könnens der Wirklichkeit gegenüber, als die Verblendung Israels, die es hindert, das Licht zu schauen.

Wir Israel wissen um unser Nicht-annehmen-können jener Botschaft in anderer Weise. Wir verstehen die Christologie des Christentums durchaus als wesentliche Begebenheit zwischen Oben und Unten. Wir sehen das Christentum als etwas, dessen Kommen über die Völkerwelt wir in seinem Geheimnis zu durchdringen nicht imstande sind. Wir wissen aber auch, wie wir wissen, daß Luft ist, die wir in unsere Lungen einatmen, daß Raum ist, in dem wir uns bewegen, tiefer, echter wissen wir, daß die Weltgeschichte nicht bis auf ihren Grund aufgebrochen, daß die Welt noch nicht erlöst ist. Wir *spüren* die Unerlöstheit der Welt.

Eben dieses unser Spüren kann oder muß die Kirche als das Bewußtsein *unserer* Unerlöstheit verstehen. Aber wir wissen es anders.

Erlösung der Welt ist uns unverbrüchlich eins mit der Vollendung der Schöpfung, mit der Aufrichtung der durch nichts mehr behinderten, keinen Widerspruch mehr erleidenden, in all der Vielfältigkeit der Welt verwirklichten Einheit, eins mit dem erfüllten Königtum Gottes. Eine Vorwegnahme der *vollzogenen* Welterlösung zu irgendeinem Teil, etwa ein Schonerlöstsein der Seele, vermögen wir nicht zu fassen, wiewohl sich auch uns, in unseren sterblichen Stunden, Erlösen und Erlöstwerden kundtun.

Eine Zäsur nehmen wir in der Geschichte nicht wahr. Wir kennen in ihr keine Mitte, sondern nur ein Ziel, das Ziel des Weges Gottes, der nicht innehält auf seinem Weg.

Wir vermögen nicht, Gott auf irgendeine Art seiner Offenbarung festzulegen. Jenes Wort aus dem brennenden Busch (Ex 3,14): »Ich werde dasein,
als der ich dasein werde« (das heißt: als der ich jeweils dasein werde[3]) macht
es uns unmöglich, irgend etwas Einmaliges als die endgültige Offenbarung
Gottes zu nehmen. Nicht als ob wir irgend etwas über das Sich-offenbaren-
oder das Sich-nicht-offenbaren-können Gottes aussagen wollten; ich rede
eben davon, daß wir von allen Offenbarungen, um die wir wissen, nichts
Absolutes auszusagen vermögen. Wir sagen nicht: So kann sich Gott nicht
offenbaren. Wir sprechen nur keiner seiner Offenbarungen die Unüberbiet-
barkeit zu, keiner den Charakter der Inkarnation. Über jeden, aber auch jeden Moment der geschehenen Zeit weist jenes futurische Wort des Herrn in
unbedingter Weise hinaus; Gott ist jeder seiner Manifestationen schlechthin
überlegen.

Ich sagte schon: Das Juden und Christen Verbindende bei alledem ist ihr
gemeinsames Wissen um eine Einzigkeit, und von da aus können wir auch
diesem im Tiefsten Trennenden gegenübertreten; jedes echte Heiligtum
kann das Geheimnis eines anderen echten Heiligtums anerkennen. Das Ge-
heimnis des anderen ist innen in ihm und kann nicht von außen her wahrgenommen werden. Kein Mensch außerhalb von Israel weiß um das Geheim-
nis Israels. Und kein Mensch außerhalb der Christenheit weiß um das Ge-
heimnis der Christenheit. Aber nichtwissend können sie einander im Ge-
heimnis anerkennen. Wie es möglich ist, daß es die Geheimnisse nebeneinander gibt, das ist Gottes Geheimnis. Wie es möglich ist, daß es eine Welt
gibt als Haus, in dem diese Geheimnisse mitsammen wohnen, ist Gottes Sache, denn die Welt ist ein Haus Gottes. Nicht indem wir uns jeder um seine
Glaubenswirklichkeit drücken, nicht indem wir trotz der Verschiedenheit
ein Miteinander erschleichen wollen, wohl aber indem wir unter Anerkennung der Grundverschiedenheit in rückhaltlosem Vertrauen einander mitteilen, was wir wissen von der Einheit dieses Hauses, von dem wir hoffen,
daß wir uns einst ohne Scheidewände umgeben fühlen werden von seiner
Einheit, dienen wir getrennt und doch miteinander, bis wir einst vereint
werden in dem einen gemeinsamen Dienst, bis wir alle werden, wie es in
dem jüdischen Gebet am Fest des Neuen Jahres heißt: »ein einziger Bund,
um Seinen Willen zu tun«.

Ich wiederhole: Daß es Israel gibt, ist etwas Einziges, Uneinreihbares.
Dieser Name, dem Erzvater von Gott, nicht von Vater und Mutter verlie-
hen, kennzeichnet die Gemeinschaft als eine, die von den Kategorien der
Völkerkunde und der Soziologie nicht zu erfassen ist. Sooft wir eine solche
Kategorie anwenden, tun wir Israel unrecht. In der Bibel ist ausgesprochen,

---

3 Vgl. mein »Königtum Gottes«, 5. Kapitel, und mein »Moses«, Kap. »Der brennende Dorn-
busch«.

was die Einzigkeit Israels begründet. Sie läßt die Entstehung dieser Gemeinschaft geschichtsidentisch, ereignisidentisch sein mit Glaubenserfahrung
und Glaubenshandlung einer Menschenschar in ihrer entscheidenden Stunde.

Diese Menschenschar erfährt da ein ihr Widerfahrendes als glaubende
Schar, als Glaubensschar, nicht als glaubende Individuen, sondern als glaubende Gemeinschaft, als solche glaubend vernimmt und antwortet sie. In
diesem Angesprochenwerden und Erwidern wird sie in dieser Stunde zu
dem konstituiert, was wir Volk nennen, zu etwas, was nun dauert, in einem
geschlossenen Kreis von Zeugungen und Geburten. Das hebt Israel für alle
Zeit von den Nationen und von den Religionen ab.

Es ist hier eine Einheit von Glauben und Volkstum, die einmalig ist und
deren Einmaligkeit als beiläufig anzusehen einen Unglauben der geschehenen Geschichte gegenüber bedeutet. Ihre Entstehung wird als ein Bund zwischen Gottheit und Menschheit bezeichnet.

Dieser Königsbund: daß Gott zu einem Volk sagt (Ex 19,6), er nehme es
sich als seinen unmittelbaren Königsbereich[4], und daß ein Volk von Gott
sagt (15,18), er bleibe sein König »in Weltzeit und Ewigkeit«, ist einzig. Aber
es ist grundverkehrt, ihn als ein Privileg zu verstehen. Das Volkhafte an diesem Volk erliegt freilich immer wieder der Versuchung, das zu tun.

Dagegen steht die große Erscheinung der Prophetie, die das Volk immer
wieder gemahnt, es sei nichts anderes als gleichsam ein Versuch Gottes. Die
Genesis erzählt, wie Gott es zuerst mit einer Menschheit versucht, die versagt. Erst dann versucht er, sich ein Volk als den Anfang einer Menschheit,
den Anfang der Verwirklichung seines Königtums aufzuziehen. Gott nennt
es (Jer 2,3) den »Anfangsteil seiner Ernte«.

Dieses Israel, das zugleich Nation und Religion und keins von beiden ist
und das allen Versuchungen der Nationen und der Religionen ausgesetzt ist,
möchte in sich ruhen, es möchte sich als zum Selbstzweck begnadet empfinden. Aber seine Führer verweisen ihm alle Sicherheit; es ist als Volk nur da,
weil Volkheit die Voraussetzung der *ganzen* Menschenantwort an Gott ist.

Volk muß da sein, damit sich die menschliche Antwort im ganzen Leben,
zu dem das öffentliche gehört, erfüllen könne. Nicht die einzelne Person,
erst die Gemeinschaft in ihrer Vielheit und Einheit, im Zusammenwirken,
Zusammenverwirklichen ihrer verschieden gearteten und verschieden beru-
fenen Glieder kann Gott die ganze Lebensantwort des Menschen geben.
Darum muß Volk sein, darum ist Israel. Die Gemeinschaft muß als die Voraussetzung der Erfüllung dauern, und sie muß, wenn sie anders sein will,
zersprengt und erneuert werden.

---

4 Vgl. »Königtum Gottes«, Kap. »Der Königsbund«.

Gegen die Ausartung des Wissens um Israel in den Aberglauben, daß Gott ein Machtlieferant sei, weisen die Propheten immer deutlicher auf das Geschichtsgeheimnis hin. Der Weg Gottes durch die Geschichte läßt sich nicht in einem Schema darstellen. Nicht durch Verleihung von Macht und Erfolg gibt Gott sich als der Herr der Geschichte zu erkennen. Es gibt einen Bund Gottes mit dem Leiden, dem Dunkel, der Verborgenheit. Im prophetischen Wort wird das sündige Volk Gott gegenübergestellt als einem, mit dem es sich nicht in der Macht, sondern im Dunkel, im Leiden wieder verbinden kann.

Seither glauben wir daran. Es ist eine immer wieder aktuelle Frage, daß ein Volk sündigen kann, indem es sein Auf-sich-selbst-Hören ein Auf-Gott-Hören nennt. Erst im Exil lernt Israel sich dieser Sünde entwinden.

Mit dem babylonischen Exil reift die Vorstellung vom »Knecht Gottes«; von der Menschenart, die je und je auf Erden erscheint und wirkt, was sie zu wirken hat, im Leiden und im Dunkel, im Köcher Gottes (»er machte mich zu einem blanken Pfeil, – hat in seinem Köcher mich verborgen«, Jes 49,2).

Das Leiden um Gottes willen, die verborgene Geschichte der Pfeile, die Gott nicht verschickt, die im Dunkel des Köchers sein Werk wirken, – von da aus leben wir seither als Israel. Aller seitherige Widerstreit kann nur von da aus verstanden werden.

Die Zerstörung Jerusalems ist nach unserer Überlieferung geschehen, weil die Gemeinschaft nicht erfüllt worden ist, weil es in Israel einen Widerstreit gab, der hinderte, daß der »Anfangsteil« zur Ernte gedieh. Und von da aus kommen nicht bloß die Juden unter die Völker, es kommt auch Israel über die Völker, das heißt, es kommt über die Völker die in Israel erwachsene Botschaft Jesu vom kommenden Weltalter als der siegreichen Offenbarung der verborgenen Weltgeschichte.

Die verborgene Weltgeschichte will aus dem Köcher steigen und sich als *die* Geschichte, als ein Weg Gottes kundtun. Jesus, der von einer vergeistlichten Spätform der Theokratie auf die ursprüngliche Gewißheit des Gotteskönigtums und seiner Erfüllung zurückweist, verkündigt sie, indem er die Knechtskonzeption erneuert und wandelt. Seine Botschaft aber hat nicht in ihrer echten Gestalt, sondern in einer Verzweiung, die der Botschaft Jesu fremd ist, die Völker erreicht. Diese Verzweiung, die wir am stärksten durch Augustin kennen – bei dem der Bereich der Volksgemeinschaft, des Staates, die Voraussetzung der *ganzen* Lebensantwort des Menschen, preisgegeben, vom Reich Gottes abgeschnitten ist –, führt bis in die Konsequenz einer Trennung von »Religion« und »Politik«. Immer wieder versucht ein Reichsgedanke, diese Zweiheit zu überwinden, immer wieder vergeblich.

Die Völker haben ihre Reichsgedanken als christliche Völker aufgerichtet. Sie haben das Königtum Gottes als die ihnen zugewiesene Aufgabe empfangen, aufgenommen und als Christen ausgesprochen. Die großen Reichsgedanken der Völker knüpfen alle an jenes Verwirklichungsamt Israels an, aber in der Weise, daß sie, von der Kirche ermächtigt, Israel als aus diesem seinem Amt entlassen erklären, als nicht mehr berufen, an der Gottesgemeinschaft des Menschengeschlechts zu bauen.

So stehen die Völker in ihren Reichsgedanken gegen das Judentum. Das Judentum aber steht den Völkern so gegenüber, daß es eben in seiner armseligen Weise, aber unsäglich und unauslöschlich um das Ja diesem Nein gegenüber weiß, nicht um ein leichtes und eigensinniges, sondern um ein auferlegtes und überschwer zu tragendes Ja.

Mit dem Stand der Völkerwelt gegen Israel hängt es zusammen, daß sie das Judentum nicht wahrhaft aufgenommen hat. Im Mittelalter schon war das in seiner Glaubenswirklichkeit von bäuerlicher Überlieferung bewegte Israel von der Urproduktion ausgeschlossen; an dem schaffenden Leben des Volkes, in dessen Mitte es lebte, teilzunehmen war ihm versagt. Was vom Verhältnis zu den Gastsassen gesagt ist (Ezechiel 47,21f.): »Verteilt ihr euch dieses Land nach den Stäben Israels, / solls geschehn: / ihr laßt darüber das Los zu Eigentum fallen / euch und den Gastsassen, die gasten in eurer Mitte, / die Söhne gezeugt haben in eurer Mitte, / sie seien euch wie ein Sproß unter den Söhnen Israels, / bei euch falle ihnen Los inmitten der Stämme Israels«, das haben die Völker nicht als auch zu ihnen gesprochen, als ihnen für ihr Verhältnis zu dem Gastsassen Israel geboten verstanden. So haben sie es Israel unmöglich gemacht, jenen Satz des Jeremia (29,5) für das Leben im Exil zu verwirklichen: »Baut Häuser und siedelt, / pflanzt Gärten und eßt ihre Frucht!«

Die Teilnahme an dem schaffenden Leben haben die abendländischen Völker Israel von je versagt. Aber auch als sie es endlich »emanzipierten«, haben sie es nicht als Israel aufgenommen, sondern als eine Vielheit jüdischer Individuen. Die einmalige Einheit ist von den Völkern nicht anerkannt worden. Israel ist von den Christen nicht als Israel rezipiert.

Manche sagen, daß dies unmöglich sei. Ein gläubiger Mensch darf nicht so sprechen. Er darf die Tatsache nicht umgehen, daß es dieses Israel in der Mitte der Völker gibt, daß es in die Mitte der Völker geschickt ist. Dieses Nichtdürfen gilt für Israel wie für die andern. Der Einzigkeit Israels entspricht die Einzigkeit seiner Situation. Gehört zu ihr aber sinngemäß auch dies, daß jenes Gebot an alle Völker, die Gastsassen in ihrer Mitte haben, noch immer der Erfüllung, und jenes Wort des Jeremia an Israel noch immer seiner Erfüllbarkeit harrt?

Karl Ludwig Schmidt hat mich nach dem Zionismus gefragt. Gewiß ist in diesem der Begriff des Volkstums betont und überbetont worden; weil nämlich innerhalb eines unlöslichen Ineinander von Volkstum und Glauben das

Volkstum in der Zeit nach der Emanzipation vielfach vernachlässigt worden war. Man hatte versucht, Israel unter die Religionen einzureihen. Dem gegenüber mußte mahnend gesagt werden, daß Israel ohne sein Volkstum keine Wirklichkeit hat. Aber heute ist es an der Zeit, wieder an die Stelle nationaler und religiöser Begriffe das namenhafte Israel zu setzen – die Einheit und Einzigkeit Israels. Für dieses ist Zion zu bauen. Und Zion kann nicht territorial allein erfaßt werden, ebenso wie Israel nicht national allein erfaßt werden kann.

Ist eine echte Rezeption Israels möglich?

Diese Frage scheint mir wesensverbunden zu sein mit jener andern: Ist ein Handeln der christlichen Völker von der Bibel her möglich?

Ich weiß nicht, wie es sich damit verhält. Aber davon, wie es sich damit verhält, scheint mir auch abzuhängen, ob es zwischen der Kirche, die um kein Amt Israels weiß, und Israel, das um sein Amt weiß, einen echten Dialog geben kann, in dem man sich wohl nicht miteinander verständigt, aber einander versteht, um des einen Seins willen, das die Glaubenswirklichkeiten meinen.

Für diese Möglichkeit spricht, daß heute abend mein christlicher Gesprächspartner das Wort vom Knecht Gottes auf Israels Selbstverständnis angewandt hat. Damit ist die Tiefe des Selbstwissens Israels um sein Amt angerührt. So ist uns die Hoffnung gestattet, daß es zu einer echten Rezeption Israels die Möglichkeit in einem schweren, aber gesegneten gemeinsamen Ringen gibt.

Zuletzt noch die Frage nach dem Verhältnis Israels zum Staat. Das ist bestimmt von dem messianischen Glauben Israels. Da dieser der Glaube an eine Menschengemeinschaft als Königsbereich Gottes ist, kann Israel nie und nirgends der Frage nach der gesellschaftlichen und staatlichen Ordnung des Bauens an der menschlichen Gemeinschaft gleichgültig begegnen. Es ist eine innerste Sache Israels, es ist seines Amtes, je und je, an der Intention aller Staatlichkeit auf das Reich hin teilzunehmen.

Vom messianischen Glauben her ist für Israel jedes Staatswesen, wie immer es geartet ist, eine Vorwegnahme, ein problematisches Modell des Gottesreiches, das aber auf dessen wahre Gestalt hinweist.

Zugleich aber spürt Israel, da es eben in seinem messianischen Glauben um die Fragwürdigkeit der Realisierungen weiß, je und je die andere Seite des Staates, spürt, daß, was wir Staat nennen, je und je ein Pegel ist, der anzeigt, wieviel Freiwilligkeit zur Gemeinschaft vorhanden, wieviel Zwang hinwieder erforderlich ist, um jetzt und hier ein Mindestmaß an rechtschaffnem Zusammenleben der Menschen zu erhalten.

Diese doppelte Schau Israels ergibt sein doppeltes Verhältnis zum Staat. Israel kann sich nie vom Staat abwenden, es kann ihn nie verleugnen, es muß

152 Martin Buber

ihn annehmen, und es muß Sehnsucht nach der Erfüllung des Staates haben, die von seiner jeweiligen Erscheinung so unzulänglich angezeigt wird. Die konservative und die revolutionäre jüdische Haltung gründen in der gleichen Urgesinnung.

Zweite Antwort

Ich lebe nicht fern von der Stadt Worms, an die mich auch eine Tradition meiner Ahnen bindet; und ich fahre von Zeit zu Zeit hinüber. Wenn ich hinüberfahre, gehe ich immer zuerst zum Dom. Das ist eine sichtbar gewordene Harmonie der Glieder, eine Ganzheit, in der kein Teil aus der Vollkommenheit wankt. Ich umwandle schauend den Dom mit einer vollkommenen Freude. Dann gehe ich zum jüdischen Friedhof hinüber. Der besteht aus schiefen, zerspellten, formlosen, richtungslosen Steinen. Ich stelle mich darein, blicke von diesem Friedhofgewirr zu der herrlichen Harmonie empor, und mir ist, als sähe ich von Israel zur Kirche auf. Da unten hat man nicht ein Quentchen Gestalt; man hat nur die Steine und die Asche unter den Steinen. Man hat die Asche, wenn sie sich auch noch so verflüchtigt hat. Man hat die Leiblichkeit der Menschen, die dazu geworden sind. Man hat sie. Ich habe sie. Ich habe sie nicht als Leiblichkeit im Raum dieses Planeten, aber als Leiblichkeit meiner eigenen Erinnerung bis in die Tiefe der Geschichte, bis an den Sinai hin.

Ich habe da gestanden, war verbunden mit der Asche und quer durch sie mit den Urvätern. Das ist die Erinnerung an das Geschehen mit Gott, die allen Juden gegeben ist. Davon kann mich die Vollkommenheit des christlichen Gottesraums nicht abbringen, nichts kann mich abbringen von der Gotteszeit Israels.

Ich habe da gestanden und habe alles selber erfahren, mir ist all der Tod widerfahren: all die Asche, all die Zerspelltheit, all der lautlose Jammer ist mein; aber der Bund ist mir nicht aufgekündigt worden. Ich liege am Boden, hingestürzt wie diese Steine. Aber aufgekündigt ist mir nicht.

Der Dom ist, wie er ist. Der Friedhof ist, wie er ist. Aber aufgekündigt ist uns nicht worden.

Wenn die Kirche christlicher wäre, wenn die Christen mehr erfüllten, wenn sie nicht mit sich selbst rechten müßten, dann würde, meint Karl Ludwig Schmidt, eine schärfere Auseinandersetzung zwischen ihnen und uns kommen.

Wenn das Judentum wieder Israel würde, wenn aus der Larve das heilige Antlitz hervorträte, dann gäbe es, erwidere ich, wohl die Scheidung unabgeschwächt, aber keine schärfere Auseinandersetzung zwischen uns und der Kirche, vielmehr etwas ganz anderes, das heute noch unaussprechbar ist.

Ich bitte Sie, zum Schluß auf zwei Worte hinzuhören, die einander zu widersprechen scheinen, aber einander nicht widersprechen.

Im Talmud (Jewamoth 47a) wird gelehrt: Der Proselyt, der in diesem Zeitalter kommt, um ins Judentum aufgenommen zu werden, zu dem spricht man: »Was hast du bei uns ersehen, daß du dazu übertreten willst? Weißt du denn nicht, daß die von Israel in dieser Zeit gepeinigt, gestoßen, hingeschleudert, umgetrieben werden, daß die Leiden über sie gekommen sind?« Wenn er spricht: »Ich weiß, und ich bin nicht würdig«, dann nimmt man ihn sogleich auf.

Es möchte scheinen, das sei jüdischer Hochmut. Es ist keiner. Es ist nichts anderes als die Kundgebung, deren man sich nicht entschlagen kann. Die Not ist eine wirkliche Not und die Schmach ist eine wirkliche Schmach. Aber es ist ein Gottessinn darin, der uns zuspricht, daß uns Gott, wie er uns verheißen hatte (Jes 54,10), aus seiner Hand nicht hat fallen lassen.

Und im Midrasch (Schmoth Rabba XIX, Sifra zu Lev 18,5) heißt es: »Der Heilige, gesegnet sei er, erklärt kein Geschöpf ungültig, sondern alle nimmt er auf. Die Tore sind geöffnet zu jeder Stunde, und wer hinein zu gelangen sucht, gelangt hinein. Und so spricht Er (Jes 26,2): ›Öffnet die Tore, / daß komme ein bewährter Stamm (goj zaddik), / der Treue hält.‹ Es ist hier nicht gesagt: Daß Priester kommen, daß Leviten kommen, daß Israeliten kommen; sondern es ist gesagt: Daß komme ein goj zaddik.«

Das erste Wort handelte von den Proselyten, dieses nicht, es handelt vom Menschenvolk. Die Gottestore sind offen für alle. Der Christ braucht nicht durchs Judentum, der Jude nicht durchs Christentum zu gehen, um zu Gott zu kommen.

Martin Buber

Zwei Glaubensweisen (1950)

[...]

6   Der Glaube, den Paulus in seiner Scheidung zwischen ihm und dem
Gesetz meint, ist keiner, der schon in der vorchristlichen Ära hätte geglaubt
werden können. »Die Gerechtigkeit Gottes«, die er meint, seine Gerecht-
sprechung des Menschen, ist die durch den Christusglauben (Römer 3,22;
Galater 2,16), das heißt aber, den Glauben an den Gekommenen, am Kreuze Gestorbenen und Auferstandenen.

In der Sache des »Glaubens« gegen die »Werke«, die Paulus führt, geht es
ihm somit eigentlich nicht um etwas, was es schon vor dem Kommen Christi
gegeben hätte. Er hält Israel vor (Römer 9,31), es habe dem »Gesetz der Gerechtigkeit« nachgejagt und es nicht erreicht, weil es nach ihm »nicht aus
dem Glauben, sondern aus den Werken« getrachtet habe. Soll das bedeuten,
das alte Israel habe das Gesetz nicht erfüllt, weil es die Erfüllung nicht aus
dem Glauben anstrebte? Nicht wohl; es wird ja sogleich dahin erläutert, sie
hätten sich an dem Stein des Anstoßes gestoßen, und das kann nicht auf das
einstige Israel und eine etwaige Unzulänglichkeit seines Glaubens an das
künftige Kommen des Messias gehen, sondern nur auf die Juden jener Stunde, sie, um die Paulus für Christus geworben und die er nicht für ihn gewonnen hat, weil sie in ihm nicht den verheißenen und geglaubten Messias erkannten. In dem Jesajaspruch (8,14), den Paulus hier in einer wunderlichen
Verquickung mit einem anderen (dem oben besprochenen 28,16) anführt,
ist mit dem »Stein des Anstoßes« kein anderer als Gott selbst gemeint: dadurch, daß seine Heilsbotschaft als Sicherstellung mißkannt und mißbraucht wird, bringt sein eigenes Wort das Volk zum Straucheln.[1] Paulus
deutet den Spruch auf Christus. »Denn Christus ist das Ende des Gesetzes,
jedem Glaubenden zur Gerechtigkeit.« Die Juden, die sich diesem Glauben
verweigern, weigern sich, sich der Gerechtigkeit Gottes zu unterwerfen.
Paulus betet, daß sie erlöst werden, sie aber wollen es nicht, denn sie haben
den Eifer um Gott, ermangeln jedoch der Erkenntnis.

Wieder beruft sich Paulus auf einen Spruch des Alten Testaments, diesmal
aber entnimmt er ihn weder der vorgesetzlichen Geschichte noch der Prophetie, sondern dem »Gesetze« selber. Es ist der Spruch (Deuteronomium
30,14): »Denn sehr nah ist dir das Wort, in deinem Munde und in deinem
Herzen.« »Nämlich«, fährt Paulus fort (Römer 10,8ff.), »das Wort vom Glau-

---

1   Vgl. weiter unten im 8. Abschnitt [nicht abgedruckt].

ben, das wir verkündigen. Denn wenn du mit deinem Munde Jesus als den Herrn bekennst und in deinem Herzen glaubst, daß Gott ihn von den Toten erweckt hat, wirst du gerettet werden.« Paulus beruft sich auf jenen bereits besprochenen Jesajavers »Wer vertraut, wird nicht beschleunigen«, aber in der falschen Übersetzung der Septuaginta, die, dem schwierigen Text gegenüber ratlos, eine andere Lesart gewählt und so den von Paulus angeführten Satz gewonnen hat: »Wer an ihn glaubt, wird nicht zuschanden werden.«

Hier ist das paulinische Gegenstück zu der Johanneischen Antwort der Apostel an Jesus »Wir haben geglaubt und erkannt, daß du der Heilige Gottes bist«; die beiden Sätze ergänzen einander wie nur irgend die Erzählung von einer Äußerung der vom lebenden Jesus ergriffenen Jünger und die authentische Bekundung eines vom toten ergriffenen einander ergänzen können. Aber mit jenem Spruch des Deuteronomiums, wo, wie Paulus sagt (Vers 6), »die Gerechtigkeit aus dem Glauben« redet, ist er seltsam genug verfahren. Im Text selber ist ja mit dem Worte, das nicht im Himmel, sondern in Mund und Herz ist, kein andres gemeint als »dieses Gebot, das ich heut dir gebiete« (Vers 11), kein Wort des Glaubens also, sondern gerade das Gesetzeswort, von dem hier erklärt wird, daß es nicht aus einer oberen Ferne über den Menschen komme, sondern so, daß er es in seinem eigenen Herzen aufbrechen und von da sich ihm auf die Lippen drängen spürt. In dem Satz aber, den Paulus anführt, hat er ein Wort weggelassen, das letzte Wort des Satzes. Dieser sagt im Text: »Denn sehr nah ist dir das Wort, in deinem Munde und in deinem Herzen, *es zu tun.*« Gottes dem Menschen gebietendes Wort redet ihn so an, daß er es in seinem Herzen aufbrechen und auf seine Lippen sich drängen spürt als eines, das von ihm getan werden will. Wie das »Gebot«, so hat Paulus auch das »Tun« unbeachtet gelassen. Anderswo jedoch (2,14f.) erscheint ihm eben dieses »Tun« im Zusammenhang mit eben diesem »im Herzen«: wo er von den *Heiden* redet, die »das Gesetzhafte tun«, weil »das Werk des Gesetzes in ihre Herzen geschrieben ist«. Man vergleiche den Gottesspruch bei Jeremia (31,33), es solle *dereinst* die Thora Gottes *Israel* ins Herz geschrieben werden. Seltsame Pfade der paulinischen Stunde und ihrer Werbung!

Aus den Werken des Gesetzes, erklärt Paulus (Römer 3,20; Galater 2,16), werde »kein Fleisch« vor Gott gerecht. Dieser Satz, von dem mit Recht gesagt worden ist[2], er sei für Paulus »das Prinzip, das des Beweises nicht bedarf und allem Kampf der Meinungen enthoben ist«, bedeutet zunächst (Römer 3,28), daß »durch den Glauben allein«, den Glauben an Jesus (Vers 26), »ohne Werke des Gesetzes«, der Mensch gerechtgesprochen wird, Heide wie Jude, daß also – und das ist ja für den Heidenapostel das wesentliche An-

---

2 Lohmeyer, Probleme paulinischer Theologie, ZNW 28 (1929), 201

liegen – die Heiden nicht durchs Judentum müssen, um zu Christus zu gelangen, sondern ihren eigenen unmittelbaren Zugang zu ihm haben. Es bedeutet weiter, wie wir gesehen haben, daß die Juden, die sich weigern, an Jesus zu glauben, an ihrem Besitz des Gesetzes keinen Rückhalt haben, sondern mit ihrer Weigerung die einzige Möglichkeit, von Gott gerechtgesprochen zu werden, ausschlagen. Aber das Gesetz ist ja nicht zur gleichen Zeit mit Jesus auf die Welt gekommen; was ist es mit den Geschlechtern Israels zwischen beiden? Vor ihnen stand ja nicht, wie vor Paulus' Zeitgenossen, die Frage, ob sie an Christus glaubten; aber »geglaubt« haben sie ja wohl, sie haben, vielmehr, die »Gläubigen« unter ihnen haben Gott vertraut und das Kommen seiner Königschaft erwartet. In diesem ihrem »Glauben« haben sie doch wohl das »Gesetz« erfüllt. Als Glaubende, wenn auch, unmöglicherweise, nicht an den gekommenen Christus Glaubende, sind sie doch wohl gerechtgesprochen worden wie ihr Vater Abraham; hat der sie gerechtsprechende Gott ihren Glauben also von ihrer Gesetzerfüllung abgelöst und nur jenen, nicht auch diese, im Glauben geschehene, bedacht? Paulus sagt ja aber ausdrücklich (Römer 2,13), die Täter des Gesetzes, seine wahren Täter im Glauben, würden, eben als solche, gerechtgesprochen werden. Oder ist unter den wertlosen »Werken des Gesetzes« nur eine Werkleistung ohne Glauben zu verstehen? Es ist ja aber doch offenbar Paulus' Ansicht, das Gesetz sei gar nicht erfüllbar; denn er begründet ja (Galater 3,10) seinen Satz von dem Fluch, unter dem die stünden, »die aus den Werken des Gesetzes sind«, mit dem angeblichen Schriftvers, es sei jeder verflucht, der »nicht in allem bleibt, was in dem Buche des Gesetzes geschrieben ist, es zu tun« (das entscheidende Wort »allem« fehlt, wie gesagt, im masoretischen Text[3]) – er identifiziert also die einen mit den andern: es könne eben niemand alles tun, was das Gesetz von ihm unter der Drohung des Fluches fordert. Das unteilbare, keine Auslese zulassende, das »ganze« Gesetz (Galater 5,3) fordert somit nach Paulus das Unmögliche, ohne daß er aber zwischen einer möglichen äußeren Erfüllung und einer unmöglichen Erfüllung in voller Glaubensintention unterschiede; offenbar gilt ihm auch schon die äußere Erfüllung als unmöglich, ohne daß er freilich andeutete, was sie dazu mache.

Hier steht nicht bloß der alttestamentliche Glaube und mit ihm der lebendige Glaube des nachbiblischen Judentums Paulus entgegen, sondern auch der Jesus der Bergpredigt, wiewohl aus verschiedenem Motiv und in verschiedener Absicht. [...]

---

3 Auch in der Version, die das Wort hatte und der außer der Septuaginta der Samaritaner gefolgt ist, besaß es, wie sich aus dem Sprachgebrauch des Deuteronomiums ergibt, zweifellos nicht diese emphatische Bedeutung. – Gewiß wird anderswo (Deuteronomium 28,58ff., vgl. 28,15ff.) das Nichttun »aller Worte dieser Thora« mit den schwersten Strafen bedroht, aber die Schrift setzt mit Bedacht hinzu, was mit dieser Allheitsforderung gemeint ist: »Diesen verehrten und furchtbaren Namen zu fürchten.«

16   Man kann die Zeitalter der christlichen Geschichte nach dem Maße
der Vorherrschaft des Paulinismus in ihnen ordnen – mit welchem Begriff
natürlich keine bloße Denkrichtung, sondern eine dem Leben selbst inne-
wohnende Sehens- und Seinsweise gemeint ist. Ein in besonderem Grade
paulinisches Zeitalter in diesem Sinn ist das unsere. Das Christentum tritt
zwar in der Gesamtexistenz der Epoche im Vergleich mit früheren zurück,
aber die paulinische Sicht und Haltung bemächtigt sich nunmehr auch mancher außerchristlichen Kreise. Es gibt einen Paulinismus des Unerlösten, einen also, in dem der feste Ort der Gnade eliminiert ist: man erfährt hier die
Welt, wie Paulus sie erfuhr, als in die Hände unabwendbarer Gewalten gegeben, nur der manifeste Erlösungswille von oben, nur Christus fehlt. Der
christliche Paulinismus unserer Zeit ist eine Frucht der gleichen Grundbe-
trachtung, wiewohl er den Aspekt der Dämonisierung des Weltregiments
abschwächt oder ausschaltet: er sieht doch das Dasein zerschieden in ein in
sich uneingeschränktes Walten des Zorns und die Sphäre der Sühnung, wobei von dieser aus zwar der Anspruch auf Errichtung einer christlichen Le-
bensordnung klar und energisch genug erhoben wird, de facto aber einer
unerlösten menschlichen Welt die erlöste christliche Seele in einer edlen
Ohnmacht gegenübersteht. Beide, dieses Bild des nur von der Glorie des
Heilands überspannten Abgrunds und jenes des gleichen Abgrunds, den nun
aber nichts als die undurchdringliche Finsternis deckt, sind nicht aus Wandlungen der Subjektivität zu verstehen: damit sie gemalt wurden, mußte die
Netzhaut der heute Lebenden von einer Wirklichkeit, der Situation dieser
Weltstunde, getroffen werden.

Ich will mein Anliegen an zwei Büchern sehr verschiedener Art verdeutlichen, weil die Sicht, von der ich spreche, darin rein zutage tritt. Das eine
habe ich aus dem Schrifttum der modernen christlichen Theologie deshalb
gewählt, weil ich darin kein anderes kenne, in dem mit solcher Direktheit
paulinisch von Gott gesprochen wird; es ist »Der Mittler« von Emil Brunner. Das andre, eines der wenigen gültigen Gleichnisse, die unsere Zeit hervorgebracht hat, ist das Werk eines nichtchristlichen Dichters, eines Juden,
Franz Kafkas Roman »Das Schloß«.

Bei Brunners Buch ist es mir nur um das zu tun, was es von Gott, nicht um
das, was es von Christus zu sagen hat, also um die dunkle Folie, nicht um das
Glorienbild, das sich davon abhebt. Die Sätze stehen: »Gott kann seine Ehre
nicht antasten lassen«; »das Gesetz selbst fordert die göttliche Reaktion«;
»Gott würde aufhören, Gott zu sein, wenn er seine Ehre antasten ließe.« Dies
wird von dem Vater Christi gesagt; es ist also nicht einer der Götter und
Machthaber gemeint, sondern der, für den das »Alte Testament« zeugt. Aber
weder in diesem selbst noch in irgendeiner jüdischen Interpretation seiner
wird so von diesem Gott geredet; auch im Munde Jesu, wie ich ihn zu ken-

nen glaube, ist solch eine Rede unvorstellbar. Denn hier ist wirklich »bei
Gott alles möglich«; es gibt nichts, was er »nicht könnte«. Die Herren dieser
Welt können freilich ihre Ehre nicht antasten lassen; was bliebe ihnen, wenn
sie es täten! Gott aber – nun freilich, Propheten und Psalmisten künden davon, wie er an der Welt »seinen Namen verherrlicht«, und die Schrift ist voll
seines »Eiferns«, aber er selber tritt in nichts davon so ein, daß er ihm nicht
überlegen bliebe; in der Sprache der Interpretation: er geht von einer Midda
zur andern, und keine tut ihm Genüge. Und wenn ihm alle Welt das Gewand
seiner Ehre in Fetzen risse, ihm wäre nichts zugefügt. Welches Gesetz dürfte
sich vermessen, etwas von ihm zu fordern – ist doch das höchste denkbare
Gesetz das von ihm gegebene, der Welt, nicht ihm gegeben[4]: er bindet sich
nicht, und so bindet ihn nichts. Und daß er aufhörte, Gott zu sein – »Gott« ist
ein Gestammel der Welt, der Menschenwelt, er selber ist unermeßlich mehr
als »Gott«, und wenn die Welt zu stammeln aufhörte oder aufhörte zu be-
stehn, er bliebe er. In der Unmittelbarkeit erfahren wir seinen Grimm und
seine Zärtlichkeit in einem; keine Aussage kann eins vom andern trennen
und ihn zu einem Gott des Zorns machen, der einen Mittler bedingte.

Im Buch der Weisheit, nicht wohl später als 100 v.Chr., wird Gott so an-
geredet: »Aber du erbarmst dich aller, da du alles vermagst« – er vermag sogar dies, sich unser, wie wir sind, zu erbarmen! –, »und übersiehst die Sünden der Menschen auf die Umkehr zu« – er übersieht sie, damit wir nicht un-
tergehn, sondern umkehren; er wartet nicht einmal, bis wir umgekehrt sind
(hier ist bedeutsamerweise das Gegenteil der synoptischen Kennzeichnung
der Täuferpredigt: nicht Umkehr zur Vergebung, sondern Vergebung zur
Umkehr) – »... Denn du liebst alle Wesen und verabscheust keins von denen,
die du gemacht hast« – hier wird offenbar die Schöpfung ernster genommen
als der Sündenfall –, »... Du verschonst aber alles, weil es dein ist, o Herr, der
dem Belebten wohlwill. Denn dein unverderblicher Geist ist in allen.« Es ist,
als wolle der Verfasser hier einer in Alexandrien verbreiteten Lehre von dem
jüdischen Gott des Zorns entgegentreten.

Man kennt Kafkas Beitrag zur Metaphysik der »Tür«: die Parabel von
dem Mann, der sein Leben vor einem bestimmten offenstehenden Tor ver-
bringt, das zur Welt des Sinns führt, und vergeblich um Einlaß bettelt, bis
knapp vor seinem Tod ihm mitgeteilt wird, daß es für ihn bestimmt war und
nun geschlossen wird. Die Tür ist also noch offen; ja, jeder Mensch hat seine
eigne Tür, und sie ist für ihn offen; aber er weiß es nicht und ist anscheinend

---

4 Brunner erläutert: »Das Gesetz seines Gottseins, in dem alle *Gesetzmäßigkeit* der Welt beruht, die Grundordnung der Welt, die Folgerichtigkeit und Zuverlässigkeit alles Geschehens,
die Gültigkeit aller Norm...« Eben dies erscheint mir als eine unzulässige Ableitung des Wesens
der Welt aus dem Wesen Gottes oder vielmehr umgekehrt. Ordnung und Norm stammen aus
der die Welt ins Sein setzenden und ihr das Gesetz gebenden Tat Gottes, nicht aus einem Gesetz, das sein eigenes Sein bestimmte.

nicht imstande, es zu wissen. Kafkas beide Hauptwerke sind Ausarbeitungen des Parabelmotivs, das eine, »Der Prozeß«, in der Dimension der Zeit, das andre, »Das Schloß«, in der des Raums; das erste befaßt sich demgemäß mit der Aussichtslosigkeit im Verkehr des Menschen mit seiner Seele, das zweite mit der in seinem Verkehr mit der Welt. Die Parabel selbst ist nicht paulinisch, die Ausarbeitungen sind es, nur, wie gesagt, unter Abstrich der Erlösung. Die eine handelt von dem Gericht, dem die Seele untersteht und sich willig unterstellt; aber die Schuld, für die sie gerichtet werden soll, ist unformuliert, die Prozedur labyrinthisch und die Instanzen selber fragwürdig – ohne daß durch all dies die Rechtmäßigkeit der Rechtsprechung beeinträchtigt erschiene. Das andre Buch, das uns hier besonders angeht, beschreibt eine dem Regiment einer schlampigen Bürokratie appellos ausgelieferte Landschaft als unsere Welt. Was zu oberst des Herrschaftsbereichs oder vielmehr oberhalb seiner ist, bleibt in ein Dunkel gehüllt, dessen Wesen man nicht einmal zu ahnen bekommt; die Beamtenhierarchie, die die Macht ausübt, hat sie von oben empfangen, aber anscheinend ohne Auftrag und Anordnung. Eine breite Sinnlosigkeit waltet uneingeschränkt, jede Nachricht, jede Handlung ist vom Sinnlosen durchtränkt, und doch ist die Rechtmäßigkeit der Herrschaft unanzweifelbar. Der Mensch wird in diese Welt gerufen, berufen, aber wohin auch er sich wendet, um der Berufung nachzukommen, stößt er an die dicken Nebelschwaden der Absurdität. Diese Welt ist einem Gewirr von Zwischenwesen ausgeliefert – es ist eine paulinische Welt, nur daß Gott in die undurchdringliche Finsternis entrückt und für einen Mittler kein Raum ist. Man muß an die aggadische Erzählung (Aggadat Bereschit IX) von dem sündigen David denken, der Gott bittet, er möge selber ihn richten und ihn nicht in die Hände der Seraphim und Cherubim geben, denn »alle sind sie grausam«. Grausam sind die Zwischenwesen Kafkas auch, aber sie sind zudem zuchtlos und geistlos. Großmächtige Schicksalpfuscher sind sie, die die Menschenkreatur durch den Widersinn des Lebens treiben – und sie tun es in der Vollmacht ihres Herrn. Bestimmte Züge gemahnen an die libertinischen Dämonen, zu denen in einzelnen gnostischen Strömungen die Archonten des paulinischen Weltbilds sich gewandelt haben.

Die Stärke der paulinischen Tendenzen in der christlichen Theologie unserer Zeit ist aus der Signatur dieser Zeit zu erklären, wie es aus den früheren Epochen zu erklären ist, daß einmal sie, einmal die rein spirituale, johanneische, und einmal die sogenannte petrinische hervortritt, wobei der etwas unbestimmte Begriff »Petrus« für die unauslöschliche Erinnerung an die Gespräche Jesu mit den Jüngern in Galiläa steht. Paulinisch sind jene Zeitalter, in denen die Widersprüche des menschlichen Lebens, insbesondere des menschlichen Zusammenlebens, sich so übersteigern, daß sie im Daseinsbewußtsein der Menschen in wachsendem Maße den Charakter des Verhängnisses annehmen. Da erscheint dann das Gotteslicht verfinstert, und die erlöste Christenseele nimmt dann, wie es die unerlöste Judenseele pausenlos getan hat, die noch unerlöste Konkretheit der Menschenwelt in all ihren Schrecken wahr. Wohl ringt dann der echte Christ, wie wir es ja auch von Paulus wissen, um eine gerechtere Ordnung seiner Gemeinschaft, aber den undurchdringlichen Kern des Widerspruchs versteht er im Blick auf das drohende Zorngewölk und klammert sich mit paulinischer Gewalt an die Gnadenfülle des Mittlers. Wohl wehrt man der immer wieder nahenden marcionitischen Gefahr, der Auseinanderreißung nicht bloß von Altem und Neuem Testament, sondern von Schöpfung und Erlösung, von Schöpfer und Erlöser, denn man sieht, wie nah man schon dran ist, wie Kierkegaard von der Gnosis sagt, »die Schöpfung mit dem Sündenfall zu identifizieren«, und man weiß, daß ein Sieg Marcions zum Untergang des Christentums führen kann; aber – das scheint mir in der Christenheit heute wieder stärker erkannt zu werden – mit Paulus ist Marcion nicht zu überwinden.

Daß es einen nichtpaulinischen Ausblick, also einen der Signatur des Zeitalters überlegenen, gibt, hat schon vor einem Jahrhundert eben Kierkegaard ausgedrückt, als er in sein Tagebuch ein Gebet schrieb, in dem es heißt: »Vater im Himmel, es ist doch nur der Augenblick des Schweigens in der Innerlichkeit des Miteinanderredens.« Das ist zwar von der persönlichen Existenz aus gesagt (»wenn ein Mensch in der Wüste verschmachtet, da er deine Stimme nicht hört«), aber in diesem Belange ist zwischen der Situation der Person und der des Menschen oder des Menschentums nicht zu scheiden. Das Gebet Kierkegaards ist, trotz seinem großen Christusglauben, nicht paulinisch oder johanneisch, sondern jesuisch.

Was aber Kafka angeht, so kann ein leichtfertiger Christ ja leicht mit ihm fertig werden, indem er ihn einfach als den unerlösten, weil nicht nach der Erlösung langenden Juden behandelt. Aber nur der so Vorgehende ist nun fertig, Kafka ist von dieser Behandlung unbetroffen geblieben. Denn der Jude, sofern er nicht vom Ursprung getrennt ist, auch noch der exponierteste Jude, also Kafka, ist geborgen. Alles geschieht ihm, aber es kann ihm nichts geschehen. Wohl vermag er sich nicht mehr »im Versteck deiner Flügel« (Psalm 61,5) zu bergen, denn der Zeit, in der er lebt, und mit ihr ihm, ihrem exponiertesten Sohn, verbirgt Gott sich; aber in der Tatsache des Nurverborgenseins Gottes, um die er weiß, ist er geborgen. »Lieber die lebendige Taube auf dem Dach als den halbtoten, krampfhaft sich wehrenden Sperling in der Hand.« Er beschreibt, aus innerster Kenntnis, die Welt des geläufigen Weltlaufs, er beschreibt aufs genauste das Walten der fauligen Dämonien, das den Vordergrund füllt; und am Rand der Beschreibung kritzelt er den Satz hin: »Prüfe dich an der Menschheit. Den Zweifelnden macht sie zweifeln, den Glaubenden glauben.« Sein unausgesprochenes, stets gegenwärtiges Thema ist die Entrücktheit des Richters, die Entrücktheit des Schloßherrn, die Verborgenheit, die Verfinsterung, die Finsternis; und eben deshalb vermerkt er: »Wer glaubt, kann keine Wunder erleben. Bei Tag sieht man keine Sterne.« So ist das Geborgensein des Juden in der Finsternis – ein von dem des Christen wesenhaft verschiedenes – beschaffen. Es gewährt keine Ruhe, denn leben, solang du lebst, mußt du beim Sperling und nicht bei der Taube, die deine Hand flieht; aber es verträgt sich, illusionslos, mit dem vordergründigen Weltlauf, und so kann nichts dir etwas anhaben. Denn von drüben her, von dem Himmelsdunkel her, kommt, ohne alles Aussehn der Unmittelbarkeit, ins Herz wirkend der dunkle Strahl. »Wir wurden geschaffen, um im Paradies zu leben, das Paradies war bestimmt, uns zu dienen. Unsere Bestimmung ist geändert worden; daß dies auch mit der Bestimmung des Paradieses geschehen wäre, wird nicht gesagt.« So leise und scheu äußert der Antipaulinismus aus dem Herzen dieses paulinischen Schilderers der Vordergrundhölle: das Paradies ist noch da, und es wirkt uns zum Dienst. Es ist da, das heißt, es ist auch hier, wo der dunkle Strahl das gepeinigte Herz trifft. Sind die Unerlösten erlösungsbedürftig? Sie leiden an der Unerlöstheit der Welt. »Alle Leiden um uns (d.h. um uns her) müssen auch wir leiden« – da ist es wieder, das Wort aus dem Schoß Israels. Die unerlöste Seele weigert sich, die Evidenz der unerlösten Welt, an der sie leidet, gegen die eigne Erlösung herzugeben. Sie kann sich weigern, denn sie ist geborgen.

Dies ist das Gesicht des in dieser Zeit der größten Verborgenheit Gottes ins Judentum eingedrungenen Paulinismus ohne Christus, eines Paulinismus also gegen Paulus. Düsterer als je vorher wird der Weltlauf gezeichnet, und doch wird erneut, mit einem noch vertieften »Trotz alledem«, ganz leise und scheu, aber unzweideutig, die Emuna verkündigt. Sie ist hier, inmitten des paulinischen Bereichs, an die Stelle der Pistis getreten. In all seiner Zurückhaltung bekennt doch der in der verfinsterten Welt umirrende Spätling mit jenen deuterojesajanischen Sendboten der leidenden Völkerwelt (Jesaja 45,15): »Wohl, du bist ein Gott, der sich verbirgt, Gott Israels, Heiland!« So muß in einer Stunde der Gottesfinsternis die Emuna sich wandeln, um an Gott zu beharren, ohne die Wirklichkeit zu verleugnen. Daß er sich verbirgt, verkürzt die Unmittelbarkeit nicht; in der Unmittelbarkeit bleibt er der Heiland, und der Widerspruch des Daseins wird uns zur Theophanie.

17   Die Krisis unserer Zeit ist auch eine Krisis der beiden Glaubensweisen, der Emuna und der Pistis.

Wie ihrem Wesen nach, so sind die beiden auch ihrer Herkunft nach grundverschieden, und so verschieden ist ihre Krisis.

Die Herkunft der jüdischen Emuna ist volksgeschichtlicher, die der
christlichen Pistis individualgeschichtlicher Natur.

Die Emuna ist in den Lebenserfahrungen Israels entstanden, die ihm
Glaubenserfahrungen waren. Kleine, dann große Menschenscharen, erst auf
der Suche nach freiem Weideland, dann nach Boden für ein freies Siedeln,
machen ihre Wanderung als göttlich Geführte. Diese Tatsache, daß Israel
seinen Weg nach Kanaan, der sein Weg in die Geschichte war, als Führung
erfuhr, schon zur Zeit der »Väter« als Führung, sinnlich als Führung durch
Wüsten und Fährnisse, diese geschichtlich einmalige Tatsache ist die Geburt
der Emuna. Emuna ist das »Beharrens«verhältnis – auch Vertrauen im exi-
stentialen Sinn zu nennen – des Menschen zu einer unsichtbaren und sich
doch zu sehen gebenden, einer verborgenen, aber sich offenbarenden Führung; doch die persönliche Emuna jedes Einzelnen bleibt in die des Volkes
gebettet und zieht ihre Kraft aus dem lebenden Gedächtnis der Generationen an die großen Führungen der Urzeit. Im Geschichtsprozeß der Indivi-
dualisierung verändert sich die Form, nicht die Essenz dieses Eingebettet-
seins. Auch noch wenn ein chassidischer Rabbi an einem Scheideweg die
Schechina, die »Einwohnung« Gottes, vor sich her gehen sieht, ist etwas von
der einstigen Führung dabei. Erst in unserem Zeitalter lockert sich, in zu-
nehmendem Maße, der Zusammenhang. In den Geschlechtern der Emanzi-
pationszeit spaltet sich das Glaubensvolk zunehmend in eine Religionsge-
meinschaft und eine Nation auf, die nur noch strukturell, nicht mehr orga-
nisch miteinander verbunden sind. Die Emuna hat in der säkularen Nation
keine seelische Grundlage mehr und in der isolierten Religion keine vitale.
So droht hier dem persönlichen Glauben die Gefahr, in der Stunde der Verfinsterung an der wesentlichen Spontaneität zu verarmen und statt ihrer von
Pistis-Elementen, teils logischen, teils mystischen Charakters, durchsetzt zu
werden. Aber die Krisis des Glaubensvolks reicht darüber hinaus. Denn die
am Eingang der Offenbarung ausgesprochene Absicht jener Führung war ja
(Exodus 19,6), daß Israel »ein Königsbereich von unmittelbaren Dienern
(das bedeutet das Wort *kohanim*, gewöhnlich: Priester, an dieser und einigen anderen Stellen) und ein heiliges (Gott als seinem Herrn geweihtes)
Volk« werde. Wenn die Aufspaltung sich vollendet, ist jene Absicht verworfen. Denn könnte nur noch eine große Erneuerung des Volksglaubens Abhil-
fe schaffen. In dieser müßte die von je bestehende innere Dialektik Israels,
zwischen den sich der Führung Überlassenden und den »sich gehen Lassen-
den«, in den Seelen selber zum Austrag kommen, damit die Aufgabe, ein heiliges Volk zu werden, in neuer Situation und einer ihr gemäßen neuen Gestalt sich stelle. Die Einzelnen, die sich, in der Krisis wiedergeboren, in der
Emuna erhalten, hätten, wenn es so kommt, die Funktion erfüllt, die lebende Glaubenssubstanz durch die Finsternis zu tragen.

Die christliche Pistis wurde außerhalb der Geschichtserfahrungen von Völkern, sozusagen im Austritt aus der Geschichte, geboren, in den Seelen von Einzelnen, an die die Forderung herantrat, zu glauben, daß ein in Jerusalem gekreuzigter Mann ihr Erlöser ist. Wiewohl dieser Glaube sich seinem Wesen nach zur Frömmigkeit der völligen Hingabe und zu einer Mystik des Ineinanderseins mit dem Geglaubten erheben konnte und erhob, ruhte er auf einer Grundlage, die man, ungeachtet ihrer »Irrationalität«, als logisch oder noetisch bezeichnen muß: dem Als-wahr-annehmen und Als-wahr-anerkennen eines verkündigten Satzes über den Gegenstand des Glaubens. Alle Innigkeit oder Verzückung des Gefühls, alle Lebensdevotion wuchs aus der Annahme der Forderung und aus dem sowohl in der Seele wie an die Welt hin getanen Bekenntnis: »Ich glaube, daß es sich so verhält.« Dieser in seinen Ursprüngen eminent griechische Akt, intensive Kenntnisnahme eines Soseins, das jenseits der geläufigen Begrifflichkeit steht, dennoch in noetischer Form vollzogen, geschah (zum Unterschied von dem größten Teil der späteren Bekehrungsgeschichte) als Handlung der sich damit gegen ihre Volksgemeinschaft abgrenzenden Person, und die Forderung war darauf als auf eben eine solche Handlung intendiert. Gewiß, auch Jesus wendet sich an den Einzelnen, oder, wenn er zu einer Vielheit spricht, an die Einzelnen in ihr; aber man höre nur, wie er (Matthäus 15,24) von den »abgeirrten Schafen[5] des Hauses Israel« redet: auch sie sieht er noch im Gefüge des »Hauses«. Nach ihm ist dergleichen nicht mehr zu vernehmen. Paulus spricht oft von Juden und Griechen, aber nie auf die Realität ihrer Volkstümer hin: es geht ihm einzig um die neu gestiftete Gemeinschaft, die eben wesenhaft nicht Volk ist. Die Konzeption des »heiligen Volkes« ist vollends verblaßt, sie geht ins Bewußtsein der Christenheit nicht ein, bald tritt die der Kirche als des nunmehr allein wahren »Volks Gottes« an ihre Stelle. Die Folge von alledem ist, daß sogar in den Massentaufen des Abendlandes, Vorgängen, die, wie phänomenal, so auch seelisch, von jenem Individualakt der hellenistischen Pistis weit entfernt waren, die Einzelnen als Einzelne, also nicht die Völker, christlich, das heißt Christus untertan wurden: das »Volk Gottes« war die Christenheit, die in ihrem Wesen von den Völkern differierte, diese aber blieben eigennatürlich und eigengesetzlich, wie sie gewesen waren. So hatten denn die Christgläubigen an jedem Tag ein zweigeteiltes Dasein: als Einzelne im Lebensbereich der Person und als Teilnehmer am öffentlichen Leben ihrer Völker. Diese Daseinsverfassung blieb so lange vor der Krisis bewahrt, als der Bereich der Person sich gegen die Bestimmungsmacht des öffentlichen Wesens behaupten konnte. In dem Maße, als er, in unserem Zeitalter, von dieser durchsetzt wurde, reift die Krisis. Das Heilsgut des Chri-

5 Der Ausdruck ist (nach Jeremia 50,6; Ezechiel 34,4.16; Psalm 119,176) von Tieren zu verstehen, die von der Herde abgeirrt sind.

stentums, der Eigenbestand der erlösten Seele, ist in Gefahr geraten. Das hat Kierkegaard vor hundert Jahren hart und klar erkannt, ohne aber die Ursachen hinreichend zu würdigen und den Herd der Krankheit aufzuzeigen. Es geht um das Mißverhältnis zwischen Heiligung des Einzelnen und der hingenommenen Unheiligkeit seiner Gemeinschaft, das sich mit Notwendigkeit auf die innere Dialektik der Menschenseele überträgt. Das Problem, das sich hier erhebt, weist auf die angestammte Aufgabe Israels hin – und auf dessen Problematik.

Darüber hinaus aber ist uns zu ahnen erlaubt, daß auch hier aus dem starren Paulinismus ein Weg zu einer anderen, der Emuna näheren Gestaltung der Pistis führt. Der Glaube des Judentums und der Glaube des Christentums sind, in ihrer Weise, wesensverschieden, jeder seinem menschlichen Wurzelgrund gemäß, und werden wohl wesensverschieden bleiben, bis das Menschengeschlecht aus den Exilen der »Religionen« in das Königtum Gottes eingesammelt wird. Aber ein nach der Erneuerung seines Glaubens durch die Wiedergeburt der Person strebendes Israel und eine nach der Erneuerung ihres Glaubens durch die Wiedergeburt der Völker strebende Christenheit hätten einander Ungesagtes zu sagen und eine heute kaum erst vorstellbare Hilfe einander zu leisten.

Martin Buber

Zum Abschluß[1] (1961)

[...]

4   Nun aber höre ich sagen, das Unternehmen dieser Verdeutschung sei inzwischen »utopisch« geworden, da es (ich sage es mit meinen eigenen Worten) nach der widergeschichtlichen Selbsterniedrigung des deutschen Volkes ein authentisches und daher auch authentisch aufnahmefähiges deutsches Sprachleben nicht mehr gebe.[2]

Im Gebiet des Geistes müssen alle Prognosen dessen gewärtig sein, daß sich ihnen ein Fragezeichen anhängt. Aber eine andersartige Antwort ist bei Rosenzweig zu finden.

Er hat zwar nicht mit der Möglichkeit dessen gerechnet, was dann in der Hitlerei Gestalt gewann, wohl aber hat er die Vulgarisierung eines geistigen Prozesses genau erkannt, die dann in den Tätigkeiten der »Deutschen Christen« und der weitergehenden »Deutschen Glaubensbewegung« ihren freilich recht problematischen Ausdruck fand. Es geht um die Lossagung von einem schaffenden und seiner Schöpfung offen bleibenden Gott als einem nur »Gerechten«, nicht »Liebenden«, und damit vom »Alten Testa-

---

1   Diese Bemerkungen Bubers geben den »leicht abgeänderten Wortlaut« einer Ansprache wieder, die er bei einer Hausfeier in Jerusalem im Februar 1961 hielt. Anlaß war die Vollendung seiner deutschen Bibelübersetzung, die er im Jahr 1925 (mit Rosenzweig) begonnen hatte. (F.A.R.)
2   Dieser Absatz ist eine Antwort auf die bei der Feier geäußerten Bemerkungen Gershom Scholems, der u.a. gesagt hatte: »Es lag ein utopisches Element in Ihrem Unterfangen. Denn die Sprache, in die Sie übersetzten, war nicht die des deutschen Alltags, war auch nicht die der deutschen Literatur der zwanziger Jahre. Es war ein Deutsch, das als Möglichkeit, aus alten Tendenzen sich nährend, in dieser Sprache angelegt war, und gerade dies Utopische daran machte Ihre Übersetzung so besonders aufregend und anregend. Ob Sie es nun bewußt wollten oder nicht, Ihre Übersetzung – aus der Verbindung eines Zionisten und eines Nichtzionisten hervorgegangen – war etwas wie das Gastgeschenk, das die deutschen Juden dem deutschen Volk in einem symbolischen Akt der Dankbarkeit noch im Scheiden hinterlassen konnten. Und welches Gastgeschenk der Juden an Deutschland konnte historisch sinnvoller sein als eine Übersetzung der Bibel? Aber es ist anders gekommen. Ich muß fürchten (oder hoffen?), Ihren Widerspruch herauszufordern, und doch drängt sich meinem Gefühl die Frage auf: Für wen wird diese Übersetzung nun bestimmt sein, in welchem Medium wird sie wirken? Historisch gesehen ist sie nicht mehr ein Gastgeschenk der Juden an die Deutschen, sondern – und es fällt mir nicht leicht, das zu sagen – das Grabmal einer in unsagbarem Grauen erloschenen Beziehung. Die Juden, für die Sie übersetzt haben, gibt es nicht mehr. Die Kinder derer, die diesem Grauen entronnen sind, werden nicht mehr Deutsch lesen. Die deutsche Sprache selber hat sich in dieser Generation tief verwandelt, wie alle wissen, die in den letzten Jahren mit der neuen deutschen Sprache zu tun hatten – und nicht in der Richtung jener Sprachutopie, von der Ihr Unternehmen so eindrucksvolles Zeugnis ablegt« (*Gershom Scholem*, Judaica 1, Frankfurt/M. 1968, S. 214f [»An einem denkwürdigen Tage«]). (F.A.R.)

ment« – eine Tendenz, die auf den christlichen Gnostiker Marcion zurückgeht und daher in ihren modernen Ausprägungen als Neomarcionismus bezeichnet werden kann. Rosenzweig schreibt an mich schon während der Arbeit am Genesis-Band (29. Juli 1925): »Ist Ihnen eigentlich klar, daß heut
der von den neuen Marcioniten theoretisch erstrebte Zustand praktisch
schon da ist? Unter Bibel versteht heute der Christ nur das Neue Testament,
etwa mit den Psalmen, von denen er dann noch meist meint, sie gehörten
zum Neuen Testament. Also werden wir missionieren.« Und ein halbes Jahr
danach ist sein Gedanke zu unüberbietbarer Präzision gediehen. Er schreibt
(an den Freund Eugen Mayer, 30. Dezember 1925): »Ich fürchte manchmal,
die Deutschen werden diese allzu unchristliche Bibel nicht vertragen, und es
wird die Übersetzung der heut ja von den neuen Marcioniden angestrebten
Austreibung der Bibel aus der deutschen Kultur werden, wie Luthers die der
Eroberung Deutschlands durch die Bibel war. Aber auch auf ein solches Go-
lus Bowel [babylonisches Exil] könnte ja dann nach siebzig Jahren ein neuer
Einzug folgen, und jedenfalls – das Ende ist nicht unsere Sache, aber der Anfang und das Anfangen.«

Es sieht mir nicht danach aus, als ob Die Schrift siebzig Jahre zu warten
hätte. Aber »missionieren« – ja, auf jeden Fall! Ich bin sonst ein radikaler
Gegner alles Missionierens und habe auch Rosenzweig gründlich wider-
sprochen, wenn er sich für eine jüdische Mission einsetzte. Aber diese Mission da lasse ich mir gefallen, der es nicht um Judentum und Christentum
geht, sondern um die gemeinsame Urwahrheit, von deren Wiederbelebung
beider Zukunft abhängt. Die Schrift ist am Missionieren. Und es gibt schon
Zeichen dafür, daß ihr ein Gelingen beschieden ist.

Franz Rosenzweig (1886-1929)

Bernhard Casper

Einleitung

Franz Rosenzweig war vermutlich der erste deutsche Jude, der die Katastrophe des Endes der jüdisch-deutschen Symbiose als eine konkrete Möglichkeit der deutschen Geschichte in aller Klarheit voraussah. Denn noch an demselben Tag, an dem der amerikanische Präsident Wilson die Waffenstillstandsbedingungen bekanntgab, welche den 1. Weltkrieg beendeten, lesen wir in einem Brief an Magrit Rosenstock: »Pogrom – und auf was soll eine Revolution in Deutschland schließlich hinauslaufen, wenn nicht auf eine Judenhetze ...?«[1]

Franz Rosenzweig, der am Weihnachtstag (25.12.) 1886 in Kassel als einziger Sohn einer wohlhabenden Fabrikantenfamilie geboren wurde, der, hochbegabt, zunächst Medizin, später Geschichte und Philosophie studierte, der nach seiner Promotion (mit der auch heute noch als Grundlagenwerk geltenden Dissertation »Hegel und der Staat«) den gesamten Ersten Weltkrieg mitmachte – zunächst beim Roten Kreuz und dann bei der Truppe an der Front –, befand sich, als er diesen Brief schrieb, in Freiburg. Er hatte sich in diese Stadt seiner Universitätsstudien aus der deutschen Armee entlassen lassen, um sein großes Werk »Der Stern der Erlösung« (1921), das er in den Schützengräben Mazedoniens zu skizzieren begonnen hatte, endgültig niederzuschreiben und um damit denn auch den Weg seines Judentums, der ihm seit dem Spätherbst 1913 klar vor Augen stand, in der Gestalt eines anspruchsvollen, den philosophischen Strömungen seiner Zeit antwortenden Denkens zu artikulieren.

Franz Rosenzweig hatte zunächst erwogen, Christ zu werden. Seine beiden getauften Vettern Rudolf und Hans Ehrenberg, Biologe der eine, Philosoph und evangelischer Theologe der andere, spielten mit ihrem Verständnis des Christentums dabei ebenso eine Rolle wie das Drängen Eugen Rosenstocks, der in einem langen Nachgespräch im Sommer 1913 Rosenzweig endgültig von der universalen und deshalb auch alle Menschen verpflichtenden Wahrheit des Christentums zu überzeugen suchte. Aber Franz Rosenzweig bestand damals darauf, daß er auch nach dem Verständnis des Christentums selber nicht als Heide, sondern nur als Jude Christ werden könne.[2]

---

1 Unveröffentlichter Brief vom 11.11.1918. Für die Erlaubnis zur Veröffentlichung des Auszugs aus diesem Brief und anderen unveröffentlichten Briefen danke ich Herrn Rafael Rosenzweig, Tel Aviv.
Die Schriften Franz Rosenzweigs werden zitiert nach *Franz Rosenzweig, Der Mensch und sein Werk. Gesammelte Schriften,* Den Haag, Dordrecht 1976-1984; sie werden abgekürzt: GS.

Und dies führte ihn in die Tiefe der eigenen jüdischen Quellen zurück und zu der Einsicht, daß er »schon beim Vater sei«, daß also der Satz des johanneischen Jesus: »Niemand kommt zum Vater denn durch mich« (Joh 14,6) auf ihn nicht zutreffe.[3] Und daß er deshalb verpflichtet sei, das Zeugnis des Jüdischen im eigenen Leben und in seinem Denken zu geben.

Ein herkömmlich ausgebildeter christlicher Theologe hätte damals diese Position vermutlich als unannehmbar bezeichnet. Heute ist sie, z.b. durch das II. Vaticanum und seine sich auf Röm 11 stützende klare Aussage: »Nichtsdestoweniger sind die Juden nach dem Zeugnis der Apostel immer noch von Gott geliebt um der Väter willen; sind doch seine Gnadengaben und seine Berufung unwiderruflich«[4], zu einer auch durch das Christentum selbst bejahten Position geworden. Und von daher gewinnt denn auch Rosenzweigs im 20. Jahrhundert einzigartig dastehendes Werk »Der Stern der Erlösung«, in welchem er sein eigenes jüdisches Dasein so formuliert, daß seinen christlichen Verwandten und Freunden dies nicht nur als das mit Recht bestehende andere einsichtig wird, sondern daß sie eben dadurch auch ihren eigenen christlichen Weg besser begreifen lernen, ein nur um so größeres Gewicht.

Die in diesem Werk vorgenommene Textauswahl bringt zunächst Briefstellen aus den Jahren 1913-1916, in denen die in der Geschichte unaufhebbare Unterscheidung des Jüdischen und des Christlichen in der dem Brief möglichen Intimität, Schärfe und Deutlichkeit formuliert wird. Sie schließt daran wichtige Passagen aus Rosenzweigs Hauptwerk an und endet mit einem Stück, das der damals schon seit sieben Jahren Gelähmte und Verstummte mit Hilfe seiner Frau, welche die Buchstaben einer Tafel, auf die er deutete, zu Worten zusammensetzte, kurz vor seinem Tod 1929 verfaßte.

Ich will als Christ versuchen, das für mich Entscheidende aus diesen Texten herauszuheben. Und ich will dabei auch mit den Fragen, die ich habe, nicht hinter dem Berg halten.

Was mich bereits in dem berühmten Brief an Rudolf Ehrenberg vom 31. Oktober 1913 betroffen macht, ist die von jüdischer Seite her getroffene lapidare Feststellung: »Kirche und Synagoge sind aufeinander angewiesen«. Denn zwar hat christlicherseits – nach der Verurteilung Marcions – (im Prinzip jedenfalls) niemand mehr die Angewiesenheit des Neuen Testaments auf das »Alte« geleugnet. Aber kann dem Judentum die Frage nach der Bedeutung der beiden Testamente füreinander nicht gleichgültig sein? Was kümmert das Judentum das Neue Testament?

Rosenzweig spricht hier nun aber gerade von jüdischer Seite her von ei-

2 Vgl. unten S. 179 (GS 1,134).
3 Vgl. unten S. 179f (GS 1,135).
4 Erklärungen des II. Vatikanischen Konzils »Nostra aetate«

nem in vollem Ernst zu bejahenden Aufeinanderangewiesensein. Und zwar wird dieses von einer »gleichen Endhoffnung« her begründet, die Juden und Christen gleichermaßen in das Leiden stellt.[5]

Man hat hier bereits, so meine ich, den ganzen Zusammenhang vor sich, in dem Rosenzweig denkt. Dieser Zusammenhang ist der der *Weltgeschichte*, die nicht nur das wissenschaftliche Thema des Historikers Rosenzweig von Anfang an war, sondern auch das existentielle Thema des Menschen und Juden Franz Rosenzweig, der vier Jahre lang an jenem Krieg teilnahm, der zu Recht den Namen des 1. *Welt*kriegs trägt. Daß Rosenzweig, durch sein Medizinstudium naturwissenschaftlich geschult, durch seinen Verwandten, den Physiker und Nobelpreisträger Max Born, und 1919/20 durch kurze, eher alltägliche Begegnungen mit Einstein bereits in jene Aspekte der Weltgeschichte eintauchte, die uns heute vor allem dieses Wort so gewichtig machen, soll hier nur am Rande erwähnt werden.

Juden und Christen finden sich gemeinsam und aufeinander angewiesen in der Verantwortung für die Weltgeschichte vor – einer Verantwortung, die ihnen ein *Leiden* auferlegt. Dieses Leiden erwächst dem Juden aus der »Weltverneinung«, dem Christen hingegen aus der »Weltbejahung«. Diese Formel der Unterscheidung, die sich von 1913 an bis in den »Stern der Erlösung« hinein durchhält, bedarf der Erläuterung. Denn sie ist, faßt man sie abstrakt und als pure Gegenüberstellung auf, mißverständlich und irreführend. Sie würde so abstrakt verstanden heute wohl auch kaum mehr auf die Zustimmung eines Juden stoßen können. Und sie steht überdies in Spannung mit Rosenzweigs eigenem großartigen Satz aus dem »Neuen Denken«: »Gott hat eben nicht die Religion, sondern die Welt geschaffen.«[6] Das Judentum kann also wohl keine die Welt verneinende Religion sein.

Was meint der Satz, daß dem Juden das Leiden um der Erlösung willen aus der Weltverneinung erwachse, dem Christen hingegen aus der Weltbejahung, aber dann? Um ihn recht zu verstehen, wird man zunächst einmal auf Rosenzweigs unglaubliche Fähigkeit hinweisen dürfen, in Gegensatzpaaren, Spannungspaaren, Anderheiten zu denken, deren jeweilige Glieder nicht aufeinander zurückführbar sind und dennoch einander bedürfen. Der Kernsatz des »Neuen Denkens«, den Rosenzweig freilich erst 1925 in solcher Deutlichkeit aussprechen kann, daß nämlich das Entscheidende dieses Denkens im »Bedürfen des Anderen und, was dasselbe ist, im Ernstnehmen der Zeit«[7] liege, zeigt sich von Anfang an als die Seele der Wirklichkeitserfassung, die sich in Rosenzweigs Denken zuträgt. Und diese Seele, die Rosenzweigs Stil und seine Begriffsfindungen formt, ist nicht zureichend durch

---

5 Vgl. unten S. 180 (GS 1,135).
6 GS 3,153
7 GS 3,151-152

Rosenzweigs intensives Hegelstudium zu erklären, das ihn freilich gelehrt
hatte, ständig in dialektischen Gegensätzen zu denken – in These und Antithese. Sondern sie zeigt sich als ein in Rosenzweigs ganzem Denken ständig
statthabender Akt der Gottesverehrung. Denn eben: Die *Synthese*, die für
Hegel so selbstverständlich ist, kann der die Erfahrung in ihrer Zeitlichkeit
ernstnehmende Mensch von sich aus nicht herstellen. Wir sind Geschöpfe
»um dessentwillen, daß wir nicht die ganze Wahrheit schauen«.[8]

Es scheint mir, daß für Rosenzweig deshalb von früh an auch die im 1. Kapitel der Genesis grundgelegte Lehre von den »Scheidungen« eine wichtige
Rolle spielt.[9] Die Schöpfung ist in aufeinander nicht reduzierbaren Gegensätzen geschaffen: Nacht und Tag, Meer und Festland, Frau und Mann. Und
folglich zeigt sich für das Denken, das sich am ehesten die Bezeichnung »absoluter Empirismus« gefallen lassen müßte[10], die Wahrheit nie einfach nur
als *eine*, hinter die der Mensch, sie erschöpfend, gekommen wäre. Vielmehr
ist nur bei Gott die Wahrheit eine. Für den geschichtlichen, sterblichen
Menschen aber wird Wahrheit immer erreicht im »Bedürfen des Anderen«.

Dieses große Grundprinzip seines Denkens, das nach Rosenzweigs eigenem Verständnis über die philosophische Tradition des Abendlandes von
Parmenides bis Hegel insgesamt hinausführt, wendet er nun aber wie selbstverständlich auch auf die Antwort an, die der Mensch auf das ihn in der Offenbarung erweckende und erwählende Wort des EINEN gibt. Die Antwort
des Menschen auf das Sch^ema Israel: Höre Israel! ER EINER ... so liebe denn
Du ... IHN ... und deinen Nächsten[11] kann jüdisch und sie kann christlich geschehen. Es ist im Verständnis Rosenzweigs kein Relativismus und kein Verrat am Judentum, wenn er angesichts der »in aller Zeit unversöhnlichen
Messiaserwartungen« von den »beiden letzten Einsätzen um die Wahrheit«[12]
spricht, d.h. das Christentum als einen letzten Einsatz um dieselbe Wahrheit,
um die es auch im Judentum geht, gelten läßt. Sondern es ist eher ein Ausdruck der Gottesfurcht – der Anerkennung dessen, daß nur vor dem EINEN
die Wahrheit EINE ist.[13]

Mir scheint, daß damit eine auch von Christen akzeptierbare Einsicht gesetzt ist, die das Verhältnis zwischen Juden und Christen auf einen neuen
Boden stellt. Weder die Absolutheit des Anspruchs der Thora noch die Absolutheit des Anspruchs, der in Jesus Christus ergangen ist, werden durch
diese Einsicht in Frage gestellt. Es wird vielmehr ein Wetteifern eröffnet, das

---

8   Vgl. unten S. 235 (GS 2,463).
9   Vgl. jetzt GS 3,661, außerdem GS 3,611.
10   GS 3,161
11   Dtn 6,5 in Verbindung mit Lev 19,18
12   GS 3,159
13   Vgl. GS 3,159.

angefacht ist durch die Stimme des EINEN, die Juden und Christen vernommen haben, und das bewegt ist von dem, worum es sowohl Juden und Christen geht: die Erlösung. Die Frage, wer in diesem Wetteifern um das Geschehen von Erlösung aber mehr beim Vater ist, ist von vornherein falsch gestellt. Denn sie ist vom Menschen her nicht entscheidbar. »Nur bei Gott selber steht da die Bewährung, nur vor ihm ist die Wahrheit EINE.«[14]

Freilich muß Rosenzweig aufgrund dieser Einsicht und zugleich dezidiert als Jude – denn die eigene Existenz kann jetzt nicht mehr ausgeklammert werden – den »jüngeren Bruder« ansprechen und so seine Anderheit mit zur Sprache bringen. Dabei ist es zunächst erstaunlich, welch profunde Kenntnis des Christentums und der christlichen Theologie Rosenzweig immer wieder an den Tag legt. Er las in den Schützengräben des 1. Weltkriegs – die Kirchenväter. Der Ernst und die erfrischende Schärfe des Briefwechsels mit Eugen Rosenstock sind ohne die intime Kenntnis, die Rosenzweig von dem Wesen des Christlichen besaß, nicht denkbar. Und eine Einführung in das Wesen der Kirche, so wie sie Rosenzweig auf den Seiten 380ff des »Stern der Erlösung« gibt, könnte ein christlicher Theologe so knapp kaum besser geben. Ja es zeigt sich, daß das Verständnis des mitgehenden anderen Züge des Christlichen sichtbar macht, die so dem christlichen Selbstbewußtsein nicht ohne weiteres auffallen.

Andererseits wird man nicht zuviel behaupten, wenn man sagt, daß sich in Rosenzweigs Verständnis des Christlichen durchaus auch Züge der für Rosenzweig zeitgenössischen christlichen Theologie widerspiegeln, die als zeitbedingte mittlerweile in der christlichen Theologie als einseitig erkannt und derart überwunden wurden. So hat Rosenzweig z.B. eine Christologie vor sich, die eher die Gottheit Jesu überbetonte und sein Menschsein vergaß. Rosenzweig selbst weiß um beide Seiten des christlichen Dogmas. Aber er reagiert gegen eine ecclesia triumphans, die zwischen Jesus als dem Menschensohn und dem wiederkommenden Messias keine Differenz der Geschichte mehr sieht.[15] Rosenzweig hat überhaupt eine statische, ungeschichtlich denkende christliche Theologie vor Augen, die sich auf protestantischer Seite weitgehend noch der – im übrigen in den Pelagianismus führenden – denkerischen Mittel Kants[16] oder des die Geschichte abgeschlossen denkenden Deutschen Idealismus' bediente, auf katholischer Seite der Mittel einer rationalistischen Neuscholastik. Ich halte es für möglich, daß Rosenzweigs Kritik, die früh von einzelnen wachen christlichen Theologen rezipiert wurde, mit zu jenem Umdenken beigetragen hat, das das Ernstnehmen dessen, daß die Erlösung auch noch aussteht, das radikale

14 GS 3,159
15 Vgl. unten S. 191f (GS 1,285).
16 Vgl. unten S. 195 (GS 1,402).

Sichhineinstellen in die Bitte des Vaterunsers »Dein Reich komme« neu in die christliche Theologie einbrachte. Die christliche Theologie der 2. Hälfte des 20. Jahrhunderts ist weitgehend keine triumphalistische Theologie mehr. Es ist vielmehr verstanden worden, daß der Gekreuzigte die Welt nicht so überwindet, daß dies eine »angemaßte Schonfertigkeit«[17] bedeutet.

Aber was bedeutet dann das Wort Jesu »In der Welt habt Ihr Angst; aber seid getrost, ich habe die Welt überwunden« (Joh 15,33)? Es stellt sich heute für Christen die Aufgabe neu, dem Juden Franz Rosenzweig auf diese Frage Antwort zu geben – nicht zuletzt mit dem eigenen Leben. Meiner Ansicht nach müßte eine ganze Reihe von Fragen, die Rosenzweig insbesondere in dem Briefwechsel mit Eugen Rosenstock aufwirft, heute neu aufgegriffen und zwischen Juden und Christen erwogen werden – nicht mit dem Ziel, den anderen zu vereinnahmen, sondern mit dem Ziel, bei allem Bestehenbleiben der Anderheit des anderen dennoch Mißverständnisse aus dem Weg zu räumen, um so mehr die Möglichkeit zu haben, von der gelebten Antwort des anderen auf die Offenbarung und auf die Verheißung zu lernen. Dazu gehört z.b. Rosenzweigs Ablehnung der Lehre vom peccatum originale.[18] Aber wie, wenn man neben diese Ablehnung Rosenzweigs eigene, immer wieder vorgetragene Lehre von der Unerlöstheit der Welt stellt[19], die den Menschen, wie der »Stern« ausführt, in eine vom Menschen unlösbare Aporie stürzt?[20] Vielleicht ist die christliche Lehre von der Verseuchtheit der Welt mit Unerlöstheit von hier her neu zu denken. Und möglicherweise wäre eine soteriologische Lehre von dem, der sich selbst den »Weg« nennt (Joh 14,6), für den Juden wenn auch in letzter Konsequenz nicht mitvollziehbar, so doch auch nicht mehr derart anstößig, daß gesagt werden müßte: Wir würden ihn heute wieder kreuzigen.[21] Die Achse des Rosenzweigschen Denkens war, so meine ich zu sehen, die Gestalt des *Ebed JHWH* – buchstäblich bis in Rosenzweigs letzte Lebensstunden hinein.[22] Und hier, so meine ich, müßte das Gespräch zwischen Juden und Christen – durchaus in der Anerkennung der Tatsache, daß man auf verschiedenen Wegen bleiben wird – heute neu beginnen.

Was hat es dann aber mit der von Rosenzweig in unseren Texten so herausgearbeiteten Differenz zwischen Weltlosigkeit des Judentums und Welt-

---

17 Vgl. unten S. 195 (GS 1,402).
18 Vgl. unten S. 183 (GS 1,142).
19 Vgl. unten S. 195 (GS 1,402).
20 GS 2,254-255
21 Vgl. unten S. 185 (GS 1,252).
22 Vgl. dazu GS 1,1237: »Der letzte Gedanke, dessen Äußerung er versuchte ..., galt dem Sinn einiger Stücke dieses Buches, der Lieder vom Knecht Gottes« (M. Buber über die drei Zeilen eines Briefes, den Rosenzweig am 9.12.1929 abends begann; er starb in der Nacht vom 9. auf den 10. Dezember 1929).

haftigkeit des Christentums auf sich und mit den Leiden, die jeweils daraus im Lichte der Verheißung von Erlösung erwachsen? Ich möchte angesichts dieser zentralen Frage zunächst noch einmal den Finger darauf legen, daß keines der in dieser Zweiheit genannten Glieder gemäß der ganzen Anlage des Rosenzweigschen Denkens für sich gedacht werden darf, sondern daß sie vielmehr »einander bedürfen«. Die Zweiheit »Weltlosigkeit – Welthaftigkeit« gibt Rosenzweig zunächst einmal ein heuristisches Mittel in die Hand, kulturmorphologisch eine Fülle von Erscheinungen im Jüdischen und im Christlichen zu deuten: die Intimität jüdischen Lebens, den missionarischen Charakter des Christlichen und seine Verbindung mit Weltordnung und Staat, so wie sie in der mittelalterlichen und frühneuzeitlichen Kirche am deutlichsten geworden war. Diese Verbindung stand Rosenzweig z.B. auch im Kulturprotestantismus noch vor Augen.

Grundsätzlicher gesehen geht Rosenzweig dabei auf Tertullians bekannten Satz zurück, daß man als Jude geboren werde, Gottes orientierende Offenbarung also durch Geburt, Familie, Blutszugehörigkeit erfahre, daß man Christ aber nur durch Bekehrung werden könne. Die Kirche ist ihrem Wesen nach missionarisch – ein Satz, den so auch das II. Vaticanum gesagt hat.[23] Die Kirche lebt davon, daß sie die Welt, d.h. *alle Völker* bekehrt. Sie ist in diesem Sinne von vornherein also in einer ganz anderen Weise »welt«bezogen.

Diese so beschreibbare Eigenart des Jüdischen einerseits, des Christlichen andererseits gibt Rosenzweig die Möglichkeit in die Hand, das Verhältnis von Judentum und Christentum im Bild des Glühens des »Sterns« und des Ausstrahlens des »Sterns« zu begreifen und derart das Einander-bedürfen von Judentum und Christentum anschaulich zu machen. Und der heuristische Wert dieses Bildes ist nicht zu bestreiten.

Will man den Dingen aber völlig auf den Grund gehen, so wird man zunächst einmal sagen müssen, daß der Gebrauch, den Rosenzweig vom Wort »Welt« in diesem Zusammenhang macht, nicht einfach derselbe ist wie der, den er vom Wort »Welt« im Zusammenhang der Phänomenologie der Urphänomene in »Stern I« macht. Die Attacken, die Rosenzweig am Ende von »Stern II,2« gegen eine falsche Mystik reitet, die die Welt hochmütig außer acht läßt und sich weltlos in der Offenbarung Gottes einrichten will, zeigen ganz deutlich, daß Rosenzweig gerade auch für das Judentum Welthaftigkeit in einem äußerst fundamentalen Sinne postuliert. Auch Rosenzweigs Auseinandersetzung mit dem frühen Buber zeigt dies.[24] Weltzuwendung im Sin-

---

23 Konstitution »Lumen Gentium« des II. Vaticanums, Kap. II und »Ad Gentes«, Kap. I, Art. 2
24 Vgl. dazu meinen Aufsatz »Franz Rosenzweig's Criticism of Buber's ›I and Thou‹« in: Martin Buber. A centenary volume, Ben-Gurion-University of the Negev 1984, 139-156.

ne der Zuwendung des von der Offenbarung getroffenen Menschen zur Schöpfung ist für den Juden unabdingbar. Die ganze Konzeption des Freien Jüdischen Lehrhauses, das Rosenzweig 1922 in Frankfurt/M. gründete, kann ohne diese Zuwendung zur Welt als Schöpfung nicht begriffen werden. Und Rosenzweig, der zwar Bedenken gegenüber dem Zionismus seiner Zeit hatte, hätte gegen die Weltbindung, die das Judentum mit der Gründung des Staates Israel grundsätzlich einging, im Prinzip vermutlich nichts einzuwenden gehabt. »Welt« im III. Teil des »Stern« im Zusammenhang mit der Erörterung des Christlichen meint hingegen eher die Welt im Sinne der Fülle der Völker, der Heiden, wobei deren Bekehrung freilich das Weltliche auch im Sinne der Fülle der Schöpfung in einer besonderen Weise in die Auseinandersetzung mit der Orientierung durch die Offenbarung bringt.

Was bleibt dann aber von der Zweiheit »Weltlosigkeit – Welthaftigkeit«, die in Rosenzweigs Werk scheinbar die Formel für die Zweiheit »Judentum – Christentum« ist? Man muß die Sätze des Briefes an Rudolf Ehrenberg vom 31.10.1913 genau lesen. Es ist dort ja nicht einfach von Weltlosigkeit und Welthaftigkeit, sondern vom Leiden der Weltverneinung und vom Leiden der Weltbejahung die Rede. Das Judentum bezeugt seine Bindung an den EINEN und die von ihm verheißene Erlösung eher durch das Leiden der Aussonderung, die Erwählung bedeutet. Und diese Aussonderung bedeutet in keiner Weise Schöpfungsfeindlichkeit. Jedoch bringt sie die Ausgesondertheit des Zeugen mit sich. Wenn Emmanuel Lévinas heute formuliert, daß die Verantwortung für alle Menschen das eigentlich Menschliche sei und daß in der Erwählung zu solcher Verantwortung das Proprium der jüdischen Berufung bestehe[25], so erwächst das Leiden des Juden daraus, darum zu wissen, daß diese Universalität der von dem EINEN verheißenen Erlösung hier und jetzt *aussondernde Zeugenschaft* bedeutet.

Aber ist der Christ nicht auch zu solcher aussondernden Zeugenschaft berufen? Er ist dazu ohne Zweifel genauso berufen wie der Jude. Und ich habe als Christ hier von Rosenzweig und von meinen jüdischen Freunden viel gelernt. Die Botschaft vom Kreuz ist mir in der Tat durch den Blick auf die jüdische Aussonderung sagbarer geworden.[26]

Man braucht im übrigen auch nur die Evangelien – das Johannesevangelium zumal – genau zu lesen, um dieses Verhältnis von »in der Welt sein« und um ihrer Erlösung willen doch zugleich in einer Differenz zu ihr stehen (was auch christlich auf keinen Fall Schöpfungsfeindlichkeit bedeutet) als notwendiges Charakteristikum des Christlichen zu verstehen. Rosenzweig meint aber, daß sich die Kirche als missionarische, die Völker bekehrende

---

25 Vgl. z.B. *Emmanuel Lévinas*, Éthique et infini, Paris 1982, 106-108.
26 Vgl. unten S. 181 (GS 1,136).

Bewegung im ganzen in anderer Weise als die Synagoge mit den Kulturen der Völker, ihren je geschichtlichen Weltordnungen, ihrem »Fleisch und Blut« auseinanderzusetzen habe. Und daß dies für sie Leiden mit sich bringe, Leiden um der Erlösung willen. Rosenzweig hat hier sehr wohl als Geheimnis des Christlichen das Inkarnatorische begriffen – im Geheimnis der Christen das Geheimnis Christi. Dieser Weg wurde – aus guten Gründen – nicht sein Weg. Aber er hat diese Anderheit des anderen anerkannt und mit den Mitteln seines überaus dynamischen, an Hegel geschulten, letztlich aber nicht dialektischen, sondern dialogischen Denkens zur Sprache gebracht.

Er hat damit, so scheint mir, eine Gesprächssituation zwischen Juden und Christen hergestellt, wie sie so vielleicht seit den Anfängen des Christentums nicht mehr gegeben war. Diese Gesprächssituation ist aber heute in dem Augenblick der globalen Menschheitskrise eine Herausforderung und eine Chance zugleich. Auf dem Spiel steht die Schöpfung, die Schöpfung, die nur »bleiben« kann, wenn sie durch Menschen im Licht der Offenbarung in der Bewegung auf die verheißene Erlösung bleibt. In dieser Situation aber gilt Rosenzweigs großer Satz über den Sinn der Bewährung jüdischer und christlicher Existenz: »Vor Gott sind so die beiden, Jude und Christ, Arbeiter am gleichen Werk.«[27]

---

27 Vgl. unten S. 234 (GS 2,462).

Ecclesia und Synagoga, Straßburger Münster, um 1230

Franz Rosenzweig

Auswahl aus den Briefen

(1) An Rudolf Ehrenberg ([Berlin,] 31. Oktober 1913)

[...] Ich hatte das Jahr 313 für den Beginn des Abfalls vom wahren Christentum gehalten[1], weil – es für das Christentum den entgegengesetzten Weg durch die Welt eröffnet, den das Jahr 70 für das Judentum eröffnet. Ich hatte der Kirche ihren Herrscherstab verargt, weil ich sah, daß die Synagoge einen geknickten Stab hält. Du warst Zeuge, wie ich von dieser Erkenntnis aus mir die Welt neu aufzubauen begann. In dieser Welt – und ein auf dieses Drinnen unbezogenes Draußen ließ ich ja nicht mehr gelten (und lasse es auch jetzt nicht gelten) –, in dieser Welt also schien für das Judentum kein Platz zu sein. Indem ich daraus die Konsequenz zog, machte ich gleichzeitig einen persönlichen Vorbehalt, dessen Wichtigkeit für mich du ja weißt; ich erklärte, nur als *Jude* Christ werden zu können, nicht durch die Zwischenstufe des Heidentums hindurch. Ich hielt diesen Vorbehalt für rein persönlich; du billigtest ihn in Erinnerung an das Urchristentum; es war das kein Irrtum von dir; die Judenmission steht tatsächlich auf diesem Standpunkt, den ich für persönlich hielt, und wünscht, daß der gesetzestreue Jude auch während der Vorbereitungszeit bis zum Augenblick der Taufe gesetzestreu lebt. Gleichwohl war hier der Punkt, wo unsre Wege sich wieder trennten. [...]

Das Christentum erkennt den Gott des Judentums an, nicht als Gott, aber als den »Vater Jesu Christi«. Es hält sich selbst an den »Herrn«, aber weil es weiß, daß nur er der Weg zum Vater ist. Er bleibt als der Herr bei seiner Kirche alle Tage bis an der Welt Ende. Dann aber hört er auf, Herr zu sein, und wird auch er dem Vater untertan sein, und dieser wird – dann – Alles in Allem sein [1Kor 15,28]. Was Christus und seine Kirche in der Welt bedeuten, darüber sind wir einig: es kommt niemand zum Vater denn durch ihn [Joh 14,6].

---

1 Rosenzweig bezieht sich hier auf den klassischen Philologen Eduard Schwartz (1858-1940), der die von den meisten liberalen Protestanten geteilte Ansicht vertrat, daß der Sieg Konstantins am Ponte Molle und das Dekret von Mailand im Jahr 313 u.Z., in dessen Folge das Christentum schließlich zur Staatsreligion wurde, das Christentum so veränderte, daß dessen Wesen, der Glaube der Armen und Unterdrückten, in eine Religion der Herrschenden verwandelt und so die ursprüngliche Reinheit des Glaubens zerstört wurde. Der Sieg Konstantins wurde folglich als der Beginn des Niedergangs des Christentums verstanden. Vgl. Rosenzweigs Bemerkung zu Schwartz in: *ders.*, Gesammelte Schriften, Bd. 1/1, Den Haag, Dordrecht 1979, S. 291 und S. 293, Anm. 1, auch *E. Schwartz*, Kaiser Konstantin und die christliche Kirche, Leipzig 1913, bes. S. 148f und S. 169-171. (F.A.R.)

Es *kommt* niemand zum Vater – anders aber, wenn einer nicht mehr zum Vater zu kommen braucht, weil er schon bei ihm *ist*. Und dies ist nun der Fall des Volkes Israel (nicht des einzelnen Juden). Das Volk Israel, erwählt von seinem Vater, blickt starr über Welt und Geschichte hinüber auf jenen letzten fernsten Punkt, wo dieser sein Vater, dieser selbe, der Eine und Einzige – »Alles in Allem«! – sein wird. An diesem Punkt, wo Christus aufhört, der Herr zu sein, hört Israel auf, erwählt zu sein; an diesem Tage verliert Gott den Namen, mit dem ihn allein Israel anruft; Gott ist dann nicht mehr »sein« Gott. Bis zu diesem Tage aber ist es Israels Leben, diesen ewigen Tag in Bekenntnis und Handlung vorwegzunehmen, als ein lebendes Vorzeichen dieses Tages dazustehen, ein Volk von Priestern, mit dem Gesetz, durch die eigene Heiligkeit den Namen Gottes zu heiligen. Wie dieses Volk Gottes in der Welt steht, welche äußeren (Verfolgung) und inneren (Erstarrung) Leiden es durch seine Absonderung auf sich nimmt, darüber sind wir wieder einig.

Dennoch, da diese Leiden der Weltverneinung von der Synagoge in der gleichen Endhoffnung aufgenommen werden wie von der Kirche die Leiden der Weltbejahung und da das nicht bloß ein unbewußtes und zufälliges Zusammentreffen in der *Ewigkeit* (wie etwa zwischen dem Gläubigen und dem »allgemein-menschlichen« Pazifizisten) ist, sondern auch die Wurzeln dieser Hoffnung, der Gott aller *Zeit* hier und dort, zusammenentspringen, die Offenbarung des Alten Bundes uns gemeinsam ist: so sind Kirche und Synagoge aufeinander angewiesen.

Die Synagoge, unsterblich, aber mit gebrochenem Stab und die Binde vor den Augen, muß selbst auf alle Weltarbeit verzichten und alle ihre Kraft darauf verwenden, sich selbst am Leben und rein vom Leben zu erhalten. So überläßt sie die Weltarbeit der Kirche und erkennt in ihr das Heil für alle Heiden, in aller Zeit. Sie weiß, daß, was für Israel die Werke des Kults, für die Welt außerhalb Israels die Werke der Liebe wirken. Aber sie weigert sich, der Kirche zuzugestehn, daß die Kraft, aus der jene die Werke der Liebe tut, mehr als *göttlich* und selber eine Gotteskraft sei. Hier schaut sie starr in die *Zukunft*.

Und die Kirche, mit dem unzerbrechlichen Stab, weltoffenen Auges, siegessichere Kämpferin, ist allzeit in Gefahr, daß ihr die Besiegten Gesetze geben. Allen zugewandt soll sie sich dennoch nie ans Allgemeine verlieren. Ihr Wort soll allzeit eine Torheit bleiben und ein Ärgernis [1Kor 1,23]. Daß es eine Torheit bleibe, dafür sorgen die Griechen, damals wie heut und künftig. Sie werden immer wieder fragen: warum denn grade *dies* Wort eine Gotteskraft sein solle und nicht jenes andre und jenes dritte Wort ebenso gut – warum grade Jesus und nicht (oder: nicht auch) Goethe. Und ihre Rede wird gehen bis zum letzten Tag, nur wird sie immer leiser werden, mit jedem äußeren oder inneren Sieg der Kirche immer leiser, denn die Weisheit, die sich weise dünkt, verstummt vor dem Augenschein; und wenn der letzte Grieche durch das Wirken der Kirche in der Zeit stumm geworden ist, so wird das Wort vom Kreuz[2] – am *Ende* der Zeit, aber noch immer *in* der Zeit – niemandem mehr eine Torheit sein. Aber ein Ärgernis bleibt es unabänderlich auch noch in diesem Augenblick. Keinem Griechen war es ein Ärgernis, daß er eine Gotteskraft in der Welt anerkennen sollte: er sah ja die Welt voller Götter; nur dies war ihm unfaßbar, daß er grade den einen Heiland am Kreuz verehren sollte; und so auch heute und so künftig. Aber die Synagoge trug die Binde vor den Augen; sie sah keine Welt – wie hätte sie Götter darin sehen sollen? Sie sah nur mit dem profetischen Auge des Innern und also nur das Letzte und Fernste. So wurde ihr die Forderung, das Nächste, ein Gegenwärtiges, so zu sehen, wie sie nur das Fernste sah, zum Ärgernis; und so heute und so zukünftig. Darum findet die Kirche allezeit, wenn sie vergißt, daß sie ein Ärgernis ist und sich mit dem »Allgemeinmenschlichen« ausgleichen möchte, was den Griechen, die ja gern wie jener Kaiser[3] auch Christus eine Statue in ihrem Göttertempel errichten würden, hochwillkommen wäre, dann findet die Kirche in der Synagoge die stumme Mahnerin, die, vom Allgemeinmenschlichen unverlockt, nur vom Ärgernis weiß; und da fühlt sie sich wieder positiv und sagt wieder das Wort vom Kreuz. Und daher weiß die Kirche, daß Israel aufbewahrt wird bis zu dem Tag, wo der letzte Grieche eingegangen, das Werk der Liebe vollendet ist und der jüngste, der Erntetag der Hoffnung anbricht. Aber was die Kirche so Israel als Ganzem zugesteht, das weigert sie sich dem einzelnen Juden zuzugestehn; an ihm wird und soll sie ihre Kraft erproben, ob sie ihn gewinnt. Denn ihr ist der Blick in die Zukunft nicht wie der Synagoge Kraftquelle des Glaubens, sondern nur ein Zielbild der Hoffnung; die Kraft ihres Glaubens heißt sie, um sich zu blicken und das Werk ihrer Liebe zu tun in der *Gegenwart*.

Damit hätte ich dir das Wesentliche gesagt, wenigstens soweit es die Auseinandersetzung mit dem Christentum betrifft. [...] Wie gesagt, ich bin dabei, das ganze System der jüdischen Lehre mir auf eigener jüdischer Grundlage klar zu machen. Ich bin nicht mehr der Ketzer deiner achtzehnten Predigt[4], der vom Glauben nimmt und von der Liebe nicht; ich nenne jetzt andre Namen und lehre andre Sätze. Und dennoch weiß ich mich vergangen nur vor dem Willen Eures *Herrn*, aber nicht vergessen von *Gott* – von dem Gott,

---

2 »Denn das Wort vom Kreuz ist eine Torheit denen, die verloren werden; uns aber, die wir selig werden, ist's eine Gotteskraft« (1Kor 1,18; alle Bibeltexte wurden nach der revidierten Fassung der Übersetzung Martin Luthers von 1984 zitiert). (F.A.R.)
3 Bezieht sich auf Alexander Severus (222-235). In der Kapelle seines Palastes befanden sich unter anderem Statuen von Apollonius, Abraham, Sokrates und Jesus. (F.A.R.)
4 In Ehrenbergs gesammelten Predigten: Hebräer 10,25. Ein Schicksal in Predigten, Würzburg 1920, S. 109.

dem einst auch euer Herr untertan sein wird. Das ist die Verbindung von Gemeinschaft und Ungemeinschaft (Gemeinschaft, notwendige, weil aus gleicher Wurzel gespeiste, des ewigen Ziels, Aufeinanderangewiesenheit und daher Trennung in aller Zeit) – die ich dir vorlege, damit du sie objektiv anerkennst. Es handelt sich nicht um Anerkennung der Zugehörigkeit des einzelnen Juden zum Volk Israel (die bleibt immer problematisch und für die Kirche in dubio nicht vorhanden), sondern um die Anerkennung dieses Volks Israels selber vom Standpunkt christlicher *Theologie*.

(2)　An Rudolf Ehrenberg (Berlin, 4. November 1913)

[...]

Unsre Anerkennung des Christentums beruht tatsächlich auf dem Christentum, nämlich darauf, daß das Christentum *uns* anerkennt. Es ist eben doch die *Tora*, die von den Bibelgesellschaften auf die entferntesten »Inseln« verbreitet wird. Das wird mir jeder Jude zugeben. *Gründen* allerdings tut sich das jüdische Bewußtsein *nicht* auf das Verhältnis der christlichen Kirche zur Welt; es findet sich nur darin wieder. An sich weiß es gar nichts davon: Jes 55,5[5]. Darum braucht es auch, in der Zeit, keine neue Weisung; seine Aufgabe hat sich durch die Ereignisse des ersten Jahrhunderts nicht geändert, nur sein Schicksal. Die Bedingungen sind seitdem neue und, wie ich glaube, in der Zeit endgültige; aber nur die *Bedingungen*; die Mischna, das Werk, worin sich damals das Judentum seine neue Grundlage schafft[e], will *nur* »Wiederholung« (das bedeutet »Mischna«) der Tora sein, der ganze Talmud dient dem Nachweis, daß das wirklich der Fall sei. Was die Bedeutung des Daseins Israels für die Kirche sei, habe ich dir in dem Brief[6] vom rein theoretischen Gesichtspunkt aus gezeigt; das ist zugleich, nur mit einer praktischen Betonung, der Standpunkt der Kirche; die Synagoge kann nur sich selbst sehen, sie hat kein *Welt*bewußtsein; darum kann sie der Kirche gegenüber nur sagen: wir sind schon am Ziel, ihr seid noch auf dem Weg. Die Kirche antwortet: gewiß, am Ziel – ihr seid die Letzten, weil ihr die Verstocktesten, die *absolut* Verstockten seid. Sie sieht nicht, *wozu* ihr in der Welt ein Punkt absoluter Verstocktheit entgegensteht (dies »wozu« ist ihr ein μυστήριον [Mysterium]), sie weiß nur, *daß* es so ist. Eine *inner*kirchliche Stellung ist diese Stellung des Judentums doch aber auch vom kirchlichen Standpunkt aus nicht; es ist doch grade die absolut außerkirchliche, die in der Zeit unüberwindli-

5　»Siehe, du wirst Heiden rufen, die du nicht kennst, und Heiden, die dich nicht kennen, werden zu dir laufen um des Herrn willen, deines Gottes, und des Heiligen Israels, der dich herrlich gemacht hat.« (F.A.R.)
6　Der vorangegangene Brief (F.A.R.)

che. Deshalb deutet die Kirche die »Verstocktheit«, die ihr erscheint, um in Verworfenheit durch Gott. Von uns aus gesehen macht sich das freilich ganz anders. Uns gilt unsre »Verstocktheit« als Treue, und unsre »Abtrünnigkeit von Gott« wird, da es eben Abtrünnigkeit und nicht ursprüngliche Gottesferne (»Adams« Sündenfall!) ist, nur durch Rückkehr, nicht durch Umwandlung, geheilt. Daß der Begriff der Buße, der hebräisch durch »Rückkehr«, »Umkehr«, »Wiederkehr« wiedergegeben wird, daß also dies hebräische Wort »Teschubah« im Neuen Testament μετάνοια [Umdenken] heißt, das ist einer der Punkte, wo die Weltgeschichte im Wörterbuch steht. Über all dies auch am Freitag. Den »Zorn« Gottes deuten wir eben ganz anders. Er setzt uns nicht erst mit dem Exil ein, er ist uns von Anfang des Volkes an da, unmittelbar mit der Erwählung gesetzt und aus ihr folgend (Amos 3,2).[7] Die vollkommene Frömmigkeit legen wir nicht in die Geschichte des Volkes, sondern in die Väterzeit; nur auf diese »berufen« wir uns Gott gegenüber. Das Jahr 70 bildet da wohl einen Abschnitt, aber wie zwischen einer noch kirchengeschichtlichen Zeit und der Endzeit[8]; von hier ab sind wir gezwungen, nicht mehr nach einzelnem Abfall einzelne Versöhnung zu hoffen, sondern nur noch die eine große Versöhnung des letzten Tages. Vorher kamen zu einzelnen Zeiten einzelne Profeten, seitdem erwarten wir keine Profeten mehr, sondern nur den am letzten Tag. [...]

(3)   An Eugen Rosenstock (Oktober 1916)

[...]

Ja, die Verstocktheit der Juden ist ein christliches Dogma; sie ist es so sehr, daß die Kirche, nachdem sie noch im 1. scl.[9] ihr eigentliches Dogma, den substantiellen Teil (von Gott und Mensch), ausgebildet hatte, das ganze 2. (und in den Nachwehen noch das 3. und 4. scl., noch Augustin hat sich persönlich damit auseinandergesetzt, als die Kirche schon längst darüber hinaus war) darauf verwendet hat, dieses »*zweite* Dogma« (den formalen Teil ihres Dogmas, nämlich ihr historisches Selbstbewußtsein) festzulegen, daß sie hierbei zur Schrift- oder vielmehr zur Traditions- (statt zur Geistes-)Kirche, d.h. zur Kirche schlechthin wurde, zu der Kirche, von der die Geschichte weiß. Die Theorie des Paulus vom Verhältnis des Evangeliums zum Gesetz hätte eine »persönliche Theorie« bleiben können, die hellenisierende (Pneu-

---

7   »Aus allen Geschlechtern auf Erden habe ich euch allein erkannt, darum will ich auch an euch heimsuchen alle eure Sünden.« (F.A.R.)
8   Rosenzweig glaubt, daß die Zeit der partiell erlösenden Taten der Vergangenheit angehört und daß Juden und Christen jetzt die vollständige eschatologische Erlösung der gesamten Menschheit erwarten. (F.A.R.)
9   Abkürzung für lat. saeculum = Jahrhundert (F.A.R.)

ma-)Kirche (Johannes-Evangelium) des 1. scl. hat sich kaum darum bekümmert, in der großartigen Naivität des Pneumatikers; da kam die Gnosis, legte
den Finger auf Paulus – suchte aus seiner Theorie das persönlich Theoretische auszuschalten und das Sachliche gegen sein Persönliches zu entwickeln
(Paulus sagte: die Juden sind verworfen, aber Christus ist aus ihnen gekommen; Marcion sagte: also sind die Juden des Teufels und Christus ist Gottes).
Da wurde die Kirche, die bisher ganz naiv in ihrer eigenen Gnosis gewesen
war (bei Johannes steht, daß das Heil aus den Juden komme [Joh 4,22]),
plötzlich sehend, schob das Pneuma vor der Tradition beiseite, fixierte diese
Tradition durch ein großes ritornar al segno[10] bei ihrem (der Tradition natürlich) Angelpunkt, bei ihrem Begründer Paulus, indem sie seine persönliche
Theorie jetzt bewußt als Dogma stabilierte und die Identität des Schöpfers
(und Sinaioffenbarers) mit dem Vater Jesu Christi einerseits, die volle
Menschlichkeit Christi andrerseits als sich gegenseitig bedingendes Schibo-
leth gegen alle Ketzerei aufstellte und damit sich als Macht in der Menschengeschichte konstituierte – das Folgende wissen Sie genauer als ich. (NB. ich
lese nämlich dies alles grade in Tertullian, von dem ich eine Gesamtausgabe
aus den dreißiger Jahren für zwei Mark gekauft habe [...], und dabei habe ich
Gefühl für Tertullians Stil, und seine Rhetorik ist mir als echte Advoka-
tenrhetorik lieber, eben weil wenigstens nach heutigen Begriffen echter, als
die professorale Augustins.) Die Verstockung der Juden ist also in der Fest-
haltung des A.T. im Kanon und der Konstruktion der Kirche auf dieses doppelte »Blatt Papier« (A.T. *und* N.T.) wirklich die andere (formale Selbstbe-
wußtseins-)Hälfte des christlichen Dogmas (das Dogma der *Kirche*, wenn
man das Credo selbst als das Dogma des *Christentums* bezeichnen will).
    Aber kann es auch ein jüdisches Dogma sein? Es selber? Sogar das ist
möglich und ist wirklich. Aber dieses Selbstbewußtsein der Verwerfung hat
eine ganz andre Stelle in der Dogmatik und wäre das Gegenstück zu einem
christlichen Selbstbewußtsein der Erwähltheit zur Herrschaft, und dies
Selbstbewußtsein ist ja allerdings vorhanden. Die ganze religiöse Verwer-
tung des Jahres 70[11] ist auf diesen Ton gestimmt. Aber die Parallele, die Sie
wollen, ist gleichwohl eine andre: dem Dogma der Kirche über ihr Verhältnis zum Judentum muß ein Dogma des Judentums über sein Verhältnis zur
Kirche entsprechen. Und das ist, die Ihnen nur als modern liberaljüdische
Theorie von der »Tochterreligion«, die die Welt allmählich für das Judentum
erzieht, bekannt ist. Diese Theorie stammt aber in Wahrheit aus der klassischen Zeit der Dogmenbildung im Judentum, aus der jüdischen Hochscho-
lastik, die zwischen die arabische und christliche zeitlich – und sachlich –
mitten inne fällt (Gazali – Maimonides – Thomas). (Erst damals ist bei uns

---

10   Italienisch, wörtlich: Rückkehr zum Zeichen (F.A.R.)
11   Das Jahr der Zerstörung des Tempels (F.A.R.)

die Zeit der dogmatischen Fixierungen, entsprechend der verschiedenen Stellung des Glaubenbegriffs bei uns und bei Ihnen; in der Zeit, wo Sie das Dogma ausbildeten, schufen wir unser jus canonicum, und nachher umgekehrt; das hängt alles bis ins feinste zusammen – z.b. als Sie dann das Dogma systematisierten, systematisierten wir das Recht; während bei Ihnen die Mystisierung des Dogmas später ist als seine Aufstellung, ist sie bei uns früher usw. – und ist überall im *letzten* Unterschied der beiden »-tümer« verwurzelt.) Und zwar auch bei uns nicht in der Substanz des Dogmas; diese wird auch bei uns nicht nur gebildet von den Inhalten des frommen Bewußtseins, sondern ebenfalls als eine zweite Schicht, eine Schicht des Wissens um das Dogma herum. Die Theorie der Tochterreligion findet sich in den beiden größten Scholastikern an sichtbarster Stelle. Sie findet sich außerdem nicht als Dogma, sondern als Mystik (vgl. oben) in der altsynagogalen Literatur, also in der talmudischen Zeit. Es hier zu finden, ist freilich Sache des Verständnisses. Denn während das substantielle Dogma in unsrer Scholastik begründet wird auf das fixierte jus canonicum des Talmud (nämlich auf die Bestimmungen über den Gotteslästerungsprozeß), ist der Zusammenhang zwischen der alten Mystik und der mittelalterlichen Philosophie der freie des religiösen Volksgeistes, nicht der der gebundenen Rückbeziehung. Aber ich will Ihnen eine solche Legende hinsetzen: Der Messias ist schon geboren im Augenblick, da der Tempel zerstört wurde; aber wie er geboren war, trugen ihn die Winde aus dem Schoß seiner Mutter davon. Und nun wandert er unbekannt durch die Völker, und erst, wenn er sie alle durchwandert hat, ist die Zeit unsrer Erlösung gekommen.

So ist das Christentum als welterfüllende Macht (nach dem Worte des einen der beiden Scholastiker, Juda ha Levi: der Baum, der aus dem Samen des Judentums wächst und die Erde überschattet, aber seine Frucht wird wieder den Samen umschließen, von dem doch niemand etwas merkte, der den Baum sah) jüdisches Dogma, wie das Judentum als der verstockte Ursprung und letzte Bekehrte ein christliches.

Aber was bedeutet das für mich – abgesehen davon, daß ich es *weiß?* Was *bedeutet* dies jüdische Dogma für den *Juden?* Gewiß, mag sein, es gehört nicht zu den Dogmen der substantiellen Gruppe, das, gleich den entsprechenden christlichen, aus einer Analyse des frommen Bewußtseins gewonnen werden könnte. Es ist zunächst, gleich dem entsprechend christlichen, ein Theologumen. Aber auch Theologumene müssen der Frömmigkeit etwas bedeuten. Was also?

Was bedeutet denn das christliche Theologumen des Judentums dem Christen? Wenn ich Eugen Rosenstocks vorvorigem (oder vorvorvorigem?) Brief glauben soll: *Nichts.* Denn da schrieb er mir, König und er selbst seien die einzigen, die das Judentum heute noch ernst nähmen. Mir lag schon damals die Antwort auf der Feder, daß es hier gar nicht ankommt auf das theoretische Bewußtsein, sondern darauf, ob ein praktisches Ernstnehmen den Inhalt des Theologumens dauernd verwirkliche. Dies praktische Ernstnehmen, worin sich das Theologumen von der jüdischen Verstocktheit auswirkt, ist der *Judenhaß*. Sie wissen so gut wie ich, daß alle seine realistischen Begründungen nur modische Mäntelchen sind, um den einzig wahren metaphysischen Grund zu verhüllen, der metaphysisch formuliert lautet: daß wir die weltüberwindende Fiktion des christlichen Dogmas nicht mitmachen, weil sie (obzwar Wirklichkeit) eine Fiktion ist (und fiat veritas, pereat realitas[12], denn »Du, Gott, bist Wahrheit«[13]) – und gebildet formuliert (von Goethe in Wilhelm Meister[14]): daß wir die Grundlage der gegenwärtigen Kultur verleugnen (und fiat regnum Dei, pereat mundus[15], denn »ein Reich von Priestern sollt ihr mir sein und ein heiliges Volk« [NAMEN[16] 19,6]) – und ungebildet formuliert: daß wir Christus gekreuzigt haben und es, glauben Sie *mir*, jederzeit wieder tun würden, wir allein auf der weiten Welt (und fiat nomen Dei Unius, pereat homo[17], denn »wem dürft ihr mich vergleichen, daß ich gleiche?« [JESCHAJAHU 40,25]).

Und so ist die entsprechende jüdische Realisierung des Theologumens vom Christentum als der Wegbereiterin der *Judenstolz*. Der ist einem Fremden schwer zu beschreiben. Was Sie davon sehen, kommt Ihnen albern und ungroß vor (so wie es dem Juden kaum möglich ist, den Antisemitismus anders als nach seinen gemeinen und dummen Äußerungen zu sehen und zu beurteilen). Aber (ich muß wieder sagen, glauben Sie *mir*!) sein metaphysischer Grund ist, wieder nach den drei Formulierungen wie oben: 1. daß wir die Wahrheit haben, 2. daß wir am Ziel *sind*, und 3. wird jeder beliebige Jude im Grunde seiner Seele das christliche Verhältnis zu Gott, also die Religion i.e.S., eigentlich höchst kümmerlich, armselig und umständlich finden: daß man es erst von einem, seis, wer er sei, lernen müsse, Gott unsern Vater zu nennen; das ist doch, wird der Jude meinen, das Erste und Selbstverständlichste – was braucht es einen Dritten zwischen mir und meinem Vater im Himmel. Das ist keine moderne Apologetenerfindung, sondern der ein-

---

12 Möge die Wahrheit siegen und die Wirklichkeit zugrunde gehen! (F.A.R.)
13 Aus dem Gebet zu Rosch Haschana (wohl aufgrund von Jer 10,10)
14 In »Wilhelm Meisters Wanderjahre« wird das Bildungsmodell einer Gruppe von Emigranten vorgestellt, die ihre ideale Gesellschaft in Amerika verwirklichen wollen. Die Lehre der christlichen Religion soll verbindlich sein, um die Gesellschaft zusammenzuhalten und sich mit dem Unausweichlichen mit Hilfe von Glaube, Hoffnung und Liebe abzufinden. Vgl. Buch 3, Kap. 11: »An dieser Religion halten wir fest... In diesem Sinne... dulden wir keinen Juden unter uns; denn wie sollten wir ihm den Anteil an der höchsten Kultur vergönnen, deren Ursprung und Herkommen er verleugnet?« (F.A.R.)
15 Möge das Reich Gottes kommen und die Welt zugrunde gehen! (F.A.R.)
16 2. Mosebuch (Exodus) (F.A.R.)
17 Möge der Name des einen Gottes bestehen und der Mensch zugrunde gehen! (F.A.R.)

fache jüdische Instinkt, gemischt aus Unbegreiflichfinden und mitleidiger Verachtung.

Das sind die beiden Standpunkte, beide eng und eingeschränkt eben als Standpunkte und deshalb in der Theorie beide überwindbar; man kann verstehen, warum sich der Jude seine Unmittelbarkeit der Gottesnähe leisten kann und der Christ es nicht darf, und auch verstehen, womit der Jude für jenes Glück zahlen muß; ich kann diesen Zusammenhang ins Allerfeinste ausspinnen, er ist intellektualisierbar durch und durch (denn er entspringt letzthin aus dem großen sieghaften Einbrechen des Geistes in den Ungeist, das man »Offenbarung« nennt). Aber –

Aber – nun will ich Ihre Frage so formulieren, daß sie erst fruchtbar für mich wird –, aber ist nicht solches Intellektualisieren als erkennende, wegbereitende, zukunftwirkende Tätigkeit (wie jede Kulturtätigkeit) Christensache, nicht Judensache? Bist du noch Jude, indem du das tust? Gehört es nicht zu dem, womit die Synagoge für das aller Welt vorweggenommene Glück, schon beim Vater zu sein, zahlt, daß sie die Binde des Unbewußtseins vor den Augen trägt? Genügt es, wenn du den Stab zerbrochen in der Hand trägst, wie du tust – ich will es dir glauben –, aber die Binde von den Augen nimmst?

Hier hört die geschliffene Klarheit der Antithesen auf; hier beginnt die Welt des Mehr und Weniger, des Kompromisses, der Realität oder – wie die jüdische Mystik des Hochmittelalters für »Welt der Realität, der Dinghaftigkeit« sehr schön sagt –: »Welt der Tathaftigkeit, der Faktizität« und wie ich deshalb hier auch lieber sagen will: die Welt der Tat. Die Tat allein kann hier für mich entscheiden – aber selbst wenn sie für mich entschieden hat, brauche ich immer noch – Nachsicht! Nicht als ob das Denken hier ganz zurückbliebe; aber es geht nicht mehr wie zuvor einen stolzen, gesicherten Königsweg mit Vorhut, Flankendeckung und zahllosen Trains, sondern es geht einsam auf dem Fußweg, im Wanderkleid. Etwa so:

Sie entsinnen sich der Stelle, wo der johanneische Christus seinen Jüngern erklärt, daß sie die Welt nicht lassen sollen, sondern in der Welt bleiben [vgl. Joh 17,15]. Ebenso könnte das Volk Israel, das ja überhaupt alle Reden dieses Evangeliums auch sprechen könnte, zu seinen Gliedern sagen (und sagt es tatsächlich – »den Namen Gottes zu heiligen in der Welt« ist eine vielgebrauchte Wendung). Daraus ergibt sich alle Zweideutigkeit des jüdischen Lebens (so wie sich alle *Bewegtheit* des christlichen daraus ergibt); der Jude, insofern er »in der Welt« ist, steht unter diesen Gesetzen, und es kann ihm keiner sagen, so und so weit darfst du und dies ist deine Grenze, denn ein einfaches »möglichst wenig« wäre eine schlechte Norm, weil es unter Umständen auch eine Herabdrückung der *inner*jüdischen Leistung bedeuten würde, wenn ich über mein Gesamttun die Norm »möglichst wenig außerjü-

disch« setzen wollte. So sage ich mir im allgemeinen »möglichst innerjüdisch«, aber ich weiß, daß ich im einzelnen Fall nie das Quantum »außerjü-
disch« ängstlich abwehren kann. Ich weiß aber, daß ich mich euch gegenüber damit des Verbrechens der Seelenlosigkeit schuldig mache. Ich kann
eben nur am Mittelpunkt und Ursprung meines Tuns es voll verantworten,
an den Peripherien entgleitet es mir. Soll ich aber deswegen, um diese ge-
fährdeten Außenwerke zu stärken, die Burg verfallen lassen? Soll ich »mich
bekehren«, wo ich von Geburt her »auserwählt« bin? Gibt es diese Alternative für mich überhaupt? Bin ich auf die Galeere nur so hingelaufen?[18] Ist es
nicht *mein Schiff*? Sie haben mich an Land kennengelernt, haben kaum ge-
merkt, daß mein Schiff im Hafen lag, ich trieb mich damals mehr in den
Schifferkneipen herum als nötig, so konnten Sie fragen, was ich denn auf
dem Schiff will. Und wirklich mir glauben, daß es mein Schiff ist und daß ich
deswegen darauf gehöre (pour faire quoi? y vivre et y mourir), wirklich mir
das glauben, werden und mögen Sie erst, wenn die Fahrt wieder frei ist und
ich hinausgehe.

Oder erst, wenn wir uns draußen auf offener See begegnen? Sie sind imstande –! [...]

(4) An Eugen Rosenstock (Dienstag – Donnerstag, 7.-9. November 1916)

[...]
Erst das neunzehnte Jahrhundert bildet zu ἔθνος den -ισμός, aber nunmehr
den *Nationalismus*. Der aber bedeutet nun nicht mehr, was ἐθνισμός [Hei-
dentum] um das Jahr 0 bedeutet hätte: Ideewerdung des Heidentums, sondern die vollendete Christianisierung des Volksbegriffs. Denn Nationalismus heißt, daß die Völker nicht bloß glauben, *von* Gott zu sein (das glauben,
wie Sie richtig sagen, die Heiden auch), sondern *zu* Gott zu gehen. Aber nun
haben diesen Glauben die Völke*r*, und darum folgt auf 1789 1914-17 und
noch viele »von ... bis ...«, und die Christianisierung des Volksbegriffs ist
noch nicht die Christianisierung der Völker.[19] [...]
Deshalb ist selbst jetzt, wo die Auserwähltheit Färbereagenz aller Natio-
nalität überhaupt geworden ist, die jüdische Auserwähltheit etwas Einzigartiges, weil sie die Auserwähltheit des »Einen Volkes« ist, der auch heute der

18   Eine Anspielung auf den »Pédant joué« von Cyrano de Bergerac, den Molière in »Les four-
beries de Scapin« (2. Akt, 2. Szene) nachahmt. Nachdem dem Vater mitgeteilt wird, daß sein
Sohn durch die Türken von einer Galeere entführt wurde, wiederholt er beständig: »Que dia-
ble allait-il faire dans cette galère?« Das Motiv der Galeere (die hier für das Judentum steht)
wiederholt sich an anderen Stellen der Korrespondenz. (F.A.R.)
19   Das meint: Moderner Nationalismus ist zum säkularen Ersatz geworden für die Vorstellungen von Messianismus und Erwählung. (F.A.R.)

eigne Stolz oder die eigene Bescheidenheit und der fremde Haß oder die fremde Verachtung selbst die empirische Vergleichbarkeit mit den andern Völkern versagen. Sie hat an metaphysischer Schwere nichts verloren, obwohl ihr Gehalt (der Atavismus war ihr stets nur Symbol, der Messianismus allein Inhalt) jetzt Allgemeingut geworden ist; denn noch immer ist (und wird es immer bleiben) sie die einzige *sichtbar wirkliche* Verkörperung des er*reichten* Zieles der Einheit (des »Einen Volks auf Erden«, wie es sich selbst im Sabbatgebet nennt), während die Völker nur auf dem Wege zu diesem *zu erreichenden* Ziel sind und sein müssen, wenn es je wirklich erreicht werden soll.

Denn die jüdische Idee der Auserwähltheit ist von Anfang an alles andre als »naiv«. Wäre sie das, so hätten Sie recht, sie mit heidnischen Diogenieen und Diotrophieen [Zeusabstammungen und Zeusernährtheiten (homerische Ausdrücke)] zu vergleichen. Aber sie ist es ganz und gar nicht. Sie entdeckt ihre »Herkunft« erst, als sie ihre »Bestimmung« erfahren hat. Wäre sie naiv, d.h. atavistisch ihrem Inhalt nach, so wäre der Judenhaß unerklärlich, denn eine Krähe hackt der andern kein Auge aus; aber am *Sinai* (nicht etwa im Haine Mamre), sagt eine alte kalauernde Legende, hat sich Israel die »sinna«, den Haß, der Völker erworben.[20] Die Juden sind die einzigen Unnaiven in der antiken Welt, und deshalb ist *allerdings* das Christentum, das dieser antiken Welt die Unbefangenheit ihres που στῶ[21] nimmt, insofern eine »Judaisierung der Heiden«.

Ihre Schilderung des »Heidentums« entspricht doch trotz anderer Formulierungen genauer, als ich dachte, meiner eigenen Ansicht. Daß ich darüber unsicher sein konnte, lag wohl daran, daß ich damals Ihrer Verwendung der »Sprache« von mir aus nicht nachfolgen konnte; das hat sich inzwischen geändert; es sprachelt jetzt bei mir auch lebhaft. Ich will jetzt aber das Heidnische nochmal, wie Sie ja auch tun, grade am Volksbegriff auseinandersetzen, weil Sie ja eben durch das Volksein Israels immer wieder dazu kommen, es unwillkürlich zu ethnisieren:

Augustin, ich glaube, im vorletzten Buch der Civitas Dei, setzt sich in einer Stelle (die ich übrigens, neben der Umformung des Chiliasmus in der gleichen Gegend, für die Schlüsselstellen des Ganzen halte – gegen Troeltsch, für die ältere Auffassung –), also er setzt sich mit Ciceros Staatslehre auseinander: Cicero habe in einer, übrigens verlorenen, Partie von de republica dem Staat die beiden absoluten Zwecke der Selbsterhaltung (salus) und der Vertragstreue (fides) gesetzt, die freilich – Fall Sagunt – in Konflikt miteinander kommen können, wo dann die salus um der fides willen preisgegeben wird; so die civitas terrena; in der civitas Dei[22] aber ist ein Konflikt

20 B. Talmud Shabbat 89a
21 Der archimedische Punkt: »wo ich stehe«.

zwischen Heil und Glauben nicht möglich. Hier hätte Augustin Jesajas 7,9 zitieren können, wenn nicht die lateinische Übersetzung hier einen andern Text geboten hätte (aus dem das »credo ut intelligam«[23] belegt zu werden pflegt); Luther übersetzt sehr schön: »Gläubet ihr nicht, so bleibet ihr nicht«, »Gläuben« und »Bleiben« ist eins; die Säkularisierung dieses Gedankens ist der heutige Nationalismus, der ja Imperialismus wird, um ein gutes Gewissen zu haben. Die Verteidiger der Akra von Jerusalem haben bis zum letzten Augenblick auf das Wunder gehofft; die große und ehrwürdige Naivität der heidnischen fides, die sich selber lebt und stirbt und nichts mehr will, nichts mehr hofft, die Gesinnung der Termopylen, Kartagos, Sagunts, war nicht die ihre. In der Welt der Offenbarung gibt es kein »Bleiben« ohne »Glauben«, weil alles Glauben in einer bleibenden Wirklichkeit verankert ist; der Anker wird schwerlich schon ein antikes Symbol der Hoffnung sein; denn die Hoffnung ist, wenn sie da ist, »*autonom*«, nicht »verankert«.

Ich merke nun, indem ich weiterschreiben will, daß alles, was ich Ihnen jetzt schreiben müßte, unaussprechbar für mich Ihnen gegenüber ist. Denn ich müßte Ihnen jetzt das Judentum von innen zeigen, nämlich hymnisch, wie Sie mir, dem Draußenstehenden, das Christentum zeigen können: und aus demselben Grund, aus dem Sie es können, kann ich es nicht. Das Christentum hat seine Seele in seinen Äußerungen, das Judentum hat außen nur seine harte schützende Schale, und von seiner Seele kann man nur drinnen reden. Es geht also nicht, und Sie müßten mir schon glauben, daß der, sozusagen abstrakte, Gehalt der Frömmigkeit bei uns und bei Ihnen ein und derselbe ist. Anfang und Ende, so könnte ich es ausdrücken, sind die gleichen bei Ihnen und bei uns; mit Newton als Gleichnishelfer: die »eben entstehende« und die »eben verschwindende« Kurve haben die gleiche Formel bei Ihnen und bei uns, und Sie wissen, daß man aus solchen Differentialquotienten die ganze Kurve bestimmen kann, aber im Verlauf der Kurve wählen wir und Sie verschiedene Punkte, um sie zu beschreiben, und das ist unser Unterschied. Diesen Unterschied fassen Sie mit Recht bei Moriah und Golgatha. Aber Sie haben 1. M. 22 schlecht gelesen, Sie haben Abraham und Agamemnon verwechselt; der freilich opferte, was er *hatte*, um eines andern willen, was er wollte oder meinetwegen was zu wollen seine Pflicht war; ja er opferte nicht einmal selber, er gab nur her und stand mit verhülltem Haupte dabei. Abraham aber opferte nicht *etwas*, nicht *ein* Kind, sondern den »einzigen« Sohn und was mehr ist: den Sohn der Verheißung und dem Gott dieser Verheißung (die traditionelle jüdische Kommentierung liest dies Paradoxon sogar in den Text hinein), deren Inhalt nach menschlichen Begriffen unmöglich wird durch dieses Opfer; nicht umsonst gehört diese Peri-

---

22   Die irdische Stadt, Gottes Stadt (F.A.R.)
23   Ich glaube, damit ich verstehe. (F.A.R.)

kope unsern höchsten Feiertagen; es ist das prototypische Opfer nicht der eigenen Individualität (Golgatha), sondern der völkischen Existenz, des »Sohns« und aller zukünftigen Söhne (denn wir *berufen* uns vor Gott auf dieses Opfer oder vielmehr auf diese Opferbereitschaft, und zwar die des Vaters, nicht die, in der Erzählung doch sehr betonte, des Sohnes). Der Sohn wird wiedergegeben: er ist nun nur noch Sohn der Verheißung. Nichts andres geschieht, kein Ilion fällt, nur die Verheißung bleibt bestehen; um keines Ilion willen war der Vater bereit gewesen, sondern »grundlos«. *Agamemnon* opfert etwas, »was er hat«, *Abraham* alles, was er – sein könnte, *Christus* alles, was er ist. Ja, es ist wirklich, wie Sie schreiben, »der ganze Unterschied«. Dem »naiv« in Anspruch genommenen unveräußerlichen Recht an Gott entspricht, was Sie vergessen, das ebenso »naiv« aufgenommene Joch der unveräußerlichen Leiden, von denen wir – »naiv«? – wissen, daß sie uns auferlegt sind (traditioneller Kommentar zu Jes. 53): »zur Erlösung der Welt« (– »Luzifer«?? – vermantschen Sie lieber die Symbole nicht! –). Und doch arbeiten wir nicht an dieser Erlösung, *die doch auch* unsere *Erlösung vom* »*Leiden*« *sein wird* – im Gegenteil: der heiligen Unruhe eures Arbeitens entspricht bei uns die heilige Angst, daß die Erlösung nicht »vor der Zeit« komme (wozu es die sonderbarsten, gradezu grotesken Legenden, alte und neue, gibt), eine Angst, die den metaphysischen Grund unsrer Stellung zum Christentum, wie jene Unruhe den eurer Stellung zum Judentum bildet.

Um nochmal darauf zurückzukommen: die beiden Opfer, das auf Moriah und das auf Golgatha, haben also das gemein gegen alles heidnische Opfer, daß nichts dadurch *erreicht* wird (wie denn auch nur das gleiche aufgegeben wird, was wiedergefunden wird), sondern daß das Opfer *selbst* das Bleibende des Glaubens und damit das Bleibende schlechtweg wird. Daß dies Bleibende zweierlei ist, hier eine ewige Gemeinschaft und dort ein ewiger Mensch, das macht in seinen Konsequenzen das gegenseitige Verstehen so schwer, daß der eine Teil allemal dazu verführt wird, den andern in die Nähe derer zu schieben, die überhaupt kein Bleibendes kennen; es ist vielleicht das naheliegendste, wenn auch nicht gerade das richtigste Gegengift gegen diesen Irrtum der gegenseitigen Paganisierung, wenn man einfach auf den gemeinsamen Besitz des *Buchs* reflektiert.

Ihre ganze Schilderung der »Synagoge« seit 70 vergißt oder will nicht wahrhaben, daß wir mit Bewußtsein »das *Joch* des Himmelreichs auf uns nehmen«, daß wir für die Sünde des Hochmuts, des Nichtmitdeichens, des mittlerlos im Licht des Gottesantlitzes Wandelns – *bar zahlen*, subjektiv durch die Leiden des Bewußtseins der Ausgeschlossenheit, der Uneigenheit, und objektiv dadurch, daß wir euch das ewig mahnende Denkmal eures *Noch-nicht* sind (denn ihr, die ihr in einer ecclesia triumphans lebt, habt einen stummen Diener nötig, der euch allemal, wenn ihr in Brot und Wein Gott *genossen* zu *haben* glaubt, zuschreit: δέσποτα μέμνησο τῶν ἐσ- χάτων[24]).

Daß nun unsre ganze Teilnahme am Leben der Völker nur »clam, vi, precario«[25] geschieht, das habe ich doch wohl selber schon Ihnen geschrieben. Gewiß, es ist alles Handlangerarbeit, was wir leisten; wir müssen das Urteil annehmen, wie es über uns gefällt wird, wir können uns nicht selbst beurteilen (weil es nicht unsre eigne Geschichte ist, an der wir wirken). Alles wahr, und die Welt zieht die Konsequenzen, selbst wenn einzelne unter uns sich für ihre Person dagegen sträuben (nicht ich). Aber daß wir *überhaupt* irgendwie am Leben der Völker (und damit je länger, je mehr am christlichen Leben) passiv teilnehmen, das ist unvermeidlich, wenn anders wir überhaupt leben sollen (und daran hängen wir allerdings »grenzenlos«, aber – eure Legende vom Ewigen Juden, wenn Sie sie nicht vermantschen, sagt es Ihnen – nicht aus Lebenshunger, sondern aus Lebenspflicht, metaphysischer Pflicht, »Verdammtheit« nach eurer, »Erwähltheit« nach unsrer Auffassung; das Leben ist uns nicht gegeben, weil wir lebenshungrig sind, sondern der Lebenshunger, weil wir leben sollen). Jene Teilnahme kann selbst Ihr polnischer Idealjude mit achtzehn- (genauer vierzehn-)jähriger Verehelichung und – früher einmal – Militärfreiheit nicht vermeiden. Aber neben diesem, im tiefsten Sinn unsittlichen, Leben nach außen gibt es ein rein jüdisches Leben nach innen, alles, was eben der Erhaltung des Volks, seines »Lebens«, soweit sie nicht nach außen *erkauft*, sondern im Innern *erarbeitet* werden muß, dient. Hierher gehört die innerjüdische Verwaltungsarbeit, hierher die jüdische Theologie, hierher die synagogale Kunst (also *sogar* »Schönheit«!). Mögen diese Erscheinungen noch so viel Fremdes enthalten – dies Fremde kann das Judentum gar nicht anders als *sich* assimilieren; es tut es auch von selber, selbst wenn es gar nicht will; die ungeheure Macht der Tradition wirkt da selbst auf den empirisch Ahnungslosen. Die Gestalten des innerjüdischen Lebens scheiden sich freilich von allem scheinbar Entsprechenden der Kulturen; synagogale Kunst tritt nicht in lebendigen Zusammenhang mit andrer Kunst, jüdische Theologie nicht mit christlicher Theologie usf., sondern erst indem sie alle zusammen den Juden im Ganzen aufbauen und ihn bei seiner Art Leben (die keine Lebendigkeit ist, sondern nur Leben schlechtweg) erhalten, erst dadurch wirken sie, fermentativ, auf das Christentum und durch es hindurch auf die Welt.

Wie weit der Jude an dem Leben der Völker teilnimmt, das schreibt nicht

---

24 »Herr, gedenke der letzten Dinge« ist eine Anspielung auf die Erzählung Herodots, in der berichtet wird, wie der Diener hinter Xerxes stand und sagte: »Herr, gedenke der Athener.«
25 »Geheim, gezwungen, widerruflich«, die drei schlechtesten und daher ungeschützten Besitzgründe des römischen Rechts

er sich, sondern das schreiben sie ihm vor. Für den Einzelnen ist da vieles (weil es sich z.T. um gesellschaftliche Imponderabilien, nicht um gesetzlich festgelegte Pflichten handelt) eine Frage des Taktes, bisweilen des Gewissens. Ich persönlich, da Sie das berühren, stelle mich zum Staat rein pflichtmäßig (legal), habilitiere mich deshalb nicht an seiner Universität, trete *nicht* als Kriegsfreiwilliger ein, sondern gehe zu dem internationalen Roten Kreuz, verlasse es, da ich die Möglichkeit dazu habe, als der Staat meinen Jahrgang einberuft und ich mir sagen muß, daß ich ohne meine freiwillige Beschäftigung beim Roten Kreuz jetzt legaliter vom Staat beansprucht würde [...]. An mir liegt es, ob ich Individuum das metaphysische Schicksal (das »Joch des Himmelreichs«), zu dem ich von Geburt berufen bin, auch auf mich nehmen, »principaliter und essentialiter jüdisch leben will« (mag es auch consequentialiter und accidentaliter nicht durchweg angehen), ob ich die natürliche Berufung in die Sphäre der metaphysischen Erwählung heben will. Der Kreis des Institutionellen erleichtert die Durchführung solchen Willens; ich würde für mich nicht den Mut zu dem Schritt haben, den Badt mit seinem größeren Besitz an ererbter Tradition und (als Zionist) jüdischem Betätigungsfeld wagen konnte; übrigens wo da »die Metaphysik von Abrahams Samen« bleibt? Da habe ich doch lächeln müssen; wenn Sie wie ich diese Sache z.T. mit aus der Nähe hätten erleben müssen, so hätten Sie Ausbrüche dieser Metaphysik erlebt, auf die Sie von diesen betreffenden Menschen nicht gefaßt gewesen wären; das naive Gefühl ganz »moderner Juden« übertalmudet hier den Talmud bei weitem, und die religionsgesetzliche Tradition ist dabei in dieser Grenzfrage, wie mir scheint, durchaus konsequent, sie muß die Möglichkeit des Proselytentums offen halten, um des messianischen Charakters des Judentums willen, wonach der Blutzusammenhang ja nur um seiner symbolischen Bedeutung willen aufrechterhalten wird; nur muß sie mit aller Strenge darauf sehen, daß der »*Proselyt*« eben nur »kommt«, nicht geholt, nicht »bekehrt« wird, denn er ist eben ein Gleichnis der proselytischen Menschheit am »Ende der Tage« (bei der übrigens die lebendige Frömmigkeit der üblichen Gebete von dem »in *Jerusalem* Anbeten« [vgl. Joh 4,21-25] kaum etwas weiß, sondern nur von dem »Dich allein Anbeten« und dem »Zusammentreten in Einen Bund«.[26]

Soviel von »Franz R.«. Daß es verfrüht und deshalb zwecklos ist, von ihm zu sprechen (exempli gratia), schrieb ich schon das vorige Mal. Sie werden mir diesen Franz R. so leicht nicht glauben und werden meine Briefe immer mehr für programmatische statt für kompendiöse Äußerungen nehmen. Das ist wohl kaum zu ändern. Darauf gingen meine handelsmarinistischen Gleichnisse; hätte ich sie *generell* gemeint (wie Sie sie auffaßten), so hätte ich

---

26 Zitate aus der großen messianischen Einleitung zum Achtzehn-Gebet für die Hohen Feiertage

Ihnen das Schiff, das nie verlorengehn, dessen Bemannung nie Schiffbruch leiden kann, näher bezeichnen können: es gibt nur eins von der Sorte, es fährt auf allen Meeren, und seine Bemannung kommt nur nachts auf Deck – Sie haben es ganz richtig beschrieben, es ist das Gespensterschiff, und bis heute, 1914, 15, 16, ist Senta noch nicht gefunden. Aber der fliegende Holländer wird immer wieder an Land gehen, und eines Tages (Hab. 2,4 – denn er ist beides, der »Halsstarrige« und der »Gerechte« in einer Person) wird er sie finden; lasciava ogni cosa, außer einer: der *speranza*.[27] Vor Gottes Stuhl wird der Jude, so heißt es, *nur dies eine* gefragt: Hast du auf das Heil gehofft?

Alle übrigen Richterfragen – so sagt nicht mehr jene Tradition, aber ich – gehen an Euch. [...]

(5)   An Gertrud Oppenheim (1. Mai 1917)

[...]

Das Christentum hat für alle, denen die Wahl nicht schon im Blute liegt – und das sind außer dem erwählten Volk alle Menschen (für uns ist die persönliche Wahl, wie sie Meyrink[28] schildert, nur das Wiedererkennen der Blutwahl. So und nicht anders erfährt man es) –, das Bild des ersten Menschen, nämlich des ersten Entschiedenen, aufgestellt und ihm den Königsmantel des letzten Menschen, des Vollbringers, umgelegt. So daß nun alle wissen, was ihnen geschieht, wenn es ihnen geschieht, daß die Wahl über sie kommt. Denn wenn über einen Heiden die Wahl gekommen wäre, so würde er es nicht haben deuten können; er würde geglaubt haben, er werde ein Gott (Beispiele überflüssig), während er in Wirklichkeit dadurch nichts als ein *Mensch*, einer aus der nun nicht mehr abreißenden Gemeinschaft der *Menschheit* geworden wäre. Die Christen aber wissen, daß sie erst in der Wahl zu Menschen werden. Aber sie wissen nicht den Unterschied des ersten und des letzten Menschen. Sie glauben, die Wahl sei schon die Vollbringung, im Glauben geschehe schon die Erlösung, und ihre Denker lehren, daß die Wahl, der »gute Wille«, »bewunderungs- und verehrungswürdig« sei.[29] Da kommt der Jude, das ewige enfant terrible (ewiges enfant - er war dabei, als die Sache anfing) der Kirchengeschichte, und schreit: der Mantel

27   »Er hatte jede Sache aufgegeben« (Anspielung auf die Dantestelle im Briefschluß Eugen Rosenstocks an Franz Rosenzweig vom 30.10.1916).
28   Gustav Meyrink (ursprünglich Meyer) (1886-1932) ist der Autor mehrerer Romane mit jüdischen Themen, z.B. »Das grüne Gesicht« (1916), »Der Golem« (1915). (F.A.R.)
29   Rosenzweig bezieht sich hier auf die Moralphilosophie Immanuel Kants (1724-1804). Vgl. den Anfang der »Grundlegung der Metaphysik der Sitten« (1785). (F.A.R., nach einem freundlichen Hinweis von Prof. Dr. Robert Shine)

ist ja gestohlen!, er gehört dem *letzten* Menschen, die Welt ist noch *nicht* erlöst, die Menschen sind *unterwegs*, der Glaube macht sie zu Menschen, aber
nicht zu »mehr« als Menschen, der »gute Wille« ist *nicht* »bewunderungs-
würdig«, das gute *Sein* wäre es. Seine Väter sind erwählt und haben gewählt,
und so ist er durch das »Verdienst der Väter«, besser die »Würdigkeit der Väter«, als sein Sohn Israels ein Mensch, aber er weiß, was die Menschheit sich
immer wieder nur von ihm sagen lassen darf (denn wüßte sie es in sich
selbst, so verlöre sie das *Bild*, unter dem und in dem sie allein auf dem Pfad
der Wahl bleiben kann): nämlich daß Menschsein noch *nicht* heißt: Erlöstsein und daß die Menschheit der Erlösung noch *wartet*. Er kann das *wissen*, denn *sein* Menschsein beruht *nicht* auf einem mit dem usurpierten Königsmantel der Verwirklichtheit bekleideten sichtbaren Bild. Und diese seine
Sonderstellung verpflichtet ihn, sich zum ewigen Enthüller jenes frömmsten
aller Betrüge zu machen und so die Wahrheit zu retten bis zu dem Augenblick, wo jener fromme Betrug sich selber überflüssig gemacht haben wird,
dadurch daß er aus einer Lüge zur Wahrheit geworden sein wird, das ist
eben der Augenblick, wo an die Stelle des dem Willen gebietenden ersten
der dem Sein gebietende letzte Mensch getreten ist. Ohne das Wirken des
ersten Menschen geschähe das nie; denn erst wenn aller Wille Wahl geworden ist, hat das Sein seine Eigenmacht (Zufall) verloren. Aber ohne den ewigen Mahner, das ewige enfant terrible, würde die Wirksamkeit des ersten
Menschen in seiner angemaßten Schonfertigkeit erlöschen, und die Welt
würde nie fertig.
[...]

Franz Rosenzweig

Der Stern der Erlösung (1921)

Die Strahlen oder Der ewige Weg

Die Ewigkeit der Verwirklichung

Es mag keines Menschen Kraft die Gedanken des Schöpfers erfassen; denn seine Wege sind nicht unsre Wege und seine Gedanken nicht unsre Gedanken. Mit diesem Wort über Gottes Wege beginnen am Schluß der großen Aufzeichnung des ganzen mündlichen und schriftlichen Lehrinhalts, die uns Maimonides als »Wiederholung des Gesetzes« geschenkt hat, die folgenden Sätze über den Weg des wahren Messias und jene große Irreleitung, neben Gott einen andern zu verehren, die nach der Prophezeiung im Buch Daniel über die Welt kam durch »abtrünnige Söhne deines Volks, die sich vermessen, zu erfüllen die Gesichte – und kommen zu Fall«. So also fährt unser großer Lehrer fort.[1] Dies alles hat nur den Weg geebnet für den königlichen Messias, der die Welt gründen wird auf den Dienst Gottes, wie es heißt: Dann gebe ich den Völkern geläuterte Lippen, daß sie alle gemeinsam Gott anrufen und ihm dienen einträchtiglich [Zeph 3,9]. Ist doch inzwischen die ganze Welt voll worden vom messianischen Gedanken und von den Worten der Lehre und der Gebote; verbreitet haben sich jener Gedanke und diese Worte auf fernen Inseln und unter vielen Völkern unbeschnittenen Herzens und unbeschnittenen Fleisches; alle beschäftigen sie sich jetzt mit den Worten der Thora und mit der Frage ihrer Gültigkeit; es behaupten die einen, jene unsre Gebote seien wohl wahr, doch nicht mehr in Gültigkeit, und andre behaupten, es seien Geheimnisse darin verborgen und nichts im schlichten Wortsinn zu verstehen und einst sei der Messias gekommen und habe das Geheime offenbar gemacht. Wenn aber erst der wahre Messias kommen wird, und es wird ihm gelingen und er wird hoch sein und erhaben, dann kehren sie alle heim und erkennen, was Wahn gewesen.

---

1 Die beste englischsprachige Übersetzung dieses Passus ist: *A.M. Herschman*, The Code of Maimonides Book Fourteen (Yale Judaica Series III), New Haven 1949, S. XXIIIf. Dieser Abschnitt fehlt im allgemeinen in den zensierten Ausgaben. (F.A.R.)

Der Weg durch die Zeit: Die christliche Geschichte

Aus dem feurigen Kern des Sterns schießen die Strahlen. Sie suchen sich ihren Weg durch die lange Nacht der Zeiten. Es muß ein ewiger Weg sein, kein zeitlicher, ob er gleich durch die Zeit führt. Er darf die Zeit nicht verleugnen; er soll ja durch sie hindurchführen. Und dennoch darf die Zeit nicht Gewalt über ihn kriegen. Und hinwiederum darf er sich auch nicht, wie es das in sich selber sich fortzeugende ewige Volk tut, seine eigene Zeit schaffen und sich dadurch von der Zeit frei machen. So bleibt ihm nur eins: er muß der Zeit Herr werden. Wie aber könnte das geschehen? Wie könnte ein Weg, der die Zeit durchläuft, statt von der Zeit abgeteilt zu werden, selber die Zeit abteilen?

Epoche

In der Frage liegt schon die Antwort. Doch nur deswegen bestimmt der Takt der Zeit alles, was in ihr geschieht, weil die Zeit älter und jünger ist als alles, was geschieht. Wenn ihr ein Geschehen entgegenträte, das seinen Anfang und sein Ende außer ihr hätte, so könnte der Pulsschlag dieses Geschehens den Stundenschlag der Weltuhr regeln. Solch Geschehen müßte von jenseits der Zeit kommen und in ein Jenseits der Zeit münden. In jeder Gegenwart zwar wäre es in der Zeit; aber weil es sich in seiner Vergangenheit und in seiner Zukunft unabhängig von der Zeit weiß, so fühlt es sich stark gegen sie. Seine Gegenwart steht zwischen Vergangenheit und Zukunft; der Augenblick aber steht nicht, sondern verfliegt pfeilschnell und ist infolgedessen nie »zwischen« seiner Vergangenheit und seiner Zukunft, sondern ehe er zwischen etwas sein könnte, ist er schon verflogen. Ein Zwischen kennt der Weltlauf nur in der Vergangenheit; nur der vergangene Zeitpunkt ist Zeit-punkt, Ep-oche, Haltestelle. Die lebendige Zeit weiß nichts von Punkten; jeder Punkt ist, indem ihn der Augenblick pfeilschnell zu durchfliegen beginnt, schon durchflogen. Aber in der Vergangenheit gibt es jenes stehende Nebeneinander der Stunden; hier gibt es Epochen, Haltepunkte in der Zeit, und sie sind daran zu erkennen, daß ihnen Zeit vorangeht, Zeit folgt; sie sind zwischen Zeit und Zeit.

Nur als solches Zwischen aber gewinnt die Zeit Gewicht, also daß sie nicht mehr pfeilschnell verfliegen kann. Die Epoche geht nicht mehr vorüber, ehe ichs gewahr werde, und verwandelt sich, ehe ichs merke. Sondern sie bedeutet etwas. »Etwas« – also sie hat Dinghaftigkeit, sie ist wie ein Ding. In der Vergangenheit formt sich der Weltlauf zu unverrückbaren »Dingen«, zu Zeitaltern, Epochen, großen Augenblicken. Und er kann es nur, weil in der Vergangenheit die verfliegenden Augenblicke als Haltepunkte festgehalten werden, gehalten zwischen einem Vor und einem Nach. Als Zwischen entgleiten sie nicht mehr, als Zwischen haben sie Bestand, stehen sie gleich Stunden. Über die Vergangenheit, die aus lauter Zwischen besteht, hat die Zeit ihre Macht verloren; der Vergangenheit kann sie nur noch zufügen, aber ändern kann sie an ihr höchstens noch durch das Zugefügte; in ihren inneren Zusammenhang kann sie nicht mehr eingreifen, der steht fest, jeder Punkt zwischen andern Punkten; der chronikalische Gleichtakt der Jahre, der die Gegenwart so zu beherrschen scheint, daß vergebens die Ungeduld des Weltverbesserers, der Notschrei des seiner Schicksalswende gewärtigen Unglücklichen sich dagegen aufbäumen – in der Vergangenheit verliert er seine Macht; hier beherrschen die Ereignisse die Zeit, nicht umgekehrt. Epoche ist, was zwischen seinem Vor und Nach – steht; wieviel Jahre die Chronik ihr zuweist, das kümmert sie wenig; jede Epoche wiegt gleichviel, einerlei ob sie Jahrhunderte oder Jahrzehnte oder nur Jahre dauerte. Die Ereignisse regieren hier die Zeit, indem sie ihre Kerben in sie schlagen. Ereignis aber ist nur innerhalb der Epoche, Ereignis steht zwischen Vor und Nach. Und stehendes Zwischen gibt es nur in der Vergangenheit. Sollte auch die Gegenwart also zur Freiherrin der Zeit erhoben werden, so müßte auch sie ein Zwischen sein; die Gegenwart müßte epoche-machend werden, jede Gegenwart. Und die Zeit als Ganzes müßte Stunde werden – diese Zeitlichkeit; und als solche eingespannt in die Ewigkeit; die Ewigkeit ihr Anfang, die Ewigkeit ihr Ende, und alle Zeit nur das Zwischen zwischen jenem Anfang und jenem Ende.

Die christliche Zeitrechnung

Das Christentum ist es, das also die Gegenwart zur Epoche gemacht hat. Vergangenheit ist nun nur noch die Zeit vor Christi Geburt. Alle folgende Zeit von Christi Erdenwandel an bis zu seiner Wiederkunft ist nun jene einzige große Gegenwart, jene Epoche, jener Stillstand, jene Stundung der Zeiten, jenes Zwischen, worüber die Zeit ihre Macht verloren hat. Die Zeit ist nun bloße Zeitlichkeit. Als solche ist sie von jedem ihrer Punkte aus ganz zu übersehen; denn jedem ihrer Punkte ist Anfang und Ende gleich nah; die Zeit ist ein einziger Weg geworden, aber ein Weg, dessen Anfang und Ende jenseits der Zeit liegt, und also ein ewiger Weg; während auf Wegen, die aus Zeit in Zeit führen, immer nur ein nächstes Stück zu übersehen ist. Auf dem ewigen Wege wiederum ist, weil doch Anfang und Ende gleich nah sind, einerlei wie die Zeit auch vorrückt, jeder Punkt Mittelpunkt. Nicht weil er grade im Augenblick der gegenwärtige ist – durchaus nicht. Dann wäre er ja bloß für einen Augenblick Mittelpunkt und im nächsten schon nicht mehr. Solche Lebendigkeit wäre die, womit die Zeit ein Leben belohnt, das sich ihr untertan macht: eine rein zeitliche Lebendigkeit. Das ist die Lebendigkeit eines Lebens im Augenblick: daß es Leben in der Zeit ist, sich von der Vergangenheit davontragen läßt und die Zukunft heranruft. So leben Menschen und Völker. Diesem Leben entzog Gott den Juden, indem er die Brücke seines Gesetzes himmelhoch über den Strom der Zeit wölbte, unter deren Bogen sie nun in alle Ewigkeit machtlos dahinrauscht.

Der Christ aber nimmt den Wettkampf mit dem Strom auf. Er zieht neben ihm das Geleise seines ewigen Wegs. Wer auf dieser Bahn fährt, der mißt die Stelle des Flusses, die er grade sieht, nur nach der Entfernung von der Abgangs- und Endstation. Er selbst ist immer nur auf der Strecke, und sein eigentliches Interesse ist nur, daß er noch immer unterwegs, noch immer zwischen Abgang und Ziel ist. Daß er es ist, mehr nicht, sagt ihm, so oft er aus dem Fenster schaut, der noch immer draußen vorüberziehende Strom der Zeit. Wer auf dem Strom selber fährt, sieht immer nur von einer Krümmung bis zur nächsten. Wer auf dem eisernen Wege fährt, dem ist der Strom im ganzen nur ein Zeichen, daß er noch unterwegs ist, nur ein Zeichen des Zwischen. Er kann nie über dem Anblick des Stromes vergessen, daß sowohl der Ort, von dem er kommt, wie der Ort, zu dem er fährt, jenseits des Stromgebiets liegen. Fragt er sich, wo denn er jetzt, in diesem Augenblick sei, so gibt ihm darauf der Strom keine Antwort; die Antwort aber, die er sich selber gibt, ist immer nur: unterwegs. Solange der Strom dieser Zeitlichkeit überhaupt noch fließt, solange ist er selber in jedem Augenblick mitten zwischen Anfang und Ende seiner Fahrt. Beide, Anfang und Ende, sind ihm in jedem Augenblick gleich nah, weil beide im Ewigen sind; und nur dadurch weiß er sich in jedem Augenblick als Mittelpunkt. Als Mittelpunkt nicht eines Horizonts, den er übersieht, sondern als Mittelpunkt einer Strecke, die aus lauter Mittelpunkt besteht, ja die ganz Mitte, ganz Zwischen, ganz Weg ist. Nur weil sein Weg ganz Mitte ist und er das weiß, nur deshalb kann und muß er jeden Punkt dieses Wegs als Mittelpunkt empfinden; die ganze Strecke, indem sie aus lauter Mittelpunkten besteht, ist eben nur ein einziger Mittelpunkt. Das Wort des Cherubinischen Wandersmanns »Wär' Christus tausendmal in Bethlehem geboren und ists nicht auch in dir, so bist du doch verloren«[2] ist dem Christen nur in der kühnen Prägnanz des Ausdrucks, nicht im Gedanken paradox. Nicht als Augenblick also wird der Augenblick dem Christen zum Vertreter der Ewigkeit, sondern als Mittelpunkt der christlichen Weltzeit; und diese Weltzeit besteht, da sie nicht vergeht, sondern steht, aus lauter solchen »Mittelpunkten«; jedes Ereignis steht mitten zwischen Anfang und Ende des ewigen Wegs und ist durch diese Mittelstellung im zeitlichen Zwischenreich der Ewigkeit selber ewig.

---

2 Eine beliebte Sammlung religiöser Gedichte von Angelus Silesius (Johannes Scheffler), die 1657 und 1675 veröffentlicht wurde und die Rosenzweig aus dem Gedächtnis zitiert. Der genaue Text lautet: »Wird Christus tausendmal zu Bethlehem geboren / Und nicht in dir, du bleibst noch ewiglich verloren« (Buch I, Nr. 61). (F.A.R.)

So wird das Christentum, indem es den Augenblick zur epochemachenden Epoche macht, gewaltig über die Zeit. Von Christi Geburt an gibt es nun nur noch Gegenwart. Die Zeit prallt an der Christenheit nicht ab wie am jüdischen Volk, aber die flüchtige ist gebannt und muß als ein gefangener Knecht nun dienen. Vergangenheit, Gegenwart und Zukunft, die immerfort sich ineinander schiebenden, immerfort wandelnden, sind nun zu ruhigen Gestalten geworden, zu Gemälden an den Wänden und Gewölben der Kapelle.[3] Vergangenes, ein für alle Mal Stillstehendes, ist nun alles, was vor Christi Geburt liegt, sind Sybillen und Propheten. Und Zukunft, zögernd, aber unausweichlich hergezogen Kommendes, ist das Jüngste Gericht. Dazwischen steht als eine einzige Stunde, ein einziger Tag, die christliche Weltzeit, in der alles Mitte, alles gleich taghell ist. Die drei Zeiten der Zeit sind so auseinandergetreten in ewigen Anfang, ewige Mitte, ewiges Ende des ewigen Wegs durch diese Zeitlichkeit. Die Zeitlichkeit selber verlernt ihr Zutrauen zu sich selber und läßt sich in der christlichen Zeitrechnung diese Gestalt aufzwingen. Sie hört auf zu glauben, daß sie älter wäre als die Christenheit, sie zählt ihre Jahre vom Geburtstag der Christenheit an. Sie duldet, daß alles, was davor liegt, als verneinte, gewissermaßen als unwirkliche Zeit erscheint. Das Zählen der Jahre, durch das sie bisher die Vergangenheit er-zählt hatte, wird jetzt zum Vorrecht der Gegenwart, des ewig gegenwärtigen Wegs. Und die Christenheit schreitet diesen Weg, auf dem ihr die Zeit nun als gehorsame Schrittzählerin folgt, schreitet ihn gelassen und ihrer ewigen Gegenwart sicher, immer in der Mitte des Geschehens, immer im Ereignis, immer auf dem Laufenden, immer mit dem Herrscherblick des Bewußtseins, daß es der ewige Weg ist, den sie schreitet.

Die Christenheit

Die Christenheit – aber sind das nicht Menschen, Geschlechtsfolgen, Völker, Reiche? Menschen, verschieden an Alter, Stand, Geschlecht, an Farbe, Bildung und Gesichtskreis, an Gaben und Kräften? Und sollen nun doch in jedem Augenblick eins sein, versammelt in einen einzigen Mittelpunkt und dieser Mittelpunkt wiederum Mittelpunkt aller der andern Mittelpunkte dieser einen großen Mitte? Die Frage geht auf das Gemeinschaftsbildende in dieser Gemeinschaft der Christenheit. Mit der dogmatischen Antwort »Christus« ist uns hier nicht geholfen, so wenig wir uns im vorigen Buch mit der Antwort »die Thora« begnügen durften, die eine jüdische Dogmatik auf die Frage nach dem Gemeinschaftsbildenden im Judentum wohl hätte geben dürfen. Sondern wir wollen ja grade wissen, wie denn die auf den dogmatischen Grund gegründete Gemeinschaft sich Wirklichkeit gibt. Ge-

---

3   Bezieht sich auf Michelangelos Fresken in der Sixtinischen Kapelle. (F.A.R.)

nauer noch: wir wissen, es muß eine ewige Gemeinschaft sein; so fragen wir, was wir auch schon im vorigen Buch fragten: wie sich eine Gemeinschaft für ewig gründen könne. Für die Gemeinschaft des ewigen Lebens haben wir es erkannt. Nun fragen wir es für die Gemeinschaft des ewigen Wegs.

Nicht darin schon kann der Unterschied liegen, daß an jedem Punkt des Wegs Mittelpunkt ist. So war ja auch in jedem Augenblick des Lebens des [jüdischen] Volks das ganze Leben. Jeden einzelnen hat Gott aus Egypten herausgeführt [mPes 10,5] – »nicht mit euch allein schließe ich diesen Bund, sondern mit dem, der hier mit uns steht heute, wie mit dem, der nicht hier mit uns ist heute« [Dtn 29,13f]. Das ist beiden, dem ewigen Leben wie dem ewigen Weg, gemeinsam: daß sie ewig sind. Und daß alles an jedem Punkt und in jedem Augenblick ist, das heißt ja Ewigkeit. Darin liegt also kein Unterschied. Er muß schon in dem liegen, was ewig ist, nicht in dem Ewigsein. Und so ist es. Ewiges Leben und ewiger Weg – das ist verschieden wie die Unendlichkeit eines Punkts und einer Linie. Die Unendlichkeit eines Punkts kann nur darin bestehen, daß er nie ausgewischt wird; so erhält er sich in der ewigen Selbsterhaltung des fortzeugenden Bluts. Die Unendlichkeit einer Linie aber hört auf, wenn es nicht mehr möglich wäre, sie zu verlängern; sie besteht in dieser Möglichkeit ungehemmter Verlängerung. Das Christentum als ewiger Weg muß sich immer weiter ausbreiten. Bloße Erhaltung seines Bestandes bedeutete ihm den Verzicht auf seine Ewigkeit und damit den Tod. Die Christenheit muß missionieren. Das ist ihr so notwendig wie dem ewigen Volk seine Selbsterhaltung im Abschluß des reinen Quells des Bluts vor fremder Beimischung. Ja das Missionieren ist ihr gradezu die Form ihrer Selbsterhaltung. Sie pflanzt sich fort, indem sie sich ausbreitet. Die Ewigkeit wird Ewigkeit des Wegs, indem sie nach und nach die Punkte des Wegs alle zu Mittelpunkten macht. Das Zeugnis für die Ewigkeit, das im ewigen Volk die Erzeugung ablegt, muß auf dem ewigen Weg wirklich als Zeugnis abgelegt werden. Jeder Punkt des Wegs muß einmal bezeugen, daß er sich als Mittelpunkt des ewigen Wegs weiß. Statt des fleischlichen Fortströmens des einen Bluts, das im gezeugten Enkel den Ahn bezeugt, muß hier die Ausgießung des Geistes in dem ununterbrochenen Wasserstrom der Taufe von einem zum andern weiterfließend die Gemeinschaft des Zeugnisses stiften. An jedem Punkt, den diese Geistausgießung erreicht, muß der ganze Weg als eine ewige Gemeinschaft des Zeugnisses übersehbar sein. Er wird übersehbar nur, wenn Inhalt des Zeugnisses der Weg selber ist. Im Bezeugen der Gemeinschaft muß zugleich der Weg bezeugt werden. Die Gemeinschaft wird Eine durch den bezeugten Glauben. Der Glaube ist der Glaube an den Weg. Jeder, der in der Gemeinschaft ist, weiß, daß es keinen andern ewigen Weg gibt als den Weg, den er geht. Zur Christenheit gehört, wer sein eigenes Leben auf dem Weg weiß, der vom gekommenen zum wiederkommenden Christus führt.

Der Glaube

Dies Wissen ist der Glaube. Es ist der Glaube als Inhalt eines Zeugnisses. Es ist der Glaube an etwas. Das ist genau das Entgegengesetzte wie der Glaube der Juden. Sein Glaube ist nicht Inhalt eines Zeugnisses, sondern Erzeugnis einer Zeugung.[4] Der als Jude Gezeugte bezeugt seinen Glauben, indem er das ewige Volk fortzeugt. Er glaubt nicht an etwas, er ist selber Glauben; er ist in einer Unmittelbarkeit, die kein christlicher Dogmatiker für sich je erschwingen kann, gläubig. Es liegt diesem Glauben wenig an seiner dogmatischen Festlegung; er hat Dasein – das ist mehr als Worte. Aber die Welt hat ein Anrecht auf Worte. Ein Glaube, der die Welt gewinnen will, muß Glaube an etwas sein. Schon die geringste Vereinigung einiger, die sich vereinigen, um ein Stück Welt zu gewinnen, bedarf eines gemeinsamen Glaubens, eines Losungsworts, woran sich die Vereinigten erkennen. Jeder, der sich in der Welt ein Stück eigenen Wegs schaffen will, muß an etwas glauben. Bloß Gläubigsein würde ihn nie zum Etwas in der Welt gelangen lassen. Nur wer an Etwas glaubt, kann ein Etwas, eben das, woran er glaubt, erobern. Und das gilt genau so vom christlichen Glauben. Er ist im höchsten Sinne dogmatisch und muß es sein. Er darf nicht auf Worte verzichten. Im Gegenteil: er kann sich gar nicht genug tun an Worten, er kann nicht genug Worte machen. Er müßte wirklich tausend Zungen haben. Er müßte alle Sprachen sprechen. Denn er muß wollen, daß alles sein eigen würde. Und so muß das Etwas, woran er glaubt, kein Etwas, sondern Alles sein. Und eben darum ist er der Glaube an den Weg. Indem er an den Weg glaubt, bahnt er ihn in die Welt. So ist der zeugnisablegende christliche Glaube erst der Erzeuger des ewigen Wegs in der Welt, während der jüdische Glaube dem ewigen Leben des Volks nachfolgt als Erzeugnis.

Die Kirche

Der christliche Glaube also, das Zeugnis vom ewigen Weg, ist schöpferisch in der Welt; er vereint die, welche das Zeugnis ablegen, zu einer Vereinigung in der Welt. Er vereinigt sie als Einzelne; denn Zeugnis ablegen ist immer Sache des Einzelnen. Und überdies soll hier der Einzelne Zeugnis ablegen über seine Stellung zu einem Einzelnen; denn das Zeugnis geht ja auf Christus; Christus ist der gemeinsame Inhalt aller Zeugnisse des Glaubens. Aber die als Einzelne Vereinigten richtet nun der Glaube auf gemeinsame Tat in der

---

4 Rosenzweig spielt hier mit der Doppeldeutigkeit des Wortes »zeugen« = bezeugen und »zeugen« = erzeugen. (F.A.R.)

Welt. Denn die Bahnung des Wegs ist gemeinsames Werk aller Einzelnen; jeder Einzelne kann ja nur einen Punkt, seinen Punkt, des ewigen Wegs betreten und ihn zu dem machen, was der ganze Weg werden muß, um ewiger Weg zu sein: Mitte. Und so stiftet der Glaube die Vereinigung der Einzelnen als Einzelner zu gemeinsamem Werk, welche mit Recht genannt wird Ekklesia. Denn dieser ursprüngliche Name der Kirche ist genommen aus dem Leben der antiken Freistaaten und bezeichnet die zur gemeinsamen Beratung zusammenberufenen Bürger; mit einem ähnlichen Wort bezeichnete wohl das Volk seine Feiertage als »heilige Einberufung« [Ex 12,16 u.a.], sich selber aber nannte es Volk, Gemeinde [Dtn 5,19 u.a.] – mit Worten, die einmal den Heerbann bezeichnet haben, also das, worin das Volk als ein geschlossenes Ganzes erscheint, in welchem die Einzelnen aufgegangen sind. In der Ekklesia aber ist und bleibt der Einzelne Einzelner, und nur der Beschluß ist gemeinsam und wird – res publica.

Christus

Und grade diesen Namen der Ekklesia gibt sich nun die Christenheit, den Namen einer Versammlung der Einzelnen zu gemeinsamem Werk, das doch nur dadurch zustande kommt, daß jeder an seinem Platz als Einzelner handelt, wie in der Versammlung der gemeinsame Beschluß nur dadurch entsteht, daß jeder als ganzer Einzelner seine Meinung sagt und seine Stimme abgibt. So setzt auch die Gemeinsamkeit der Kirche die Persönlichkeit und Ganzheit – sagen wir doch ruhig: die Seele ihrer Glieder voraus. Das paulinische Gleichnis der Gemeinde als des Leibs Christi [Eph 1,22f; Röm 12,5; 1Kor 12,27.29 u.a.] meint keinerlei arbeitsteiliges Werk wie etwa des Menenius Agrippa berühmtes Gleichnis vom Magen und den Gliedern, sondern geht grade auf diese vollkommene Freiheit jedes Einzelnen in der Kirche; es wird erhellt durch das große »Alles ist euer, ihr aber seid Christi« [1Kor 3,21-23]. Indem die Christenheit, und jeder einzelne Christ in ihr, auf dem Wege von dem Gekreuzigten her ist, ist ihr alles untertan; jeder Christ darf sich nicht bloß irgendwo auf dem Wege wissen, sondern schlechtweg in des Weges Mitte, der selber ja ganz Mitte, ganz Zwischen ist. Aber indem die Christenheit und der Einzelne die Wiederkunft noch erwartet, wissen sich die eben noch zu Herren aller Dinge Freigesprochenen gleich wieder als jedermanns Knecht; denn was sie an dem Geringsten Seiner Brüder tun, das tun sie dem, der als Weltrichter wiederkehren wird.[5]

Wie wird sich also auf dem Grund jener zu erhaltenden Freiheit und Ganzheit der Einzelnen die Ekklesia verfassen? Wie mag das Band aussehen, das Mensch und Mensch in ihr verknüpft? Es muß ja, indem es bindet, die

---

5 Vgl. Mt 25,40.

Einzelnen auch frei lassen, ja in Wahrheit erst frei machen. Es muß jeden so lassen, wie es ihn findet, den Mann als Mann, das Weib als Weib, die Alten alt, die Jungen jung, den Herrn als Herrn, den Knecht als Knecht, den Reichen reich, den Armen arm, den Weisen weise und den Toren töricht, den Römer römisch und den Barbaren barbarisch; es darf keinen in die Stellung des andern setzen, und doch muß es die Kluft zwischen Mann und Weib, zwischen Eltern und Kind, zwischen Herrn und Knecht, zwischen Reich und Arm, Weisem und Toren, Römer und Barbar zudecken und so einen jeden in dem, was er ist, in allen seinen natürlichen und gottgegebenen Abhängigkeiten, mit denen er in der Welt der Schöpfung steht, freimachen und ihn hinstellen in die Mitte des Wegs, der aus Ewigkeit in Ewigkeit führt.

Dies Band, das so die Menschen nimmt, wie es sie findet, und sie dennoch über die Unterschiede der Geschlechter, Alter, Klassen, Rassen hinweg verbindet, ist das Band der Brüderlichkeit. Die Brüderlichkeit verknüpft in allen gegebenen Verhältnissen, die ruhig weiter bestehen bleiben, die Menschen unabhängig von diesen Verhältnissen als gleiche, als Brüder, »im Herrn«. Der gemeinsame Glaube an den gemeinsamen Weg ist der Inhalt, auf den hin sie aus Menschen zu Brüdern werden. Christus ist in diesem Bruderbunde der Christenheit sowohl Anfang und Ende des Wegs und deswegen Inhalt und Ziel, Stifter und Herr des Bundes als auch Mitte des Wegs und deswegen überall gewärtig, wo zwei in seinem Namen beisammen sind.[6] Wo zwei in seinem Namen beisammen sind, da ist Mitte des Wegs, da ist der ganze Weg überschaubar, Anfang und Ende gleich nah, weil der, der Anfang und Ende ist, hier mitten unter den Versammelten weilt. So auf der Mitte des Wegs ist Christus nicht Stifter noch Herr seiner Kirche, sondern Glied, er selber Bruder seines Bundes. Als solcher kann er auch bei dem Einzelnen sein; in der Brüderlichkeit mit Christus weiß sich sogar der Einzelne – nicht erst zweie, die beisammen sind – schon als Christ und, obwohl anscheinend mit sich allein, dennoch, weil dies Alleinsein Beisammensein mit Christus ist, als Glied der Kirche.

Diesem Einzelnen ist Christus nahe in der Gestalt, auf die sich am leichtesten seine brüderlichen Gefühle richten können; denn der Einzelne soll ja bleiben, was er ist, der Mann Mann, das Weib Weib, das Kind Kind[7]; so ist Christus dem Mann Freund, dem Weib Seelenbräutigam, dem Kind das Christkindlein. Und wo Christus durch die Bindung an die geschichtliche Person Jesu diesem Eingehen in die vertraute Gestalt des Nächsten und brüderlich zu Liebenden sich versagt, da treten, wenigstens in der Kirche, die ihre Gläubigen am innigsten auf dem Wege festhält und sie des Anfangs und

6 Vgl. Mt 18,20.
7 Vgl. 1Kor 7,18-24.

des Endes weniger gedenken läßt, in der Liebeskirche Petri, für Christus selber seine Heiligen ein, und es wird dem Manne vergönnt, in Maria die reine Magd, dem Weibe, in ihr die göttliche Schwester, und jedem aus seinem Stande und seinem Volke heraus den Heiligen seines Standes und Volkes, ja jedem aus seinem engsten in den Eigennamen eingeschlossenen Ich heraus seinen Namensheiligen brüderlich zu lieben. Und selbst vor den gestorbenen Gott am Kreuz, von dem der Weg anhebt, schiebt sich in dieser Kirche der Liebe, die noch eigentlicher als die andern Kirche des Wegs ist, die Gestalt des lebendig auf Erden Wandelnden, der hier mehr als in den Schwesterkirchen Vorbild wird, dem man nachfolgt als einem vorbildlichen Menschenbruder; wie andrerseits vor den Richter des jüngsten Gerichts, bei dem der Weg mündet, hier sich die ganze Schar der für ihre in Schwachheit befangenen Brüder und Schwestern fürbittenden Heiligen drängt.

Die christliche Tat

Die Brüderlichkeit schlingt so ihr Band zwischen den Menschen, die keiner dem andern gleichen; sie ist gar nicht Gleichheit alles dessen, was Menschenantlitz trägt, sondern Einmütigkeit gerade von Menschen verschiedensten Antlitzes. Nur allerdings dies eine ist vonnöten: daß die Menschen überhaupt ein Antlitz haben – daß sie sich sehen. Die Kirche ist die Gemeinschaft aller derer, die einander sehen. Sie verbindet die Menschen als Zeitgenossen, als Gleichzeiter an getrennten Orten des weiten Raums. Gleichzeitigkeit ist etwas, was es in der Zeitlichkeit gar nicht gibt. In der Zeitlichkeit gibt es nur Vorher und Hernach; der Augenblick, wo einer sich selbst erblickt, kann dem Augenblick, wo er einen andern erblickt, nur voraufgehen oder folgen; gleichzeitiges Erblicken seiner selbst und des andern im gleichen Augenblick ist unmöglich. Das ist der tiefste Grund, weshalb es in der heidnischen Welt, die ja eben die Zeitlichkeit ist, unmöglich war, seinen Nächsten zu lieben wie sich selbst. Aber in der Ewigkeit gibt es Gleichzeitigkeit. Daß von ihrem Ufer aus alle Zeit gleichzeitig ist, bedarf keiner Worte. Aber auch die Zeit, die als ewiger Weg von Ewigkeit zu Ewigkeit führt, läßt Gleichzeitigkeit zu. Denn nur insofern sie Mitte ist zwischen Ewigkeit und Ewigkeit, ist es möglich, daß sich Menschen in ihr begegnen. Wer sich also auf dem Weg erblickt, der ist im gleichen Punkte, nämlich im genauen Mittelpunkte, der Zeit. Die Brüderlichkeit ist es, die die Menschen in diesen Mittelpunkt versetzt. Die Zeit wird ihr schon überwunden vor die Füße gelegt; nur noch den trennenden Raum hat die Liebe zu überfliegen. Und so überfliegt sie die Feindschaft der Völker wie die Grausamkeit des Geschlechts, den Neid der Stände wie die Schranke des Alters; so läßt sie alle die Verfeindeten, Grausamen, Neidischen, Beschränkten sich einander als Brüder erblicken in dem einen gleichen mittleren Augenblick der Zeit.

Die jüdische Tat

In der Mitte der Zeit erblicken sich die Gleichzeitigen.[8] So trafen sich an den Grenzen der Zeit die, denen die Unterschiede des Raums keine erst zu überwindende Trennung bedeuteten; denn diese Unterschiede waren dort in der angeborenen Gemeinschaft des Volks schon von vornherein überwunden; die Arbeit der Liebe, sowohl der göttlichen an den Menschen als der menschlichen untereinander, mußte da einzig gerichtet sein auf die Erhaltung dieser Gemeinschaft hin durch die Zeit, auf die Herstellung der Gleichzeitigkeit der in der Zeitlichkeit getrennten Abfolgen der Geschlechter. Das ist das Bündnis zwischen Enkel und Ahn; durch dieses Bündnis wird das Volk zum ewigen Volk; denn indem sich Enkel und Ahn erblicken, erblicken sie im gleichen Augenblick ineinander den spätesten Enkel und den ersten Ahn. So sind der Enkel und der Ahn, beide einander und beide zusammen für den, der zwischen ihnen steht, die wahre Verkörperung des ewigen Volks; wie der zum Bruder gewordene Mitmensch dem Christen die Kirche verkörpert. An Greisen und an Kindern erleben wir unmittelbar unser Judentum. Der Christ erlebt sein Christentum im Gefühl des Augenblicks, der ihm den Bruder zuführt mitten auf der Höhe des ewigen Wegs; dort drängt sich ihm die ganze Christenheit zusammen; sie steht, wo er, er, wo sie – auf der Mitte der Zeit zwischen Ewigkeit und Ewigkeit. Anders zeigt uns der Augenblick die Ewigkeit: nicht im Bruder, der uns zunächst steht, sondern in denen, die uns zufernst stehen in der Zeit[9], im Ältesten und im Jüngsten, im Greis, der mahnt, im Knaben, der fragt, im Ahn, der segnet, und im Enkel, der den Segen empfängt. So spannt sich uns die Brücke der Ewigkeit – vom Sternenhimmel der Verheißung[10], der sich über dem Berg der Offenbarung wölbt, von wo der Strom unseres ewigen Lebens entsprang, bis hin zum unzählbaren Sand der Verheißung[11], an den das Meer spült, darein jener Strom mündet, das Meer, aus dem einst der Stern der Erlösung aufsteigen wird, wenn seinen Fluten gleich die Erde überschäumt von Erkenntnis des Herrn [Jes 11,9].

Kreuz und Stern

Zuletzt drängt so jene Spannung von Anfang und Ende doch wieder gewaltig hin zum Ende; obwohl sie als Spannung nur aus beiden entsteht, sammelt sie sich schließlich doch an einem Punkt, eben am Ende. Das Kind mit sei-

---

8 Vgl. Hölderlins Gedicht »Patmos« (1820): »Drum, da gehäuft sind rings / Die Gipfel der Zeit, und die Lieben / Nah wohnen, ermattend auf / Getrenntesten Bergen, / So gib unschuldig Wasser, / O Fittiche gib uns, treuesten Sinns / Hinüberzugehn und wiederzukehren«. (F.A.R.)
9 mPes 10,4: »An dieser Stelle fragt der Sohn ...« – die traditionellen vier Fragen, die das jüngste Kind während des Pesach-Seders stellt.
10 Vgl. Gen 15,5.
11 Vgl. Gen 22,17.

nen Fragen ist zuletzt doch noch ein gewaltigerer Mahner als der Greis; der Greis wird zur Erinnerung, und mögen wir uns auch immerfort nähren aus dem unversieglichen Schatze seines begeisterten Lebens und uns halten und stärken an der Väter Verdienst: das Kind allein zwingt. Nur »aus dem Munde der Kinder und Säuglinge« [Ps 8,3][12] gründet Gott sein Reich. Und wie jene Spannung zuletzt sich doch ganz ins Ende zusammenballt, auf den spätesten Sproß zuletzt, den Messias, den wir erwarten, so bleibt auch die christliche Sammlung im Mittelpunkt schließlich doch nicht dort haften. Wohl mag der Christ Christus im Bruder erblicken[13], zuletzt treibt es ihn doch über den Bruder hinaus unmittelbar zu ihm selbst. Obwohl die Mitte nur Mitte ist zwischen Anfang und Ende, schiebt sich ihr Schwergewicht dennoch hinüber auf den Anfang. Der Mensch tritt unmittelbar unter das Kreuz; er mag sich nicht genügen lassen, daß er von der Mitte des Weges das Kreuz wie das Gericht in ewiger Nähe erblickt; er ruht nicht, bis ihm das Bild des Gekreuzigten alle Welt verdeckt. Indem er sich so dem Kreuz allein zuwendet, mag er das Gericht vergessen – auf dem Wege bleibt er doch. Denn das Kreuz ist ja, obwohl noch zum ewigen Anfang des Wegs gehörig, doch schon nicht mehr der erste Anfang, es ist selber schon auf dem Wege, und so steht, wer unter es getreten ist, in der Mitte und im Anfang zugleich. So drängt sich das christliche Bewußtsein, ganz versenkt in Glauben, hin zum Anfang des Wegs, zum ersten Christen, zum Gekreuzigten, wie das jüdische, ganz versammelt in Hoffnung, hin zum Manne der Endzeit, zu Davids königlichem Sproß. Der Glaube kann ewig sich an seinem Anfang erneuern, gleich wie die Arme des Kreuzes sich ins Unendliche ausziehen lassen; die Hoffnung vereint sich aus aller Vielfältigkeit der Zeit heraus ewig in dem einen fern und nahen Augenpunkt des Endes, gleich wie der Stern auf Davids Schild die Strahlen alle in den Feuerkern versammelt. Verwurzelung ins tiefste Selbst, das war das Geheimnis der Ewigkeit des Volkes gewesen. Ausbreitung durch alles Außen hin – das ist das Geheimnis der Ewigkeit des Wegs.

Die zwei Straßen: Das Wesen des Christentums

Ausbreitung ins Draußen, und nicht soweit als möglich, sondern, ob möglich oder unmöglich, Ausbreitung in alles, schlechthin alles Außen, das also dann auch in der jeweiligen Gegenwart höchstens ein Noch-Außen sein kann – wenn es so unbedingt, so grenzenlos gemeint ist mit dieser Ausbreitung, dann gilt offenbar auch für sie, was für die jüdische Verwurzelung ins

---

12 Vgl. Resch Lakischs Äußerung im Namen Jehuda Ha-Nasis (bSchab 119).
13 Vgl. Mt 10,40; Mk 9,37; Lk 9,48.

eigne Innerste galt: daß nichts mehr als Gegensätzliches draußen stehen bleiben darf. Sondern auch hier müssen alle Gegensätze irgendwie in die eignen Grenzen hineingezogen werden. Aber eben Grenzen, wie sie das in sich selber sich verwurzelnde eigne Selbst wohl hatte, sind dieser Ausbreitung ins Außen ganz fremd, ja undenkbar – wo soll das Grenzenlose, alle Grenzen immer wieder Sprengende Grenzen haben! Es selbst, die Ausbreitung, freilich nicht; wohl aber mag jenes Außen, in das die Ausbreitung geschieht, Grenzen haben: die Grenzen des All. Diese Grenzen aber werden nicht in der Gegenwart und auch in keiner zukünftigen Gegenwart erreicht – denn die Ewigkeit kann heute und morgen hereinbrechen, aber nicht übermorgen, und die Zukunft ist immer bloß übermorgen.

So muß auch die Art, wie die Gegensätze hier lebendig sind, eine andre sein als bei der Selbstvertiefung. Dort spannten sie sich sogleich durch die inneren Gestalten von Gott, Welt, Mensch; die drei waren lebendig wie in ständigen Wechselströmen zwischen jenen Polen. Hier hingegen müssen die Gegensätze schon in der Art der Ausbreitung liegen; nur dann sind sie in jedem Augenblick wirksam und ganz wirksam. Die Ausbreitung muß je in zwei getrennten, ja gegensätzlichen Wegen geschehen. Es müssen unter den Schritten der Christenheit in die Länder Gott, Mensch, Welt je zweierlei verschiedene Blumen erblühen; ja diese Schritte selbst müssen in der Zeit auseinanderführen, und je zwei Gestalten des Christentums müssen jede ihren eignen Weg durch jene drei Länder gehen, gewärtig, daß sie sich wohl einmal wieder vereinen, aber nicht in der Zeit. In der Zeit marschieren sie getrennt, und nur indem sie getrennt marschieren, sind sie gewiß, das ganze All zu durchmessen und dennoch sich nicht in ihm zu verlieren. So hatte das Judentum nur dadurch das eine Volk[14] und das ewige Volk [Jes 44,7] sein können, daß es die großen Gegensätze alle schon in sich selbst trug, während den Völkern der Welt jene Gegensätze erst da auftreten, wo sie sich das eine gegen die andern abscheiden. Genau so muß auch die Christenheit, will sie wirklich allumfassend sein, die Gegensätze, mit denen andre Verbände schon in ihrem Namen und Zweck sich jeder gegen alle andern abgrenzen, in sich bergen; nur dadurch kennzeichnet sie sich als der allumfassende und doch in sich eigenartige Verband. Gott, Welt, Mensch können nur dadurch zum Christengott, zur christlichen Welt, zum Christenmenschen werden, daß sie die Gegensätze, in denen sich das Leben bewegt, aus sich hervorspinnen und jeden für sich durchmachen. Anders wäre die Christenheit nur ein Verein, berechtigt etwa für seinen Sonderzweck und in seinem Sondergebiet, aber ohne den Anspruch auf Ausbreitung bis an die Enden der Welt. Und wiederum, suchte sie sich jenseits jener Gegensätze auszubreiten, so

---

14   Vgl. 2Sam 7,23 und das Achtzehngebet am Schabbatnachmittag.

würde ihr Weg sich zwar nicht zu teilen brauchen, aber es wäre auch nicht der Weg durch die Welt, der Weg entlang dem Strom der Zeit, sondern ein Weg ins pfadlose Meer der Lüfte, wo das All zwar ohne Grenzen und ohne Gegensätze, aber auch ohne Inhalt ist. Und nicht dorthin, sondern in das lebendige All, das uns umgibt, das All des Lebens, das All aus Gott, Mensch, Welt, muß der Weg der Christenheit führen.

Sohn und Vater

Der Weg der Christenheit in das Land Gott teilt sich also in zwei Wege – eine Zweiheit, die dem Juden schlechthin unbegreiflich ist, auf der aber gleichwohl das christliche Leben beruht. Unbegreiflich ist es uns; denn für uns ist die Gegensätzlichkeit, die ja auch wir in Gott kennen, das Nebeneinander von Recht und Liebe[15], Schöpfung und Offenbarung in ihm, grade in unaufhörlicher Beziehung mit sich selbst; es geht ein Wechselstrom zwischen Gottes Eigenschaften hin und her; man kann nicht sagen, daß er die eine ist oder die andre; er ist Einer grade in dem ständigen Ausgleich der scheinbar entgegengesetzten »Eigenschaften«. Für den Christen hingegen bedeutet die Trennung von »Vater« und »Sohn« viel mehr als bloß eine Scheidung in göttliche Strenge und göttliche Liebe. Der Sohn ist ja auch der Weltrichter, der Vater hat die Welt »also geliebt«, daß er sogar seinen Sohn hingegeben hat; so sind Strenge und Liebe in den beiden Personen der Gottheit gar nicht eigentlich geschieden. Und ebensowenig sind sie etwa nach Schöpfung und Offenbarung zu scheiden. Denn weder ist bei der Schöpfung der Sohn noch bei der Offenbarung der Vater unbeteiligt. Sondern die christliche Frömmigkeit geht getrennte Wege, wenn sie beim Vater und wenn sie beim Sohn ist. Dem Sohn allein nähert sich der Christ mit jener Vertrautheit, die uns Gott gegenüber so natürlich vorkommt, daß es uns wiederum fast unvorstellbar geworden ist, daß es Menschen geben solle, die sich dieses Vertrauens nicht getrauen. Erst an der Hand des Sohnes wagt der Christ vor den Vater zu treten: nur durch den Sohn glaubt er zum Vater kommen zu können. Wäre der Sohn nicht Mensch, so wäre er dem Christen zu nichts nütze.[16] Er kann sich nicht vorstellen, daß Gott selbst, der heilige Gott, sich so zu ihm herablassen könnte, wie er es verlangt, er werde denn anders selber Mensch. Das zuinnerst in jedem Christen unvertilgbare Stück Heidentum bricht da hervor. Der Heide will von menschlichen Göttern umgeben sein, es genügt ihm

---

15 Rosenzweig spielt hier auf die rabbinischen Vorstellungen der *middat ha-din* (das Attribut der Gerechtigkeit) und der *middat ha-rachamim* (das Attribut der Gnade) an, vgl. GenR 12,15; 21,8; 33,3. (F.A.R.)
16 Vgl. Joh 14,6. Dort sagt Jesus zu Thomas: »Ich bin der Weg und die Wahrheit und das Leben; niemand kommt zum Vater denn durch mich.« Vgl. den Brief an Ehrenberg, s.o. S. 179. (F.A.R.)

nicht, daß er selber Mensch ist: auch Gott muß Mensch sein. Die Lebendigkeit, die ja auch der wahre Gott mit den Göttern der Heiden gemein hat, dem Christen wird sie nur glaublich, wenn sie in einer eigenen gottmenschlichen Person Fleisch wird [Joh 1,14]. Aber an der Hand dieses menschgewordenen Gottes schreitet er dann vertrauend wie wir durch das Leben und – anders als wir – voll erobernder Kraft; denn Fleisch und Blut läßt sich nur untertan machen von seinesgleichen, von Fleisch und Blut, und grade jenes »Heidentum« des Christen befähigt ihn zur Bekehrung der Heiden.

Aber gleichzeitig geht er noch einen andern Weg, den Weg unmittelbar mit dem Vater. Wie er sich im Sohn Gott unmittelbar in die brüderliche Nähe seines eignen Ichs herangeholt hat, so mag er sich vor dem Vater wieder alles Eignen entledigen. In seiner Nähe hört er auf, Ich zu sein. Hier weiß er sich im Kreise einer Wahrheit, die alles Ichs spottet. Sein Bedürfnis nach der Nähe Gottes ist am Sohn befriedigt; am Vater hat er die göttliche Wahrheit. Hier gewinnt er die reine Ferne und Sachlichkeit des Erkennens und Handelns, die in scheinbarem Widerspruch zur Innigkeit der Liebe den anderen Weg des Christentums durch die Welt bezeichnet. Unter dem Zeichen Gottvaters ordnet sich das Leben dem Wissen wie der Tat in feste Ordnungen. Auch auf diesem Wege spürt der Christ den Blick Gottes auf sich gerichtet, eben des Vaters, nicht des Sohns. Es ist unchristlich, diese beiden Wege zu Gott miteinander zu vermengen. Es ist Sache des »Takts«, sie auseinander zu halten und zu wissen, wann es gilt, den einen zu gehen, wann den andern. Jene blitzschnell unerwarteten Umschläge aus dem Bewußtsein der göttlichen Liebe in das der göttlichen Gerechtigkeit und umgekehrt, wie sie für das jüdische Leben wesentlich sind – der Christ kennt sie nicht; sein Gang zu Gott bleibt doppelt, und zerreißt ihn der Zwang dieses doppelten Wegs, so ist es ihm eher gestattet, sich klar für den einen zu entscheiden und ihm sich ganz zu widmen, als im Zwielicht zwischen beiden hin und her zu flackern. Für den Ausgleich wird dann schon die Welt, werden die Mitchristen sorgen. Denn was hier in Gott sich als die Trennung der göttlichen Personen anzeigt, dem entspricht in der christlichen Welt eine Doppelheit ihrer Ordnung, im christlichen Menschen eine Zweiheit von Lebensformen.

Priester und Heiliger

Der Mensch, als jüdischer Mensch in allem untilgbaren Widerstreit seiner Gottgeliebtheit und Gottesliebe, seiner Jüdischkeit und seiner Menschlichkeit, Erzvater und Messias, in allen diesen Widersprüchen doch einer und grade in ihnen ein lebendiger – dieser Mensch tritt in der Christenheit auseinander in zwei Gestalten. Nicht etwa zwei Gestalten, die sich notwendig ausschließen und bekämpfen. Aber zwei Gestalten, die getrennte Wege gehn, getrennt selbst dann noch, wenn sie sich, was immer vorkommen

mag, in einem Menschen zusammenfinden. Und wiederum führen diese getrennten Wege durch das ganze weite Land der Menschlichkeit, in dessen
Bezirken sich Form und Freiheit allezeit zu widerstreiten scheinen. Eben
dieser Gegensatz ist es, der sich in den beiden Gestalten des Priesters und des
Heiligen in der Christenheit breit ausleben darf. Und wieder ist es nicht einfach so, daß der Priester etwa nur der Mensch ist, der zum Gefäß der Offenbarung wird, der Heilige nur der, von dessen Liebeswärme die Frucht der
Erlösung reift. Der Priester etwa ist ja nicht der Mensch schlechtweg, in dem
das Wort des göttlichen Mundes die schlummernde Seele wachküßt, sondern es ist der zu seiner Gottesebenbildlichkeit erlöste Mensch, der sich bereitet hat, zum Gefäß der Offenbarung zu werden. Und der Heilige – nur auf
dem Grunde der soeben ihm, und immer soeben, gewordenen Offenbarung,
nur in der immer neu ihm schmeck- und sichtbar gewordenen Nähe seines
Herrn kann er liebend die Welt erlösen. Er kann gar nicht handeln, als wenn
es keinen Gott gäbe, der ihm unmittelbar ins Herz legt, was er tun soll;
gleich wie es dem Priester unmöglich wäre, das Priestergewand zu tragen,
dürfte er nicht in den sichtbaren Formen der Kirche sich schon die Erlösung
und damit für sich, während er amtiert, die Gottebenbildlichkeit aneignen.
Ein Stück Ketzerwillkür steckt in jenem Bewußtsein der göttlichen Einge-
bung, das der Heilige in sich hegt, ein Stück großinquisitorischer Selbstvergötterung in jenem Aneignen der Gottesebenbildlichkeit im priesterlichen
Kleide. Feierlich überpersönliche Selbstvergötterung, momentan persönliche Willkür – der Kaiser von Byzanz, den ungeheuerster Pomp der streng-
sten Etikette hoch über alles Irdische und Zufällige emporhebt, der Revolu-
tionär, der die Brandfackel seiner augen-blicklichen Forderung in jahrtau-
sendalte Gebäude schleudert – es sind die äußersten Grenzen von Form und
Freiheit, zwischen denen das weite Land der Seele sich ausdehnt; der zwie-
geteilte Weg der Christenheit durchmißt es ganz.

Staat und Kirche

Die Welt, die dem Juden voll ist von gleitenden Übergängen aus »dieser« in
die »künftige« hin und her, gliedert sich dem Christen in die große Doppel-
ordnung Staat und Kirche. Nicht unrichtig hat man von der heidnischen
Welt gesagt, daß sie weder das eine noch das andre kannte. Die Polis war ihren Bürgern Staat und Kirche in eins, noch ganz ohne Gegensatz. In der
christlichen Welt traten sie von Anfang an auseinander. In der Aufrechter-
haltung dieser Trennung vollzieht sich seitdem die Geschichte der christlichen Welt. Es ist nicht so, daß etwa nur die Kirche christlich wäre und der
Staat nicht. Das »Gebet dem Kaiser, was des Kaisers ist« [Mt 22,1 par.] wog
im Laufe der Jahrhunderte nicht leichter als die zweite Hälfte des Spruchs.
Denn vom Kaiser aus ging das Recht, dem sich die Völker beugen. Und im

allgemeinen Rechtszustand auf Erden vollendet sich das Werk der göttlichen Allmacht, die Schöpfung. Schon der Kaiser, dem man geben sollte, was sein war, hatte einer rechtseinigen Welt geboten. Die Kirche selbst übermittelte die Erinnerung daran und die Sehnsucht nach einer Erneuerung dieses Zustandes einem späteren Zeitalter. Der Papst war es, der dem Franken Karl den Stirnreif der Cäsaren umlegte. Ein Jahrtausend hat er auf dem Haupt seiner Nachfolger geruht; in schwerem Kampf mit der Kirche selbst, die gegen jenen doch von ihr genährten allgemeinen Anspruch des Kaiserrechts ihr Vor- und Eigenrecht aufstellte und verteidigte. Im Kampf der beiden gleich allgemeinen Rechte um die Welt wuchsen neue Gebilde groß, »Staaten«, die sich im Gegensatz zum Reich nicht das Recht auf die Welt, nur ihr eigenes zu erstreiten wähnten. Diese Staaten waren also aufgekommen als Rebellen gegen die in die Obhut des Kaisers gegebene Rechtseinheit der von der einen Schöpfermacht erschaffenen Welt. Und im Augenblick, wo sie festen Grund in der Schöpfung gefunden zu haben glauben durften, im Augenblick, wo der Staat sich eingenistet hatte in die natürliche Nation, wurde die Krone endgültig vom Haupte des römischen Kaisers genommen, und der neufränkische Nationalkaiser setzte sie sich auf.[17] Ihm folgten als Vertreter ihrer Nationen andre nach; aber mit dem Namen des Kaisers schien auch der Wille zum Reich nun auf die Völker übergegangen zu sein; die Völker selbst wurden jetzt die Träger des übervölkischen weltgerichteten Willens. Und wenn dieser Wille zum Reich sich in den Völkern wechselseitig zerrieben hat, so wird er eine neue Gestalt annehmen; denn er öffnet in seiner doppelten Verankertheit sowohl in dem göttlichen Weltschöpfer, dessen Macht er spiegelt, wie in dem Erlösungssehnen der Welt, dem er dient, den einen notwendigen Weg der Christenheit in den Teil des All, der die Welt ist.

Der andre Weg führt durch die Kirche. Auch sie ist ja in der Welt. So muß sie mit dem Staat in Zwist kommen. Sie kann nicht darauf verzichten, sich selber rechtlich zu verfassen. Sie ist eben sichtbare Ordnung und keine, die der Staat, etwa da sie sich bloß auf ein bestimmtes Gebiet beschränkt, dulden könnte, sondern Ordnung, die nicht weniger allgemein sein will als er. Auch ihr Recht, nicht bloß das des Kaisers, erfaßt irgendwann einmal jeden. Sie holt den Menschen heran zum Werk der Erlösung und weist diesem Werk eine Stätte in der geschaffenen Welt; Steine aus dem Gebirge müssen herangefahren werden und Stämme im Walde gefällt, daß das Haus erstehe, worin der Mensch Gott dient. Weil sie also in der Welt ist, sichtbar und eignen allgemeinen Rechts, so ist sie ebensowenig wie das Kaiserreich etwa selber das Reich Gottes. Dem wächst sie in ihrer säkularen, ihrer weltlichen

---

17 Anspielung auf die Krönung Karls des Großen durch den Papst, der ihm die Krone aufs Haupt setzte; Napoleon setzte sich bei seiner Krönung die Krone selbst auf. (F.A.R.)

Geschichte durch die Jahrhunderte entgegen, ein Stück Welt und Leben auch sie, das erst in seiner Beseelung durch die Liebestat des Menschen verewigt wird. Die Kirchengeschichte ist so wenig Geschichte des Reichs Gottes wie die Kaisergeschichte. Denn es gibt überhaupt im strengen Sinn keine Geschichte des Reichs Gottes. Das Ewige hat keine Geschichte, höchstens eine Vorgeschichte. Die Jahrhunderte und Jahrtausende der Kirchengeschichte sind nur die durch die Zeit wechselnde irdische Gestalt, um die allein das Kirchenjahr den Heiligenschein der Ewigkeit webt.

Der Stern oder Die ewige Wahrheit

Grenze der Menschheit

[...] Der Wahrheit, die Gottes Siegel ist[18], entspricht als Siegel des Menschen das Wahrlich. Sein Wahrlich, sein Ja und Amen, darf er sagen und soll es. Es ist ihm verwehrt, Wenn und Aber zu sagen. Das Wenn ist in seinem Munde ein verruchtes Wort, wie er es denn auch mit Recht ablehnen darf, moralische Kreuz- und Querfragen, die ihn mit dem »Was würdest du tun, wenn« anrennen, zu beantworten. Weiß er nur, was er zu tun hat, wenn irgend eins dieser Wenns ihm zum So geworden ist; das soll ihm genügen. [...]

Gestalt der Menschheit: Der Jude
Zwiefach war die Möglichkeit, wie sich die in der Offenbarung ins Hier und Jetzt einströmende Wahrheit mit dem Wahrlich des Menschen einigen mochte. Der Ort, worin sich der Mensch vorfand, der Stand, worin er stand, konnte in ihm selber liegen, er konnte seine Art als etwas, was ihm im Geheimnis seiner Geburt anerschaffen war, mit sich herumtragen, als ein inneres Zuhause, das er so wenig abstreifen mag wie die Schnecke ihr Haus, oder mit einem besseren Gleichnis: ein magischer Kreis, dem er so wenig entrinnen kann wie dem Kreis seines Bluts, eben weil er ihn wie diesen und mit diesem überall hinträgt, wo er auch gehn und stehen mag. Trägt so der Mensch sein inneres Zuhause, seinen inneren Stand mit sich, so muß der entscheidende Augenblick, der Augenblick seiner zweiten Geburt, seiner Wiedergeburt, ihm jenseits der Schranken seiner Persönlichkeit, vor seinem eigenen Leben liegen. Des Juden – denn von ihm reden wir – Wiedergeburt ist nicht seine persönliche, sondern die Umschaffung seines Volks zur Freiheit im Gottesbund der Offenbarung. Das Volk und er in ihm, nicht er persönlich als Einzelner, hat damals eine zweite Geburt erlebt. Abraham, der Stammvater, und er der Einzelne nur in Abrahams Lenden, hat den Ruf Gottes vernommen und ihm mit seinem »Hier bin ich« geantwortet. Der Einzelne wird von nun an zum Juden geboren, braucht es nicht erst in irgend einem entscheidenden Augenblick seines Einzellebens zu werden. Der entscheidende Augenblick, das große Jetzt, das Wunder der Wiedergeburt liegt vor dem Einzelleben. Im Einzelleben liegt nur das große Hier, Standpunkt, Stand, Haus und Kreis, kurz alles, was im Geheimnis der ersten Geburt dem Menschen gegeben wird.

---

18   bSchab 55a: »Die Wahrheit ist das Siegel des Heiligen, gepriesen sei Er.«

Gestalt der Menschheit: Der Christ
Grade umgekehrt geht es nun dem Christen. Ihm geschieht im eignen Leben
eines Tags das Wunder der Wiedergeburt, ihm, dem Einzelnen; dem von Na-
turwegen als ein Heide Geborenen kommt da Richtung in das Leben. Chri-
stianus fit, non nascitur. In sich trägt er diesen Anfang seines Christgewor-
denseins, aus dem ihm immer neue Anfänge, eine ganze Kette von Anfängen, entspringen. Aber sonst trägt er nichts in sich. Er »ist« nie Christ, obwohl das Christentum ist. Das Christentum ist außer ihm. Dem einzelnen
Juden mangelt zumeist jene persönliche Lebendigkeit, die über den Menschen erst in der zweiten Geburt kommt, mit dem »Überfall des Selbst«;
denn so sehr das Volk das trotzig-dämonische Selbst hat, so wenig hat es der
Einzelne, der vielmehr, was er als Jude ist, von der ersten Geburt her ist, gewissermaßen also von Persönlichkeits-, nicht von Charakterwegen. Ganz
entsprechend geht dem einzelnen Christen in seiner Christlichkeit alles
»Natürliche«, alles Angeborene ab; es gibt christliche Charaktere, Menschen also, denen man an ihrer Stirn die Kämpfe abliest, in denen der Christ
in ihnen geboren wurde, aber im allgemeinen keine christlichen Persönlichkeiten, für die vielmehr als »Johannesnaturen« gradezu ein die Ausnahme
kennzeichnender Kunstausdruck vorhanden ist. Das natürlich Christliche
hat außer ihm Sein, in weltlichen und kirchlichen Anstalten; er trägt es nicht
in seinem Innern mit sich herum. Das Geheimnis der Geburt, das im Juden
grade am Einzelnen geschieht, liegt hier vor allen Einzelnen in dem Wunder
von Bethlehem. Da, in dem allen Einzelnen gemeinsamen Ursprung der Offenbarung, geschah die allen gemeinsame erste Geburt; das unleugbare, das
gegebene, das ursprüngliche und dauernde Sein ihres Christentums finden
sie nicht in sich, sondern in Christus. Sie selber mußten, jeder für sich,
Christ werden. Das Christ-Sein ist ihnen, vordem sie geboren wurden, abgenommen durch die Geburt Christi, so wie umgekehrt der Jude sein Judesein
in sich selbst von seiner eignen Geburt her besitzt und mit sich trägt, indes
ihm das Judewerden abgenommen wurde in der Vorzeit und Offenbarungs-
geschichte des Volks.

Gesetz der Menschheit: Geburt und Wiedergeburt
Solch gegensätzliches Verhältnis von Hier und Jetzt, Geburt und Wiedergeburt bestimmt nun aber jedesmal auch den ganzen weiteren Gegensatz, der
zwischen jüdischem und christlichem Leben waltet. Das christliche Leben
fängt mit der Wiedergeburt an. Die Geburt liegt zunächst außer ihm. So
muß es versuchen, seiner Wiedergeburt die Geburt zu unterbauen. Es muß
die Geburt aus dem Stall von Bethlehem in sein eignes Herz verlegen. Wär'
Christus tausendmal in Bethlehem geboren und wirds nicht auch in dir, so
bist du doch verloren.[19] Dies ganze Hier, das noch außerhalb ist, diese ganze

Welt von Natürlichkeit, gilt es in die mit dem großen Jetzt der Wiedergeburt
angehobene Reihe der Christwerdungen einzuziehen. Das christliche Leben
führt den Christen ins Außen. Die Strahlen strahlen immerfort, bis alles Außen durchstrahlt sein wird. Genau umgekehrt das jüdische Leben. Da ist die
Geburt, das ganze natürliche Hier, die natürliche Individualität, die unteilbare Weltteilhaftigkeit schon da, und es gilt dieses breit und voll Daseiende
hineinzuführen in den engen Zeitpunkt der Wiedergeburt, ein Führen, das
ein Zurückführen wird, denn die Wiedergeburt liegt unvordenklich lange
vor der eigenen und einzelnen Geburt. Für das Verlegen der einstigen gemeinsamen Geburt ins eigene wiedergeborene Herz tritt hier ein Nacherle-
ben der einstigen gemeinsamen Wiedergeburt ein, für das Vergegenwärtigen
des Vergangenen also ein Zurückführen der Gegenwart ins Vergangene. Ein
Jeglicher soll wissen, daß ihn selbst der Ewige aus Ägypten geführt hat. Das
gegenwärtige Hier geht hinein in das große Jetzt des erinnerten Erlebnisses.
So wird, wie der christliche Weg Äußerung und Entäußerung und Durch-
strahlung des Äußersten, so das jüdische Leben Erinnerung und Verinnerli-
chung und Durchglühen des Innersten.

Die Gestalt der Bewährung: Eschatologie

Die Strahlen des Sterns, die also nach außen brechen, das Feuer, das nach innen glüht – beide rasten nicht, ehe sie nicht ans Ende, ans Äußerste, ans Innerste gekommen sind. Beide ziehen Alles ein in den Kreis, den ihre Wirksamkeit erfüllt. Doch die Strahlen, indem sie sich im Außen teilen, zerstreu-
en, getrennte Wege gehn, die sich erst jenseits des ganz durchmessenen äußern Raums der Vorwelt wieder einen; das Feuer aber, indem es im zuk-
kenden Spiel seiner Flamme die reiche Mannigfaltigkeit des Daseins zu Gegensätzen des inneren Lebens in sich selber sammelt und versammelt; Gegensätze, die gleichfalls ihre Einung erst finden dort, wo die Flamme erlöschen mag, weil die ausgeglühte Welt ihr keinen Brennstoff mehr beut und
das züngelnde Leben der Flamme erstirbt in dem, was mehr ist als mensch-
lich-weltliches Leben: das göttliche Leben der Wahrheit. Denn um diese, die
Wahrheit, geht es uns hier, nicht mehr um die Spaltung des Wegs in der
sichtbaren Welt, nicht mehr um die innere Gegensätzlichkeit des Lebens.
Die Wahrheit aber erscheint immer erst am Ende. Das Ende ist ihr Ort. Sie
gilt uns nicht für gegeben, sie gilt uns für Ergebnis. Denn uns ist sie Ganzes,
nur Gott wird sie zuteil. Für ihn ist sie nicht Ergebnis, sondern gegeben,
nämlich von ihm gegeben, Gabe. Wir aber schauen sie immer erst am Ende.

19   Vgl. oben S. 199, Anm. 2. (F.A.R.)

So müssen wir jetzt jene Spaltung wie diese Gegensätzlichkeit bis zum Ende begleiten und dürfen uns nicht mehr zufrieden geben bei dem, was uns zuvor auf unsrer Fahrt des Erfahrens begegnete, das Leben und der Weg.

Der christliche Weg

Die Spaltungen des Wegs waren dreifach, nach den drei Gestalten, die das All, da es uns in Stücke sprang, annahm. Gott, Welt, Mensch, diese drei der Vernunft Unreimbaren umgriff der auseinanderstrahlende Weg der Christenheit, und indem allenthalben, wo die Sendboten des Christentums ein Stück des All in die Christenheit einzogen, die alten Götter, die alte Welt, der alte Adam ans Kreuz geschlagen wurde, wurden die im Heidentum Geborenen im Christentum wiedergeboren zum neuen Gott, zur neuen Welt, zum neuen Menschen. Nur als Schrifttäfelchen standen noch zu Häupten der drei Kreuze die dunkeln von heidnischer Hand geschriebenen Bezeichnungen, in denen die Christenheit den eignen offenbaren Sinn las: der verborgene Gott, der verschlossene Mensch, die verzauberte Welt.

Der vergeistigte Gott

Das All des verborgenen Gottes enthüllten die Wege des Vaters und des Sohnes. Sie strahlten aus vom Stern der Erlösung, aber sie strahlten auseinander und schienen sich zum Gegensatz zweier Personen verfassen zu wollen; vor dem brach zwar das Heidentum in seiner grundsätzlichen Unbestimmtheit zusammen und immer wieder zusammen; denn jede neue Unbestimmtheit verfing sich wieder in diesem stets geöffneten Entweder-Oder; die weltlich-gegenständlichen Gründe, die zur Schaffung neuer Götter führen konnten, wurden aufgefangen im Glauben an den Vater, die menschlich-persönlichen im Glauben an den Sohn. Das Heidentum war so wirklich am Ende seiner Weisheit, aber das Christentum schien über es den Sieg zu gewinnen nur, indem es seinen Gottesbegriff selber ihm anpaßte und so das Ende der heidnischen Weisheit nur erkaufte um den Fluch, dauernd auf dem Anfang des Wegs bleiben zu müssen. So bezeichnete es selber in dem Begriff des Geists, der aus beiden, aus Vater und Sohn hervorgeht, den Punkt, wo sich beide, Vater und Sohn, jenseits des Wegs, wenn erst die Welt sich unter diesem Kreuze versammelt hat, wieder zusammenfinden. Die Anbetung Gottes im Geist und in der Wahrheit, die Verheißung, daß der Geist die Christenheit leiten wird – darin erlischt der heidnische Trieb, dem das christliche Credo sich anbequemen mußte, um die Heiden zu gewinnen; er erlischt, um freilich einer neuen Gefahr den Platz zu räumen: einer Geistvergötterung oder besser einer Gottvergeistigung, die über dem Geist Gott selbst vergäße, der in der erhofften Schau die lebendig unberechenbar lebenschaffende und -weckende Gewalt Gottes selbst verloren ginge und die, trunken von der

Hoffnung, ihn zu schauen, und von der Fülle des Geistes, die Fühlung mit der in stetem Wachstum wachsenden Welt und der sich im Glauben erneuernden Seele verlöre. Die östliche Kirche, die, getreu ihrem Ursprung bei Johannes und den griechischen Vätern, das Amt der Bekehrung der Weisheit auf sich genommen hatte, sie zeigt hinfort das große Bild jener Gefahr der Gottvergeistigung, die aus einer anarchischen Welt, einer chaotischen Seele sich flüchtet in die Hoffnung und die Schau.

Der vergottete Mensch
Das All des verschlossenen Menschen erschlossen die Wege des Priesters und des Heiligen. Auch sie strahlten, obwohl ebenfalls vom gleichen Strahl des Sterns der Erlösung ausgehend, auseinander und schienen sich zu verfassen zum Gegensatz, der unter Menschen Mensch vom Menschen schied. Und auch hier brach vor diesem Gegensatz das Heidentum, das unter Menschen jeden von jedem in hundertfacher Scheidung schied, immer aufs neue zusammen. Denn alle heidnische Scheidung schied nach dem dauerhaften Merkmal von Gestalt und Farbe und Sprache und Rang oder nach den flüchtigen Wallungen des Augenblicks in Haß und Liebe. Aber alle jene dauerhaften Male wurden zunichte vor dem einen unzerstörbaren Charakter des Priesters, der ihn von den Laien schied, und aller Sturm der Wallungen des Augenblicks brach sich am Heiligen, an seiner einen großen immer neuen Leidenschaft der Liebe. Vor dem Gewichte jener Form wurde alle Fülle der heidnischen Formen unwichtig; vor der Größe jener Leidenschaft schwand alle Willkür heidnischer Leidenschaften und ward zunichte. Aber dennoch blieb der Gegensatz, der zwar den heidnischen Taumel des Menschlichen auffing und stillte; die Gestillten lagen untereinander weiter im Kampf; zwischen Form und Freiheit, zwischen Priester und Heiligem blieb im All der Menschlichkeit der Friede ebenso ungeschlossen wie auch zwischen der einen Form und der Fülle der Gestalten, der einen Freiheit und den Leidenschaften. Die Einung winkte auch hier wieder erst dort, wo die beiden Wege jenseits alles Wegs wieder zusammentrafen, um die Menschheit unter diesem Kreuz zu sammeln. Von dort winkte das Bild dessen, der der Christenheit gesagt hatte: Ich bin die Wahrheit. Der Menschensohn, er allein war es, dessen Hohepriestertum nicht unter der Knechtsgestalt litt und dessen Menschlichkeit andrerseits durch seine Göttlichkeit nicht geschmälert wurde. Im Hinblick auf dies Bild eines, der wahrer Mensch und wahrer Gott sei, und in seiner Nachfolge, gingen so die auf ihrem Eroberungszug durch das Land der Seele stets getrennten Gestalten des Priesters und des Heiligen in eins; da konnte der in jener Doppelgestalt und all den Trennungen, die sie noch selber wieder in der Seele setzte, immer noch heidnisch vielspältige Mensch sich wenigstens in Nachfolge und Hoffnung dem Sehnsuchtsbild ei-

ner Einheit des Herzens zubilden. Aber wieder droht auch hier, wenn so vor
dem Bilde des Menschensohns der letzte heidnische Seelenzwist wenigstens
in der Sehnsucht und Hoffnung zur Herzenseinheit geschlichtet scheint,
schon eine neue Gefahr: eine Menschenvergötterung und Gottvermenschlichung, die über dem Menschen Gott selbst vergäße und der über der gläubigen Sehnsucht nach dem Niedertauchen in die stille Brunnenkammer der
mannigfachen Ausflüsse der Seele der schlichte Glaube an den übermenschlichen Gott und die tatfreudige Liebe zur gestaltbedürftigen Welt verloren
zu gehen drohte. Die nordische Kirche, die, getreu ihrem Ursprung bei Paulus und den deutschen Vätern, das Amt der Bekehrung des Seelenhaften, des
Dichters im Menschen, auf sich genommen hatte, sie zeigt hinfort das große
Bild jener Gefahr der menschvergötternden Gottvermenschlichung, die vor
einer seelenlos gelassenen Welt und dem Herrn der Geister in allem Fleisch
sich flüchtet in den stillen Winkel der Sehnsucht und das eigene Herz.

Die vergötterte Welt
Das All der verzauberten Welt entzauberten die Wege des Staats und der Kirche. Auch sie, obwohl auch sie vom einen Strahl des Sterns ausgehend,
strahlten auseinander und schienen sich zu verfassen zum Gegensatz, der in
der Welt Ordnung von Ordnung, Welt von Welt schied. Und wiederum
brach vor diesem einfachen Gegensatz das Heidentum, das in der Welt alles
von allem, Staat von Staat, Volk von Volk, Stand von Stand, Jeden von Jedem schied, immer wieder zusammen. Denn alle seine Scheidungen wurden
wesenlos vor der einen wesentlichen von weltlicher und überweltlicher
Ordnung und mußten hinfort, wollten sie ihren Eifer widereinander auch
nur mit einem Schein des Rechts schmücken, sich einen Abglanz höheren
Rechts von jenem Gegensatz borgen und der Macht einen geistigen Inhalt zu
geben versuchen. Aber so ward zwar der heidnische Kampf aller gegen alle
gereinigt zu höherem Kampf um höheren Preis, aber immer doch zu Kampf;
und erst am Ende aller Geschichte steht der Ausblick auf ein kampf- und ge-
gensatzbefreites Reich, in dem Gott alles in allem sein wird. Da finden also
die beiden getrennten Wege des Christentums durch das All der Welt, der
Weg des Staats und der der Kirche wieder zusammen, die es beide nebeneinander gehen mußte, um den Reichtum der heidnischen Welt ganz in sich fassen zu können, der sich dem Eingehn in ein Reich von Priestern und heiliges
Volk [Ex 19,6] einfach versagt hätte. Die beiden Wege dürfen sich also erst
vereinen, wenn die Fülle der Heiden eingegangen sein wird. Aber in diesem
Ausblick auf eine gegensatzbefreite zukünftige Ein- und Allgemeinheit der
Welt, des Tages, wo Gott alles in allem sein wird[20], liegt nun wiederum für

20 »Wenn aber alles ihm untertan sein wird, dann wird auch der Sohn selbst untertan sein

das Christentum eine Gefahr, die letzte der drei großen unvermeidlichen, weil von seiner Größe und seiner Kraft unzertrennlichen: Weltvergötterung oder Gottverweltlichung, die über dem Alles in Allem[21] den Einen über allem vergäße und der über dem liebend tätigen Vereinen des weltlich Getrennten zum einen und allgemeinen Gebäude des Reichs das fromme Vertrauen zu der inneren freien, sich selbst erneuernden Kraft der Seele und zu der über menschliche Einsicht ihre eignen Wege gehenden Vorsehung Gottes schwünde. Die südliche [d.h. die römisch-katholische] Kirche, die, getreu ihrem Ursprung bei Petrus und den lateinischen Vätern, das Amt der Bekehrung der sichtbaren Rechtsordnung der Welt auf sich genommen hatte, zeigt hinfort das Bild jener Gefahr weltvergötternder Gottverweltlichung, die vor der bemißtrauten Freiheit der Seele und vor dem unerforschlich waltenden Gott flüchtet in die welterhaltende Liebestat und die Freude am gewirkten wirklichen Werk.

Die christlichen Gefahren

Dreifach war die Spaltung des Wegs, dreifach die stets jenseitige Wiedervereinung, dreifach die Gefahr. Daß der Geist in alle Wege leitet und nicht Gott, daß der Menschensohn die Wahrheit sei und nicht Gott, daß Gott Alles in Allem sein werde und nicht Einer über Allem – das sind die Gefahren. Sie entstehen an den Endpunkten des Wegs, in dem Jenseits, wo sich die Strahlen, die sich in dem Diesseits so Gottes wie der Seele wie der Welt nie begegnen, endlich vereinen. So sind es Gefahren – Spiritualisierung des Gottes-, Apotheosierung des Mensch-, Pantheisierung des Weltbegriffs –, über die das Christentum nie hinauskommt. So wenig wie es über die Spaltung der Kirchen in die Kirche der Geistwahrheit, des Menschensohns, des Gottesreichs je hinauskommt, die eine jede in ihrer Versenkung je in die Hoffnung, den Glauben, die Liebe die beiden andern Kräfte vernachlässigen müssen, um desto stärker in der einen zu leben und ihres Anteils zu walten am Werk der Wiedergeburt der im Heidentum geborenen Vorwelt. Das Christentum strahlt in drei geschiedenen Richtungen aus. Sein Äußerstes, zu dem es vorstößt bei seinem entäußernden Gang ins Äußere, ist kein Einfaches, sondern wie die Vorwelt, in der sich der Heide vorfindet, ein dreifaches. Aber zwischen jenen drei Alls der Vorwelt schlug die Offenbarung die festen Brücken und verband die drei Punkte in der unverrückbaren einen Ordnung des Gottestags. Die drei Punkte aber, in denen das Christentum seine Entäußerung ins All vollendet und in denen sich die auf dem Weg durch die Zeit zerstreuten Strahlen wieder sammeln, die Vergeistigung, Ver-

---

dem, der ihm alles unterworfen hat, damit Gott sei alles in allem« (1 Kor 15,28). Vgl. auch unten S. 231. (F.A.R.)
21   Vgl. Sach 14,9: »Und der Herr wird König sein *über* [hebräisch *ʿal*] die ganze Erde.«

menschlichung, Verweltlichung Gottes, lassen, wie wir noch sehen werden, sich untereinander nicht mehr verbinden; sie sind wohl, anders als die drei Punkte des Heidentums, in fester Ordnung zueinander; das Vielleicht ist längst für immer verstummt; aber einen fließenden Zusammenhang, der auch diese drei Getrennten wieder in eine Einheit hineinhübe, bietet das Christentum nicht mehr oder nur unvollständig. Ehe wir uns diesem letzten Wissen von den ins Außen gestrahlten Strahlen zuwenden, kehren wir nun zurück zum Anblick der Glut, mit der die Flamme des Feuers in sich selber glüht.

Das jüdische Leben

Dreifach zuckte auch die Flamme. In drei Gegensätzen des eignen brennenden Lebens erinnerte sie sich das dreigespaltene Leben des äußeren All. Des jüdischen Gottes Macht und Demut, des jüdischen Menschen Auserwähltheit und Erlöserberuf, der jüdischen Welt Diesseitigkeit und Künftigkeit – in diesen drei Zuckungen versammelte die Flamme in ihrem Inneren spiegelgleich alle Gegensatzmöglichkeiten des All zu einfachen Gegensätzen. Denn zum Unterschied von allen Flammen der Erde verglüht sie ihre Wärme nicht bloß im Strahlen nach Außen, sondern weil sie sich ewig aus sich selber nährt, sammelt sie die Glut zugleich ins Innerste zu höchstem inbrünstigen Brand; und indem sie also ihre Glut ins Innre versammelt, schmilzt sie nun wiederum die flammend-zuckenden Gegensätze je mehr und mehr in sich wieder zu einfachem stillen Glühn.

Der Gott des Volks

Der Gegensatz zwischen schöpferischer Macht und offenbarender Liebe, selber noch inwohnend in der ursprünglichen Umkehr vom verborgenen Gott des Heidentums zum offenbaren der Offenbarung und im engeren Sinn jüdisch nur in den zuckenden unberechenbaren Übergängen zwischen seinen beiden Seiten, dieser Gegensatz schmilzt in der Innenwärme des jüdischen Herzens zur Anrufung Gottes als »unser Gott und Gott unsrer Väter«. Dieser Gott ist ununterscheidbar der Gott der Schöpfung und der Gott der Offenbarung. Grade daß er hier nicht mit dem offenbarten Namen angerufen wird, sondern als Gott überhaupt, und dann doch wieder als Gott überhaupt zu »unserm« Gott wird und dies sein Unsersein wieder in seinen Uranfang verankert wird und also die Offenbarung, durch die er unser Gott ist, begründet wird in ihrem eignen schöpferischen Ursprung in der Offenbarung an die Väter – dies ganze vielverflochtene Gebild des Glaubens ist im jüdischen Herzen ein ganz einfaches Gefühl. Es ist keine letzte Einheit, nicht das, was das Gefühl eben noch als Äußerstes erschwingen kann, sondern ein Inneres, eine einfache innere Einheit. Es ist gar nichts Höchstes, sondern es ist das Gottesbewußtsein des jüdischen Alltags. Es ist sowenig etwas Höchstes und Letztes, daß es im Gegenteil grade etwas sehr »Enges« ist. Die ganze Engigkeit des unmittelbaren naiven jüdischen Bewußtseins liegt darin, dies Vergessenkönnen, daß es noch etwas andres auf der Welt gibt, ja daß es überhaupt noch Welt gibt, außer der jüdischen und den Juden. Unser Gott und Gott unsrer Väter[22] – was kümmert es den Juden im Augenblick, wo er Gott also anruft, daß dieser Gott, wie er es sonst immer wieder sagt und weiß, »König der Welt«[23], der Eine Gott der Zukunft ist; in dieser Anrede fühlt er sich ganz mit ihm allein, im engsten Kreis, und hat alle weiteren Kreise aus dem Bewußtsein verloren; nicht etwa weil er ihn nur so hätte, wie er sich ihm offenbarte, und deswegen sein Schöpfertum draußen bliebe; nein: die Schöpfermacht ist durchaus ganz mit dabei, aber der Schöpfer hat sich verengt zum Schöpfer der jüdischen Welt, die Offenbarung geschah nur dem jüdischen Herzen. Das Heidentum, das die ausstrahlenden und wieder in eins strahlenden Wege der Christenheit umgriffen, hier ist es ganz im Rücken, ganz draußen gelassen; die Glut, die nach innen glüht, weiß nichts von dem Dunkel, das von außen den Stern umgibt. Das jüdische Gefühl hat Schöpfung und Offenbarung hier ganz hineingefüllt in den vertrautesten Raum zwischen Gott und seinem Volk.

Der Mensch der Erwählung

So wie Gott, so verengt sich auch der Mensch dem jüdischen Gefühl, wenn es ihn aus dem noch flammend ineinanderschießenden Doppelbewußtsein Israels und des Messias, der Offenbarungsbegnadung und der Welterlösung, zu einfachem Glühen einen möchte. Von Israel zum Messias, vom Volk, das unterm Sinai[24] stand, zu jenem Tag, da das Haus in Jerusalem ein Bethaus heißen wird allen Völkern[25], führt ein Begriff, der bei den Propheten auftauchte und seitdem unsre innre Geschichte beherrscht hat: der Rest. Der Rest Israels, die Treugebliebenen, im Volk das wahre Volk, sie sind die Gewähr in jedem Augenblick, daß zwischen jenen Polen eine Brücke führt. Mag sonst das jüdische Bewußtsein zwischen jenen in der ursprünglichen innren Umkehr des heidnisch verschlossenen zum er- und entschlossenen Menschen der Offenbarung festgestellten beiden Lebenspolen, dem der eigensten Erfahrung der göttlichen Liebe und dem der hingegebenen Auswir-

---

22 Eine Formel, mit der zahlreiche jüdische Gebete beginnen, insbesondere die Amidah, das Achtzehn-Gebet. (F.A.R.)
23 Ein fester Bestandteil vieler Segenssprüche, die zu verschiedenen Anlässen gesprochen werden.
24 Ex 19,17, wörtlich verstanden als »*unter* dem Berg stehend«, so in bSchab 88a and bAwoda Sara 2b: Gott hebt den Berg Sinai und hält ihn über die versammelten Menschen, sie mit ihrer Vernichtung bedrohend, falls sie sich weigern sollten, die Tora zu akzeptieren. (F.A.R.)
25 »... denn mein Haus wird ein Bethaus heißen für alle Völker« (Jes 56,7).

kung der Liebe in der Heiligkeit des Wandels, hin und her zucken in heiß-
blütigen Übergängen, der Rest stellt beides zugleich dar: die Aufnahme des
Jochs des Gebots und die des Jochs des Himmelreichs.[26] Wenn [der] Messias
»heute«[27] kommt, der Rest ist bereit, ihn zu empfangen. Die jüdische Geschichte ist, aller weltlichen Geschichte zum Trotz, Geschichte dieses Rests,
von dem immer das Wort des Propheten gilt, daß er »bleiben wird«. Alle
weltliche Geschichte handelt von Ausdehnung. Macht ist deswegen der
Grundbegriff der Geschichte, weil im Christentum die Offenbarung begonnen hat, sich über die Welt zu verbreiten, und so aller, auch der bewußt nur
rein weltliche Ausdehnungswille zum bewußtlosen Diener dieser großen
Ausdehnungsbewegung geworden ist. Das Judentum und sonst nichts auf
der Welt erhält sich durch Subtraktion, durch Verengung, durch Bildung immer neuer Reste. Das gilt ganz äußerlich schon gegenüber dem ständigen äußeren Abfall. Es gilt aber auch innerhalb des Judentums selbst. Es scheidet
immer wieder Unjüdisches von sich ab, um immer wieder neue Reste von
Urjüdischem in sich hervorzustellen. Es gleicht sich ständig äußerlich an, um
sich nach innen immer wieder aussondern zu können. Es gibt keine Gruppe,
keine Richtung, ja kaum einen Einzelnen im Judentum, der nicht seine Art,
das Nebensächliche preiszugeben, um den Rest festzuhalten, für die einzig
wahre und sich also für den wahren »Rest Israels«[28] ansähe. Und er ists. Der
Mensch im Judentum ist immer irgendwie Rest. Er ist immer irgendwie ein
Übriggebliebener, ein Inneres, dessen Äußeres vom Strom der Welt gefaßt
und weggetrieben wurde, während er selbst, das Übriggebliebene von ihm,
am Ufer stehen bleibt. Es wartet etwas in ihm. Und er hat etwas in sich. Worauf er wartet und was er hat, das mag er verschieden benennen, oft auch
kaum benennen können. Aber es ist ein Gefühl in ihm, als sei beides, jenes
Haben wie jenes Warten, aufs innerlichste miteinander verbunden. Und das
ist eben das Gefühl des »Rests«, der die Offenbarung hat und auf das Heil
harrt. Die seltsamen Fragen, die nach der Überlieferung dem jüdischen
Menschen von dem göttlichen Richter dereinst vorgelegt werden, bezeichnen diese beiden Seiten des Gefühls. Die eine, »Hast du gefolgert Satz aus
Satz?«, meint: war in dir das Bewußtsein lebendig, daß dir alles, was dir be-
gegnen mag, irgendwie schon, ehe du geboren, gegeben war in der Gabe der
Offenbarung? Und die andre, »Hast du des Heils geharrt?«[29], meint jene
Richtung auf das zukünftige Kommen des Reichs, die in unser Blut von Ge-

---

26 Vgl. mBer 2,2.
27 Vgl. bSanh 98a.
28 Vgl. Jes 11,11.
29 bSchab 31a: »Rawa sagte: Wenn ein Mann zum Gericht (in der kommenden Welt) geführt
wird, werden ihm folgende Fragen gestellt: ... Hast du auf Erlösung gehofft? ... Hast du eine Sache von einer anderen (in deinen Studien) abgeleitet?«

burt an hineingelegt ist. In diesem zweieinigen Gefühl also hat sich der
Mensch ganz zum jüdischen Menschen verengt. Das Heidentum, das die
auseinander- und endlich wieder zusammenführenden Wege der Christenheit umgriffen, liegt wiederum draußen im Dunkel. Der jüdische Mensch ist
ganz bei sich. Die Zukunft, die sonst gewaltig auf seiner Seele lastet, hier ist
sie stille geworden. Im Gefühl, der Rest zu sein, ist sein Herz ganz eins in
sich selber. Da ist der Jude Nurjude. Die Offenbarung, die ihm ward, die Erlösung, zu der er berufen ist, sie sind beide ganz hineingeflossen in den engen Raum zwischen ihm und seinem Volk.

Die Welt des Gesetzes

Und wie Gott und Mensch, so wird auch die Welt dem jüdischen Gefühl
ganz heimisch-eng, sobald es sich aus dem unruhigen Flackern seiner Flamme hin und her zwischen dieser und der künftigen Welt in die Einheit eines
weltlichen Daseins retten möchte. Daß die Welt, diese Welt, geschaffen ist
und dennoch der künftigen Erlösung bedarf, die Unruhe dieses Doppelge-
dankens stillt sich in der Einheit des Gesetzes. Das Gesetz – denn als Welt angesehen ist es Gesetz und nicht, was es als Inhalt der Offenbarung und Forderung an den Einzelnen ist: Gebot –, das Gesetz also in seiner alles ordnen-
den, das ganze »äußere«, nämlich alles diesseitige Leben, alles, was nur irgend ein weltliches Recht erfassen mag, erfassenden Vielseitigkeit und Kraft
macht diese Welt und die künftige ununterscheidbar. Gott selbst »lernt«
nach der rabbinischen Legende im Gesetz.[30] Im Gesetz ist eben alles Diesseitige, was darin ergriffen wird, alles geschaffene Dasein, schon unmittelbar
zum Inhalt der künftigen Welt belebt und beseelt. Daß das Gesetz nur jüdisches Gesetz, daß diese fertige und erlöste Welt nur eine jüdische Welt ist
und daß der Gott, der im Weltregimente sitzt, noch mehr zu tun hat, als bloß
im Gesetz zu lernen, das vergißt dies jüdische Gefühl, ganz einerlei, ob es dabei das Gesetz im überlieferten Sinn meint oder sich den alten Begriff mit
neuem Leben gefüllt hat. Denn auch in diesem Fall nimmt es nur diese Welt
für unfertig, das Gesetz aber, das es sich ihr aufzulegen anschickt, auf daß sie
aus dieser in die künftige übergehe, für fertig und unveränderlich. Das Gesetz steht dann, auch wenn es etwa höchst modern im Kleide irgend einer
zeitgemäßen Utopie kommt, in einem tiefen Gegensatz zu jener christlichen
Gesetzlosigkeit des Sichüberraschenlassenkönnens und -wollens, die noch
den Politiker gewordenen Christen von dem Utopist gewordenen Juden unterscheidet und die diesem die größere Kraft des Aufrüttelns, jenem die größere Bereitschaft zum Erreichen verleiht. Immer meint der Jude, daß es nur

---

30 Vgl. bAwoda Sara 3b: »Rabbi Jehuda sagte im Namen von Raw: Der Tag hat zwölf Stunden; in den ersten drei Stunden sitzt der Heilige, gepriesen sei Er, und beschäftigt sich mit (dem
Studium) der Tora.«

gelte, seine Gesetzeslehre um und um zu wenden; so werde sich schon finden, daß »alles in ihr« sei [mAwot 5,22]. Dem Heidentum, das die Wege der Christenheit umgriffen, kehrt das Gesetz den Rücken; es weiß nichts davon und will nichts davon wissen. Der Gedanke des Übergangs aus dieser in die künftige Welt, der messianischen Zeit, der über das Leben gehängt ist als ein ewig zu gewärtigendes Heute[31], hier verfestigt er sich und veralltäglicht sich zum Gesetz, in dessen Befolgung, je vollkommener sie ist, der Ernst jenes Übergangs zurücktritt. Denn grade das Wie des Übergangs steht schon fest. Wie Gottes nach der Legende, so mag sich nun auch das Leben des Frommen erschöpfen in immer vollkommnerem »Lernen« des Gesetzes. Sein Gefühl nimmt die ganze Welt, die zum Dasein geschaffne wie die zu beseelende, die der Erlösung zunächst, zusammen in eins und füllt sie in den häuslich trauten Raum zwischen dem Gesetz und seinem, des Gesetzes, Volk.

Die jüdischen Gefahren

So ist diesem Innersten des jüdischen Gefühls alles Zwiespältige, innerlich Allumfassende des jüdischen Lebens sehr eng und einfach geworden. Zu einfach und zu eng, müßte man sagen und müßte in dieser Enge ebensolche Gefahren wittern wie in der christlichen Weitläufigkeit. Wurde dort der Begriff Gottes bedroht, so scheint bei uns seine Welt und sein Mensch in Gefahr. Das Christentum, indem es sich nach außen verstrahlt, droht sich in einzelne Strahlen weitab vom göttlichen Kern der Wahrheit zu verflüchtigen. Das Judentum, indem es nach innen erglüht, droht seine Wärme fernab von der heidnischen Weltwirklichkeit in den eignen Schoß zu sammeln. Waren dort die Gefahren Gottvergeistigung, Gottvermenschlichung, Gottverweltlichung, so jetzt hier Weltverleugnung, Weltverachtung, Weltabtötung. Weltverleugnung war es, wenn der Jude in der Nähe seines Gottes im Gefühl die Erlösung sich vorwegnahm und vergaß, daß Gott Schöpfer war und Offenbarer und daß er als Schöpfer die ganze Welt erhält, als Offenbarer letzthin doch dem Menschen schlechtweg sein Antlitz zuwendet. Weltverachtung war es, wenn der Jude sich als Rest und so als der wahre ursprünglich gottebenbildlich geschaffene und in dieser ursprünglichen Reinheit des Endes harrende Mensch fühlte und sich darüber von dem Menschen zurückzog, dem grade in seiner gottvergessenen Härte die Offenbarung der göttlichen Liebe geschah und der diese Liebe nun im schrankenlosen Werk der Erlösung auswirken mußte. Weltabtötung endlich wars, wenn der Jude im Besitz des ihm offenbarten und in seinem Geiste Fleisch und Blut gewordenen Gesetzes nun das jeden Augenblick erneuerte Dasein und das stille Wachstum der Dinge regeln, ja auch nur beurteilen zu dürfen sich vermaß.

31   Vgl. bSanh 98a.

Diese Gefahren alle drei sind die notwendigen Folgen der weltabgekehrten Innerlichkeit, wie jene Gefahren des Christentums die der weltzugekehrten Selbstentäußerung. Es ist dem Juden notwendig, sich so zu verschalen. Die Verschalung ist der letzte Schritt jener Er-innerung[32], jener Verwurzelung ins eigne Selbst, aus der er sich die Kraft des ewigen Lebens schöpft, so wie jene Verflüchtigung dem Christen die notwendige Folge seines ungehemmten Schreitens und Ausschreitens auf dem ewigen Weg ist.

Gefahrlosigkeit der Gefahren

Aber jene Verwurzelung ins eigne Selbst ist nun doch etwas durchaus andres als die christliche Selbstentäußerung. Für die einzelne Persönlichkeit zwar mag unsre Selbstverschalung die schwerere Gefahr bedeuten; die christliche Persönlichkeit wiederum braucht unter jenen Gefahren des Christentums kaum zu leiden. In Wahrheit aber bedeuten uns unsre Gefahren letzthin überhaupt keine Gefahr. Hier nämlich erweist sichs, daß der Jude gar nicht in sein eignes Innere niedersteigen kann, ohne daß er in diesem Niedersteigen ins Innerste zugleich zum Höchsten aufsteige. Dies ist ja der tiefste Unterschied zwischen dem jüdischen und dem christlichen Menschen, daß der christliche von Haus aus oder mindestens von Geburts wegen – Heide ist, der Jude aber Jude. So muß der Weg des Christen ein Weg der Selbstentäußerung[33] sein, er muß immer von sich selber fort, sich selber aufgeben, um Christ zu werden. Des Juden Leben hingegen darf ihn grade nicht aus seinem Selbst herausführen; er muß sich immer tiefer in sich hineinleben; je mehr er sich findet, um so mehr wendet er sich ab von dem Heidentum, das er draußen hat und nicht wie der Christ in seinem Inneren – um so mehr also wird er jüdisch. Denn zwar als Jude wird er geboren, aber die »Jüdischkeit« ist etwas, was auch er sich erst er-leben muß. Ganz sichtbar in Blick und Zügen wird das Jüdische erst im alten Juden. Sein Typ ist für uns so sehr charakteristisch wie für die christlichen Völker ihr Jünglingstyp. Denn den Christen entnationalisiert das christliche Leben, den Juden führt das jüdische tiefer in seine jüdische Art hinein.

Das jüdische Leben im Geheimnis des Höchsten

Und eben indem der Jude so allein um seines Höchsten, um Gottes willen, sich in sein Inneres hinein er-innert, erweist es sich nun, daß jene Gefahren ihm allenfalls als Einzelnem gefährlich werden mögen, also daß er darin etwa hart oder stolz oder starr werden kann, daß es aber keine Gefahren für das Judentum sind. Denn jene drei an Gott, Mensch, Welt ausgeübten Wei-

---

32 Vgl. Hegels »Phänomenologie des Geistes«, ed. Hoffmeister, S. 564 (»Er-Innerung«). (F.A.R.)
33 Ebd., S. 563 (F.A.R.)

sen der Abkehr vom Außen und Einkehr ins Innen, daß er seinen Gott, seinen Menschen, seine Welt für Gott, Mensch, Welt überhaupt einsetzt, jenes
dreifache Aufglühen seines jüdischen Gefühls ist nun selber kein Letztes; es
bleibt nicht dabei. Es sind nicht, wie Gott, Welt, Mensch im Heidentum, be-
ziehungs- und ordnungslose drei Punkte, sondern zwischen diesen drei letzten Elementen des Gefühls kreist ein verbindender Strom, eine Bahn also,
jener vergleichbar, in der die Elemente des Heidentums eintraten in den Zusammenhang, der von der Schöpfung über die Offenbarung zur Erlösung
führte; und in dieser Verbindung schließt sich nun das scheinbar Nurjüdische dieses dreifachen Gefühls, das scheinbar Enge und Ausschließende und
Vereinzelte wieder zusammen zum allerhellenden einen Sternbild der Wahrheit.

Die Geschichte des Wagens

Vom »Gott unsrer Väter« zum »Gesetz« schlägt die jüdische Mystik eine
ganz eigene Brücke. An Stelle des allgemeinen Schöpfungsbegriffs setzt sie
den der geheimen Schöpfung, die, wie es in Anspielung auf das Gesicht des
Hesekiel heißt, »Geschichte des Wagens«.[34] Die geschaffne Welt ist da selber
voll geheimer Beziehungen aufs Gesetz, das Gesetz nichts, was dieser Welt
fremd gegenübersteht, sondern nur der Schlüssel zu jenen Rätseln der Welt;
in seinem offnen Wortlaut ist ein verborgner Sinn versteckt, der eben nichts
ausspricht als das Wesen der Welt; also daß das Buch des Gesetzes dem Juden gewissermaßen das Buch der Natur oder etwa auch den gestirnten Himmel, an dem die Menschen von einst das Irdische in verständlichen Zeichen
ablesen zu können meinten, ersetzen kann. Das ist der Grundgedanke un-
zähliger Legenden, mit denen sich das Judentum die scheinbar enge Welt
seines Gesetzes zur ganzen Welt erweitert und andrerseits in diese Welt,
eben weil es sie in seinem Gesetze vorgezeichnet findet, schon die künftige
hineinschaut. Alle Mittel der Auslegung werden herangezogen, insbesondere natürlich das unbegrenzt verwendungsfähige des Zahlenspiels und der
Lesung der Buchstaben nach ihrem Zahlenwert. Wollte man Beispiele geben, wo finge man an? Die siebzig Opfer des Hüttenfests [Num 19,21-38]
werden für die siebenzig »Völker der Welt« – soviel zählt die Legende[35] gemäß der Stammtafel der Genesis [Kap. 10] – dargebracht. Die Zahl der Kno-

---

34 *maᶜaseh merkawah* und *maᶜaseh bereschit* sind Ausdrücke, die sich auf esoterische Vorstellungen beziehen: Sie basieren auf der Beschreibung des göttlichen Thronwagens in Ez 1 und
der Schöpfungsgeschichte in Gen 1,1-2,3. Sie werden in mHag 2,1 erwähnt und in Abschnitten
der Tosefta, des babylonischen und palästinischen Talmuds, die sich mit dieser Mischna beschäftigen. Jüdische Mystik in Antike, Mittelalter und auch später entwickelte ihre Anschauungen von Theosophie, Ekstase, Theurgie und Kosmogonie als Entfaltung dieser beiden Vorstellungen. (F.A.R.)
35 Vgl. bSuk 55b.

chen des Menschenleibs wird mit dem Zahlenwert einer Stelle des Gebet-
buchs zusammengestellt, so daß sich das Psalmwort erfüllt und alle Gebeine
den Ewigen loben.[36] In den Worten, mit denen die Vollendung der Schöpfung erzählt wird, verbirgt sich der offenbarte Gottesname. Man käme an
kein Ende, wollte man fortfahren. Aber der Sinn dieser an sich dem unge-
wohnten Betrachter sonderbar und selbst lächerlich erscheinenden Schrift-
erklärung ist kein andrer als der, daß zwischen den jüdischen Gott und das
jüdische Gesetz die ganze Schöpfung eingeschaltet wird und dadurch beide,
Gott wie sein Gesetz, sich als so allumfassend erweisen – wie die Schöpfung.

Die Irrfahrt der Schechina

Zwischen dem »Gott unsrer Väter« und dem »Rest Israels« schlägt die Mystik ihre Brücke mit der Lehre von der Schechina. Die Schechina, die Nie-
derlassung Gottes auf den Menschen und sein Wohnen unter ihnen, wird
vorgestellt als eine Scheidung, die in Gott selbst vorgeht. Gott selbst scheidet sich von sich, er gibt sich weg an sein Volk, er leidet sein Leiden mit[37], er
zieht mit ihm in das Elend der Fremde, er wandert mit seinen Wanderun-
gen.[38] Und wie in jenem Gedanken, daß die Thora vor der Welt[39] und die
Welt andrerseits um der Thora willen geschaffen sei[40], das Gesetz für das jüdische Gefühl mehr geworden war als bloß das jüdische Gesetz und wirklich
als ein Grundpfeiler der Welt empfunden werden konnte, so daß auch die
Vorstellung, Gott selbst lerne sein Gesetz, nun einen überjüdisch allgemeinen Sinn gewann, so kommt auch der Stolz des »Rests Israels« jetzt in der
Vorstellung von der Schechina zu allgemeinerer Bedeutung. Denn die Leiden dieses Rests, das ständige Sichscheiden und Sichausscheidenmüssen, das
alles wird jetzt zu einem Leiden um Gottes willen, und der Rest ist der Träger dieses Leidens. Der Gedanke der Irrfahrt der Schechina, des in die Welt
Verstreutseins der Funken des göttlichen Urlichts, wirft zwischen den jüdischen Gott und den jüdischen Menschen die ganze Offenbarung und verankert dadurch beide, Gott wie den Rest, in die ganze Tiefe der – Offenbarung.
Was in der Mystik der Schöpfung durch jene Vielbedeutsamkeit und Viel-
deutsamkeit des Gesetzes geschah, die Erweiterung des Jüdischen zum All-

36	Vgl. Midrasch Tanchuma zu Lev 19,2 und Ps 35,10.
37	Vgl. Ps 91,15 und ExR 2,5 zu Ex 3,2.
38	Vgl. bMeg 29a: »Simeon ben Jochai sagte: Komm und sieh, wie wertvoll Israel dem Heili-
gen, gepriesen sei Er, ist; an jedem Ort, an dem sie [die Israeliten] im Exil waren, war die Schechina bei ihnen.« Vgl. *M. Idel's* Interpretation dieses Abschnitts in seinem Aufsatz »Franz Rosenzweig and the Kabbalah«, in: The Philosophy of Franz Rosenzweig, hg. von P. Mendes-
Flohr, Hanover, London 1988, bes. S. 165-167. (F.A.R.)
39	In bPes 54a wird die Tora als eines der sieben Dinge erwähnt, die noch vor der Schöpfung
der Welt erschaffen wurden. Vgl. *G. Scholem*, Der Sinn der Tora in der jüdischen Mystik, in:
ders., Zur Kabbala und ihrer Symbolik, Frankfurt/M. 1973, S. 49-116. (F.A.R.)
40	Vgl. bSchab 88a; GenR 1,1.

gemeinen, das geschieht in dieser Mystik der Offenbarung durch das tiefsinnige Verständnis, das in Gottes Selbsthingabe an Israel ein göttliches Leiden, das eigentlich nicht sein dürfte, ahnt und in Israels Selbstabscheidung zum Rest ein Wohnung-werden für den verbannten Gott. Eben dieses göttliche Leiden kennzeichnet das Verhältnis zwischen Gott und Israel als ein enges, ein zu Geringes: Gott selbst, indem er sich – was wäre denn natürlicher für den »Gott unsrer Väter«! – Israel »verkauft« und sein Schicksal mitleidet, macht sich erlösungsbedürftig. Das Verhältnis zwischen Gott und dem Rest weist so in diesem Leiden über sich selbst hinaus.

Die Einung Gottes

Die Erlösung aber – sie müßte nun geschehen in dem Verhältnis des »Rests« zum »Gesetz«. Wie wird dies Verhältnis gedacht? Was bedeutet dem Juden die Erfüllung des Gesetzes? was denkt er sich dabei? weshalb erfüllt ers? Um des himmlischen Lohns willen? Seid nicht wie Knechte, die ihrem Herrn um Lohnes willen dienen [mAwot 1,3]. Um der irdischen Befriedigung willen? Sprich nicht: ich mag kein Schweinefleisch; sprich: ich möchte es wohl, aber mein Vater im Himmel hat es mir verboten [Sifra zu Lev 20,26, ed. Weiss 93d]. Sondern der jüdische Mensch erfüllt die unendlichen Bräuche und Vorschriften »zur Einigung des heiligen Gottes und seiner Schechina«.[41] Mit dieser Formel bereitet er »in Ehrfurcht und Liebe« sein Herz, er, der Einzelne, der Rest, »im Namen ganz Israels«, das Gebot, das ihm grade obliegt, zu erfüllen. Die in zahllose Funken in alle Welt zerstreute Gottesherrlichkeit, er wird sie aus der Zerstreuung sammeln und zu dem seiner Herrlichkeit Entkleideten dereinst wieder heimführen. Jede seiner Taten, jede Erfüllung eines Gesetzes vollbringt ein Stück dieser Einigung. Gottes Einheit bekennen – der Jude nennt es: Gott einigen. Denn diese Einheit, sie ist, indem sie wird, sie ist Werden zur Einheit. Und dies Werden ist auf die Seele und in die Hände des Menschen gelegt. Der jüdische Mensch und das jüdische Gesetz – zwischen beiden spielt sich da nicht weniger ab als der gott-, welt- und menschumfassende Vorgang der Erlösung. In der Formel, mit der die Erfüllung des Gebots eröffnet und zu einem Akt des Herbeiführens der Erlösung gestempelt wird, klingen die einzelnen Elemente, wie sie in dieses letzte Eine eingegangen sind, einzeln noch einmal auf. Der »heilige Gott«, wie er das Gesetz gegeben, die »Schechina«, die er aus sich an Israels Rest ausschied, die »Ehrfurcht«, mit der dieser Rest sich zur Wohnstatt Gottes machte, die

---

41 In »Zur Kabbala und ihrer Symbolik« stellt *Gershom Scholem* die Vorstellung der Erlösung als Wiedervereinigung von Gott und seiner Schechina dar (S. 145f). Diese Formel war ein fester Bestandteil der liturgischen Texte, bevor sie im 19. Jahrhundert von Aufklärern aus dem Gebetbuch entfernt wurde. Vgl. *L. Jacobs*, Hasidic Prayer, London, New York 1973, Kap. 12. (F.A.R.)

»Liebe«, mit der er sich daraufhin zur Erfüllung des Gesetzes anschickte, er, der Einzelne, das »Ich«, das das Gesetz erfüllt, doch er »im Namen ganz Israels«, dem das Gesetz gegeben und das durch das Gesetz geschaffen ward. Alles Engste hat sich zum Ganzen, zum All erweitert, nein besser: zur Einung des Einen erlöst. Der Niederstieg ins Innerste enthüllte sich als ein Aufstieg zum Höchsten. Das Nurjüdische des Gefühls verklärt sich zur welterlösenden Wahrheit. In der innersten Enge des jüdischen Herzens leuchtet der Stern der Erlösung.

Die christliche Lehre von den letzten Dingen
Hier flammt der Stern. Das Letzte, das Innerste und scheinbar Enge und Starre des Gefühls gerät in Fluß und fügt sich zusammen zur welterleuchtenden Gestalt, die so, wie sie, in ihrer Zusammenfassung von Gott, Welt, Mensch durch Schöpfung und Offenbarung hin zur Erlösung, den Gehalt des Judentums ausdrückt, nun auch im Innersten der jüdischen Seele noch aufleuchtet. Der Stern der Erlösung ist so Gleichnis des Wesens, er glüht aber auch noch im Allerheiligsten des Gefühls. Das ist sehr anders hier als beim Christentum. Auch dort zeichnet der Stern der Erlösung den Gehalt, das innere Wesen, aus dem es als ein Wirkliches in die Welt der Wirklichkeit hinausstrahlt. Aber diese Strahlen vereinen sich an drei getrennten Punkten, wahrhaften Endpunkten, Zielpunkten auch des Gefühls. Und diese Punkte sind untereinander nicht mehr in Verbindung zu bringen. Die Mystik schlägt zwischen diesen äußersten Aussichten des Gefühls keine Brücken mehr. Daß Gott Geist sei, steht unverbunden daneben, daß er alles in allem sei, und unverbunden auch neben dem andern, daß der Sohn, der der Weg ist, auch die Wahrheit sei. Der Gedanke der Schöpfung vermittelt nicht zwischen der einen, der der Offenbarung nicht zwischen der andern Unverbundenheit. Allenfalls in mythologischen Bildern, wie dem Geist, der über den Wassern schwebt [Gen 1,2], und der Geistausgießung in der Johannestaufe [Mt 3,16], stellt sich ein gewisser Zusammenhang her, der aber Bild bleibt, nicht zur Einheit des Gefühls zusammenfließt. Nur zwischen den beiden letzten Gedanken, der Göttlichkeit des Sohns und der Verheißung, daß Gott Alles in Allem sein wird, wölbt sich eine Brücke. Der Sohn, so lehrt es der erste Theolog des neuen Glaubens[42], wird einst, wenn ihm alles untergetan sein wird, seine Herrschaft dem Vater übergeben, und dann wird Gott sein Alles in Allem. Aber man sieht gleich: das ist ein Theologumen. Es ist für die christliche Frömmigkeit bedeutungslos, es schildert eine entfernte, weit entfernte Zukunft, es handelt von den letzten Dingen, indem es ihnen ausdrücklich allen Einfluß auf die Zeit nimmt, denn noch und in aller Zeit ge-

---

42 Paulus (vgl. oben S. 219f, Anm. 20) (F.A.R.)

hört die Herrschaft dem Sohn und ist Gott nicht Alles in Allem; es schildert eine durchaus jenseitige Ewigkeit. Und so hat dieser Satz in der Geschichte der Christenheit auch nie mehr bedeutet als eben ein – Theologumen, einen Gedanken. Brücke, auf der sich das Gefühl vom einen zum andern Ufer hin und her bewegte, war er nicht und konnte er nicht sein. Dazu waren die beiden Ufer zu ungleich gestaltet, jenes zu sehr nur zeitlich, dieses zu sehr nur ewig. Es war zwar ein Gedanke, daß der Menschensohn einmal seine Herrschaft abgeben würde, aber das ändert nichts daran, daß er in der Zeit vergöttert wurde. Es war zwar ein Gedanke, daß Gott einmal Alles in Allem sein würde, aber das ändert nichts daran, daß ihm auf das Etwas im Etwas dieser Zeitlichkeit, wo sein Platzhalter Herr war, recht wenig Einfluß verstattet wurde. Das Gefühl betrat den Brückenbogen nicht. Es hielt sich hier wie überall an die einzelnen Punkte, in die es seinen letzten Überschwang sammelte. Weiter als bis zu diesen Ziel- und Sammelpunkten trug der Überschwang nicht. Das Christentum hat spiritualistische, individualistische, pantheistische Mystik hervorgebracht. Untereinander traten diese drei in keine Verbindung. Das Gefühl kann sich in jeder von ihnen befriedigen. Wie denn jeder von ihnen auch eine eigne Gestalt der Kirche entspricht, deren keine durch die beiden andern überflüssig wird. Das Gefühl kommt überall ans Ziel. Und es darfs. Denn wo es so an sein Ziel kommt, da ist ein Stück Vorwelt erneuert in Sterben und Auferstehn. Gestorben der Mythos und auferstanden in der Anbetung im Geist, gestorben der Heros und auferstanden im Wort vom Kreuz, gestorben der Kosmos und auferstanden im ein und allgemeinen All des Reichs. Daß diese drei jedes in sich eine Verflüchtigung der Wahrheit bedeuten, genauer: daß Gott Herr der Geister [Num 16,22] ist, nicht Geist, Spender der Leiden [bQid 40b] und nicht Gekreuzigter, Einer und nicht Alles in Allem – wer möchte solche Einwände einem Glauben entgegenwerfen, der siegreich durch die Welt seinen Weg nimmt und dem die Götter der Völker – völkischer Mythos, völkischer Heros, völkischer Kosmos – nicht stand halten? Wer möchte es!

Das Gesetz der Bewährung: Teleologie

Der Sinn der Entzweiung

Und dennoch: der Jude tuts. Nicht mit Worten – was wären hier in diesem Bezirk des Schauens noch Worte! Aber mit seinem Dasein, seinem schweigenden Dasein. Dies Dasein des Juden zwingt dem Christentum in alle Zeit den Gedanken auf, daß es nicht bis ans Ziel nicht zur Wahrheit kommt, sondern stets – auf dem Weg bleibt.[43] Das ist der tiefste Grund des christlichen Judenhasses, der das Erbe des heidnischen angetreten hat. Er ist letzthin nur

Selbsthaß, gerichtet auf den widerwärtigen stummen Mahner, der doch nur durch sein Dasein mahnt – Haß gegen die eigne Unvollkommenheit, gegen das eigene Nochnicht. Der Jude durch seine innere Einheit, dadurch daß in der engsten Enge seiner Jüdischkeit doch noch der Stern der Erlösung brennt, beschämt, ohne daß ers will, den Christen, den es hinaus und vorwärts treibt bis zum völligen Verstrahlen des ursprünglichen Feuers in die äußerste Ferne des Gefühls, eines Gefühls, das nichts mehr weiß von einem Ganzen, darin es sich mit jeglichem andern Gefühl in eins fände zu einer Wahrheit über allem Fühlen, sondern das in sich selber schon selig ward. Das Äußerste des Christentums ist diese völlige Verlorenheit in das einzelne Gefühl, diese Versenkung seis in den göttlichen Geist, den göttlichen Menschen, die göttliche Welt. Zwischen diesen Gefühlen kreist kein Stromkreis der Tat mehr; sie stehen selber schon jenseits aller Tat. Wohl ist jene Verflüchtigung des Gefühls nötig, ebenso nötig wie seine Verengung im Juden. Aber diese findet ihre Auflösung im jüdischen Leben selber, in dem welterlösenden Sinn eines Lebens im Gesetz. Jene aber, die Verflüchtigung, findet in keinem Leben mehr ihre Auflösung, weil sie selber schon ein Äußerstes des Erlebens ist.

Der ewige Christusprotest des Juden

Hätte darum der Christ nicht in seinem Rücken den Juden stehen, er würde sich, wo er wäre, verlieren. Gleich wie am Juden die drei Kirchen, die ja nichts sind als die irdischen Gehäuse jener drei letzten Gefühle, ihre Gemeinsamkeit erleben, die sie ohne ihn höchstens wüßten, nicht fühlten. Der Jude zwingt der Christenheit das Wissen auf, daß jene Befriedigung im Gefühl ihr noch versagt bleibt. Indem der Jude, weil er sein Fleisch und Blut unter dem Joch des Gesetzes heiligte[44], ständig in der Wirklichkeit des Himmelreichs lebt, lernt der Christ, daß es ihm selber nicht erlaubt ist, die Erlösung, gegen die sich sein stets unheiliges Fleisch und Blut zur Wehr setzt, im Gefühl vorwegzunehmen. Indem der Jude um den Verlust der unerlösten Welt sich den Besitz der Wahrheit in seinem Vorwegnehmen der Erlösung erkauft, straft er den Christen Lügen, der sich auf seinem Eroberungszug in die unerlöste Welt jeden Schritt vorwärts mit Wahn erkaufen muß.

Die beiden Testamente

Dies Verhältnis, diese Notwendigkeit des Daseins – nichts weiter als Daseins – des Judentums für ihr eignes Werden ist auch der Christenheit selber wohl bewußt. Es waren immer die verkappten Feinde des Christentums, von den

---

43 Vgl. Rosenzweigs Brief an Eugen Rosenstock-Huessy vom 7.-9. November 1916, s.o. S. 188ff. (F.A.R.)
44 Vgl. mAwot 3,5.

Gnostikern an bis auf den heutigen Tag, die ihm sein »Altes Testament« nehmen wollten. Ein Gott, der nur noch Geist, nicht mehr der Schöpfer, der den Juden sein Gesetz gab, ein Christus, der nur noch Christus, nicht mehr Jesus, und eine Welt, die nur noch All, deren Mitte nicht mehr das Heilige Land wäre – sie würden zwar der Vergottung und Vergötterung nicht mehr den mindesten Widerstand entgegensetzen, aber es wäre auch nichts mehr in ihnen, was die Seele aus dem Traum dieser Vergottung zurück ins unerlöste Leben riefe; sie verlöre sich nicht nur, nein sie bliebe verloren. Und diesen Dienst erwiese dem Christentum nicht das bloße Buch, oder vielmehr: diesen Dienst erweist ihm das bloße Buch nur, weil es kein bloßes Buch ist, sondern weil sein Mehrsein lebendig bezeugt wird durch unser Leben. Der geschichtliche Jesus muß dem idealen Christus allzeit den Sockel unter den Füßen wegziehen, auf den ihn seine philosophischen oder nationalistischen Verehrer gern stellen möchten, denn eine »Idee« vereint sich schließlich mit jeder Weisheit und jedem Eigendünkel und leiht ihnen ihren eignen Heiligenschein. Aber der historische Christus, eben Jesus der Christ im Sinne des Dogmas, steht nicht auf einem Sockel, er wandelt wirklich auf dem Markt des Lebens und zwingt das Leben, seinem Blick stille zu halten. Genau so ists mit dem »geistigen« Gott, an den alle die leicht und gern glauben mögen, die sich scheuen, an den zu glauben, »der die Welt erschaffen hat, um sie zu regieren«. Jener geistige Gott ist in seiner Geistigkeit ein sehr angenehmer Partner, der uns die Welt, die ja nicht »rein geistig« und also nicht von ihm und darum dann doch wohl vom Teufel ist, zu freiester Verfügung überläßt. Und diese Welt selber – wie gern möchte man sie als All betrachten und so sich selber statt als ihren verantwortlichen Mittelpunkt, um den sich alles dreht, und den Pfeiler, auf dessen Festigkeit sie ruht, sich lieber fühlen als das herrlich verantwortungslose »Stäubchen im All«.

Der ewige Judenhaß des Christen

Es ist allemal das Gleiche. Und wie denn jener allzeit aktuelle Kampf der Gnostiker zeigt, ist es das Alte Testament, das dem Christentum den Widerstand gegen diese seine eigne Gefahr ermöglicht. Und das Alte Testament nur, weil es mehr als bloß Buch ist. Das bloße Buch würden die Künste allegorischer Deutung leicht klein kriegen. So gut wie Christus die Idee des Menschen, so gut würden die Juden des Alten Testaments, wären sie ebenso von der Erde verschwunden wie Christus, die Idee des Volks, Zion die Idee des Weltmittelpunkts bedeuten. Aber solcher »Idealisierung« widersetzt sich die handfeste, nicht zu leugnende, ja eben im Judenhaß bezeugte Lebendigkeit des jüdischen Volks. Ob Christus mehr ist als eine Idee – kein Christ kann es wissen. Aber daß Israel mehr ist als eine Idee, das weiß er, das sieht er. Denn mir leben. Wir sind ewig[45], nicht wie eine Idee ewig sein mag, son-

dern wir sind es, wenn wirs sind, in voller Wirklichkeit. Und so sind wir dem
Christen das eigentlich Unbezweifelbare. Der Pfarrer argumentierte schlüs-
sig, der dem großen Friedrich, gefragt nach dem Beweis des Christentums,
erwiderte: »Majestät, die Juden«. An uns können die Christen nicht zweifeln. Unser Dasein verbürgt ihnen ihre Wahrheit. Darum ist es vom christlichen Standpunkt aus nur folgerecht, wenn Paulus die Juden bleiben läßt bis
zum Ende – bis »die Fülle der Völker eingegangen ist« [Röm 11,25], eben bis
zu jenem Augenblick, wo der Sohn die Herrschaft dem Vater zurückgibt.
Das Theologumen aus der Urzeit christlicher Theologie spricht aus, was wir
hier erklärten: daß das Judentum in seinem ewigen Fortleben durch alle
Zeit, das Judentum, das im »alten« Testament bezeugt wird und selber von
ihm lebendig zeugt, der Eine Kern ist, von dessen Glut die Strahlen unsichtbar genährt werden, die im Christentum sichtbar und vielgespalten in die
Nacht der heidnischen Vor- und Unterwelt brechen.

Der Sinn der Bewährung
Vor Gott sind so die beiden, Jude und Christ, Arbeiter am gleichen Werk. Er
kann keinen entbehren. Zwischen beiden hat er in aller Zeit Feindschaft gesetzt, und doch hat er sie aufs engste wechselseitig aneinander gebunden.
Uns [den Juden] gab er ewiges Leben[46], indem er uns das Feuer des Sterns
seiner Wahrheit in unserm Herzen entzündete. Jene [die Christen] stellte er
auf den ewigen Weg, indem er sie den Strahlen jenes Sterns seiner Wahrheit
nacheilen machte in alle Zeit bis hin zum ewigen Ende. Wir schauen so in
unserm Herzen das treue Gleichnis der Wahrheit, doch wenden wir uns dafür vom zeitlichen Leben ab und das Leben der Zeit sich von uns. Jene hingegen laufen dem Strom der Zeit nach, aber sie haben die Wahrheit nur im
Rücken; sie werden wohl von ihr geleitet, denn sie folgen ihren Strahlen,
aber sie sehen sie nicht mit Augen. Die Wahrheit, die ganze Wahrheit, gehört
so weder ihnen noch uns. Denn auch wir tragen sie zwar in uns, aber wir
müssen deswegen auch den Blick erst in unser eignes Innre versenken, wenn
wir sie sehen wollen, und da sehen wir wohl den Stern, aber nicht – die
Strahlen. Und zur ganzen Wahrheit würde gehören, daß man nicht bloß ihr
Licht sähe, sondern auch, was von ihr erleuchtet wird. Jene aber sind ohnehin schon in alle Zeit bestimmt, Erleuchtetes zu sehen, nicht das Licht.
Und so haben wir beide an der ganzen Wahrheit nur teil. Wir wissen

---

45 Diese Bemerkung ist von Rosenzweigs Lehrer, dem Philosophen Hermann Cohen, inspi-
riert, der, als er seine Vorlesung über »Platon und die Propheten« in Berlin am 7. Januar 1918
beendete, ausrief: »Aber wir [die Juden] sind ewig!« Vgl. Rosenzweigs Einleitung zu Cohens
»Jüdischen Schriften«, Bd. 1, Berlin 1924, S. LXII. (F.A.R.)
46 Vgl. den Segensspruch nach der Toralesung: »Ewiges Leben pflanzte er in unserer Mitte«
(mSof 13,8).

aber, daß es das Wesen der Wahrheit ist, zuteil zu sein, und daß eine Wahrheit, die niemandes Teil ist, keine Wahrheit wäre; auch die »ganze« Wahrheit ist Wahrheit nur, weil sie Gottes Teil ist. So tut es weder der Wahrheit Abbruch noch auch uns, daß sie uns nur zuteil wird. Unmittelbare Schau der ganzen Wahrheit wird nur dem, der sie in Gott schaut. Das aber ist ein Schauen jenseits des Lebens. Lebendiges Schauen der Wahrheit, ein Schauen, das zugleich Leben ist, wächst auch uns nur aus der Versenkung in unser eignes jüdisches Herz und auch da nur im Gleichnis und Abbild. Und jenen ist um des lebendigen Wirkens der Wahrheit willen das lebendige Schauen überhaupt versagt. So sind wir beide, jene wie wir und wir wie jene, Geschöpfe grade um dessentwillen, daß wir nicht die ganze Wahrheit schauen. Grade dadurch bleiben wir in den Grenzen der Sterblichkeit. Grade dadurch – bleiben wir. Und wir wollen ja bleiben. Wir wollen ja leben. Gott tut uns, was wir wollen, solange wir es wollen. Solange wir am Leben hängen, gibt er uns das Leben. Er gibt uns von der Wahrheit nur, soviel wir als lebendige Geschöpfe tragen können, nämlich unsren Anteil.[47] Gäbe er uns mehr, gäbe er uns seinen Anteil, die ganze Wahrheit, so hübe er uns aus den Grenzen der Menschheit heraus.[48] Aber eben solange er das nicht tut, solange tragen wir auch kein Verlangen danach. Wir hängen an

47   Vgl. ExR 29,1 zu Ps 29,4 und Pesikta de Rav Kahana, ed. Mandelbaum, I, S. 224.
48   Eine Anspielung auf Goethes Gedicht »Grenzen der Menschheit«. Unsere erste Auswahl aus Buch 3 des »Stern der Erlösung« trägt diesen Titel. Zum Ende hin werden Worte und Motive dieses Gedichts wieder benutzt, jedoch mit einem Sinn versehen, der von Goethes mehr ›heidnischer‹ Intention abweicht. Sie dienen dem Zweck, die Spannung zwischen der biblischen und rabbinischen Vorstellung von Gott als »Alpha und Omega«, dessen Siegel die Wahrheit als ganze (*'emet*) ist (Jes 44,6; bSchab 55a), und der Tatsache, daß Menschen existentiell an der Wahrheit teilhaben, wie sie ihnen als Juden oder Christen mitgeteilt ist, zu betonen. Das folgende Zitat des Goethegedichts zeigt deutlich, daß Rosenzweig diese Zeilen im Kopf hatte, obwohl er ihnen eine andere Bedeutung gab:

Denn mit Göttern
Soll sich nicht messen
Irgendein Mensch...
Was unterscheidet
Götter von Menschen?
Daß viele Wellen
Vor jenen wandeln,
Ein ewiger Strom:
Uns hebt die Welle,
Verschlingt die Welle,
Und wir versinken.

Ein kleiner Ring
Begrenzt unser Leben,
Und viele Geschlechter
Reihen sich dauernd
An ihres Daseins
Unendliche Kette. (F.A.R.)

unsrer Geschöpflichkeit. Wir lassen sie nicht gerne. Und unsre Geschöpflichkeit ist bedingt dadurch, daß wir nur Teil haben, nur Teil sind. Den
letzten Triumph über den Tod hatte das Leben gefeiert in dem Wahrlich,
mit dem es die eigne empfangene zuteil gewordene Wahrheit als seinen Anteil an der ewigen bewährt. In diesem Wahrlich klammert sich das Geschöpf an seinen Anteil, der ihm zuteil ward. In diesem Wahrlich ist es Geschöpf. Dies Wahrlich geht als ein stummes Geheimnis durch die ganze
Kette der Wesen; im Menschen gewinnt es Sprache. Und im Stern glüht es
auf zu sichtbarem, selbstleuchtendem Dasein. Aber immer bleibt es in den
Grenzen der Geschöpflichkeit. Noch die Wahrheit selber spricht Wahrlich,
wenn sie vor Gott tritt. Aber Gott selbst spricht nicht mehr Wahrlich. Er ist
jenseits von allem, was Teil werden mag, er ist noch über dem Ganzen, das
bei ihm ja auch nur Teil ist; noch über dem Ganzen ist er der Eine.
[...]

Franz Rosenzweig

Eine Anmerkung zum Anthropomorphismus (1928)

[... Die Geschichte] zeigt den »Anthropomorphismus« als die Schutzwehr des »Monotheismus«.[1] Oder, um deutsch zu reden: sie zeigt, daß ohne den Mut, den wirklich erfahrenen Gotteserfahrungen auch die wirkliche und unmittelbare Herkunft von Gott zuzutrauen, diese Erfahrungen sich selbständig machen und sich einen eigenen oder mehrere eigene Träger neben Gott selbst, dem für untragkräftig gehaltenen, suchen. Je mehr Gott in die Ferne gebannt wird, um so leichter meint der Mensch, den göttlicher Kraftströme vollen Raum zwischen Gott und sich mit Halb- und Viertelgöttern bevölkern zu dürfen.

Die erste Epoche eines innerjüdischen Kampfs gegen die biblischen »Anthropomorphismen« hat ihre Dokumente in den alten Übersetzungen, von der Septuaginta bis zu den Targumen. Daß eben in dieser Epoche das Christentum entsteht, ist also nach dem Gesagten kein Zufall. Philons Logos war die notwendige Entsprechung seines vergeistigten Gottes. Im Logosevangelium steht der dem Christentum durch die Versuchung, ihn umzukehren, zum Verhängnis gewordene Satz: Gott ist Geist. Und indem Paulus als erster Jude – unbegreiflich uns bis zum heutigen Tag! – den Gott der Bibel als den Gott der strengen, erbarmungslosen Gerechtigkeit sah, mußte er mit Notwendigkeit dazu kommen, die ja auch ihm erfahrungsmäßig unleugbare göttliche Liebe an den Mittler zu binden. Das Judentum hat sich dann aus den beiden Extremen des judengriechischen Geistgottes und des judenchristlichen Gottmenschen hineingerettet in die kühnen »Anthropomorphismen« der talmudischen Aggada, d.h. in die felsenfeste Gewißheit, daß alles, was wir von Gott erfahren, von ihm selber kommt. Dieser Gewißheit verdanken wir, nächst dem Gesetz und dem Lernen, unsre Fortexistenz als Juden.

Vollzogen sich die hellenistische Gottvergeistigung und die ihr antwortende christliche Gottvermenschlichung beide an der Grenzlinie von Israel und den Völkern, so geschieht Wort und Antwort in der zweiten Episode eines Kampfs gegen den »Anthropomorphismus« innerhalb Israels selbst. Die jüdische Religionsphilosophie des Mittelalters, auf den Plan gerufen durch die groteske Verirrung der Frühkabbala, Gottes »Gestalt« auszählen und

---

1 Der beste Kommentar zu dieser Bemerkung stammt von M. *Idel*, Franz Rosenzweig and the Kabbalah, in: The Philosophy of Franz Rosenzweig, s.o. S. 228, Anm. 38, bes. S. 169-171. (F.A.R.)

ausmessen zu wollen, diesen innerjüdisch klassischen Fall eines echten, nämlich abbildenden, Anthropomorphismus (ohne Gänsefüßchen), gipfelt in dem, soweit im Judentum möglich, gelungenen Versuch des Maimonides, die »Unkörperlichkeit« Gottes dogmatisch zu kodifizieren. Die Antwort wird diesmal gegeben von der Hoch- und Spätkabbala, die, eben weil sie von der Religionsphilosophie den Begriff der vollkommen eigenschaftslosen, nur negativ zu bestimmenden Gottheit, kabbalistisch gesprochen: das En sof, das Absolute, übernahm, unter dieser obersten Instanz ein immer bunteres Gewimmel von himmlischen Unter- und Zwischeninstanzen entdeckte.

In der dritten Epoche eines Kampfs gegen den »Anthropomorphismus« steht das Judentum seit den Anfängen der Emanzipation. Der Kampf knüpfte diesmal an eben jene letzten Ausartungen der Kabbala an. Die Antwort läßt sich, da die Epoche noch Gegenwart ist, nicht mit historischer Sicherheit bestimmen. Vermuten möchte ich aus persönlicher Erfahrung, daß sie in den großen Täuflingen des neunzehnten und leider auch zwanzigsten Jahrhunderts gegeben wird.[2]

---

2   Seit der Emanzipation, als Antwort auf ein Übergewicht von Kabbala, widersetzte sich jüdische Theologie jenen Elementen der Tradition, die dem Judentum Vitalität und »religiöse Verfügbarkeit« (ein Ausdruck Whiteheads) gegeben hatten. Vor dem Hintergrund dieses verwässerten und abstrakten Glaubensverständnisses der Vorfahren erläutert Rosenzweig das Phänomen einiger herausragender Persönlichkeiten, die sich dem Christentum zuwandten, um ihr Verlangen nach einem lebendigen Glauben zu stillen. (F.A.R.)

Franz Rosenzweig

Weltgeschichtliche Bedeutung der Bibel (1929)

Man wird immer vergebens versuchen, die Ausnahmestellung der Bibel, die schon in dem Namen: »die Bibel«, »das« Buch, beansprucht wird, in irgendwelchen inhaltlichen Qualitäten aufzuweisen; daß irgendein Superlativ vom Inhalt her auf ein Buch angewendet werden könne, dafür ist schon ein dogmatisches Vorurteil erforderlich (wie denn wirklich im Islam es dogmatisch festgelegt ist, der Koran sei das schönste der Bücher). Wissenschaftlich erfaßbar und nachprüfbar ist die Bedeutung der Bibel allein an ihrer Wirkung und an ihrem Schicksal: die weltgeschichtliche Bedeutung also an ihrer weltgeschichtlichen Wirkung und an ihrem weltgeschichtlichen Schicksal.

Geistige Zusammenhänge laufen zwischen den Völkern von den ersten wirtschaftlichen und kriegerischen Berührungen an, ohne doch einen weltgeschichtlichen Zusammenhang zu stiften. Dazu gehört mehr als das bloße Hinüberfließen der Einflüsse: bewußtes Hinübertragen des Fremden als eines Fremden ins Eigene – Übersetzen. Dieser historische Punkt der Gründung einer Weltliteratur und damit eines übervölkischen Bewußtseins liegt in zwei Ereignissen, von denen zwar das eine nur symptomatische, das andre aber auch konstitutive Bedeutung hat, schon unterm vollen Licht der Geschichte: in den beiden ältesten Übersetzungen eines Grundbuchs einer Nationalliteratur in eine neue Sprache. Ungefähr gleichzeitig übersetzte aus dem Griechischen ein Kriegsgefangener in Rom die Odyssee und übersetzten ins Griechische siedelnde Juden in Alexandria das Buch ihres Volkes. Auf dem Zusammenwachsen dieser beiden ursprünglich nur in dem, dort empfangenden, hier spendenden, Griechentum verbundenen Ereignisse und ihrer Folgen ruht, was sich heute an Einheit des Geistes und des Willens über die fünf Kontinente dieser Erde hin findet.

Die Entstehung der griechischen Bibel fällt zwischen den Anfang der Bewegung, die das Judentum unmittelbar zu den Völkern hinaustragen wollte, und das Erlahmen dieser Bewegung vor der stärkeren, der die jüdische Bibel zwar die stets gegenwärtige Grundlage, aber doch nur »Altes Testament« war. Und so ist auch fernerhin zu unterscheiden zwischen unmittelbaren Wirkungen der jüdischen Bibel und den durch ihre Verbindung, die mechanische sowohl wie die chemische, mit dem NT vermittelten. Jene sind, wie stark immer am einzelnen Punkt, doch grade weltgeschichtlich gesehen sporadisch, diese sind der unentbehrliche Mörtel des weltgeschichtlichen Zusammenhangs.

Von jener unmittelbaren Wirkung sei zuerst die Rede. Auch sie ist im strengen Sinn eigentlich nicht unmittelbar; denn diese Rückgriffe auf die jüdische Bibel geschehen ja im, ob auch widersprechenden, Hinblick auf das NT; sie bedeuten eine mehr oder weniger bewußte, wenn auch nur selten prinzipielle, Rückkehr zum »Gesetz«. Überall wo die welt(sozial- und moral-)kritische Haltung der Evangelien und das allzu primitive Gemeindevorbild der Apostelgeschichte und der Episteln den Anforderungen des christlichen Gemeinschaftslebens kein Genüge tat, war und ist der Rückgriff auf die prophetiegeborene Gesetzlichkeit des AT das Gegebene. Christliche Kirche, christlicher Staat, christliche Wirtschaft, christliche Gesellschaft – all das war und ist vom NT aus nicht zu begründen, weil dieses die Welt schlechthin in der Krise, vor das Gericht gestellt, sieht; im Gegensatz zu seinen pointierten Paradoxen bot die aus der ganzen Breite eines Volkslebens und in der ganzen Breite einer Nationalliteratur erwachsende jüdische Bibel mit ihrer selbst noch in der scheidenden und ausscheidenden prophetischen Polemik lebendigen tiefen Schöpfungsgläubigkeit tragfähigen Grund für ein Bauen in und an der Welt. Die Gebäude konnten, eben wegen jener »breiten« Ursprünge des Buchs, untereinander so verschieden, ja so entgegengesetzt sein wie eben die verschiedenen Seiten und Aspekte eines nationalen Lebens: Monarchisten und Monarchomachen, Kirchen und Sekten, Päpste und Ketzer konnten, Reaktion und Revolution, Eigentumsrecht und Sozialreform, Kriegsfrömmigkeit und Pazifismus können sich auf es berufen, taten und tun es.

Ungleich wichtiger als all diese Bezugnahmen und Einflüsse bleibt doch die mittelbare Wirkung durch das NT hindurch. Entstanden sind ja die neutestamentlichen Schriften zwar als Gegensatz zu der Bibel des Judentums: in einer heißen Verdichtung der langatmigen Erlösungshoffnung zu einem kurzfristigen, nämlich auf die »erfüllte Zeit« abgestellten, Erlöstheitsglauben. Daß das Christentum dann, als »dieses Geschlecht« dahin und »diese Welt« gleichwohl noch nicht vergangen war, fortbestehen konnte, oder schriftgeschichtlich ausgedrückt: daß aus den neutestamentlichen Schriften das kanonische NT wurde, das schulden Christentum und NT ihrer Bindung an das Judentum und das AT. Denn der Rückweg in die noch fortbestehende Schöpfung war nur zu finden, wenn der Gott des Schöpfungskapitels und der, »der gesprochen hat durch die Propheten«, der gleiche war, den das Vaterunser ansprach, und nicht, wie die Gnostiker wollten: ein alter und von dem Gott der neuen Weltzeit abgetaner Gott. Nichts geringeres als der Zusammenhang mit der geschaffenen Welt steht für das Christentum in dieser theologischen Gleichsetzung, die es im trinitarischen Dogma vollzog, wie in der andern des »Worts«, das »Gott war«, mit dem davidischen Messias, auf dem Spiel. Es ist kein Zufall, daß eben in dem Kampf um diese

Gleichsetzungen, in dem Kampf gegen Marcions »fremden Gott« – fremd: nämlich dem alten Bunde –, die Kirche sich ihren neutestamentlichen Kanon schuf, als ein ebenfalls dreigeteiltes Gegenstück zum alttestamentlichen, den er jedoch nicht verdrängen, sondern ergänzen und überhöhen sollte. Was das Christentum in den beiden Jahrtausenden seitdem an Kulturkraft, an Kraft also, sich in die Welt und dadurch die Welt in sich einzuleben, entfaltet hat, verdankt es diesem seinem Kampf um sein AT.

Es geht also nicht mehr um bewußte Rückgriffe auf die jüdische Bibel, überhaupt nicht um irgend im Einzelnen faßbare oder nachweisbare Zusammenhänge, sondern schlechtweg um den ganzen Bereich dessen, was man irgendwie noch so entfernt als Kulturwirkungen des Christentums beanspruchen kann. Es geht um die Fähigkeit des Christentums, überhaupt eine Synthese mit der Welt einzugehen. Und es geht zugleich um die fruchtbare Spannung dieser Synthesen, der das christliche Europa seine geistige Vormachtstellung in der Welt verdankt. Daß diese Spannung vom Christentum selbst immer wieder als quälend, als etwas, dem man eigentlich entrinnen müßte, empfunden worden ist, ändert daran nichts; die immer wieder versuchte Flucht aus der Enge und Fremdheit des AT in philosophische Weite oder in völkische Nähe wäre, wenn sie je voll gelänge, das Ende des Christentums. Und damit denn freilich auch das Ende des weltgeschichtlichen Wegs der Bibel, auch der jüdischen. Denn der Gang der einen Weltgeschichte, der eben in diesem Buche angehoben hat, kann zwar seine Träger wechseln, aber nicht den Zusammenhang mit seinem Ursprung und mit jedem Punkt seines Verlaufs. Denn eben dieser Zusammenhang ist ja, was wir Weltgeschichte nennen. Keine Zukunft kann das Vergangene ungeschehen machen. Aber freilich: auch keine Vergangenheit kann das Kommen des Zukünftigen verhindern.

Es könnte wohl geschehen, daß die vor nun hundertfünfzig Jahren begonnene Säkularisierung der Glaubensgemeinschaften noch weiter fortschreitet und Kirche und Gesetz im alten, überlieferten Sinn nur für kleine Kerngruppen weiterbestehen, während die Allgemeinheit (die »Katholizität«) der Gemeinschaft auf einen weltlichen Träger, das »Kirchenvolk« oder in unserm Fall das »jüdische Volk«, übergeht. Die Bedeutung der »heiligen Schriften« würde dann nicht geringer werden, sondern sogar noch wachsen, wie es sich übrigens schon in diesen letzten anderthalb Jahrhunderten in Kirche und Synagoge gezeigt hat. Wenn Dogma und Gesetz nicht mehr die allumschließenden Klammern der Gemeinschaft sind, sondern nur noch tragende Versteifungen im Innern, dann muß die »Schrift« zu der einen Aufgabe aller Schrift: den Zusammenhang der Geschlechter zu stiften, noch die andre, gleichfalls aller Schrift obliegende, übernehmen: den Zusammenhang von Mitte und Peripherie der Gemeinschaft zu gewährleisten. So würde, auch wenn Kirche und Synagoge nicht mehr das Portal des Weges der Menschheit flankieren sollten, dennoch die Bibel weiter bereit liegen, daß die Menschheit auf ihrem Weg sie um eben diesen Weg befrage und, sie um- und umwendend, »alles in ihr«[1] finde.

1   Vgl. mAwot 5,22: »Wende sie [die Tora] hin und wende sie her, denn in ihr ist alles enthalten.« (F.A.R.)

Will Herberg (1901-1977)

Bernhard W. Anderson

Einleitung

In gewisser Weise war Will Herberg (1901-1977) ein Mensch, der – um ein
Wort von Paulus zu zitieren – »allen alles« werden konnte. Dem säkularen
Humanisten war er ein Kritiker, der Wurzeln in der liberalen Tradition hatte. Dem Marxisten war er ein Kritiker der Ideologie, der in der prophetischen Tradition stand, aus der der Marxismus erwuchs. Dem Juden war er
ein Kritiker des jüdischen Separatismus, der selbst konservativ in der jüdischen Tradition verwurzelt war. Und dem Christen war er ein Kritiker des
christlichen Triumphalismus, der dem christlichen Glauben nahestand, so
nahe (wie es König Agrippa gegenüber Paulus ausdrückte), daß es nicht viel
gebraucht hätte, um ihn für das Christentum zu gewinnen (Apg 26,28).

I

Um Herbergs Sicht des Christentums zu verstehen, ist es hilfreich, mit seiner
Lebensgeschichte zu beginnen. Zunächst war er überzeugter Marxist, ja
Mitglied der kommunistischen Partei, aber während seiner Tätigkeit als
pädagogischer Direktor und Forschungsleiter der »Internationalen Gewerk-
schaft der Textilarbeiterinnen« (International Ladies' Garment Workers'
Union) wurde ihm der totalitäre Machtmißbrauch der kommunistischen
Partei um des kollektiven Ganzen willen fragwürdig. Er wies »den Gott, der
versagt hatte« zurück und ließ sich – wie viele Intellektuelle seiner Zeit – von
den Gedanken Reinhold Niebuhrs vom Union Theological Seminary in
New York ansprechen. Dieser christliche Theologe erreichte ihn in seiner Situation, da er mit Leidenschaft und Schärfe – vergleichbar den alten Propheten Israels – das transzendente Urteil über jede menschliche Macht durch
den heiligen Gott, der von Juden und Christen gleichermaßen angebetet
wird, verkündete.
  Niebuhrs Interpretation des biblisch-christlichen Glaubens stellte für
Herberg eine Versuchung zur Konversion dar. Vielleicht hätte er den Übertritt zum Christentum vollzogen, wäre da nicht der Gedanke gewesen, der
von Niebuhr selbst vertreten wurde, daß er zuerst ein Jude im vollen theologischen Sinn des Wortes sein sollte. Dies führte ihn zur Auseinandersetzung
mit dem großen Philosophen des Judentums der Moderne: Franz Rosenzweig, der – nach einer ähnlichen Glaubenskrise – zu der Erkenntnis gekom-

men war, daß Judentum und Christentum eine komplementäre Beziehung in der göttlichen Heilsordnung haben. Während Rosenzweig die Beziehung ontologisch auffaßte – jüdische Existenz ist ein Sein in Ewigkeit, und christliche Existenz ist ein Sein in Geschichte –, betonte Herberg die biblische Form des Bundes: Das jüdische Volk ist zur Treue zu Gottes Tora gerufen, während die Berufung der christlichen Gemeinschaft darin besteht, hinaus in die Welt zu gehen, um andere in den Bund einzuladen. Er beschrieb dies als einen »doppelten Bund«: den Bund der Treue (Judentum) und den Bund der Mission (Christentum). Beide Berufungen sind im wesentlichen miteinander verbunden und unterstützen sich gegenseitig.

II

Dieser zweifachen Loyalität verpflichtet, war Herberg ein eiserner Verteidiger des orthodoxen Christentums, wie es aus seiner berühmten Predigt (s. die interessante Bemerkung zum Abdruck dieser »Communion Service Homily« in »Faith Enacted as History«, S. 95-98 [»The Incarnate Word«]) über »Das Fleisch gewordene Wort« deutlich wird, die er 1961 vor der Abschlußklasse des Drew Theological Seminary hielt. Er bestand darauf, daß Christen ihren eigenen Glauben radikal ernst nehmen, ohne den liberalen Einflüssen nachzugeben, die – so behauptete er – das Christentum, sowohl den Katholizismus wie auch den Protestantismus, in der modernen Zeit untergraben hatten. Er war ebenso denen gegenüber kritisch, die den christlichen Glauben in ein »soziales Evangelium« (das das Gottesreich auf Erden verwirklicht) verwandelten, wie gegenüber denen, die unter dem Einfluß von Rudolf Bultmann die religiöse Offenbarung auf existentialistische Kategorien reduzierten. Sein Zeugnis war ein positiver Beitrag für die christliche Gemeinschaft, obwohl seine Ansichten in bezug auf ›liberale‹ Fragen manche abstieß, die an der Spitze der Revolte der sechziger Jahre stehen wollten.

Dies galt insbesondere für den Bereich sozialer Aktiviäten. Seine Reaktion auf die zu Götzen gewordenen Ansprüche des Marxismus brachte ihn zum anderen Extrem, einem sozialen Konservatismus. Seine ›reaktionären‹ Ansichten hinsichtlich politischer, sozialer und ökonomischer Fragen beruhten auf einem tiefen Verständnis des traditionellen Christentums: der Ansicht, daß die Ursünde die besten menschlichen Leistungen korrumpiere und daß sie alle Gedanken und Taten vor Gottes Gericht bringe. Diese prophetische ›Orthodoxie‹ teilte er mit Niebuhr, der jedoch fortschrittlichen Entwicklungen im politischen und ökonomischen Bereich offener gegenüberstand. Viele christlichen Theologen würden zweifellos Herbergs Neigung, die liberalen Kräfte, die sich in der Kirche oder in der Gesellschaft für

Veränderungen einsetzen, zu verurteilen, kritisch gegenüberstehen, selbst dann, wenn sie selbst ähnliche Ansichten haben. Mit seiner Vorstellung vom zweifachen Bund war sich Herberg genau der Gefahren bewußt, denen der christliche Glaube ausgesetzt ist, wenn er in die Welt hinausgeht und versucht, Menschen zu gewinnen, indem er sich der jeweils herrschenden Mode in Gedanken und Verhalten anpaßt.

Herbergs Vorstellung des doppelten Bundes enthält enorme Möglichkeiten für den jüdisch-christlichen Dialog. Natürlich kann man die Frage stellen, ob diese Ansicht durch das Neue Testament exegetisch abgedeckt ist und ob sie eine hinreichende theologische Basis für das Verstehen der Beziehung der jüdischen und der christlichen Gemeinschaft bietet. Es sollte in diesem Zusammenhang festgehalten werden, daß der Apostel Paulus in seiner quälenden Auseinandersetzung mit der jüdisch-christlichen Frage in Römer 9-11 nicht diese Vorstellung benutzt, vielmehr vom Mysterium der göttlichen Erwählung spricht, in die beide Gemeinschaften eingeschlossen sind (Röm 11,25). Die Vorstellung vom doppelten Bund scheint eine Rationalisierung des Geheimnisses der Freiheit Gottes zu sein, die für Paulus Israels Priorität in der Erlösungsgeschichte (11,15-16.28-29), Gottes Freiheit, das Herz wenigstens eines Teils Israels zu verhärten (9,18.22), und Israels endgültige Erlösung im Geheimnis göttlicher Freiheit (11,25-26) einschließt. Ich selber bin davon überzeugt, daß das Thema des Geheimnisses des göttlichen Plans, an dem beide Gemeinschaften teilhaben, weitergedacht werden sollte, d.h. über die paulinischen Ausführungen hinaus. Wenn beide Gemeinschafen im Geheimnis der göttlichen Erwählung (der Berufung) verbunden sind, dann schließt dies voreilige rationale Erklärungen wie auch begeisterte Bekehrungsversuche auf der einen Seite oder defensives Verharren in konfessionellen Positionen auf der anderen Seite aus.

Wie dem auch sei, in seiner Zeit und auf seine eigene Weise versuchte Herberg eine theologische Basis für die Koexistenz der christlichen und der jüdischen Gemeinschaft zu schaffen. Es muß jedoch auch erwähnt werden, daß er hinsichtlich der Möglichkeit eines kreativen und offenen Dialogs skeptisch war. Diese Frage tauchte in unseren Gesprächen am Mittagstisch auf, unmittelbar nach meinem Weggang von der Drew University im Herbst 1968, wo wir zusammen Kollegen gewesen waren. In einem Gespräch berichtete ich von meinen Erfahrungen eines Dialogs, an dem etwa zwanzig Juden, Protestanten und Katholiken am Princeton Theological Seminary teilgenommen hatten. Er antwortete, daß er nicht besonders optimistisch hinsichtlich solcher Gespräche sei, da die Zeit hierfür noch nicht gekommen sei. Dies habe mit der traurigen Vergangenheit zu tun, und es bestehe die Notwendigkeit für alle drei Dialogpartner – Protestanten, Katholiken und Juden –, mehr biblische Studien zu treiben. Darüber hinaus glaubte er, daß

die »rabbinische Denkweise« mit ihrem Interesse an der Weiterführung der
Tradition sich nicht leicht mit der »biblisch-theologischen Denkweise«, die
auf dem Primat der Schrift besteht, vereinbaren lasse.

III

Jede Bewertung von Herbergs Beitrag zum Christentum und zum jüdisch-
christlichen Dialog muß die »neo-orthodoxe« Bewegung nach dem Krieg erwähnen, der er angehörte. In der Tat, manchmal wurde er »der Reinhold
Niebuhr des Judentums« genannt. Diese Bewegung und die mit ihr verbun-
dene »Bewegung der biblischen Theologie« sind durch den Trend der 70er
und 80er Jahre, in denen keine bestimmte theologische Richtung deutlich
wurde, verschwunden. Herberg nahm diese neue Entwicklung wahr, aber er
betrachtete sie mit der Gleichmütigkeit eines Weisen. »Was biblische Theologie genannt wird«, so schrieb er mir (18. Juni 1970), »ist nicht nur eine intellektuelle Mode, obwohl sie dies in den theologischen Kreisen während
der letzten drei Jahrzehnte war. Sie ist der gewissenhafte Versuch, den
christlichen Glauben im Rahmen der authentischen Tradition zu sehen, die
aus der Heiligen Schrift hervorgegangen ist und der sie treu bleiben muß.«
»Die Wirkung biblischer Theologie«, so führte er aus, »kann nicht ausgelöscht werden, sondern sie bleibt und wird die Grundlage eines gültigen
Verstehens des christlichen Glaubens (und auch des jüdischen Glaubens) bilden. Nichts kann daran etwas ändern.«
  Einige von Herbergs Einsichten bilden eine bleibende Grundlage für weitere Diskussionen. Eine dieser Einsichten ist sein Bewußtsein von Miß-
brauch und Grenzen der Macht, in welcher Gestalt auch immer. Judentum
und Christentum, die das Zeugnis der Propheten Israels teilen, stehen gemeinsam gegen jede Macht, die Menschen ihre unveräußerliche Freiheit, zu
sein und zu werden, abspricht. Darüber hinaus stehen sie gegen jede Macht,
die totalitäre Herrschaft über die Welt beansprucht oder, um die Sprache eines prophetischen Gedichts zu verwenden, die versucht, den Thron Gottes
zu besetzen (Jes 14,12-20).
  Weiter war sich Herberg der Relativität von Glaubensstandpunkten, auch
des jüdischen und des christlichen, genau bewußt. Seine von Rosenzweig
stammende Erkenntnis, »daß Wahrheit ungeteilt nur für Gott existiert«,
machte ihn zu einem Verteidiger eines theozentrischen Christentums gegen
einen »Christomonismus«, der im Lauf der Geschichte oft genug zu christlichem Triumphalismus geführt hatte. Mein guter Freund Will Herberg half
mir zu erkennen, daß ein starkes Bekenntnis zu Jesus Christus als »dem Weg,
der Wahrheit und dem Leben« (Joh 14,6) sich nicht in einer exklusiven

Christologie ausdrücken muß. Denn das früheste christliche Bekenntnis, das apostolische, beginnt theozentrisch mit dem Schöpfer und nicht christozentrisch mit dem »Sohn«.

Vor allem hat Herberg Juden wie Christen geholfen wahrzunehmen, daß Glaube nicht die Zustimmung zu abstrakten Wahrheiten oder dogmatischen Formulierungen ist, sondern persönlich und existentiell verstanden werden muß. Darüber hinaus griff er die »Mystik« an, wenn mit ihr ein Rückzug von der Welt in eine göttlich-menschliche Beziehung verbunden ist, die den Menschen aus der Geschichte heraushebt. Biblischer Glaube ist – um einen seiner Lieblingsausdrücke zu benutzen – »faith enacted as history«, d.h. »Glaube, als Geschichte dargestellt, erlebt und verwirklicht« – eine Antwort auf Gottes Ruf, Mitarbeiter am göttlichen Plan zu sein, dessen Ziel die Erlösung der Menschheit und eine »neue Schöpfung« ist.

Will Herberg

Judentum und Christentum – Ihre Einheit und Verschiedenheit (1952)

Der zweifache Bund in der göttlichen Heilsökonomie

I

Niemand, der Juden- und Christentum im großen religionsgeschichtlichen Rahmen betrachtet, kann sich der beeindruckenden, tiefgehenden Ähnlichkeit der beiden Religionen entziehen. Wie bedeutend auch immer die Unterschiede zwischen ihnen aus der Nähe betrachtet sein mögen, ihre wesensmäßige Ähnlichkeit wird deutlich, sobald beide gemeinsam mit den nicht-biblischen »Weltreligionen«[1] verglichen werden. Aus einer solchen Perspektive scheint die Struktur des Glaubens faktisch identisch zu sein. Lassen Sie mich kurz diese gemeinsame Struktur, wie sie sich sowohl im Judentum als auch im Christentum in ihrer authentischen Form zeigt, darstellen.

1. Beide bekennen den lebendigen Gott, den Gott Abrahams, Isaaks und Jakobs, den Gott Israels, der Schöpfer, König, Richter und Erlöser ist.

2. Beide sehen im Heraustreten Abrahams aus der heidnischen Welt – als Antwort auf den göttlichen Ruf – den entscheidenden Bruch mit den Religionen und Philosophien der Welt; dazu tritt der Bundesschluß, der Kennzeichen ist für eine echte Beziehung des Menschen zu Gott.

3. Beide bekräftigen, daß wahre Erkenntnis Gottes nur durch seine Selbstoffenbarung in der Begegnung mit dem Menschen möglich und die Bibel in gewisser Weise sowohl Mittel als auch Zeugnis solcher Offenbarung ist.

4. Beide sehen den Menschen als ein einheitliches, selbsttranszendierendes, dynamisches, antwortendes und verantwortliches Wesen – im Kontrast sowohl zu einer mystisch-idealistischen als auch einer naturalistischen Sicht des Menschen.

5. Beide sehen den Menschen als ursprünglich (in der Schöpfungsordnung) auf Gott bezogen und daher eins mit der Welt und sich selbst. Beide halten diese ursprüngliche Harmonie für gestört und die ganze Schöpfung durch die menschliche Sünde für ›verdorben‹. Die Sünde ist im wesentlichen

---

1 »Weltreligionen« *(religions of the world)* sind für Herberg – möglicherweise zeigt sich darin der Einfluß Karl Barths – Religionen, die von der Welt und nicht von Gott her ihren Ursprung haben. (F.A.R.)

Eigenwille in Auflehnung gegen Gott, sie ist götzendienerische Abwendung von der gebotenen absoluten Treue zu Gott – hin zu etwas, das nicht Gott ist. Daher sehen beide keinen Ausweg für den Menschen aus dem Elend der sündhaften Existenz als den durch Buße und die Wiederherstellung einer angemessenen Beziehung zu Gott in völliger Liebe und Gehorsam. Für beide ist eine solche Wiederherstellung der Beziehung nur durch die Gnade des liebenden und barmherzigen Gottes möglich.

6. Beide haben eine realistische und gegenwartsbezogene Weltsicht: Beide sehen Welt und menschliches Handeln in ihr als wirklich und wichtig an, obwohl sie natürlich glauben, daß die Welt Schöpfung Gottes ist und daher keinen Anspruch auf Endgültigkeit oder Existenz aus eigenem Recht hat.

7. Für beide ist eine Ethik des Gehorsams zentrale Bedingung des Glaubens, die Forderung Gottes ist eine moralische Forderung von Gerechtigkeit und tätiger Liebe. Hierin unterscheiden sie sich von den Naturreligionen, die dieses ethische Niveau nicht erreichen, sondern eine Einheit mit dem Göttlichen durch Harmonie mit dem Rhythmus der Natur suchen. Sie unterscheiden sich auch von den mystischen Religionen, die vorgeben, Ethik in eine das Ich auflösende Einheit mit dem Göttlichen zu transzendieren.

8. Beide sind eschatologisch: Sie blicken auf ein transhistorisches ›Ende‹ der Geschichte, das sowohl Gericht wie auch Erfüllung ist und in dem die volle Bedeutung des Lebens und der Geschichte offenbar werden wird.

9. In beiden Religionen wird der Glaube bestimmt und bekundet durch eine erlöste und erlösende Gemeinschaft, die – als Gottes Werkzeug – als mit einem göttlichen Auftrag in der Geschichte versehen verstanden wird. Und beide sehen Israel als eine solche erwählte Gemeinschaft Gottes.

10. Beide sind historische Religionen in dem tieferen Sinn, daß für beide Religion *Glaube ist, der als Geschichte dargestellt, erlebt und verwirklicht wird.*[2] Es ist unmöglich, den Glauben auszudrücken, zu verstehen oder zu vermitteln ohne die Geschichte, in und durch die er sich ausdrückt. Für beide ist der Kontext der heiligen Geschichte im wesentlichen der gleiche, nämlich die Geschichte des Volkes Israel. Und beide sehen das ganze menschliche Unternehmen als Teil eines großen Drei-Phasen-Prozesses der Heilsgeschichte an – von Schöpfung, Fall und Erlösung. Beide schauen zurück auf ein entscheidendes erlösendes und offenbarendes Ereignis in der Geschichte, das zugleich ein Gemeinschaft schaffendes Ereignis war, ein Ereignis, das als Präfiguration und Instrument der Erfüllung des göttlichen Plans geschah. In beiden Religionen besteht daher die Quintessenz des Glaubens – um Bubers Ausdruck zu benutzen – in Erinnerung und Erwartung:

---

2 Engl. *faith enacted as history* – eine theologische Grundkategorie Herbergs, die kaum wörtlich zu übersetzen ist, sondern am besten umschrieben wird. Vgl. auch den letzten Absatz der »Einleitung« von B.W. Anderson. (F.A.R.)

Erinnerung an Gottes Gnadentat der Erlösung in der Vergangenheit und Erwartung der kommenden vollen und endgültigen Erlösung.

In diesen wesentlichen Punkten stimmen Juden- und Christentum überein und sind beide gleich weit von den nicht-biblischen »Weltreligionen« entfernt. Ist es daher überraschend, daß christliche Theologen von Juden- und Christentum als von zwei »nicht fundamental voneinander verschiedenen Religionen, sondern von *einer* Religion« (Frederick C. Grant)[3] sprechen? Sie betonen »in allen Punkten die Identität der Struktur und in den meisten Punkten die Identität des Inhalts« (Paul Tillich)[4] oder beschreiben wie der jüdische Theologe Louis Finkelstein Juden- und Christentum als »Zwillingsreligionen«, die im Grunde »ein System« bilden.[5] Es kann kaum Zweifel bestehen, daß beide Religionen sehr eng miteinander verbunden sind. Und dennoch sind sie trotz ihrer großen Gleichheit verschieden; es ist nun unsere Aufgabe, ihre Unterschiede innerhalb des skizzierten einheitlichen Rahmens zu beschreiben.

II

Zunächst ist es notwendig, einige der Versuche zu beschreiben und zu beurteilen, die Kriterien erarbeiten, um Judentum und Christentum begründet voneinander zu unterscheiden. Martin Bubers jüngerer und Hermann Cohens früherer Versuch[6], die Unterscheidung aufgrund der jüdischen *emuna* und der christlichen *pistis* zu treffen, scheint mir an der unterschiedlichen Deutung der Begriffe zu scheitern. Denn das Wort *emuna* wird dort zwar in seiner wahren hebräischen Bedeutung (völliges Vertrauen, Hingabe) verstanden, *pistis* jedoch nicht in seinem eigentlichen biblischen Sinn, sondern in der Überformung, die es durch griechischen Intellektualismus erfahren hat. Auch ist die Unterscheidung nicht zutreffend, die von Parkes und anderen[7] getroffen wird, daß das Judentum stärker gemeinschaftsbezogen, das Christentum dagegen stärker auf das Individuum konzentriert sei – es sei denn in einer sehr allgemeinen Weise. Die Spannung zwischen Gemeinschaft und Individuum – auch wenn sie natürlich verschieden ausgedrückt wird – ist in beiden zu finden. Vollkommen falsch scheint mir der Versuch,

3　*F.C. Grant*, The Teaching of Jesus and First-Century Jewish Ethics, in: The Study of the Bible Today and Tomorrow, ed. H.R. Willoughby, 1947, S. 312

4　*P. Tillich*, Is There a Judaeo-Christian Tradition?, Judaism 1 (1952) S. 109

5　*L. Finkelstein*, Akiba: Scholar, Saint, and Martyr, 1936, S. 6; *ders.*, Tradition in the Making, 1937, S. 12

6　*M. Buber*, Zwei Glaubensweisen, 1950; *S. Kaplan*, Hermann Cohen's Philosophy of Judaism, Judaism 1 (1952) bes. S. 145-146

7　*J. Parkes*, Judaism and Christianity, 1948

der durch die Jahrhunderte hindurch immer wieder unternommen wurde, die beiden Religionen so zu unterscheiden, daß das Judentum – und insbesondere in der Zeit des Neuen Testaments – die Religion des toten Legalismus und der Rechtfertigung durch Werke ist, das Christentum dagegen die Religion der Gnade und des Glaubens. »Es war ziemlich allgemein die Auffassung«, kommentiert Hans-Werner Bartsch in seiner Zusammenfassung des neueren protestantischen Denkens, »daß der Gottesglaube des Spätjudentums (er meint hier das Judentum zur Zeit des Neuen Testaments) allein vom Gedanken der vergeltenden Gerechtigkeit beherrscht sei und so die dunkle Folie für die Verkündigung der Vergebung Jesu bilde. Nun weist Erik Sjöberg (Gott und die Sünder im palästinensischen Judentum nach dem Zeugnis der Tannaiten und der apokryphisch-pseudepigraphischen Literatur) nach, daß auch im Spätjudentum der Gedanke der Vergebung und der Buße vorhanden ist. Damit stellt sich der neutestamentlichen Wissenschaft die Aufgabe, nunmehr die Bedeutung der Verkündigung Jesu Christi herauszustellen.«[8] Es wäre jedoch nicht notwendig gewesen, auf die Forschungsergebnisse Sjöbergs zu warten, so wertvoll sie auch sein mögen, um zu dieser Schlußfolgerung zu gelangen. Das gleiche hätte man den Veröffentlichungen so bekannter Wissenschaftler wie George Foot Moore, Claude Montefiore und Travers Herford entnehmen können.[9] Es steht fest, daß sich die Forderung des Gesetzes und das Evangelium der Gnade in beiden Religionen finden; in Wahrheit verhält es sich so, wie Luther einst feststellte: »Wo ist der Mensch, der richtig zwischen Gesetz und Evangelium zu unterscheiden vermag?« Der eigentliche Unterschied zwischen Judentum und Christentum scheint mir anderswo zu liegen. Um die beiden in ihrer genauen Beziehung zueinander zu sehen, muß jede Religion für sich und müssen beide zusammen auf den göttlichen Heilsplan der Erlösung – entsprechend ihrer biblischen Überlieferung – bezogen werden.

Die zentrale Kategorie biblischen Denkens ist der Bund. »Denke nicht«, so Paul Ramsey, »daß du einen biblischen Gedanken korrekt begriffen hättest, wenn du ihn nicht logisch vom Bundesgedanken ableiten kannst.«[10] Und das gilt in höchstem Maße für die biblische Lehre von der Erlösung. Nach biblischem Verständnis hat der Mensch Ansehen bei Gott und eine direkte persönliche Beziehung zu ihm nur aufgrund seiner Zugehörigkeit zum Volk Gottes, der erlösten und erlösenden Gemeinschaft. »Der einzelne Israelit«, so betont Alan Richardson ausdrücklich, »näherte sich Gott auf-

---

8 *H.-W. Bartsch*, Handbuch der evangelisch-theologischen Arbeit, 1938-1948, 1949, S. 85f
9 *G.F. Moore*, Judaism in the First Centuries of the Christian Era, 3 Bde., 1927-1930; *R.T. Herford*, Pharisaism: Its Aim and Its Method, 1912; *ders.*, Talmud and Apokrypha, 1933; *ders.*, The Pharisees, 1924; *ders.*, Judaism in the New Testament Period, 1928
10 *P. Ramsey*, Elements of a Biblical Political Theory, Journal of Religion 29 (1949) S. 258

grund seiner Zugehörigkeit zum Heiligen Volk... In der ganzen Bibel, sowohl im Alten wie im Neuen Testament, gibt es keine private Beziehung zwischen einem Individuum und Gott außerhalb der Zugehörigkeit zum Bundesvolk.«[11] Die Beziehung des Menschen zu Gott ist im wesentlichen eine antwortende; es ist Gottes Ruf, der in der Gnade der Erwählung ausgedrückt ist und der dem Menschen – von seiner Seite aus – die Möglichkeit gibt, in eine persönliche Beziehung zu Gott zu treten. Moderner religiöser Existentialismus mit seiner ansprechenden Betonung der persönlichen Begegnung neigt dazu zu vergessen, daß solche Begegnung aus menschlicher Sicht – denn es kann nicht in Frage kommen, die Gnade Gottes einzuschränken – nur innerhalb und auf der Basis des Bundes möglich ist. Nach biblischem Verständnis können Menschen außerhalb des Bundes, die gemeinhin »Völker« genannt werden, nicht von sich aus – also unter Absehung von der zwar prinzipiell freien, sich nicht an den Bund bindenden, jedoch faktisch den Bund schaffenden Gnade Gottes – den Weg zu Gott finden oder ihm persönlich begegnen. In unserer modernen intellektuellen und daher inadäquaten Terminologie kommt dies der Aussage gleich, daß nur die Religion Israels Menschen zu Gott führt; andere, heidnische Religionen, die sog. Weltreligionen, führen sie von Gott weg.

Die Propheten – und vielleicht auch Menschen schon lange vor ihnen – verstanden den Bund Israels als den Bund einer erlösten und erlösenden Gemeinschaft; das angestrebte Ziel ist ein universales und das Volk, das er hervorbringt, ein Werkzeug Gottes zur Erlösung der Menschheit. Die ganze Menschheit soll in den Bund geführt und innerhalb dieses Bundes wieder zu einer rechten Beziehung zu Gott gebracht werden.

Es war das Paradox der israelitischen Religion, daß der Bund mit einer solch universalen Gestalt und mit einem solch universalen Ziel in einem bestimmten Volk bzw. einer ethnischen Gemeinschaft aktuell wurde. Den Gott Israels zu bejahen bedeutete, Teil des Bundes zu werden, und das hieß, Teil des israelitischen bzw. jüdischen Volkes im ethnologischen Sinn des Wortes zu werden. Trotz rabbinischer Bemühungen, sozusagen abgestufte Bundesverhältnisse zu begründen und entsprechende Kategorien zu entwickeln, das Proselytentum zu erleichtern und so die universale Berufung Israels realisieren zu helfen, blieb diese Tatsache bestehen und konnte im wesentlichen nicht verändert werden. In dieser Situation erschien das Christentum, um das Paradox zu durchbrechen und die »Völker der Welt« zum Gott Israels zu bringen, indem sie in neuer Weise in den Bund Israels gebracht wurden. Durch das Christentum wurde Gottes Bund mit Israel für die ganze Menschheit geöffnet – ohne den Wechsel des ethnischen bzw. ›nationalen‹ Status zu

---

11 *A. Richardson*, Instrument of God, Interpretation 3 (1949) S. 278

verlangen. Dies ist eine historische Tatsache, festgestellt von religiös nicht gebundenen Historikern; aber es ist auch die Schlußfolgerung von Paulus, der in echt hebräischem Geist versuchte, die Absichten Gottes in den historischen Ereignissen zu erkennen.

Gottes Bund mit Israel wurde der ganzen Menschheit durch Christus eröffnet. Ich zögere, die mit dieser Aussage verbundenen schwierigen Fragen anzusprechen, und sage schon im voraus, daß sich meine Ausführungen nur auf einen Aspekt der Berufung Christi beziehen werden, doch dieser Aspekt – so denke ich – ist in hohem Maß für die gegenwärtige Diskussion bedeutsam.

Christus ist derjenige, von dem und durch den der Bund Israels der Menschheit geöffnet wurde: Im frühen christlichen Denken erscheint Christus – und zwar ganz wörtlich – als Verkörperung Israels bzw. als Ein-Mann-Israel, als »Rest-Israels-Mensch«. Durch die Gemeinschaft im Glauben mit ihm wird der nichtjüdische Gläubige Teil von Israel; er gelangt in den Bund und wird somit Erbe der Verheißungen Gottes an Israel. »Darum denkt daran«, erinnert Paulus die kürzlich bekehrten Heiden, »... daß ihr zu jener Zeit ohne Christus wart, ausgeschlossen vom Bürgerrecht Israels und fremd gegenüber den Bünden der Verheißung... Jetzt aber in Christus Jesus seid ihr, die ihr früher fern wart, nahe gekommen... So seid ihr nun nicht mehr Fremde und Ausländer, sondern Mitglieder des Gottesvolks und der Gottesfamilie« (Eph 2,12-13.19). »Gehört ihr aber Christus an«, so sagt er an einer anderen Stelle, »so seid ihr ja Abrahams Kinder und damit Erben nach der Verheißung« (Gal 3,29). Ein zeitgenössischer jüdischer Wissenschaftler drückte das, was er für die paulinische Ansicht hält, folgendermaßen aus: »So erweiterte er den Begriff ›Jude‹, um alle die in ihn als in eine geachtete Gemeinschaft einzuschließen, die ihr Leben änderten, indem sie gläubige Christen wurden.«[12]

Durch Christus wird eine neue Bundesgemeinschaft geschaffen – die Kirche, der »Leib Christi«. Durch Christus wird Israels Heilsgeschichte zur Erlösungsgeschichte für den zum Christen gewordenen Heiden, der damit faktisch zu einem Israeliten wird. »Durch Jesus Christus«, schreibt H. Richard Niebuhr, »erkennen Christen unbeschadet ihrer ethnischen Herkunft die Hebräer als ihre Väter an; in ihr Leben als Briten oder als Amerikaner, als Italiener oder als Deutsche fügen sie die Erinnerung an Abrahams Treue, an Moses heroische Führerschaft, an prophetische Anklage und Trost ein. Alles, was diesem fremdartigen, wandernden Gottesvolk geschah, wird Teil ihrer eigenen Vergangenheit.«[13]

---

12 *S. Grayzel*, Christian-Jewish Relations in the First Millenium, in: *K.S. Pinson* (Ed.), Essays on Antisemitism, 1942, S. 27
13 *H.R. Niebuhr*, The Meaning of Revelation, 1946, S. 115f

Christlicher Glaube bringt also hervor und beschreibt einen neuen Bund, der nicht in dem Sinne neu ist, daß er den alten ersetzt, sondern in dem Sinne, daß er den alten erweitert und ausdehnt, so wie wir etwa von der Neuen Welt Seite an Seite mit der Alten Welt sprechen. Denn mit dem Erscheinen des Christentums sind Erwählung und Berufung Israels nicht aufgehoben. Hierauf bestehen Juden natürlich, und selbst christliche Theologen, die so weit auseinanderliegen wie H. Wheeler Robinson und Karl Barth, stimmen hierin überein. »Israel«, sagt ersterer, »bleibt das erwählte Volk aufgrund der göttlichen Erwählung, und diese Erwählung ist hinreichend gerechtfertigt durch das, was Israels Geschichte hervorgebracht hat.«[14] »Ist die Sendung Israels damit erledigt?« fragt letzterer. »Nein, vielmehr hält das Alte Testament durch alles hindurch immer wieder daran fest: die Erwählung Gottes gilt und wird gelten in alle Ewigkeit... Gott [hält Israel] die Treue ... durch alle Etappen seiner Wanderung hindurch... Die Treue Gottes in der Wirklichkeit Israels ist ja gerade die Garantie seiner Treue auch uns, auch allen Menschen gegenüber.«[15] Die Erwählung Israels bleibt, und seine Berufung bleibt, auch wenn sie in der christlichen Welt eine andere Form annimmt, als sie in der vorchristlichen Welt hatte.

Es ist nicht ohne Bedeutung, daß die Verkündigung des Evangeliums an die Welt und die Öffnung des Israelbundes für die ganze Menschheit nur nach einem tiefgreifenden Konflikt in der frühen christlichen Gemeinde möglich waren; hätten sich die engen Vorstellungen, die in dieser Gemeinde vorherrschten, durchgesetzt, wäre das Christentum dazu verurteilt gewesen, einfach eine weitere jüdische Sekte zu bleiben. Es war vor allen Dingen Paulus, der den Plan Gottes erkannte und sich darum mühte, Christus und somit den Bund und den Gott Israels in die nichtjüdische Welt zu bringen. Dennoch dauerte es bis zur Zerstörung Jerusalems und der faktischen Vernichtung der frühen jüdisch-christlichen »Mutterkirche« dieser Stadt, bis der Sieg des Paulus gesichert war. Mit der Kirche von Jerusalem wurden auch die Sadduzäer – am anderen Ende des Spektrums – ausgelöscht, deren Existenz mit dem Tempel verknüpft war. Wir sollten einen Moment innehalten und darüber in Verwunderung geraten, wie ein und dieselbe Kata-

---

14 *H.W. Robinson*, Inspiration and Revelation in the Old Testament, 1946, S. 159
15 *K. Barth*, Dogmatik im Grundriß, 1948, S. 85; s. auch *M.F. Sulzbach*, Karl Barth and the Jews, Religion in Life 21 (1952) S. 585-593.
Herberg gibt hier eine etwas einseitige, selektive Auswahl der Barthschen Ansicht. U.a. liest man bei *Barth*, ebd., S. 84: »Und als die Hoffnung endlich in Erfüllung geht und der Messias erscheint, da bestätigt Israel seine ganze vorhergehende Geschichte in der Kreuzigung. Es bestätigt sie damit, daß es gerade ihn verwirft, nicht zufällig, sondern als Lästerer Gottes und daß es ihn ausstößt zu den Heiden und dem Pilatus übergibt zur Tötung und Aufhängung am Galgen. *Das* ist Israel, dieses erwählte Volk, das mit seiner Sendung und Erwählung *so* umgeht, daß es sich damit selbst sein Urteil spricht. Der ganze Antisemitismus kommt zu spät. Das Urteil ist längst gesprochen, und neben *diesem* Urteil sind alle anderen Urteile läppisch.« (F.A.R.)

strophe – der Fall Jerusalems und die Zerstörung des Tempels – als historisches Instrumentarium diente, mit dem die »Zwillingsreligionen« rabbinisches Judentum und paulinisches Christentum je in ihrer eigenen Gemeinschaft ihren Sieg sichern konnten. In der Tat – wie unbegreiflich sind Gottes Urteile und wie unerforschlich seine Wege (Röm 11,33)!

III

Kehren wir nun zur ursprünglichen Argumentation zurück. Was ich sagen wollte, läßt sich folgendermaßen zusammenfassen: Judentum und Christentum repräsentieren eine gemeinsame religiöse Wirklichkeit – das Judentum ist nach innen, den Juden, zugewandt, das Christentum ist nach außen, den Nichtjuden, zugewandt, die dadurch zu Gott und in den Bund Israels kommen und somit aufhören, Nichtjuden zu sein. Dies ist die Einheit von Judentum und Christentum.

Worin bestehen nun die Unterschiede? Sie liegen in der Vermittlung, der Berufung und der Ausrichtung. Und diese Unterschiede sind, obwohl sie sich im Rahmen der Einheit der beiden Religionen herausstellen, von entscheidender Bedeutung.

Sowohl im Judentum wie auch im Christentum gibt es – wie ich gezeigt habe – keine direkte und unmittelbare Beziehung zu Gott; diese Beziehung muß in irgendeiner Weise durch Teilhabe am Bund vermittelt werden. Im Judentum nähert sich der Gläubige jedoch Gott und hat Ansehen vor ihm, weil er Teil des Volkes Israel ist, im Christentum, weil er ein Glied Christi ist. Dies wird an der Struktur der Gebete der beiden Glaubensweisen deutlich. Christen wie Juden eröffnen ihre Gebete mit einer Anrufung Gottes, fahren mit Bitten fort und schließen mit einem Lobpreis. Christen jedoch sagen »durch Christus« oder »um Jesu Christi, unseres Herrn, willen«, während Juden mit »um deines Volkes Israel willen«[16] schließen; die einen erinnern an »die Verdienste Christi«, die anderen an »die Verdienste der Väter« (Abraham, Isaak und Jakob, d.h. Israel). Jude zu sein heißt, Gott zu begegnen und seine Gnade in und durch Israel zu empfangen; Christ zu sein heißt, Gott zu begegnen und seine Gnade in und durch Christus zu empfangen.

In seiner Ausrichtung ist authentisches Judentum daher Israel-zentriert (ich meine selbstverständlich das Bundesvolk Israel und nicht den Staat Israel), während authentisches Christentum Christus-zentriert ist. In keiner der beiden Religionen muß diese Ausrichtung zu einer Abwendung von Gott

---

16 Diese Formel habe ich in der jüdischen Liturgie nicht als charakteristisch ausfindig machen können. (F.A.R)

führen, weil es in beiden darum geht, durch Vermittlung Gott nahezukom-
men.

Auch in ihren Heilsgeschichten, die strukturell einander sehr ähnlich
sind, gibt es einen entsprechenden Unterschied. Sowohl Judentum wie Christentum verankern ihren Glauben in einem erlösenden, offenbarenden und
Gemeinschaft schaffenden Ereignis, das zum Mittelpunkt der Geschichte
wird: Im Judentum ist es das Sinai-Ereignis, im Christentum das Christus-
Ereignis.[17] Beide Religionen haben eine Eschatologie, die gleichzeitig »realisiert« wie »futurisch« ist, wenngleich der Aspekt »realisiert« im Christentum, der Aspekt »futurisch« im Judentum stärker ist.

Alles fließt im Problem der Berufung zusammen. Die Berufung im Judentum und Christentum kann mit den gleichen Worten beschrieben werden:
Gott mitten im Götzendienst dieser Welt zu bezeugen oder, um es mit dem
vertrauten rabbinischen Begriff zu sagen: Kidusch Ha-Schem, Heiligung des
[göttlichen] Namens. Doch der Jude erfüllt seine Berufung, indem er »bei
Gott bleibt«, während der Christ seine Berufung nur erfüllen kann, indem er
»hinausgeht«, um die Welt für Gott zu erobern (ich benutze die Vorstellungen und Begriffe Franz Rosenzweigs, des großen deutsch-jüdischen Philosophen und Theologen, dessen tiefe Einsichten in die Beziehung von Judentum und Christentum ich hier darzustellen versuche). Was bedeutet diese
Unterscheidung grundsätzlich? Ich denke, daß ich meine Auffassung mit einem Zitat aus einer kürzlich erschienenen Abhandlung von Roger Shinn am
besten wiedergeben kann: »Hitler wurde unvermeidlich von Juden *(aufgrund ihrer bloßen Existenz)* und von *gläubigen* Christen *(aufgrund ihres religiösen Protestes)* an das Universale gemahnt ..., und das konnte er nicht tole-
rieren.«[18]

Ich mache auf die Hervorhebungen aufmerksam. Was bedeuten diese
Worte? Sie sagen, daß der Christ, um seinen Auftrag, Zeugnis abzulegen, zu
erfüllen, »gläubig« sein und »religiösen Protest« erheben muß, der Jude dagegen Zeugnis durch seine Existenz selbst, einfach dadurch, daß er da ist,
ablegt. Wegen seines anormalen Status in der nichtjüdischen Welt – und
auch dies kann nicht als historischer Zufall gesehen, sondern muß aus dem
Blickwinkel des Glaubens als Widerspiegelung der Absichten Gottes verstanden werden – ist der Jude gezwungen, eine sozusagen zur Hälfte losge-
löste Existenz – in der Welt, aber niemals ganz von ihr – zu leben, die auch

---

17 Sowohl *Martin Buber*, Israel and the World, 1948, S. 94 als auch *Oskar Cullmann*, Christus und die Zeit, ³1962, passim bestreiten, daß es einen echten »Mittelpunkt« oder ein »Zentrum« in der Heilsgeschichte Israels gäbe, und sehen hierin in der Tat einen Unterschied
zwischen Judentum und Christentum. Ich kann jedoch nicht erkennen, wie aus der Struktur des
jüdischen Glaubens ein solcher Unterschied abgeleitet werden kann.

18 Hervorhebung von mir. – *R. Shinn*, Religious Faith and the Task of the Historian, in: *A.N.
Wilder* (Ed.), Liberal Learning and Religion, 1951, S. 70

der Christ anstrebt. Man rufe sich das Bild christlichen Lebens in Erinnerung, das im Diognetbrief [5,5] beschrieben wird: »Die Christen leben in allen Ländern, aber nur als Gäste. Als Bürger haben sie teil an allen Dingen mit den anderen, und dennoch ertragen sie alles, als seien sie Fremde. Jedes fremde Land ist ihnen wie ihr Geburtsland und jedes Herkunftsland wie ein Land von Fremden.« Dies ist das christliche Leben, wie es sein sollte, aber es ist das tatsächliche jüdische Leben. Der Christ vermag leicht seinen Frieden mit der Welt auf Kosten seines Glaubens zu machen; dann verfällt er der Götzenanbetung und betet die »Götter des Raumes« an, wie es Tillich formuliert. Der Jude aber, solange er Jude bleibt und als Jude bekannt ist, kann dies nicht tun, wie sehr er es auch wünschen mag. Der Jude ist, ob er will oder nicht, ein ständiger Vorwurf gegenüber dem Heidnischen im Menschen und in der Gesellschaft, ein nicht-assimilierbares Element in jeder Kultur, die sich selbst vergöttert – und er ist dies einfach aufgrund seiner Existenz als Jude und völlig abgesehen von seinem persönlichen Glauben oder Wünschen, »aufgrund seiner bloßen Existenz«, wie Roger Shinn formuliert. Seine Wahl besteht zwischen einer authentischen und einer nicht-authentischen jüdischen Existenz, nämlich Gottes Zeuge in Selbstbestätigung oder in Selbstablehnung zu sein – aber Gottes Zeuge bleibt er trotzdem. Das ist das »Geheimnis Israels«.

Die Berufung des Juden ist es, zu »bleiben«, die des Christen, »hinauszugehen« – beide mit dem gleichen Anliegen, dem Anliegen des Himmelreichs. Dieser Unterschied in der Berufung verursacht in Verbindung mit den genannten parallelen Unterschieden in der Vermittlung und Ausrichtung eine Reihe anderer, vergleichbarer Unterschiede. Die Liturgie spiegelt besonders treffend die Identität in der Struktur und den Unterschied im Inhalt wider, worauf Tillich sich bezog. Im Judentum wie im Christentum steht die Vergegenwärtigung des entscheidenden Ereignisses, das Offenbarung, Erlösung und Gemeindebildung bedeutet, im Zentrum der Liturgie – im Judentum das Exodus-Sinai-Ereignis, im Christentum das Christus-Ereignis. Pesach, Sukkot und Schawuot (Passah, Laubhüttenfest, Wochenfest), die drei großen Wallfahrtsfeste, vergegenwärtigen Phasen des Sinai-Ereignisses, das Israel ins Leben rief. Karfreitag, Ostern und Pfingsten, Weihnachten vielleicht vorangestellt, wiederholen Phasen des Christus-Ereignisses, das die Kirche ins Leben rief. In beiden Fällen vergegenwärtigt der Gläubige diese Ereignisse in der Liturgie, um sie existentiell als Teile des eigenen Lebens und der eigenen Geschichte zu integrieren. »All dies tue ich«, sagt der Jude bei seiner Rezitation der Passah-Haggadah, »aufgrund dessen, was Gott für *mich* getan hat, indem er mich aus Ägypten herausgeführt hat.« Und die Mischnah kommentiert: »In jeder Generation muß man sich so ansehen, als wäre man selbst aus Ägypten geführt worden.«[19] Dies ist natürlich der bekannten christlichen Vorstellung vergleichbar, die Pascal folgendermaßen formuliert hat: »Alles, was Jesus Christus geschah, muß in der Seele und im Körper jedes Christen Platz greifen... Alles, was der Kirche widerfährt, widerfährt auch jedem Christen als Individuum.«[20] Existentielle Aneignung der Heilsgeschichte, Gleichzeitigwerden mit ihr ist das grundlegende Prinzip sowohl jüdischer wie christlicher Liturgie; die Verschiedenheit ergibt sich aus der Verschiedenheit des jeweiligen heilsgeschichtlichen Ereignisses, das den Kern eines jeden Glaubens bildet.

Der erwähnte Unterschied, der das Judentum als gemeinschaftsbezogen und das Christentum als individualistisch sieht, findet in diesem Kontext seine relative Bestätigung, aber auch seine Begrenzung. Sowohl im Judentum wie im Christentum ist die normative religiöse Existenz korporativ bestimmt; niemand – nicht einmal der Einsiedler in der Wüste – kann aus sich allein heraus und ohne die Kirche Christ sein, ebensowenig wie der Jude aus sich allein heraus und ohne Israel Jude sein kann. In beiden Religionen vollzieht sich die persönliche Begegnung mit Gott, die das Herzstück des Glaubens bildet, prinzipiell nur innerhalb des Kontextes der jeweiligen korporativen Bundes-Gruppierung. An diesem Punkt besteht jedoch ein Unterschied: Der Jude wird als Jude geboren, der Christ dagegen als Heide, und er wird Christ erst dadurch, daß er Christus annimmt. Die christliche religiöse Erfahrung ist daher von Anfang an normativ mit einer persönlichen Begegnung und einem persönlichen Glaubensakt verbunden, auch wenn (so bei der Kindertaufe) dieser Akt stellvertretend vollzogen wird. Für den Juden dagegen ist die religiöse Existenz von Anfang an normativ gemeinschaftsbezogen, da der Jude in den Bund hineingeboren wird (der Heide, der zum Judentum übertritt, stellt die Ausnahme dar, die sozusagen die Regel bestätigt: Der Heide, der ein Jude wird, wie auch der Heide, der ein Christ wird, beginnt im Unterschied zu dem Juden, der als Jude geboren ist, sein religiöses Leben mit einem persönlichen Glaubensakt und der dazugehörigen rituellen Ausdrucksform). Dieser Unterschied ist nicht ohne Auswirkungen auf das *Ethos* der beiden Glaubensweisen.

Der bekannteste Unterschied zwischen Judentum und Christentum ist natürlich derjenige, der sich in irgendeiner Weise auf die Unterscheidung von Gesetz und Gnade, von *halachah* und *agape* bezieht. Diese Unterscheidung kann leicht falsch verstanden und falsch dargestellt werden. Man kann das Gesetz nicht dem Judentum und die Gnade dem Christentum zuweisen: Beide bejahen das Gesetz in gewissem Sinne, und beide sehen das Gesetz in Gnade und Liebe transzendiert und erfüllt. Judentum heißt nicht Erlösung

---

19   Mischnah Pesachim 10,5 (ebenfalls Teil der Liturgie [F.A.R.])
20   *B. Pascal*, Brief an M. und Mme. Perier (17. Oktober 1651) und Brief an M. und Mme. de Rouannez (September 1656)

durch Werke – die Rabbinen sagen, daß »unser Vater Abraham diese Welt und die kommende Welt nur wegen seines Glaubens erbte«.[21] Und der fromme Jude betet jeden Morgen: »Unser Vater, unser König, sei uns gnädig, denn wir haben keine Werke. Rette uns durch deine Gnade.« Auf der anderen Seite läßt auch das Christentum die Werke nicht außer acht – sagt nicht Paulus selber, daß ein »jeder seinen Lohn empfängt für das, was er getan hat bei Lebzeiten, es sei gut oder böse« (2Kor 5,10)? Die eigentliche Differenz geht viel tiefer als solche oberflächlichen Unterscheidungen – sie hängt unmittelbar mit der grundlegenden Differenz in den Fragen von Bund und Berufung zusammen.

Die relativ »statische« Berufung des Juden – er »bleibt bei Gott« – spiegelt sich in dem regulativen Prinzip der *halachah* wider, die ein zentrales Element der normativen jüdischen Glaubensweise ist, d.h. *halachah* als ein heiliges Regulativ des Lebens, das Israels Existenz als Bundesvolk erhält und es somit befähigt, seine Berufung zu erfüllen. Die Berufung der Kirche jedoch besteht darin, »hinauszugehen«; es ist ihre Funktion, die heidnischen Lebensmuster zu zerstören und alles in und unter Christus neu zu schaffen; hierfür braucht sie die ungebundene Waffe des *charisma*, der »freien Gnade«. Dennoch bleibt in beiden eine unausweichliche Polarität zurück: Das Judentum hat sein *charisma*, das besonders in den Zeiten missionarischer Aktivität sichtbar war; und das Christentum hat seine *halachah* und sein »Gesetz«, die in den Vordergrund traten, wann immer die christliche Gemeinde sich in einer relativ statischen Existenz befand – so im calvinistischen Genf. Aber die Gewichte, die beide Pole haben, sind sehr verschieden, das ist alles.[22]

Es beruht auf diesem Unterschied, daß die jeweilige Ritualhandlung ihre Definition durch die jeweilige persönliche Art und Weise der Eingliederung in die Bundesgemeinschaft erhält. Der Jude, der als Jude geboren wurde, wird beschnitten – dies ist das Bundeszeichen; und er eignet sich sozusagen seine Bundesexistenz an durch fortwährende halachische Observanz. Auf diese Weise bestätigt, erhält und erneuert er immer wieder seine Zugehörigkeit zu Israel, dem Volk Gottes. Der Christ wird seinerseits durch die Taufe (oder ihr Äquivalent) Christ; und er eignet sich seine Bundesexistenz durch die eine Observanz an, die im christlichen Glauben die ganze *halachah* ersetzt – das Abendmahl. Gerade weil im christlichen Glauben Christus »das Gesetz erfüllt«, wird für den Christen *alle* rituelle Observanz in dem einen Sakrament Christi vollzogen, durch das der Gläubige seine Vereinigung mit

---

21 Vgl. Mechilta zu Ex 14,31; *J.Z. Lauterbach* (Ed.), Mekilta de Rabbi Ishmael. Bd.1, 1933, S. 253

22 S. den wichtigen Aufsatz von *M. Harris,* Two Ways: Halakhah and Charisma, Judaism 1 (1952) S. 80-84.

Christus erneuert und seine Zugehörigkeit zur Kirche, dem neuen Volk Gottes, bestätigt. Halachische Observanz und Abendmahl sind folglich ihrem Wesen nach äquivalent.

Innerhalb desselben Rahmens können wir einiges von den charakteristischen Gefahren und Schwächen der beiden Bundesgemeinschaften verstehen. Die charakteristische Gefahr des Juden in bezug auf den Bund besteht in dem Stolz, ihn als exklusiven Besitz zu betrachten: Gottes Erwählung meinte ihn von Anfang an und gehört ihm, um sie für sich zu behalten. Die Gefahr des Christen besteht im Stolz der Substitution: Die Erwählung gehört jetzt allein ihm, der Jude wurde enterbt. Eine weitere Gefahr in bezug auf den Bund, jetzt jedoch negativ formuliert, besteht in folgendem: Der Jude, der sich gegen das »Joch des Gottesreichs« auflehnt, bringt dies im sogenannten Selbsthaß zum Ausdruck, der sowohl die Zurückweisung seiner Berufung wie auch den bitteren Groll darüber, von Gott »abgetrennt« zu sein und zum »Anders-Sein« gezwungen zu werden, spiegelt. Der Christ dagegen bringt seinen Groll gegen den Anspruch Gottes durch Antisemitismus zum Ausdruck. »Wann immer der Heide in der christlichen Seele gegen das Joch des Kreuzes revoltiert«, schreibt Rosenzweig, »läßt er seine Wut am Juden [als dem Christusbringer] aus.«[23] Diese Erkenntnis ist faktisch mit der Sicht jüngerer christlicher Theologen identisch, besonders mit der von A. Roy Eckardt in seinem wichtigen Buch »Christianity and the Children of Israel« [Das Christentum und die Kinder Israels] (1948), dem ich viel verdanke.

Bei der Unterscheidung von Gesetz und Gnade besteht die typische Gefahr des Juden im Legalismus, d.h. in der Vorstellung, daß man sich auf die peinlich genaue Erfüllung seiner vom Gesetz verlangten Verpflichtungen verlassen kann, um in das rechte Verhältnis zu Gott zu kommen. Für den Christen besteht die analoge Gefahr im Antinomismus, d.h. in dem Glauben, daß die Gnade den Gläubigen von allen Verpflichtungen des Gesetzes befreit.

Ich möchte die Liste von Ähnlichkeiten, Unterschieden und Äquivalenzen nicht fortsetzen, denn ich beabsichtige keine erschöpfende Aufzählung, sondern will lediglich betonen, daß die genannten Ähnlichkeiten, Unterschiede und Äquivalenzen nur aufgrund der fundamentalen Einheit von Judentum und Christentum zu verstehen sind, die gleichwohl einen wesentlichen Unterschied im Verständnis von »Berufung«, »Vermittlung« und »Ausrichtung« einschließt.

---

23 _J.B. Agus_, Franz Rosenzweig, in: Modern Philosophies of Judaism, 1941, S. 194

IV

Im folgenden möchte ich alle Fäden zusammenfügen und stelle deshalb die Beziehung von Judentum und Christentum in ihrer Einheit und ihrer Verschiedenheit, in ihrer Interdependenz im Blick auf Funktion und Zeugenschaft, dar.

»Israel«, sagt Franz Rosenzweig, »kann die Welt nur durch das Christentum zu Gott bringen.«[24] Trotz jahrhundertelanger Feindseligkeiten hat die jüdische Tradition stets »offen die göttliche Sendung des Christentums« als »Israels Apostel« an die Völker anerkannt.[25] Dies ist, wenn man diese Formulierung wagen will, der Dienst des Christentums für das Judentum.

Aber es gibt auch den Dienst des Judentums für das Christentum. »Das Christentum«, fährt Franz Rosenzweig fort, »könnte nicht lange eine Kraft der Erlösung ohne Israel in seiner Mitte sein.«[26]

»Es ist wichtig [so behauptet Paul Tillich], daß es immer ein Judentum gibt. Es ist das Korrektiv gegen das Heidentum, das mit dem Christentum einhergeht... Die Kirche steht immer in Gefahr, die Götter des Raums anzubeten, in dem sie Geltung hat... Die Kirche ist immer in Gefahr, ihren prophetischen Geist zu verlieren... Daher ist der prophetische Geist, der der Tradition der Synagoge inhärent ist, so lange notwendig, wie die Götter des Raums Macht haben, und das heißt: bis zum Ende der Geschichte... Synagoge und Kirche sollten in unserer Epoche vereint sein im Kampf für den Herrn der Zeit.«[27]

Daß das Zeugnis des Juden durch seine bloße Existenz als Jude auch ein Zeugnis, und zwar ein sehr notwendiges Zeugnis, gegenüber der stets gegenwärtigen Versuchung der Kirche ist, ihren Frieden mit den »Göttern des Raums« zu schließen, zeigt die gesamte neuere Geschichte. Und vielen christlichen Autoren – Barth, Berdjajew, Tillich, Maritain, Eckardt – gilt es für ihre Einsicht und Integrität dankbar zu sein, daß sie diese Lehre aus der Geschichte zogen und Kirche und Welt öffentlich kundtaten. »Wenn man als Christ meinte, die Kirche und die Synagoge gingen sich nichts mehr an«, sagt Barth, »so wäre geradezu Alles verloren. Und wo diese Trennung ... vollzogen ist, da hat sich das gerade an der christlichen Gemeinde gerächt. Die ganze Realität der Offenbarung Gottes ist da heimlich schon geleugnet, und es konnte darum auch nicht fehlen, daß da die Philosophie und die Ideologie überhandnahmen und man sich ein Christentum erfand nach griechischer oder germanischer oder sonstwie frei gewählter Art.«[28] »Wann im-

---

24 Ebd., S. 193 (diese Formulierung stammt allerdings nicht von Rosenzweig, sondern von Agus [F.A.R.]); vgl. *N.N. Glatzer,* Franz Rosenzweig: His Life and Thought, 1953, S. 341.
25 *A.A. Neuman,* Judaism, in: *E.J. Jurji* (Ed.), The Great Religions of the Modern World, 1946, S. 228f
26 *Agus,* Rosenzweig, S. 193; vgl. *Glatzer,* Rosenzweig, S. 343f
27 Zit. in: *Eckardt,* Christianity (s.o. S. 262), S. 146f

mer die Kirche in Gefahr ist, sich von ihrer Quelle fortzubewegen und ihren Ursprung zu vergessen«, erklärt der französische Jesuit L. Richard, »ist Israel da, um es daran zu erinnern.«[29] Dies ist der Dienst des Judentums für das Christentum.

Trotz allem ist diese Interdependenz sekundär. Primär ist jede Religion die authentische Form religiöser Existenz für die, die der Bundesgemeinschaft angehören, wie sie definiert ist. »Angenommen, daß Judentum und Christentum dialektisch miteinander verbunden sind und es daher falsch ist zu sagen, daß das Christentum den Platz des Judentums eingenommen hat, muß ein einzelnes Individuum dennoch konfessionell bejahen, warum es sich genötigt sieht, eher dem Christentum als dem Judentum bzw. eher dem Judentum als dem Christentum zuzustimmen. Wäre dies nicht der Fall, wäre die Spannung zwischen den beiden Glaubensweisen nicht wirklich oder bedeutsam.«[30] Diese Worte von A. Roy Eckardt scheinen mir durch und durch gültig und sollten nie vergessen werden, wenn wir die unausweichliche Interdependenz der beiden Religionen betonen.

Das letzte Wort gilt daher der Verschiedenheit in Einheit und der Einheit in Verschiedenheit. »Die beiden Religionen«, sagt Franz Rosenzweig, »verkörpern gleichermaßen die Wahrheit – gleich vor Gott.«[31] Bei Gott ist die Wahrheit eine, aber für Menschen ist sie unaufhebbar entzweit, da die Wahrheit, so wie Menschen sie sehen, konfessionell und durch die jeweilige Bundeszugehörigkeit bestimmt ist. Dies ist kein schlimmer Relativismus, und es wird auch nicht für einen Moment behauptet, daß alle Religionen gleichermaßen wahr oder gleichermaßen gültig sind. Im Gegenteil, Rosenzweig behauptet, der Mensch sei entweder ein Heide, ein Jude oder ein Christ. (Der Islam stellt ein Problem dar; Rosenzweig betrachtet ihn nicht als einen eigenständigen Weg, ich ebenfalls nicht; ich denke, daß er eher eine Art jüdisch-christliche Häresie ist.) Der Heide als Heide erreicht nicht das Niveau der »Überwelt« [ein Begriff Franz Rosenzweigs], wo sich Juden und Christen finden, obwohl natürlich Gott in seiner Gnade auch ihn erreichen kann. Auf dieser Ebene der »Überwelt« haben Jude und Christ jeweils ihren zugewiesenen Ort, der im Bund, der ihn in Beziehung zu Gott setzt, bezeichnet ist. Da ihre Positionen, ihre »Standpunkte«, unterschiedlich sind, sind ihre Sichtweisen der einen Wahrheit verschieden, obwohl sie Sichtweisen derselben Wahrheit sind – wie zwei Menschen, die im selben Raum, aber in verschiedenen Ecken stehen, den Raum in unterschiedlicher Perspektive und somit in gewissem Maß unterschiedlich sehen. Jeder wird der Wahrheit gegenüber

28 *Barth,* Dogmatik (s.o. Anm. 15), S. 80
29 *L. Richard,* Israël et le Christ, in: *H. de Lubac et al.,* Israël et la foi chrétienne, 1942, S. 118
30 *A.R. Eckardt,* Christian Faith and the Jews, The Journal of Religion 30 (1950) S. 245
31 *Glatzer,* Rosenzweig, S. XXVf

treu sein, wenn er über die Wahrheit spricht, wie er sie wahrnimmt, wenngleich er weiß, daß seine Wahrheit nie ganz mit der vollen Wahrheit Gottes identisch ist. »Nur für Gott ist Wahrheit ein Substantiv«, sagt Rosenzweig, »den Menschen ist sie am besten als ein Adverb vertraut (›wahrlich‹), als Maß der inneren Aufrichtigkeit.«[32] »Angenommen, daß Judentum und Christentum dialektisch miteinander verbunden sind«, so wiederhole ich A. Roy Eckardts Worte von oben, »... muß ein einzelnes Individuum dennoch konfessionell bejahen, warum es sich genötigt sieht, eher dem Christentum als dem Judentum bzw. eher dem Judentum als dem Christentum zuzustimmen.« Dies vermindert nicht die »Endgültigkeit« von Judentum oder Christentum, wenn sie richtig verstanden wird; es verhindert lediglich ihre Vergötzung. Denn – genaugenommen – ist Gott allein absolut, und unser Wissen des Absoluten muß nicht selber absolutes Wissen sein.

Kurz: Jeder von uns, der Jude aus seiner Sicht und der Christ aus seiner, sieht den Aspekt von Wahrheit, den er von seiner Perspektive aus wahrnehmen kann, wie sie von seiner Bundeszugehörigkeit und seiner Berufung her bestimmt ist. Jeder von uns muß zu seiner Wahrheit stehen und sie bekennen und dabei erkennen, daß, wenn wir dies aufrichtig und mit ganzem Herzen tun, wir dem Gott treu bleiben, um dessen Wahrheit es geht. Natürlich nehmen wir die gleiche Wirklichkeit auf unterschiedliche Weise wahr; und natürlich werden wir auch jeder einen Aspekt der Wirklichkeit wahrnehmen, der dem anderen verborgen ist, und wir werden sogar Gleiches unterschiedlich interpretieren. Aber vielleicht ist dies Teil von Gottes Plan, Juden und Christen an verschiedene Abschnitte der Frontlinie des Himmelreichs zu stellen.

Wenn das, was ich ausgeführt habe, sinnvoll ist, dann folgt daraus, daß die eigentlichen Unterschiede zwischen Judentum und Christentum nicht aus Unwissenheit oder Blindheit resultieren, sondern unaufhebbare Unterschiede darstellen, die bis zur end-gültigen Klärung andauern müssen. Judentum und Christentum sind – wie es ein junger jüdischer Theologe formulierte – parallele Linien, die sich nur im Unendlichen treffen. In der end-gültigen Klärung, so glauben wir beide, werden die beiden eins sein – und dann vielleicht (wir wollen so demütig sein, es zuzugeben) wird sich weder »unsere« Wahrheit noch »ihr« Irrtum als das herausstellen, was wir heute sehen.

Und weiter: Wenn das Gesagte gültig ist, kann es kein Missionieren zwischen der jüdischen und der christlichen Gemeinschaft geben. Finkelstein brachte das Ende der jüdischen Mission mit dem Auftreten der »monotheistischen Glaubensweisen« Christentum und Islam in Verbindung.[33] Eckardt

---

32 *Agus*, Rosenzweig, S. 191

stellte die christliche Kritik der »Judenmission« in dem erwähnten Buch und in anderen Veröffentlichungen dar. »Die missionarische Sicht«, schreibt er, »wird ... [nicht nur von ›Liberalen‹, sondern auch] von denen in Frage gestellt, die den christlichen Glauben in gewisser Weise als endgültig verstehen... Hier spielt im allgemeinen der Gedanke eine Rolle, daß die Juden eine einzigartige Funktion in der göttlichen Heilsökonomie haben... Der Anspruch, daß, wenn ›Judenmission‹ aufgegeben würde, hieraus logisch folgte, Missionsbemühungen generell einzustellen, übersieht, daß Judentum und andere Religionen sich nicht auf der gleichen Ebene befinden. Christentum und Judentum verbindet eine Beziehung, die das Christentum zu anderen Religionen nicht hat.«[34] Nicht »Judenmission« oder »Christenmission«, sondern »Jüdisch-christliches Gespräch«.[35] Jeder, der Jude auf seine Weise und der Christ auf seine Weise, ist verpflichtet, ein Bekenntnis seines Glaubens abzulegen und es dem anderen gegenüber ins Gespräch zu bringen. Weder das Judentum noch das Christentum ist »höher« oder »vollkommener« als das Gegenüber – solche Kriterien geben in biblischem Denken keinen Sinn; doch vom eigenen Standpunkt aus kann und sollte man die spezifischen Mängel und Gefahren des anderen wahrnehmen und mit aller Nachsicht auf sie hinweisen. »Von einem menschlichen Standpunkt aus« – ich zitiere wieder Eckardt – »können bestimmte Mängel in anderen Überzeugungen wahrgenommen werden... Ich habe kein Interesse daran zu versuchen, die Juden zum Christentum zu bekehren. Meine Absicht besteht vielmehr darin zu zeigen, warum einige von uns eher Christen als Juden sein müssen. Ein offenes Bekenntnis kann für das weitere Verständnis nur hilfreich sein.«[36] Vielleicht tut einem das Herz weh, daß der andere nicht im eigenem Lager ist und Seite an Seite mit einem am gleichen Frontabschnitt kämpft, aber man muß auch erkennen, daß der andere, obwohl er an einem anderen Abschnitt kämpft, ebenso für den lebendigen Gott kämpft und die Trennung vielleicht sogar auf die Vorsehung Gottes zurückgeht.

Und so sind Jude und Christ getrennt und doch vereint. Die Einheit übersteigt bei weitem das Trennende, denn wir sind verbunden in unserer gemeinsamen Treue gegenüber dem lebendigen Gott und in unserer gemeinsamen Erwartung und Sehnsucht nach dem, der da kommen wird. Jude und Christ – um noch einmal Tillichs Worte in Erinnerung zu rufen – stehen bis

---

33 L. *Finkelstein*, The Beliefs and Practices of Judaism, in: *L. Finkelstein et al.*, The Religions of Democracy, 1941, S. 6

34 *Eckardt*, Christian Faith, S. 236; vgl. *ders.*, Christianity, S. 158.

35 Es ist erfreulich festzustellen, daß sich diese Vorstellung auch unter europäischen Protestanten ausbreitet, s. *J.H. Grolle*, Het Gesprek met Israël, 1949.

36 *Eckardt*, Christian Faith, S. 245

ans Ende der Geschichte vereint im Kampf für den Herrn der Zeit gegen die »Götter des Raums«.

Will Herberg

Ein Jude sieht auf Jesus (1966)

»Wer sagt denn ihr, daß ich sei?« fragte Jesus seine Jünger (Mt 16,15), und
diese Frage, die zum sogen. Petrusbekenntnis führte, ist noch immer eine
entscheidende Frage – für den Juden nicht weniger als für den Nichtjuden,
heute nicht weniger als vor 1900 Jahren. Es ist diese Frage, die ich hier erörtern möchte. Ich spreche als Jude, und zwar vor dem Hintergrund dessen,
was ich für die authentische Tradition des Judentums halte – was kann ich
über Jesus, den Mann aus Nazareth, den Petrus als Christus bekannte, sagen?

I

Zunächst war Jesus ein großer und unvergleichlicher Lehrer der Moral.
Hierüber besteht kein und bestand auch nie ein Zweifel. Seine Ermahnun-
gen und Lehrgespräche sind ohne Parallele in der ethischen Literatur der
Menschheit. Menschen aller Kulturen und Religionen zollten der uner-
schöpflichen Wahrheit und Macht seiner ethischen Unterweisung Anerkennung. Die Bergpredigt ist überall dort bekannt, wo Menschen sich mit Moral beschäftigt haben; nirgendwo versagte sie, die Vorstellungskraft anzure-
gen und das Herz zu der selbstlosen Liebe zu erheben, die Jesus verkündigte.
Das allgemeine Zeugnis der Menschheit bestätigt es: Dieser jüdische Rabbi
aus Nazareth erreichte vor 1900 Jahren eine absolute Höhe moralischen
Weitblicks und ethischer Lehre.

Doch wenn dies alles wäre, gäbe es keine weiteren Fragen und keine weiteren Diskussionen. Denn als ein Lehrer der Moral ist Jesus lediglich einer
unter vielen, einer der Rabbinen des Judentums, ganz und gar in der Ent-
wicklungslinie der rabbinischen Tradition. Sowohl jüdische wie nichtjüdische Wissenschaftler haben, ohne auch nur den geringsten Zweifel daran zu
lassen, gezeigt, daß alle ethischen Unterweisungen Jesu, auch die höchst-
stehenden, ihre Quellen und Parallelen in der zeitgenössischen religiösen Literatur der Juden haben, aus denen Jesus hervorging und unter denen er seine Lehrtätigkeit ausübte. Es genügt nicht, auf die vollendete Synthese hinzuweisen, die dieser geniale Lehrer in seiner Lehre erreichte. Dies kann man
zugestehen, aber es ist nicht einfach und auch nicht in erster Linie der Jesus
als Lehrer der Moral, der uns vor ein Problem und eine Herausforderung

stellt. Als ein Lehrer der Moral ist Jesus ein jüdischer Rabbiner von großer Kraft und Erkenntnis, der aus der Quelle der traditionellen Weisheit seines Volkes schöpft. Dies ist sehr viel, aber es reicht nicht, um die gestellte Frage zu beantworten. Wir müssen den Rahmen weiter stecken.

Jesus stand – auf einer nächsten Ebene – in der Linie der Propheten Israels. Wenn der Prophet ein von Gott in Beschlag genommener Mensch ist, der der Gemeinschaft, der er angehört, gegenübersteht und ihr das Wort des Herrn als Gericht und Verheißung nahebringt, um dadurch auf sie einzuwirken, dann war Jesus von Nazareth ein Prophet in Israel und stand in der Nachfolge von Amos, Hosea, Jesaja und Jeremia. Seine Angriffe auf die Verderbnisse und Abgöttereien seiner Zeit, sein Ruf zur Umkehr, seine Verheißung göttlicher Gnade für die, »die zerschlagen und demütigen Geistes sind«, seine Verkündigung der herannahenden neuen Zeit als Gericht und Erfüllung folgt mit voller Absicht dem Muster der großen Propheten. In der Tat gibt es bei ihm aufgrund der neuen Situation etwas Neues; aber dieses Neue, dieses Sprechen aus und zur Situation der Zeit, ist genau das, was das lebendige Wort der Prophetie kennzeichnet. Jesus, der rabbinische Lehrer, gehört auch zu den Propheten Israels, und zwar mit einer eindeutigen Nähe zu den großen Propheten der Vergangenheit.

Doch wiederum: Wäre dies alles, gäbe es keine Frage zu stellen und kein Problem zu diskutieren. Denn auch hier gilt: Als Prophet oder als Lehrer der Moral ist Jesus nicht mehr als einer unter vielen. An dieser Stelle ist seine Einzigartigkeit, wenn es sie denn gibt, nicht zu entdecken. Jesu prophetische Verkündigung folgt dem prophetischen Wort seiner Vorgänger; seine Verurteilung der Selbstgerechtigkeit der »Schriftgelehrten und Pharisäer« hat vielfältige Parallelen in der rabbinischen Selbstkritik, wie sie sich in der Literatur findet; die Verheißung der göttlichen Gnade für den reuigen Sünder war derart, daß sie jeder zeitgenössische Jude verstehen konnte, selbst wenn er selber nicht dazu zu bewegen war, danach zu handeln. Nein, auch hier können wir nicht die Antwort auf unsere Frage finden – wir müssen noch weiter suchen.

II

Der Jesus, der uns als ein Problem gegenübertritt, ist der Jesus, den Petrus als den Christus bekennt und den das vierte Evangelium als den darstellt, der erklärt: »Ich bin der Weg ...; niemand kommt zum Vater denn durch mich« (Joh 14,6). Wie kann ein Jude mit diesem Bekenntnis und diesem Anspruch umgehen?

Offenkundig haben dieser Anspruch und dieses Bekenntnis außerhalb des

Glaubenskontextes von Israel, wie er in der Hebräischen Bibel beschrieben ist, in der Judentum und Christentum gleichermaßen ihren Grund haben, keine Bedeutung. Der durch die Jahrhunderte hindurch ständig unternommene Versuch, das Alte Testament abzuschaffen und es durch eine andere sogen. »Vorbereitung des Evangeliums« [praeparatio evangelica] wie griechische Philosophie, hinduistische Mystik oder moderne Wissenschaft zu ersetzen, ist unweigerlich und unausweichlich, wenn auch unbeabsichtigt ein Versuch, die biblische Substanz des christlichen Glaubens zu zerstören und das Christentum in einen heidnischen Heilskult zu verwandeln. Christlicher Glaube ist biblisch und hebräisch – oder er ist überhaupt nichts.

Was kann ein Jude, der das Christentum vom biblisch-hebräischen Standpunkt aus betrachtet und im Licht der göttlichen Erlösungsabsicht sieht, wie sie in der Bibel beschrieben wird, über die christliche Kirche und den Christus, den sie verkündigt, sagen? In diesem Zusammenhang scheint die Überzeugung unvermeidlich, daß das Christentum in Gottes Heilsplan auftritt, um den Bund Israels für die »Völker der Welt« zu öffnen.[1] Im biblischen Glauben beruht es in und auf der Zugehörigkeit zum Bundesvolk Gottes, daß der Mensch – menschlich gesprochen – seine Stellung vor Gott hat und Anteil gewinnen kann an der göttlichen Gnade der Erlösung. »Der einzelne Israelit«, hat Alan Richardson betont, »hat Zugang zu Gott aufgrund seiner Zugehörigkeit zum heiligen Volk... In der ganzen Bibel, sowohl im Alten wie im Neuen Testament, gibt es so etwas wie eine private Beziehung zwischen einem Individuum und Gott außerhalb der Zugehörigkeit zum Bundesvolk nicht.«[2] Die Beziehung des Menschen zu Gott ist im wesentlichen eine antwortende; es ist Gottes Ruf, der in der Gnade der Erwählung zum Ausdruck kommt, die dem Menschen – von seiner Seite aus – die Möglichkeit gibt, in eine persönliche Beziehung zu Gott zu treten.

Der moderne (religiöse) Existentialismus mit seiner ansprechenden Betonung persönlicher Begegnung neigt dazu zu vergessen, daß solche Begegnung, aus menschlicher Sicht gesprochen, nur *innerhalb* und auf der Basis des Bundes möglich ist. Nach biblischem Verständnis können Menschen außerhalb des Bundes (in der Regel »Völker« genannt) – einmal abgesehen von der prinzipiell nicht an den Bund geknüpften Gnade Gottes – nicht von sich aus ihren Weg zu Gott finden oder ihm in einer persönlichen Begegnung gegenübertreten. In unserer modernen intellektuellen und daher inadäquaten Terminologie kommt dies der Aussage gleich, daß nur die Religion Israels Menschen zu Gott führt; andere, heidnische Religionen, die »Weltreligionen«, führen sie von Gott fort.

1　Der folgende Abschnitt wiederholt Passagen aus Herbergs Aufsatz »Judentum und Christentum«, s.o. S. 250ff. (F.A.R.)
2　*A. Richardson*, Instrument of God, Interpretation 3 (1949) S. 278

Der Bund Israels wurde von den Propheten – und eventuell auch schon zu früherer Zeit – als Bund einer erlösten und erlösenden Gemeinschaft verstanden; das angestrebte Ziel ist universal, und das Volk, das er hervorbringt, ist ein Werkzeug Gottes für die Erlösung der Menschheit. Alle sollen in den Bund zusammengeführt und innerhalb des Bundes wieder in eine rechte Beziehung zu Gott gebracht werden. In diesem Kontext ist es für Juden möglich, die durch Vorsehung bestimmte Rolle der christlichen Kirche, und für die Kirche, die nie endende, durch Vorsehung bestimmte Funktion des Judentums zu verstehen. Durch Christus wurde Gottes Bund mit Israel – in der »Fülle der Zeit« – der ganzen Menschheit eröffnet. Als derjenige, von dem und durch den der Bund Israels für die ganze Menschheit geöffnet wurde, erscheint Christus – und zwar ganz wörtlich – im frühen christlichen Denken als Verkörperung Israels bzw. Ein-Mann-Israel [vgl. Jes 10,21]. Durch die Gemeinschaft im Glauben mit ihm wird der nichtjüdische Gläubige, der gestern noch Heide war, Teil von Israel; er wird deshalb Bestandteil des Bundes und somit Erbe der Gottesverheißung an Israel. »Gehört ihr aber Christus an«, sagt Paulus, »so seid ihr ja Abrahams Kinder und nach der Verheißung Erben« (Gal 3,29); »... damit der Segen Abrahams zu den Heiden komme durch Jesus Christus«, so beschreibt der Apostel diesen Aspekt des Erlösungswerks (Gal 3,14). »Darum denkt daran«, erinnert Paulus die kürzlich bekehrten Heiden, »... daß ihr zu jener Zeit ohne Christus wart, ausgeschlossen vom Bürgerrecht Israels und Fremde gegenüber den Bünden der Verheißung... Jetzt aber in Christus Jesus seid ihr, die ihr einst Ferne wart, Nahe geworden... So seid ihr nun nicht mehr länger Fremdlinge und Gäste, sondern Mitbürger der Heiligen und Mitglieder des Haushalts Gottes« (Eph 2,11-19). Solomon Grayzel, ein moderner jüdischer Autor, beschreibt den Sinn der paulinischen Worte – ich denke, recht treffend – folgendermaßen: »So erweiterte er den Begriff ›Jude‹, um all die darin ... einzuschließen, die ihr Leben änderten und gläubige Christen wurden.«

Wenn ein Jude im Rahmen der Vorstellung eines göttlichen Heilsplans zu verstehen sucht, was sich ereignet hat, kann er Christus als den sehen, in dem Gott war und ist, indem er für die Erlösung der Völker eintritt. Durch Christus wird eine neue Bundesgemeinschaft geschaffen – die Kirche, der »Leib Christi«. Durch Christus wird Israels Heilsgeschichte zur Heilsgeschichte der zu Christen bekehrten Heiden, die damit faktisch Israeliten werden. »Durch Jesus Christus«, formuliert H. Richard Niebuhr, »erkennen Christen, woher sie auch stammen, die Hebräer als ihre Väter an... Alles, was diesem fremdartigen, wandernden Gottesvolk geschah, wird Teil ihrer eigenen Vergangenheit.«[3]

---

3 *H.R. Niebuhr*, The Meaning of Revelation, 1946, S. 115f

Christlicher Glaube definiert und bringt also einen neuen Bund hervor, der jedoch nicht in dem Sinne neu ist, daß er den alten ersetzt, sondern daß er den alten erweitert und ausdehnt, so wie wir etwa von der Neuen Welt Seite an Seite mit der Alten Welt sprechen. Denn mit dem Heraufziehen des Christentums sind weder Erwählung und Berufung Israels aufgehoben noch löst die Kirche das Volk des »alten Bundes« ab. Die Vorstellung, daß sie das tut, macht nicht nur das fast zweitausendjährige Überleben des Judentums unbegreiflich, sie ist auch Ausdruck geistigen Hochmuts, des Hochmuts der Substitution, der nach und nach zur Zerstörung der Bedeutung und Kraft des Evangeliums führte, wie es ursprünglich verkündigt wurde. Die Erwählung Israels bleibt, seine Berufung bleibt, auch wenn sie in der christlichen Welt eine ganz andere Form angenommen hat, als sie in der vorchristlichen Welt hatte.

Im Rahmen der Vorstellung eines doppelten Bundes kann ein Jude Jesus in seiner Einzigartigkeit sehen. Er ist in der Tat der Weg, der Weg, auf und durch den die Völker der Welt in den Bund Israels eintreten und dem Gott Israels dienen können, der der Schöpfer des Universums und Herr aller Geschöpfe ist. »Israel«, schrieb Franz Rosenzweig, der große jüdische Religionsphilosoph, »kann die Welt nur durch das Christentum zu Gott bringen.«[4] Und dieses »Christentum« ist selbstverständlich die Erstreckung Jesu in die Geschichte des Jesus, den Petrus als den Christus bekannte.

Doch es gibt auch die andere Seite der Medaille. »Das Christentum«, so fuhr Rosenzweig fort, »konnte nicht lange eine Kraft der Erlösung sein, ohne Israel in seiner Mitte zu haben.«[5] Was dies bedeutet, kann man am besten an den Worten Paul Tillichs, eines engagierten Christen, sehen: »Es ist wichtig, daß das Judentum immer existiert. Es ist das Korrektiv gegenüber dem Heidentum, das mit dem Christentum einhergeht... Die Kirche steht immer in der Gefahr, die Götter des Raums anzubeten, innerhalb dessen sie existiert... Die Kirche ist immer in der Gefahr, ihren prophetischen Geist zu verlieren... Daher ist der prophetische Geist, der in der Tradition der Synagoge eingeschlossen ist, so lange vonnöten, wie die Götter des Raums an der Macht sind, und das heißt bis zum Ende der Geschichte.«[6]

Gegen alle Götzenanbeterei proklamiert das Judentum: »Höre, Israel, der Herr ist unser Gott, der Herr allein«; und dies ist ein Wort, das die Kirche ebenso wie die Welt – die Kirche, weil sie so sehr Teil der Welt ist – immer nötig haben werden: das Zeugnis des Judentums vom lebendigen Gott,

---

4 *N.N. Glatzer* (Ed.), Franz Rosenzweig. His Life and Thought, 1953, S. 341 (dieses und das folgende Zitat sind Umschreibungen von Ausführungen in Rosenzweigs Briefen [s.o. S. 179ff], die sich in *J.B. Agus*, Modern Philosophies of Judaism, 1941, S. 193 u.ö. finden [F.A.R.])
5 Ebd.
6 Zit. in: *A.R. Eckardt*, Christianity and the Children of Israel, 1948, S. 146f

das es aufgrund seiner göttlichen Berufung, wie sie in der Geschichte zum Ausdruck kam, zu bezeugen hat und das nicht enden kann, bis alle Dinge ans Ende, zu Gericht und Erfüllung, gekommen sind.

Ja, eins braucht das andere: Das Judentum braucht das Christentum, und das Christentum braucht das Judentum. Die Berufung beider kann mit denselben Worten beschrieben werden: inmitten der Götzenverehrung der Welt Zeugnis abzulegen vom lebendigen Gott. Aber seit der Entstehung der Kirche und durch ihre Entstehung wurde diese Berufung gleichsam in zwei Teile geteilt. Der Jude erfüllt seine Berufung, indem er »bei Gott bleibt« und »der Welt keine Ruhe gibt, solange die Welt Gott nicht hat«, um Jacques Maritains unvergeßlichen Satz zu zitieren.[7] Der Christ kann seine Berufung nur erfüllen, indem er hinausgeht und die Welt für Gott erobert... Die Berufung des Juden ist es, zu »stehen«, die des Christen, »hinauszugehen« – beide aus dem gleichen Grund: der Königsherrschaft Gottes. Judentum und Christentum repräsentieren also *einen* Glauben, der in *zwei* Religionen zum Ausdruck kommt: Das Judentum ist nach innen, den Juden zugewandt, das Christentum ist nach außen, den Heiden zugewandt, die durch es zu Gott gebracht werden und am Bund Israels teilhaben und somit aufhören, Heiden im eigentlichen Sinne des Wortes zu sein. Das ist die Einheit von Judentum und Christentum, und das ist der Grund, warum ein Jude Jesus in seiner Einzigartigkeit als den Weg zum Vater wahrnehmen und anerkennen kann.

Ich weiß, daß das, was ich hier sage, die Christen nicht befriedigen wird, auch wenn sie, wie ich hoffe, die Wahrheit dessen, was ich ausgeführt habe, soweit wie möglich anerkennen. Es kann ja nicht überraschen, daß Jesus als der Christus für Christen mehr bedeuten muß als für Juden. Denn ein Jude sieht Jesus als jemandem an, der aus Israel hervorkommt und weitergeht; er sieht ihn sozusagen von hinten. Der Christ aber sieht als Christ Christus in der Fülle der göttlichen Gnade auf sich zukommen – mit einem Anspruch und um zu richten und zu retten; er begegnet ihm, wie Paulus ihm auf dem Weg nach Damaskus oder wie Petrus ihm vor den Toren Roms begegnete: von Angesicht zu Angesicht. Doch sollte uns diese unterschiedliche Perspektive nicht gegenüber der Tatsache blind machen, daß wir die gleiche Wirklichkeit sehen. In der Tat – ich verweise hier wieder auf Franz Rosenzweig – beziehen sich die beiden Religionen auf die gleiche Wahrheit, repräsentieren sie in gleicher Weise – gleich vor Gott.[8] Bei Gott ist die Wahrheit eine, doch für die Menschen ist sie unaufhebbar entzweit, da sie, so wie Menschen sie sehen, konfessionell und durch die jeweils eigene Glaubensgemeinschaft bestimmt ist. Hiermit soll weder einem Relativismus das Wort geredet noch

---

7 *J. Maritain,* A Christian Looks at the Jewish Question, 1939, S. 29
8 *Glatzer,* Rosenzweig, S. 341

auch nur für einen Moment behauptet werden, alle Religionen seien gleichermaßen wahr oder gleichermaßen gültig. Im Gegenteil ist – wie es Rosenzweig ausdrückt – der Mensch entweder Heide, Jude oder Christ.[9] Der Heide ist als Heide außerhalb des Bereichs des Bundes – dies bedeutet ja gerade Heide-Sein, obwohl sich Gott in seiner Gnade seiner selbstverständlich annehmen kann. Jude und Christ haben auf der anderen Seite jeweils ihren zugewiesenen Ort; er ist im Bund, der sie in Beziehung zu Gott setzt, beschrieben. Da ihre Positionen, ihre »Standpunkte«, verschieden sind, sind folglich ihre Sichtweisen der einen Wahrheit und der einen Wirklichkeit unterschiedlich, obwohl beide Sichtweisen derselben Wahrheit und derselben Wirklichkeit sind – genau wie zwei Menschen, die in demselben Raum, aber in verschiedenen Ecken stehen, den Raum in unterschiedlichen Perspektiven und somit in gewisser Weise unterschiedlich sehen. Jeder wird der Wahrheit gegenüber treu sein, wenn er die Wahrheit so zur Sprache bringt, wie er sie wahrnimmt, dabei jedoch gelten läßt, daß seine Wahrheit nie ganz mit der vollen Wahrheit Gottes identisch ist. Diese Auffassung tut der Endgültigkeit von Judentum oder Christentum, wenn sie richtig verstanden wird, keinen Abbruch; sie verhindert lediglich deren Vergötzung: Beide erscheinen als Instrumente im göttlichen Erlösungsplan, wenn auch jeweils auf unterschiedliche Weise.

Kurz, jeder, der Jude zu seinem Teil und der Christ zu seinem, sieht die Wahrheit, wie sie von seiner Perspektive aus wahrgenommen werden muß und durch seinen Bund und seine Berufung bestimmt ist. Jeder muß zu seiner Wahrheit stehen und sie bekennen; er wird dabei die Erkenntnis gewinnen, daß, sofern er dies aufrichtig und mit ganzem Herzen tut, er dem Gott, um dessen Wahrheit es geht, treu bleibt. Da die beiden die gleiche Wirklichkeit auf unterschiedliche Weise sehen, nimmt wohl jeder natürlich nur einen Aspekt der Wahrheit wahr, der dem anderen verborgen ist, und wird darüber hinaus die gleiche Wahrheit unterschiedlich interpretieren. Aber vielleicht ist das ein Teil von Gottes Plan, Juden und Christen an unterschiedliche Abschnitte der Kampflinie für das Königreich zu stellen, so daß jeder nicht nur »allgemein« von Gott Zeugnis ablegt, sondern auch Zeuge der Gefahren, der Schwächen und Versuchungen des anderen ist. Das Zeugnis des Christentums gegen legalistische und moralistische Tendenzen im Judentum ist ein Zeugnis, für das der Jude immerwährend dankbar sein muß. Und auch ein Christ, so scheint mir, sollte den Wert des jüdischen Beitrags in diesem Dialog sehen. Der Christ, der dazu neigt, ungeduldig mit dem Juden zu sein, weil dieser sich weigert, in Jesus die Erfüllung und Vollendung von Gottes Erlösungswerk zu sehen, möge einen Moment innehalten, um sich

9 Ebd.

zu fragen, ob diese jüdische »Hartnäckigkeit« nicht wichtig war als eine unaufgebbare Erinnerung an die Unvollendetheit der Vollendung, einer Erlösung, die in der Tat gekommen sein mag, aber trotzdem noch aussteht. Vielleicht mag das Herz eines jeden – Jude wie Christ – schmerzen, daß der andere nicht im eigenen Lager steht, die Dinge nicht wie er selber sieht und
Seite an Seite mit ihm an seinem eigenen Frontabschnitt kämpft; aber er
muß auch erkennen, daß, obwohl der andere an einem anderen Abschnitt
kämpft, auch er die gleiche Schlacht für den gleichen Gott schlägt und ihre
Trennung vielleicht auf die Vorsehung Gottes zurückgeht.

III

So mag ein Jude schließlich Jesus, den Glauben und die Kirche, die auf dem
Bekenntnis zu Jesus als dem Christus gründet, sehen. Ich bin mir darüber im
klaren, wie schwer es ist zu vermitteln, was jemand zu dieser Frage zu sagen
hat. »Christus«, meinte einmal Franz Kafka, der Jude, »ist ein mit Licht ge-
füllter Abgrund; man muß die Augen schließen, wenn man nicht hineinfal-
len will.«[10] Und trotzdem muß man das Wort nehmen. In Jesus – und zwar
nicht nur in Jesus, dem Lehrer der Moral, oder in Jesus, der prophetischen
Stimme, sondern auch in dem Jesus, den Christen als den Christus bekennen
– finden Jude und Christ ihre Einheit ... und ihre Differenz. In der Antwort
auf die Frage »Wer sagt ihr, daß ich sei?« sind Jude und Christ getrennt und
dennoch vereint. Die Einheit übersteigt bei weitem die Trennung, wie real
diese auch sein mag, denn die beiden sind in ihrer gemeinsamen Loyalität
dem lebendigen Gott gegenüber und in ihrer gemeinsamen Erwartung und
Hoffnung auf den, der kommen wird, verbunden: Für den Christen ist es
der, der gekommen ist und wiederkommen wird, für den Juden ist es der,
der Israel verheißen ist; aber für beide ist es derselbe eine Verheißene. In diesem einen Glauben und dieser einen Hoffnung stehen Jude und Christ – um
an Paul Tillichs Worte zu erinnern – bis zum Ende der Zeit vereint im Kampf
für den Herrn der Geschichte gegen die heidnischen und götzendieneri-
schen Mächte, die uns von allen Seiten zu überwältigen drohen.

10 *G. Janouch*, Conversations with Kafka, 1953, S. 93

Abraham Joshua Heschel
(1907-1972)

John C. Merkle

Einleitung

Das Christentum kann nur dann richtig verstanden werden, wenn es in seiner Beziehung zum Judentum gesehen wird; die wahre Bedeutung der Kirche kann nur in Verbindung mit dem jüdischen Volk und seiner von Gott bestimmten Aufgabe in der Geschichte begriffen werden. Denn die Bewegung, die sich in Reaktion auf Jesus von Nazareth bildete, war die Bewegung einer jüdischen Sekte – eine von verschiedenen Möglichkeiten, jüdischen Glauben und jüdische Hoffnung im ersten Jahrhundert zum Ausdruck zu bringen. Es dauerte nicht lange, bis diese Bewegung, die zunächst nur aus Juden bestand, auch nichtjüdische Konvertiten anzog. Schließlich wurde sie eine vorwiegend heidnische Kirche, die von der jüdischen Gemeinschaft getrennt war. Während die Kirche ihre Identität unabhängig vom Judentum konsolidierte, unterzog sie sich einem Prozeß der »Entjudaisierung«, in dem viele ihrer ursprünglichen jüdischen Elemente durch Elemente der hellenistischen und römischen Weltanschauung verdunkelt wurden, der sie sich assimilierte. Darüber hinaus versuchte die Kirche ihren unabhängigen Status dadurch zu legitimieren, daß sie sich als das »neue Israel« darstellte, das die Juden als das »alte Israel« ersetzt hatte. Tatsache ist, daß die Kirche ihre Identität immer in bezug auf das Judentum und das jüdische Volk definierte. Leider verstand sie das Judentum im allgemeinen nicht richtig, stellte es falsch dar und vermochte die fortdauernde Dynamik und Gültigkeit des religiösen jüdischen Lebens nicht zu würdigen.

Doch jetzt leben wir an einem Wendepunkt in der Geschichte der jüdisch-christlichen Beziehungen. Seit etwas mehr als drei Jahrzehnten, seit dem Zweiten Vatikanischen Konzil, steht die Kirche in einem Prozeß, ihre Ansichten über das Judentum und ihre fast 2000jährige Beziehung zum jüdischen Volk zu ändern. Gewiß ist dies ein schmerzhafter Prozeß, weil er in das Zentrum des christlichen Selbstverständnisses trifft, das zum großen Teil auf der Vorstellung beruhte, daß das Christentum das Judentum abgelöst habe. Nun, da die Kirche die bleibende Gültigkeit des Judentums anerkennt, ist die Bedeutung des Christentums in seiner Beziehung zum Judentum neu zu bewerten. Wie schmerzlich diese Revision auch sein mag, sie ist notwendig, weil in ihr der Schlüssel zu einer echten christlichen Erneuerung liegt. Durch den Kontakt mit dem Judentum, dem Glauben Jesu, können wir Christen den Wurzeln unseres eigenen spirituellen Lebens neue Nahrung geben.

I

Es hat viele Juden gegeben, deren Einfluß auf die Kirche zu dieser großen Veränderung der kirchlichen Sicht von Juden und Judentum beigetragen hat, aber keiner hat wohl mehr dazu beigetragen als Abraham Joshua Heschel (1907-1972). In der Tat, kein anderer Jude tat mehr in nachbiblischer Zeit als Heschel, um unter Christen ein größeres Verständnis für das Judentum zu wecken. Obwohl andere Juden vielleicht ebensogut wie Heschel die Größe des Judentums zum Ausdruck brachten, hat er es wohl mehr als jeder andere vermocht, sie Christen erfolgreich nahezubringen. Da er in der Zeit einer ökumenischen Revolution lebte, in der Christen stärker als je zuvor ihre Sicht des Judentums zu überprüfen begannen, hatte Heschel die Möglichkeit, die christliche Welt auf eine Weise zu erreichen, die Juden früherer Generationen unbekannt war. Und obwohl er nur einer von vielen jüdischen religiösen Gelehrten dieses Jahrhunderts war, die Einfluß auf das Christentum ausübten, wurde er mehr als diese anderen von Christen als Sprecher seiner Tradition betrachtet. Dies ist in der Tat richtig, zumindest für diejenigen unter uns, die mit dem Urteil des bekannten jüdischen Wissenschaftlers Jacob Neusner übereinstimmen, daß Heschel »der größte jüdische Theologe dieses Jahrhunderts« ist.[1]

Vor der Veröffentlichung seines Buches »Man Is Not Alone« (1951) war Heschel außerhalb der akademischen jüdischen Welt kaum bekannt. Dennoch prophezeite Reinhold Niebuhr in der Besprechung dieses Buches, das er als eine »meisterhafte Analyse des Glaubens« beschrieb, daß Heschel »eine bedeutende und autoritative Stimme nicht nur in der jüdischen Gemeinschaft, sondern im religiösen Leben Amerikas überhaupt« werden würde.[2] Während der nächsten zwei Jahrzehnte erfüllte Heschel diese Erwartung – mit den Worten des Herausgebers dieses Buches: Er wurde »der herausragende jüdische Denker seiner Generation« und »eine bedeutende spirituelle Kraft im zeitgenössischen Amerika«.[3]

Heschel, 1907 in Warschau geboren, stammte aus einem jahrhundertealten Geschlecht von Gelehrten und religiösen Führern. Er wuchs in einer At-

---

1 *Jacob Neusner*, Stranger at Home. »The Holocaust«, Zionism and American Judaism, Chicago 1981, S. 82
2 *Reinhold Niebuhr*, Masterly Analysis of Faith, New York Herald Tribune Book Review, 1. April 1951, S. 12
3 *Fritz A. Rothschild*, Abraham Joshua Heschel (1907-1972): Theologian and Scholar, in: American Jewish Year Book 74, 1973, S. 533. Dieser Nachruf und Rothschilds Einführung zu Between God and Man. An Interpretation of Judaism from the Writings of Abraham J. Heschel, New York 1976 sind die wesentlichen Quellen für die im folgenden gemachten biographischen Angaben. Eine längere Einführung zu Heschels Leben und Arbeit (die auf Rothschild und anderen Quellen basiert) findet sich im 1. Kapitel von *John C. Merkle*, The Genesis of Faith. The Depth Theology of Abraham Joshua Heschel, New York 1985.

mosphäre echter chassidischer Frömmigkeit und Gelehrsamkeit auf. Im Alter von 10 Jahren war er nicht nur mit der Bibel und dem Talmud vertraut, sondern hatte auch jüdische Mystik, die Kabbala, kennengelernt. Mit 20 Jahren zog er nach Berlin und schrieb sich dort sowohl an der Hochschule für die Wissenschaft des Judentums als auch an der Universität ein. Seine zweifache Immatrikulation deutete bereits an, was seine lebenslange Aufgabe werden sollte: die Erkenntnisse moderner westlicher Wissenschaft mit dem getreuen und tiefgehenden Verständnis seines jüdischen Erbes zu verbinden. 1933 erwarb er seinen Doktor in Philosophie an der Universität Berlin. Seine Dissertation »Die Prophetie« – sie wurde 1936 veröffentlicht – ist eine brillante Analyse des prophetischen Bewußtseins und bildet die Basis für den zweiten Teil seines überragenden Werks »The Prophets« (1962), das Bernhard W. Anderson als »die tiefgehendste Studie zu diesem Thema, die jemals veröffentlicht wurde« gepriesen hat.[4]

1934 zum Rabbiner ordiniert, wurde Heschel Dozent für Talmud an der Hochschule, an der er studiert hatte. 1937 wurde er Nachfolger von Martin Buber am Jüdischen Lehrhaus in Frankfurt am Main, das von Franz Rosenzweig gegründet worden war; dort unterrichtete er, bis ihn die Nazis 1938 nach Polen abschoben. Im April 1939 wurde er eingeladen, eine Stelle am Hebrew Union College in Cincinnati anzunehmen. In jenem Sommer, genau sechs Wochen vor der Invasion der Nazis in Polen, brach Heschel über England in die USA zu seiner neuen Stelle auf, die er im Frühjahr 1940 antrat.

Fünf Jahre lang lehrte Heschel als außerordentlicher Professor für Philosophie und rabbinische Literatur am Hebrew Union College. 1945, in dem Jahr, in dem er die amerikanische Staatsangehörigkeit erhielt, wechselte er an das Jewish Theological Seminary of America in New York, wo er Professor für jüdische Ethik und Mystik wurde; hier lehrte er bis zu seinem Tod 1972.

Heschel war ein produktiver Autor und schrieb wissenschaftliche Beiträge zur Erforschung der Bibel, der rabbinischen Literatur, mittelalterlichen Philosophie, jüdischen Mystik und zum Chassidismus. Außerdem entwickelte er eine schöpferische Religionsphilosophie für unsere Zeit. Neben den schon erwähnten Werken gehören »Der Sabbat« (1951), eine tiefsinnige Studie über die »Architektur der Zeit«, »Der Mensch fragt nach Gott« (1954), eine eindringliche grundsätzliche Analyse von Gebet und Symbolik, »Der Mensch ist nicht allein« (1951) und »Gott sucht den Menschen« (1955), sein Hauptwerk als schöpferischer Religionsphilosoph, das Neusner als einzigartige Einführung in das geistige Erbe des Judentums beschreibt[5],

---

4 *Bernhard W. Anderson,* Confrontation with the Bible, Theology Today 30, 1973, S. 270
5 *Jacob Neusner,* The Way of Torah. An Introduction to Judaism, Belmont 1979, S. 104

zu Heschels wichtigsten Büchern, außerdem *Tora min ha-schamajim be-is-paklarjah schel ha-dorot* (Tora vom Himmel in der Auslegung der Generationen) (Bd. 1, 1962; Bd. 2, 1965; Bd. 3, 1990, ²1995, auf Hebräisch), sein Hauptwerk als historischer Theologe, und »Leidenschaft für die Wahrheit« (1973), eine wichtige Untersuchung, in der er den Baal Schem Tow (den Gründer des Chassidismus), Reb Mendel von Kotzk (einen chassidischen Meister) und Sören Kierkegaard miteinander vergleicht.

Heschels Schriften sind wahrhaft religiös, da er ein im eigentlichen Sinne religiöses Leben führte, in dem sich Studieren, Beten und Handeln harmonisch miteinander verbanden. Sein Handeln bestand vor allem in den unbesungenen *Mitzwot* eines frommen Juden. Aber er bezog auch zu zahlreichen sozialen Fragen öffentlich und mutig Stellung. Er begann damit schon früh in seinem Leben und machte dies besonders in einer Vorlesung deutlich, die er im März 1938 in Frankfurt am Main hielt und in der er sich gegen die Nazis wandte. Dennoch wurde Heschel erst in seinem letzten Lebensjahrzehnt als führender Ethiker von nationaler und internationaler Bedeutung anerkannt. Dies begann 1963, als er den Hauptvortrag auf der »Nationalkonferenz über Religion und Rasse« (National Conference on Religion und Race) hielt, die zu der weiten Beteiligung der Geistlichkeit am großen »Marsch nach Washington« führte. Er war leidenschaftlich und beharrlich in seiner Unterstützung der Bürgerrechtsbewegung und Verurteilung des Rassismus. Heschel trat zusammen mit Martin Luther King (Jr.) auf und marschierte an dessen Seite von Selma nach Montgomery. Heschel protestierte ebenso gegen die Verwicklung Amerikas in den Vietnamkrieg. Er war einer der Autoren von »Vietnam: Crisis of Conscience (Vietnam – Krise des Gewissens)« (1967) und zweiter Vorsitzender der nationalen Organisation »Clergy and Laity Concerned about Vietnam (Geistliche und Laien in Sorge über Vietnam)«, die dazu beitrug, das amerikanische Volk auf die moralischen und religiösen Implikationen dieses Krieges aufmerksam zu machen.

Heschel war auch die erste bedeutende jüdische Persönlichkeit, die alle Juden der Welt dazu aufrief, den Juden in der Sowjetunion zu Hilfe zu kommen. Auf einer Konferenz der »Rabbinical Assembly« (1963) erhob er den Schlachtruf gegen den »spirituellen Genozid«, der an den Juden der Sowjetunion begangen werde. Im Rückblick auf Heschels Rede schreibt Rothschild: »Seine leidenschaftliche Bitte um massive öffentliche Unterstützung wurde durch die Presse weit verbreitet und führte in der Folge zur Gründung der ›Amerikanischen Konferenz zum sowjetischen Judentum‹.«[6]

Auch dem Zionismus gegenüber fühlte sich Heschel tief verpflichtet. Sein Buch »Israel, Echo der Ewigkeit« (1968) ist nur ein beredter Ausdruck dieses

---

6 *Rothschild*, Heschel (s.o. Anm. 3), S. 535

Engagements. Doch Heschel forderte nicht nur Nichtjuden auf, Israels Existenzrecht zu unterstützen; er rief ebenso Juden wie Araber dazu auf, die grundlegenden Menschenrechte gegenseitig anzuerkennen und zusammen für den Frieden zu arbeiten.

Auch in der Ökumene war Heschel aktiv. Besonders bemerkenswert ist die herausragende Rolle, die er in den Verhandlungen zwischen jüdischen Organisationen und der Spitze des katholischen Klerus vor und während des Zweiten Vatikanischen Konzils innehatte. Während des Konzils vertrat Heschel in Rom das American Jewish Committee in seinem Bemühen, die jüdisch-christlichen Beziehungen zu verbessern und den Antijudaismus aus den Lehren der Kirche zu entfernen. Das American Jewish Committee war sich bewußt, daß die Haltung der Kirche gegenüber den Juden mit grundsätzlichen theologischen Fragen verbunden war, und wählte daher wegen seines theologischen Scharfsinns Heschel, das Komitee beim Konzil zu vertreten. Ende November 1961 traf sich Heschel mit Kardinal Augustin Bea, dem Vorsitzenden des »Sekretariats für christliche Einheit«. Bea lud Heschel ein, dem Rat Vorschläge zu unterbreiten, die das Verhältnis von Katholiken und Juden verbessern sollten. Zu Heschels Antwort an Bea schreibt Rothschild:

»Heschels Memorandum, das er zusammen mit dem American Jewish Committee vorbereitet hatte, gab drei wichtige Empfehlungen. Es drängte das Konzil, ›diejenigen, die behaupten, daß die Juden als Volk für die Kreuzigung Jesu verantwortlich seien, in die Schranken zu weisen und zu verurteilen‹. Es schlug vor, daß das Konzil ›die Integrität und den bleibenden Wert von Juden und Judentum anerkenne‹, so daß die Juden *als Juden* akzeptiert würden. Das bedeutete, daß die Kirche ihre durch Mission geprägte Einstellung gegenüber den Juden zu überdenken habe und davon Abstand nehmen müsse, Juden grundsätzlich als potentielle Konvertiten zu betrachten. Und schließlich forderte es Programme, um im Rahmen wissenschaftlicher Zusammenarbeit ›Herabsetzungen und abwertende Stereotype auszumerzen‹, außerdem die Einrichtung kirchlicher Stellen, um religiöse Vorurteile zu bekämpfen.«[7]

Während des Konzils war Heschel der einflußreichste amerikanisch-jüdische Delegierte. Obwohl das Schlußdokument des Konzils über Juden Heschels Erwartungen nicht erfüllte, »hatte er nichtsdestoweniger den Eindruck, daß es sich dabei um einen Meilenstein im jüdisch-katholischen Verhältnis handelte und daß es den Weg für eine neue Ära des besseren Verstehens und des gegenseitigen Respekts eröffnete.«[8] Dieser Meilenstein war

---

7   Ebd., S. 535f

8   Ebd., S. 536. Hinsichtlich Heschels Einfluß auf das Zweite Vatikanische Konzil und die noch größeren Auswirkungen seines Werkes auf die jüdisch-christlichen Beziehungen s. auch *Eva Fleischner*, Heschel's Significance for Jewish Christian Relations, in: Abraham Joshua Heschel. Exploring His Life and Thought, ed. John C. Merkle, New York 1985, S. 142-164

zum größten Teil auf Heschels Präsenz und seine Anstrengungen auf dem
Konzil zurückzuführen.

II

Christen zu überzeugen, ihre traditionelle Sicht des Judentums zu ändern,
war für Heschel im Grunde Nebenprodukt seiner eigentlichen Aufgabe,
Zeuge für Gott zu sein. Gleichwohl handelte es sich um einen wichtigen
Punkt seines theologischen Wirkens. Er war entschlossen, das, was er »das
neue christliche Verständnis des Judentums« nannte[9], zu fördern. 1966
sprach Heschel vor einer jüdischen Hörerschaft von einer gegenwärtigen
ökumenischen Revolution, in der Juden die einzigartige Gelegenheit hätten
– »beispiellos seit fast 2000 Jahren« –, in einen Dialog mit denjenigen Christen zu treten, die daran »interessiert sind, die Botschaft der jüdischen Gedankenwelt zu erfahren«.[10] Heschels Wunsch, jüdische Erkenntnisse mit
Christen zu teilen, zielte nicht darauf, sie zum Judentum zu bekehren. »Wir
sehen von Bekehrung ab und betrachten jeden Versuch, einem Menschen
von seinem Glauben, seinem religiösen Erbe abzubringen, als einen Akt von
Überheblichkeit«, sagte Heschel.[11] Aber er wußte auch, daß das Judentum,
das der Welt schon so viele geistliche Schätze gegeben hatte, nicht nur für Juden, sondern für alle Menschen ein einzigartiges Vermächtnis darstellt. Er
war sich bewußt, daß Christen, um dieses Vermächtnis empfangen zu können, zu einem neuen und genaueren Verständnis des Judentums gelangen
müßten. Auf vielerlei Weise trug er selbst zu dieser Entwicklung bei; am be-
deutsamsten ist, was er hinsichtlich der drei Zentren, um die das Judentum
kreist – Gott, Tora und Volk Israel –, lehrte.

Der bekannte Philosoph Charles Hartshorne drückte im Blick auf Heschels Gottesverständnis die Ansicht vieler Christen aus, als er sagte: »Wenn
es je eine Theologie gegeben hat, deren oberstes Prinzip die göttliche Liebe
ist, dann ist es diese.«[12] Soviel zu der uralten christlichen Polemik, daß das
Christentum ein dem Judentum überlegenes Gottesverständnis habe! Was
Reinhold Niebuhr als Heschels »meisterhafte Darstellung des Glaubens« bezeichnete, ist im wesentlichen eine Darstellung des Weges der Tora. Soviel
zum Kontrast zwischen Judentum als einer »Religion des Gesetzes« und
Christentum als einer »Religion des Glaubens«! Heschel zu begegnen, sagte
der protestantische Exeget W.D. Davies, bedeutete, »die geheimnisvolle

---

9   *Abraham J. Heschel,* From Mission to Dialogue, Conservative Judaism 21, 1967, S. 9
10 Ebd., S. 10
11 Ebd., S. 1
12 *Charles Hartshorne* in einem Brief an John C. Merkle vom 18. Juni 1965

Größe der jüdischen Tradition« zu erfahren.[13] Soviel zum christlichen Mythos, daß die Kirche »das neue Haus Gottes« sei, das Israel als »das vormali-
ge Gottesvolk« ersetzt habe![14] Wenn Christen entdecken, daß das jüdische
Gottesverständnis unendlich reicher ist, als es in der christlichen Polemik
dargestellt wurde, daß der Weg der Tora, der in der traditionellen christlichen Literatur als abgeschafft erklärt wurde, weiterhin das Signum der Heiligkeit an sich hat und das jüdische Volk, dessen göttlicher Auftrag angeblich
durch die Kirche ersetzt wurde, unzähligen Verfolgungen widerstand gerade
wegen seiner spirituellen und moralischen Vitalität – wenn Christen diese
Tatsachen wirklich wahrnehmen, dann müssen sie eine neue Theologie des
Judentums und des jüdischen Volkes entwickeln.

Heschel zu lesen heißt, die spirituelle Vitalität und Größe des Judentums
zu spüren, heißt, überzeugt zu sein, daß das jüdische Volk noch immer im
Bund mit Gott steht und eine unaufgebbare Rolle im göttlichen Erlösungs-
geschehen spielt. In diesem Licht müssen sich Christen fragen, wie sie die
Aufgabe des Christentums in diesem Geschehen verstehen. Der überholte
Gedanke, daß das Christentum das Judentum abgelöst habe und die Christen die Juden als Gottes Erwählte ersetzt hätten, läßt sich mit einer ehrlichen
Lektüre Heschels nicht vereinbaren, kann keine echte Begegnung mit dem
Judentum überleben. Heschel hat – und vielleicht wieder mehr als irgend jemand anderer – Christen die Großartigkeit seiner Tradition vermittelt. Erst
in den vergangenen Jahrzehnten wandten sich Christen endlich an Juden,
um deren Verständnis des jüdischen Glaubens zu erfahren, und nicht an
christliche Kritiker des Judentums. Viele fanden in Heschel einen herausra-
genden Mentor. Darüber hinaus wandten sich viele Christen – auch abgesehen von ihrem Wunsch, das Judentum zu verstehen – an Heschel, um Anlei-
tung für ihr eigenes Glaubensleben zu erhalten. Ein Nebeneffekt dieser
geistlichen Bereicherung durch einen traditionsverbundenen Juden ist:
Christen haben den christlichen Mythos, daß das Judentum eine überholte
Religion sei und diejenigen, die ihm trotz der christlichen Alternative an-
hängen, geistig blind oder verbohrt seien, zu verwerfen. Im Gegenteil – sie
müssen die spirituelle Tiefe und theologische Wahrhaftigkeit des Judentums
anerkennen, die Heschels religiöses Leben und Verstehen nährten.

---

13 *W.D. Davies,* Conscience, Scholar, Witness, America 1973, S. 214
14 Vgl. *Karl Rahner,* Grundkurs des Glaubens. Einführung in den Begriff des Christentums,
Freiburg, Basel, Wien 1985

III

Dies ist der Punkt, an dem Heschel seinen größten Beitrag für die christliche Welt leistete: Er vermittelte zahlreichen Christen eine tiefe Wertschätzung des Judentums. Und da das Selbstverständnis der Kirche zum großen Teil auf falschen Informationen über das Judentum beruht, muß diese neue christliche Wertschätzung des Judentums unvermeidlich eine Revolution im christlichen Selbstverständnis hervorrufen. Wie kann die Kirche ihre Identität und ihren Auftrag rechtfertigen, wenn sie sich nicht selbst als das »neue Israel« darstellt, das das »alte Israel« als Gottes erwähltes Volk ersetzt hat?

Heschel selbst schlug den Christen eine bedenkenswerte Antwort vor; und was er über das Christentum geschrieben hat, ist in der Tat eine Herausforderung für das christliche Selbstverständnis. »Es ist eine grundlegende Herausforderung für die Kirche«, sagte Heschel, »zu entscheiden, ob das Christentum kam, um den jüdischen Weg zu überwinden, ihn abzuschaffen, oder ob es kam, um ihn fortzusetzen und den Gott Abrahams und Gottes Willen den Völkern zu bringen.«[15] Um Heschels Sicht des Christentums und seiner Aufgabe in der Geschichte zu würdigen, muß man sie ins Verhältnis zu seiner Sicht der Aufgabe des jüdischen Volkes und seines Bundes setzen.

Nach Heschel »geht Gottes Offenbarung an Israel als Offenbarung durch Israel weiter«.[16] Dem jüdischen Volk wurde die Aufgabe übertragen, Zeugnis für Gott durch die Tora abzulegen. Und ebenso wie biblische und rabbinische Autoren das Volk daran erinnerten, daß seine besondere Erwählung nicht Israels Überlegenheit über andere Völker oder eine ausschließliche Beziehung zu Gott bedeute, weist Heschel darauf hin, daß dies auch nicht heiße, daß Israel der einzige Träger von Gottes Offenbarung sei.[17] Heschel war der Auffassung, daß wir für die Offenbarung des Göttlichen offen sein sollten, wo immer sie sich wahrnehmen lasse, und daß solche Offenheit ein Ausdruck des Vertrauens in den Gott unseres biblischen Erbes sei, der alle Überlieferungen übersteigt. Gottes Offenbarung kann an vielen unerwarteten Orten entdeckt werden, besonders dort – so Heschel –, wo Gerechtigkeit und Liebe gefördert und gesteigert werden.

Deutlich ist darüber hinaus, daß für Heschel Absicht und Ziel göttlicher Offenbarung die Erlösung der Menschheit ist. Er war der Ansicht, daß »die Verschiedenheit der Religionen Gottes Wille ist«, weil »die Aufgabe, das Reich Gottes vorzubereiten«, solcher Verschiedenheit bedarf. Wenn dies der

---

15 *Abraham Joshua Heschel,* The Jewish Notion of God and Christian Renewal, in: *Laurence K. Shook* (Ed.), Renewal of Religious Thought (s. Lit.), S. 111
16 *Abraham Joshua Heschel,* No Religion is an Island, Union Seminary Quarterly Review 21, 1966, S. 129 (vgl. unten S. 324ff)
17 Ebd., S. 126

Fall ist, folgt daraus dann nicht, daß Völker unterschiedlicher Glaubensweisen von Gott für verschiedene Aufgaben erwählt wurden? Über das Christentum im besonderen sagte Heschel: »Das jüdische Verständnis macht es uns möglich, die Existenz eines göttlichen Plans in der Rolle des Christentums innerhalb der Heilsgeschichte zu erkennen.«[18]

Es ist festzuhalten, daß Heschel von Heils*geschichte* spricht. Von seiner jüdischen Sicht aus ist Erlösung nicht nur ein Ereignis, das am Ende der Geschichte geschehen wird, sondern ein Prozeß, der sich ständig vollzieht und der durch menschliches Tun unterstützt oder beeinträchtigt wird. Erlösung ist ein Prozeß, in dem sowohl Judentum wie Christentum die wichtige Aufgabe haben, Zeugnis für den Gott Israels abzulegen und die Übereinstimmung menschlichen Lebens mit dem Willen Gottes zu fördern. Aber während sich das Christentum auf *ein* Ereignis in diesem Prozeß als Vorwegnahme »der letzten Tage« konzentriert, betont das Judentum die Tatsache, daß unabhängig davon, wie viele »Heilsereignisse« (Exodus, Sinai usw.) auch stattgefunden haben, dieser Prozeß noch immer absolut unvollendet ist.

Im frühen Christentum, als die Kirche noch überwiegend jüdisch war, gab es ein großes Verlangen nach Erfüllung der Erlösung dieser Welt. Vom auferstandenen Jesus, der als Messias verkündigt wurde, weil seine Anhänger in ihm das Kommen des Gottesreichs sahen, wurde erwartet, daß er zurückkehren und das messianische Zeitalter aufrichten würde. Bald danach, als die Kirche immer mehr hellenistisch wurde, wich die Betonung der Wiederkunft der Betonung der persönlichen Erlösung, die für die Glaubenden durch Tod und Auferstehung Christi gewonnen war. Heschel notierte diesen Perspektivenwechsel und beklagte die Tatsache, daß »Christen weniger und weniger messianisch« geworden seien.[19] Er erinnerte uns oft daran, daß das »eigentliche Anliegen der Juden nicht die persönliche Rettung, sondern die universale Erlösung« sei.[20] Damit forderte er die Kirche heraus, sich auf die ursprüngliche Hoffnung Jesu und seiner Anhänger auf das Kommen der Gottesherrschaft in dieser Welt zu besinnen. Solch eine Kirche würde eine größere Verwandtschaft zum jüdischen Volk empfinden, das sich der ausstehenden Erlösung der Welt genau bewußt ist und dennoch die Hoffnung auf das messianische Zeitalter aufrechterhält.

Da die Kirche ihre Wurzeln im jüdischen Bund hat, schlug Heschel vor, daß die Kirche »sich als Erweiterung des Judentums versteht«.[21] Doch be-

---

18 Ebd., S. 120
19 Renewal, S. 120
20 *Abraham Joshua Heschel*, The Insecurity of Freedom. Essays on Human Existence, New York 1966, S. 146; deutsch: Die ungesicherte Freiheit. Essays zur menschlichen Existenz, Neukirchen-Vluyn 1985. Das Thema taucht häufig in Heschels Werken auf.
21 Freedom, S. 169

tonte er, daß das Christentum kein Ersatz für das Judentum sei. Auch in einer Welt, in der die Kirche den jüdischen Weg fortsetzt, behält Israel seine einzigartige Berufung: Gott durch die Tora zu bezeugen.

Doch das bedeutet, daß das Christentum, das Heschel als »Teil von Gottes Plan« anerkennt[22], seine eigene einzigartige Aufgabe in der Heilsgeschichte hat. Die Kirche hat eine Berufung, die zwar mit der Berufung Israels vereinbar, aber verschieden von ihr ist. Das bedeutet, daß das Christentum wohl den Auftrag hat, »den jüdischen Weg fortzuführen«, es dies jedoch nur entsprechend seiner eigenen charakteristischen Form des Bundeslebens tun kann, ja tun muß. Die längste Zeit ihrer Geschichte hat die Kirche die Diskontinuität mit Israel betont, bis dahin, daß sie behauptete, einen neuen Bund darzustellen, der den jüdischen Bund ersetzt habe. Aber wenn wir von Heschels Gedanken angeregt sind und die Kirche als »eine Erweiterung des Judentums« verstehen, werden wir den Gedanken zurückweisen, daß ein neuer Bund den jüdischen ersetzt habe. Eher werden wir das Christentum als einen neuen Weg verstehen: in Koexistenz mit dem jüdischen Weg, im Bund mit dem Gott Israels lebend. Übernähme die Kirche diese Sicht, würde dies eine radikale Veränderung ihres Selbstverständnisses bedeuten, aber es wäre näher an der Vision der ersten Christen, die wie Jesus dabei blieben, innerhalb des jüdischen Bundes zu leben.

Als die katholische Kirche auf dem Zweiten Vatikanum zum ersten Mal in ihrer Geschichte die bleibende Gültigkeit des Judentums anerkannte, schloß diese Bestätigung die bleibende Bedeutung des jüdischen Bundes ein; und seitdem wurde sie auch ausdrücklich in Erklärungen des Vatikans bestätigt. Trotzdem gibt es innerhalb der Kirchen – auch der katholischen – die weitverbreitete Überzeugung, die sowohl in offiziellen wie auch in inoffiziellen theologischen Schriften ausgedrückt ist, daß der jüdische Bund durch den neuen christlichen Bund »erfüllt« wurde. Das Judentum bleibt ein gültiger Weg zu Gott, aber gegenüber dem Christentum wird es als weniger wert erachtet: Der jüdische Bund ist nicht abgelöst, aber überholt. Dieser Gedanke wurzelt in dem Glauben, daß Jesus der Messias der jüdischen Erwartungen ist, durch den ein neuer Bund errichtet wurde. Obwohl das Judentum also eine gültige Religion ist, täten Juden gut daran, Jesus als den Christus anzunehmen und damit das Christentum als die Erfüllung des Judentums anzuerkennen. Aber – wurden die messianischen Erwartungen Israels erfüllt? Und errichtete Jesus wirklich einen neuen Bund jenseits des jüdischen Bundes?

Der »neue Bund«, von dem Jesus sprach (Lk 22,20), sollte als eine Erneuerung und Vorwegnahme – nicht als Erfüllung – der messianischen Verwirklichung des Bundes verstanden werden, wie ihn die Propheten Jeremia

---

22 Religion, S. 132

und Ezechiel prophezeiten (Jer 31,31-34; Ez 16,59-63). Heschel kommentierte den neuen Bund, der von Jeremia geweissagt wurde, folgendermaßen: »Was der Prophet vorauszusagen scheint, ist nicht die Abschaffung der Tora, sondern die innere Identifikation mit der Tora ... Es werden Tage kommen ..., da der Mensch Tora sein wird.«[23] Das werden die messianischen Tage sein. Jesus war von den jüdischen messianischen Erwartungen seiner Zeit ergriffen. Der neue Bund, den er erwartete, war nicht ein anderer Bund, der den jüdischen Bund ersetzen oder eine Alternative zu ihm darstellen würde.[24] Eher handelte es sich um die neue messianische Form dieses Bundes. Offensichtlich ist sie nicht eingetreten. Die messianischen Erwartungen des Judentums, die Jesu Hoffnungen anregten – das Ende aller Götzenanbetung, das Ende von Kriegen, Leiden usw. –, haben sich nicht erfüllt. Jesus lebte wahrscheinlich in einer lebendigen Erwartung der messianischen Erfüllung, und in der Tat glauben wir Christen, daß er eine wichtige Rolle im messianischen Geschehen spielte und weiterhin spielt. Aber wir müssen zugeben, daß die messianische Verwirklichung des Bundes – die von Jeremia, Ezechiel und Jesus antizipiert wurde – noch immer nicht mehr als eine Hoffnung und noch nicht Wirklichkeit ist, für Christen wie für Juden. Darüber hinaus ist es nach Heschel geboten, daß wir unsere messianische Hoffnung in ein Handlungsprogramm umsetzen, weil Gott, der uns Freiheit verliehen hat, unsere Mitarbeit bei der Erlösung der Welt benötigt.[25]

Für Christen ist die Zeit gekommen anzuerkennen, daß das Christentum nicht deshalb Wert hat, weil es das Judentum ablöst oder überholt, sondern, im Gegenteil, in dem Ausmaß, wie es das Bundesleben mit Israels Gott in die nichtjüdische Welt hinein ausweitet. Das bedeutet nicht, daß das Judentum Nichtjuden verschlossen ist. Jeder, der Gott durch den Weg der Tora antworten möchte, kann zum Judentum übertreten. Es bleibt jedoch die Tatsache, daß das Christentum mehr Nichtjuden ein Leben im Bund zugänglich gemacht hat als das Judentum. Darüber hinaus ist es unsere Überzeugung als Christen, daß Gott einen Weg des Lebens im Bund will, der vom Weg Israels im Bund unterschieden ist.

Juden halten ihren Bund mit Gott durch den Weg der Tora lebendig. Wir Christen haben Gott durch das Evangelium von und über Jesus kennengelernt: Wir erfüllen unsere Aufgabe, den Bund lebendig zu erhalten, indem wir den gekreuzigten und auferstandenen messianischen Herold vergegenwärtigen und den Bundesglauben und die Hoffnung, für die er lebte und starb, gültig sein lassen. So werden wir die christliche Tradition lebendig

---

23 Freedom, S. 174
24 *Rosemary Ruether*, Nächstenliebe und Brudermord. Die theologischen Wurzeln des Antisemitismus, München 1978, S. 237
25 Dieses Thema greift Heschel immer wieder auf, vgl. Renewal, S. 119.

erhalten, die die Erinnerung an Jesus lebendig erhält und die Gegenwart des Auferstandenen feiert. Aber wir müssen auch die Kirche verändern, sie von ihrem chronischen Antijudaismus reinigen und sie zu einem stärker erkennbaren Nachkommen des jüdischen Glaubens und einem wirklichen Verbündeten des jüdischen Volkes machen. Um dies zu schaffen, müssen wir den jüdischen Weg verstehen lernen. Im Blick darauf sind die Schriften von Abraham Joshua Heschel eine unschätzbare Hinterlassenschaft.

Abraham Joshua Heschel

Mehr als Innerlichkeit (1955)

Allein durch Glauben?

Die Aussage des Judentums, Religion und Gesetz seien nicht voneinander zu trennen, ist für viele Menschen schwer zu verstehen. Diese Schwierigkeit kann man vielleicht mit der Vorstellung erklären, die der moderne Mensch vom Wesen der Religion hat. Modernes Denken sieht in der Religion einen Zustand der Seele, Innerlichkeit – eher Gefühl als Gehorsam, eher Glauben als Tun, eher Spirituelles als Konkretes. Für das Judentum aber ist Religion nicht ein Gefühl für etwas, das da ist, sondern *eine Antwort* an Ihn, der eine bestimmte Lebensweise von uns fordert. Von ihrem eigentlichen Ursprung her ist Religion das Bewußtsein völliger Hingabe, die Gewißheit, daß das ganze Leben die Interessensphäre sowohl des Menschen als auch Gottes ist.

»Gott will das Herz« (bSanh 106b). Aber will Er nur das Herz? Genügt die gute Absicht? Einige Lehren halten Liebe für die einzige Bedingung der Erlösung (Sufi[1], Bhakti-marga); sie betonen die Bedeutung der Innerlichkeit, der Liebe oder des Glaubens bis zur völligen Ablehnung guter Werke.

Paulus hat leidenschaftlich gegen die Macht des Gesetzes gekämpft und verkündete statt dessen die Religion der Gnade. Das Gesetz, sagte er, könne die Sünde nicht besiegen, noch könne Gerechtigkeit durch Werke des Gesetzes erlangt werden. Der Mensch wird gerechtfertigt »durch Glauben ohne des Gesetzes Werke«.[2]

Daß Erlösung allein durch Glauben erlangt werde, war Luthers zentrale These. Die antinomistische Tendenz gipfelt in der Überbetonung von Glauben und Liebe bis zur völligen Ausschließung der guten Werke.

---

1 Vgl. *Ignaz Goldziher*, Vorlesungen über den Islam, Heidelberg 1910, S. 167ff; *D.S. Margoliouth*, The Devil's Delusion of Ibn Al-Jauzi, Islamic Culture 10, 1936, S. 348: »Die Brüder vom freien Geist«, die im 13. Jh. auftraten, lehrten, daß man Gott am besten in Freiheit des Geistes dienen könne und daß die Sakramente und Vorschriften der Kirche nicht nötig seien. »Da der Mensch seinem Wesen nach göttlich und fähig ist, sich durch Kontemplation und Abkehr von sinnlichen Dingen mit Gott zu vereinen, kann er in seiner Freiheit tun, was Gott tut; er muß so handeln, wie Gott ihn treibt. Darum gibt es für den freien Menschen weder Tugend noch Laster. Gott ist alles, und alles ist Gott, und alles gehört Ihm.« »So groß ist die Tugend der Liebe und Wohltätigkeit, daß nichts Sünde sein kann, das um ihretwillen getan wird... Liebe, und tue, was du willst.« Vgl. auch *John Herkless*, in: Encyclopedia of Religion and Ethics, Bd. 2, S. 842f; *Henry Charles Lea*, A History of the Inquisition, Bd. 2, New York 1909, S. 321.
2 Röm 3,28; vgl. 3,20: »Durch Taten des Gesetzes kann kein Mensch vor Ihm gerecht sein, denn durch das Gesetz kommt es zur Erkenntnis der Sünde.« Vgl. auch *Edmond La B. Cherbonnier*, Hardness of Heart, New York 1955, Kap. 11. (F.A.R.)

Die Konkordienformel von 1580, die im Protestantismus noch heute gilt, verdammt die Behauptung, gute Werke seien für die Erlösung notwendig, verwirft aber auch die Lehre, sie seien für die Erlösung schädlich. Nach Ritschl ist diese Lehre ein Eindringling im Reich der christlichen Theologie, der einzige Weg zur Erlösung sei die Rechtfertigung durch den Glauben. Barth, der darin Kierkegaard folgt, spricht Luthers Gedanken aus, wenn er sagt, menschliche Werke seien zu sündhaft, um gut zu sein. Grundsätzlich gebe es kein menschliches Tun, das wegen seiner Bedeutung für diese Welt vor Gottes Augen Gnade finde. Gott könne man nur durch Gott nahekommen.

Der Irrtum des Formalismus

Wenn wir zu zeigen versuchen, daß Gerechtigkeit nichts mit unserer persönlichen Neigung oder Veranlagung zu tun hat, daß sie unabhängig ist von unserer Zustimmung und unserem Interesse, dann sollten wir nicht in den üblichen Irrtum verfallen, die Beziehung des Menschen zur Gerechtigkeit zu verwechseln mit der Beziehung der Gerechtigkeit zum Menschen. Denn wenn es auch zutrifft, daß wir Gerechtigkeit um ihrer selbst willen üben sollen, so ist doch die Gerechtigkeit um des Menschen willen da. Definiert man Gerechtigkeit als etwas, das um seiner selbst willen wert ist, getan zu werden, dann definiert man das Motiv, nicht den Zweck. Es ist vielmehr genau umgekehrt: Das Gute wird, anders als das Spiel, niemals um seiner selbst willen getan, sondern stets in einer besonderen Absicht. Wer anders denkt, macht ein Ideal zum Götzen, und das ist der Anfang von Fanatismus. Es ist eine Halbwahrheit, wenn man das Gute nur vom Motiv her definiert, das Gute mit der guten Absicht gleichsetzt und Zweck und Kern der guten Tat ignoriert.

Diejenigen, die ihre Aufmerksamkeit nur auf die Beziehung des Menschen zu den Idealen richten und die Beziehung der Ideale zum Menschen außer acht lassen, sehen in ihren Theorien nur das Motiv, nicht aber den Zweck von Religion oder Moral. Der paulinischen Lehre folgend, daß der Mensch nur durch den Glauben gerettet werde, lehrten Kant und seine Schüler, daß das wahre Wesen der Religion oder Moral in einer absoluten Qualität der Seele oder des Willens bestehe, ungeachtet der Handlungen, die daraus erwachsen, oder der Ziele, die damit erreicht werden. Folglich werde der Wert eines religiösen Aktes allein durch die Intensität des Glaubens oder die Aufrichtigkeit der inneren Haltung bestimmt. Die Absicht, nicht die Tat, das *Wie*, nicht das *Was* des Verhaltens sei das Wesentliche, und kein Motiv außer dem Bewußtsein der Pflicht habe irgendeinen moralischen

Wert. Wenn Akte der Liebe nicht vom Pflichtgefühl diktiert würden, seien sie nicht besser als Grausamkeit, und Mitgefühl oder Rücksicht auf menschliches Glück als solches werden als Motive von geringerem Rang betrachtet. »Ich würde mein Wort nicht brechen, auch nicht um die Menschheit zu retten!« rief Fichte. Seine eigene Rettung und Rechtschaffenheit waren ihm offenbar soviel wichtiger als das Geschick aller übrigen Menschen, daß er die Menschheit vernichtet hätte, um sich selbst zu retten. Zeigt diese Haltung nicht die Wahrheit des Sprichworts »Der Weg zur Hölle ist mit guten Vorsätzen gepflastert«? Wenn das Interesse an der eigenen Rettung und Rechtschaffenheit schwerer wiegt als das Wohlergehen eines anderen Menschen, kann man nicht mehr von »guter Absicht« sprechen.

Das Judentum betont die Bedeutung menschlichen Tuns. Es weigert sich, dem Grundsatz zuzustimmen, daß die Absicht unter allen Umständen über die Tat entscheidet. Im Gegenteil, eine Tat der Nächstenliebe wird nicht unbedingt dadurch entwertet, daß die gute Absicht fehlt.[3] Die guten Taten eines jeden Menschen, zu welcher Religion oder Nation er auch gehören mag (Halevi, Kussari I, 3), wird Gott belohnen, selbst wenn dieser Mensch nie von einem Propheten gehört hat und also aufgrund eigener Einsicht handelt.[4]

Kein Zwiespalt

Der Grund für fast alles Versagen im Bereich menschlicher Beziehungen ist darin zu sehen, daß wir zwar die Aufgabe als wichtig erkennen und preisen, aber versäumen, die richtigen Werkzeuge bereitzustellen. Die Seele, die auf sich selbst gestellt ist, kann nicht viel erreichen, ebensowenig wie eine bloße Hand ohne Werkzeug. Für jede Arbeit braucht man das passende Handwerkszeug, die Seele so gut wie die Hand. Und wie ein Werkzeug der Hand die Bewegung vorschreibt und sie leitet, so geben seelische Werkzeuge Anregungen und Warnungen. Die Bedeutung der *Mizwot* besteht darin, daß sie

---

3 Rabbi Elieser ben Asarja sagt: »Die Schrift sagt Dtn 24,19: ›Wenn du die Ernte einbringst auf deinem Feld und eine Garbe auf dem Feld vergißt, gehe nicht zurück, sie zu holen. Sie soll dem Fremdling, der Waise und der Witwe gehören.‹ Wie du siehst, wird anschließend gesagt, ›daß der Herr, dein Gott, dich segnen möge‹. So sichert die Schrift dem einen Segen zu, der zufällig eine gute Tat getan hat (dem Fremden zu essen zu geben), obwohl er gar nicht wußte, was er tat (denn er vergaß ja, die Garbe vom Feld mitzunehmen). Du mußt also zugeben, daß im Falle, wenn eine Münze im Kleidersaum eingenäht war und verloren ging und ein Armer sie findet und seinen Lebensunterhalt davon hat, der Heilige, Er sei gesegnet, dem Mann einen Segen zusichert, der die Münze verloren hat« (Sifra zu 5,17).
4 Maimonides, Der Führer der Verwirrten III, 17; vgl. jedoch Maimonides, Mischneh Torah, Melakhim 8,11.

gleichsam Vehikel sind, mit deren Hilfe wir auf dem Weg zu geistlichen Zielen fortschreiten.

Der Glaube ist kein verborgener Schatz, der in der Abgeschlossenheit der Seele ruht, sondern eine Prägestätte, in der das Kleingeld des alltäglichen Tuns geprägt wird. Seelische Hingabe allein und Augenblicke schweigender Betrachtung genügen nicht.

Das Auseinanderfallen von Glauben und Werken, ein so wichtiges Problem in der christlichen Theologie, war für das Judentum nie eine Frage. Für uns war das Grundproblem weder das rechte Tun noch die rechte Intention, sondern vielmehr das rechte Leben. Das Leben ist unteilbar. Die innere Sphäre ist von der äußeren Aktivität nie zu trennen. Tun und Denken sind eins. Alles, was der Mensch denkt und fühlt, geht in sein ganzes Tun ein, und alles, was er tut, ist in sein Denken und Fühlen einbezogen.

Geistliche Bestrebungen sind zum Fehlschlagen verurteilt, wenn wir versuchen, das Tun auf Kosten des Denkens oder das Denken auf Kosten des Tuns zu pflegen. Wie kommt ein Kunstwerk zustande? Durch das Ringen des Künstlers mit seiner inneren Schau oder durch sein Ringen mit dem Stein, aus dem er die Gestalt herausschlägt? Rechte Lebensführung gleicht dem Kunstwerk: Sie ist das Produkt aus einer Vision und dem Kampf mit der konkreten Situation.

Das Judentum liebt keine Verallgemeinerungen. Es lehnt es ab, nach dem Sinn im Leben zu suchen unabhängig vom Tun, als sei der Sinn etwas, das für sich bestehen könnte. Sein Bestreben ist, Ideen in die Tat umzusetzen, metaphysische Einsichten als Handlungsmodelle zu interpretieren und die erhabensten Einsichten in Verpflichtungen für das tägliche Leben umzuwandeln. In seiner Tradition wurde das Abstrakte konkret und das Absolute Geschichte. Wenn wir das Heilige im konkreten Leben verwirklichen, dann spüren wir unsere Verwandtschaft mit dem Göttlichen, die Gegenwart des Göttlichen. Was wir durch Reflektieren nicht erfassen können, das begreifen wir durch Tun...

Das Gesetz

Im Judentum schließt Treue zu Gott die Verpflichtung zum jüdischen Gesetz ein, Verpflichtung zu einer Ordnung, zum Halten bestimmter Gebote. Diese Bedingungen, gegen die der moderne Mensch anscheinend eine Abneigung fühlt, sind in der Tat ein Bestandteil zivilisierten Lebens. Wer seine Zugehörigkeit zu dem Staat anerkennt, dessen Bürger er ist, unterwirft sich dem Gesetz dieses Staates und übernimmt die Verpflichtungen, die es ihm auferlegt. Gelegentlich wird seine Loyalität ihn sogar veranlassen, mehr zu tun, als die bloße Zugehörigkeit verlangt. Tatsächlich ist das Wort »Loyalität« von der gleichen Wurzel abgeleitet wie »legal«, von *ligor* nämlich, was »gebunden sein« bedeutet. Ebenso leitet sich das Wort »Obligation« aus dem lateinischen *obligo* (»binden«) her und bezeichnet den Zustand des Gebundenseins durch eine gesetzliche oder moralische Bindung.

Die Aufgabe der Propheten war, zu führen und zu fordern, nicht nur zu trösten und zu stärken. Das Judentum ist sinnentleert, wenn es zu einer selbstgewählten Haltung wird, die man nach Belieben annehmen kann. Nach jüdischer Überzeugung besteht das Leben aus einer Summe von Verpflichtungen. Die Grundkategorie des Judentums ist *Forderung*, nicht Dogma, *Bindung*, nicht Gefühl. *Gottes Wille* wird höher geachtet als das *Glaubensbekenntnis des Menschen*. Ehrfurcht vor dem Gesetz ist Ausdruck unserer Liebe zu Gott. Dennoch – hinter Seinem Willen steht Seine Liebe. Israel erhielt die Tora als Zeichen Seiner Liebe. Um solche Liebe zu erwidern, bemühen wir uns um *ahawat tora* (Liebe zur Tora).

Abraham Joshua Heschel

Eine hebräische Würdigung Reinhold Niebuhrs (1956)

Es war einmal ein König, der erhielt eine bestürzende Nachricht: Wer von der neuen Ernte ißt, wird wahnsinnig. Er berief seine Räte. Da es sonst nichts zu essen gab, war die Alternative klar: Nicht essen von der neuen Ernte bedeutete Hungers sterben, essen aber wahnsinnig werden. Die Entscheidung des Königs lautete: Wir werden alle davon essen müssen; aber wenigstens ein paar von uns sollten in Erinnerung behalten, daß wir wahnsinnig sind. An dieses Gleichnis von Rabbi Nachman von Bratslaw (1772-1811) muß ich denken, wenn ich über die Bedeutung Reinhold Niebuhrs für unsere Generation schreiben will. Er erinnert uns an das, was wir sind.

Das System Reinhold Niebuhrs überragt an Kühnheit des Verstandes, an Tiefe der Einsicht, an Reichtum und umfassender Vorstellungskraft alles, was die amerikanische Theologie bisher hervorgebracht hat. Er ist ein Pionier für seine Generation, der in einer Welt, der jede Spiritualität abgeht, vom Ewigen spricht und sie zwingt zuzuhören. Es ist nicht leicht, ihm zuzuhören, denn er pflanzt nicht nur neue Wahrheiten, sondern reißt auch alte Irrtümer aus, auch die höchst bequemen und befriedigenden. Aber es ist eines der bemerkenswertesten Fakten in der heutigen amerikanischen Geschichte, in welchem Maße Reinhold Niebuhr das Denken der Amerikaner beeinflußt hat.

In einer Zeit, die »keinen Standort hat, von dem aus sie die heikle Lage des modernen Menschen verstehen könnte«[1], hilft Niebuhr nicht nur vielen seiner Zeitgenossen, ihre Selbsttäuschungen, Illusionen und Vorwände zu durchschauen; er gewinnt auch Erkenntnisse des prophetischen Denkens zurück, die eine ungeheure Hilfe für das Verständnis der zentralen Fragen der Existenz aus religiöser Perspektive sind.[2]

Im Folgenden soll versucht werden, einige von Niebuhrs Anschauungen vom jüdischen Denken her zu untersuchen. Wir wollen uns auf Aspekte seiner Lehre vom Bösen beschränken, insbesondere auf solche, die gemeinsamer Überzeugung entsprechen und gemeinsames Anliegen sind.

---

1 Faith and History, New York 1949, S. 9
2 »Als christlicher Theologe habe ich versucht, den hebräisch-prophetischen Inhalt der christlichen Tradition zu stärken« (*Reinhold Niebuhr,* in: Einleitung zu W. *Frank,* The Jew in Our Time, New York 1944).

I

Niebuhr erinnert uns daran, daß es »ein Geheimnis des Bösen im menschlichen Leben gibt, das die moderne Kultur völlig vergessen hat«.[3]

Vor 1914 war es vielleicht möglich, mit Herbert Spencer zu glauben, daß »das Böse ständig im Schwinden begriffen ist«.[4] Die Gewißheit, daß das Böse durch wachsende Kultur und Erziehung allmählich schwinde, war Teil des Glaubens an den ständigen Fortschritt der Menschheit, des Glaubens an eine »Erlösung durch Fortschritt«. Aber die Schrecken, die wir in den letzten vierzig Jahren durchlebt haben, brachten diesen simplen, leichtfertigen Optimismus gänzlich in Mißkredit.

»Darum schweigt, wer klug ist, zu dieser Zeit, denn es ist eine böse Zeit« (Am 5,13). Aber Niebuhr ist nicht klug. Der Weg ins Verderben ist mit angenehmen Illusionen gepflastert, und der Weg, mit dem Bösen umzugehen, ist, es nicht einfach zu ignorieren. Das Bemühen, die Macht des Bösen herunterzuspielen, hat in der Vergangenheit sogar verhängnisvolle Folgen gehabt. Es hat nicht nur unsere Wachsamkeit gegenüber der Gefährdung der Existenz geschwächt, sondern auch unser Gefühl für Schuld und unsere Fähigkeit zu bereuen beeinträchtigt sowie die Kraft zu beten: »Vergib uns, denn wir haben gesündigt.«

Niebuhrs entscheidender Beitrag zum heutigen Denken liegt in seiner Erfassung der »Tiefendimension des Lebens«, liegt darin, daß er jedes Problem, mit dem er sich befaßt, auf »seinen letzten Ursprung« zurückverfolgt. Er betont die Antinomien und Mehrdeutigkeiten der geschichtlichen Existenz des Menschen und bestreitet, daß diese in der Geschichte selbst überwunden werden können. Er hat gezeigt, daß der tragische Aspekt des Menschen weder auf eine psychologische noch auf eine biologische Eigenschaft reduziert werden kann, sondern daß er ein Aspekt der Geschichte, der Struktur der Existenz ist. Die Frage, die uns beschäftigen soll, ist, wieweit Niebuhrs Denken innerhalb der biblischen und prophetischen Tradition liegt.

Viele moderne Theologen haben immer wieder behauptet, daß die Bibel für Optimismus steht und daß Pessimismus ihrem Geist fremd ist.[5] Dafür

---

3 An Interpretation of Christian Ethics, S. 119
4 »Alles Böse ist eine Folge mangelnder Anpassung der Beschaffenheit an die Bedingungen... Es ist schließlich wahr, daß das Böse ständig schwindet. Zugunsten eines wesensmäßigen Lebensprinzips wird diese mangelnde Anpassung eines Organismus an seine Bedingungen immer wieder korrigiert; und Veränderungen des einen oder beider dauern an, bis die Anpassung vollzogen ist. Was immer Vitalität besitzt, von der einfachen Zelle bis zum Menschen selbst, gehorcht diesem Gesetz... Dieses allgemeine Gesetz der physischen Veränderung ist auch das Gesetz der geistigen... Daher ist der Fortschritt kein Zufall, sondern eine Notwendigkeit. Das Böse und die Unmoral müssen mit Sicherheit verschwinden; der Mensch muß mit Sicherheit vollkommen werden« (*H. Spencer*, Social Statics, New York 1897, S. 28-32 [engl. Ausgabe; Übersetzung von mir – R.O.]).

gibt es aber sehr wenige Beweise. Mit Ausnahme des 1. Kapitels der Genesis weist die ganze Bibel unaufhörlich auf Sorge, Sünden und Übel dieser Welt hin. Wie Maimonides (in einem anderen Zusammenhang) gezeigt hat, gelten die Begriffe, die für die Welt bei ihrer Entstehung zutreffen, nicht für die Welt, wie sie ist. Der Schöpfer hatte eine Welt geplant, die gut sein sollte, sehr gut; aber dann geschah etwas Geheimnisvolles, auf das die jüdische Tradition auf vielerlei Weise hinweist, und das Bild der Welt hat sich zutiefst gewandelt. Wo immer die Propheten in der Welt hinblicken, sehen sie »Angst und Finsternis, Dunkel der Drangsal« (Jes 8,22). Wenn sie auf das Land blicken, finden sie es »voll von Verschuldung gegen den Heiligen Israels« (Jer 51,5). »O Herr, wie lange schreie ich um Hilfe, und Du hörst nicht? Schreie ich zu Dir ›Gewalt‹, und Du willst nicht retten? Warum läßt Du mich Unrecht sehen und muß ich Unheil schauen? Zerstörung und Gewalt sind vor mir; Kampf und Streit entbrennen. Darum wird das Gesetz träge, und Gerechtigkeit kommt nicht auf. Denn die Gottlosen umringen den Gerechten, so wird das Recht verkehrt« (Hab 1,2-4). Dies ist eine Welt, in der der Gottlose Glück hat und »alle, die treulos handeln, gedeihen« (Jer 12,1), eine Welt, in der man behaupten kann, daß »jeder, der Böses tut, gut ist in den Augen des Herrn und Er an ihnen Gefallen hat«, während andere fragen müssen: »Wo ist der Gott der Gerechtigkeit?« (Mal 2,17).

Der Psalmist hatte nicht das Gefühl, daß dies eine glückliche Welt sei, als er betete: »O Gott, bleibe nicht stille! Schweige doch nicht und ruhe nicht, o Gott! Denn siehe, Deine Feinde toben; die Dich hassen, erheben ihr Haupt« (Ps 83,2-3).

Das Entsetzen und die Qual, die den Psalmisten überwältigten, kamen nicht durch Naturkatastrophen, sondern durch die Bosheit von Menschen, durch das Böse in der Geschichte:

»Furcht und Zittern kommt mich an,

Grauen überwältigt mich.

Und ich sprach: O, daß ich Flügel hätte wie eine Taube!

Dann flöge ich davon und hätte Ruhe« (Ps 55,6-7).

Die Worte des Mose in seinen letzten Tagen sind: »Ich weiß, wie trotzig und halsstarrig ihr seid... Ich weiß, daß ihr nach meinem Tode gottlos handeln und euch abwenden werdet von dem Pfad, den ich euch geboten habe; und in zukünftiger Zeit wird euch Unglück zustoßen, weil ihr Übel getan habt vor dem Herrn« (Dtn 31,27-29). Auch Jesaja malt kein angenehmes Bild des Menschen, wenn er sagt: »Du hast es weder gehört noch gewußt,

---

5 Meines Wissens war Schopenhauer einer der ersten, der behauptete, daß der hebräische Geist grundsätzlich optimistisch ist, während das Christentum pessimistisch ist (Die Welt als Wille und Vorstellung, II, Kap. 48; Parerga und Paralipomena, hg. von Gusbach, II, S. 397; Sämtliche Werke, hg. von Frankenstadt, II, S. 712f).

denn von alters her war dein Ohr nicht geöffnet. Denn Ich wußte, daß du treulos handeln würdest und seit deiner Geburt ein Rebell genannt wirst« (Jes 48,8).

Die Stimmung des Juden durch die Jahrhunderte läßt sich mit *einer* Verszeile ausdrücken: »*Die Erde ist in die Hand der Gottlosen gegeben*« (Hiob 9,24).[6]

Wie sieht die Welt in den Augen Gottes aus? Hören wir je, daß der Herr sah, daß die Rechtschaffenheit des Menschen groß war auf Erden und daß Er sich freute, den Menschen auf Erden geschaffen zu haben? Wie die Bibel die menschliche Geschichte beurteilt, steht nach den ersten zehn Generationen fest: »Der Herr sah, daß die Bosheit der Menschen groß war auf Erden und daß alles Dichten und Trachten ihres Herzens die ganze Zeit nur böse war. Und es reute den Herrn, daß Er den Menschen auf Erden geschaffen hatte, und Sein Herz war tief bekümmert« (Gen 6,5-6; vgl. 8,21). Durch die Bibel hallt ein einziger Schrei: Die Bosheit des Menschen ist groß auf Erden. Die Propheten sprechen es aus; aus den Psalmen klingt das Echo.

»Die beiden beherrschenden Züge des prophetischen Glaubens sind Dank und Zerknirschung – Dank für die Schöpfung und Zerknirschung vor dem Richterspruch; oder mit anderen Worten: die Überzeugung, daß das Leben trotz alles Bösen gut ist und daß es böse ist trotz des Guten. In solchem Glauben sind sowohl Sentimentalität wie Verzweiflung vermieden.«[7]

Das fehlende Bewußtsein für das Geheimnis des Bösen ist eine tragische Blindheit des modernen Menschen. Das Wort fehlt in seinem Vokabular. Aber ohne Sündenbewußtsein, ohne Furcht vor dem Bösen, kann es keine Reue geben.

II

Ein Hauptanliegen Niebuhrs ist das Problem des Realismus und des mangelnden Realismus in unserer heutigen »nominalistischen« Kultur. Ein Beispiel dafür, daß Irrationalität und mangelndes Realitätsbewußtsein die politischen Ansichten der liberalen Welt beherrschen, ist ihm die allgemeine Meinung, daß Begierde und Ehrgeiz des Menschen nur ein irrationaler Drang sei, den man mit Hilfe gesellschaftlicher Techniken oder psychiatrischer Betreuung in den Griff bekommen könne. Im Gegensatz dazu hält Niebuhr daran fest, daß die Freiheit des Selbst radikal ist und weder von der Vernunft leicht kontrolliert werden kann noch sich einfach in den inneren Einklang der Natur einfügt.

---

6 Raba (in bBB 9a) versteht den Schluß des Verses als Verneinung der göttlichen Vorsehung.
7 An Interpretation of Christian Ethics, S. 106

Das utopisch-deduktive Denken der Moderne zeigt sich am deutlichsten in der Beziehung zum Problem der Ichbezogenheit, deren universale Geltung »empirisch von allen maßgebenden Männern anerkannt wird, die in irgendeiner Weise im Wirtschaftsleben oder in der Regierung Verantwortung tragen«.[8] Aber der akademische Empirismus hält weiterhin daran fest, daß die allgemeine Tendenz zur Ichbezogenheit eine Folge falscher Erziehung sei und durch geeignete psychiatrische Techniken oder gesellschaftliche Reformen überwunden werden könne.

Daß das Problem der Eigensucht nicht auf spezielle Formen von Verunsicherung zurückzuführen ist, sondern auf die Unsicherheit des Lebens selbst, ist anscheinend sogar in der scharfsinnigsten psychologischen Theorie nicht deutlich; deshalb sind psychologische Theorien für die Politik auch völlig irrelevant.

Irrationalität und mangelndes Realitätsbewußtsein wurden oft als Kennzeichen der Bibel betrachtet, während die Bibel uns in Wahrheit ständig an die Schwachheit und Unzuverlässigkeit des Menschen erinnert. »Alles Fleisch ist Gras und all seine Stärke wie die Blume des Feldes. Das Gras verdorrt, die Blume verwelkt ..., ja, gewiß, das Volk ist Gras« (Jes 40,6-7). »Setz nicht dein Vertrauen auf Fürsten noch auf den Sohn des Menschen, bei denen keine Hilfe ist« (Ps 146,3). Jesaja fordert uns auf, nicht der Welt zu vertrauen, der Psalmist, sich nicht auf Menschen zu verlassen.

Der folgende Kommentar mag verdeutlichen, was die Rabbinen von der Natur des Menschen hielten. In Habakuk 1,14 lesen wir: »Und Du machst den Menschen wie die Fische im Meer und wie die kriechenden Tiere, die keinen Herrscher über sich haben.« »Warum wird der Mensch hier mit den Fischen des Meeres verglichen? ... So wie bei den Fischen des Meeres die größeren die kleineren verschlingen, so ist es bei den Menschen; wenn nicht die Furcht vor der Regierung wäre, würden sie einander lebendig verschlingen. Das entspricht dem, was wir gelernt haben: Rabbi Chanina, der stellvertretende Hohepriester, sagte: ›Betet für die Wohlfahrt der Regierung, denn wenn die Furcht vor ihr nicht wäre, würden die Menschen einander lebendig verschlingen.‹«[9]

Nach Rabbi Jakob ist »diese Welt wie eine Eingangshalle zur zukünftigen Welt; mache dich in der Eingangshalle bereit, damit du den Festsaal betreten kannst«.[10] In dieser Welt gibt es keinen Lohn für gute Taten.[11] Die Zeit der Belohnung, die in der Bibel verheißen wird, ist das Leben der zukünftigen Welt.[12] Nach Raw »wurde die Welt geschaffen für die ganz Frommen oder die

---

8 Christian Realism and Political Problems, New York 1953, S. 7-8
9 bAZ 3b-4a; vgl. auch Ab III,2.
10 Ab IV,21
11 bEr 22a

ganz Gottlosen, für Menschen wie Rabbi Chanina ben Dosa (ein Heiliger im
1. Jh. d.Z.) oder für Menschen wie König Ahab; diese Welt wurde für die
ganz Gottlosen erschaffen, die zukünftige Welt für die ganz Frommen«.[13]
»In dieser Welt haben Krieg und Leiden, böser Trieb, Satan und der Engel
des Todes die Gewalt.«[14]

In der Literatur der jüdischen Mystik des 13. Jh.s wird die Lehre vertreten, daß die Weltgeschichte sieben Perioden *(schemita)* hat; jede dauert
7000 Jahre; im Jobeljahr, dem 50000., erreicht sie ihren Gipfel. Die jetzi-
ge Periode wird von Gottes »strengem Gericht« bestimmt. Der böse Trieb,
Zügellosigkeit, Hochmut, Vergeßlichkeit und Unheiligkeit herrschen
vor.[15]

Rabbi Schne'ur Salman aus Ladi stellt es so dar: »Alles, was sich weigert,
sich selbst verglichen mit Gott als Nichts zu betrachten, sondern im Gegenteil sich selbst als ein Wesen getrennt von Gott behauptet, empfängt das
Licht seiner Lebenskraft nicht aus der inneren Heiligkeit und dem Wesen
Gottes.« Es empfängt das Licht seiner Lebenskraft sozusagen von der
»Rückseite« Seiner Heiligkeit und erst, nachdem es durch ungezählte Kanäle
der Emanation gegangen und so verdunkelt und geschrumpft ist, daß es nun
»im Exil« fern von Gott leben kann. Darum wird diese Welt der Materie
»Welt der Schalen« *(kelipot)* oder »die andere Seite« *(sitra achra)* genannt.
Und darum ist alles, was in dieser Welt geschieht, hart und böse, und darum
haben die Gottlosen Erfolg.[16]

Fromme Juden setzen ihr Vertrauen nicht auf die säkulare Welt. »Sie erkannten sehr wohl, daß die Welt voller Prüfungen und Gefahren war, daß
Kains Eifersucht auf Abel dazugehörte, ebenso wie die kalte Bosheit von
Sodom und der Haß Esaus; aber sie wußten auch, daß Abrahams Güte und
Rachels Zärtlichkeit darin zu finden war. Geängstigt und unterdrückt, trugen sie tief im Herzen eine Verachtung für die Welt mit ihrer Macht und ihrem Prunk, ihren Zusammenbrüchen und ihrer Prahlerei... Sie wußten, daß
die Juden im Exil waren und die Welt unerlöst ist.«[17] Geblendet vom Glanz
der westlichen Zivilisation, hat der moderne Jude vergessen, daß die Welt
unerlöst und Gott im Exil ist. Unsere Generation, die Zeuge unaussprechli-
cher Schreckenstaten geworden ist, die von Menschen begangen und von einer hochzivilisierten Nation getragen wurden, fängt an zu erkennen, wie

---

12 bKid 39b
13 bBer 61b. Diese Welt wird oft mit »Nacht« gleichgesetzt; sie wird sogar »Welt der Lüge«
genannt.
14 Midrasch Wajoscha, Bet Hamidrasch, hg. von Jellinek, Jerusalem ²1938, I, S. 55
15 BTem (Koretz 1784) 39b
16 *Rabbi Schne'ur Salman aus Ladi*, Tanja 10b
17 *A.J. Heschel*, The Earth Is the Lord's, New York 1950, S. 96 (deutsch Neukirchen-Vluyn
1985)

abenteuerlich die Vorstellung war, man könne den Glauben an den Menschen an die Stelle des Glaubens an Gott setzen.

Wir fühlen uns in der Welt nicht »zu Hause«. Wir beten mit dem Psalmisten: »Ich bin ein Fremdling auf Erden, verbirg Deine Gebote nicht vor mir« (119,19). Wahrlich, gäbe es nicht unsere nie versiegende Fähigkeit zu vergessen und unser großes Vermögen, nicht zu beachten – wer könnte auch nur einen einzigen Augenblick seines Lebens froh sein! Angesichts von so viel Bosheit und Leiden, von ungezählten Beispielen unseres Versagens, dem Willen Gottes zu entsprechen in einer Welt, die Seinen Willen mißachtet und Seine Königsherrschaft bestreitet – wer könnte da nicht die Diskrepanz zwischen der Welt und dem Willen Gottes erkennen?

Und doch, gerade weil die Macht des Bösen erkannt wird, erhält das Leben in dieser Welt einzigartige Bedeutung und Wert. Das Böse ist nicht nur eine Bedrohung, es ist auch eine Herausforderung. Gerade weil es unsere Aufgabe ist, das Böse zu bekämpfen, ist das Leben in dieser Welt so kostbar und wichtig. Gewiß, es gibt keinen Lohn für gute Taten in dieser Welt; aber das bedeutet noch nicht, daß die Welt ein Gefängnis ist. Vielmehr ist sie ein Vorspiel, eine Eingangshalle, ein Ort der Vorbereitung, der Einführung, der Lehrjahre für ein zukünftiges Leben, der Ort, wo die Gäste sich vorbereiten, das *triclinium*, den Festsaal, zu betreten.[18] Das Leben in dieser Welt ist eine Zeit des Handelns, der guten Taten, des Gottesdienstes und der Heiligung; die Ewigkeit ist die Zeit der Vergeltung. Am Tag vor dem Sabbat wird die Mahlzeit für den Tag des Herrn bereitet; es ist die Zeit der Pflicht und der Hingabe, wie der folgende Tag die Zeit der Freiheit von allem Joch sein wird. Kostbarer also als das ganze Leben der zukünftigen Welt ist eine einzige Stunde des Lebens auf der Erde – eine Stunde der Reue und der guten Taten. Die Ewigkeit gibt nur in dem Maße, in dem sie empfängt. Aus diesem Grund nennt das Buch des Predigers einen toten Löwen weniger glücklich als einen lebendigen Hund.[19]

III

Das zentrale Problem bei Niebuhr ist nicht die Sünde oder das Böse. Sein Problem ist nicht Gut *und* Böse, sondern das Böse im Guten oder, genauer gesagt, die *Vermengung* von Gut und Böse.

Daß das Böse real, mächtig und verführerisch ist, ist eine Tatsache; aber schlimmer noch ist, daß es so üppig im Gewand des Guten gedeiht und daß

18 Ab IV,22
19 bSchab 30a

es sich vom Leben des Heiligen nährt. In dieser Welt existiert das Heilige und das Unheilige anscheinend nicht voneinander getrennt, sondern beide sind vermischt, aneinandergekoppelt, durcheinandergebracht; es ist eine Welt, in der die Götzen zu Hause sind und wo selbst der Gottesdienst mit Götzendienst durchsetzt sein kann.

In der jüdischen Mystik begegnet man häufig der Ansicht, daß in dieser Welt weder das Gute noch das Böse rein vorkommt und daß es nichts Gutes gibt, dem nicht Böses beigemischt wäre, und nichts Böses ohne eine Beimischung von Gutem. Die Vermischung von Gut und Böse ist das zentrale Problem der Geschichte und die letzte Frage der Erlösung. Die Vermischung geht zurück bis hinein in den Schöpfungsvorgang.

»Als Gott begann, die Welt zu schaffen und zu enthüllen, was in den Tiefen verborgen war, und das Licht von der Finsternis zu trennen, war alles ineinander verwoben, und darum kam Licht aus der Dunkelheit, und aus dem Undurchdringlichen trat die Tiefe hervor. So kommt auch aus Gutem Böses und aus der Gnade das Gericht, und alles ist verflochten, der gute Trieb und der böse Trieb.«[20]

Ezechiel sah in seiner großen Vision, daß »ein Sturmwind aus dem Norden kam und eine große Wolke, umgeben von strahlendem Glanz *(noga)*, aus der unaufhörlich Feuer hervorbrach« (1,4). Zuerst sah er die unheiligen Mächte. Eine *große Wolke* ist »die Macht der Zerstörung«; »sie heißt *groß* wegen ihrer Finsternis, die so stark ist, daß sie alle Quellen des Lichts verbirgt und unsichtbar macht und die ganze Welt überschattet. Das *Feuer, das hervorbricht,* ist das Feuer des strengen Gerichts, das niemals von ihr weicht. *Von strahlendem Glanz umgeben* – das bedeutet: Obwohl es der Bereich der Entweihung ist, wird er doch von einem gewissen Glanz umgeben ..., er besitzt einen Aspekt von Heiligkeit und sollte daher nicht mit Verachtung behandelt werden, sondern einen Platz an der Seite der Heiligkeit erhalten.«[21] Selbst in Satan ist noch eine Spur von Heiligkeit. Indem er sein finsteres Werk als Verführer der Menschen betreibt, dient er doch »der Sache des Himmels«, denn zu diesem Zweck wurde er erschaffen.[22]

Rabbi Hirsch von Zydatschow, der große Heilige, bemerkte einmal zu seinem Schüler und Neffen: »Selbst nachdem ich das Alter von 40 Jahren – das Alter des Verstehens – erreicht hatte, war ich nicht sicher, ob mein Leben nicht in jenem Sumpf und der Vermischung von Gut und Böse *(noga)* ver-

---

20 Sohar III,80b; vgl. auch I,156a.
21 Ebd. II,203a-203b; vgl. 69a-69b. Die *kelipot* oder Kräfte des Gottlosen sind unrein und schädlich vom Standpunkt des Menschen. Vom Standpunkt des Heiligen jedoch bestehen sie durch den Willen des Schöpfers und um Seinetwillen. Ein Funken von Heiligkeit wohnt ihnen inne und erhält sie (*Rabbi Abraham Asulai*, Or Hachamah, Przemysl 1897, II, 218a).
22 bBB 16a

sunken war... Mein Sohn, jeden Augenblick meines Lebens fürchte ich, in dieser Vermischung gefangen zu sein.«[23]

In der ganzen Geschichte sind Gut und Böse miteinander vermengt. Die vorzügliche Aufgabe des Menschen, sein Anteil an der Erlösung der Schöpfung, besteht in dem Bemühen, Gut von Böse und Böse von Gut zu trennen. Da das Böse nur ein parasitäres Dasein auf dem Grund des Guten hat, wird es aufhören zu bestehen, wenn diese Trennung vollendet ist. Die Erlösung ist also abhängig von der *Trennung* von Gut und Böse.

IV

Die meisten Hochreligionen sind bemüht, die Welt und das Leben als ein einheitliches Ganzes hinzustellen und alle Unstimmigkeiten und Dissonanzen als vorläufig oder als Illusion anzusehen. Sie suchen ein universales Deutungsprinzip und sind pantheistisch entweder im kosmischen oder akosmischen Sinn. In der jüdischen Mystik dagegen liegt der Nachdruck auf dem Widersprüchlichen, dem Paradoxen, dem nicht enthüllten Geheimnis. Die zeitliche Welt entsteht durch Gottes Schöpfung. »Damit wird ein Bereich der Freiheit und des Geheimnisses angezeigt, den die Vernunft nicht fassen kann.«[24] Die letztliche Unerklärbarkeit des Vorhandenen wird ohne Umschweife akzeptiert.

Zu den extremsten Glaubensaussagen gehören Paradox und Widerspruch, sie gehen bis an die Grenzen der Ratio; aber sie werden verständlich, wenn man in ihnen Schlüsselbegriffe sieht, die das Menschenleben verstehbar machen und ohne die es entweder zu simpel gedeutet wird oder der Sinnlosigkeit verfällt.

Auch für die jüdische Tradition ist das Paradox ein wesentliches Mittel zum Verständnis von Welt, Geschichte und Natur. Spannung, Gegensatz, Widerspruch sind die Kennzeichen der gesamten Wirklichkeit. Darum wird unser Universum in der Sprache des Sohar *alma de-peruda* genannt, »die Welt der Trennung«. Streit, Spannung und Widerspruch beeinträchtigen das ganze Leben, auch das Studieren der Tora; selbst die Weisen des Talmud sind sich über viele Einzelheiten des Gesetzes nicht einig. »Gott hat auch eins gegen das andere gesetzt: das Gute gegen das Böse und das Böse gegen das Gute; Gutes aus Gutem und Böses aus Bösem; das Gute grenzt das Böse ein und das Böse das Gute; das Gute ist den Guten vorbehalten und das Böse den Bösen.«[25] Die Stelle in Prediger 7,14 »Gott hat diesen gemacht wie je-

---

23 *Rabbi Eisik Safran*, Sohar Chai I
24 Christian Realism and Political Problems, S. 181

nen« veranlaßte einen jüdischen Autor des Mittelalters, in einer Abhandlung *(temura)* zu beweisen, daß Gegensatz und Widerspruch für die Existenz notwendig sind. »Alle Dinge klammern sich aneinander, die reinen und die unreinen. Es gibt nichts Reines, es sei denn durch Unreinheit; dies Geheimnis ist mit den Worten ausgedrückt: *ein Reiner von einem Unreinen* (Hiob 14,4). Das Gehirn ist in einer Schale, die erst aufgebrochen wird, wenn die Toten auferstehen. Dann wird die Schale zerbrochen, und das Licht aus dem Gehirn wird ohne Verhüllung in die Welt leuchten.«[26] In allem jedoch ist Polarität, außer in Gott. Denn alle Spannung endet in Gott. Er ist jenseits aller Dichotomien.

Aber es ist richtig, daß nicht nur die Welt, die Er geschaffen hat, sondern auch Seine Beziehung zur Welt von der Polarität von Gerechtigkeit und Gnade, Gesetz und Liebe charakterisiert wird. Wenn Seine Gerechtigkeit wirkt, wird Seine Gnade betrübt.[27] Aber in Seinem eigenen Wesen ist Er einer. Darum ist der Höhepunkt der jüdischen Wahrheit das Geheimnis der Einheit Gottes. »Du bist einer, und niemand kann ... das Geheimnis Deiner unvorstellbaren Einheit durchdringen« (Ibn Gabirol).

Das Böse, so stellt Niebuhr fest, ist viel unentwirrbarer mit dem Guten verbunden, als die meisten psychologischen Systeme erkennen. In jedem menschlichen Handeln ist Verderbtheit enthalten; es gibt »die Unvermeidbarkeit der Sünde in allem menschlichen Streben«. »Der Kern der menschlichen Persönlichkeit ist vom Bösen korrumpiert.«[28] So sind »die vermeintlich objektiven und unparteiischen Ideen im Bereich der Kultur ... immer der Korruption durch geistige Anmaßung des Menschen, der menschlichen Sünde unterworfen«.[29] Dies zeigt sich in der Tatsache, daß »die Tragödien der Menschheitsgeschichte, die Grausamkeiten und Fanatismen, nicht von Verbrechern verursacht wurden ..., sondern von den guten Menschen ..., den Idealisten, die die seltsame Mischung von Eigeninteressen und Idealen nicht erkannten, die allen menschlichen Motiven zugrunde liegt«. Daher warnt Niebuhr davor, so zu tun, als sei die Sache der Religion »ein Kampf zwischen gottesfürchtigen Gläubigen und gottlosen Ungläubigen«. Er weist darauf hin, daß die biblische Religion »die *Ungleichheit der Schuld* ebensosehr betont wie die Gleichheit der Sünde«. »Ein besonders schweres Gericht trifft die Reichen und Mächtigen, die Starken und Edlen, die Weisen und Gerechten.«[30] In der Tat, am schrecklichsten manifestiert sich das Böse,

---

25 Jez VI,6
26 Sohar II,69b
27 Vgl. Sanh IV,5.
28 Faith and History, S. 205.122
29 An Interpretation of Christian Ethics, S. 123; vgl. auch S. 76.
30 The Nature and Destiny of Man, I, S. 222ff

wenn es im Gewand des Guten einhergeht. Angesichts des Problems des Bösen muß sich religiöses Leben in zwei Richtungen bemühen: Trennung und Reinigung. Unter Trennung ist die Loslösung des Guten vom Bösen zu verstehen; Reinigung oder Läuterung meint die Eliminierung des Bösen aus dem Guten.

Auch das Judentum weiß um die Gefahr, daß das Böse in das Werkzeug des Guten eindringt. Daher pflegte in dem großen Ritual des Versöhnungstages der Hohepriester über zwei Böcke das Los zu werfen, ein Los für den Herrn, das andere Los für Asasel. Der Bock, den das Los für Asasel traf, mußte *für das Böse sühnen*. Der Hohepriester legte beide Hände auf den Kopf des Ziegenbocks, den das Los für Asasel getroffen hatte, und »bekannte über ihm alle Verfehlungen der Kinder Israels, all ihre Übertretungen und Sünden«. Der Bock dagegen, auf den das Los für den Herrn gefallen war, mußte »sühnen *für den heiligen Ort*, wegen der Unreinheiten der Kinder Israels und wegen ihrer Übertretungen, ja, all ihrer Sünden; und so soll er tun für das Zelt der Begegnung, das bei ihnen weilt inmitten all ihrer Unreinheiten« (Lev 16,16). Am heiligsten Tag des Jahres war die oberste Pflicht, *Sühne zu tun für das Heilige*. Dies ging dem Opfer voraus, dessen Zweck es war, für die Sünden zu sühnen.

Die Zwiespältigkeit der menschlichen Tugend war eine zentrale Frage im Leben vieler jüdischer Denker, besonders in der Geschichte des Chassidismus.

»Gott fordert das Herz.«[31] Aber unser Herz ist der größte Versager. »Das Herz ist trügerisch über die Maßen, es ist sehr schwach, wer kann es ergründen?« (Jer 17,9) Die Rücksicht auf unser Ich durchdringt unser ganzes Denken. Wird es jemals möglich sein, sich von dem komplizierten Geflecht der Eigeninteressen freizumachen? In der Tat, die Forderung, Gott in Reinheit und Selbstlosigkeit zu dienen, »um Seinetwillen«, und die Erkenntnis, daß wir unfähig sind, uns von verborgenen Eigeninteressen freizumachen, bilden eine tragische Spannung im Leben des Frommen.[32] In diesem Sinne sind nicht nur unsere bösen, sondern sogar unsere guten Taten ein Problem.

Wie ist unsere Situation, wenn wir versuchen, den Willen Gottes zu erfüllen? Wir sind nicht nur unsicher, ob unsere Motive – *vor dem Handeln* – rein sind; wir werden auch *während des Handelns* von »fremden Gedanken« umgetrieben, die unser Bewußtsein mit selbstsüchtigen Intentionen beflecken. Und selbst nach dem Handeln besteht die Gefahr, daß wir Gefühle der

---

31 bSanh 106b
32 Das Wesen des Götzendienstes besteht darin, daß man etwas als eigenständig betrachtet, unabhängig von der Heiligkeit Gottes. Mit anderen Worten: Einen Götzen verehren heißt nicht, Gott zu leugnen; es bedeutet, das Selbst nicht zu leugnen. Darum ist Stolz Götzendienst (Tanja 28b).

Selbstgerechtigkeit, Eitelkeit und Überlegenheit empfinden aufgrund eines
Handelns, das eigentlich Hingabe an Gott sein sollte.
Es ist leichter, den Körper in Zucht zu halten als die Seele. Der Fromme
weiß, daß sein inneres Sein voller Fallstricke ist. Das Ich, der böse Trieb, versucht unaufhörlich, ihn zu umgarnen. Die Versuchungen sind übermächtig,
aber sein Widerstand ist unbeugsam. Und so beweist er seine geistige Kraft
und steht siegreich da; er ist unüberwindlich. Ist seine Lage nicht glänzend?
Aber da wendet der böse Trieb eine subtilere Methode an und gratuliert
ihm: Was für ein frommer Mensch bist du! Er fängt an, stolz auf sich zu sein,
und schon sitzt er in der Falle (Rabbi Raphael von Berscht).

»Denn es gibt keinen Gerechten auf dieser Erde, der Gutes tut und nicht
sündigt« (Pred 7,20). Die Kommentatoren legen diesen Vers so aus, daß
selbst ein Gerechter zuweilen sündigt und sein Leben wie ein Mosaik aus
vollkommenen Taten ist mit einigen Sünden dazwischen. Der Baal Schem jedoch liest den Vers so: *Denn es gibt keinen Gerechten auf Erden, der Gutes
tut, ohne daß Sünde im Guten wäre.* »Es ist nicht möglich, daß das Gute frei
von Eigeninteressen ist.«[33] Vom empirischen Standpunkt aus ist unsere geistliche Situation hoffnungslos: »Wir sind alle unrein, und all unser gerechtes
Tun ist wie schmutzige Lumpen« (Jes 64,5).

»Selbst die guten Taten, die wir tun, sind nicht erfreulich, sondern absto-
ßend. Denn wir vollbringen sie aus dem Wunsch nach Selbstverherrlichung
und aus Stolz und um unsern Nächsten zu imponieren.«[34]

Wer kann seinen guten Absichten trauen, wenn er weiß, daß sich unter
der Decke der *kawana* (der inneren Hingabe) der Hang zur Eitelkeit verbergen kann? Wer kann behaupten, daß er auch nur eine einzige *Mizwa* mit
vollkommener Hingabe erfüllt hat? Rabbi Elimelech von Lischensk sagte zu
einem seiner Schüler: »Ich bin 60 Jahre alt und habe nicht eine einzige
Mizwa erfüllt.«[35] *Es gibt keine einzige Mizwa, die wir vollkommen erfüllen*
..., ausgenommen die Beschneidung und das Torastudium in unserer Kind-
heit[36]; diese beiden Handlungen werden nicht von »fremden Gedanken«
oder unreinen Motiven beeinträchtigt.

Der Geist ist niemals immun gegen fremde Motive, und es scheint kein
Mittel zu geben, sie völlig auszutilgen. Ein chassidischer Rabbi wurde von
seinen Schülern in den letzten Stunden seines Lebens gefragt, wen sie nach
seinem Tod als ihren Meister wählen sollten. Er antwortete: »Wenn jemand

---

33 *Rabbi Jaakow Josef von Polnoye*, Toledot Jaakow Josef, Lemberg 1863, S. 150d
34 *Rabbi David Kimchi*, Jesajakommentar zur Stelle. Ähnlich *S.D. Luzatto* in seinem Kommentar. Vgl. *N.J. Berlin*, Kommentar zu Scheeltot, Sec. 64, S. 420. Laut Scheeltot ist die Bedeutung des Verses, daß unsere gerechten Taten ein Gewand aus Flicken und nicht richtig
miteinander verwoben sind.
35 *Rabbi Jaakow Aaron von Zalshin*, Beth Jaakow, Pietrkov 1899, S. 144; Ab II,20
36 Midrasch Tehillim 6,1

euch den Weg zeigen wollte, wie man ›fremde Gedanken‹ auslöscht, so wißt, daß der nicht euer Meister ist.«

Wir wissen nicht, womit wir den Herrn verehren sollen, bis wir dort ankommen (Ex 10,26). »Von all unserm Dienst, von allen guten Taten, die wir in dieser Welt tun, wissen wir nicht, ob sie irgendeinen Wert haben, ob sie wirklich rein und aufrichtig und um des Himmels willen getan sind – bis wir dort ankommen, in der zukünftigen Welt; dann erst werden wir erfahren, was unser Dienst hier war.«[37]

Der Wille des Menschen kann den Schlingen des Ich nicht entgehen, und der Geist kann sich von der Verwirrung durch die Vorurteile, in denen er gefangen ist, nicht freimachen. Oft sieht es so aus, als ende Gottes Suche nach einem Gerechten in einer Sackgasse.[38]

Müssen wir also verzweifeln, weil wir nicht fähig sind, vollkommene Reinheit zu erlangen? Wir müßten es, wenn Vollkommenheit unser Ziel wäre. Aber wir sind nicht verpflichtet, ein für allemal vollkommen zu sein, sondern nur, uns immer wieder zu erheben. Vollkommenheit ist göttlich; sie zum Ziel für den Menschen zu machen hieße, ihn aufzufordern, göttlich zu sein. Alles, was wir tun können, ist, unser Herz in Zerknirschung reinzuwaschen. Zerknirschung beginnt mit einem Gefühl der Scham darüber, daß wir unfähig sind, uns von unserm Selbst zu befreien. Zerknirschung über unser Versagen ist heiliger als Selbstgefälligkeit im Gefühl der Vollkommenheit.

Es handelt sich um ein äußerst ernstes Problem. Wenn eine Tat ausschließlich um Gottes willen getan werden muß, wenn sie gut sein soll, sind wir dann je in der Lage, das Gute zu tun? Rabbi Nachman von Kossow gab die Antwort in einem Gleichnis: Ein Storch geriet in den Sumpf und konnte seine Beine nicht mehr herausziehen. Da kam ihm ein Gedanke. Hatte er nicht einen langen Schnabel? Er steckte also seinen Schnabel in den Sumpf und zog die Beine heraus. Aber was nutzte das? Seine Beine waren zwar heraus, aber nun steckte sein Schnabel fest. Da kam ihm ein anderer Gedanke. Er steckte die Beine in den Sumpf und zog den Schnabel heraus. Aber was nutzte es? Seine Beine staken fest im Sumpf...

Genauso ist die Situation des Menschen. Wenn er auf der einen Seite Erfolg hat, versagt er auf der anderen. Wir müssen immer daran denken: Wir verderben, Gott stellt wieder her. Wie abscheulich die Art und Weise, in der wir verderben, und wie gut und schön die Art, wie Er wiederherstellt! Und

---

37   Rabbi Isaak Meir von Ger

38   Auch die Propheten kannten Augenblicke der Verzweiflung. Auf der Flucht vor Isebel floh Elija in die Wüste, setzte sich dort unter einen Wacholderstrauch und sagte: »Es ist genug; nimm, o Herr, mein Leben, denn ich bin nicht besser als meine Väter« (1Kön 19,4). Jeremia bricht in den Schrei aus: »Verflucht sei der Tag, an dem ich geboren bin« (20,14). Vgl. auch Ps 22.39.88; Hiob 9,21; 10,20f; 14,6f; Pred 4,2.

dennoch beharrt das Judentum auf der Tat und hofft auf die Intention. Jeden Morgen betet der Jude: »Herr, unser Gott, mach die Worte Deiner Tora
angenehm in unserm Mund ..., damit wir Deine Tora um ihrer selbst willen
lernen.«

Während wir das Ziel nicht aus dem Auge verlieren, werden wir gelehrt,
daß man aus pädagogischen Gründen weiter das Gesetz erfüllen muß, selbst
wenn man nicht imstande ist, es »um Gottes willen« zu erfüllen. Denn selbst
wenn das Gute nicht um seiner selbst willen getan wird, wird es uns schließlich doch lehren, wie man um Gottes willen handeln muß. Wir dürfen nicht
aufhören, heilige Taten zu tun, auch wenn wir das Selbst mit menschlichen
Anreizen bestechen müssen. Reinheit der Motivation ist das Ziel, Beständigkeit im Handeln der Weg.

Das Ich wird erlöst von der fesselnden Macht und der unerbittlichen Herausforderung einer gerechten Aufgabe, die vor uns liegt. Die Tat reißt uns
mit, sie trägt die Seele mit sich fort und beweist uns, daß die größte Schönheit im größten Abstand vom Mittelpunkt des Ich wächst.

Taten, die nach idealen Zielen streben, die nicht mit sorgloser Leichtfertigkeit und Routine, sondern mit Anstrengung und Hingabe an das Ziel getan werden, sind stärker als eine zufällige Laune. Heiligen Zielen zu dienen
kann schließlich niedrige Motive verwandeln. Denn solche Taten sind anspruchsvoll. Was immer unser Motiv im Anfang einer solchen Tat gewesen
sein mag, die Tat selbst fordert ungeteilte Aufmerksamkeit. So ist der
Wunsch nach Anerkennung für einen Dichter in seinen schöpferischen
Augenblicken nicht die treibende Kraft; ebensowenig ist die Jagd nach Vergnügen oder Profit das Wesen eines religiösen oder moralischen Aktes. In
dem Augenblick, da ein Künstler ganz in Anspruch genommen ist, ein Konzert zu spielen, liegt ihm jeder Gedanke an Applaus, Ruhm oder Gage fern.
Seine ganze Aufmerksamkeit, sein ganzes Sein ruht in der Musik. Wenn ihm
irgendwelche fremden Gedanken durch den Sinn gingen, wäre seine Konzentration gestört, die Reinheit seines Spiels beeinträchtigt. Er hat vielleicht
an die Gage gedacht, als er mit seiner Agentur verhandelte; aber während
der Aufführung beansprucht die Musik seine ganze Konzentration.

Ähnlich könnte die Situation des Menschen sein, wenn er eine religiöse
oder moralische Tat vollbringt. Allein gelassen, ist die Seele Stimmungen unterworfen. Aber der Tat wohnt eine Kraft inne, die die Wünsche läutert. Die
Tat, das Leben selbst, erzieht den Willen. Gute Motive entstehen, wenn man
Gutes tut.

Wenn das ursprüngliche Motiv seiner selbst sicher ist, wird sich die Tat
entfalten, und später eindringende Absichten könnten sogar dazu dienen,
das ursprüngliche Motiv zu stärken, indem es nämlich die Energie der eindringenden Nebenabsichten in seine eigene Stärke aufnimmt. Ein Mensch

kann voll abstoßender Motive sein; aber eine Tat und Gott sind stärker als abstoßende Motive. Die erlösende Kraft, die durch das Tun des Guten ausgelöst wird, läutert den Sinn. Die Tat ist weiser als das Herz. Dies also ist die Einstellung des Judentums. Obwohl es sich dessen zutiefst bewußt ist, wie unrein und unvollkommen all unser Tun ist, hält es doch daran fest, daß Handeln unser höchstes Privileg, eine Quelle der Freude ist, etwas, das dem Leben letzte Kostbarkeit verleiht. Wir glauben, daß Augenblicke, in Gemeinschaft mit Gott gelebt, daß Taten, in der Nachahmung von Gottes Willen vollbracht, nie vergehen; das Gute bleibt gültig trotz aller Unreinheit.

V

Im Mittelpunkt von Niebuhrs Denken steht die Erkenntnis, daß »die Möglichkeiten des Bösen mit den Möglichkeiten des Guten wachsen«[39] und daß »*jedes höhere Ordnungsprinzip,* dem sich die Seele zuwenden mag in dem Bemühen, Sinn im Chaos zu retten, sich bei genauerer Analyse *als mögliche neue Quelle für Böses erweist*«.[40]

Daß »die Möglichkeiten des Bösen mit denen des Guten wachsen«, ist eine Erkenntnis, deren die jüdische Tradition eingedenk war. Das Gute wird dabei sowohl im weltlichen wie im geistlichen Sinn verstanden. In der ersten Bedeutung wird der Gedanke von Hillel geäußert, der zu sagen pflegte: »Je mehr Fleisch, desto mehr Würmer [im Grab]; je mehr Besitz, desto mehr Sorgen.«[41] Den rabbinischen Legenden zufolge war der Übermut der Generation vor der Sintflut eine Folge »der idealen Bedingungen, unter denen die Menschen vor der Flut lebten. Sie kannten weder Mühe noch Sorge, und infolge ihres außerordentlichen Wohlstandes wurden sie anmaßend. In ihrer Anmaßung erhoben sie sich gegen Gott.«[42] Im Sinne der Schrift lehrt der Talmud, daß *der böse Trieb um so größer ist, je größer ein Mensch ist*[43], denn der böse Trieb ist begieriger, »die Großen«, »die Gelehrten« anzufallen als einfache Menschen.

Aber Niebuhr spricht nicht nur von den »Möglichkeiten des Bösen« im Guten; er beschreibt das Böse als ein unausweichliches Faktum der menschlichen Existenz. Wenn nun jede gute Tat möglicherweise verdorben ist, was wäre der Wert und die Bedeutung der Anbetung und des Gottesdienstes? Be-

39 An Interpretation of Christian Ethics, S. 97
40 Ebd., S. 68
41 Ab II,7
42 *L. Ginzberg,* The Legends of the Jews, I, Philadelphia 1954, S. 152f; V, S. 173
43 bSuk 52a; vgl. auch KohR 1,16 und GenR 19,3.

steht nicht Gottes Gnade eben darin, daß sie die heiligen Akte davor bewahrt, vom Bösen verdorben zu werden? Es ist zutiefst wahr, daß Güte sich
in Grausamkeit, Frömmigkeit in Fanatismus, Glauben in Arroganz verkeh-
ren kann. Doch ist dies, so glauben wir, zwar eine ständige Möglichkeit, keineswegs aber eine Notwendigkeit; es ist eine Bedrohung, aber kein unausweichliches Ergebnis.

In der Bibel wird die gleichbleibende Verderbnis der Menschen bezeugt;
*die Bibel lehrt jedoch nicht, daß das Ewige im Ablauf der Zeit der Verderbnis
unterliegt.* Die Heiligkeit Abrahams, Isaaks und Jakobs und die Demut des
Mose sind der Fels, auf den sie sich beruft. *Es gibt Augenblicke des Guten in
der Geschichte, die kein späteres Böse auslöschen kann.* Der Herr selbst hat
es bezeugt. Die Integrität eines Hiob bewies es. Abraham konnte keine zehn
Gerechte in Sodom finden, durch deren Verdienst die Stadt hätte gerettet
werden können. Aber es gibt keine Zeit in der Geschichte ohne die unbekannten und verborgenen 36 Gerechten, durch deren Verdienst die Welt
weiterlebt. Wir glauben, daß es lichtvolle Stellen in der ungeheuren Dunkelheit gibt, daß ungetrübte gute Augenblicke möglich sind. Vom Standpunkt
biblischer Theologie ist es daher schwierig, diese Ansicht Niebuhrs zu unterstützen, *wenn sie auch einleuchtend und tief ist.*

Wenn wir nur auf die menschliche Natur angewiesen wären, hätten wir
gewiß keine Hoffnung. Aber wir haben auch das Wort Gottes, die Gebote,
die *Mizwa.* Im Mittelpunkt der Bibel steht Sinai, der Bund, das Wort Gottes.
Sinai war die Antwort auf Adams Versagen. Ist nicht die Tatsache, daß uns
Sein Wille kundgetan wurde, Zeichen für eine gewisse Möglichkeit, daß
man Seinen Willen tun kann? Bleibt Gottes Wort immer nur eine Herausforderung, ein Störenfried? Ist die Stimme Gottes nicht mächtig genug, die öde
Seele zu erschüttern, das Ich bloßzulegen, Seinen Willen wie ein Feuer auf-
leuchten zu lassen, so daß wir alle rufen »Gloria«?

Für den Juden steht Sinai in jeder Tat des Menschen auf dem Spiel, und
das Hauptproblem ist nicht Gut und Böse, sondern Gott und Sein Gebot,
das Gute zu lieben und das Böse zu hassen. Die zentrale Frage besteht nicht
in der Sündigkeit des Menschen, sondern in seinen Pflichten.

Das Judentum hält zwar an dem Gegensatz von Gottes Macht und
menschlicher Macht, von Gottes Gnade und menschlichem Versagen fest,
aber es betont noch einen dritten Aspekt, die *Mizwa.* Die *Mizwa* gibt unserm
Leben Sinn. Die *Mizwa,* das Tun einer heiligen Tat, ist uns als ständige Gelegenheit gegeben. Frömmigkeit hat also zwei Pole: die rechte und die falsche
Tat, *Mizwa* und Sünde. Eine Überbetonung der Sünde kann zur Ablehnung
der »Werke«, eine Überbetonung der *Mizwa* kann zur Selbstgerechtigkeit
führen. Ersteres kann zur Folge haben, daß die Relevanz der Geschichte geleugnet und die Eschatologie übermäßig herausgestellt wird; letzteres kann

zur Leugnung des Messianismus und zu einem säkularen Optimismus führen. Vor beiden Gefahren warnt das Judentum unaufhörlich.

Wir dürfen niemals vergessen, daß wir immer der Sünde ausgesetzt sind.
»Sei deiner selbst nicht sicher bis zum Tag deines Todes«, sagt Hillel.[44] Wir
wurden gelehrt, daß man alle Tage seines Lebens vom Geist des Heiligen
durchdrungen sein kann, daß aber ein einziger Augenblick der Sorglosigkeit
genügt, uns in den Abgrund zu stoßen. *Zwischen mir und dem Tod ist nur ein
Schritt* (1Sam 20,3). Auf der anderen Seite werden wir gelehrt, daran zu
denken, daß wir immer Gelegenheit erhalten, Ihm zu dienen. Bezeichnen-
derweise betont die jüdische Tradition die *Möglichkeit von weiterem Guten
im Guten,* obwohl sie um die Möglichkeit des Bösen im Guten weiß. Ben
Azzai sagte: »Sei eifrig, eine geringere *Mizwa* zu tun, und fliehe die Übertretung; denn eine *Mizwa* führt zu einer anderen *Mizwa,* und eine Übertretung
führt zu einer anderen Übertretung. Denn der Lohn für eine *Mizwa* ist eine
Mizwa, und der Lohn für eine Übertretung ist eine Übertretung.«[45]

Wenn das Judentum die grundsätzliche Bedeutung der *Mizwa* betont, so
geht es davon aus, daß der Mensch die Fähigkeit erhalten hat zu erfüllen,
was Gott fordert, zumindest teilweise. Dies könnte tatsächlich ein Artikel
des prophetischen Glaubens sein: Wir glauben, daß wir Seinen Willen tun
können. »Ganz gewiß ist dieses Gebot *(mizwa),* das Ich dir heute gebe, nicht
zu schwer für dich und nicht unerreichbar. Es ist nicht im Himmel, daß du
sagen könntest: ›Wer von uns kann in den Himmel aufsteigen, um es für uns
zu holen und uns mitzuteilen, daß wir es tun können?‹ Es ist auch nicht jenseits des Meeres, daß du sagen könntest: ›Wer von uns kann das Meer durch-
queren, um es zu holen und uns kundzutun, daß wir es befolgen können?‹
Nein, es ist dir ganz nahe, in deinem Mund und in deinem Herzen, es zu befolgen« (Dtn 30,11-14). Die jüdische Tradition betont immer wieder das
faktische Versagen des Menschen, aber nicht seine wesensmäßige Unfähigkeit, das Gute zu tun; sie behauptet, daß der Mensch imstande ist, vor Gott
»Verdienst« zu erwerben. Zur Lehre von den Verdiensten gehört die Gewiß-
heit, daß trotz aller Unvollkommenheit der Wert der guten Taten in alle
Ewigkeit bleibt. Gewiß kann das Gebot der Liebe, die Forderung nach dem
Unmöglichen und unser dauerndes Versagen und Übertreten in uns Kum-
mer und Spannungen erzeugen, die uns zur Verzweiflung treiben können.
Dennoch, ist nicht die Realität der Liebe Gottes größer als das Gebot der
Liebe? Will Er uns nicht annehmen mit all unseren Verfehlungen und
Schwächen? »Denn Er kennt unser Wesen *(jezer);* Er gedenkt daran, daß wir
Staub sind« (Ps 103,14).

44 Ab II,5
45 Ebd. IV,2

»Im liberalen Christentum herrscht die unausgesprochene Annahme, daß die menschliche Natur fähig ist, die Forderungen des Evangeliums zu erfüllen. Das Kantsche Axiom ›Ich soll, denn ich kann‹ wird als Grundlage für alle Analysen der ethischen Situation akzeptiert. Im klassischen Christentum besteht eine viel größere Spannung zwischen dem Vollkommenheitsgebot des Evangeliums und der Einschätzung der menschlichen Möglichkeiten. Das Liebesgebot wird neben die Tatsache der Sünde gestellt. Es schafft faktisch das Sündenbewußtsein.«[46]

Auch das Judentum würde das Axiom »Ich soll, denn ich kann« ablehnen. Statt dessen sagt es: »Dir ist geboten, darum kannst du.« Es behauptet, wie ich schon sagte, daß der Mensch die Möglichkeit hat zu erfüllen, was Gott gebietet, zumindest teilweise. Andererseits werden wir ständig gemahnt, uns nicht auf die eigene Kraft zu verlassen und zu meinen, daß die »unbegrenzte Ausweitung der menschlichen Fähigkeiten schließlich die Situation des Menschen ändern würde«. Unsere Tradition ist nicht der Ansicht, daß gute Taten allein die Geschichte erlösen; erst der Gehorsam gegen Gott macht uns wert, von Gott erlöst zu werden.

Wenn das Judentum sich auf die Fähigkeit des Menschen, Gutes zu tun, verlassen hätte, auf sein Vermögen, Gottes Gebote zu erfüllen, auf die Kraft des Menschen, Erlösung zu erlangen, warum hat es dann an der Verheißung der messianischen Erlösung festgehalten? Messianismus bedeutet in der Tat, daß es keiner wie auch immer gearteten Lebensführung, selbst nicht den äußersten menschlichen Anstrengungen, gelingt, die Welt zu erlösen. Mit anderen Worten: Die Geschichte genügt nicht sich selbst.

Dennoch beharrt die hebräische Tradition auf der *Mizwa* als dem geeigneten Mittel, mit dem Bösen umzugehen. Am Ende der Tage wird das Böse von dem Einen überwunden; in der Zeit der Geschichte müssen die Übel eines nach dem anderen überwunden werden.

Die Propheten haben erkannt, daß die Geschichte ein Alptraum ist. Es gibt mehr Skandale, mehr Korruption, als die Philosophie sich träumen läßt. Es wäre Blasphemie zu glauben, daß das, was wir vor uns sehen, das Ziel von Gottes Schöpfung ist. Es ist ein Akt des Bösen anzunehmen, daß der Zustand des Bösen unvermeidlich oder endgültig ist. Andere mögen sich mit Verbesserungen zufriedengeben, die Propheten halten an der Erlösung fest. Es ist eine Schande, was der Mensch tut; das muß nicht immer so weitergehen. Die Propheten verdammen nicht nur, sie verkünden auch eine Verheißung. Das steinerne Herz wird weggenommen und ein fleischernes Herz statt dessen gegeben werden (Ez 11,19). Selbst das Wesen der wilden Tiere wird verwandelt, damit es der Herrlichkeit jener Zeit entspricht. Das Ende

46 An Interpretation of Christian Ethics, S. 65

der Tage ist das Ende der Angst, das Ende des Krieges; Götzendienst wird verschwinden, Erkenntnis Gottes wird herrschen.

Die innere Geschichte Israels ist eine Geschichte des Wartens auf Gott, des Wartens auf Seine Ankunft. So gewiß sich Israel der Realität des »Landes der Verheißung« ist, so gewiß ist es, daß der »Tag der Verheißung« kommt. Es lebt von der Verheißung des »Tags des Herrn«, des Tags des Gerichts, dem die Erlösung folgt; dann wird das Böse vernichtet werden, und ein Zeitalter der Herrlichkeit wird kommen.

Der Gipfel unserer Hoffnungen ist die Errichtung des Gottesreichs, und das leidenschaftliche Verlangen nach ihrer Verwirklichung muß all unser Denken durchdringen. Denn das tiefste Anliegen des Juden ist nicht persönliche Rettung, sondern universale Erlösung. Erlösung ist nicht ein Ereignis, das mit einem Schlag am »Ende der Tage« stattfindet, sondern ein Prozeß, der die ganze Zeit läuft. Die guten Taten des Menschen sind einzelne Akte in dem langen Drama der Erlösung, und jede Tat zählt. Man muß so leben, als hinge die Erlösung aller Menschen von der Hingabe des eigenen Lebens ab. So betrachten wir das Leben, jedes Leben, als ungeheure Chance, das Gute, das Gott in Seine Schöpfung gelegt hat, zu vermehren. Und die Vision einer Welt, die frei von Haß und Krieg ist, einer Welt, die voll Erkenntnis Gottes ist wie das Meer voll Wasser, die Gewißheit der endgültigen Erlösung muß immer unser Denken und Handeln beflügeln.

Eine umfassende Würdigung der Bedeutung Reinhold Niebuhrs wird nicht nur seine Lehre in Betracht ziehen müssen, sondern auch seine *religiöse Erkenntnistheorie*. Sie muß sich ferner nicht nur seinen Büchern zuwenden, sondern auch seinen Taten. Trotz all seiner Tiefe, seines prophetischen Radikalismus, seiner Einsicht in letzte Aspekte der menschlichen Bestimmung, seines Gefühls für die Dimension der Ewigkeit hat Niebuhr sich einen Blick für die unmittelbaren Probleme der Gerechtigkeit und Gleichheit in den menschlichen Beziehungen bewahrt. Seine Spiritualität umfaßt sozusagen Himmel und Erde. Sie trennt nicht Seele und Leib oder den Verstand von der Einheit des physischen und geistlichen Lebens des Menschen. Sein Weg gibt das Beispiel eines Menschen, der gerecht handelt, Barmherzigkeit liebt und demütig vor Gott wandelt, ein Beispiel für die Einheit von Gottesdienst und Leben.

Abraham Joshua Heschel

Erneuerung des Protestantismus: Eine jüdische Stimme (1963)

Bis zum heutigen Tag gibt es auf der Welt keine religiöse Institution, die nicht in einem kritischen Augenblick die Notwendigkeit zur Erneuerung gezeigt hätte; diese Erkenntnis findet sich schon bei den Propheten Israels. Was ich im Folgenden zu sagen habe, geschieht aus Verehrung für das, was mir im Leben der protestantischen Gemeinschaft gefährdet scheint. Ich werte es als ein ermutigendes Zeichen für ein neues Interesse des Protestantismus an seinen jüdischen Ursprüngen, daß man einen jüdischen Wissenschaftler auffordert, zu diesem Thema etwas zu sagen. In der Tat berühren einige der Themen, mit denen ich mich hier befasse, sowohl Juden wie Christen.

Ich handle von der Situation, die aus dem Zusammentreffen zweier Tendenzen erwachsen ist, dem uralten Prozeß der Entjudaisierung des Christentums und dem modernen Prozeß der Entheiligung der Hebräischen Bibel (Altes Testament). Dann werde ich auf die Polarität von Mysterium und Geschichte und auf die Frage der Entdogmatisierung eingehen.

Entjudaisierung

In der frühen Geschichte der christlichen Kirche wurden die Differenzen zum Judentum bewußt betont; die Kirche wollte ihr Selbstverständnis nicht von der ungeheuren Verpflichtung dem Judentum gegenüber gewinnen, sondern aus dem Gegensatz zum Judentum. Mit dem Aufkommen des Christentums und seiner Ausbreitung in der griechisch-römischen Welt bemächtigten sich Heidenchristen der Bewegung und leiteten einen kontinuierlichen Prozeß der Anpassung an den Geist eben jener Welt ein. Das Ergebnis war eine bewußte oder unbewußte Entjudaisierung des Christentums, die das Denken der Kirche und ihr inneres Leben ebenso beeinflußte wie ihr Verhältnis zur gegenwärtigen und vergangenen Realität Israel, das Vater und Mutter zugleich für die Christenheit ihrem eigentlichen Wesen nach ist. Die Kinder standen nicht auf und nannten ihre Mutter »gesegnet«, statt dessen nannten sie die Mutter »blind«. Einige Theologen verfahren weiterhin so, als wüßten sie nicht die Bedeutung von »Ehre Vater und Mutter«; andere sprechen in ihrem Bestreben, die Überlegenheit der Kirche zu beweisen, als litten sie an einem geistlichen Ödipuskomplex.

Die christliche Botschaft, die in ihren Ursprüngen Bestätigung und Höhepunkt des Judentums sein sollte, wurde sehr bald in Ablehnung und Verleugnung des Judentums verkehrt; die Überzeugung und Lehre setzte sich durch,
daß der jüdische Glaube überholt sei und abgeschafft werden müsse. Der
neue Bund wurde nicht als neue Phase der Offenbarung gesehen, sondern
als Aufhebung und Ersatz des alten; das theologische Denken formte seine
Begriffe in Antithese zum Judentum. Gegensatz und Widerspruch bestimmten die Blickrichtung und nicht Anerkennung der Wurzeln, Verbundenheit
und das Gefühl der Verpflichtung. Das Judentum wurde zur Religion des
Gesetzes, das Christentum zur Religion der Gnade; Judentum lehre einen
Gott des Zornes, das Christentum den Gott der Liebe; das Judentum sei
eine Religion des sklavischen Gehorsams, das Christentum die Überzeugung
freier Menschen; das Judentum sei partikularistisch, das Christentum uni-
versalistisch; das Judentum suche Werkgerechtigkeit, das Christentum pre-
dige Glaubensgerechtigkeit. Die Lehre des alten Bundes sei die Religion der
Furcht, das Evangelium des neuen Bundes eine Religion der Liebe; die
Lohnordnung stehe der *Gnadenordnung* gegenüber. Die Hebräische Bibel
sei Vorbereitung, das Evangelium Erfüllung; erstere sei noch unreif, das
zweite vollkommen, im einen finde sich engstirnige Beschränktheit, im anderen allumfassende Liebe.

Der Prozeß der Entjudaisierung innerhalb der Kirche bahnte den Weg für
die Preisgabe ihres Ursprungs und die Entfremdung vom Kern ihrer Botschaft. Heute steht die Kirche vor der lebenswichtigen Frage, ob sie nach ihren Wurzeln im Judentum suchen und sich selbst als eine Erweiterung des
Judentums verstehen soll oder ob sie ihre Wurzeln im hellenistischen Heidentum findet und sich selbst als Antithese zum Judentum versteht.

Die geistige Entfremdung von Israel kommt nachdrücklich in der Lehre
von Marcion zum Ausdruck, der den Gegensatz und die absolute Diskontinuität zwischen dem Gott der Hebräischen Bibel und dem Gott, den Jesus
offenbarte, behauptet. Marcion wollte ein Christentum, das völlig frei von
jüdischen Zügen war. Er sah es als seine Aufgabe an, den völligen Gegensatz
zwischen der Hebräischen Bibel und den Evangelien aufzuzeigen. Die Kirche hat zwar im Jahr 144 d.Z. den Apostel der Diskontinuität aus der Kirche
ausgeschlossen und seine Lehren verdammt; dennoch bleibt Marcion eine
schreckliche Bedrohung und eine satanische Herausforderung. In der gegenwärtigen christlichen Gemeinde ist Marcion viel lebendiger und weiter
verbreitet, als allgemein gesehen wird.

Trotz der Arbeit von Generationen engagierter Wissenschaftler, die einen
neuen Blick für das Verständnis von Geschichte und Literatur des alten Israel und seiner Beziehung zum Christentum eröffnet haben, hält man weiterhin daran fest, die *Diskontinuität* zwischen Hebräischer Bibel und Neuem

Testament zu betonen. Nach Rudolf Bultmann (wie Bernhard W. Anderson zusammenfassend sagt) »ist das Alte Testament für den Christen keine Offenbarung, sondern steht in wesentlicher Beziehung zu Gottes Offenbarung in Christus wie Hunger zu Nahrung oder Verzweiflung zu Hoffnung... Der Gott, der zu Israel sprach, spricht nicht mehr zu uns in der Zeit des neuen Bundes«.[1] Das ist die geistige Auferstehung Marcions. War der Gott Jesu nicht der Gott Israels? Wie kann ein Christ es wagen, seine eigenen Vorstellungen von Gott an die Stelle von Jesu Gottesverständnis zu setzen und sich immer noch Christ zu nennen?

Welche Herkunft hat die christliche Bibel? Das Neue Testament beginnt mit den Worten: »Das Buch von der Abstammung Jesu Christi, des Sohnes Davids, des Sohnes Abrahams« (Mt 1,1; vgl. 1Kor 10,1-3; 1Petr 1,10ff). Aber die gewaltige Faszination, die die Welt des Hellenismus ausübte, hat viele veranlaßt, in der Welt, die von Hellas abstammt, nach den Ursprüngen der christlichen Botschaft zu suchen. Wie seltsam, daß Gott die Krippe Jesu nicht in Delphi oder zumindest in Athen stehen ließ!

Obwohl der Protestantismus den Grundsatz »*sola scriptura*« [allein die Schrift] hatte, der ihn eigentlich vor einer Entjudaisierung hätte schützen müssen, ist er doch oft einer individualistisch-hellenistischen Auffassung der christlichen Tradition erlegen, einer romantischen Übervereinfachung des Problems von Glaube und Innerlichkeit sowie pantheistischen Vorstellungen und Sentimentalität. Nur eine bewußte Bindung an die jüdischen Wurzeln des Christentums hätte ihn vor dieser Entstellung bewahren können. Für die frühen Christen lag die Voraussetzung ihres Glaubens, daß das *Wort* Fleisch wurde, in der Gewißheit, daß der Geist *Wort* geworden war. Sie waren bewußt offen für das Gesetz und die Propheten.

Heute besteht die Tendenz, überall nach dem Geist zu suchen, nur nicht in den Worten der Hebräischen Bibel. Es gibt keine *religio ex nihilo* (Religion aus dem Nichts), keinen Uranfang. Wie es keine voraussetzungslose Wissenschaft gibt, so gibt es keine Religion ohne letztgültige Entscheidungen. Um eine solche Entscheidung geht es bei der Frage, ob Juden oder Christen mit der Hebräischen Bibel befaßt sein oder fern von ihr leben wollen. Die Zukunft der westlichen Welt hängt davon ab, wie wir unsere Beziehung zur Hebräischen Bibel bestimmen.

Das Ausmaß, in dem sich die Christenheit mit der Hebräischen Bibel identifiziert, ist ein Prüfstein für ihre Glaubwürdigkeit – und für die jüdische Glaubwürdigkeit ebenso. Hinter der Malaise des heutigen Protestantismus steht der Mangel an dieser Identifikation.

---

1   *Bernhard W. Anderson*, The New Covenant and the Old, in: The Old Testament and Christian Faith, New York 1963, S. 227

Die Entheiligung der Bibel

Der moderne Wissenschaftler bringt in sein Bibelstudium seine ganze Persönlichkeit ein, sein vermehrtes Wissen über den Alten Orient, seine Kunst der Analyse, sein Geschichtsbewußtsein, seine ehrliche Verpflichtung der Wahrheit gegenüber – aber auch einen angeborenen Zweifel biblischen Ansprüchen und Traditionen gegenüber. Folglich haben wir so viel *über die Bibel* zu sagen, daß wir nicht bereit sind zu hören, was die Bibel über uns zu sagen hat. Wir lieben nicht die Bibel, wir lieben unsere eigene Fähigkeit zu kritischer Unterscheidung, unsere eigenen Theorien über die Bibel. Geistiger Narzißmus ist eine Krankheit, gegen die manche von uns nicht immer immun sind. Das Gefühl für das Mysterium und die *Transzendenz* dessen, worum es in der Bibel geht, verliert sich im Prozeß der Analyse. Das Ergebnis ist, daß wir die Bibel entheiligt haben.

Eine Grundvoraussetzung vieler moderner Schriftgelehrsamkeit im Protestantismus, die außerordentlich zur historischen und theologischen Einsicht beigetragen hat, ist, daß man die Bibel wie jedes andere Buch behandeln sollte – objektiv und unvoreingenommen. Objektivität aber ist nicht frei von Doppeldeutigkeit; sie behauptet, wertfrei zu sein, während doch die Attitüde der Wertfreiheit in sich schon eine wertende Haltung ist.

Meine Mutter ist für mich wie irgendeine andere – und sie ist es *nicht;* die Bibel ist für mich wie irgendein anderes Buch – und sie ist es *nicht.* Ein Pianist sollte Musikwissenschaften studieren, aber er muß ein Künstler bleiben. Die Worte der Bibel sind nicht nur Papier. Um sie zu kennen, muß ich sie meinem Urteil unterwerfen; um sie zu verstehen, muß ich mich unter ihr Urteil stellen.

Die Hebräische Bibel wird in Predigten zitiert, aber sie ist nicht im Denken gegenwärtig. Ihre geistige Bedeutung wird ignoriert. Ihre Art zu denken hat den modernen Menschen nicht beeinflußt und ist, so scheint es, auch außerhalb des Interesses vieler heutiger Theologen geblieben. Wir stehen vor einer tiefen Entfremdung von der Bibel. Die Kategorien der Propheten sind uns fremd und unbekannt. Um zu glauben, brauchen wir Gott, eine Seele und das Wort. Wir halten die Bibel nicht mehr für einen papierenen Papst, aber für viele ist die Bibel nun nichts weiter als eine Sammlung schlecht redigierter Berichte auf einer Masse Papier.

Die Bibel ist Heiligkeit in Worten. Wie können wir uns trotz kritischer Studien ein Bewußtsein der Heiligkeit bewahren? Wie können wir das Verständnis dafür fördern, daß die Autorität der Bibel nicht bloß eine Frage der Philologie oder der Chronologie ist? Entscheidender als der dogmatische Versuch, Zeit und Autoren der biblischen Dokumente zu bestimmen, ist die Offenheit für *die Gegenwart Gottes* in der Bibel. Diese Offenheit erwirbt man nicht im Handumdrehen. Sie ist die Frucht harter Bemühungen, dauernden Engagements, sie ist das Ergebnis von Beten, Suchen und Sehnen. Wo und wie wird der Mensch von heute dazu angeleitet?

Die Worte haben wir noch. Die Schrift mag aus unserem Herzen verschwunden sein, aber das Wunder der Wiederentdeckung ist möglich.

Polarität von Mysterium und Geschichte

Die christliche Botschaft enthält sowohl Verkündigung als auch Unterweisung. Sie verkündigt *Ereignisse* – Leben, Tod und Auferstehung Jesu – und bietet Unterweisung – Leitung und Lehre mit vielen Forderungen. Die Ereignisse stellen das *Mysterium* dar, in das die christliche Existenz eingebettet ist; die Lehre hat es mit der Welt zu tun, mit dem Bereich der *Geschichte,* wo das Gebot der Liebe erfüllt werden muß. In diese Polarität von Mysterium und Geschichte ist das Christentum eingebunden. Ohne das Mysterium wäre es Morallehre; ohne die Geschichte wäre es eine weltferne Geistesbewegung. Ist es möglich, das rechte Gleichgewicht zwischen beiden Polen zu bewahren? Mir scheint, daß in der Geschichte der christlichen Kirche die ausschließliche Beschäftigung mit dem Mysterium oft dazu geführt hat, daß man sich aus der Geschichte zurückzog und die Gebote der Unterweisung verwässerte.[2]

Weil die Theologen selbst den Vorrang des Gebotes mißachteten, haben sie oft eine Mißachtung der Tora aus den Worten der Propheten herausgelesen. Ich zitiere ein klassisches Beispiel: »›Siehe, die Zeit wird kommen‹, spricht der Herr, ›da will Ich mit dem Haus Israel und dem Haus Juda einen neuen Bund machen; nicht wie der Bund, den Ich mit ihren Vätern schloß, als Ich sie bei der Hand nahm, um sie aus Ägyptenland zu führen – diesen Bund haben sie nicht gehalten, obwohl Ich ihr Gatte war‹, spricht der Herr. ›Sondern das ist der Bund, den Ich mit dem Haus Israel nach jenen Tagen machen will:‹, spricht der Herr, ›Ich will Mein Gesetz in sie legen, Ich will es auf ihr Herz schreiben; und Ich will ihr Gott sein, und sie sollen Mein Volk sein‹« (Jer 31,31-33).

Meint der Prophet hier wirklich »das Ende des alten Bundes Gottes mit seinem Volk«? Hat Jeremia wirklich nur das vor Augen: »Innerlichkeit des Glaubens«, »Wandel des menschlichen Herzens«, »persönliche Beziehung zwischen Gott und seinem Volk«? Wir müssen uns hüten, die Propheten mit Vorstellungen des 20. Jahrhunderts zu interpretieren.

---

2   S. *Leo Baeck*, Judaism and Christianity, 1958, S. 171ff; *W.D. Davies*, The Gospel Tradition, in: Neotestamentica et Patristica, 1962, S. 33.

»Ich will sie auf ihr Herz schreiben.« Mose schrieb die Worte des Bundes auf »steinerne Tafeln« (Ex 34,1); jetzt will Gott den Bund auf ihr Herz schreiben. Das Herz ist der Mensch als Person. Was der Prophet hier ver-kündet, ist nicht Aufhebung der Tora, sondern innere Identifikation mit ihr. Für das biblische Denken war nichts auf der Welt so heilig wie die Tafeln des Gesetzes; sie wurden in der Bundeslade bewahrt. Aber es werden Tage kommen, wo Menschen die Gesetzestafeln sein werden, wo der Mensch Tora wird.

Die scharfe Trennung von Tora (Lehre, Gesetz) und Gnade, von Werken und Glaube stellt eine Hauptabweichung vom hebräischen Denken dar. Die Fixierung auf das persönliche Heil führt anscheinend dazu, daß die Offenheit gegenüber der Geschichte in säkularer und sozialer Hinsicht verstellt wird. Gesellschaftliche Mißstände, die im Verlauf größerer wirtschaftlicher, politischer und gesellschaftlicher Umwälzungen entstehen, haben offenbar die Gefühle der sog. Säkularen weit mehr bewegt und erregt als das Gewissen der Frommen. Eine ähnliche Entwicklung kann man im Judentum feststellen, wenn eine ausschließliche Beschäftigung mit dem Ritual das Empfinden für soziale Fragen abstumpfen kann. In den Tagen der Bibel waren die Propheten erregt, während alle Welt schlief; heute ist die Welt erregt, während Kirche und Synagoge sich geschäftig mit Trivialitäten befassen.

Vielleicht sollte die Forderung nach einem Priestertum aller Gläubigen ergänzt werden durch die Forderung nach dem *Prophetentum aller Gläubigen.*[3] Propheten sind die Vorhut, sie stehen in vorderster Linie im Kampf um die Erfüllung des Gotteswillens hier und heute. Das wahre Heiligtum hat keine Mauern; Geist und Hingabe müssen zu Hause so lebendig sein wie in den Kirchen; die ganze Existenz des Menschen ist gefordert.

Es muß endlich Schluß gemacht werden mit dem Skandal der Sentimentalität angesichts göttlicher Hoheit, Schluß mit dem Angebot der »billigen Gnade«. Entweder ist Gott von allerhöchster Bedeutung oder er hat überhaupt keine Bedeutung.

Das erste Wort, mit dem Gott an den Menschen herantritt, ist: »Gott, der Herr, befahl dem Menschen ... « (Gen 2,16). Zuerst müssen wir auf das Gebot hören.

Man soll die Erlösung nicht zu billig verkaufen. Wir wollen leichten Entscheidungen abschwören und endlich erkennen, daß religiöse Existenz schwierig und voller Forderungen ist, daß die Existenz als solche sich am Rande des Abgrunds bewegt. Luther mußte gegen den Ablaßhandel kämpfen; heute müßte er gegen die Seuche der Selbst-Absolution kämpfen.

---

3 Vgl. den Ausruf Moses: »Wären doch alle im Volk Gottes Propheten, daß der Herr Seinen Geist auf sie legte« (Num 11,29).

Die großartige Grundeinsicht der Reformation war, daß Gotteserkenntnis unmittelbar und persönlich ist. Wir aber haben eine Zivilisation mit mittelbarer Erkenntnis und Entpersönlichung. Es gibt keine Stille, keine Privatsphäre, keine Pflege von Konzentration oder Empfänglichkeit. Zudem ist kein Mensch eine *tabula rasa* [»unbeschriebenes Blatt«]. Wesen und Art religiöser Erfahrung werden beeinflußt und hängen ab von der Gesamtrichtung und dem Inhalt der eigenen Existenz. Die persönliche Begegnung kann unaufrichtig und götzendienerisch sein. Die Gefahr einer unechten Religiosität droht; wir können uns nicht allein auf persönlichen Glauben oder »religiöse Erfahrung« verlassen. Die persönliche »Begegnung« kann eine Begegnung mit Götzen sein. Gewißheit kann hier nur die innige Verbindung von Wort und Gewissen geben.

Entdogmatisierung

Im Protestantismus besteht die dringende Notwendigkeit für eine Überprüfung, Änderung und Erneuerung. Allerdings darf Erneuerung nicht abgleiten in eine Religion à la mode, und sie darf sich nicht ausschließlich von Rücksichten auf die Erhaltung der Kirche leiten lassen. Das größere Problem heute ist nicht, wie man die Kirche erhalten kann, sondern wie man die Menschheit bewahren kann, die nicht nur von der Möglichkeit einer nuklearen Explosion bedroht ist, sondern auch vom Verlust der Innerlichkeit.

Die Probleme, denen wir alle gegenüberstehen, sind sowohl neu wie radikal; sie sind nicht nur religiös, sie sind total. Wir haben ein Stadium der gesellschaftlichen Anpassung hinter uns und treten in das Stadium der politischen und geistigen Automation ein und sind bereits von verlockenden Klischees gefangen. Nicht die Inkarnation steht zur Debatte, sondern die Eliminierung Gottes. Für viele Menschen ist Gott ein vergessener Mythos, für viele liegen die Begriffe der Bekenntnisformeln außerhalb des Rahmens heutiger Diskussion. Gesellschaft und Religion scheinen so weit voneinander entfernt wie Cape Kennedy vom Mond. Auf der anderen Seite ist dies die große Stunde für Aufbruch und Umkehr. Die Absurdität der menschlichen Überheblichkeit, das Gefühl tiefer Verunsicherung und Scham liegen wie schlafende Offenbarungen in vielen Seelen. Wir haben Satelliten in der Luft und eine übergroße Furcht vor dem Menschen in unserem Herzen.

Religion lebt nicht aus sich selbst, sie ist nicht Selbstzweck. Ihre Institutionen, Riten, Symbole und Bekenntnisse erhalten ihr Leben aus den tiefen Wurzeln der menschlichen Existenz. Losgelöst von diesen Wurzeln, wird Religion irrelevant. Wir sind in einer mißlichen Lage, weil wir die Vorstufe des Glaubens und die Voraussetzungen für Erkenntnis und Hingabe preisgegeben haben. Das Leben, das wir führen, unterdrückt vielmehr die Augen-

blicke, die zum Nachdenken und zur Antwort auf letzte Forderungen hinführen, statt sie zu fördern.

Die Hauptfrage der Theologie ist vortheologisch; sie betrifft die gesamte
Situation des Menschen und seine Einstellung zum Leben und zur Welt.[4] Die
Fähigkeit zu preisen geht der Fähigkeit zu glauben voraus. Wenn wir unser
Empfinden für das Unsagbare nicht beständig pflegen, wird es uns schwer-
fallen, offen zu bleiben für die Bedeutung des Heiligen. Bevor wir das Wort
»Gott« aussprechen, müssen wir jedesmal unseren Geist aus dem Gefängnis
der Platitüden und Etiketten befreien, müssen wir ein ehrliches Gefühl haben allein schon für das Geheimnis, lebendig sein zu dürfen und der Welt gegenüberzustehen. Die Vorstufen des Glaubens schließen eine bestimmte
Weltsicht ein, bestimmte letztlich entscheidende Fragen, geistige Traditionen und hart erkämpfte persönliche Erkenntnisse und Augenblicke der Teilhabe am religiösen Leben der Gemeinschaft. In der westlichen Welt gehen
fast alle diese Voraussetzungen auf ein Buch zurück, auf die Bibel.

Sind Dogmen unnötig? Wir haben nur in seltenen, flüchtigen Augenblik-
ken Verbindung zur Realität des Göttlichen. Wie kann man diese Augenblik-
ke bewahren für die langen Stunden des praktischen Lebens, wenn uns die
Gedanken, die sich vom Unerforschlichen nähren wie Bienen vom Honig,
verlassen und wir Anschauung und Antrieb verlieren? Dogmen sind wie
Bernstein, in dem Bienen, die einst lebendig waren, eingeschlossen sind; sie
können elektrisiert werden, wenn unser Geist der Macht des Unsagbaren
ausgesetzt wird. Denn uns bleiben die Probleme, mit denen wir stets ringen
müssen: Wie kann man jene seltenen Augenblicke der Erkenntnis für alle
Stunden des Lebens wirksam machen? Wie können wir unsere Intuition in
Begriffe, wie das Unsagbare in Worte fassen, das Erlebnis der Gottesgemeinschaft rational verständlich machen? Wie können wir unsere Erkenntnisse
anderen weitergeben und uns mit ihnen zu einer Gemeinschaft des Glaubens verbinden? Auf alle diese Fragen versuchen die Bekenntnisse eine Antwort zu geben.

Ob Dogmen angemessen sind, hängt davon ab, ob sie verbindliche For-
meln sein wollen oder lediglich Hinweise. Im ersten Fall täuschen und versagen sie, im zweiten sind sie Hinweis und Erleuchtung. Angemessene Dogmen sehen ihr Thema aus großer Entfernung, sie weisen auf das Geheimnis
Gottes hin, aber sie beschreiben es nicht. Was sie tun können, ist, den Weg
des Denkens anzuzeigen, nicht aber das Ende des Denkens. Wenn Dogmen
nicht bescheidene Wegweiser sind, dann sind sie Hindernisse. Sie dürfen nur
andeuten, nicht aber informieren und beschreiben. Buchstäblich genommen, werden sie entweder platt, eng und schal, oder sie sind bauchredneri-

---

4   Vgl. mein Buch Man Is Not Alone, New York 1951, S. 168ff.

sche Mythen. So wurde z.B. die Lehre von der Schöpfung zu einem Märchen reduziert und ihres eigentlichen Sinnes beraubt; als Hinweis auf ein letztes Geheimnis aber ist sie von unerschöpflicher Bedeutung.

Ehrlicherweise muß man zugeben, daß Wahrheit, Sinn und Freude in dem zu finden sind, was sich nicht in Worte fassen und endgültig formulieren läßt. Der Gerechte lebt durch seinen Glauben, nicht durch sein Bekenntnis. Und Glaube bedeutet nicht Bindung an eine verbale Formulierung – im Gegenteil, er bedeutet zugleich das tiefe Bewußtsein für die Unangemessenheit von Worten, Begriffen und Taten. Wenn wir nicht erkennen, daß Dogmen Versuche sind und nicht etwas Endgültiges, daß sie Annäherungen sind und nicht Definitionen, Hinweise und nicht Beschreibungen, wenn wir nicht lernen, den Augenblick der Erkenntnis zu teilen, von dem sie zeugen wollen – dann sind wir der Buchstabengläubigkeit schuldig und der Täuschung, als ob wir wüßten, was man doch nicht in Worte fassen kann: Wir werden zu Anbetern des Götzen Verstand. Die unaufgebbare Funktion der Dogmen ist, daß sie es möglich machen, uns über sie zu erheben. Die Zeit ist reif, um durch den Boden der Theologie zur Tiefentheologie durchzubrechen.

Abraham Joshua Heschel

Keine Religion ist ein Eiland (1965)[1]

Ich spreche als Mitglied einer Gemeinschaft, deren Begründer Abraham ist, und mein Rabbi heißt Moses.

Ich spreche als einer, dem es gelang, die Geburtsstadt Warschau gerade sechs Wochen vor der Katastrophe zu verlassen. Mein Ziel war New York, sonst wäre es Auschwitz oder Treblinka gewesen. Ich bin ein Brandscheit, aus dem Feuer gerissen, in dem mein Volk verbrannte. Ich bin ein Brandscheit, aus dem Feuer auf dem Altar Satans gerissen, auf dem Millionen Menschenleben zur höheren Ehre des Bösen ausgelöscht wurden und auf dem noch so viel mehr vernichtet wurde: das Ebenbild Gottes in so vielen Menschenwesen, der Glaube so vieler Menschen an den Gott der Gerechtigkeit und der Barmherzigkeit und beinahe alles Wissen um die geheimnisvolle Kraft der Bindung an die Bibel, die fast 2000 Jahre lang in Menschenherzen eingepflanzt und gepflegt wurde.

Ich spreche als ein Mensch, der tief beunruhigt ist und fürchtet, Gott habe sich in Abscheu von uns abgewandt und uns sogar die Fähigkeit genommen, Sein Wort zu verstehen. So vernahm es Jesaja in seiner Vision (6,9-10): »Da sprach ich: ›Hier bin ich, sende mich.‹ Und Er sprach: ›Geh und sage diesem Volk: Hört immerzu, aber versteht nicht; schaut immerzu, aber erkennt nicht. Mach das Herz dieses Volkes fett und ihre Ohren schwerfällig und schließe ihre Augen, damit sie nicht sehen mit ihren Augen und hören mit ihren Ohren und verstehen mit ihrem Herzen und umkehren und geheilt werden.‹« Manche von uns sind wie Kranke im letzten Stadium der Agonie, die im Delirium schreien: Der Arzt ist tot, der Arzt ist tot.

Ich spreche als ein Mensch, der überzeugt ist, daß das Schicksal des jüdischen Volkes und das Schicksal der Hebräischen Bibel untrennbar zusammengehören. Daß man uns als Juden anerkennt, daß wir ein Recht haben zu überleben, ist nur in einer Welt möglich, in der der Gott Abrahams verehrt wird.

Der Nationalsozialismus war von Grund auf eine Rebellion gegen die Bibel, gegen den Gott Abrahams. Er erkannte, daß das Christentum die Bindung an den Gott Abrahams und die Beschäftigung mit der Hebräischen Bibel in das Herz des abendländischen Menschen eingepflanzt hatte, und be-

---

1 Zu Anlaß des Beitrags und Formulierung des Titels s.o. S. 16, Anm. 9. Sinnentstellende Druckfehler wurden von mir verbessert, außerdem wurden Quellen für Zitate, soweit ich sie ausfindig machen konnte, angegeben. (F.A.R.)

schloß deshalb, die Juden zu vernichten und das Christentum auszurotten und statt dessen eine Wiederbelebung des germanischen Heidentums herbeizuführen.

Der Nationalsozialismus wurde besiegt; aber der Prozeß, die Bibel aus dem Bewußtsein der westlichen Welt zu tilgen, schreitet fort. Juden und Christen sind aufgerufen, für diese Aufgabe, nämlich das Gefühl für die Strahlkraft der Hebräischen Bibel in den Herzen der Menschen zu bewahren, zusammenzuarbeiten. *Keiner von uns kann es allein schaffen.* Beide müssen wir erkennen, daß in unserem Zeitalter Anti-Semitismus zugleich Anti-Christentum ist und Anti-Christentum gleich Anti-Semitismus.

Die Menschen sind nie so offen für Gemeinschaft als in Augenblicken der Not und Bedrängnis. Die Menschen in New York haben niemals eine solche Gemeinschaft erfahren, solch eine Gewißheit, eins zu sein, als mitten in der Dunkelheit der vergangenen Nacht.[2]

Ja, es gibt ein Licht in der Dunkelheit dieser Stunde. Aber, ach, die meisten von uns haben keine Augen.

Ist das Judentum, ist die Christenheit bereit, diese Herausforderung anzunehmen? Wenn ich vom Gefühl für die Strahlkraft der Bibel im Herzen der Menschen spreche, meine ich nicht, daß dies ein Thema für eine interessante Information ist; vielmehr geht es um Offenheit für *Gottes Gegenwart in der Bibel*. Es geht um das fortgesetzte Bemühen, um einen Durchbruch im Innern des Menschen, der schwierigen Aufgabe, als Mensch menschlich zu sein, nicht untreu zu werden, ja ein wenig *menschlicher* zu sein trotz Widerstand und angesichts von Verzweiflung.

Das wichtigste heute ist nicht die *halacha* für den Juden oder die Kirche für den Christen – sondern die Voraussetzung, die beiden Religionen zugrunde liegt, nämlich ob es ein *pathos* gibt, eine göttliche Wirklichkeit, der das Schicksal des Menschen am Herzen liegt und die auf geheimnisvolle Weise auf die Geschichte einwirkt; das wichtigste ist, ob wir für den Anruf und die Erwartung des lebendigen Gottes offen sind oder tot. Die Krise verschlingt uns alle. Die Not und die Angst vor der Entfremdung von Gott läßt Juden und Christen gemeinsam aufschreien.

Der Jude muß erkennen, daß die Wortführer der Aufklärung, die das Christentum angriffen, nicht weniger ablehnend gegenüber dem Judentum waren. Oft legten sie dem Judentum die Übeltaten der Tochterreligion zur Last. Die Opfer der Zerstörung, die durch die dauernden Angriffe auf die Religion der Bibel in der Neuzeit verursacht wurden, finden sich ebenso unter Juden wie unter Christen.

---

2   Ein Hinweis auf den totalen Stromausfall in New York in der Nacht des 9. November 1965. Bei späteren Stromausfällen in der Stadt kam es jedoch zu weitverbreiteten Plünderungen, Überfällen und anderen kriminellen Handlungen. (F.A.R.)

Auf der anderen Seite muß die Gemeinde Israels immer dessen eingedenk sein, daß ihre eigene Existenz auf geheimnisvolle Weise einmalig und einzigartig ist. »Siehe, ein Volk, das für sich wohnt, das sich nicht rechnet unter die Nationen«, sagt der heidnische Prophet Bileam (Num 23,9). Ist es da nicht sicherer, wenn wir uns auf uns selbst beschränken und davon absehen, Unsicherheiten und Gewißheiten mit den Christen zu teilen?

Unser Zeitalter bedeutet das Ende der Selbstzufriedenheit, das Ende des Ausweichens, das Ende der Selbstsicherheit. Gefahren und Ängste sind Juden und Christen gemeinsam; wir stehen zusammen am Rande des Abgrunds. Die Interdependenz der politischen und wirtschaftlichen Verhältnisse in der ganzen Welt ist eine grundlegende Tatsache unserer Situation. Störung der Ordnung in einem kleinen Land irgendwo auf der Welt erweckt Befürchtungen bei den Menschen auf der ganzen Welt.

Beschränkung auf die eigene Gemeinschaft ist unhaltbar geworden. Es gab eine Zeit, da man einen Bostoner nicht davon abbringen konnte, daß das Kapitol von Boston der Mittelpunkt des Sonnensystems sei oder daß die eigene Denomination das Monopol auf den Heiligen Geist habe. Heute wissen wir, daß selbst das Sonnensystem nicht der Mittelpunkt des Universums ist. Die Religionen der Welt sind sowenig selbständig, unabhängig oder isoliert wie Einzelmenschen oder Nationen. Kräfte, Erfahrungen und Ideen, die außerhalb des Bereichs einer bestimmten Religion oder aller Religionen entstehen, betreffen jede Religion und stellen sie fortgesetzt in Frage.

Die Horizonte sind weiter, die Gefahren größer geworden... *Keine Religion ist ein Eiland.* Wir alle sind miteinander verbunden. Verrat am Geist auf seiten eines von uns berührt den Glauben aller. Ansichten einer Gemeinde haben Folgen für andere Gemeinden. Religiöser Isolationismus ist heute eine Illusion. Trotz aller tiefen Unterschiede in Standpunkt und Wesen wird das Judentum früher oder später von den intellektuellen, moralischen und spirituellen Ereignissen innerhalb der christlichen Gesellschaft betroffen – das gleiche gilt umgekehrt.

Während Vertreter verschiedener Glaubensweisen in der Welt der Religion weiterhin die ökumenische Bewegung mit Argwohn betrachten, merken wir nicht, daß es eine andere ökumenische Bewegung von weltweiter Verbreitung und weltweitem Einfluß gibt: den Nihilismus. Wir müssen wählen zwischen der Gemeinschaft der Glaubenden – *interfaith* – und Gemeinschaft der Nihilisten – *inter-nihilism*. Zynismus ist nicht lokal begrenzt. Sollten die Religionen an der Illusion festhalten, sie seien völlig isoliert? Sollten wir uns weigern, miteinander zu sprechen, und auf das Versagen des anderen hoffen? Oder sollten wir für das Wohlergehen des anderen beten und einander helfen, unser jeweiliges Erbe zu bewahren, ein gemeinsames Erbe zu bewahren?

Die jüdische Diaspora von heute, die sich fast ausschließlich in der westlichen Welt befindet, ist keineswegs immun gegen das geistige Klima und den religiösen Glaubensstand in der Gesamtgesellschaft. Wir leben nicht isoliert, und die Art und Weise, wie Nichtjuden ihre Beziehung zu Gott leben oder ihm den Gehorsam verweigern, hat tiefe Wirkung auf das Denken und Fühlen der Juden. Selbst im Mittelalter, als die meisten Juden relativ isoliert lebten, wurde eine solche Wirkung festgestellt. Ich zitiere: »Das Verhalten der Juden entspricht dem der Nichtjuden. Wenn die Nichtjuden irgendeiner Stadt moralisch leben, werden es die dort geborenen Juden auch tun.« Rabbi Joseph Jaabez, ein Opfer der spanischen Inquisition, konnte mitten in der Inquisition sagen, daß »die Christen an die Schöpfung glauben, an die hervorragende Bedeutung der Erzväter, an die Offenbarung, an die Vergeltung und die Auferstehung. Gesegnet sei der Herr, der Gott Israels, der nach der Zerstörung des zweiten Tempels diesen Rest übrigließ. Wenn die christlichen Völker nicht wären, könnten wir womöglich in unserem Glauben unsicher werden.«

Wir sind Erben einer langen Geschichte von gegenseitiger Verachtung unter den Religionen und Konfessionen, von religiösem Zwang, Streit und Verfolgung. Selbst in Friedenszeiten ist die Beziehung zwischen den Vertretern verschiedener Religionen nicht nur Unwissenheit auf beiden Seiten, sie ist ein Abgrund, eine Quelle für Herabsetzung und Mißtrauen, die Verdächtigungen verbreitet und Bemühungen vieler ehrlicher und achtenswerter Äußerungen des guten Willens zunichte macht.

Die große Freude des Psalmisten ist zu verkünden: »Treue und Gnade begegnen einander« (Ps 85,11). Aber wie oft gehen Glaube und der Mangel an Gnade eine Verbindung ein! Daraus entsteht Fanatismus, die anmaßende Überzeugung, daß mein Glaube, meine Motivation rein und heilig ist, während der Glaube jener, die ein anderes Credo haben – selbst derjenigen in meiner eigenen Gemeinschaft –, unrein und unheilig ist. Wie können wir von Fanatismus und Anmaßung geheilt werden und von der törichten Meinung, wir wären Sieger, während wir doch alle Besiegte sind?

Ist es nicht klar, daß es trotz grundlegender Meinungsunterschiede bei manchen Dingen eine Annäherung gibt: bei dem, wozu wir uns verpflichtet fühlen, bei mancherlei Ansichten, bei Aufgaben, die wir alle haben, bei Übeln, die wir gemeinsam bekämpfen müssen, bei Zielen, die wir teilen, bei einer Bedrohung, die uns alle betrifft?

Auf welcher Basis begegnen wir Menschen verschiedener religiöser Überzeugungen einander? Zuallererst begegnen wir uns als Menschen, die so vieles gemeinsam haben: ein Herz, ein Gesicht, eine Stimme, eine Seele, Ängste, Hoffnungen, die Fähigkeit zu vertrauen, offen zu sein für Mitleid und Verständnis, kurz, ein Glied der Menschheitsfamilie zu sein. Meine erste

Aufgabe bei jeder Begegnung ist, zu begreifen, daß der Mensch mir gegenüber eine Person ist, die menschliche Verwandtschaft und die Solidarität des Seins zu spüren.

Einem Menschen zu begegnen ist eine besondere Herausforderung für Kopf und Herz; ich muß mich an etwas erinnern, das ich normalerweise vergesse. Eine Person ist eben nicht nur ein Vertreter der Gattung *homo sapiens*. Sie ist die ganze Menschheit in einem, und wann immer ein Mensch verletzt wird, werden wir alle verletzt. Im Menschlichen offenbart sich das Göttliche, und alle Menschen sind eins in Gottes Fürsorge für den Menschen. Viele Dinge sind kostbar, einige sind heilig; die Menschheit ist das Heilige des Heiligen.

Die Begegnung mit einem Menschen ist eine Gelegenheit, das Abbild Gottes, die *Gegenwart Gottes* zu spüren. Nach einer rabbinischen Interpretation sprach der Herr zu Mose: »Wo immer du die Spur des Menschen siehst, stehe ich vor dir...«

Wenn ich im Gespräch mit einem Menschen anderer religiöser Überzeugung feststelle, daß wir in Dingen, die uns heilig sind, nicht übereinstimmen, verschwindet dann das Bild Gottes, dem ich mich gegenübersehe? Steht Gott dann nicht mehr vor mir? Zerstört die Verschiedenheit religiöser Überzeugung die Tatsache, daß wir verwandte menschliche Wesen sind? Hebt die Tatsache, daß wir verschiedene Vorstellungen von Gott haben, auf, was uns gemeinsam ist: daß wir Bild Gottes sind? Aus diesem Grund wurde der Mensch als einzelner erschaffen (wogegen von allen anderen Arten viele erschaffen wurden), damit Friede unter den Menschen herrschen sollte. Keiner kann zu seinem Nächsten sagen: Meine Ahnen waren edler als deine (bSanh 37a).

Der Hauptzweck dieser Überlegungen ist, zu untersuchen, wie ein Jude aufgrund seiner Überzeugung und ein Christ aufgrund seiner Überzeugung eine religiöse Grundlage finden können, um sich zu verständigen und trotz Meinungsverschiedenheiten in Angelegenheiten zusammenzuarbeiten, die für ihr moralisches und geistliches Anliegen wesentlich sind.

Es gibt vier Bereiche der religiösen Existenz, vier notwendige Komponenten in der Beziehung des Menschen zu Gott: (a) die Unterweisung, deren wesentliche Aussagen in der Form eines Glaubensbekenntnisses zusammengefaßt sind, das als richtungweisende Grundlage unseres Nachdenkens über zeitliche und ewige Dinge dient – der Bereich der Lehre; (b) Glaube, Innerlichkeit, die Ausrichtung des eigenen Herzens, das Persönlichste der Religion – der Bereich des Privaten; (c) das Gebot oder der heilige Akt, der im heiligen Raum, in der Gesellschaft oder zu Hause ausgeführt wird – der Bereich des Tuns; (d) der Kontext, in dem sich Bekenntnis, persönlicher Glaube und Ritus ereignen, also die Gemeinde oder der Bund, Geschichte, Tradition – die Bereiche der Transzendenz.

Im Bereich des Tuns gibt es offensichtlich weite Gebiete für die Zusammenarbeit von Menschen unterschiedlicher Überzeugung: Man kann intellektuellen Austausch pflegen, oder man kann Anliegen und Erfahrungen religiöser Praxis austauschen, insbesondere wenn diese sich auf soziales Handeln richten.

Im Bereich des Glaubens vollzieht sich die Begegnung in der Form des persönlichen Zeugnisses und Beispiels, im Mitteilen von Einsichten, im Bekenntnis der Unzulänglichkeit. Im Bereich der Lehre versuchen wir, den Inhalt unseres Glaubens zu vermitteln; auf der Ebene des Glaubens erfahren wir im jeweils anderen die Ausstrahlung der Gegenwart eines Höheren.

Ich möchte meinen, daß die wichtigste Grundlage für eine Begegnung von Menschen aus unterschiedlichen religiösen Traditionen ist, daß sie sich in Furcht und Zittern, in Demut und Bußfertigkeit vollzieht. Denn unsere persönlichen Glaubenserfahrungen sind bloße Wellen auf dem unendlichen Meer des Strebens der Menschheit nach Gott, wo alle Formulierungen und Aussagen als unzulänglich erscheinen, wo unser Innerstes von dem Bewußtsein überwältigt wird, daß wir dringend auf Gottes Gebot antworten müssen, während wir, der Anmaßung und des Hochmuts entkleidet, das tragische Ungenügen des menschlichen Glaubens spüren.

Was trennt uns? Was eint uns? Wir stimmen nicht überein in Fragen des Gesetzes und des Bekenntnisses, in Überzeugungen, die den eigentlichen Kern unserer religiösen Existenz ausmachen. Wir sagen in einigen Lehrsätzen, die für uns wesentlich und heilig sind, nein zueinander. Was eint uns? Daß wir Gott Rechenschaft schulden, daß wir Gegenstand von Gottes Zuwendung sind, kostbar in Seinen Augen. Unsere Vorstellungen von dem, was uns quält, mögen verschieden sein, aber die Angst ist die gleiche. Die Sprache, die Vorstellung, die Konkretisierung unserer Hoffnungen sind verschieden, aber die Anfechtung ist die gleiche, ebenso wie das Seufzen, die Sorge und die Notwendigkeit zu gehorchen.

Wir mögen verschiedener Meinung darüber sein, wie man zu Furcht und Zittern kommt, aber die Furcht und das Zittern sind gleich. Die Forderungen sind verschieden, aber das Gewissen ist gleich, ebenso auch Hochmut und Versagen. Was wir verkünden, ist verschieden, aber die Gefühllosigkeit ist dieselbe und ebenso die Forderung, die uns oft in innere Qualen versetzt.

Und vor allem: Wenn auch Dogmen und Formen der Verehrung verschieden sind, Gott ist derselbe. Was eint uns? Bindung an die Hebräische Bibel als Heilige Schrift, Glaube an den Schöpfer, den Gott Abrahams, Bindung an viele Seiner Gebote, an Gerechtigkeit und Gnade, Bußfertigkeit, Empfindsamkeit für die Heiligkeit des Lebens und für Gottes Gegenwart in der Geschichte, die Überzeugung, daß das Gute ohne das Heilige unterliegen wird, das Gebet, daß die Geschichte nicht vor dem »Ende der Tage« enden möge, und vieles mehr.

Es gibt Augenblicke, in denen wir alle zusammenstehen und unser Gesicht im Spiegel sehen: das Elend der Menschheit und ihre Hilflosigkeit, die Verwirrung des einzelnen und die Notwendigkeit göttlicher Leitung, aufgerufen sein zu Lobpreis und zu tun, was nötig ist.

In Gesprächen mit protestantischen und katholischen Theologen bin ich mehr als einmal auf Herablassung gegenüber dem Judentum gestoßen, eine Art Mitleid für diejenigen, die das Licht noch nicht gesehen haben – Duldung statt Achtung. Auf der anderen Seite kann ich eine Veranstaltung der Ford Foundation nicht vergessen, bei der Paul Tillich, Gustave Weigel und ich selbst eingeladen waren, vom gleichen Podium über die religiöse Situation in Amerika zu sprechen. Wir fanden uns nicht nur in tiefer Übereinstimmung bei der Aufdeckung dessen, was uns quält, sondern vor allem bekannten wir drei ohne vorherige Verabredung, daß unsere Wegweiser in diesem kritischen Zeitalter die Propheten Israels sind, nicht Aristoteles, nicht Karl Marx, sondern Amos und Jesaja.

Gegenstand unserer Überlegungen hier ist nicht eine Lehre oder eine Institution, die »Christentum« heißt, sondern Menschen überall in der Welt, heutige und frühere, die Gott in der Nachfolge Jesu verehren; mein Problem ist, wie ich meine geistliche Beziehung zu ihnen gestalten soll. Die Frage, auf die ich antworten muß, ist nicht die Wahrheit eines Dogmas, sondern der Glaube und die spirituelle Kraft des Einsatzes von Christen. In bezug auf den Anspruch und das Dogma der Kirche sind sich Juden und Christen fremd und verschiedener Meinung. Aber es gibt Bereiche der Existenz, wo Juden und Christen sich als Söhne und Brüder begegnen. »Im Namen des Himmels, sind wir nicht eure Brüder, sind wir nicht Söhne eines Vaters und einer Mutter? ...«

Sicherlich sind alle Menschen Söhne eines Vaters, aber es steht auch in ihrer Macht, ihr Geburtsrecht zu verwirken, Rebellen zu werden, freiwillige Bastarde, »Kinder ohne Treue« (Dtn 32,20). Nicht Fleisch und Blut, sondern Verehrung und Gehorsam begründen das Recht auf Sohnschaft. Wir behaupten zu Recht, Brüder zu sein, wenn wir uns Seinen Geboten unterwerfen. Wir sind Söhne, wenn wir auf den Vater hören, wenn wir Ihn preisen und ehren. Die Einsicht, daß wir Söhne sind, wenn wir Gott gehorchen und Ihn preisen, ist der Ausgangspunkt meiner Überlegungen. »Ich bin ein Gefährte aller, die Dich fürchten, derer, die Deine Befehle halten« (Ps 119,63). Ich freue mich, wann immer Sein Name gepriesen, Seine Gegenwart gespürt wird, Seine Gebote befolgt werden.

Die erste und wichtigste Voraussetzung für die Aussprache zwischen Juden und Christen *(interfaith)* ist die Verwurzelung im eigenen Glauben *(faith)*. Nur aufgrund des tiefen Eingebundenseins in das nicht endende Drama, das mit Abraham begann, können wir einander zum Verständnis unserer Situation helfen. *Interfaith* muß aus der Tiefe kommen, nicht aus dem Vakuum eines fehlenden Glaubens. Es ist dies kein Unternehmen für geistlich Unreife oder für Menschen, die alles nur halb gelernt haben. Wenn es nicht zu Verwirrung der vielen führen soll, muß es ein Vorrecht weniger bleiben.

Glaube und Kraft der Erkenntnis und Frömmigkeit können nur in Stille und Abgeschiedenheit gedeihen. Das eigene innere Leben zu enthüllen kann die Gefahr der Entweihung, Verzerrung und Verwirrung heraufbeschwören. Synkretismus ist eine ständige Möglichkeit. Überdies kann in einer Zeit, wo Glaube rar ist, *interfaith* zum Ersatz von Glauben werden und um des Kompromisses willen die eigene Überzeugung unterdrücken. In einer Welt des Konformismus können Religionen leicht auf den niedrigsten gemeinsamen Nenner herabgedrückt werden.

Beides ist nötig: Verbindung und Trennung. Wir müssen unsere Eigenständigkeit ebenso wahren wie das Interesse aneinander, die Achtung, das Verständnis und die Zusammenarbeit. In der Welt der Wirtschaft, Wissenschaft und Technik besteht Zusammenarbeit und wächst weiter. Selbst Staaten, obwohl verschiedener Kultur und im Wettstreit miteinander, halten diplomatische Beziehungen aufrecht und treten für Koexistenz ein. Nur die Religionen sprechen nicht miteinander. Mehr als hundert Länder wollen Teil der Vereinten Nationen sein, aber keine Religion ist bereit, an einer Bewegung für Vereinte Religionen teilzunehmen. Oder sollte ich sagen: noch nicht bereit? Unwissenheit, Mißtrauen und Verachtung kennzeichnen oft ihr Verhältnis zueinander. Gehört Verachtung für den Gegner zum Grundbestand der Religion? Zugegeben, Judentum und Christentum fühlen sich gegensätzlichen Anforderungen verpflichtet; aber sollte es darum unmöglich sein, eine Auseinandersetzung ohne Schärfe, Kritik ohne Verlust der Achtung, Meinungsverschiedenheit ohne Mißachtung auszutragen? Das Problem, dem wir uns stellen müssen, ist: Wie kann man Treue zur eigenen Tradition mit der Achtung vor unterschiedlichen Traditionen verbinden? Wie ist gegenseitige Wertschätzung zwischen Christen und Juden möglich?

Ein Christ sollte ernsthaft die schrecklichen Folgen eines Prozesses bedenken, der in der Frühzeit der Geschichte des Christentums begonnen hat. Ich meine die bewußte oder unbewußte Entjudaisierung des Christentums. Sie beeinflußte das Denken der Kirche, ihr inneres Leben, ebenso auch ihre Beziehung zu Vergangenheit und Gegenwart des wirklichen Israel – das doch Vater und Mutter der Christenheit ihrem eigentlichen Wesen nach ist. Aber die Kinder standen nicht auf und nannten ihre Mutter »gesegnet«; statt dessen nannten sie die Mutter »blind«. Einige Theologen verfahren weiterhin so, als wüßten sie nicht die Bedeutung von »Ehre Vater und Mutter«; andere sprechen in ihrem Bestreben, die Überlegenheit der Kirche zu beweisen, als litten sie an einem geistlichen Ödipuskomplex.[3]

Ein Christ sollte erkennen, daß eine Welt ohne Israel eine Welt ohne den Gott Israels sein wird. Auf der anderen Seite sollte ein Jude anerkennen, welche herausragende Rolle das Christentum in Gottes Plan zur Erlösung aller Menschen spielt.

Heutige Juden, die aus der politischen Isolation herausgekommen und in den historischen Prozeß der westlichen Menschheit integriert sind, können es sich nicht leisten, gleichgültig gegen die religiöse Situation unserer Mitmenschen zu sein. Gegnern des Christentums muß die Frage gestellt werden: Welche religiöse Alternative haben wir für die christliche Welt im Auge? Haben wir nicht fast 2000 Jahre lang darauf verzichtet, den Völkern das Judentum zu predigen?

Ein Jude sollte ernsthaft über die Verantwortung nachdenken, die sich aus der jüdischen Geschichte ergibt, nämlich, die Mutter zweier Weltreligionen zu sein. Hat das Versagen der Kinder Rückwirkungen auf die Mutter? Zeigt nicht das starke Abweichen von der jüdischen Tradition auf seiten der ersten Christen, die doch Juden waren, daß die Kommunikation im geistigen Klima im Palästina des 1. Jahrhunderts beeinträchtigt war?

Das Judentum ist die Mutter des christlichen Glaubens. Es ist am Schicksal des Christentums interessiert. Sollte eine Mutter ihr Kind verleugnen, selbst ein eigensinniges, aufsässiges? Auf der anderen Seite sollte die Kirche anerkennen, daß wir Juden in Treue zu unserer Tradition an ihrem Glauben interessiert sind, sollte unseren Auftrag beachten, das Vermächtnis der Hebräischen Bibel zu bewahren und sie zu lehren, sollte unsere Hilfe bei der Abwehr marcionitischer Tendenzen als einen Liebesdienst annehmen.

Ist es nicht unsere Pflicht, einander zu helfen bei dem Versuch, Herzenshärtigkeit zu überwinden, ein Gespür für Wunder und Geheimnis zu entwickeln, Türen zur Heiligkeit in der Zeit aufzuschließen, den Geist des Menschen für den Anruf der Hebräischen Bibel zu öffnen, Antwort auf die Stimme der Propheten zu suchen?

Kein wahrhaft Gläubiger kann ehrlicherweise den Zeichen von Menschen- und Gottesliebe, die in der Geschichte des Christentums zutage treten, seine Bewunderung versagen, den wunderbaren Gottesdiensten, den großartigen geistlichen Erkenntnissen, der Frömmigkeit, Wohltätigkeit und Heiligkeit im Leben zahlloser Männer und Frauen. Waren nicht Pascal,

---

3   Dieser Absatz ist i.w. aus Heschels Beitrag »Erneuerung des Protestantismus: Eine jüdische Stimme (1963)« übernommen, s.o. S. 315. (F.A.R.)

Kierkegaard, Immanuel Kant oder Reinhold Niebuhr für viele Juden eine Quelle der Inspiration?

Über die gegenseitige Achtung hinaus müssen wir zugeben, daß wir einander zu Dank verpflichtet sind. Es ist unsere Pflicht, daran zu denken, daß es die Kirche war, die den Gott Abrahams zu den Heiden gebracht hat. Es war die Kirche, die die Hebräische Bibel der Menschheit zugänglich machte. Das müssen wir Juden dankbaren Herzens anerkennen.

Die Septuaginta, die Werke des Philo, des Josephus ebenso wie die Apokryphen und Pseudepigraphen und der *Fons vitae* des Ibn Gabirol wären verloren, wenn sie nicht in Klöstern bewahrt worden wären. Das Verdienst für bedeutende Erkenntnisse auf den Gebieten der modernen Bibelwissenschaft und der jüdischen Geschichte in biblischer und hellenistischer Zeit gebührt in erster Linie protestantischen Wissenschaftlern.

Der Zweck der Kommunikation auf religiösem Gebiet zwischen Menschen unterschiedlicher Überzeugung ist gegenseitige Bereicherung und wachsender Respekt und Wertschätzung, nicht aber die Hoffnung, dem Gesprächspartner zu beweisen, daß all das, was für ihn heilig ist, falsch sei.

Dialog darf nicht zur Disputation entarten, zu dem Bemühen, die Oberhand zu gewinnen. Es gibt eine unglückselige Geschichte der christlich-jüdischen Disputationen, die aus dem Wunsch entstanden zu beweisen, wie blind die Juden seien, und die getragen waren vom Geist der Konfrontation, die schließlich zur Feindschaft wurde. Daher muß jedes Gespräch zwischen Christen und Juden, bei dem die stille Hoffnung ist, daß der Gesprächspartner seinen Glauben aufgibt, als ein Angriff auf die religiöse und menschliche Würde betrachtet werden.

Wir wollen Schluß machen mit Disputation, Polemik und Verunglimpfung. Ehrlicherweise müssen wir zugeben, daß wir uns tiefgreifend in bezug auf Glaubensbekenntnisse und Dogmen unterscheiden. Es gibt in der Tat einen tiefen Abgrund zwischen Christen und Juden, z.B. in der Frage der Göttlichkeit und Messianität Jesu. Aber über den Abgrund hinweg können wir einander die Hände entgegenstrecken.

Religion ist ein Mittel, kein Zweck. Sie wird zum Götzendienst, wenn man sie als Endzweck ansieht. Über allem Sein steht der Schöpfer und Herr der Geschichte, ER, der alles übersteigt. Religion mit Gott gleichzusetzen ist Götzendienst.

Widerspricht nicht das allumfassende Wesen Gottes dem Absolutheitsanspruch einer einzelnen Religion? Die Aussicht, daß die Religion aller Menschen eine einzige Ausprägung findet, bleibt eine eschatologische Hoffnung. Was aber gilt hier und heute? Ist es nicht Blasphemie zu sagen: Ich allein habe die ganze Wahrheit und die Gnade, und alle, die davon abweichen, leben in Finsternis und sind von Gottes Gnade ausgeschlossen?

Wollen wir wirklich eine monolithische Gesellschaft: eine Partei, eine Weltanschauung, einen Führer und keine Opposition? Ist religiöse Uniformität wünschenswert oder überhaupt möglich? Hat es sich wirklich als Segen für ein Land erwiesen, wenn alle seine Bürger einer einzigen Denomination angehörten? Oder hat eine Denomination einen geistlichen Höhepunkt erreicht, wenn die gesamte Bevölkerung zu ihrer Anhängerschaft zählte? Erfordert der Auftrag, dem Reich Gottes den Weg zu bereiten, nicht eine Vielfalt von Begabungen, eine Mannigfaltigkeit der Rituale, Bemühen um Verstehen und Widerspruch? Vielleicht ist es Gottes Wille, daß es in diesem Äon Mannigfaltigkeit in unseren Formen der Anbetung und Hingabe an Ihn gibt. In diesem Äon ist Vielfalt der Wille Gottes. In der Geschichte vom Turmbau zu Babel lesen wir: »Der Herr sprach: Sie sind ein Volk, und sie haben eine Sprache, und dies ist erst der Anfang ihres Tuns« (Gen 11,6). Diese Worte werden von einem Rabbi aus alter Zeit so interpretiert: Was hat sie veranlaßt, gegen mich zu rebellieren? Die Tatsache, daß sie ein Volk sind und alle eine Sprache sprechen...

»Denn vom Aufgang der Sonne bis zu ihrem Niedergang ist Mein Name groß unter den Völkern, und an jedem Ort wird Meinem Namen Weihrauch und ein reines Opfer geopfert; denn Mein Name ist groß unter den Völkern, spricht der Herr der Scharen« (Mal 1,11). Diese Aussage bezieht sich zweifellos auf die Zeitgenossen des Propheten. Wer aber waren diese Verehrer des Einen Gottes? Zur Zeit Maleachis gab es wohl kaum eine große Zahl von Proselyten. Aber der Vers erklärt: Alle, die ihre Götter verehren, wissen es zwar nicht, aber in Wirklichkeit verehren sie Mich. Der Prophet scheint zu verkünden, daß Menschen in der ganzen Welt, obwohl sie verschiedene Vorstellungen von Gott haben, in Wirklichkeit den Einen Gott, den Vater aller Menschen, verehren, auch wenn sie es nicht wissen.

Ich wiederhole: Religionen, die ihrer eigenen Überzeugung treu sind, stehen in tiefem Widerspruch zueinander und sind uneins in Fragen der Lehre. Wenn wir aber die These des Propheten aufgreifen, daß alle einen Gott verehren, auch wenn sie es nicht wissen, wenn wir dem Grundsatz zustimmen, daß Gottes Majestät die Würde der Religion übersteigt, sollten wir da nicht eine abweichende Religion als »*His Majesty's loyal opposition*« betrachten? Jedoch – erhebt nicht jede Religion den Anspruch, die wahre zu sein, und ist Wahrheit nicht exklusiv?

Die letzte Wahrheit kann nicht vollständig und angemessen in Begriffen und Worten ausgedrückt werden. Bei der letzten Wahrheit geht es um die Beziehung zwischen Gott und Mensch. »Die Tora spricht in der Sprache des Menschen« [Sifre zu Numeri, ed. H.S. Horovitz, § 112, S. 121]. Offenbarung ist immer der Aufnahmefähigkeit des Menschen angepaßt.[4] Es gibt nicht zwei Menschen, die gleich denken, so wie es nicht zwei Gesichter gibt, die gleich sind. Die Stimme Gottes erreicht den Geist des Menschen auf vielerlei Weise, in einer Fülle von Sprachen. Eine Wahrheit kommt in vielerlei Verstehensweisen zum Ausdruck.

Ein Hauptgrund für unsere mißliche religiöse Situation ist Selbstgerechtigkeit und die Annahme, daß nur derjenige Glauben hat, der das Ziel erreicht hat, während der, der noch unterwegs ist, ihn nicht hat. Der Religion haftet oft die Sünde des Stolzes und der Anmaßung an. Um ein Prophetenwort abzuwandeln: Die triumphierende Religion wiegte sich in Sicherheit und sprach in ihrem Herzen: »Ich bin, und es gibt niemanden außer mir« [vgl. Jes 47,8.10].

Demut und Bußfertigkeit scheinen da zu fehlen, wo sie am nötigsten sind – in der Theologie. Aber Demut ist das A und O des religiösen Denkens, der verborgene Prüfstein für den Glauben. Es gibt keine Wahrheit ohne Demut, keine Gewißheit ohne Bußfertigkeit. Esra, der Schreiber, der große Erneuerer des Judentums – von dem die Rabbinen sagten, er sei würdig gewesen, die Tora zu empfangen, wenn sie nicht bereits durch Mose gegeben wäre –, bekannte seinen Mangel an vollkommenem Glauben. Er berichtet uns, nachdem er einen königlichen Erlaß von König Artaxerxes empfangen hatte, der ihm erlaubte, eine Gruppe der Exulanten von Babylon wegzuführen: »Ich rief ein Fasten aus, dort am Fluß Ahawa, damit wir uns vor unserem Gott demütigten, um von Ihm den rechten Weg für uns und unsere Kinder und all unsere Habe zu erbitten. Denn ich schämte mich, den König um Soldaten und Reiter zu bitten, die uns auf dem Weg vor Feinden schützen sollten; denn wir hatten zum König gesagt: Die Hand unseres Gottes ist über allen, die Ihn suchen zu ihrem Besten« (Esra 8,21-22).

Menschlicher Glaube ist niemals endgültig, nie am Ziel, sondern eine Pilgerfahrt ohne Ende, ein Unterwegssein. Wir haben nicht für alle Fragen eine Antwort. Selbst einige unserer heilig gehaltenen Antworten sind beides: sowohl entschieden als auch bedingt, endgültig als auch tastend – endgültig innerhalb unserer eigenen Stellung in der Geschichte, tastend, weil wir nur in menschlicher Sprache reden können, die tastend sucht.

Häresie ist oft nur ein Umweg auf dem Weg zum Glauben, und Verweilen in der Wüste ist die Vorbereitung für den Einzug ins Gelobte Land.

Ist das Versagen und die Kraftlosigkeit aller Religionen ausschließlich eine Folge menschlicher Sünde – oder vielleicht eine Folge des Geheimnisses, daß Gott Seine Gnade vorenthält, daß Er sich verbirgt, selbst indem Er

---

4 Vgl. Mekhilta de-Rabbi Ishmael, ed. J.Z. Lauterbach, Bd. 2, Kap. 9, S. 266f. Ps 29,4: »Die Stimme des Herrn ist nach der Kraft [des Hörers].« Eine ausführliche Untersuchung dieser These entwickelt Heschel in seinem Werk »Tora min ha-schamajim«, Bd. 2, S. 268f (s. Lit.). (F.A.R.)

sich offenbart? Die Enthüllung der Fülle Seiner Herrlichkeit wäre so überwältigend, daß der Mensch es nicht ertragen könnte.

Seine Gedanken sind nicht unsere Gedanken. Was immer offenbart wird,
ist Überfülle für unsere Seele und ein Nichts, verglichen mit Seinen Schät-
zen. Kein Wort ist Gottes letztes Wort, kein Wort Sein abschließendes.

Nach der Offenbarung am Sinai sprach das Volk zu Mose: »Sprich du zu
uns, und wir wollen hören; laß nicht Gott mit uns sprechen, damit wir nicht
sterben« (Ex 20,19). Ein Rabbi aus alter Zeit behauptet: Die Tora, wie Mose
sie empfing, ist nur eine unreife Frucht am himmlischen Baum der Weisheit.
Am Ende der Tage wird vieles offenbart werden, was jetzt verborgen ist.

Judenmission ist eine Aufforderung an einzelne Juden, ihre Gemeinschaft, ihre Würde, die heilige Geschichte ihres Volkes zu verraten. Nur sehr
wenige Christen scheinen zu verstehen, was moralisch und geistlich auf dem
Spiel steht, wenn sie solche Aktivitäten unterstützen. Wir sind Juden, wie
wir Menschen sind. Die Alternative zu unserer Existenz als Juden ist geistli-
cher Selbstmord, Auslöschung. Es ist nicht ein Überwechseln zu etwas anderem. Das Judentum hat Freunde, aber es ist nicht auswechselbar.

Das Wunder Israel, die staunenswerte jüdische Existenz, das Überleben
des Heiligen in der Geschichte der Juden ist eine dauernde Bestätigung für
das Wunder der Bibel. Offenbarung an Israel setzt sich fort in Offenbarung
durch Israel.

Friedrich der Große fragte den protestantischen Pfarrer Christian Fürch-
tegott Gellert: »Beweise er mir die Wahrheit der Bibel, aber kurz, ich habe
wenig Zeit.« Gellert antwortete: »Majestät, die Juden.« In der Tat, ist nicht
die Existenz der Juden ein Zeugnis für den Gott Abrahams? Ist nicht unsere
Treue zum Gesetz des Mose ein Licht, das immer noch das Leben derer erleuchtet, die es befolgen, wie auch das Leben derer, die darum wissen?

Gustave Weigel verbrachte den letzten Abend seines Lebens in meinem
Studierzimmer im Jewish Theological Seminary. Wir öffneten einander unser Herz in Gebet und Bußfertigkeit und sprachen von unserer Unzulänglichkeit, unserem Versagen, unserer Hoffnung. Irgendwann fragte ich: Ist es
wirklich Gottes Wille, daß es kein Judentum mehr auf der Welt geben soll?
Wäre es wirklich ein Triumph für Gott, wenn die Torarollen nicht mehr aus
dem Schrein gehoben und die Toraabschnitte nicht mehr in der Synagoge
gelesen würden, wenn unsere alten hebräischen Gebete, mit denen Jesus
selbst betete, nicht mehr gesprochen würden, das Sedermahl am Passah
nicht mehr in unserem Leben gefeiert, das Gesetz des Mose nicht mehr in
unseren Familien erfüllt würde? Wäre es wirklich *ad majorem Dei gloriam*,
eine Welt ohne Juden zu haben?

Mein Leben wird von vielen Loyalitäten bestimmt – zu meiner Familie,
meinen Freunden, meinem Volk, der Verfassung der USA usw. Alle diese

Loyalitäten wurzeln letztendlich in einer einzigen letzten Beziehung: der Loyalität, der Treue zu Gott, der Loyalität aller meiner Loyalitäten. Diese Beziehung ist der Bund vom Sinai. Alles, was wir sind, verdanken wir Ihm. Er hat uns das Geschenk der Erkenntnis gegeben, die Freude an Augenblicken voll des Segens. Er hat auch mit uns in den Jahren des Elends und der Todesangst gelitten.

Keiner von uns bildet sich ein, Gottes Buchhalter zu sein; Sein Plan für die Geschichte und Erlösung bleibt ein Geheimnis, vor dem wir in Ehrfurcht stehen. Es ist arrogant zu behaupten, die Weigerung der Juden, Jesus als den Messias anzuerkennen, sei eine Folge ihrer Hartnäckigkeit oder Blindheit. Ebenso anmaßend wäre es für die Juden, nicht die Herrlichkeit und Heiligkeit im Leben ungezählter Christen anzuerkennen. »Der Herr ist nahe all denen, die Ihn anrufen, allen, die Ihn mit Ernst anrufen« (Ps 145,18).

Glücklicherweise gibt es einige gewichtige christliche Stimmen, die sich dafür aussprachen, daß missionarische Aktivitäten unter den Juden aufgegeben werden sollten. Reinhold Niebuhr war vielleicht der erste christliche Theologe, der auf einem gemeinsamen Treffen des Union Theological Seminary und des Jewish Theological Seminary erklärte, daß missionarische »Aktivitäten nicht nur deshalb falsch sind, weil sie vergeblich sind und wenige Erfolge aufzuweisen haben, derer sie sich rühmen könnten. Sie sind deshalb falsch, weil die beiden Glaubensweisen trotz der Unterschiede hinreichend gleich sind, so daß der Jude Gott leichter unter den Bedingungen seines religiösen Erbes finden kann, als sich dem Risiko von Schuldgefühlen auszusetzen, die die Konversion zu einem Glauben mit sich bringen würde, der, was auch immer seine Vorzüge sein mögen, ihm als Symbol einer unterdrückenden Mehrheitskultur erscheinen muß... Praktisch nichts kann das Symbol des Christus als Abbild Gottes in der Vorstellung des Juden von dem Makel befreien, mit dem es Jahrhunderte christlicher Unterdrückung im Namen Christi befleckt haben.«[5] Und Paul Tillich sagte: Viele Christen halten z.B. den Versuch für fragwürdig, Juden zu bekehren. Sie haben jahrzehntelang mit ihren jüdischen Freunden zusammengelebt und gesprochen. Sie haben sie nicht bekehrt, aber sie haben eine Gesprächsgemeinschaft geschaffen, die beide Dialogpartner verändert hat.[6]

Eine Erklärung über die »Beziehungen zur römisch-katholischen Kirche«, die vom Zentralkomitee des Weltrats der Kirchen auf einem Treffen in Rochester, New York im August 1963 verabschiedet wurde, nennt Proselytismus eine »Beleidigung«, ein Problem, »dem man offen ins Auge sehen muß, wenn echter Dialog möglich sein soll«.[7]

5   *Reinhold Niebuhr*, Pious and Secular America, New York 1958, S. 108
6   *Paul Tillich*, Christianity and the Encounter of the World Religions, New York 1963, S. 95
7   Ecumenical Review 16, Nr. 1 (October 1963), S. 108

Die alten Rabbinen sagten: »Fromme aus allen Völkern haben Anteil am Leben der kommenden Welt« [Tosefta, Sanh 13,2]. »Ich rufe Himmel und Erde als Zeugen, daß der Heilige Geist auf jedem Menschen ruht, sei er Jude oder Heide, Mann oder Frau, Herr oder Sklave, entsprechend seinen Taten« [Seder Eliahu Rabba, ed. M. Friedmann, Kap. 9 (10), S. 48].

Heiligkeit ist kein Monopol einer bestimmten Religion oder Tradition. Wo immer etwas im Einklang mit dem Willen Gottes getan wird, wo immer ein Mensch seine Gedanken auf Ihn richtet, da ist Heiligkeit. Die Juden behaupten nicht, daß der Weg der Tora der einzige Weg ist, Gott zu dienen. »Alle Völker wandeln im Namen ihres Gottes, aber wir wollen im Namen des Herrn, unseres Gottes gehen, immer und ewig« (Micha 4,5).

»Gott liebt die Heiligen« (Ps 146,8) – »sie lieben Mich und Ich liebe sie ... Wenn jemand Levit oder Priester sein möchte, kann er es nicht werden; ein Heiliger kann er werden, selbst wenn er ein Heide ist. Denn Heilige leiten ihre Heiligkeit nicht von ihren Vorfahren ab; sie werden Heilige, weil sie sich Gott hingeben und Ihn lieben« [NumR 8,2]. Übertritt zum Judentum ist keine Vorbedingung für Heiligkeit. Maimonides versichert in seinem Kodex: »Nicht nur der Stamm Levi (Gottes Anteil) ist in höchstem Maße geheiligt, sondern jeder Mensch unter allen Erdbewohnern, dessen Herz ihn treibt und dessen Verstand ihn lehrt, sich dem Dienst Gottes zu weihen und aufrecht zu gehen, wie es Gottes Absicht entspricht, und der sich der Last vieler Geschäfte entledigt, die Menschen für sich erfinden« [Mischneh Tora, Schemitta wejowel, Kap. 13,13]. »Gott fordert das Herz [bSanh 106b], alles hängt vom Streben des Herzens ab... Alle Menschen haben Anteil am ewigen Leben, wenn sie ihrer Fähigkeit entsprechend Erkenntnis des Schöpfers erwerben und sich durch Güte adeln. Es steht außer Zweifel, daß der Mensch, der sich auf diese Weise moralisch und geistig geübt hat, Glauben an den Schöpfer zu erlangen, sicherlich Anteil an der kommenden Welt hat. Deshalb lehrten unsere Lehrer: Ein Nichtjude `[goj], der die Tora des Mose studiert, ist (geistlich) dem Hohenpriester im Tempel zu Jerusalem gleich« [bBK 38a; zit. nach: *Isaac Shailat* (Hg.), Igrotha-Rambam, Bd. 2, Jerusalem 1988 (hebr.), S. 677: Brief des Maimonides an Chisdai ha-Levi].

Führende jüdische Autoritäten wie Jehuda Halevi und Maimonides erkennen an, daß das Christentum eine *praeparatio messianica* ist, aber die Kirche betrachtet das alte Judentum als *praeparatio evangelica*. Während nun die christliche Lehre oft die Meinung vertrat, daß das Judentum seine Nützlichkeit überlebt habe und Juden potentielle Konvertiten seien, befähigt uns die jüdische Haltung anzuerkennen, daß es einen göttlichen Plan für die Rolle des Christentums in der Geschichte der Erlösung gibt. Obwohl Jehuda Halevi das Christentum und den Islam kritisiert, weil sie an Überresten uralten Götzendienstes und früherer Feiertage festhalten – »sie verehren auch Orte, die Götzen heilig sind« –, vergleicht er doch Christen und Muslime mit Proselyten, die die Wurzeln, nicht aber die Zweige (oder die logischen Folgerungen der göttlichen Gebote) übernommen haben [Kusari IV,11]. »Die weise göttliche Vorsehung für Israel kann dem Pflanzen eines Samenkorns verglichen werden: Es wird in die Erde gelegt, wo es scheinbar in Erde, Wasser und Moder verwandelt wird, den Samen kann man nicht mehr erkennen. In Wirklichkeit aber ist es der Same, der Erde und Wasser in seine eigene Natur verwandelt hat, und dann wächst die Saat von einer Stufe zur nächsten, verwandelt die Elemente und bringt Triebe und Blätter hervor... So verhält es sich mit Christen und Muslimen. Das Gesetz des Mose hat diejenigen, die mit ihm in Berührung kommen, verwandelt, auch dann, wenn sie das Gesetz scheinbar verworfen haben. Diese Religionen sind die Vorbereitung und das Vorspiel für den Messias, den wir erwarten, der selbst die Frucht der ursprünglichen Saat ist, und auch alle Menschen werden eine Frucht von Gottes Saat sein, wenn sie Ihn anerkennen, und alle werden zu einem einzigen mächtigem Baum« [Kusari IV,23].

Ähnlich sagt es Maimonides in seinem maßgebenden Kodex: »Es übersteigt den menschlichen Verstand, die Pläne des Schöpfers zu ergründen; denn unsere Wege sind nicht Seine Wege und unsere Gedanken nicht Seine Gedanken. Alles, was mit Jesus von Nazareth und dem Ismaeliten (Mohammed), der nach ihm kam, zusammenhängt, dient dazu, den Weg für den König Messias freizumachen, die ganze Welt auf die gemeinsame Anbetung Gottes vorzubereiten, wie geschrieben steht: ›Denn alsdann will ich den Völkern eine reine Sprache geben, daß sie alle den Namen des Herrn anrufen und Ihm einträchtig dienen‹ (Zeph 3,9). So wurden die messianische Hoffnung, die Tora und die Gebote vertraute Themen – Themen für das Gespräch (unter den Bewohnern) der fernen Inseln und vieler Menschen...«[8]

Christentum und Islam sind für Maimonides keineswegs Zufallsprodukte der Geschichte oder rein menschliche Phänomene; sie werden von ihm als Teil von Gottes Plan zur Erlösung der Menschheit betrachtet. Dem Christentum wird eine letzte Bedeutung zugeschrieben durch die Anerkennung, daß »alles, was mit Jesus von Nazareth und Mohammed zusammenhängt ..., dazu dient, den Weg für den König Messias freizumachen«. Zusätzlich zu der Rolle dieser Religionen im Erlösungsplan wird ihre Bedeutung in der Geschichte ausdrücklich bestätigt: Durch sie wurden »die messianische Hoffnung, die Tora und die Gebote vertraute Themen ... (unter den Bewohnern) der fernen Inseln und vieler Menschen«. An anderer Stelle stellt Maimonides fest, daß »die Christen glauben und bekennen, daß die Tora Gottes

---

8   S.o. S. 196 das Zitat dieses Textes in Franz Rosenzweigs »Stern der Erlösung« und ebd., Anm. 1. (F.A.R.)

Offenbarung ist *(tora min ha-schamajim)* und Mose in der Gestalt gegeben wurde, in der sie überkommen ist; sie haben sie vollständig niedergeschrieben, obwohl sie sie häufig anders auslegen« [Maimonides, Responsa (Teschuwot), hg. von Jehoschua Blau, Bd. 1, Jerusalem 1957, Nr. 149, S. 284 (arab. und hebr.)].

Rabbi Jochanan ha-Sandelar, ein Schüler von Rabbi Akiba, sagt: »Jede Gemeinschaft, die um des Himmels willen gegründet ist, wird am Ende Bestand haben; aber eine, die nicht um des Himmels willen ist, wird am Ende keinen Bestand haben« [Ab IV,11].[9]

Rabbi Jacob Emden [1697-1776] behauptet, daß häretische jüdische Sekten wie die Karaiten und die Sabbatianer zur zweiten Kategorie gehören, während Christentum und Islam zur »Gemeinschaft, die um des Himmels willen ist« gehören und »am Ende Bestand haben«. Sie sind aus dem Judentum hervorgegangen und haben »die Grundlagen unserer göttlichen Religion ...« übernommen, »um Gott unter den Völkern bekannt zu machen ..., um zu verkünden, daß es einen Herrn im Himmel und auf Erden gibt, Göttliche Vorsehung, Belohnung und Strafe ..., einen Herrn, der die Gabe der Prophetie verleiht ... und durch die Propheten Gesetze und Anordnungen für das Leben mitteilt... Darum hat ihre Gemeinschaft Bestand... Da ihr Vorhaben um des Himmels willen ist, wird ihnen ihr Lohn nicht vorenthalten werden.« Er lobt auch viele christliche Gelehrte, die Juden zur Hilfe gekommen sind und ihr Schrifttum gerettet haben.[10]

Rabbi Israel Lipschütz aus Danzig (1782-1860) spricht von den Christen als »unseren Brüdern, den Nichtjuden, die den einen Gott anerkennen und Seine Tora verehren, die sie heilig halten und befolgen die sieben noachitischen Gebote, wie von ihnen gefordert ist...«

Was also ist der Zweck interreligiöser Zusammenarbeit? Weder einander zu schmeicheln noch sich gegenseitig zu widerlegen, sondern einander zu helfen, Einsichten und Lernen zu teilen, bei akademischen Unternehmungen auf höchster wissenschaftlicher Ebene zusammenzuarbeiten und, was noch wichtiger ist, in der Wüste nach Quellen der Verehrung zu suchen, nach kostbarer Stille, nach der Kraft der Liebe und Fürsorge für den Menschen. Was dringend nötig ist, sind Wege, einander in der schrecklichen Bedrängnis der Gegenwart zu helfen durch den Mut zu glauben, daß das Wort des Herrn in Ewigkeit und hier und heute gilt. Wir müssen zusammenarbeiten bei dem Versuch, eine neue Empfindsamkeit zu erwecken, das Gewissen wachzurütteln, die göttlichen Funken in unserer Seele lebendig zu

---

9 S. auch Ab V,17 und vgl. Apg 5,38f. (F.A.R.)
10 *Jacob Emden*, 'Ez Awot (Kommentar zum Traktat Awot), Amsterdam 1751, zu Ab IV,11.20.21. Vgl. auch *Jacob Katz* in: Zion 23/24 (1958/59) S. 174-193 (hebr.). (F.A.R.)

halten, Offenheit für den Geist der Psalmen, Verehrung für die Worte der Propheten und Treue zu dem lebendigen Gott zu fördern.

Abraham Joshua Heschel

Jüdischer Gottesbegriff und die Erneuerung des Christentums (1967)

[...] Die Propheten Israels hatten keine Theorie über Gott, keinen »Gottesbegriff«. Sie hatten Gottesverständnis. Dieses Gottesverständnis war nicht das Ergebnis einer theoretischen Reflexion, eines Suchens unter vielen Alternativen. Für die Propheten war Gott überwältigend wirklich und erschütternd gegenwärtig. Wenn sie von Ihm sprachen, geschah es nicht aus einer Distanz; sie lebten als Zeugen, getroffen von dem Wort Gottes. Sie waren keine Forscher, die sich bemühten, Gottes Wesen zu ergründen; ihre Aussprüche waren wie das Abladen einer Last und nicht flüchtigen Blicken gleich, die man im Nebel des Suchens erhascht. Für sie waren Gottes Eigenschaften nicht zeitlose Begriffe, losgelöst von Seinem Wesen, sondern Antrieb, Herausforderung, Befehl. Es ging ihnen nicht um eine Darstellung von Gottes Wesen, sondern um Gottes Wissen um den Menschen und um Seine Fürsorge für ihn. Sie verkündeten Verhaltensweisen von Gott und nicht Vorstellungen über Gott.

Ich spreche also nicht über Begriffe. Um Jesaja zu zitieren: »Ihr seid meine Zeugen, spricht der Herr, und Ich bin Gott« (Jes 43,12). Man kann die Existenz des Gottes Israels nicht beweisen, man kann sie nur bezeugen. Man kann sich Ihn nur vorstellen, indem man versucht, vor Ihm zu stehen. Man kann Ihn nicht definieren, man kann Ihn nur anrufen. Er ist kein Begriff, sondern ein Name.

Es gibt heute Stimmen im ganzen Land, die vorschlagen, daß das traditionelle Wort »Gott«, mit dem wir die höchste Wirklichkeit bezeichnen, völlig verschwinden solle. Wer braucht schließlich dieses Wort, diesen Namen? Für die Telefonvermittlung in den Vereinigten Staaten gilt: Weg mit Namen! Also wollen wir Namen ganz und gar abschaffen und jedes menschliche Wesen mit einer Nummer rufen und die Null anbeten.

Man weiß, wie es heutzutage um Worte steht. Bestimmte Kapitel aus bestimmten Büchern werden als überholt betrachtet, weil die Worte nicht mehr verstanden werden. Zum Beispiel: »Der Herr ist mein Hirte, mir wird nichts mangeln« [Ps 23,1]. Ein unmöglicher Vers; wer hat schon einen Hirten gesehen! Kinder wachsen auf, die noch nie von einem Hirten gehört haben. Deshalb biete ich eine Berichtigung an und schlage vor, daß wir lesen: »Der Herr ist mein Installateur, mir wird nichts fehlen.«

Dieser Geisteshaltung entspräche auch, wenn künstliche Befruchtung das

Reagenzglas an die Stelle der Mutter setzte. Dann gibt es keine Mütter mehr. Das Leben aller Menschen wird durchorganisiert sein. Der wichtigste Punkt ist nicht die Frage, ob es in der unendlichen Finsternis einen Grund des Seins gibt, dem das höchste Interesse des Menschen gilt, sondern ob die Wirklichkeit Gottes uns mit einem Pathos konfrontiert – mit Gottes höchstem Interesse an Gut und Böse, ob Gott im geschichtlichen Geschehen geheimnisvoll anwesend ist, ob Schöpfung mehr bedeutet als bloßes Dasein, ob Gottes Fürsorge über der Schöpfung waltet, ob mein Leben von Gottes Fürsorge abhängt, ob ich im Laufe meines Lebens auf die Spuren Seiner Führung stoße. Gott ist entweder ohne jede Bedeutung, oder er ist von allerhöchster Wichtigkeit. Gott ist der, dessen Wertschätzung für mich kostbarer ist als Leben. Sonst ist er nicht Gott. Gott ist der Sinn, der hinter allem Geheimnis liegt.

Wie könnte ich von einem Begriff sprechen! Um angemessen von Gott zu sprechen, müßte man alle Schrecken und alle Freuden aller Kreaturen seit Anbeginn der Zeit fühlen und intuitiv erfassen, was Gott für alles dies bedeutet.

Der Ungewißheiten sind viele, sie treiben uns zur Verzweiflung – fast. Aber der Gott Israels überläßt uns nicht uns selbst. Auch wenn Er uns in die Finsternis stößt, wissen wir, daß es Seine Finsternis ist, daß wir von Ihm hineingestoßen wurden. Wir maßen uns nicht an, Seine Geheimnisse zu kennen oder Seine Wege zu verstehen. Aber wir sind gewiß, daß wir Seinen Namen kennen, durch Seine Liebe leben und Seine Gnade empfangen, wie wir gewiß sind, daß wir Seine Schläge empfangen und nach Seinem Willen sterben. Das ist unsere Treue, eine Treue, die in einer Welt von erschütternder Geistlosigkeit, in einer Stunde, da Untreue triumphiert, überraschend weiterlebt.

Der Bund ist ein heiliger Bereich der Existenz. Glaube ist nicht Zustimmung zu Lehrsätzen, sondern das Bewußtsein, in diesem Bereich zu leben. Zwar ist die intellektuelle Ausformung des Glaubens in Form von Glaubensbekenntnissen wichtig; aber was in meinen Augen das Judentum ausmacht, ist der Vorrang des Glaubens [als Überzeugung] vor dem Credo [dem formalen Glaubensbekenntnis].

Glaube ist beides: Gewißheit und Prüfung – Gewißheit trotz Unsicherheiten, eine Prüfung, die Opfer, Anstrengung und Kampf erfordert. Denn Gewißheit ohne Prüfung wird zu Selbstzufriedenheit, Lethargie; Prüfung ohne Gewißheit ist Chaos, Anmaßung, als ob Gott uns nie erreicht hätte, als ob Geschichte immer ein Monolog wäre. Glaube ist ein Weg, für den Sinn hinter dem Geheimnis offen zu sein, ist Verpflichtung zu ganzheitlicher Existenz; und die Triebkräfte des Glaubens sind die dauernde Gestaltung und Veränderung der eigenen Existenz. Zum Glauben gehört auch Furcht: die Furcht, Er könnte uns aufgeben, uns verlassen. Dann müssen wir lernen, einen bequemen Glauben zu verachten. Immer wieder haben wir Seinen Zorn erfahren. »Du hast uns gemacht wie Schlachtschafe« (Ps 44,12).

Wir bleiben treu trotz der dämonischen Finsternis, die uns oft umgibt, trotz der geistlichen Leere, die uns oft bedrückt. Gott ist einer, aber der Mensch ist durch Versuchungen und Ungewißheiten hin- und hergerissen. Wir werden umgetrieben und zugleich erhoben durch Hiobs Worte: »Wenn Er mich auch umbringt, will ich Ihm dennoch vertrauen« (Hiob 13,15).

Glaube ist eine hohe Leiter, und zuweilen scheinen alle Sprossen entfernt zu sein. Können wir die Sprossen wieder einfügen? Können wir den Willen aufzusteigen wiedergewinnen? Und wenn die Sprossen nicht wieder eingesetzt werden können, werden wir dann lernen, wie man die Wahrheit auf der Spitze der Leiter erreicht?

Ich möchte ein Beispiel bringen: Im Jahr 1492 wurden die spanischen Juden vor die Wahl gestellt, entweder zu konvertieren oder auszuwandern. Die überwältigende Mehrheit verließ ihre Heimat. Überfüllte Flüchtlingsschiffe hatten Schwierigkeiten bei der Landung, weil Seuchen ausgebrochen waren. Auf einem der Schiffe war die Pest ausgebrochen, und der Kapitän setzte die Flüchtlinge an einem unbewohnten Ort an Land. Dort verhungerten die meisten, doch einige nahmen ihre ganze Kraft zusammen und machten sich zu Fuß auf, um eine Ansiedlung zu suchen. Unter ihnen war ein Jude, der sich mit seiner Frau und seinen beiden Söhnen zu Fuß auf den Weg machte. Der Frau versagten die Kräfte, sie starb; sie war den Strapazen des Fußmarsches nicht gewachsen. Der Mann nahm seine Kinder auf die Arme und trug sie, bis er und sie durch den Hunger das Bewußtsein verloren. Als er wieder zu sich kam, sah er, daß auch seine Söhne tot waren. In großem Schmerz stand er auf, erhob seine Augen zum Himmel und rief: »Herr der Welt, Du hast viel unternommen, damit ich meinen Glauben aufgebe. Aber wisse dies ganz gewiß, daß ich Jude bin und Jude bleibe! Und nichts, was Du mir aufgeladen hast oder vielleicht noch aufladen wirst, kann mich davon abbringen.«

Die Bedeutung des Ausdrucks »Gott Israels« unterscheidet sich wesentlich von einer Redewendung wie »der Gott des Aristoteles« oder »der Gott Kants«. Er bedeutet nicht eine Lehre *von* Gott, wie sie von Israel entwickelt und gelehrt wurde. Gemeint ist Gott, mit dem Israel existentiell und innerlich zutiefst verbunden ist. Diese Bindung übersteigt das Denken, sie kann nicht auf menschliche Logik zurückgeführt werden, und sie macht keine Kompromisse, um sich dem »gesunden Menschenverstand« anzupassen.

Ferner hat der Ausdruck »Gott Israels« keine possessive oder exklusive Nebenbedeutung, so als gehöre Gott allein Israel. Seine wahre Bedeutung ist, daß der Gott aller Menschen einen Bund mit einem einzelnen Volk geschlossen hat zum Besten aller Völker. Es ist ferner klar, daß das Wort »Israel« in der Formulierung nicht das Israel der Vergangenheit meint, ein Volk, das im alten Palästina lebte, das längst nicht mehr existiert. Israel ist ein Volk, in dem die Vergangenheit zugleich Gegenwart ist. Der Exodus geschieht jetzt. Wir sind immer noch auf dem Weg und können kein Ereignis als endgültig akzeptieren. Wir sind Gottes Einsatz in der Geschichte der Menschheit, unabhängig von Verdienst und oft gegen unseren Willen.

Israel ist ein Volk, das Anteil am Namen Gottes hat. Bei dem einen hebräischen Wort für Juden, »Israel«, bedeutet das »el« in Israel »Gott«; das andere hebräische Wort für Jude, »Jehud«, enthält die drei Buchstaben [י, ה, ו], die mit dem vierten vereinigt [ה] den unaussprechlichen Namen [das sogen. Tetragramm] bilden. Israel kann als Volk nur in einer Welt überleben, in der der Name Gottes verehrt wird. Wenn Gott verschwindet, würde auch der Jude verschwinden. Aber wir wissen um Gottes Selbstverpflichtung und um Seine Treue.

Erneuerung des Christentums

Der Ausdruck »Erneuerung« hat viele Bedeutungen, aber ich werde nur kurz darauf hinweisen, daß das, was in der christlichen Erneuerungsbewegung stattfindet, auf jeden Fall eine Wendung ist, nicht mehr auszuweichen, sondern sich zu stellen, eine Bereitschaft, die Gültigkeit von Grundsätzen anzuerkennen, die lange Zeit diskreditiert oder mißachtet waren und die ich hier nicht aufzuzählen brauche.

Es ist jedoch klar, daß Erneuerung kein Akt ist, der ein für allemal vollzogen wird, sondern ein andauerndes Geschehen, *semper a novo incipere* [immer von neuem beginnen]. Es ist ferner ein Prozeß, der nicht nur die Beziehung zu anderen, sondern vor allem das innere Leben und Wesen des Christen betrifft.

Ich glaube, eine der Errungenschaften unseres Zeitalters ist die Erkenntnis, daß religiöser Pluralismus heute der Wille Gottes ist, daß die Beziehung zwischen Judentum und Christentum auf gegenseitiger Achtung gründet, daß Juden und Christen, ohne die tiefgehenden Verschiedenheiten zu leugnen, sich bemühen, einander zu helfen, ihre jeweilige Verpflichtung zu verstehen und die Erkenntnis dessen, was Gott bedeutet, zu vertiefen. Und ich möchte gerne einige Vorschläge machen in der Hoffnung, daß sie richtig verstanden werden. Ich mag kritisch sein, aber es ist die Kritik eines Freundes.

Mein erster Vorschlag ist, daß es zur Erneuerung des Christentums gehört, sich dem Judentum zu stellen, aus dem es hervorgegangen ist. Von ihrer Quelle getrennt, ist die Christenheit leicht Ideen ausgesetzt, die ihrem

Geist fremd sind. Die Hauptherausforderung für die Kirche ist zu entscheiden, ob die Christenheit den jüdischen Weg überwinden und beseitigen oder ihn fortführen soll, indem sie den Gott Abrahams und Seinen Willen zu den Völkern bringt.

Ich glaube, daß in diesem 20. Jahrhundert ein Kampf im Sinne des Wortes im Gange ist, in dessen Mittelpunkt die Hebräische Bibel steht. Die Behinderung und Unterdrückung der Hebräischen Bibel in Sowjetrußland ist symbolisch für diesen Kampf.

Es gibt für die christliche Kirche eine alte Herausforderung, die auf Marcion zurückgeht, eine Herausforderung, die niemals ausstarb. Die immer wiederkehrende Tendenz, das Neue Testament aus dem Kontext des Judentums, in dem es entstanden ist, herauszulösen, ist ein Zeichen einer möglicherweise ungelösten Spannung. Marcions Geist klingt aus den jüngst geäußerten Worten eines bedeutenden katholischen Schriftstellers, nämlich »daß es unzutreffend ... wäre anzunehmen, daß der christliche Theos derselbe Gott ist« wie der Gott des Alten Testaments.[1] Marcions Kritik am Alten Testament bzw. der Hebräischen Bibel erwuchs aus seiner Überzeugung, daß das Evangelium etwas absolut und gänzlich Neues war. Doch die katholische Kirche des 2. Jahrhunderts hielt das Erbe wert und lehnte die einseitige Lehre Marcions ab.

Ich maße mir nicht an, die christliche Lehre zu beurteilen; doch scheint es mir äußerst merkwürdig, zu behaupten, daß die Gemeinde Israels, die »Synagoge«, nicht imstande gewesen sei, über den Kanon der Heiligen Schrift zu entscheiden. Wenn das der Fall wäre, könnten das Neue Testament und Jesus, wie er darin geschildert wird, legitimerweise keine biblischen Texte zitieren, um ihren Anspruch zu untermauern. Ohne die Existenz eines biblischen Kanons, der im Neuen Testament vorausgesetzt wird, würden Jesu Argumente ihrer Grundlage beraubt. Und den Dissens über die Identität dieses »Gesalbten« zum Abfall von Gott selbst zu erklären scheint mir weder logisch noch wohlmeinend.

Ich möchte noch weiter gehen und die Überzeugung aussprechen, daß die Stunde ein neues Verständnis, eine neue Anerkennung der Vorrangstellung der Hebräischen Bibel (»Altes Testament«) fordert. Es waren die Tora und die Propheten, die Jesus selbst auslegte und predigte. Es waren Tora und Propheten, die er als Heilige Schrift verehrte, und Christen beten mit den Worten der Psalmen. Gewiß, nach der Lehre der Konzilien gilt allen Büchern der Hebräischen Bibel und des Neuen Testaments die gleiche Achtung. Aber immer noch hält sich in der Theologie die Annahme, der Wert

1   *Leslie Dewart*, The Future of Belief. Theism in a World come of Age, New York 1966, S. 138

der Hebräischen Bibel bestehe darin, daß sie Vorbereitung, Vor-Geschichte ist, nicht aber in ihrer eigenen Größe.

Ich möchte ein Beispiel bringen. Auf dem II. Vatikanischen Konzil wurde jeden Morgen nach der Messe eine alte Handschrift des Evangeliums durch das Schiff der St. Peterskirche getragen und auf einem goldenen Thron auf dem Altar niedergelegt. Es war nur das Neue Testament und kein anderes Buch.[2]

Karl Rahner behauptet, »daß die Schriften des Alten Testaments *insofern* von Gott in letzter Absicht bewirkt wurden, *als* sie ihre Gültigkeit und Funktion im Neuen Bund haben und behalten sollten«[3] – also nicht im Hinblick auf ihre eigene Größe und Kostbarkeit, sondern nur in dem Maße, wie sie im Neuen Testament eine Rolle spielen. Diese Äußerung erinnert mich an einen Beweis für die göttliche Vorsehung aus dem 17. Jahrhundert von einem amerikanischen Bischof. Er sagte: »Man kann also die göttliche Vorsehung an der Tatsache erkennen, daß, wo immer eine Stadt ist, die Vorsehung für einen Fluß gesorgt hat...« Ich meine, diese Betrachtungsweise paßt die unendliche Kraft der Hebräischen Bibel einem recht engen kirchlichen Prinzip an.

Warum ist die Hebräische Bibel unersetzlich für unsere Existenz? Weil die Bibel uns drängt zu fragen und zu hören: Was will Gott von mir? Und wenn mein Anspruch, Mensch zu sein, überhaupt Gültigkeit hat, dann nur durch die Tatsache, daß ich dieses Problem erkenne: Was will Gott von mir? Aus der Bibel lerne ich zu sagen: »Hier bin ich!«

Die Stellung und das Gewicht der Hebräischen Bibel sind deshalb so bedeutend, weil alle folgenden Ausprägungen und Lehrsätze, sei es im Judentum oder im Christentum, ihre Wahrheit aus ihr ableiten. Wenn sie nicht dauernd von ihr beurteilt und geläutert werden, neigen sie dazu, die lebendige Beziehung Gottes zur Welt zu verdunkeln und zu entstellen.

Im Denken unserer Zeit kommt die Bibel nicht vor. Sie wird zwar zur Erbauung zitiert, einer Predigt scheinbar zugrunde gelegt. Aber sie ist keine lebendige Kraft, die unser Leben prüft. Die Bibel wird als Quelle des Dogmas respektiert, nicht aber als lebendige Geschichte. Man liest die Psalmen, aber

---

2 Vgl. *George A. Lindbeck* (Ed.), Dialogue on the Way, Minneapolis 1965, S. 137.222.

3 *Karl Rahner*, Über die Schriftinspiration (Quaestiones Disputatae 1), Freiburg 1958, S. 61. Ebenso erstaunlich ist eine weitere Feststellung Rahners: »Nun hat aber die Synagoge gar nicht dieselbe Vollmacht, unfehlbar von der Inspiriertheit der Schrift zu zeugen wie die Kirche. Es gab (auch vor dem Tod Christi) kein unfehlbares Lehr*amt* im Alten Testament in dem Sinne, daß es eine *dauernde* Institution gegeben hätte, der als solcher diese Inerranz zugekommen wäre. Es gab immer wieder Propheten. Aber es gab keine unfehlbare Kirche. Das ›Ende der Zeiten‹, die letzte, unüberwindliche Heilstat Gottes, war ja noch nicht geschehen. Die Synagoge konnte von Gott abfallen. Sie konnte also das Nein zu Gott und seinem Christus zur amtlichen ›Wahrheit‹ ihrer selbst machen und sich so als Gottes Stiftung für die Zukunft aufheben« (ebd., S. 59).

nicht die Propheten. Sie werden als Vorläufer verehrt, aber nicht als Wegweiser und Lehrer.

Die Bibel ist fortgesetzte Offenbarung. Aber das Wort spricht nicht im
luftleeren Raum. Für den Propheten ist es ein Schmiedehammer, wenn er
weiß, wie man Amboß sein kann. Die Worte sprechen. Sie sind nicht Zeichen, sondern Aufschrei. Die Worte stehen an Seiner Statt, sie gehen von
Ihm aus, sie bitten und flehen unaufhörlich. Die Worte sind Türen, die Möglichkeiten eröffnen, Möglichkeiten des Einsatzes für Ihn und den plötzli-
chen Wechsel Seiner Gegenwart und Seiner Verborgenheit.

Eine wichtige Wurzel des gegenwärtigen Nihilismus ist der uralte Widerstand gegen die hebräische Welt- und Menschensicht. Die Hebräische Bibel
hat eine Illusion zerstört, die Illusion, man könne in der Welt als unbeteilig-
ter, unschuldiger Zuschauer existieren. Gläubig sein erschöpft sich nicht in
geistlichem Konsum. Die Bibel hat die alte Tradition zerstört, in der sich die
Beziehung zu den Göttern mit Leichtigkeit ergab, in der sich die Götter unseren Vorstellungen und Maßstäben anpaßten, eine Tradition, in der Religion vor allem eine *Garantie* war.

Gott ist Richter und Schöpfer, nicht nur Offenbarer und Erlöser. Ohne
Bindung an die Hebräische Bibel fing man an, sich nur an eine Seite der Bedeutung Gottes zu halten, vorzugsweise an Sein Versprechen als Erlöser,
und vergaß darüber seine fordernde Gegenwart als Richter, seine erhabene
Transzendenz als Schöpfer. Dieses hartnäckige Festhalten an Seiner Liebe,
ohne Seinen Zorn wahrzunehmen, die Lehre von Seiner Immanenz, ohne
auch seine Transzendenz zu betonen, die Gewißheit Seiner Wunder, ohne
die unendliche Dunkelheit Seiner Abwesenheit wahrzunehmen – dies alles
sind gefährliche Verzerrungen. Zuviel zu glauben ist gefährlicher als zuwe-
nig zu glauben.

Wenn Sie mir diese Bemerkung gestatten, möchte ich sagen, daß es für einen Juden schwer zu verstehen ist, wenn Christen Jesus als den Herrn verehren und dieses Herrsein an die Stelle der Herrschaft Gottes, des Schöpfers,
tritt. Es ist für einen Juden schwer zu verstehen, wenn Theologie auf Christologie reduziert wird. Es ist bezeichnend, daß nicht wenige Theologen es
für möglich halten zu sagen: »Wir kommen ohne Gott aus und halten uns an
Jesus Christus.«[4]

Die alles beherrschende Frage dieser Stunde in der Welt und in der westlichen Zivilisation ist die *Menschlichkeit des Menschen*. Der Mensch ist im Begriff, sein wahres Bild zu verlieren und sein Leben nach dem Bild des Anti-
Menschen zu formen. Gibt es etwas in der heutigen Situation des Menschen,

---

4   »We do without God and hold to Jesus Christ« (*Thomas Altizer, William Hamilton*, Radical
Theology and the Death of God, New York 1966, S. 33).

das Ehrfurcht und Verantwortung lebensnotwendig macht? Ist menschlich zu sein ein oberstes Ziel? Hört nicht der Mensch auf, menschlich zu sein, wenn Ehrfurcht und Verantwortung fehlen?

Die Aufgabe einer Erneuerung des Christentums, so möchte ich hoffen, ist vor allem die Erneuerung des Menschen, und die Erneuerung des Menschen ist die *Erneuerung der Ehrfurcht.* Wie sollen wir verhindern, daß der Mensch die Fähigkeit zur Freiheit, seine gewichtige Fähigkeit zu entscheiden, aufgibt, oder wie können wir ihm wieder zu dieser Fähigkeit verhelfen? Wie können wir ihn lehren, sich mit seiner ganzen Existenz der Herausforderung und dem Geheimnis zu stellen, was lebendig sein, leben dürfen von ihm verlangt? Die Aufgabe ist, den Geist von der Illusion zu befreien, daß Verfügbarkeit und Durchschaubarkeit die ausschließlichen Attribute der Existenz sind. Falsche Lichter führen uns eher in die Irre als völliges Dunkel.

Die Erneuerung des Menschen

Zur Erneuerung des Menschen gehört eine erneuerte Sprache. Für den Menschen unserer Tage ist nichts so vertraut und abgenutzt wie Worte. Sie sind von allen Dingen am billigsten, am meisten mißbraucht und am wenigsten geschätzt. Sie werden ständig in den Schmutz gezogen. Wir alle leben, fühlen, denken in ihnen; da wir aber versäumen, ihre eigene Würde zu wahren, werden sie herrenloses Gut, entgleiten uns – ein Mund voll Staub. Wenn wir vor der Bibel stehen, deren Worte wie Wohnungen aus Fels sind, wissen wir nicht die Tür zu finden. Es gibt keine Erkenntnis des Gottes Israels ohne tiefes Empfinden für die Heiligkeit in Worten. Denn was ist die Bibel? Heiligkeit in Worten. Und wir zerstören alle Zugänge zur Bibel durch die fortschreitende Profanierung der Macht des Wortes. Die Folge, so glaube ich, ist, daß wir alle an dem Prozeß der Auflösung unserer Sprache beteiligt sind. Unklarheit im Ausdruck, verlorene Sensibilität für Worte haben die Festung des Geistes fast zerstört. Und die Festung des Geistes ist *dabar,* das Wort. Worte sind zu Slums geworden. Was wir brauchen, ist eine Erneuerung der Worte.

Die Stunde ruft nach einer *Erneuerung der Vorstufe des Glaubens.* Die Aufgabe ist vortheologisch. Wiederbelebung und Pflege der Grundvoraussetzungen des Glaubens werden uns helfen, das Bild des Menschen wiederzuentdecken.

Zur Erneuerung des Menschen gehört eine neue Sensibilität dafür, wie wunderbar und geheimnisvoll es ist, lebendig zu sein und jeden Augenblick mit Überraschung wahrzunehmen. Die Erneuerung des Menschen muß damit beginnen, daß man gegen die Reduktion der Existenz auf bloße Tatsa-

chen oder Funktionen rebelliert. Warum spreche ich von der Erneuerung
des Menschen? Weil die Hebräische Bibel kein Buch über Gott ist. Sie ist ein
Buch über den Menschen. Trotz aller Paradoxie in der Bibel müssen wir ihre
wesentliche Voraussetzung akzeptieren: daß Gott sich um den Menschen
sorgt.

Wenn Gott mich um Rat gefragt hätte, würde ich ihm gleich nach der ersten Erfahrung mit Adam und Eva gesagt haben: »Gib Dich nicht mit dieser
Spezies ab.« Aber Er macht geduldig weiter und wartet auf den Menschen.
Ich sagte: Wir brauchen eine Wiederbelebung der Voraussetzungen und Vor-
phasen des Glaubens, weil es zwecklos ist, Schlußfolgerungen des Glaubens
jenen anzubieten, die die Vorbedingungen des Glaubens nicht haben. Es ist
zwecklos, zu jenen vom Heiligen zu sprechen, die es nicht geschafft haben,
die Elemente der Menschlichkeit zu entwickeln.

Vor der Theologie kommt die Tiefentheologie, vor dem Glauben kommen die Voraussetzungen oder Vorbedingungen des Glaubens wie Sinn für
Wunder, radikales Staunen, Ehrfurcht, das Gefühl für das Geheimnis allen
Seins. Der Mensch muß z.B. lernen, sein falsches Gefühl für Überlegenheit
in Frage zu stellen.

Die Akzeptanz der biblischen Botschaft setzt eine bestimmte Grundein-
stellung und Sensibilität voraus. Die Neigung, sich in unserem religiösen
Denken völlig auf die sogenannte »zeitgemäße Erfahrung« zu verlassen,
muß in Frage gestellt werden. Zeitgemäße Erfahrung ist verkümmerte Erfahrung; die subtileren Elemente der Erfahrung fehlen ihr weitgehend.

Noch nie waren Menschen so umgetrieben von Fragen, die sie aufs tiefste
herausfordern. Die berühmte Äußerung Dietrich Bonhoeffers, daß eine
mündig gewordene Welt ohne die Vormundschaft Gottes leben könne, setzt
eine Sicht unserer Welt voraus, die, so meine ich, naiv ist. Kann man eine
Welt von Auschwitz und Hiroshima, von Vietnam und Interkontinentalra-
keten als eine bezeichnen, die mündig geworden ist?

Die radikalste Frage, vor der wir stehen, betrifft nicht Gott, sondern den
Menschen – hat der Mensch nicht bewiesen, daß er für die Zivilisation, die
sich entwickelt hat, unangepaßt oder ungeeignet ist? Das Denken der Zeitgenossen kommt mit den tatsächlichen Erfahrungen nicht zurecht. Vom ra-
senden Fortschritt der Technik überwältigt, ist es ihm nicht gelungen, eine
angemessene Anthropologie zu entwickeln, einen Weg, die Unabhängigkeit
des Menschen zu garantieren angesichts von Kräften, die sie bedrohen.

Der Erfahrungshorizont ist weit, aber flach. Der Mensch verliert nach
und nach die Fähigkeit, für sein eigenes Leben Verantwortung zu übernehmen. Er fängt an, sich selbst nicht nur als einen Widerspruch in sich zu sehen, sondern als eine Unmöglichkeit. Inwieweit kommt die heikle Lage des
Menschen dieser Zivilisation, die von Judentum und Christentum geprägt

ist, vom Versagen des jüdischen und christlichen Glaubens? Zu viele Ereignisse, die zu schnell geschahen, bombardierten unser Bewußtsein zu oft, als daß wir in der Lage gewesen wären, über ihre Bedeutung nachzudenken. Zeitgemäßer Erfahrung mangelt es an angemessener entsprechender Reflexion. Wenn wir die Spannung zwischen Glauben und alltäglicher Welt betrachten, dürfen wir nicht vergessen, daß unsere tägliche Erfahrung keine Norm ist, ein Problem. Es geht nicht darum, auf Technik zu verzichten, sondern wir müssen fragen, ob das Bild des Menschen aus der Technik abgeleitet werden kann. Ich erwähne dies alles, weil im Gegensatz zu alten Religionen, die sich mit einem einzigen Aspekt oder einigen Aspekten des Humanum befaßten, die Hebräische Bibel sich mit der gesamten menschlichen Existenz befaßt. In gewisser Weise gibt es in der Bibel keine Bevorzugung des »Religiösen«; was in der Bibel zählt, ist das Säkulare.

Sakramental – prophetisch

Ich würde hier gerne kurz einiges erwähnen, wovon ich meine, daß es uns angeht. Gläubige Menschen erliegen häufig einer bemerkenswerten Versuchung: Sie machen den Glauben zur Privatsache, binden das Heilige an einen bestimmten Ort, isolieren die Pflichten. Losgelöst von allen Wechselfällen des Daseins und ohne Bezug zu ihnen kann das Heilige seine Beziehung zu Gott verlieren.

Ist die Welt des Glaubens ein eigener Bereich, eine Oase des Friedens in der Wüste der Welt? Ist seine Aufgabe damit erfüllt, daß ihm das Heilige ein Anliegen ist, daß er geistlichen Trost anbietet, während er von den materiellen und säkularen Fragen dieser Welt abgehoben bleibt?

Ich denke, es gibt in Israel zwei Orientierungen, zwei Richtungen, für Gott zu leben; sie stellen sich beispielhaft dar im Propheten und Psalmisten. Ich möchte daher darauf hinweisen, daß das richtige Ziel wäre, eine Art Gleichgewicht in der Polarität zu schaffen – die echte Polarität des Sakramentalen und des Prophetischen.

Der *Psalmist* wird meist von persönlichem Impuls getrieben. Sein eigenes Leben, seine Sorge um seine geistliche Situation bildet den Hintergrund seiner Erfahrungen. Seine Leistungen, seine Erkenntnisse und seine Läuterung schaffen eine bedeutende Selbstbestätigung für seine Existenz als Individuum. Er ist ein Beispiel für die heimliche Liebesgeschichte des Individuums mit Gott.

Im Gegensatz dazu gehören zur Existenz des *Propheten* politische Angelegenheiten. Inhalt, Ziel und Ereignisse haben einen eminent überpersönlichen Charakter. Prophetie ist keine Privatsache der Erfahrung. Dem Pro-

pheten geht es nicht um sein eigenes Heil. Sein Ziel ist nicht persönliche Erleuchtung, sondern die Erleuchtung des Volkes, nicht geistliche Selbstbestätigung, sondern Rückführung des Volkes zum Dienst Gottes. Der Prophet ist
nichts ohne sein Volk. Der Prophet ist ein Mensch, der Gott und Mensch mit
einem einzigen Gedanken umfaßt – zu gleicher Zeit und zu allen Zeiten.

Als das Volk Israel in der Wüste Sinai ankam, sprach der Herr aus dem
Berg zu ihnen: »Ihr sollt Mir ein Königreich von Priestern sein und ein heiliges Volk« (Ex 19,6). Ein ganzes Volk von Priestern? Einem Volk, das noch
jüngst aus Sklaven bestanden hatte, wird gesagt, Priester zu sein! Und doch
war für unseren Lehrer Mose der Auftrag noch nicht radikal genug. Seine
Vision dessen, was das Volk sein sollte, war so großartig, wie sie in der Geschichte der Selbstbeurteilung unübertroffen ist. Als Josua, der Sohn Nuns,
der Diener Moses, ihn bat, den prophetischen Erguß von Eldad und Medad
zu unterbinden, sagte Mose zu ihm: »Wollte Gott, daß alle im Volk des
Herrn Propheten wären, daß der Herr Seinen Geist auf sie legte!« (Num
11,29)

Die beiden zentralen Gedanken in der Verkündigung der Bibel sind *Forderung und Verheißung*. Theologisch gesehen geht die Forderung der Verhei
ßung voraus. Zuerst sagte Gott zu Abraham: »Geh aus deinem Land ... in ein
Land, das ich dir zeigen werde«, und dann: »... Ich will dich zu einem großen
Volk machen ...« (Gen 12,1-2).

Existentiell betrachtet, ist das Gebot das Bindeglied zwischen Mensch
und Gott. Menschliche Existenz hat einen Hauch von Ewigkeit, wenn Gott
auf die Taten des Menschen wartet. Gottes Erwartung, Gottes Warten auf
den Menschen kommt in Seinen Geboten zum Ausdruck. Ja, die Transzendenz, auf die die menschliche Existenz hinweist, ist dieses geheimnisvolle
Warten, diese göttliche Erwartung.

Die Hebräische Bibel berichtet Gottes »Machttaten« in der Geschichte.
Was übersehen wird, ist, daß wir auf jeder Seite der Bibel darauf stoßen, daß
Gott hofft und wartet auf die mächtigen Taten des *Menschen*. Dies ist die Bedeutung des menschlichen Existenz. Die Welt ist unerlöst und unvollkommen, und Gott braucht den Menschen als Partner, sie zu vervollkommnen,
ihr zu helfen und sie zu erlösen.

Von allen Gestaltungsformen des Lebens ist Tun der klarste Weg, Ihm zu
helfen. Die Tat ist Wahrheit. Tun ist Erhellung des Dürstens nach Gott mit
Körper und Seele. Die jüdische *Mizwa* ist ein Gebet in Form einer Tat. Die
Mizwot sind die jüdischen Sakramente, man kann sie in schlichten Taten der
Güte erfüllen. Ihre Natur ist verständlich, wenn man sie im Licht von Gottes
Fürsorge für den Menschen sieht. Die gute Tat, sei sie rituell oder moralisch,
ist eine *Mizwa*, ein An-gebot Gottes, eine Repräsentation des Göttlichen.

Letzte Fragen begegnen uns unvermittelt. Dringend wichtig für den Ju den ist nicht die Annahme der Errettung, sondern die Vorbereitung der Erlösung, die Vorbereitung *für* die Erlösung.

Der Prophet Samuel wollte nicht in der Sicherheit seines eigenen Hauses, seiner eigenen Frömmigkeit bleiben. Er ging von Ort zu Ort und mischte sich unter diejenigen, die nicht fromm waren. Im Gegensatz dazu blieb Noah zu Hause und wartete, daß die anderen zu ihm kamen. Er und seine Familie wurden zwar gerettet, aber seine Generation kam um.

Die dringende Frage ist nicht persönliche Rettung, sondern wie man verhindert, daß sich die Menschheit dem Dämonischen hingibt. Das Heiligtum hat keine Mauern; die Gelegenheit zu Lobpreis oder Hilfe hat keine Grenzen. Wenn Gott schweigt, muß der Mensch an Seiner Stelle reden. Wenn Gott Sein Mitleid verbirgt, muß der Mensch diese Liebe in Seinem Namen enthüllen.

Worte werden abgegriffen, und Glaube ist müde. Wenn wir nicht daran arbeiten, Gott zu helfen, daß Er Seine Verheißung erfüllen kann – nämlich ein Vater der Verlassenen zu sein und ein Licht für jene, die in der Dunkelheit heimlich verzweifeln –, könnten wir alle von Ihm verlassen werden. Der Mensch muß mitbeteiligt werden bei der Einlösung der Verheißung, die da lautet: Kein Volk wird das Schwert gegen ein anderes erheben, und Krieg wird nicht mehr sein [vgl. Jes 2,4].

Vom jüdischen Standpunkt aus ist jede Lehre, die Forderungen abwertet und bloß die Verheißungen verkündet, eine Verfälschung. Ein einflußreicher protestantischer Theologe hat gesagt: »Der Schlüssel zur neutestamentlichen Ethik ist Röm. 6 in Verbindung mit Röm. 7 und dem Anfang von Röm. 8. Hier ist, wie nirgends sonst in dieser Deutlichkeit und Ausführlichkeit, die Identität des ›dogmatischen‹ Mittelpunktes mit dem ›ethischen‹ Mittelpunkt aufgewiesen. Die Bergpredigt dagegen ist zwar die notwendige Voraussetzung für die christliche Ethik, aber nicht ihre Grundlage. Sie verhält sich zu Röm. 6 wie das Gesetz zum Evangelium.«[5] Ich zitiere diese Ansicht, weil sie dem jüdischen Geist völlig fremd ist.

Messianische Erwartung

Ich möchte einen ziemlich kontroversen – und vielleicht häretischen – Gedanken äußern: daß Christen immer weniger messianisch geworden sind; es gibt sehr wenig Erwartung. Ich mag mich irren. Ich hoffe es. In der frühesten Christenheit wurde auf die Wiederkunft gewartet. Im Bewußtsein des heuti-

---

5 *Emil Brunner*, Das Gebot und die Ordnungen. Entwurf einer protestantisch-theologischen Ethik, Tübingen 1932, S. 568, Anm. 4

gen Christen scheint sie nicht vorzukommen, es wird nicht gewartet. Wo ist die Verheißung der Erlösung?

Vielleicht kann ich meine Sicht mit einer Geschichte verdeutlichen, die ein christlicher Pilger in dem großen Drama von Maxim Gorki erzählt: Es war einmal ein Mann, der sehr arm und sehr alt war; er lebte in Sibirien. Seine Lebensumstände wurden immer schlechter, so schlecht, daß ihm schließlich nichts anderes blieb, als sich hinzulegen und zu sterben. Dennoch verlor er nicht den Mut. Oft lachte er und sprach bei sich selbst: »»Schon gut, ich trag's! Noch ein bißchen wart ich, dann laß ich das ganze Leben da hinter mir und geh fort ins Land der Wahrheit und Gerechtigkeit.‹ Das Land, das war seine ganze, seine einzige Freude... Da schickten sie dorthin, wo er wohnte – die Sache geschah in Sibirien –, einen Mann in die Verbannung ..., einen Gelehrten ..., mit Büchern, Karten und all solchem Kram. Zu dem Gelehrten sagte da unser Mann: ›Tu mir den Gefallen, zeig mir, wo das Land der Wahrheit und Gerechtigkeit liegt und wie man dorthin kommt!‹ Der Gelehrte blätterte gleich in den Büchern, breitete die Karten aus, suchte und suchte – nirgendwo fand er das Land der Wahrheit und Gerechtigkeit. Alles stimmte, alle Länder waren aufgemalt, aber das der Wahrheit und Gerechtigkeit nicht... Unser Mann glaubt es nicht. ›Es muß dasein‹, sagt er, ›such besser! Sonst taugen deine Bücher und Karten nichts‹, sagt er, ›wenn das Land der Wahrheit und Gerechtigkeit nicht drauf ist.‹ Den Gelehrten wurmt das. ›Meine Karten stimmen ganz genau‹, sagt der, ›und ein Land der Wahrheit und Gerechtigkeit gibt's überhaupt nicht.‹ Na, da packt unsern Mann die Wut. Wie denn? Da hat er gelebt, gelebt, geduldet, geduldet, immerzu geglaubt: Es gibt das Land! Nun sagen die Karten: Nein, gibt's nicht. Geraubt hat man's ihm! Und er sagt zu dem Gelehrten: ›Du gemeiner Schuft! Ein Schwein bist du, kein Gelehrter!‹ Und haut ihm eins übern Schädel. Und noch eins... Dann ging er nach Hause und hängte sich auf.«[6]

Ich möchte mit einem weiteren Punkt schließen. Wir Juden haben ein Ereignis in unserer Geschichte erlebt, das wie eine Fortsetzung der Geschichte der Bibel ist. Das jüdische Volk in der ganzen Welt ist in ein neues Zeitalter seiner Geschichte eingetreten. Jerusalem, die Stadt Davids, ist dem Staat Israel zurückgegeben worden. Das ist ein Ereignis von hoher Bedeutung in der Geschichte der Erlösung. Ich glaube daher, daß ich darüber einige Bemerkungen machen darf.

Doch zunächst: Wie sollte ein Christ dieses Ereignis beurteilen? Gleich zu Beginn der Apostelgeschichte fragten die Jünger, denen Jesus sich nach sei-

---

6 *Maxim Gorki*, Nachtasyl, 3. Akt. – Anstelle einer Rückübersetzung aus dem Englischen wurde für die Wiedergabe der Pilgerszene aus Gorkis Nachtasyl die Fassung aus *Maxim Gorki*, Dramen. Aus dem Russischen übersetzt von W. Creutziger, G. Jänicke und G. Schwarz, München 1976, S. 163 gewählt. (F.A.R.)

ner Passion lebendig gezeigt hatte: »Herr, wirst du in dieser Zeit das Reich für Israel wieder aufrichten?« Und Jesus antwortete ihnen: »Euch gebührt nicht zu wissen Zeit oder Stunde, die der Vater nach Seiner eigenen Macht bestimmt hat« (Apg 1,6-7).

Welche Bedeutung hat diese Frage und diese Antwort? Es war eine Zeit, als Jerusalem dem jüdischen Volk weggenommen worden war, der heilige Tempel war zerstört, Juden wurden in die Sklaverei verkauft. Das heidnische Rom herrschte im Heiligen Land. Aber es gab eine Hoffnung, die Hoffnung auf Befreiung von den Heiden; es gab die Verheißung der Propheten, daß Jerusalem dem Königreich Israel zurückgegeben würde. Als nun die Jünger Jesus zum ersten Mal unter diesen außergewöhnlichen Umständen sahen, ist es verständlich, daß dies ihre erste Frage war, ihr oberstes Anliegen: »Wirst du in dieser Zeit das Reich für Israel wieder aufrichten?« [Apg 1,6] Mit anderen Worten: Sie stellten die Frage nach der Wiederherstellung.

Jesu Antwort war, daß die Zeit der Erfüllung der göttlichen Verheißung eine Angelegenheit war, die allein in der Macht des Vaters stand. So hatte er ihnen schon früher versichert, daß er selbst Tag und Stunde seiner Parusie nicht wisse. »Aber den Tag oder die Stunde kennt niemand, nicht einmal die Engel im Himmel, auch nicht der Sohn, sondern nur der Vater« (Mk 13,32). Eine gleiche Einstellung gilt allgemein für die rabbinische Literatur. »Niemand weiß, wann das Haus Davids wieder hergestellt wird.«[7] Nach Rabbi Simeon ben Lakisch (ca. 250 d.Z.): »Ich habe es meinem Herzen offenbart, aber nicht den Engeln.«[8] Jesu Antwort ist so charakteristisch für die rabbinische Denkweise wie die Frage selbst.

Diese Bibelstelle wird jedoch allgemein anders interpretiert. Hier spiegele sich eine Dichotomie im Denken der frühen Christen – die Einstellung der galiläischen Jünger sei eine andere als die der hellenistischen Christen gewesen: Die ursprüngliche Hoffnung der Jünger war, daß das Reich Gottes im apokalyptischen Sinn nahe war, aber die hellenistischen Christen, die schließlich das (römische) Kaiserreich eroberten, predigten, daß das Evangelium Bedeutung für die Gegenwart jedes einzelnen hat – abgesehen vom eschatologischen Reich.

So erklärt Augustinus, daß die Bedeutung der Frage war, daß Jesus nach seiner Auferstehung nur für seine Nachfolger sichtbar war und sie ihn fragten, ob er sich jetzt für jedermann sichtbar zeigen würde.[9] Calvin behauptet, diese Frage enthalte »soviel Irrtümer wie Worte«.[10] Kritische Ausleger versichern, daß die Frage die geistliche Ignoranz und Herzenshärtigkeit der Jünger zeigt[11], die »verfinsterte Äußerung einer fleischlichen und ungeistlichen Gesinnung«[12], und daß Jesu Antwort eine Zurückweisung war.[13]

---

7 Mechilta zu Ex 16,32

Aber die einfache Bedeutung dieser Stelle hat einen eindeutigen »Sitz im Leben«, und beides, Frage und Antwort, liest sich wie ein *Midrasch*. Die Apostel waren Juden und teilten offenbar die Hoffnung ihres Volkes, das Reich Gottes in der Wiederherstellung von Israels nationaler Unabhängigkeit verwirklicht zu sehen. Als sie nun ihren Meister von dem neuen Zeitalter sprechen hörten, fragten sie, ob dies die Gelegenheit sein solle, daß Israel das Königtum zurückerhalte. Wir können kaum umhin, zu erkennen und zu verstehen, wie natürlich diese Frage ist. Die Erwartung war durch die tyrannische Herrschaft der Römer in ihr innerstes Sein eingebrannt. Die Antwort bestätigt die Erwartung, daß das Königreich für Israel wieder hergestellt wird – eine Erwartung, die immer wieder in der alten jüdischen Liturgie zum Ausdruck kommt. Es ist der Zeitpunkt in der Geschichte, an dem die Wiederherstellung stattfinden wird, der das Geheimnis des Vaters bleibt.[14]

8 bSanh 99a

9 *Frederick John Foakes Jackson, Kirsopp Lake* (Ed.), The Beginnings of Christianity, Teil I, Bd. 1-5, London 1920-1933; Bd. 4: *Kirsopp Lake, Henry J. Cadbury,* English Translation and Commentary, S. 7-8 (zu Apg 1,6).

10 Er weist darauf hin, daß die Apostel alle versammelt waren, als diese Frage (sc. Apg 1,6) gestellt wurde, denn »wir sollen wissen, daß es nicht die Torheit eines einzelnen, sondern aller zugleich war, die sie aufbrachte. Freilich war es eine ganz wunderbare Ungeschicklichkeit, daß sie nach einer so vollkommenen und sorgfältigen Belehrung dreier Jahre eine Unwissenheit verraten, als hätten sie überhaupt noch kein Wort vernommen. Ihre Frage enthält soviel Irrtümer wie Worte. Sie fragen nach dem *Reich*, träumen aber von einem irdischen Reich, das Reichtum, Genüsse, äußeren Frieden und ähnliche Güter bringt. Indem sie ein solches schon für die gegenwärtige Zeit erwarten, wollen sie triumphieren, ehe sie gekämpft haben. Bevor sie noch eine Hand an das Werk gelegt haben, für welches sie berufen sind, wollen sie eine Frucht genießen, die nur der Mühe gebührt. Auch darin irren sie, daß sie Christi Reich auf das Israel nach dem Fleisch beschränken, welches sich doch bis zu den äußersten Grenzen der Welt erstrecken soll. Weiter leidet die ganze Frage an dem Fehler, daß ihre Wißbegier sich nicht innerhalb der rechten Schranken hält. Ohne Zweifel war ihnen bekannt, was die Propheten von der Wiederaufrichtung des Reiches Davids geweissagt hatten; sie hatten Christus häufiger über diese Sache reden hören, die ja auch allgemein derartig geläufig war, daß in der elendesten Knechtschaft des Volkes doch jedes Gemüt durch die Hoffnung auf das zukünftige Reich sich wiederaufrichtete. Die Herstellung desselben erwartete man vom Erscheinen des Messias. So geschah es, daß die Apostel durch das Erlebnis der Auferstehung Christi sich reizen ließen, ihre Gedanken sofort diesem letzten Ziel zuzuwenden. Dabei zeigen sie aber, wie schlechte Fortschritte sie bei ihrem so trefflichen Lehrer gemacht haben. Darum tadelt Christi kurze Antwort, wie wir sofort sehen werden, geschickt jeden einzelnen ihrer Irrtümer. Daß Christus das Reich *wieder aufrichten* soll, besagt, daß er es von neuem gründen möge, nachdem es zusammengebrochen und durch vielfachen Einsturz verunstaltet war. Denn aus dem dürren Wurzelstamme des Isai mußte ein Zweig aufschießen, und die jämmerlich zerfallene Hütte Davids mußte wiederaufgerichtet werden« (Johannes Calvins Auslegung der Heiligen Schrift in deutscher Übersetzung, Bd. 11: Die Apostelgeschichte, Neukirchen o.J., S. 14).

11 »Die Herzenhärtigkeit der Jünger zeigt sich hier wie im Markusevangelium: Sie erwarteten ein irdisches, materielles Königtum, denn der Geist war noch nicht über sie ausgegossen, um ihnen ein erleuchteteres Verständnis zu geben« (*Charles Stephen Conway Williams,* A Commentary on the Acts of the Apostles, London 1964, S. 56).

12 *George Thomas Stokes,* The Acts of the Apostles, New York 1903, S. 29

13 *Richard Belward Rackham,* The Acts of the Apostles, London 1901, S. 7; *Alfred Walter F. Blunt,* The Acts of the Apostles, Oxford 1922, S. 132

Es ist sehr wahrscheinlich, daß im Gefolge von Daniel und Esra Berechnungen angestellt wurden, um den Zeitpunkt der kommenden Wiederherstellung vorauszusagen. Aber die meisten Rabbinen wiesen solche Vermutungen zurück, die sich mit »einer Zeit, zwei Zeiten und einer halben Zeit« bei Daniel 7,25 befaßten. Jesu Antwort ist nicht die Zurückweisung der Hoffnung der Apostel, sondern eine Ablehnung messianischer Berechnungen (s. Lk 17,20-21). Jesu Erwartung, daß Jerusalem an Israel zurückgegeben werde, ergibt sich aus seiner Prophezeiung, daß »Jerusalem von den Heiden zertreten wird, bis die Zeit der Heiden vollendet ist« (Lk 21,24). Einige Ausleger sehen in diesen Worten eine Prophezeiung der »Wiedererrichtung Jerusalems als Hauptstadt des jüdischen Volkes«. Mit »die Zeit der Heiden« ist vielleicht gemeint: »die Zeitspanne, die Gott für die Bestrafung der Juden festgesetzt hat«.[15]

Vor einigen Wochen hatte ich das Privileg, in Jerusalem zu sein, und nach meiner Rückkehr schrieb ich meine Eindrücke von Jerusalem nieder und besonders, was die Mauer, die Westmauer, für uns bedeutet. In den folgenden persönlichen Bemerkungen will ich zu zeigen versuchen, was Jerusalem für mein Volk bedeutet.

Jerusalem – man kann es nur sehen, wenn man hört. Jerusalem war das Ohr, als sonst niemand hörte, ein Ohr, das für die Anklagen der Propheten offen war, für ihre Trostworte, für die Klagegesänge der Jahrhunderte, für die Hoffnung zahlloser Weiser und Heiliger, ein Ohr für die Gebete, die aus der Ferne herüberdrangen. Und es ist mehr als ein Ohr. Jerusalem ist *Zeuge*, ein Echo aus der Ewigkeit. Steh still und horche! Wir kennen Jesajas Stimme vom Hörensagen, aber diese Steine haben ihn gehört, als er über Juda und Jerusalem sagte (2,2-4):

»Es wird geschehen in den letzten Tagen...
Denn aus Zion wird Weisung ausgehen
und das Wort des Herrn aus Jerusalem ...
Er wird richten zwischen den Nationen
und Recht sprechen für viele Völker...
Kein Volk wird gegen ein anderes das Schwert erheben,
und sie werden den Krieg nicht mehr lernen.«

Mitten in ihrer Rede wurde Jerusalem unterbrochen. Sie ist eine unterbrochene Stimme. Laßt Jerusalem wieder sprechen, zu unserem Volk, zu allen Völkern!

---

14 *Frederick Fyvie Bruce,* Commentary on the Book of Acts, Grand Rapids 1954, S. 38
15 *Wilbert F. Howard,* St. Luke (The Interpreter's Bible), New York, Abingdon 1952, S. 308; *E. Earle Ellis,* The Gospel of Luke, London 1966, S. 245; *Alfred Plummer,* Commentary on St. Luke (International Biblical Commentary), Edinburgh 1896, ⁵1964, S. 483 führt sechs mögliche Bedeutungen an.

Die Worte sind von hier ausgegangen und haben Eingang in heilige Bücher gefunden. Dennoch hat Jerusalem sich selbst nicht aufgegeben. Da ist noch viel zu erwarten. Jerusalem ist nicht am Ende des Weges. Sie ist die Stadt, wo das Warten auf Gott geboren wurde, wo die Vorahnung eines ewigen Friedens entstand. Jerusalem wartet auf das Vorspiel zur Erlösung, auf einen neuen Anfang.

Was ist das Geheimnis Jerusalems? Ihre Vergangenheit ist ein Vorspiel. Ihre Kraft erwacht zu neuem Leben. Ihr Schweigen ist Ankündigung, die Mauern stehen erwartungsvoll. Jeden Augenblick kann es geschehen: Ein Sproß kann aus der Wurzel Jesse hervorsprießen, ein Zweig kann aus seiner Wurzel hervorwachsen (Jes 11,1).

Nachweis

Leo Baeck

Harnack's Vorlesungen über das Wesen des Christenthums
Monatsschrift für Geschichte und Wissenschaft des Judentums (MGWJ) 45 (NF 9),
1901, S. 97-98.117-120

Geheimnis und Gebot
Erstveröffentlichung in: Der Leuchter, Bd. 3, Darmstadt 1921/1922, S. 137-153.
Wiederabgedruckt in: Leo Baeck, Wege im Judentum. Aufsätze und Reden, Berlin
1933, S. 33-48

Romantische Religion (Auswahl)
Erstveröffentlichung in: Festschrift zum 50jährigen Bestehen der Hochschule für die
Wissenschaft des Judentums, Berlin 1922, S. 1-48. Wiederabgedruckt in: Leo Baeck,
Aus drei Jahrtausenden. Wissenschaftliche Untersuchungen und Abhandlungen zur
Geschichte des jüdischen Glaubens. Mit einer Einführung von Hans Liebeschütz,
Tübingen 1958, S. 42-56.58-60. 61.64-65.66-69.76-77.77-78.79.81-82.83-84.87-
89.93.96-100.100-101.104-108.112-113.115-120

Judentum in der Kirche
Erstveröffentlichung (englisch) in: Judaism in the Church, Hebrew Union College
Annual 2, 1925, p. 125-144. Deutsch in: Leo Baeck, Aus drei Jahrtausenden. Wis-
senschaftliche Untersuchungen und Abhandlungen zur Geschichte des jüdischen
Glaubens. Mit einer Einführung von Hans Liebeschütz, Tübingen 1958, S. 121-140

Wiederabdruck aller Titel von Leo Baeck mit freundlicher Genehmigung des Leo-
Baecks-Instituts, New York

Martin Buber

Die Brennpunkte der jüdischen Seele (Rede auf einer von den vier Judenmissionsgesellschaften deutscher Zunge einberufenen Studientagung in Stuttgart im März
1930)
Erstveröffentlichung in: Martin Buber, Kampf um Israel. Reden und Schriften
(1921-1932), Berlin 1933, S. 50-67. Wiederabgedruckt in: Martin Buber, Der Jude
und sein Judentum. Gesammelt Aufsätze und Reden. Mit einer Einleitung von Robert Weltsch, Gerlingen: Verlag Lambert Schneider, 2. Aufl. 1993, S. 196-206

Kirche, Staat, Volk, Judentum. Aus dem Zwiegespräch mit Karl Ludwig Schmidt im
Jüdischen Lehrhaus in Stuttgart (14. Januar 1933)
Erstveröffentlichung in: Theologische Blätter 12, 1933, Sp. 257-274. Wiederabge-

druckt in: Martin Buber, Die Stunde und die Erkenntnis. Reden und Aufsätze, Berlin 1936, S.147-167. Entnommen aus: Martin Buber, Der Jude und sein Judentum. Gesammelte Aufsätze und Reden. Mit einer Einleitung von Robert Weltsch, Gerlingen: Verlag Lambert Schneider, 2. Aufl. 1993, S. 544-556

Zwei Glaubensweisen (Auswahl aus Kap. 6, 16 und 17)
Erstveröffentlichung: Martin Buber, Zwei Glaubensweisen, Zürich 1950. Wiederabgedruckt in: Martin Buber, Werke, Bd. 1: Schriften zur Philosophie, Gerlingen: Verlag Lambert Schneider, 1962, S. 686-690.773-782

Zum Abschluß
Erstveröffentlichung: Zur Verdeutschung des letzten Bandes der Schrift. Beilage zu: »Die Schriftwerke«, verdeutscht von Martin Buber, unter dem Titel »Schlußbemerkungen«, Köln, Olten 1962. Wiederabgedruckt in: Martin Buber, Werke, Bd. 2: Schriften zur Bibel, Gerlingen: Verlag Lambert Schneider, 1962, § 4, S. 1181-1182

Franz Rosenzweig

Auswahl aus den Briefen (an Rudolf Ehrenberg 31.10.1913, 1.11.1913, 4.11.1913; an Eugen Rosenstock Oktober 1916, 7.-9.11.1916; an Gertrud Oppenheim 1.5. 1917)
Erstveröffentlichung in: Franz Rosenzweig, Briefe, Berlin 1935, S. 72f.73-76.77f. 667-673.686-693.202f. Wiederabgedruckt in: Franz Rosenzweig, Der Mensch und sein Werk. Gesammelte Schriften, 1. Abtlg., Bd. 1: Briefe und Tagebücher (1900-1918), hg. von R. Rosenzweig und E. Rosenzweig-Scheinmann unter Mitwirkung von B. Casper, Den Haag: Martinus Nijhoff Publishers, 1979, © Kluwer Academic Publishers B.V., Dordrecht (NL), S. 133-134.134-137.141-143.249-254.281-289. 401-402

Der Stern der Erlösung (Auswahl)
Erstveröffentlichung: Franz Rosenzweig, Der Stern der Erlösung, Frankfurt/M. 1921; 2. Aufl., ergänzt durch Randtitel (in der vorliegenden Ausgabe als Zwischenüberschriften integriert), Frankfurt/M. 1930. Wiederabgedruckt (= 4. Aufl.) in: Franz Rosenzweig, Der Mensch und sein Werk. Gesammelte Schriften, 2. Abtlg., mit einer Einführung von Reinhold Mayer, Den Haag: Martinus Nijhoff Publishers, 1976, © Kluwer Academic Publishers B.V., Dordrecht (NL), S. 373-392.439-463. Neuauflage: Franz Rosenzweig, Der Stern der Erlösung. Mit einer Einführung von Reinhold Mayer und einer Gedenkrede von Gershom Scholem (Bibliothek Suhrkamp 973), Frankfurt/M. 1988 (mit gleicher Seitenzählung wie der Wiederabdruck der 4. Aufl.)

Eine Anmerkung zum Anthropomorphismus (Auswahl)
Erstveröffentlichung: Der Morgen 4, Heft 5, (Berlin) 1928. Wiederabgedruckt in: Franz Rosenzweig, Kleinere Schriften, Berlin 1937, S. 531-532. Wiederabgedruckt

in: Franz Rosenzweig, Der Mensch und sein Werk. Gesammelte Schriften, 3. Abtlg.: Zweistromland. Kleinere Schriften zu Glauben und Denken, hg. von Reinhold und Annemarie Mayer, Den Haag: Martinus Nijhoff Publishers, 1982, © Kluwer Academic Publishers B.V., Dordrecht (NL), S. 739-741

Weltgeschichtliche Bedeutung der Bibel
Erstveröffentlichung in: Encyclopaedia Judaica, Berlin 1929, S. 748-752, Artikel »Die Bibel und die Weltkultur«, unter dem Hauptstichwort »Bibel«. Wiederabgedruckt in: Franz Rosenzweig, Der Mensch und sein Werk. Gesammelte Schriften, 3. Abtlg.: Zweistromland. Kleinere Schriften zu Glauben und Denken, hg. von Reinhold und Annemarie Mayer, Den Haag: Martinus Nijhoff Publishers, 1982, © Kluwer Academic Publishers B.V., Dordrecht (NL), S. 837-840

Will Herberg

Judentum und Christentum – Ihre Einheit und Verschiedenheit. Der zweifache Bund in der göttlichen Heilsökonomie (Vortrag, gehalten am 28.12.1952)
Erstveröffentlichung in: Will Herberg, Judaism and Christianity. Their Unity and Difference, The Journal of Bible and Religion 21, 1953, p. 67-78

Ein Jude sieht auf Jesus
Erstveröffentlichung in: Dow Kirkpatrick (Ed.), The Finality of Christ, Nashville 1966, p. 91-101

Beide Titel wurden von Dr. Ursula Rudnick übersetzt und mit freundlicher Genehmigung von Professor Donald G. Jones, Verwalter des Nachlasses von Will Herberg, in die vorliegende Ausgabe aufgenommen.

Abraham Joshua Heschel

Mehr als Innerlichkeit (Auswahl)
Erstveröffentlichung in: Abraham Joshua Heschel, God in Search of Man. A Philosophy of Judaism, New York 1955, p. 293-296.299. Deutsche Übersetzung: Abraham Joshua Heschel, Gott sucht den Menschen. Eine Philosophie des Judentums (Information Judentum 2), Übersetzung: Ida Maria Solltmann (Erstfassung) und Ruth Olmesdahl (Bearbeitung), Neukirchen-Vluyn: Neukirchener Verlag des Erziehungsvereins GmbH, (1980) 4. Aufl. 1995, S. 226-229.232

Eine hebräische Würdigung Reinhold Niebuhrs
Erstveröffentlichung in: Charles W. Kegley, Robert W. Bretall (Ed.), Reinhold Niebuhr. His Religious, Social, and Political Thought, New York 1956, p. 391-410. Wiederveröffentlicht in: Abraham Joshua Heschel, The Insecurity of Freedom. Essays on Human Existence, New York 1966, p. 127-149 (»Confusion of God and Evil«).

Deutsche Übersetzung: Abraham Joshua Heschel, Die ungesicherte Freiheit. Essays zur menschlichen Existenz (Information Judentum 6), Übersetzung: Ruth Olmesdahl, Neukirchen-Vluyn: Neukirchener Verlag des Erziehungsvereins GmbH, 1985, S. 106-123 (unter der Überschrift »Die Vermischung von Gut und Böse«)

Erneuerung des Protestantismus: Ein jüdische Stimme
Erstveröffentlichung unter dem Titel »Protestant Renewal: A Jewish View« in: The Christian Century 80, no. 49, 1963. Wiederveröffentlicht in: Abraham Joshua Heschel, The Insecurity of Freedom. Essays on Human Existence, New York 1966, p. 168-178. Deutsche Übersetzung: Abraham Joshua Heschel, Die ungesicherte Freiheit. Essays zur menschlichen Existenz (Information Judentum 6), Übersetzung: Ruth Olmesdahl, Neukirchen-Vluyn: Neukirchener Verlag des Erziehungsvereins GmbH, 1985, S. 137-144

Keine Religion ist ein Eiland
Erstveröffentlichung unter dem Titel »No Religion Is an Island« in: Union Seminary Quartely Review 21, no. 2, part 1, January 1966, p. 117-134. Übersetzt von Ruth Olmesdahl, in die vorliegende Ausgabe aufgenommen mit freundlicher Genehmigung von Sylvia Heschel, Verwalterin des Nachlasses von Abraham Joshua Heschel

Jüdischer Gottesbegriff und Erneuerung des Christentums (Auswahl)
Erstveröffentlichung unter dem Titel »The Jewish Notion of God and Christian Renewal« in: Laurence K. Shook C.S.B. (Ed.), Renewal of Religious Thought. Proceedings of the Congress on the Theology of the Church Centenary of Canada, 1867-1967, Montreal 1968, p. 106-124.125-126. Übersetzt von Ruth Olmesdahl, in die vorliegende Ausgabe aufgenommen mit freundlicher Genehmigung des Pontifical Institute of Medieval Studies, Toronto

Bibliographie

Die in diese Bibliographie aufgenommenen Titel beziehen sich vor allem auf das Thema dieses Buches: Das Christentum aus jüdischer Sicht. Die umfangreiche Literatur über die jüdisch-christlichen Beziehungen und das jüdisch-christliche Religionsgespräch wurde nur insofern berücksichtigt, als es für das Thema förderlich erschien. Hinsichtlich der fünf jüdischen Denker, deren Anschauungen hier vorgestellt werden, war ich darauf bedacht, ihre wichtigen Schriften anzuführen, auch solche, die sich nicht direkt mit dem Christentum auseinandersetzen, um den Hintergrund deutlich zu machen, aus dem sich ihre Ansichten über das Christentum entwickelten. Wo Standardausgaben erschienen sind (z.b. von Buber und Rosenzweig), werden sie hier mit genannt.

Für jeden der fünf Autoren wird auch eine Auswahl von Büchern und Aufsätzen aus der Sekundärliteratur angegeben, die sich mit der jeweiligen Auffassung des Christentums befassen. In einem Schlußabschnitt stelle ich unter der Rubrik »Neuere Arbeiten einiger jüdischer und christlicher Autoren« Aufsätze und Bücher von Autoren vor, die in diesem Band sonst nicht vertreten sind.

Abschließend möchte ich Prof. Dr. Werner Licharz für wichtige bibliographische Hinweise danken.

Allgemeinliteratur

Agus, Jacob B. (Ed.), Judaism and Christianity. Selected Accounts. 1892-1962, New York 1973

Ben-Chorin, Schalom, Das Jesus-Bild im modernen Judentum, Zeitschrift für Religions- und Geistesgeschichte 5 (1953) 231-257 [bearbeitet und erweitert in: Im jüdisch-christlichen Gespräch, Berlin 1962]

Brocke, Michael, Petuchowski, Jakob J. (Hg.), Das Vaterunser. Gemeinsames im Beten von Juden und Christen, Freiburg 1974

Brod, Max, Heidentum – Christentum – Judentum, 2 Bde., München 1921-1922

Brosseder, Johannes, Luthers Stellung zu den Juden im Spiegel seiner Interpreten, München 1972

Casper, Bernhard, Das dialogische Denken. Eine Untersuchung der religionsphilosophischen Bedeutung Franz Rosenzweigs, Ferdinand Ebners und Martin Bubers, Freiburg 1967

Charlesworth, James H. u.a. (Ed.), Jews and Christians. Exploring the Past, Present, and Future, New York 1990

Christen und Juden II. Zur theologischen Neuorientierung im Verhältnis zum Judentum. Im Auftrag des Rates der Evangelischen Kirche in Deutschland hg. vom Kirchenamt der EKD, Gütersloh 1991

Cohen, Jeremy (Ed.), Essential Papers on Judaism and Christianity in Conflict. From Late Antiquity to the Reformation, New York, London 1991

Daube, David, The New Testament and Rabbinic Judaism (1956), Nachdruck London 1973

Engelhardt, Klaus, Zur theologischen Neuorientierung im Verhältnis der Christen zum Judentum, Freiburger Rundbrief NF 2 (1995) 19-26

Eschelbacher, Joseph, Das Judentum und das Wesen des Christentums. Vergleichende Studien, Leipzig 1907

Fleischmann, Jacob [Eugène], The Problem of Christianity in Modern Jewish Thought [hebr.], Jerusalem 1964

Geis, Robert Rafael, Kraus, Hans-Joachim (Hg.), Versuche des Verstehens. Dokumente jüdisch-christlicher Begegnung aus den Jahren 1918-1933, München 1966

Hagner, Donald A., The Jewish Reclamation of Jesus. An Analysis and Critique of Modern Jewish Study of Jesus, Grand Rapids 1984 [Bibliographie 313-321]

Henrix, Hans-Hermann, Licharz, Werner (Hg.), Welches Judentum steht welchem Christentum gegenüber? (Arnoldshainer Texte 36), Frankfurt/M. 1985

Hoenig, Sidney B., A Survey of Jewish Scholarship through the Ages on Jesus and Christianity, in: International Catholic-Jewish Liaison Committee (Ed.), Fifteen Years of Catholic-Jewish Dialogue 1970-1985. Selected Papers, Rom 1988, 87-102

Jacob, Walter, Christianity through Jewish Eyes. The Quest for Common Ground, Cincinnati 1974 [Bibliographie]

Klappert, Bertold, Starck, Helmut (Hg.), Umkehr und Erneuerung. Erläuterungen zum Synodalbeschluß der rheinischen Landessynode 1980, Neukirchen-Vluyn 1980

Kötzsche, Lieselotte, Osten-Sacken, Peter von der (Hg.), Wenn der Messias kommt. Das jüdisch-christliche Verhältnis im Spiegel mittelalterlicher Kunst, Berlin 1984

Kremers, Heinz, Schoeps, Julius H. (Hg.), Das jüdisch-christliche Religionsgespräch, Stuttgart, Bonn 1988

Kulka, Otto Dov, Mendez-Flohr, Paul R. (Ed.), Judaism and Christianity under the Impact of National Socialism, Jerusalem 1987

Kusche, Ulrich, Die unterlegene Religion. Das Judentum im Urteil deutscher Alttestamentler. Zur Kritik theologischer Geschichtsschreibung (Studien zu Kirche und Israel 12), Berlin 1990

Licharz, Werner (Hg.), Heil für die Christen – Unheil für die Juden? Von der Notwendigkeit des Gesprächs und des gemeinsamen Zeugnisses (Arnoldshainer Texte 9), Frankfurt/M. 1982

Licharz, Werner, Klein, Ingeborg (Hg.), Juden und Christen. Juden in Deutschland. Ein Leben für den Dialog. Hans Seidenberg zum Gedenken, Frankfurt/M. 1990

Liebeschütz, Hans, Von Georg Simmel zu Franz Rosenzweig. Studien zum jüdischen Denken im deutschen Kulturbereich, Tübingen 1970 [Kap. 2: Leo Baeck und der Protestantismus; Kap. 3/2: Franz Rosenzweig]

Lindeskog, Gösta, Die Jesusfrage im neuzeitlichen Judentum. Ein Beitrag zur Geschichte der Leben-Jesu-Forschung (1938), Nachdruck Darmstadt 1973 [Bibliographie 328-369]

Lindeskog, Gösta, Jesus als religionsgeschichtliches und religiöses Problem in der modernen jüdischen Theologie, Judaica 6 (1950) 190-229, 241-268

McInnes, Val Ambrose (Ed.), New Visions. Historical and Theological Perspectives on the Jewish-Christian Dialogue (Tulane Judeo-Christian Studies Edition 3), New York 1993

Mittleman, Alan, Christianity in the Mirror of Jewish Thought, First Things 25, Heft August-September (1992) 14-21

Moore, George Foot, Christian Writers on Judaism, Harvard Theological Review 14,3 (Juli 1921) 197-254

Rendtorff, Rolf, Henrix, Hans-Hermann (Hg.), Die Kirchen und das Judentum. Dokumente von 1945-1985, Paderborn, München 1988

Rengstorf, Karl Heinrich, Kortzfleisch, Siegfried von (Hg.), Kirche und Synagoge. Handbuch zur Geschichte von Christen und Juden, Bd. II, Stuttgart 1970 [s. Index s.v. Baeck, Buber, Rosenzweig]

Richter, Clemens (Hg.), Die katholische Kirche und das Judentum. Dokumente von 1945-1982. Mit Kommentaren von Ernst Ludwig Ehrlich und Erich Zenger, Freiburg 1982

Rosmarin, Trude Weiss (Ed.), Jewish Expressions on Jesus. An Anthology, New York 1977

Schoeps, Hans-Joachim, Jüdisch-christliches Religionsgespräch in neunzehn Jahrhunderten. Nachwort von Edna Brocke, Königstein im Taunus [4]1984

Schreckenberg, Heinz, Die christlichen Adversus-Judaeos-Texte und ihr literarisches und historisches Umfeld (1.-11. Jh.), Frankfurt/M., Bern 1982

Schweikart, Wilfried, Zwischen Dialog und Mission. Zur Geschichte und Theologie der christlich-jüdischen Beziehungen seit 1945, Berlin 1980

Shermis, Michael, Jewish-Christian Relations. An Annotated Bibliography and Resource Guide, Bloomington/Indianapolis 1988 [enthält ein Kapitel: Jewish Perspective of Christianity. Works in Which Jews Have Contemplated (sic!) Christianity, 71-74]

The Study of Judaism. Bibliographical Essays. Introduction by Jacob Neusner, New York 1972 [enthält u.a. Ausführungen von Fritz A. Rothschild zu Leo Baeck (144f), Franz Rosenzweig (145f) und Abraham Joshua Heschel (154-156) und von Seymour Siegel zu Martin Buber (146-149) und Will Herberg (156f)]

Stöhr, Martin (Hg.), Jüdische Existenz und die Erneuerung der christlichen Theologie (Abhandlungen zum christlich-jüdischen Dialog 11), München 1981

Tal, Uriel, Christians and Jews. Religion, Politics, and Ideology in the Second Reich 1870-1914, Ithaca, London 1975

Tal, Uriel, Theologische Debatte um das »Wesen des Christentums«, in: *Mosse, Werner E.* (Hg.), Juden im Wilhelminischen Deutschland 1890-1914, Tübingen 1976, 599-632

Talmage, Frank E., Judaism on Christianity: Christianity on Judaism, in: The Study of Judaism, a.a.O., 81-112

Talmage, Frank E. (Ed.), Disputation and Dialogue. Readings in the Jewish-Christian Encounter, New York 1975

Thoma, Clemens, Die theologischen Beziehungen zwischen Christentum und Judentum. Grundzüge, Darmstadt 1982

Thoma, Clemens, Wyschogrod, Michael (Hg.), Das Reden von einem Gott bei Juden und Christen (Judaica et Christiana 7), Bern 1984

Wigoder, Geoffrey, Jewish-Christian Relations since the Second World War, Manchester, New York 1988

Williams, Arthur Lukyn, Adversus Judaeos, Cambridge 1935

Williamson, Clark, A Mutual Witness. Toward Critical Solidarity between Jews and Christians, St. Louis 1992

Zannoni, Arthur E. (Ed.), Jews and Christians Speak of Jesus, Minneapolis 1994

Leo Baeck

Schriften von Leo Baeck

Harnack's Vorlesungen über das Wesen des Christenthums, Monatsschrift für Geschichte und Wissenschaft des Judentums 45 (NF 9) (1901) 97-120 (Neudruck: Harnack's Vorlesungen über das Wesen des Christentums, 2., erweiterte Ausgabe, Breslau 1902)

Das Wesen des Judentums, Berlin 1905; 2., rev. Auflage Frankfurt/M. 1923; 4. Auflage ebd. 1926; 6. Aufl. ebd. 1932; 8. Aufl. (Reprint) Wiesbaden 1981

Romantische Religion. Ein erster Abschnitt aus einem Werke »Klassische und romantische Religion«, in: Festschrift zum 50jährigen Bestehen der Hochschule für die Wissenschaft des Judentums, Berlin 1922, 1-48

Judaism in the Church, Hebrew Union College Annual 2 (1925) 125-144

Geheimnis und Gebot, Der Leuchter 1921/22, 137-153 (Neudruck in: *ders.*, Wege im Judentum. Aufsätze und Reden, Berlin 1933, 33-48)

Theologie und Geschichte, Lehranstalt 49 (1932) 42-54

Wege im Judentum. Aufsätze und Reden, Berlin 1933

The Pharisees and Other Essays, New York 1947 [die 2. Auflage 1966 enthält eine kritische Einführung von Krister Stendahl, s. bes. S. XVII]

The Faith of Paul, Journal of Jewish Studies 3 (1952) 93-110

Some Questions to the Christian Church from the Jewish Point of View, in: *Hedenquist, Göte* (Ed.), The Church and the Jewish People, London 1954, 102-116

Aus drei Jahrtausenden. Wissenschaftliche Untersuchungen und Abhandlungen zur Geschichte des jüdischen Glaubens. Mit einer Einführung von Hans Liebeschütz, Tübingen 1958

Haggadah and Christian Doctrine, Hebrew Union College Annual 23 (1950-51) 549-560

Judaism and Christianity. Essays. Translated with an Introduction by Walter Kaufmann, Philadelphia 1958

Werke, hg. von Albert H. Friedlander u.a. im Auftrag des Leo-Baeck-Instituts New York, Gütersloh
Bisher erschienen:
Bd. 2: Dieses Volk. Jüdische Existenz, hg. von Albert H. Friedlander und Bertold Klappert, 1996
Bd. 3: Wege im Judentum. Aufsätze und Reden, hg. von Werner Licharz, 1997

Arbeiten über Leo Baeck

Baker, Leonard, Days of Sorrow and Pain. Leo Baeck and the Berlin Jews, New York 1978 [deutsche Übersetzung: Hirt der Verfolgten. Leo Baeck im Dritten Reich, Stuttgart 1982]

Freier, Recha, »The Guilty Men«. Letter to the Editor, Jewish Quarterly 13,1 (1965) 40

Friedlander, Albert H., Baeck and Rosenzweig, European Judaism 20,2 (1986) 9-15

Friedlander, Albert H., Leo Baeck. Leben und Lehre. Mit einem Nachwort in der Taschenbuchauflage von Albert H. Friedlander und Bertold Klappert (Kaiser Taschenbücher 84), München 1990 [enthält eine ausführliche Bibliographie]

Harnack, Adolf, Das Wesen des Christentums, Leipzig 1900

Hollmann, Georg, Leben und Lehre Jesu II [Rezensionen neuer Bücher], Theologische Rundschau 7 (1904) 197-212 [S. 204 herablassend-abweisende Verurteilung von Baecks Kritik an Harnack, z.B. »unnoble Polemik ..., Unhaltbarkeiten, zu denen sich Baeck hinreißen läßt«. Baecks Kritik an Harnack »wird ... nicht ernst genommen werden.«]

Homolka, Walter, Jüdische Identität in der modernen Welt. Leo Baeck und der deutsche Protestantismus. Mit einem Vorwort von Albert H. Friedlander, aus dem Engl. übersetzt von Sieglinde Denzel und Susanne Naumann, Gütersloh 1994 [Originalausg.: Jewish Identity in Modern Times. Leo Baeck and German Protestantism (European Judaism 2), Oxford, Providence R.I. 1995]

Licharz, Werner (Hg.), Leo Baeck. Lehrer und Helfer in schwerer Zeit (Arnoldshainer Texte 20), Frankfurt/M. 1982

Licharz, Werner, Leo Baeck. Rabbiner, Lehrer und Helfer in schwerer Zeit, Börsenblatt für den Deutschen Buchhandel, Themenheft Theologie, 14.11.1994, 72-77

Mayer, Reinhold, Christentum und Judentum in der Schau Leo Baecks, Stuttgart 1961

Osten-Sacken, Peter von der, Rückzug ins Wesen und aus der Geschichte. Antijudaismus bei Adolf von Harnack und Rudolf Bultmann, Wissenschaft und Praxis in Kirche und Gesellschaft 67 (1978) 106-122

Reichmann, Eva G. (Hg.), Worte des Gedenkens für Leo Baeck (commissioned by the Council of Jews from Germany, London), Heidelberg 1959

Sandmel, Samuel, Leo Baeck on Christianity (Leo Baeck Memorial Lecture 19), New York 1975

Simon, Ernst, Geheimnis und Gebot. Über Leo Baeck, in: *ders.,* Brücken, Heidelberg 1965, 385-392

Wolf, Arnold I., Leo Baeck's Critique of Christianity, Judaism 12 (1963) 190-194

Martin Buber

Schriften von Martin Buber

Werke, Bd. I: Schriften zur Philosophie, Gerlingen 1962; Bd. II: Schriften zur Bibel, Gerlingen 1964; Bd. III: Schriften zum Chassidismus, Gerlingen 1963

Der Jude und sein Judentum. Gesammelte Aufsätze und Reden. Mit einer Einleitung von Robert Weltsch, Gerlingen ²1993

Briefwechsel aus sieben Jahrzehnten. Mit einem biographischen Abriß von Grete Schaeder [Bd. I, 19-141], 3 Bde., Gerlingen 1972-1975

Arbeiten über Martin Buber

Balthasar, Hans Urs von, Martin Buber und das Christentum, in: *Schilpp, Friedman* (Hg.), Martin Buber, a.a.O., 330-345

Ben-Chorin, Schalom, Zwiesprache mit Martin Buber, München 1966 [s. besonders 82-98, 153-154, 179-185, 194-195]

Brod, Max, Judentum und Christentum im Werk Martin Bubers, in: *Schilpp, Friedman* (Hg.), Martin Buber, a.a.O., 312-329

Brunner, Emil, Judentum und Christentum bei Martin Buber, in: *Schilpp, Friedman* (Hg.), Martin Buber, a.a.O., 305-311

Cohn, Margot, Buber, Rafael, Martin Buber. A Bibliography of his Writings (1897-1978), Jerusalem 1980

Diamond, Malcolm L., Martin Buber. Jewish Existentialist, New York 1960 [Kap. 7: The Jewish Jesus and The Christ of Faith, 73-106]

Friedman, Maurice, Martin Buber's Life and Work, 3 Bde., New York 1981-1983

Hammerstein, Franz von, Das Messiasproblem bei Martin Buber (Studia Delitzschiana 1), Stuttgart 1958

Horwitz, Rivka, Buber's Way to »I and Thou«. The Development of Martin Buber's Thought and His »Religion as Presence« Lectures, Philadelphia 1988

Kraft, Werner, Gespräche mit Martin Buber, München 1966

Licharz, Werner (Hg.), Dialog mit Martin Buber (Arnoldshainer Texte 7), Frankfurt/M. 1982

Licharz, Werner, Martin Buber. Lehrer des Dialogs und der Verständigung, Börsenblatt für den Deutschen Buchhandel, Themenheft Theologie, 29.3.1994, 174-178

Licharz, Werner, Schmidt, Heinz (Hg.), Martin Buber (1878-1965). Internationales Symposium zum 20. Todestag (Arnoldshainer Texte 31), Frankfurt/M. 1989

Licharz, Werner, Schmidt, Heinz (Hg.), Martin Buber (1878-1965). Bd. I: Dialogik und Dialektik; Bd. II: Vom Erkennen zum Tun des Gerechten (Arnoldshainer Texte 57 und 58), Frankfurt/M. ²1991

Novak, David, Buber and Tillich. Philosophical Exegesis of Ex. 3:14, Journal of Ecumenical Studies 29 (1992) 159-174

Osten-Sacken, Peter von der (Hg.), Leben als Begegnung. Ein Jahrhundert Martin Buber (1878-1978). Vorträge und Aufsätze (Veröffentlichungen aus dem Institut Kirche und Judentum 7), Berlin ²1982

Osten-Sacken, Peter von der, Begegnung im Widerspruch. Text und Deutung des Zwiegesprächs zwischen Karl Ludwig Schmidt und Martin Buber im Jüdischen Lehrhaus in Stuttgart am 14. Januar 1933, in: *Osten-Sacken* (Hg.), Leben als Begegnung, a.a.O., 116-144 [enthält die Originaltexte von Karl Ludwig Schmidt und Martin Buber vom 14. Januar 1933]

Schilpp, Paul Arthur, Friedman, Maurice (Ed.), The Philosophy of Martin Buber (The Library of Living Philosophers 12), LaSalle 1967 [ausführliche Bibliographie von Maurice Friedman, 747-786]

Schilpp, Paul Arthur, Friedman, Maurice (Hg.), Martin Buber, Stuttgart 1963 [dt. Ausgabe von: *Schlipp, Friedman* (Ed.), The Philosophy of Martin Buber, a.a.O.]

Scholem, Gershom, An einem denkwürdigen Tage (Judaica 1), Frankfurt/M. 1963, 207-215

Smith, Wilfred C., The Meaning and End of Religion, New York 1962 [Rezension dieses Buches in: Harvard Theological Review 58 (1965) 437-451]

Smith, Wilfred C., Faith and Belief, Princeton 1979 [325-326]

Stegemann, Ekkehard W., Auf dem Weg zu einer biblischen Freundschaft. Das Zwiegespräch zwischen Martin Buber und Karl Ludwig Schmidt, in: *Kremers, Schoeps* (Hg.), Religionsgespräch, a.a.O., 131-149

Werblowsky, R.J. Zwi, Reflections on Martin Buber's Two Types of Faith, Journal of Jewish Studies 39 (1988) 92-101

Wyschogrod, Michael, Buber's Evaluation of Christianity. A Jewish Perspective, in: *Haim, Gordon, Bloch, Jochanan* (Ed.), Martin Buber. A Centenary Volume, New York 1984, 456-472

Franz Rosenzweig

Schriften von Franz Rosenzweig

Der Mensch und sein Werk. Gesammelte Schriften. Bde. I/1 und I/2: Briefe und Tagebücher, Den Haag, Dordrecht 1979; Bd. II: Der Stern der Erlösung, ebd. 1976; Bd. III: Zweistromland. Kleinere Schriften zu Glauben und Denken, ebd. 1982; Bd. IV/1: Sprachdenken. Jehuda Halevi. 95 Hymnen und Gedichte. Deutsch und Hebräisch, ebd. 1983; Bd. IV/2: Sprachdenken. Arbeitspapiere zur Verdeutschung der Schrift, ebd. 1984

Der Stern der Erlösung. Erstausgabe, Frankfurt/M. 1921; 2. Auflage, Frankfurt/M. 1930; 3. Auflage, Heidelberg 1954; 4. Auflage [mit einer erweiterten Einleitung von Reinhold Mayer und zusätzlichen Bemerkungen und Indizes von Annemarie Mayer], in: Rosenzweig, Franz, Gesammelte Schriften, Bd. II, Den Haag, Dordrecht 1976; Neuauflage: Bibliothek Suhrkamp 973, Frankfurt/M. 1988 [erweitert um die Gedenkrede von Gershom Scholem aus dem Jahr 1930]

The Star of Redemption. Translated by William W. Hallo, New York 1971

Rosenstock-Huessy, Eugen (Ed.), Judaism Despite Christianity. The »Letters on Christianity and Judaism« between Eugen Rosenstock-Huessy and Franz Rosenzweig, Alabama 1969 [mit einer Einleitung von Harold Stahmer und Essays über die Korrespondenz von Alexander Altman und Dorothy M. Emmet (der Übersetzerin der Briefe)]

Arbeiten über Franz Rosenzweig

Anckaert, L., Casper, B., Franz Rosenzweig. A Primary and Secondary Bibliography (Instrumenta Theologica 7), Leuven 1990

Bowler, Maurice G., The Reconciliation of Church and Synagogue in Franz Rosenzweig, Montreal 1972

Bowler, Maurice G., Rosenzweig on Judaism and Christianity. The Two Covenant Theory, Judaism 4 (1973) 475-481

Clawson, Dan, Rosenzweig on Judaism and Christianity. A Critique, Judaism 19 (1970) 91-98

Dober, Hans Martin, Die Verhältisbestimmung von Judentum und Christentum nach Franz Rosenzweig, in: *Stöhr, Martin* (Hg.), Lernen in Jerusalem – Lernen mit Israel (Veröffentlichungen aus dem Institut Kirche und Judentum 20), Berlin 1993

Fackenheim, Emil L., To Mend the World. Foundations of Future Jewish Thought, New York 1982, 58-101

Fleischmann, Eugène, Franz Rosenzweig, in: *ders.* (Hg.), Le Christianisme ›mis à nu‹, Paris 1970, 182-224

Friedmann, Friedrich Georg, Franz Rosenzweigs Neues Denken. Sein Beitrag zum jüdisch-christlichen Dialog, in: *Schmied-Kowarzik* (Hg.), Philosoph, a.a.O., 399-411

Fuchs, Gotthard, Henrix, Hans-Hermann (Hg.), Zeitgewinn. Messianisches Denken nach Franz Rosenzweig, Frankfurt/M. 1987

Glatzer, Nahum N. (Hg.), Franz Rosenzweig. His Life and Thought, New York 1953

Görtz, Heinz-Jürgen, Franz Rosenzweig und Hans Ehrenberg, in: *Kremers, Schoeps* (Hg.), Religionsgespräch, a.a.O., 90-113

Haberman, Joshua O., Salomon Ludwig Steinheim und Franz Rosenzweig. Der erste und der letzte deutsch-jüdische Theologe der Offenbarung in der Neuzeit, in: *Schoeps, Julius H. u.a.* (Hg.), Philosophie des 19. Jahrhunderts (1988), Hildesheim 1993, 43-61

Hammerstein, Franz von, From Franz Rosenzweig's New Thoughts on the Christian-Jewish Dialogue in Germany after the Holocaust (on the reception of Franz Rosenzweig in Germany), in: *Bauer, Yehuda, Eckhardt, Alice, Littell, Franklin H.,* Remembering for the Future, Bd. III, Oxford 1989, 2471-2477

Hermeier, Rudolf (Hg.), Jenseits all unsres Wissens wohnt Gott. Hans Ehrenberg und Rudolf Ehrenberg zur Erinnerung, Moers 1987

Horwitz, Rivka, Judaism Despite Christianity, Judaism 24 (1975) 306-318

Layman, David Wayne, Revelation in the Praxis of the Liturgical Community. Jewish-Christian Dialogue with Special Reference to the Work of John Williamson Nevin and Franz Rosenzweig, Philadelphia 1994

Licharz, Werner, Franz Rosenzweig. Neues Denken – Neues Lehren, Börsenblatt für den Deutschen Buchhandel, Themenheft Theologie, 8.3.1966, 148-157

Licharz, Werner (Hg.), Lernen mit Franz Rosenzweig (Arnoldshainer Texte 24), Frankfurt/M. 1984

Licharz, Werner, Keller, Manfred (Hg.), Franz Rosenzweig und Hans Ehrenberg. Bericht einer Beziehung (Arnoldshainer Texte 42), Frankfurt/M. 1986

Mayer, Reinhold, Apologie und Polemik bei Franz Rosenzweig, in: *Schmied-Kowarzik* (Hg.), Philosoph, a.a.O., 413-424

Mendes-Flohr, Paul (Ed.), The Philosophy of Franz Rosenzweig, Hanover, N.H. 1988 [enthält elf Beiträge über Rosenzweig, vorgetragen auf einem Symposion in Jerusalem 1986]

Miller, Ronald H., Dialogue and Disagreement. Franz Rosenzweig's Relevance to Contemporary Jewish-Christian Understanding, Lanham, Md. 1989

Mosès, Stéphane, Système et Révélation. La philosophie de Franz Rosenzweig, Paris 1982 [deutsche Übersetzung: System und Offenbarung. Die Philosophie Franz Rosenzweigs. Mit einem Vorwort von Emmanuel Lévinas, München 1985 (s. besonders Kap. 8: Christentum und Kap. 9: Die Wahrheit)]

Mosès, Stéphane, Judentum und Christentum in der modernen Welt. Der Briefwechsel zwischen Franz Rosenzweig und Eugen Rosenstock von Mai bis Dezember 1916, in: *Kremers, Schoeps* (Hg.), Religionsgespräch, a.a.O., 71-89

Müller, Claus Götz, Franz Rosenzweig und das Christentum, Zeitwende, Die Neue Furche 23 (1951) 541-544

Néher, André, Une approche théologique et sociologique de la relation judéo-chrétienne. Le dialogue de Franz Rosenzweig – Eugen Rosenstock, Cahiers de l'institut de science économique appliquée, série M: Recherches et dialogues philosophiques et économiques 6 (1959) 5-36

Scherer, Georg, Offenbarung. Judentum und Christenheit im Denken Franz Rosenzweigs, Freiburger Rundbrief 28 (1976) 36-39

Schmied-Kowarzik, Wolfdietrich (Hg.), Der Philosoph Franz Rosenzweig (1886-1929). Internationaler Kongreß Kassel 1986, 2 Bde., Freiburg, München 1988

Schwarzschild, Steven S., Rosenzweig on Judaism and Christianity, Conservative Judaism 10, Heft 2 (1956) 41-48

Spiegler, Gerhard E., Dialogue as Affirmation. Franz Rosenzweig's Contribution to Christian-Jewish Conversations, in: *Wei-Hsun Fu, Charles, Spiegler, Gerhard E.* (Ed.), Religious Issues and Interreligious Dialogues, Westport, Conn. 1989, 427-435

Talmon, Shemaryahu, Das Verhältnis von Judentum und Christentum im Verständnis Franz Rosenzweigs, in: *Schaeffler, Richard, Casper, Bernhard, Talmon, Shemaryahu, Amir, Yehoshua* (Hg.), Offenbarung im Denken Franz Rosenzweigs, Essen 1979, 119-141

Taubes, Jacob, The Issue between Judaism and Christianity. Facing up to the Unresolvable Difference, Commentary 16 (1953) 525-533

Zak, Adam, Vom reinen Denken zur Sprachvernunft. Über die Grundmotive der Offenbarungsphilosophie Franz Rosenzweigs (Münchener Philosophische Studien 1), Stuttgart 1987

Will Herberg

Schriften von Will Herberg

The Theology of Antisemitism [Rezension von Eckardt, A. Roy, Christianity and the Children of Israel (1948)], The Menorah Journal 37 (1949) 272-279

Beyond Time and Eternity. Reflections on Passover and Easter, Christianity and Crisis 18 (April 1949) [Nachdruck in: *Herberg,* Faith, a.a.O., 66-71]

Judaism and Modern Man. An Interpretation of Jewish Religion, New York 1951

A Jew Looks at Catholics, Commonweal 22 (May 1953) 174-177

Judaism and Christianity. Their Unity and Difference, The Journal of Bible and Religion 21 (1953) 67-78 [Nachdruck in: *Herberg,* Faith, a.a.O., 44-64]

Introduction, in: Four Existentialist Theologians. A Reader from the Work of Jacques Maritain, Nicolas Berdyaev, Martin Buber and Paul Tillich, hg. von Will Herberg, Garden City, N.Y. 1958, 1-24

Protestant – Catholic – Jew. An Essay in American Religious Sociology, Rev. Ed., Garden City, N.Y. ²1960

The Council, the Ecumenical Movement, and the Problem of Aggiornamento. Address at the Golden Jubilee National Newman Congress, September 3, 1965

A Jew Looks at Jesus, in: *Kirkpatrick, Dow* (Ed.), The Finality of Christ, Nashville 1966 [Nachdruck in: *Herberg,* Faith, a.a.O., 4-93]

Faith Enacted as History. Essays in Biblical Theology. Edited with an Introduction by Bernhard W. Anderson, Philadelphia 1976

From Marxism to Judaism. The Collected [selected] Essays of Will Herberg. Edited with an Introduction by David G. Dalin, New York 1989

Arbeiten über Will Herberg

Anderson, Bernhard W., Will Herberg as Biblical Theologian, Introduction to *Herberg,* Faith, a.a.O., 9-28

Anderson, Bernhard W., Herberg as Theologian of Christianity, National Review 29 (1977) 884f

Ausmus, Harry J., Will Herberg. From Right to Right. Studies in Religion, Chapel Hill 1987

Diggins, John P., Up from Communism. Conservative Odysseys in American Intellectual History, New York 1975, 118-159, 269-302, 360-370

Rice, Daniel F., Will Herberg. Catholic Apologist in Partibus Infidelium, Drew Gateway 49,3 (1979) 10-20

Rothschild, Fritz A., Herberg as Jewish Theologian, National Review 29 (1977) 885f

Siegel, Seymour, Will Herberg (1902-1977). A Baal Teshuvah [Returner] Who Became Theologian, Sociologist, Teacher, in: American Jewish Year Book 1978, New York, Philadelphia 1977, 529-537

Abraham Joshua Heschel

Schriften von Abraham Joshua Heschel

Die Prophetie (Mémoires de la Commission Orientaliste 22), Krakau, Berlin 1936
Man Is Not Alone. A Philosophy of Religion, New York, Philadelphia 1951
Man's Quest for God. Studies in Prayer and Symbolism, New York 1954
God in Search of Man. A Philosophy of Judaism, New York 1955 und Philadelphia 1956
A Hebrew Evaluation of Reinhold Niebuhr, in: *Kegley, Charles W., Bretall, Robert W.* (Ed.), Reinhold Niebuhr. His Religious, Social, and Political Thought (Library of Living Theology 2), New York 1956, 391-410
The Prophets, 2 Bde., New York, Philadelphia 1962
Tora min ha-schamajim be-ispaklarjah schel ha-dorot (Tora vom Himmel in der Auslegung der Generationen), Bd. 1, London, New York 1962; Bd. 2, London, New York 1965; Bd. 3, New York, Jerusalem (1990) ²1995 [hebr.]
Protestant Renewal. A Jewish View, The Christian Century 80 (1963) 1501-1504
No Religion Is an Island. Inaugural Lecture as Harry Emerson Fosdick Visiting Professor at Union Theological Seminary (New York), Union Seminary Quarterly Review 21 (1966) 117-134
The Insecurity of Freedom. Essays on Human Existence, New York 1966
Discussion on Second Vatican Council and the Jews, in: *Miller, John H., C.S.B.* (Ed.), Vatican II. An Interfaith Appraisal, Notre Dame, London 1966, 373-374
The Jewish Notion of God and Christian Renewal, in: *Shook, Laurence K., C.S.B.* (Ed.), Renewal of Religious Thought. Proceedings of the Congress on the Theology of the Renewal of the Church Centenary of Canada 1867-1967, Vol. 1, Montreal, New York 1968, 105-129
Israel. An Echo of Eternity, New York 1969
A Passion for Truth, New York 1973 [Kap. 2: The Kotzker and Kierkegaard, 85-113]
Between God and Man. An Interpretation of Judaism from the Writings of Abraham J. Heschel. Selected, edited, and introduced by Fritz A. Rothschild, Expanded Edition (First Free Press Paperback Classics Edition), New York 1997 [enthält einen erläuternden Essay über Heschel und eine Bibliographie]
Heschel, Susannah (Ed.), Moral Grandeur and Spiritual Audacity. Essays, New York 1996
Neusner, Jacob, Neusner, Noam M.M. (Ed.), To Grow in Wisdom. An Anthology of Abraham Joshua Heschel, Lanham, Md. 1990

Deutschsprachige Ausgaben

Gott sucht den Menschen. Eine Philosophie des Judentums [aus d. Engl. übersetzt von Ida Maria Solltmann, für die Veröffentlichung neu bearbeitet von Ruth Olmesdahl], Neukirchen-Vluyn 1980

Der Mensch fragt nach Gott. Untersuchungen zum Gebet und zur Symbolik [aus d. Engl. übersetzt von Uwe Cordt, für die Herausgabe bearbeitet von Ruth Olmesdahl], Neukirchen-Vluyn 1982

Die Erde ist des Herrn. Die innere Welt der Juden in Osteuropa [aus d. Engl. übersetzt von Ruth Olmesdahl], Neukirchen-Vluyn 1985

Die ungesicherte Freiheit. Essays zur menschlichen Existenz [aus d. Engl. übersetzt von Ruth Olmesdahl], Neukirchen-Vluyn 1985

Der Sabbat. Seine Bedeutung für den heutigen Menschen [aus d. Engl. übersetzt von Ruth Olmesdahl], Neukirchen-Vluyn 1990

Maimonides. Eine Biographie, Berlin 1935, hg. und mit einem Vorwort zur Neuausgabe von Friedrich Hansen und Fred Rosner, Neukirchen-Vluyn 1992

Arbeiten über Abraham Joshua Heschel

Fleischner, Eva, Heschel's Significance for Jewish-Christian Relations, in: *Merkle, John C.* (Ed.), Abraham Joshua Heschel. Exploring His Life and Thought, New York, London 1985, 142-164

Kaplan, Edward K., Dresner, Samuel H., Abraham Joshua Heschel. Prophetic Witness, New Haven, London 1998 [Bd.1 einer auf 2 Bände geplanten Biographie]

Kasimow, Harold, Sherwin, Byron L. (Ed.), No Religion Is an Island. Abraham Joshua Heschel and Interreligious Dialogue, Maryknoll, N.Y. 1991

Merkle, John C., The Genesis of Faith. The Depth Theology of Abraham Joshua Heschel, New York 1985 [Bibliographie 271-277]

Merkle, John C. (Ed.), Abraham Joshua Heschel: Exploring his Life and Thought, New York, London 1995 [enthält Referate über Heschels Leben und Philosophie, gehalten 1983 bei einem Symposion über Heschel in St. Joseph, Minnesota]

Moore, Donald J., The Human and the Holy. The Spirituality of Abraham Joshua Heschel, New York 1989

Perlman, Lawrence, Abraham Heschel's Idea of Revelation (Brown Judaic Studies 171), Atlanta, Ga. 1989

Rothschild, Fritz A., Abraham Joshua Heschels Beitrag zum jüdisch-christlichen Religionsgespräch, in: *Kremers, Schoeps* (Hg.), Religionsgespräch, a.a.O., 168-180

Rothschild, Fritz A., Abraham Heschels religiöses Denken, Emuna Horizonte 6 (1971) [übersetzt von Dr. Magdalene Neuefeind], 400-410

Rothschild, Fritz A., Abraham Joshua Heschel (1907-1972). Theologian and Scholar (Necrology), in: American Jewish Year Book 1974, New York, Philadelphia 1973, 533-544 [biographische Skizze]

Sherman, Franklin, The Promise of Heschel, Philadelphia, New York 1970 [44-46: Significance for Christians]

Sherwin, Byron L., Abraham Joshua Heschel, Atlanta 1979

Stöhr, Martin, Abraham Joshua Heschel. Ein Kritiker und eine Stechfliege des religiösen Status Quo, in: *Hochgreb, Volker, Hofmeister, Klaus,* Lebendige Tradition. Hilfen für die Gegenwart, Würzburg 1994, 131-140

Neuere Arbeiten einiger jüdischer und christlicher Autoren

Baum, Gregory, Fackenheim and Christianity, in: *Greenspan, Louis, Nicholson, Graeme* (Ed.), Fackenheim. German Philosophy and Jewish Thought, Toronto 1992, 176-202 [281-284: Fackenheims Antwort]

Ben-Chorin, Schalom, The Image of Jesus in Modern Judaism, Journal of Ecumenical Studies 11 (1974) 401-430

Ben-Chorin, Schalom, Did God Make Anything Happen in Christianity? Christian Identity, Concilium 192 (1988) 61-70

Berke, Matthew, A Jewish Appreciation of Catholic Social Teaching, in: *Grasso, Kenneth L., Bradley, Gerald V., Hunt, Robert P.* (Ed.), Catholicism, Liberalism and Communitarianism. The Catholic Intellectual Tradition and the Moral Foundations of Democracy, Lanham, Md. 1995, 235-253 (Kap. 13)

Berkovits, Eliezer, Faith after the Holocaust, New York 1973 [Kap. 3: The Vanishing West, 37-66]

Borowitz, Eugene B., Contemporary Christologies. A Jewish Response, Ramsey, N.J. 1980

Cohen, Arthur A., The Myth of the Judeo-Christian Tradition, New York 1969

Ehrlich, Ernst L., Die Evangelien in jüdischer Sicht, Freiburger Rundbrief 22 (1970) 61-68

Fackenheim, Emil L., Quest for Past and Future. Essays in Jewish Theology, London 1968 [263-277: A Jew Looks at Christianity and Secularist Liberalism]

Fackenheim, Emil L., To Mend the World. Foundations of Future Jewish Thought, New York 1982

Fisher, Eugene J. (Ed.), Visions of the Other. Jewish and Christian Theologians Assess the Dialogue, New York, Mahwah N.J. 1994

Fisher, Eugene J., Klenicki, Leon (Ed.), In Our Time. The Flowering of Jewish-Catholic Dialogue, New York, Mahwah, N.J. 1990

Flusser, David, To What Extent is Jesus a Question for the Jews?, Concilium 8/10 (1974) 68-73

Flusser, David, Thesen zur Entstehung des Christentums aus dem Judentum. Bemerkungen eines Juden zur christlichen Theologie (Abhandlungen zum christlich-jüdischen Dialog 16), München 1984

Flusser, David, Christianity, in: *Cohen, Arthur A., Mendes-Flohr, Paul* (Ed.), Contemporary Jewish Religious Thought, New York 1987, 61-66

Greenberg, Irving, The Relationship of Judaism and Christianity. Toward a New Organic Model, Quarterly Review 4 (1984) 4-22

Harder, Günther, Kirche und Israel. Arbeiten zum christlich-jüdischen Verhältnis. Eingeleitet und hg. von Peter von der Osten-Sacken unter Mitarbeit von Richard

Scherer [enthält u.a. einen Briefwechsel mit Ernst Ludwig Ehrlich] (Studien zu Kirche und Israel 7), Berlin 1986

Harrelson, Walter, Galk, Randall M., Jews and Christians. A Troubled Family, Nashville 1990

Harris, Monford, The Bifurcated Life. A Jewish Critique of Christian Thinking, Judaism 8 (1959) 99-111

Henrix, Hans-Hermann (Hg.), Unter dem Bogen des Bundes. Beiträge aus jüdischer und christlicher Existenz, Aachen 1981

Henrix, Hans-Hermann, Stöhr, Martin (Hg.), Exodus und Kreuz im ökumenischen Dialog zwischen Juden und Christen, Aachen 1978

Jüdische Stimmen zum Katechismus der Katholischen Kirche [Bemerkungen zum KKK von Ernst Ludwig Ehrlich, Tanja Kröni und Leon Klenicki], Freiburger Rundbrief NF 2 (1995) 31-35

Kaufmann, Yehezkel, Christianity and Judaism. Two Covenants. Translated from the Hebrew »Golah we-nekhar« [Exil und fremdes Land] by Clarence W. Efroymson, Jerusalem 1989

Klenicki, Leon, Neuhaus, Richard John, Believing Today. Jew and Christian in Conversation, Grand Rapids, Mich. 1989

Klenicki, Leon (Ed.), Toward a Theological Encounter. Jewish Understandings of Christianity, New York, Mahwah, N.J. 1991

Klenicki, Leon, Wigoder, Geoffrey (Ed.), A Dictionary of the Jewish-Christian Dialogue. Expanded Edition, New York, Mahwah, N.J. 1995

Kraus, Hans-Joachim (Hg.), Der ungekündigte Bund. Neue Begegnung von Juden und christlicher Gemeinde, Stuttgart 1962

Lapide, Pinchas E., Ökumene aus Christen und Juden, Neukirchen-Vluyn 1972

Link, Hans-Georg, Stöhr, Martin (Hg.), Der Herr des Lebens. Jüdische und christliche Interpretationen in der Ökumene (Arnoldshainer Texte 39), Frankfurt/M. 1985

Matt, Hershel, How Shall a Believing Jew View Christianity?, Judaism 24 (1975) 391-405

McKain, David W. (Ed.), Christianity. Some Non-Christian Approaches, New York 1964

Neusner, Jacob, The Jewish-Christian Argument in the First Century. Different People Talking about Different Things to Different People, Cross Currents 35 (1985) 148-158

Neusner, Jacob, Judaism and Christianity. Their Relationship Then, Their Relationship to Come, Cross Currents 39 (1989) 10-20

Neusner, Jacob, The Absoluteness of Christianity and the Uniqueness of Judaism. Why Salvation Is Not of the Jews, Interpretation 43 (1989) 18-31

Neusner, Jacob, Jews and Christians. The Myth of a Common Tradition, London, Philadelphia 1991

Neusner, Jacob, Two Faiths Talking about Different Things, in: The World and I 2 (1992) 679-690

Neusner, Jacob, Death and Birth of Judaism. Judaism in the Matrix of Christianity, Secularism and the Holocaust, Atlanta ²1993

Neusner, Jacob, Telling Tales. Making Sense of Christian and Judaic Nonsense. The Urgency and Basis for Judaeo-Christian Dialogue, Louisville 1993

Neusner, Jacob (Ed.), Judaism in Cold War America. 1945-1990, Bd. IV: Judaism and Christianity. The New Relationship, New York 1993

Neusner, Jacob, Children of the Flesh, Children of the Promise. An Argument with Paul about Judaism as an Ethnic Religion, Cleveland 1995

Neusner, Jacob, Chilton, Bruce, Christianity and Judaism. The Formative Categories, Vol. I-III, Philadelphia 1995-1997

Neusner, Jacob, Chilton, Bruce, The Intellectual Foundations of Christian and Jewish Discourse. The Philosophy of Religious Argument, London, New York 1997

Novak, David, Jewish Views of Christianity, The New Catholic World 228 (1985) 196-202

Novak, David, Jewish Christian Dialogue. A Jewish Justification, New York, Oxford 1989

Osten-Sacken, Peter von der, Stöhr, Martin (Hg.), Wegweisung. Jüdische und christliche Bibelarbeiten und Vorträge (Veröffentlichungen aus dem Institut Kirche und Judentum 8), Berlin 1978

Osten-Sacken, Peter von der (Hg.), Toleranz heute. 250 Jahre nach Mendelssohn und Lessing (Veröffentlichungen aus dem Institut Kirche und Judentum 9), Berlin 1979

Osten-Sacken, Peter von der, Stöhr, Martin (Hg.), Glaube und Hoffnung nach Auschwitz. Jüdisch-christliche Dialoge, Vorträge, Diskussionen, Berlin 1980

Osten-Sacken, Peter von der, Grundzüge einer Theologie im christlich-jüdischen Gespräch (Abhandlungen zum christlich-jüdischen Dialog 12), München 1982

Osten-Sacken, Peter von der (Hg.), Treue zur Thora. Beiträge zur Mitte des christlich-jüdischen Gesprächs. Festschrift für Günther Harder zum 75. Geburtstag (Veröffentlichungen aus dem Institut Kirche und Judentum 3), Berlin [3]1986

Petuchowski, Jakob J., The Dialectics of Salvation History, in: *Oestereicher, John M.* (Ed.), Brothers in Hope (The Bridge 5), New York 1970, 9-78

Petuchowski, Jakob J., Judentum und Christentum in jüdischer Sicht, Christlicher Glaube in moderner Gesellschaft 26 (1980) 136-151

Petuchowski, Jakob J., Arbeiter in demselben Weinberg. Ansätze zu einer jüdischen Theologie des Christentums, in: *Henrix* (Hg.), Bogen, a.a.O., 204-215

Petuchowski, Jakob J., Zur Tagesordnung eines jüdisch-christlichen Gesprächs, Orientierung 15 (1982) 190-192

Petuchowski, Jakob J., Der Gott der ganzen Bibel aus jüdischer Sicht, Orientierung 31 (1983) 22-24

Petuchowski, Jakob J., Toward a Jewish Theology of Christianity, in: *McInnes, Val Ambrose* (Ed.), Renewing the Judaeo-Christian Wellsprings, New York 1987, 41-52

Petuchowski, Jakob J. (Ed.), When Jews and Christians Meet, Albany 1988

Petuchowski, Jakob J., Looking Beyond the Scriptures, Anglican Theological Review 72 (1990) 26-38

Petuchowski, Jakob J., Thoma, Clemens, Lexikon der jüdisch-christlichen Begegnung, Freiburg 1989

Rosmarin, Trude Weiss, Judaism and Christianity. The Differences, New York 1943

Sandmel, Samuel, A Jewish Understanding of the New Testament, Cincinnati 1957

Sandmel, Samuel, We Jews and Jesus, New York 1965

Sandmel, Samuel, A Jewish View of Jesus, Jewish Information Service (London) [genaues Erscheinungsjahr nicht bekannt, in den siebziger Jahren erschienen]

Schoeps, Hans-Joachim, Möglichkeiten und Grenzen jüdisch-christlicher Verständigung, Theologische Literaturzeitung 79 (1954) 73-82 [Abdruck in: *ders.,* Studien zur unbekannten Religions- und Geistesgeschichte, Göttingen 1963, 184-196]

Schweitzer, Wolfgang, Der Jude Jesus und die Völker der Welt. Ein Gespräch mit Paul M. van Buren. Mit Beiträgen von Paul M. van Buren, Bertold Klappert und Michael Wyschogrod (Veröffentlichungen aus dem Institut Kirche und Judentum 19), Berlin 1993

Soloveitchik, Joseph B., Confrontation, Tradition 6 (1964) 5-29

Talmon, Shemaryahu, Kritische Anfrage der jüdischen Theologie an das europäische Christentum, in: *Mülle, Gotthold* (Hg.), Israel hat dennoch Gott zum Trost. Festschrift für Schalom Ben-Chorin, Trier 1978, 139-157

Werblowsky, R.J. Zwi, Jewish-Christian Relations. New Territories, New Maps, New Realities, in: *Kulka, Otto Dov, Mendez-Flohr, Paul R.* (Ed.), Judaism and Christianity under the Impact of National Socialism, Jerusalem 1987, 531-536

Wyschogrod, Michael, The Law, Jews and Gentiles. A Jewish Perspective, Lutheran Quarterly 21 (1969) 405-415

Wyschogrod, Michael, Judaism and Evangelical Christianity, in: *Tanenbaum, Marc H., Wilson, Marvin R., Rudin, A. James* (Ed.), Evangelicals and Jews in Conversation, Grand Rapids 1978, 34-52

Wyschogrod, Michael, Ein neues Stadium im jüdisch-christlichen Dialog, Freiburger Rundbrief 34 (1982) 22-26

Wyschogrod, Michael, A Jewish Perspective on Karl Barth, in: *McKirn, Donald M.* (Ed.), How Karl Barth Changed My Mind, Grand Rapids 1986, 156-161

Wyschogrod, Michael, Inkarnation aus jüdischer Sicht, Evangelische Theologie 55 (1995) 13-28

Autoren

Bernhard W. Anderson war von 1954 bis 1968 Dekan an der Theological School der Drew University und dort Professor für Biblische Theologie. Er lehrte bis zu seiner Emeritierung von 1968 bis 1983 Altes Testament an der Theological School des Theologischen Seminars von Princeton. Von 1984 bis 1995 war er Adjunct Professor für Altes Testament an der Theological School der Universität von Boston.

Seine wissenschaftlichen Publikationen umfassen das weitverbreitete Einführungsbuch »Understanding the Old Testament«, außerdem »Creation Versus Chaos«, »The Unfolding Drama of the Bible«, »Out of the Depths: The Psalms Speak of Us Today« und »From Creation to New Creation«. Außerdem hat er »Creation in the Old Testament« und das zweibändige Werk »The Books of the Bible« herausgegeben.

Bernhard Casper ist seit 1981 Professor für Christliche Religionsphilosophie an der Universität Freiburg im Breisgau.

Seine Publikationen umfassen u.a. »Das dialogische Denken«, ein Buch über das Denken von Franz Rosenzweig, Ferdinand Ebner und Martin Buber, »Sprache und Theologie«, »Alltag und Transzendenz«, »Das Ereignis des Betens«, »Fragen nach Gott« und »Verantwortung für den Anderen – und die Frage nach Gott«. Er ist Mitautor von »Franz Rosenzweig: A Primary and Secondary Bibliography« und »Filosofia della Religione« und Mitherausgeber von Rosenzweigs »Briefe und Tagebücher« (Gesammelte Schriften, Bd. 1/1 und 1/2), »Gemeinsame Kirche«, »Geschichtlichkeit und Offenbarung«, »Sterben. Der Ernstfall der Hoffnung« und »Was mich glauben läßt«. Außerdem verfaßte er zahlreiche Beiträge zur Religionsphilosophie von Franz Rosenzweig und Emmanuel Lévinas.

J. Louis Martyn war Edward Robinson Professor für Biblische Theologie am Union Theological Seminary in New York und bis zu seiner Emeritierung 1987 Adjunct Professor an der Columbia University. Er hielt Vorlesungen an den Universitäten in Amsterdam, Groningen, Utrecht und Leiden und am Pope Adrian College in Louvain, an der Kirchlichen Hochschule in Bethel und am Institute for Advanced Theological Study in Jerusalem.

Literarisch ist er besonders durch seine Bücher zum Johannesevangelium (»History and Theology in the Fourth Gospel« und »The Gospel of John in Christian History«) und durch Aufsätze zu den paulinischen Briefen bekannt geworden. In der Reihe »Anchor Bible« hat er den Kommentar zum Galaterbrief geschrieben.

John C. Merkle ist Professor für Theologie am College von St. Benedict in Saint Joseph, Minnesota, und an der St. John's University in Collegeville, Minnesota. Er ist der Verfasser von »The Genesis of Faith: The Depth Theology of Abraham Joshua Heschel«, Herausgeber von »Abraham Joshua Heschel: Exploring His Life and Thought« und hat zahlreiche Beiträge in wissenschaftlichen und allgemeinverständlichen Zeitschriften in Europa, Lateinamerika und den USA veröffentlicht.

Fritz A. Rothschild ist Joseph J. und Dora Abbell Professor Emeritus für Jüdische Philosophie am Jüdisch-Theologischen Seminar von Amerika in New York, wo er seit 1960 lehrt. Von 1982 bis 1990 war er Vorsitzender des Fachbereichs für Jüdische Philosophie. Er lehrte außerdem als Gastprofessor an der New York University und der Drew University in Madison, New Jersey, und als Martin-Buber-Stiftungsprofessor an der Johann-Wolfgang-von-Goethe-Universität in Frankfurt am Main. U.a. schrieb er »Between God and Man: An Interpretation of Judaism from the Writings of Abraham Joshua Heschel« (rev. ed. 1976) und verfaßte zahlreiche Beiträge zum jüdischen Denken, besonders zur Theologie von Abraham Joshua Heschel. Er hielt Seminare und Vorlesungen in Nordamerika, Südafrika und Deutschland.

Ekkehard W. Stegemann ist seit 1985 Professor für Neues Testament an der Theologischen Fakultät der Universität Basel. Er verfaßte eine Reihe von Beiträgen zum Thema Christentum und Judentum und veröffentlichte zusammen mit Rolf Rendtorff den Band »Auschwitz. Krise der christlichen Theologie«. Er ist Mitherausgeber von »Messiasvorstellungen bei Juden und Christen«, »Die Hebräische Bibel und ihre zweifache Nachgeschichte (FS für Rolf Rendtorff)«, »Das Leben leise wieder lernen (FS für Albert H. Friedlander)« und »Kirche und Israel. Neukirchener Theologische Zeitschrift«, Autor (zusammen mit Wolfgang Stegemann) des Buches »Urchristliche Sozialgeschichte. Die Anfänge im Judentum und die Christusgemeinden in der mediterranen Welt« und Mitautor in »Israel und Kirche heute. Beiträge zum christlich-jüdischen Gespräch (FS für Ernst Ludwig Ehrlich)«.

Mieke Korenhof und Rainer Stuhlmann (Hg.)

Wenn Eva und Adam predigen

Ein anderes Perikopenbuch
Neue Predigten von Frauen und Männern
Teil I: Advent bis Pfingsten

Teil I: Ppbck., 316 Seiten,
DM 29,80
Best.-Nr. 9/29

Teil II: Trinitatis bis Ewigkeits-
sonntag
erscheint im 4. Quartal 1998
Best.-Nr. 9/30

Nachdem »das andere Perikopenbuch« *Mit Eva predigen* so viel Anklang gefunden hat, werden hier neue Predigten über die gleichen Texte vorgelegt. Diesmal sind es Predigten von Frauen *und* Männern zu *allen* Sonntagen des Kirchenjahrs. Darum erscheint das Werk in zwei Bänden. Angefügt sind Predigten zu Texten des jüdischen Festkalenders und ein »liturgischer Baukasten« mit eigen-(willig)en Texten. Auch diese Predigten bemühen sich, frauengerecht von Gott und Menschen zu reden und sich vor den Augen und Ohren des gegenwärtigen Israel zu verantworten.

Bestellen Sie bitte beim
Presseverband der EKiR e.V.
Postfach 32 08 05
40423 Düsseldorf
Tel. 0211/91511-26
Fax 0211/91511-66
E-Mail presseverband@ekir.de
Internet www.ekir.de/pv

presseverband der
evangelischen kirche
im rheinland e.v.

Peter Beier
Jenseits der Glut

Gedichte und Lesungen
Mit einem Vorwort von Manfred Kock

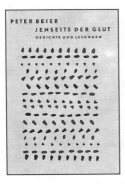

Herausgegeben von
Christian Bartsch
Englische Broschur,
104 Seiten, DM 19,80
zzgl. Versandkosten
Best.-Nr. 9/37

Peter Beier, der früh verstorbene vorige Präses der Evangelischen Kirche im Rheinland, war wie kaum ein Theologe seiner Zeit jemand, der seinen Predigten, Reden und Schriften Sprache zu geben vermochte. Häufig formulierte er in assoziativ verbundenen Sinnzeilen. Nur die ihm enger Vertrauten wußten, daß er auch selbst Gedichte schrieb.

Das vorliegende Buch – in einer besonders anspruchsvollen Ausstattung – bietet eine Auswahl aus Peter Beiers dichterischem Schaffen, gegliedert in die Teile »Lesungen« (zu Novalis, Else Lasker-Schüler, Hölderlin, Bobrowski) und, für die Gedichte, »Zeiten«, »Stätten«, »Orte« und »Menschen«.

Bestellen Sie bitte beim
Presseverband der EKiR e.V.
Postfach 32 08 05
40423 Düsseldorf
Tel. 0211/91511-26
Fax 0211/91511-66
E-Mail presseverband@ekir.de
Internet www.ekir.de/pv

presseverband der
evangelischen kirche
im rheinland e.v.